第六卷

李文溥 ◎ 著

中国经济学探索丛稿

福建经济（下）

中国财经出版传媒集团
经济科学出版社
Economic Science Press
·北京·

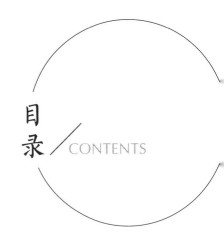

目 录 / CONTENTS

第五篇

# 促进城市化物质表现与经济内涵的协调发展[*]

## ——福建省农村城市化问题研究

随着人均收入水平及国民经济工业化程度的提高，农村城市化是社会经济发展的必然趋势。21 世纪初是我国进入工业化中期和中等收入国家的重要时期，在该时期，我国将有相当一部分农业人口转向非农产业，从农村社会转入城市社会，农村城市化进程将明显加快。

福建自改革开放以来，经济增长速度始终居全国前列水平，预计"十五"期间，GDP 总量将进入全国经济大省行列，人均 GDP 水平将进入全国先进省区水平。经济的迅速发展一方面为福建省农村城市化进程提供了坚实的基础，另一方面也使加快农村城市化进程成为"十五"期间福建省经济社会发展最富挑战性的战略课题之一。

最近，我们对福建省南平、三明、龙岩、漳州、泉州的小城镇建设进行实地调研，在此基础上进行了研究。现将初步研究结果报告如下。

## 一、实际城市化水平

正确判断福建省目前实际城市化水平和状况，是研究本问题的起点和基础。

城市化是一个比较复杂的社会经济现象，因此，迄今为止，国际学术界对如何较好地测定一国或地区城市化水平仍有不同意见。在我国，由于历史

---

[*] 本文是提交中共福建省委、省政府的政策研究报告，后发表于《东南学术》2000 年第 5 期，共同作者：林枫、林民书、林毓鹏。

及现行体制因素的影响，现有统计数据难以确切反映我国的实际城市化水平。例如，按照行政辖区人口统计，福建省 1998 年市镇人口已达 2794 万人，占全省总人口的 84.69%。以这个指标为据，显然将大大高估福建省城市化水平。因为，按照国际上 20 世纪 80 年代末标准，一个国家或地区人均国民收入达到 8500 美元以上，城市化水平才有可能达到 85% 左右。[①] 而福建省 1998 年人均国民收入才 1200 美元左右。事实上，现有市镇人口指标中包括了大量辖区内与城市化无关的农业人口。反之，用现行的非农业人口占总人口比重来度量城市化水平，则又因该指标的统计受限于不合理的户籍制度，许多已经多年常住城镇，从事非农职业的农业户籍人口都被排斥在城市人口之外。致使 1998 年福建省非农业人口比重仅为 19.85%，大大低估了福建省现有的城市化水平。

我们按照城市化的内涵，以人口从业结构为基础，对 1983～1998 年福建省实际城市化水平进行了估算，结果如表 1 所示。

表 1　　　　　1983～1998 年福建省实际城市化率　　　　　单位：%

| 年份 | 非农业人口比重 | $R_1$ | 第二、第三产业就业比重（%） | $R_2$ | $R_2/R_1$ | $P_{U_0}$ | 实际城市化率 $P_U$ |
|---|---|---|---|---|---|---|---|
| 1998 | 19.85 | 1.39 | 51.55 | 2.05 | 1.48 | 27.42 | 40.52 |
| 1997 | 19.44 | 1.36 | 51.57 | 2.05 | 1.51 | 26.85 | 40.54 |
| 1996 | 19.16 | 1.34 | 50.65 | 2.01 | 1.50 | 26.46 | 39.81 |
| 1995 | 18.66 | 1.30 | 49.71 | 1.97 | 1.52 | 25.77 | 39.07 |
| 1994 | 18.55 | 1.29 | 48.83 | 1.94 | 1.50 | 25.62 | 38.38 |
| 1993 | 18.09 | 1.26 | 46.49 | 1.85 | 1.46 | 24.99 | 36.54 |
| 1992 | 17.14 | 1.20 | 43.76 | 1.74 | 1.45 | 23.67 | 34.39 |
| 1991 | 16.79 | 1.17 | 42.25 | 1.68 | 1.43 | 23.19 | 33.21 |
| 1990 | 16.68 | 1.16 | 41.64 | 1.65 | 1.42 | 23.04 | 32.73 |
| 1989 | 16.99 | 1.19 | 41.24 | 1.64 | 1.38 | 23.47 | 32.42 |
| 1988 | 16.75 | 1.17 | 40.96 | 1.63 | 1.39 | 23.14 | 32.19 |
| 1987 | 16.65 | 1.16 | 40.08 | 1.59 | 1.37 | 23.00 | 31.50 |
| 1986 | 16.55 | 1.15 | 39.15 | 1.55 | 1.35 | 22.86 | 30.78 |
| 1985 | 16.48 | 1.15 | 38.45 | 1.53 | 1.33 | 22.76 | 30.22 |
| 1984 | 15.78 | 1.10 | 33.75 | 1.34 | 1.22 | 21.80 | 26.53 |
| 1983 | 15.26 | 1.06 | 31.29 | 1.24 | 1.17 | 21.08 | 24.60 |

资料来源：根据《福建统计年鉴（1999）》有关数据计算得出。

[①]　谢文蕙等：《城市经济学》，清华大学出版社 1996 年版，第 38 页。

改革开放以来，福建省城市化水平显著提高。1983～1998 年提高了近 16 个百分点。目前福建省城市化水平大致相当于国外中等收入国家 20 世纪 70 年代中期至 80 年代初期的水平。

城市化是经济发展的产物，因此，一个国家或地区城市化水平与其经济发展水平密切相关（见表 2）。

表 2　　　　　　1983～1998 年福建省城市化水平与人均 GDP 比较

| 年份 | 实际城市化率 $P_U$（%） | 人均 GDP（元） | 人均 GDP（美元） |
| --- | --- | --- | --- |
| 1998 | 40.52 | 10200 | 1232 |
| 1997 | 40.54 | 9258 | 1117 |
| 1996 | 39.81 | 8064 | 866 |
| 1995 | 39.07 | 6787 | 813 |
| 1994 | 38.38 | 5355 | 557 |
| 1993 | 36.54 | 3633 | 631 |
| 1992 | 34.39 | 2557 | 464 |
| 1991 | 33.21 | 2041 | 383 |
| 1990 | 32.73 | 1763 | 369 |
| 1989 | 32.42 | 1589 | 422 |
| 1988 | 32.19 | 1349 | 362 |
| 1987 | 31.50 | 999 | 268 |
| 1986 | 30.78 | 809 | 234 |
| 1985 | 30.22 | 737 | 251 |
| 1984 | 26.53 | 591 | 254 |
| 1983 | 24.60 | 487 | 246 |

注：人均 GDP（美元）根据各年外汇汇率计算得出。
资料来源：根据《福建统计年鉴（1999）》有关数据计算得出。

对 1983～1998 年福建省实际城镇化率和人均 GDP（美元）之间的关系进行回归，得出以下方程：

$$Y = 8.12\ln X - 15.74$$

$$N = 16, R = 0.93, S = 1.86$$

方程如图 1 所示。

城市化不仅是经济发展的产物，更是工业化以及由工业化带动的非农产业发展的结果。从表 3 可以看出，实际城市化率变动与第一产业产值比重变化负相关，与第二、第三产业产值比重变化正相关。

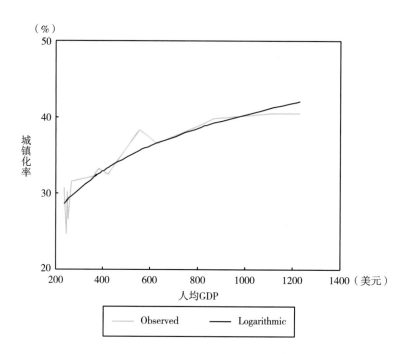

图1

表3　　　　　　　福建省城市化与产业结构变化之间的关系　　　　　单位：%

| 年份 | 实际城市化率 $P_U$ | 第一产业产值比重 | 第二产业产值比重 | 第三产业产值比重 |
|---|---|---|---|---|
| 1998 | 40.52 | 18.32 | 43.38 | 38.30 |
| 1997 | 40.54 | 19.22 | 43.11 | 37.67 |
| 1996 | 39.81 | 20.80 | 42.17 | 37.03 |
| 1995 | 39.07 | 21.66 | 42.43 | 35.91 |
| 1994 | 38.38 | 21.66 | 44.13 | 34.21 |
| 1993 | 36.54 | 22.54 | 41.12 | 36.34 |
| 1992 | 34.39 | 24.83 | 37.16 | 38.00 |
| 1991 | 33.21 | 27.21 | 35.13 | 37.67 |
| 1990 | 32.73 | 28.15 | 33.41 | 38.45 |
| 1989 | 32.42 | 29.62 | 35.74 | 34.64 |
| 1988 | 32.19 | 30.83 | 37.01 | 32.16 |
| 1987 | 31.50 | 31.96 | 36.27 | 31.77 |
| 1986 | 30.78 | 32.46 | 36.93 | 30.61 |
| 1985 | 30.22 | 33.98 | 36.19 | 29.82 |
| 1984 | 26.53 | 35.48 | 35.90 | 28.62 |
| 1983 | 24.60 | 37.00 | 36.04 | 26.96 |

资料来源：根据《福建统计年鉴（1999）》有关数据计算得出。

与有关国际数据比较，基本判断是：目前，福建省城市化进程基本态势，与经济发展水平、产业结构之间的关系，就总体而言，属于正常值中的低限。

从表4可以看出，在人均GDP为820美元阶段，世界城市化平均水平为30%~39%；人均GDP上升到1100美元左右，城市化水平相应提高到40%~49%。1995年，福建省人均GDP为813美元，城市化水平为39.07%；1998年，福建省人均GDP增长到1232美元，城市化水平相应提高到40.52%，与10年前的国际相应水平的低限大致相当。从福建省实际城市化率与人均GDP回归趋势线与实际观察值之间的离差也可以看出，福建目前的城市化水平虽然与其人均GDP水平大致相当，但略微滞后，也就是说存在着发展空间。

表4　　　　　　　　　1989年世界城市化与人均GDP之间的关系

| 城市化水平（%） | 人均GDP（美元） | 城市化水平（%） | 人均GDP（美元） |
|---|---|---|---|
| 5~19 | 372 | 60~69 | 6424 |
| 20~29 | 374 | 70~79 | 9960 |
| 30~39 | 820 | 80~89 | 8569 |
| 40~49 | 1087 | 90以上 | 10757 |
| 50~59 | 3621 | | |

资料来源：谢文蕙等：《城市经济学》，清华大学出版社1996年版，第38页。

与世界上不同收入国家的不同城市化水平的三次产业结构比较（见表5），结论基本相同。福建省目前城市化水平与三次产业结构大致相当于中等收入国家1980年水平。但是，与中等收入国家1980年的三次产业结构相比，福建省农业及工业产值比重偏高，服务业产值比重偏低。这在一定程度上反映了福建省经济结构上的问题，以及今后城市化过程中的产业发展空间。

表5　　　　　　　　　世界城市化与产值结构的变化　　　　　　　　单位：%

| 国家 | 内容 | 1960年 | 1965年 | 1980年 | 1985年 | 1987年 |
|---|---|---|---|---|---|---|
| 低收入国家 | 城市化 | 13 | 17 | 17 | 22 | 30 |
| | 农业 | 50 | 42 | 36 | 32 | 31 |
| | 工业 | 18 | 28 | 35 | 33 | 37 |
| | 服务业 | 32 | 30 | 29 | 35 | 32 |
| 中等收入国家 | 城市化 | 33 | 36 | 45 | 48 | 57 |
| | 农业 | 24 | 21 | 15 | 14 | 15 |
| | 工业 | 30 | 31 | 40 | 34 | 36 |
| | 服务业 | 46 | 47 | 45 | 52 | 49 |

| 国家 | 内容 | 1960 年 | 1965 年 | 1980 年 | 1985 年 | 1987 年 |
|---|---|---|---|---|---|---|
| 市场经济<br>工业国 | 城市化 | 68 | 71 | 78 | 75 | 78 |
| | 农业 | 6 | 5 | 4 | 3 | 3 |
| | 工业 | 40 | 39 | 37 | 36 | 36 |
| | 服务业 | 54 | 56 | 59 | 61 | 61 |

资料来源：谢文蕙等：《城市经济学》，清华大学出版社 1996 年版，第 38 页。

以上是对全省总体水平的分析，但是，不同地区经济发展以及城市化发展水平各不相同。闽东南沿海地区与内地山区之间差距较大（见表6）。

表6 　　　　　　　　代表城市的城市化水平与产值结构的变化 　　　　　单位：%

| 城市 | 年份 | 实际城市化率 $P_U$ | 第一产业产值比重 | 第二产业产值比重 | 第三产业产值比重 |
|---|---|---|---|---|---|
| 泉州 | 1998 | 45.12 | 9.15 | 52.77 | 38.08 |
| | 1997 | 44.55 | 9.94 | 51.67 | 38.39 |
| | 1996 | 43.13 | 10.81 | 51.73 | 37.46 |
| 漳州 | 1998 | 34.04 | 23.12 | 46.62 | 30.26 |
| | 1997 | 34.46 | 23.78 | 46.37 | 29.85 |
| | 1996 | 34.76 | 27.88 | 42.88 | 29.24 |
| 三明 | 1998 | 35.96 | 29.50 | 38.76 | 31.74 |
| | 1997 | 37.13 | 30.23 | 39.40 | 30.37 |
| | 1996 | 36.93 | 32.00 | 39.22 | 28.79 |

资料来源：根据《光辉的历程——福建五十年》（中国统计出版社 1999 年版）计算得出。

限于资料，仅计算出泉州、漳州、三明的实际城市化率和三次产业比重。但是，这三个地区的数据大体代表了福建省三种不同类型地区目前城市化进展情况。泉州代表了沿海经济较发达地区的情况，三明代表了内地山区，漳州则是介于二者之间的过渡类型。

对福建省实际城市化水平的测算和统计分析，得出了几个基本判断。

（1）改革开放以来，福建省城市化进展较快，目前全省总体水平大致相当于国外中等收入国家 20 世纪 70 年代中期至 80 年代初期的水平。

（2）从实际城市化率与人均国民收入水平关系角度看，福建省实际城市化水平属于该收入段的正常值偏低水平，即实际城市化水平基本上与经济发展水平相适应。从三次产业结构与实际城市化率关系角度看，第一产业比重稍高，第三产业比重略低，但是，大致上仍处于正常值范围内。

（3）从农业非农业的户籍人口比例与实际城市化率的对比上可以看出，传统的户籍制度大大落后于现实经济的发展，亟待改革。

（4）地区之间差异较大，从闽东南沿海到内地山区城市化水平梯次下降。但是，与各地的经济发展水平比较，城市化水平落后于经济发展水平的地区却是闽东南沿海地区，而内陆山区则相反。

# 二、存在的问题

城市化是社会生产力的变革所引起的人类生产、生活方式和居住方式改变的过程。它表现为：随着一个国家或地区的人均收入水平提高，非农产业比重上升；人口由农村向城市转移，农业人口转化为非农业人口；农村地区逐步演化为城市地域；城镇数目不断增加；城市人口不断膨胀，用地规模不断扩大；城市基础设施和公共服务设施水平不断提高；城市居民的生活水平和居住水平发生由量变到质变的改善；城市文化和价值观念成为社会文化的主体，并在农村不断扩散和推广。城市化进程就是变落后的乡村社会为先进的城市社会，变传统的自然经济为现代的商品经济，变以农业为主的社会经济结构为第二、第三产业为主的社会经济结构的历史进程。

近年来，随着福建省农村乡镇企业蓬勃兴起，非农产业发展，小城镇建设成为福建省城市化一个重要方面。建设规模迅速扩大，建制镇遍布全省各县市区，涌现出一些有特色、上台阶的重点明星城镇。在一些沿海地区，不少小城镇已初具规模，有些城镇已经向小城市迈进。小城镇的基础设施建设逐步配套化、方便化、城市化。城镇面貌和投资环境大有改观，并具备了一定的城市功能，做到了道路通畅、电灯明亮、通信便捷、环境绿化。城市功能的形成、发展和完善，为当地经济更快发展创造了必要的基础条件，城镇居民可以享受到更高生活水准，享有更多社会保障服务，缩小了城乡差别、工农差别。

但是，福建省农村城市化及小城镇建设，也存在一些值得注意的问题。

第一，忽视农村城市化是一个自然的历史的经济过程，片面注重城市化建设，存在着以行政手段实现农村城市化的揠苗助长倾向。农村城市化是经济发展的自然产物。没有非农产业的大发展，产生了农业人口从散居农耕转向聚居务工经商的需求，城市化建设就没有经济基础，此时，不顾经济发展客观需要，强行城市化建设，不仅达不到城市化目的，反而可能破坏农业生产力，成为扰民工程。

我们在考察中，见到了不少农村城市化的正面例子。在具备了农村城市化的实质内容、新兴城市形成的经济基础上，进行城市化建设，有力地促进了当地经济转型，改善了小城镇的社会、经济、文化、环境条件，提高了居民生活质量。但是，也发现了一些令人担忧的现象。主要表现为不能正确认识农村城市化的经济基础、实质内容与其物质表现之间的关系。一些地区，小城镇建设成为考核领导干部和政府工作实绩的重要指标。考核指标主要包括建制镇的增加、镇区面积的扩大、城镇人口的比重等。侧重城市化建设的物质表现而忽视其实质内容、经济基础。这在一定程度上导致一些干部忽视农村城市化是一个自然的历史的经济过程，片面注重城市化建设，以行政手段实现农村城市化的揠苗助长倾向，把好事办成了扰民工程。

闽北山区一个因为库区移民而形成的新镇，部分农民因为库区指标而转成居民户口，但是当地经济还是以农为主，转为居民户口的农民仍然以农为生。虽然通过建镇将人口集中于市镇，但并不因此实现了农村城市化；相反，人为的人口集居不适应农业生产方式，引发了一系列问题。当地就业困难，约45%的劳动力外出打工；居住密集，市镇附近地少人多，被迫开山造田，同时部分边远耕地却被抛荒，有些农民交公粮出现困难；库区网箱养殖，也因密度过大，影响水域，水体环境潜在问题严重。闽南某市要求规划中的镇区不小于2平方千米，农民集中到集镇居住，可以减少配套建设费，但是，当地经济以农业为主，农副产品加工业容纳就业有限，离村入镇无法解决生计问题，农民不愿意移居，即使可以转为城镇户口对他们也没有诱惑力。

在不具备农村城市化的经济基础条件下，把小城镇建设作为考核指标，就容易引发以行政手段实现农村城市化的揠苗助长倾向，片面重视城市化建设的结果是把好事办成了扰民工程，加重农民负担。例如：小城镇建设中的住宅小区，小区外市政公用设施配套费由小城镇政府承担；小区内市政公用设施和非营业性配套公建费一半由小城镇政府承担，另一半摊入建房成本。但是，地方政府财力不足，无力按省政府要求投资，结果小城镇的基础设施建设绝大部分是靠农民集资。某镇1999年铺水泥路面23.5千米，造价50万元/千米，县上补助10万元，镇上1万元，其余全部来自集资；某镇修路花费100万元，90万元来自集资；某市小城镇建设，下水道以外的基础设施大部分实行"门前三包"。更有甚者，近年来，一些地方在小城镇建设中盲目追求"新面貌"，人为更新，大规模拆旧建新，更加重了农民负担，使许多农户负债累累。山区某镇十年来，集镇拆迁1663户（目前总户数2992户），拆迁占地面积9.93万平方米，拆迁建筑面积12.4万平方米；行政村拆迁1248户（目前总户数5152户），拆迁占地面积7.75万平方米，拆迁建筑面积10.63万平方米，致使大批农民因建房负债而外出打工。显然，这是与加快农村城市化的根本目的背道而驰的。

第二，对农村城市化在经济发展中的定位不清楚。主要体现为：

（1）将城市化视为小城镇建设，把小城镇建设视为单纯的市政基建。因此，由规划局制定规划，建委具体负责实施，重点是拆旧建新，改善农民居住条件。水电、交通、电信、市场、道路建设，以及房屋设计、旧城改造、新村建设，乃至点缀绿地、房屋朝向，等等。但是却没有对拟建小城镇的经济发展规模和速度、产业布局和发展方向做出规划，更缺少对经济社会各项事业全面发展的规划，而是就城建规划而规划，建房修路安电话成了小城镇建设的全部内容。

（2）将城市化混同于农村现代化，小城镇建设混同于"建新村、奔小康"。有些地方花了不少精力制定农宅建设样本；有的统一规划建农民别墅；有的把农村分成四种不同档次的生活区。某市专门设计60余种图纸供农民建房选择；有的直接下达每年建新房的户数、面积数；有的为了达到所谓的小康目标，下达任务强制农户装电话。小城镇建设只起到改善村容村貌、居住条件的作用。

（3）将小城镇建设单纯地视为扩大内需、启动经济的措施，认为加快小城镇建设和发展有利于开拓农村市场、扩大内需，对拉动和经济增长有重要现实意义。

第三，地区经济发展水平差异大，缺乏分类指导。福建省沿海地区与内陆山区经济发展水平差异较大，处于农村城市化进程的不同阶段，所面临的主要问题各不相同。但是目前在政策上缺乏针对各地区存在的不同问题分类指导的方针。

闽东南沿海地区自改革开放以来，由于乡镇企业发展较快，农村经济已经从农业为主转化为非农产业为主，为农村城市化奠定了坚实经济基础。惠安县某镇1999年人均纯收入4200元，农业产值1.3亿元，乡镇企业产值22亿元；农业与非农产业产值之比为5.6%∶94.4%。全镇一半劳动力就业于乡镇企业，还有不少劳动力外出务工经商。市镇集居人口2万余人，其中约1.3万人是从事非农产业的农业户籍人口。他们过去分散农耕，现在则移居集镇从事非农产业。由于非农产业已占主体，因此，该镇目前的发展目标是在工农业协调发展的基础上建设成为工业强镇、商贸重镇和旅游重镇。2000年拟在已有1个工业园、3个工业小区的基础上，再建1个工业小区。晋江市某镇有企业1650家，主要是制鞋业。1999年工农业总产值57.6亿元，80%以上来自制鞋业。该镇的制鞋业不仅实现了本地农业人口的非农产业化，而且吸收了大量外地劳工，高峰期可达10万人。而且，在发展过程中，工业布局出现了集中趋势。集镇主要经营商贸，从事鞋材供应，形成了制鞋原料市场。全镇 10 余个村庄已基本连在一起，聚居人口达 3 万多人，而且，镇与所在县级市、地级市也已连在一起，形成了一个城市带。城市、集镇、村庄之间并没有明显区别。

在这些地区，目前的主要问题是城市化建设落后于非农产业的发展，城市化建设成为这些地区经济发展亟待解决的瓶颈问题。而现行的城镇建设基本上还是按照传统的城乡隔绝的思路，由乡镇各自进行，没有从重点建设海峡西岸繁荣带的战略，从发展福厦漳泉城市带的思路出发，统一规划，按照经济合理的要求进行。

与之相反，在南平、三明、龙岩等内地山区，不少地方至今仍然缺乏农村城市化的经济基础。南平某镇 1999 年工农业总产值 4.25 亿元，其中农业产值占 43.5%，人均收入 2900 元。农民主要收入来源于从事传统农业生产和外出务工。乡镇企业从业人员仅 1700 余人，而且兼业现象普遍。目前该镇产业调整方向是加强经济作物种植、水库养殖。南平市一个以林业、农业为主的镇，林业及木材加工流通之外，近期主要产业发展方向是经济作物种植。三明某镇收入水平不低，1999 年人均收入 4020 元。但是，农民主要收入来源是到外地经营沙县特色小吃，全镇有 1.1 万人在外从事该行业。这提高了农民的收入，但却难以形成聚居的经济需要。即使是在经济较繁荣的漳州某镇，农业仍然是最重要的产业部门，香蕉、白背毛木耳等是该镇经济的支柱。这种以农为主的产业结构，即使产生了高收入，也不可能产生城市化的需求。因为，农林为主的生产方式决定了人口经济活动半径小，分散居住是经济合理的。这些地区的乡镇，市镇面积小，聚居人口少[①]，缺少现代工业，基本上是基层行政中心和传统的农副产品流通中心——墟场。在这些地区发展城市化，当务之急是大力发展非农产业，奠定城市化的经济基础，而不是本末倒置地超前进行城镇建设。

第四，在小城镇建设中存在浪费现象。一方面是浪费土地，为了建设小城镇规划中的工业区，大批圈占耕地，而当地工业却一时难以发展，结果土地闲置，浪费良田。为了吸引农民向新村靠拢，往往把新村建设在地形相对便利的地方，尤其是公路两侧地势平坦之处，也侵占了部分良田。与此同时，人口的人为集聚，却使居住地与耕地距离超出经济半径，造成边远耕地荒废，一些农民连交纳公粮都成问题。另一方面是资金与物资的浪费，在城镇建设中片面求

---

① 以南平为例，全市小城镇平均人口规模仅 4400 人，集镇平均人口规模不到 2600 人。见南平市农委《南平市小城镇建设现状与发展思路的调研报告》。

新，不顾现有房屋经济年限，大规模拆旧建新，造成资金和物资极大浪费，带给农民不必要的经济负担。

上述这些问题，归结起来，体现在指导思想上，是没有充分认识到城市化是一个内涵丰富的社会经济转型过程，有其经济基础：经济的非农产业化和相应的物质、制度表现。在工作中，存在着忽视城市化经济基础、实质内容，片面追求城市化物质表现的倾向。促进城市化的物质表现与经济内容的协调发展，是目前城市化工作中亟待解决的问题。

# 三、政策建议

推进城市化进程，是我国在"十五"时期乃至 21 世纪初一项重要社会经济发展战略。推进城市化进程，必须尊重客观经济规律的要求，根据福建省社会经济发展实际情况，制定相适应的发展战略和政策策略。

## （一）基本认识

第一，城市化是一个自然的经济过程，随着经济发展尤其是工业的发展而循序渐进。国外城市化历史证明，在相当长时期里，城市化基本上是工业化的函数。1790～1950 年，美国城市化率与工业化率的变动轨迹，是两条几乎平行的曲线。因此，城市化是一个比较长的历史过程。美国用了 129 年时间，才使城镇人口达到 82.7%；苏联用了 99 年才使城镇人口提高到 65%；全世界在 50 年间，才使城镇人口提高了 13%。历史证明，城市化是一个国家、地区走向现代化过程中的长期任务，无法在三五年内迅速完成。中国由于历史的原因，目前城市化水平低于工业化水平。在此范围之内，城市化进程可以快一些，但也不是无限制的，而且，主要是那些工业化进程快于城市化的地区。不顾国民经济发展实际水平，人为限制城市化进程固然不对，但是，条件不具备时，企图用行政强制的方法加快城市化进程也是不科学、不现实的。

第二，城市化进程包括了两个相互联系且不可或缺的内容：非农产业发展为当地主导产业，农村人口因此产生了从散居农耕转向聚居务工经商的需求；新兴城市的建设。两者之间的关系表现为：前者是城市化的实质内容、新兴城市形成的经济基础；后者是城市化的物质表现。只有前者，没有后者，仅仅是工业化，城市化的实质内容没有得到相应的物质表现。它会导致一系列的社会、经济、文化、环境问题，严重阻碍第二、第三产业的发展，降低居民的生活质量。相反，没有前者，就没有城市化的经济基础，不可能产生城市化的内在需求，搞城市化建设就只能是揠苗助长，破坏生产力。因此，促进农村城市化进程，应以发展农村非农产业尤其是工业化为基础，在此基础上协调城市化建设与农村工业化进程之间的关系，同步发展。

第三，正确认识农村城市化与农业现代化、农村经济非农产业化之间的关系。农村城市化与农业现代化有关系，但是其直接基础不是农业现代化，而是农村经济非农产业化。农业现代化可以建立在农业人口散居的基础上，并不一定需要农村城市化。当今世界发达国家都已经实现农业现代化，但是农业人口仍然散居农村，并没有移居城镇。美国农业是高度现代化的，但是，美国农民却是高度分散居住，甚至不成村庄。而农村经济非农产业化，必然导致农村城市化，因为现代工业有很强的集聚经济效应。因此，必须把农村城市化与农业现代化区分开，把建设小城镇与"建新村，奔小康"区分开。小城镇建设是农村城市化的一部分，而"建新村，奔小康"是我国农业现代化的一部分。

第四，正确认识城市化在发展供给扩大需求上的作用。城市化对促进经济增长、扩大需求都有积极作用。但是，不宜把城市化作为扩大内需的政策手段。原因是：（1）从政策目标角度看，地方政府可以实施的有效政策是供给政策，因此，地方政府的政策重点应是提高地区经济竞争力而不是扩大内需。因为，对于开放的地区经济而言，扩大需求的漏出效应太大，政策效率很低，往往得不偿失。（2）从政策手段角度看，城市化是一个长期渐进的过程，扩大内需是短期的反经济周期行为，因此，城市化不能作为反经济周期的主要政策手段。（3）从政策效果看，城市化建设主要资金投向是土建，产业链条较短，投资乘数效应较低，对扩大需求的作用不大。因此，城市化在地方经济中的主要作用是：培植地区经济增长极，扩大地区经济有效供给能力，提高地区经济综合竞争力。应当从这一角度考虑城市化的有关政策措施。

## （二）战略选择

第一，按照从中心城市向次中心城市到小城镇的顺序推进福建省的城市化进程。城市化具有丰富的内涵和广阔的外延。从外延上看，推进城市化的重点包括：加快建设小城镇，发挥中小城市和小城镇的集聚和带动作用；有重点地发展大城市，形成更多的区域性经济中心；适度发展特大城市，培育具有较强辐射力的国际性城市；在经济发达地区，以大城市或特大城市为中心，发展有较强经济辐射作用的城市群，等等。因此，城市化有一个推进顺序的战略选择。从国民经济角度看，按照从中心城市向次中心城市到小城镇的发展顺序推进福建省的城市化进程，更具有经济合理性。因为，工业具有集聚经济效应，只有在城市达到一定规模，工业集聚的边际成本大于边际收益时，按照产业的边际收益率在布局上实行梯次扩散才是经济合理的。与之相应，大中小城市社会经济功能也存在着一个梯次发展承接替代的关系。中心城市最初是工业或流通中心，随着经济发展，城市地租上升，收益率低的工业被迫外移，而后，第三产业又逐渐地把第二产业挤出中心城市。中心城市功能从工业中心向金融中心、流通中心、信息中心、科研文教卫生中心转移的过程中，次中心城市逐步接替了中心城市原来的城市功能，同样，小城镇与次中心城市之间也存在类似的功能梯次发展替代关系。大中小城市梯次发展功能承接替代，是城市化进程的一般规律。尽管我国由于城乡隔绝的历史原因，使乡镇工业以及小城镇发展一度脱离了市场经济中城市化进程的一般规律，但是，市场经济的发展，将使它逐步回到这一规律所规定的路径上。按照从中心城市向次中心城市到小城镇的顺序推进福建省的城市化进程，有利于从国民经济全局合理地确定大中小城市的功能及相互关系，经济合理利用城市资源，节约投资。

第二，以福厦沿海地区为"十五"期间福建省城市化的战略重点地区，发展福厦漳泉城市带。这个结论的依据是：城市化的基础是非农产业高度发展。将表6与表5的数据结合分析，可以看出，福建省目前城市化水平低于非农产业发展水平，或者说存在着城市化需求，需要重点城市化的地区是目前城市化程度最高的福厦沿海经济发达地区，而不是城市化程度较低的内陆山区。因为沿海地区虽然城市化绝对水平高于内陆，但是，与其经济发展水平相比，城市化水平却太低，按照表5的世界平均水平衡量，福建省沿海地区城市化率应当比目前水平再高 10～15 个百分点。内陆山区虽然城市化绝对水平较低，但已经高出正常水平。以三明市为例，在其现有产业结构水平上，城市化率却高于非农产业水平高于它的漳州市。这显然是计划经济时期三线建设造成的。比之市场经济条件下的正常发展，其城市化率大约高了 10 个百分点。也就是说，从三次产业结构角度看，目前福建省内陆山区，其合理的城市化率应在 25% 左右。这个从统计数据比较分析得出的观点，在我们的实地调查中也得到了证实。目前在南平、三明、龙岩等地区，由于非农产业发展较慢，城市化需求相当有限，也缺乏建设小城镇的资金。而在沿海经济发达地区，则截然相反。因此，我们认为，应以福厦沿海地区为"十五"期间福建省城市化的战略重点地区，发展福厦漳泉城市带。

第三，按照梯次发展替代原理，发展完善内地次中心城市及小城市功能，强化其经济承接辐射能力。目前，福建省内地城市化的主要问题之一是缺乏中心城市，三明、南平、龙岩、宁德等地级市所在城市规模偏小，功能有限，辐射能力不足；县级小城市尚未充分发展。[①] 因此，当务之急是按照梯次发展替代原理，发展完善内地次中心城市及小城市功能，强化其经济承接辐射能力，在充分发展次中心城市及县级小城市基础上，逐步发展县以下小城镇。

第四，大力发展现代化交通体系，缩短沿海中心城市、经济繁荣带与内陆山区的经济距离，提高沿海中心城市、经济繁荣带对内陆山区的经济辐射力；促进沿海地区非农产业向内陆山区的梯次转移；用现代公司制度来支持农业产业化和构造现代农业，发展与现代城市生活相适应的现代化农产品加工体系与现代流通体系，发展旅游业，促进福建省广大内陆农村经济的非农产业化发展，为内陆农村城市化奠定坚实的经济基础。

## （三）政策措施建议

第一，从福建省经济发展的全局统筹规划城市化规划。（1）城市化规划要服从中共福建省委关于"十五"期间重点建设海峡西岸繁荣带的战略决策。（2）将农村城市化及小城镇建设纳入建立中心城市—次中心城市—小城市的区域经济网络建设规划，使小城镇建设成为福建省区域经济网络建设的一个有机组成部分。

第二，进一步解放思想，体制创新，按照市场经济规律打破城乡二元结构，推进农村城市化进程。现有的小城镇建设在相当程度上沿袭了传统体制下城乡隔绝的思路，仍然是以城乡分离的模式搞小城镇建设。这违反了大中小城市梯次发展功能承接替代的市场经济城市化一般规律，将导致经济布局不合理和大量资源浪费。应当按照市场经济城市化的一般规律推进农村城市化进程。具体而言：（1）在闽东南沿海经济发达地区，必须按照新兴城市形成的要求而不是现有的行政区划规划、组织小城镇建设，在相邻乡镇，甚至其与所属县市城市建设已经连片的情况下，应当统一规划，建设新兴城市。（2）在内陆山区，目前县城的城市功能尚有待发展，经济辐射能力亟待加强，因此，在政策上首先应当鼓励农民进县城发展非农产业，充分利用现有的城市设施资源，将

---

① 目前，福建省内陆山区县城所在地的城关镇多数人口在5万以下，扣除辖区农业人口，实际城镇规模大致只相当于闽东南沿海地区的一般市镇，非农产业总量甚至低于沿海乡镇。因此，在内陆山区，县城应成为城市化的重点。

县城建设成为经济实力雄厚的小城市，增强其辐射能力。在户籍制度管理上，建议在内陆山区，允许在县城有稳定收入、固定合法居住场所的农民及其他迁移人口转为当地城镇户口。

第三，坚持可持续发展的战略方针，贯彻十分珍惜、合理利用有限土地资源和切实保护耕地的基本国策，在城市化建设中尽量扩旧，限制新建。福建省土地尤其是耕地资源有限，必须十分珍惜。因此，在城市化过程中，应当打破传统的城乡隔绝状态，尽可能利用现有中小城市资源，减少不必要的乡改镇，镇建市。防止城市化建设中重蹈低水平重复建设覆辙，浪费可耕地资源及投资。

第四，建立统筹城市化工作的协调机构。城市化是一项涉及社会经济社会方方面面问题的系统工程，不仅仅是城建或基建。仅由建设部门管理容易只重视城市化的物质表现；仅由农业部门管理难以从国民经济发展全局考虑城市化规划，无法打破传统的城乡隔绝格局，容易将农村城市化混同于农业现代化，将其纳入建新村、奔小康的运行轨道。因此，建议设立城市化协调领导小组，由主管经济的党政主要领导牵头，统一协调城市化的各方面工作。

## 附录　农村城镇化课题调研笔记*

我们参加省委农办、省科协、省社科联联合调研小组，在 2000 年 5 月 29 日至 6 月 2 日，考察了福建省南平、三明、漳州、泉州四个地市的小城镇建设。

### 一、调研过程

（一）5 月 29 日上午离开福州，中午到达南平市延平区樟湖镇，午饭之后与镇书记、镇长进行座谈

樟湖镇位于闽江中游偏北，是闽北最南端的镇，是中游最大、也是南平市延平区最大的集镇，位于四地市交界处，与三明（尤溪）、宁德（古田）、福州（闽清）接壤。该镇是由库区移民形成的新镇，1990 年搬迁。库区建设淹没了 15000 亩耕地。全镇总面积 198.18 平方千米，合 29 万亩，其中山地 21 万

---

* 在多年的地方性政策咨询课题研究中，我们曾多次到基层进行调查研究，这为我们的学术研究提供了取之不尽用之不竭的灵感。遗憾的是留下的调研记录完整且兼有可读性的较少。这一份兼具二者，特收录至此，以便看出农村城镇化课题调研与本文以及作者其他城市化论文思想的关系。类似地，作者其他一些学术思想的产生，也多与相关甚至似乎不太相关的课题调研密切相关。本调研笔记的整理者是课题组成员林枫。

亩、耕地 9000 余亩、水域 3 万亩（其中水库 11000 亩）；集镇耕地 1200 余亩。全镇有 14 个行政村，1 个居委会、78 个自然村、125 个居民小组，总人口 24000 人；其中，5800 余户、21000 人是从旧库区迁出的，分布在 7 个安置点；集镇包括 6 村街 13000 人；除了 3 个村子在河对岸，大多数分布在 316 国道旁。虽然一部分农民因为库区指标而转成居民户，但不能真正解决就业问题；上级特批山田，目前仍在造田，人均不到 0.3 亩地。当地人民主要从事农业、库区养鱼、香瓜种植、饲料玉米种植、养殖奶牛。富余劳力外出打工，2700 余人在外从事旅游业，经营龙宫，如福州森林公园、左海公园。

目前，经过多年经营，集镇以及整个镇内的基础设施已经颇有模样。7 座水厂日供水 8000 吨，村村通标准自来水。3 座小水电站装机容量 5150 千瓦，年发电量 2500 万度；还有每人 500 度的库区优惠电，每年可用电量达到 1000 万度；有 2 个开关站，2 条 35000 线路。316 国道在樟湖境内共 31 千米，樟湖至福州 118 千米，至南平 54 千米；樟湖镇到巨口乡、尤溪县洋中乡镇有林业公路相通；正在筹建中的高速公路将在本镇高州村设一口。铁路方面，有外福线经过。本镇内有 2 个车站，1 个 500 吨级码头，7 个 10 吨级轮渡码头。铺设了 2.5 万平方米的水泥路面，7 个安置点全部铺设。福州—杭州—成都光缆，在本镇有一开口，本镇有近 3000 部电话，1500 余部手机，仅溪口一村就有 270 余部手机；这些电话多数是在小康建设时普及的。村村通广播、有线电视，电视可以接收 18 频道，电视普及率 95% 以上。4 年内花费 3000 多万元建设防护工程，建设了 10000 余米的排水沟。建成了延平区最大的农贸市场，占地 4000 平方米。（1 个 4000 吨自来水厂花费 360 万元，为 3 个小水电站欠下 1000 多万元贷款。）

樟湖镇拥有延平区唯一的 1 所完中，是省级文明学校；1 个学区，集镇上就有 2 所小学；全镇 9 所小学都有电脑，设施比较完善。文化中心大楼占地 3500 平方米。蛇文化比较典型，农历正月十七至十九，过元宵节，游蛇灯；农历七月七日，游活蛇。樟湖镇中心卫生院是全省第二家通过验收的一级甲等医院。闽江最宽之处达 2 千米，就在镇上，当地想以此以及蛇文化发展旅游业。

目前，全镇规划中包括 6 个工业小区，其中市级 1 个、区级 5 个。集镇 2 个（当年为了申报，将"杨美家"小区变成 3 个，总数就成了 5 个），对岸 1 个。只有"杨美家"初具规模，有石板材加工、玻璃、木材综合加工、铸造等行业，还包括长富第二牧场（2000 头奶牛）。全镇 486 家企业，基本上集中在工业规划区。

1999 年，工农业总产值 4.25 亿元，其中工业 1.6 亿元，旅游业 0.8 亿元。

镇财收入 700 多万元；其中，50 万元用于镇村建设，300 多万元用于小水电还贷，20 万元上交区里用于教师工资发放；镇政府已经清理 86 人，还剩下 100 人以上。人均收入 2900 元（该数据比较可靠，省统计局农调队以此处为调查点）。农民主要收入来源：从事传统农业生产；旅游业；江中打鱼；在乡镇企业上班，月工资 600 ~ 900 元，从业者 1700 余人，乡镇企业中兼业现象普遍。水果主要有柑橘、奈、香蕉等，等级不太高，但还都卖得出去；天宝香蕉、橄榄最北推移至此。天宝香蕉，亩产 125 株，1 株 2 挂，1 挂 15 ~ 30 千克，最低价 2 元/千克（据同组的同志说，库区水位升高，造成小区域内的气温上升，使得天宝香蕉等水果北移；库区网箱养鱼，密度过大，影响水域，将来可能造成水体的完全毁灭）。

按照市、区造福工程的部署，把边远小自然村向集镇、国道靠拢。樟湖镇因此建成 4 个新村，搬迁户每户给 1000 余元。"王宅"向西塘主村靠拢；高州有 9 个自然村，占地 8 万亩，正在逐渐靠拢；共有 120 余户迁入集镇，"龙池"就是由高山上迁入集镇的 40 余户组成的。在搬迁中，予以工程优惠，土地建设与手续费、配套费减免；但是，因为新土地法的相关规定，无法减免土地优惠；原来新村建设给予的土地、木材优惠，现在无法继续。镇政府想通过人口的集中扩大集镇功能。在搬迁中，出现土地的私下转让，有些土地荒废了，另有一些被未搬迁者接管，公粮的缴纳成了问题。

樟湖镇是全省十个小城镇综合改革试点镇之一，该试点主要是在 1997 年活动；1996 年获得福建省"家园杯"新型村镇建设竞赛活动优胜乡镇。

问题在于蛋糕太小。山多田少、水面广。2000 年从水稻中调整 5000 余亩用于经济作物种植。缺少垃圾处理场，需月处理 100 吨，目前将收集的垃圾运到山里晒干烧光。建设资金不足；主要经费来自省库区办，防护工程的 3000 多万元就出于此。没有优惠政策，不会吸引投资，因为其他地方条件更好。

（二）5 月 29 日下午，离开樟湖镇，直接来到延兴区的王台镇

王台镇与莱州隔河相对，全镇 221 平方千米，包括 19 个行政村、61 个自然村、4900 户、人口 21000 人。集镇人口 5000 人，其中非农户口 3000 人，包括采育场 1000 余人和机关学校、国道征地农转非；他们从事农业、乡镇企业、农副产品流通以及利用国道旁边的店面从事流通。全镇外出打工 700 ~ 800 人。

全镇以林业、农业为主。王台镇是林业重镇，山林 27 万亩，森林覆盖率 87%，其中 90% 以上是杉木，木材蓄积量达到 250 万立方米，年生长量 10 万立方米，年砍伐量 4 万立方米。现在，镇政府制定"山田院"经济发展战略：

山上宜竹则竹，宜果则果，其余多种阔叶林。现有果树 18000 亩，竹 2 万亩，阔叶林 1 万亩。年产柑橘 500 万千克以上。田地 2.6 万亩，人均 1 亩多，复种指数高，条件好，农民种粮积极性高，早稻播种面积 1.0 万～1.4 万亩，但收入并不好。早稻一季可收 400 千克，110 元/100 千克；晚稻也可收 400 千克，130 元/100 千克。现在正努力向一菜一稻、一烟一稻等调整，努力实现一村一品，现在的经济作物播种面积已经达到早稻面积的 60%，争取形成 6000 亩烟、1000 亩饲料玉米。发展庭院经济，房前屋后种养果禽畜。

利用 8420 厂搬回漳州的有利条件，发展乡镇企业，现有企业 50 余家。规划了 3 个工业区，2 个在集镇上。利用 316 国道发展贸易，正在动工兴建农副产品批发市场；集镇农贸市场 3000 余平方米；5 日 1 墟，日交易额数十万元。

王台镇财政收入 600 万元。镇政府 80 余人，要完成三税 600 多万元，财政拨款 33 万元，其中 16 万元直接用于教师工资的发放。公共设施投入较多，几年来累计 3000 多万元，自来水厂就有 120 万元。国道拓宽改造等欠基金会几十万元。

1999 年工农业总产值 3 亿余元，其中，乡镇企业产值 2 亿余元，农业 7000 多万元。1999 年人均收入 2980 元。1996 年存款总数 1700 多万元，至 2000 年 5 月调研时，总数基本上差不多。其中，溪后村原有存款 200 多万元，新村建设后只余 80 多万元；"马柯"村人口不到 1000 人，存款 100 多万元，10 万元以上的有 20 余户。本镇贫富平均，从事农副产品、木材流通业者收入好；此外，木材加工、路边店、第三产业也不错。

农村生活水平不断上升。电视普及率 100%；10 个村有电话 100 部以上。在新村建设中，把农村分成四种不同档次的生活区。因为多头管理，政出多门，建设中需要缴纳很多手续费，四层以上楼房勘探费 2000 元，设计费至少 4 元/平方米，房子造价与手续费 1∶1（据称房地产开发商如是说）。

镇上十分强调政策、资金应该予以扶持。同时强调集中居住与就业的问题。他们认为，加快小城镇建设很空洞，没有具体措施，不可操作。闽北农民不愿冒风险，如果有 30 万元，他们将 10 万元投资，10 万元作为流动资金，另有 10 万元作为存款。文化很重要。有人说农村人不爱住新村，要有鸡舍猪栏柴火间。井窠村建标准新村，登记超过 30 户。

（三）5 月 29 日下午，抵达南平市；5 月 30 日上午，与南平市有关部门座谈，出席的有秘书长、农委主任以及建委、规划局、电信等部门代表

南平占地 2600 平方千米，有 10 个县市。小城镇建设中所需经费主要用集资方式筹集，如延平区樟湖镇修一条路花费 100 万元，其中 90 万元来自集资。

夏道镇由几个农户集资建市场，自己收取摊位费。

南平市的小城镇建设是由市规划局具体负责的，由他们编制规划。顺昌建西镇统一规划建别墅。

集中在集镇居住，可以减少配套建设费；但是，农业耕作水平低，农副产品加工业容纳有限，因此存在从业问题，农民不愿意集中居住。在一些地方，集镇居住与农业生产并不矛盾，可以用摩托车等工具实现农业的继续经营。农村环境整治还存在资金问题。建设小城镇时间不足，主要在1995年、1996年进行，每年全市村镇公共设施投资7000万元；1999年受到洪灾影响，只有4900万元。

今后应该更加注意规划，加强乡镇资源共享。在小城镇建设中，无法全部靠政府投入，应该通过经营投资等方式，提高人居面积。农村100平方米的房子，造价1.5万元。建设中，注意推广新材料、新的技术设备。加强集贸市场建设。

南平市最大集镇才1.4万~1.5万人，如水吉镇有14500人，附近村庄加上才1.6万人，这原来还是县城，希望通过建设使其人口达到2万。建瓯徐墩，最近几年人口由2000增加到5000，就是因为乡镇经济的发展。

上级应该给予优惠政策，如用地优惠等。全市耕地320多万亩，298万亩划入耕地保护区。财税体制改革前，省财政每年净补助5400万元；财税体制改革后，变成每年净上交省财政4400万元，而且现在是由各县直接向省财政结算，不经过地市，地方财力，尤其是地市财力大大受损，建瓯财税改革当年就损失县财政收入1600万元，建瓯原来是南平最富裕的县。而且，每年省财政下达任务，都要求地区配套，每年要4000万~5000万元。目前全市财政收入的76%来自农村。但农村财力薄弱，1995~1999年，农民人均收入增长45%，而城镇居民为75%（全国）。南平市财政收入占GDP 5.5%（全国是12%）。建议改革财政体制，加大地方留成比例，土地、户籍制度也要配套。省财政应该向山区倾斜。目前，省财政的一些措施也使南平不利，如将经费全部直接给付省电力公司，造成农村电网改造步伐非常缓慢，连试点也无法完成。强调城市对农村的反哺。南平市曾经利用"6·22"洪灾以及奔小康的优惠政策加快小城镇建设。

建瓯市吉阳镇每年新迁人口200余人。20世纪80年代，墟集发达，赶墟的人多，现在人少了。如"吉阳"，20世纪80年代为2万人，1997年为1.3万~1.4万人。

南平市城市建设中存在以下问题：目前，南平市没有中心城市，这比小城镇建不好更可怕；市区没有开阔地；市区属于边疆，不能发挥辐射作用，而十县市除了延平区外，城区人口都在 10 万以上；应该把建阳、建瓯、邵武建成区域中心城市。在地县城市发展不充分，且有较大空间的前提下，是否要建设小城镇？过去规划的预留空间不够；过去的小城镇建设是一种自然的状态。小城镇建设的布点，可以是自然形成的大集镇，也可以是结合灾后重建与造福工程的新点，并结合今后的产业发展。小城镇建设中，存在着资金、土地的问题。

（四）5 月 30 日上午，离开南平，中午到达沙县，下午前往夏茂镇

夏茂镇在沙县西北部，位于沙县、顺昌、将乐、明溪四县交界处，地势平坦，交通便利，原来是以农林为主的。全镇总面积 210.6 平方千米，有 23 个行政村、1 个居委会、8144 户、32746 人；其中，集镇建成区面积 1.5 平方千米，3 村 1 居委会，2992 户 13000 余人。原来，全镇人口三三分，集镇 1 万人，集镇 5 里内 1 万人，集镇 5 里外 1 万人；集镇改造后，迁入人口 1000 多人。1997 年列入全省小城镇建设试点镇。耕地面积 3.1 万亩。

1990 年开始小城镇建设，至 1998 年已经进行 10 期集镇改造，形成两横三纵格局。2000 年下半年将进行第 11 期，准备分 13 期完成全部改造。集镇建设中，全部拆旧建新，集镇附近的"长富村"2400 余人口，房子已经被拆 115 户。准备再征耕地 200～300 亩。在改造中，实行原地拆旧、妥善安置、占用少量耕地的办法。至 2010 年将附近的 2 个大村庄并进集镇，把集镇扩大到 3 平方千米。就目前来说，建筑档次不高。目前已有 18 个村铺设水泥路。

为了申报小城镇，至 2001 年底，政府将一共投入 1055 万元，用于公共设施建设、集镇基础部分建设、防洪堤、河流整治，以及征地费用等。小城镇建设，县政府给了一小部分启动资金，镇政府卖了一部分地。1999 年，全镇铺成水泥路面 23.5 千米，造价 50 万元／千米，县上补助 10 万元，镇上 1 万元，其余全部来自集资。

1992 年后，外出者逐渐增多。劳动力出现转移，集镇改造，全面拆旧建新，大部分人欠了钱，倒会涉及几千人，也是外出赚钱的动力。集镇改造，可以迫使观念发生变化，劳动力结构发生变化。农业生产结构调整，生活习惯、文化都出现变化。集镇建设，增加商业网点，劳动力转移。

强调地方自主权。拆旧工作难做，存在规划与土地使用权的矛盾，农地征用手续要花费 3～4 个月时间，每亩费用 4 万元。

副县长认为县城才是城市化的最末端，是比较完整的体系，包括政府、财政。

乡镇企业中，产值 1000 万元以上的有 2 家。1999 年，人均收入 4020 元。

镇财收入 400 多万元；工作人员接近 100 人，教师工资由县财政解决；每年完成税收任务 200 多万元。集镇上有 2 个农贸市场，5 日 1 墟，附近地方也来赶墟。

（五）5 月 30 日晚饭后离开夏茂镇，到达三明市；5 月 31 日上午，与三明市有关部门座谈，出席的有分管副市长、秘书长、建委、农委、小康办等

20 世纪 80 年代，三明因文明城市建设而推及小城镇。1991 年、1997 年，两次省小城镇建设会议在此召开，但是经济发展滞后严重影响小城镇建设步伐。注重规划，全市 141 乡镇，县城之外的 123 个，已经全部完成规划，有的还进行了多次修订；1724 个行政村，乡镇所辖 1473 个，已经完成规划 1447 个。奔小康，建新村。全市人口 265 万，其中非农 65 万，农户 40 多万户。"八五"期间，农户建新房 2.8%，年均 1.2 万户，这几年因为奔小康加快建设，建新房比例达到 15%；2000 年，市委下达任务 2 万户、300 万平方米；1997 年，30006 户建新房 533 万平方米。全市每年投入农村建设 10 亿～12 亿元。加大树典型力度，抓典型示范，14 个镇列入省级示范小城镇（全省 100个），15 个示范村，每年开 1～2 次现场会。抓"五通五化"，进行基础设施管理，三明市制定了两套农宅样本；进行村容村貌整治；实行村镇建设"五统一"，尽量制止零星建设，实行集中成片开发。注重规划，抓基础设施建设，要避免过去城市建设走过的弯路，要综合配套、因地制宜、量力而行，建一片要配套一片。在小城镇建设中，不要单靠行政命令。城市化、人口集中，是小城镇建设的目的。商贸、工业、居住各小区都要安排。目前，土地政策造成了小城镇建设与用地的矛盾，希望可以多留一些周转、置换用地。拆迁、补偿、安置都没有统一标准，容易出现问题。房产发证也存在滞后。山区产业化程度低。小城镇建设资金缺乏。土地出让金、城市维护建设费，该返还的不返还；其中，省政府规定土地出让金的 50% 以上用于拆迁；配套设施费实行优惠政策，不容易征收。

"九五"期间，福建省政府加强"建新村、奔小康"的部署。1995 年以来，12 个县市区（梅列、三元 2 个区）的中心县城全面得到扩建改造，投入2.85 亿元，实施 60 余个项目，沙县、永安、尤溪等改造力度比较大。县城人均道路 9.2 平方米，自来水普及率 98.7%。三明市区建设 3.04 亿元，30 余个项目，人均道路面积 8.6 平方米，自来水普及率 99.23%。小城镇人口 41 万，"九五"期间，建新房 926 万平方米，47500 余户迁居，人均居住面积 18.87 平方米；1999 年，投入 6 亿元建成 220 万平方米，11000 余户加入新村建设。拆旧建新，农民习惯是最大的阻力，采取软硬兼施、干部包干做好政治思想工作

是重要经验。1995年以来，每年投入6亿元以上用于小城镇建设，政府对基础设施配套予以少量补助，也给予政策扶持，主要依靠人民自己投资，下水道以外的基础设施大部分实行"门前三包"。

三明市小城镇建设受到区位劣势的局限，规模不小，档次偏低。规划布局不够科学合理，主要表现为小城镇建设人流、物流都没有优势，只能考虑安置在县市公路边；只有房子，没有内容，造成浪费。有的地方要把县城墟日人为地安排到乡镇，结果不成，宁化一个乡镇为了把所在地建成墟，派干部墟日发馒头，结果也不成。基础设施欠账多，小城镇管理跟不上，脏乱差很难改变。小城镇建设的制约因素：地理位置造成很大局限性；目前乡镇企业不景气，缺乏工业经济的驱动力；乡镇财政困难，相当一部分乡镇工资发放都成问题。即将加入WTO、西部大开发，都是对三明的考验，应该放在经济中重新认识小城镇建设，加大对农村的倾斜性投入，政策也要更优惠。在小城镇建设中，一定要科学规划、合理布局，否则宁可停办缓办。对小城镇界定要准确，还要有相应的政策配套，实施过程中要实事求是，处理好需要与可能的关系。发展乡镇企业，培育农村市场，与小城镇建设要结合，发展经济，才能建设好小城镇。小城镇建设要进行体制改革，改革投资体制为多元化，户籍制度、土地流转制度也要改革，试点予以更优惠的政策。一些地方希望把应上缴税费存留，如耕地占用税、交通附加费、粮食附加费。1994年水灾重建家园13000户。要把小城镇建设列入各级政府目标责任制，克服小城镇建设的自发、自流倾向；改善居住、生活条件。尤溪县的基础设施配套比较好，钱摊入农户，提前交。在拆旧建新中，应该利用宗族、风水等习惯，促动农户的被动选择。如果村镇建设区域没有突破，就起不到辐射作用。建宁县里心镇边贸发展良好。三明市区人口26.9万人（包括"陈大、农口"），也没有人口集中的作用。乡镇建设队伍薄弱，"村建站"经常去做计划生育工作。资金是最大问题，按规定，省地县镇经费1∶1∶1∶2配套。土地问题已经与建委进行协调，各县多数已经将土地预留，但是有些主管部门没有做好工作，1999年三明市的土地指标就没有用完。户口与土地都要协调好。1999年，三明市土地收入2700多万元，有的就直接用于工资发放。社保只覆盖县一级。县级的基础设施配套建设费，以及农村的基础设施配套建设费，多数减免。小城镇建设只起到改善村容村貌、居住条件的作用；带动经济发展、实现农村劳动力转移，还没有做到。建议对小城镇建设的内涵、指导思想进行修正。要因地制宜地发展小城镇，目标、任务要区别开，目前大多数小城镇建设只是空壳，不能全面推动；先行工程、乡镇企业已经使乡镇不堪重负。钱一入财政，先用来发工资。全市最小的乡镇只有1000

余人。小城镇建设不能既拉不动内需，又背上包袱，省里出台的一些政策，具体部门执行有困难。部门之间需要协调。小城镇建设是一项重要政策，不要做成只是建房子。农村有钱的盖房子已经差不多，以小城镇建设盖房子拉动内需比较困难。清流 15 个乡镇 14 万人口，1 个 28000 人，1 个 27000 人，2 个 1 万余人，4 个乡镇不到 8 万人；其余 11 个乡镇才 6 万人口。全面推动小城镇建设就是低水平重复。必须考虑到多种功能的配套，主要要建设好中心村，建设中要"眼高手低"，眼光要长远，建设要从实际出发。

（六）5 月 31 日下午离开三明，晚上到达龙岩；6 月 1 日上午离开龙岩，到达南靖县靖城镇，与镇上座谈

农业是靖城镇的最重要产业部门。当地农业结构调整形成三大支柱：香蕉两年三熟，香蕉地 1 亩租金 3000 元，1999 年"9·14"台风损失四成，冻害又损失四成，最后只收两成多，仅冻害就损失 1.2 亿元；白背毛木耳生产基地，120 万袋的生产能力，销往美国，采用"公司 + 基地 + 农户"的生产方式，公司向农民租地 200～300 亩，临时搭盖进行生产。

1999 年，特产税 1000 万元，其中，1 个村就 100 万元；工商税 300 万元。

农民年收入数十万元的很多。

本镇用电来自漳州、南靖，1 度 0.80 元以上。地价高，征地困难。

正在建 40 米宽的兰陵大道，有的别墅住宅已经建好，有的正在建设中。

镇上以"万利达"为契机，加快工业园建设，省级高科技园区 60% 以上的用工来自本镇，其中集镇 1 万人。另有一些人不会或不愿意做工，则到丘陵种植，不愿意外出打工。2000 年，因为万利达搬迁，新增员工 5000 余人。

（七）6 月 1 日中午到达漳州市，下午与漳州市有关部门座谈，农委、建委、新村办等

新村办属于市委组织部。1998 年以来，新村建设与小城镇建设并举，制定 2005 年、2008 年、2010 年分三个级别实现宽裕型小康建设的内容。漳州市在省里 15 项标准的基础上另外制定 6 项宽裕型小康建设目标，分解到年度、部门、县市区乡镇，以便加以考核。其中一项就是小城镇建设。重点建设 23 个；至 2000 年 1 月，总投入 8 亿余元；城区规划 90 余平方千米；建成道路 106.42 千米，开发 5552 亩，开发现代农业示范区 61000 余亩；新区建设 64 万平方米，旧区整治 14 万平方米。在小城镇建设中，提出"六个一工程"的建设目标，包括每个乡镇建立一个民营企业区。为了建设小城镇，专门赴珠江三角洲考察借鉴。目前的小城镇建设按照城市要求进行。投入大量资金，平和坂仔镇基础设施建设 2300 多万元；天宝 1999 年投入 500 多万元铺设 4.61 千米的水泥路；

云霄县莆美镇 1999 年投入 1800 多万元铺设 6.8 千米水泥路。市财政 1999 年专门投入 100 万元。各部门多方协调：工商局办理手续就近就快，公安局处理户口问题，土地局调整基本农田保护区，建委、规划局、农委、科委予以配合，县市乃至乡镇也多有相关政策出台。新村建设越来越快，最初有 100 个，目前已经 200 余个，准备 2000 年达到 400 个。将继续做好规划和实施，23 个重点卫星城镇建设要抓紧，目前 18 个已经完成总体规划，5 个已完成规划并准备论证。要求规划中的镇区不小于 2 平方千米。重点在于完善精品工程，不求最大，但求最佳；不求数量多，但求建设档次高；营造独特的文化内涵，避免低水平重复。因为 20 世纪 80 年代大批建房，现在的拆迁浪费严重；要防止千房一面。平和坂仔全部种香蕉，形成绿色乡镇。小城镇建设，不能以行政领导取而代之；忌一哄而上，质量粗劣；要坚持可持续发展；注意资源浪费问题，尤其是新村建设中的拆旧建新；考虑划出经济园区，云霄县莆美镇就很明显。要用市场经济办法推进小城镇建设；建设中存在资金缺乏的问题，先行工程、两基教育已经使乡镇负债；希望能够通过资源的合法转让、吸引内外资等办法筹措资金。应该多部门协调配合。公共设施配套，农民才乐意到新村建房；应该注意农民的自愿；设计 60 余种图纸供农民建房选择。

建委、规划局表示，要在市级规划的基础上做到直至村一级的城镇规划体系，实现各级的职能分工；小城镇建设规划要尽快调整、细化；应该层层进行"城"的规划。以户口计算，漳州城市化水平只有 17.7%。

（八）6 月 1 日下午座谈后，前往龙海市角美镇

角美全镇人口 10 余万，1999 年工农业总产值 65 亿元，镇财收入 7000 多万元，上交市里 5000 万元，发放教师工资 1200 万元，镇政府工资 600 万 ~700 万元。近年来镇财小金库直接投入基础设施建设 6.3 亿元。

我们还参观了鸿渐村的文圃山庄农民别墅区。角美镇中心区商品房 850 元/平方米。

（九）6 月 1 日在角美镇晚饭后返回漳州；6 月 2 日上午离开漳州，到达泉州，与泉州市农委、土地局、规划局等有关部门座谈

改革开放后，交通贸易要道随着乡镇企业的发展而发展，这是农村经济发展的结果。也有因此形成的城镇，小城镇占泉州市产值的 90% 以上。晋江市陈埭镇是制鞋中心，年产值 60 多亿元，形成制鞋业的相关市场，是华东地区最大的鞋原料市场。泉州政府为了培育市场而推动小城镇建设，安海、蚶江是部级小城镇建设示范点。安海人口 10 余万，1999 年产值 70 亿元，镇财收入 2 亿余元。泉州全市 102 个镇，加上乡共有 140 余个。重点发展中心集镇，在

一定区域内形成中心，2000 年计划建立 30 个，如崇武（惠安沿海）、洛阳（惠南）、"马江"（鲤北三镇）、永春"湖头"（山区与平地交界）、安溪"湖头"（内安溪）。目前存在户籍问题，泉州市目前尚未形成专门文件。另外，户口转入市镇，对当地并无吸引力。石狮人口 40 余万，外来人口超过当地。除了基本农田保护区外，用地也实行用途管制。惠安涂岭镇土地建设规划与土地管理法冲突太大，规划面积大于可用地，如安溪湖头规划 13 平方千米，实际可用地 4.8 平方千米；南安水头规划 8 平方千米，实际可用地 6 平方千米。出现国有与集体土地使用权的交叉。集体土地不可转让，征用权在国家与省里；国有土地可以招标、拍卖；而乡镇一级国有土地很少，使得集体土地出让以增加资金比较困难。新增建设用地手续复杂，审批权限在省政府，周期长、费用大。至 2010 年，全市总用地指标 8.7 万亩，其中还要保证省市重点项目以及一些必要项目的用地，2000 年的外资项目用地就要超过当年指标。虽然预先留了一些地，仍然占补不平衡。全市人均耕地 0.48 亩。建议耕地占用指标应该向沿海倾斜，耕地占补平衡应该在全省范围内进行，规划法将镇纳入城市体系。建议将城镇已建土地视同国有土地，仿照旧城改造，否则，镇政府没有经济能力、没有精力来进行如此大块的集体土地征用为国有土地的工作。泉州市区土地征用费 1 万元/亩，另加补偿费。小城镇旧城区土地利用率低，主要采取拆旧建新。规划编制滞后，1997 年已经编制到中心村，其他地市有的连地市一级都没有；现在要抓晋江、德化、安溪的小城镇建设，确定规模、发展方向。

（十）6 月 2 日下午前往惠安县洛阳镇

惠安县共有 16 个乡镇，洛阳镇与泉州市的洛江区以洛阳江为界。洛阳镇在外华侨 8.4 万人。新中国成立初期的泉州四大街，其一就是洛阳街。324 国道在全镇境内 8.8 千米，路旁有 9 个行政村。洛阳镇的小城镇建设起步较晚，因为区位特征，规划与大泉州捆在一起，也要兼顾惠安县的总体规划。洛阳镇的规划一直是在惠安县规划的基础上与现在的泉州市规划衔接，1996 年建立镇规划，1999 年调整，2000 年再行调整，实现"九图一书"。洛阳镇的建设目标是：工业强镇、商贸重镇、旅游重镇。目前 268 家企业有 22 亿元的产值；集镇多人从事商贸，又有洛阳桥之便利；旅游是因为华侨与洛阳桥的优势，以旅游业带动第二产业。希望政策倾斜以吸引农村人口。现在已经有 1 个工业园、3 个工业小区，准备再建 1 个工业小区，建设中要注意占地与管理的问题。小城镇建设，规划很重要。规划到位实施等于利益的重新分配，但规划只是一张图纸。洛阳镇规划是由天津大学城市设计研究所完成的。全镇已经有 21 个村庄完成规划，在规划未批下来之前，禁止集镇新改建住房。集镇规划将扩展到6平方千米，但仍然只有目前的4个村，主要是扩张工业区。目前的规划中，包括2所中学，其中1所完中、2个完小、1个中心幼儿园。准备建1所占地65亩的学校。集镇二期投入900万元，形成生活区与农贸市场。

必须处理好改革与土地的关系，土地的使用要实行严格管理。小城镇的主体是人民，基础设施建设投入要靠人民。

1999年农业产值1.3亿元，乡镇企业产值22亿元。1999年镇财收入899万元，完成财税上交3500万元。镇财收入来源包括工业区厂房出租、工业区用地收入（2000年就有7个企业通过二次招商获得用地）、临时收入。当地有42家三资企业。村级财政收入必须达到30万元才可以维持开支。"芋头村"收入85万元。乡镇企业包括石雕、化工机械、服装鞋帽、食品等行业。基础设施配套费应该返还乡镇。基础设施建设应该多元投入，洛阳镇规划花费60万元。1999年人均收入4200元。全镇人口70%以上从事农业，一半劳动力转移到乡镇企业。外出人员主要是到香港以探亲的名义打工，1999年4000余人次；也有的到香港、广东从事表业生产，仅广东就有10余家工厂。

集镇人口2万余人，1.3万余人是农业户口；此外，还有外来人口6000人。集镇人口增加，一方面是因为企业用工；另一方面是因为旧镇区全面改造，附近有人来买地建房。2000年1～4月，乡镇企业增加服装鞋帽业工人1500人。全镇耕地2.1万亩，其中水田1.7万亩。镇政府正在建设千亩早杂优、万亩龙眼、6万平方米养鸡场、千头猪、千亩蔬菜和百吨淡水鳗、西番莲等，2000年将有5项农业生产项目产值达到1亿元。

城市对农村的吸引力仅止于教育，而计划生育、生产就业、社会保障等没有吸引力。

（十一）6月2日下午直接从洛阳镇前往晋江市陈埭镇

泉州周围的城市、集镇、村庄之间并没有明显的区别。从晋江市到陈埭镇，完全已经连在一起。

陈埭镇1999年工农业总产值57.6亿元，80%以上来自制鞋业。全镇10余个村庄已经连在一起，总共3万余人。1999年镇财收入1670万元，2000年更好，1～5月已经完成税收7000万余元，各项指标高于上年同期10%以上。改革开放之初，陈埭利用"三闲"，即闲人、闲钱、闲房子，发展乡镇企业。因为当地产咸草，有生产草鞋的传统，经过不断调整，形成以制鞋为主的生产体系。目前企业1650家，其中三资250家，外地劳工高峰期可达10万人。企业正在呈现越来越集中的趋势。

水田总面积 30300 余亩，其中 2 万余亩已经实现规模经营，由 250 余户承包，最多的 1500 亩。1982 年实行承包；至 20 世纪 90 年代初，因为人口多数已经转化为非农产业，抛荒、粗耕粗放现象普遍，于是，农民自发转包，出现了双田制（农民一方面拥有自己承包的土地，另一方面又向他人转包土地）、耕地股份合作制（如洋埭村）、连片承包。10 亩以上的 256 户，100 亩以上 31 户。机械化程度高。几年来年投入 200 万余元用于农业生产。1996 年、1997 年、1998 年全省售粮大户前十名陈埭就有 3 位，1997 年为第一、第二、第四。近两年来，种粮收入不好。富余人口转向工贸，形成制鞋及原料市场。

全国三大鞋材基地温州、东莞、陈埭。集镇主要从事鞋材供应，经营商贸。外出从事鞋业人员很多，收入不计入统计数据。村级工业区多，每村 1~3 个，镇级才 1 个。因为用地矛盾，20 余家企业外流，损失税收 2000 多万元，1 家 6000 多万元的迁往泉州清濛工业区（我们认为，陈埭其实已经相当于城市，还在按乡村管理）。1999 年晋江市用地指标 750 亩。建议集中工业生产。一户批地可以 350 平方米，前店后厂。1999 年晋江市财政收入 10 亿元，实际可用只有 4.7 亿元。因为房子密度大，要拆旧建新就要拆房子，得不偿失。

**二、目前小城镇建设中存在的问题**

第一，小城镇建设的定位不清。"九五"期间，福建省政府确立"建新村、奔小康"的工作部署，提出加快小城镇建设。但是当时所提的加快小城镇建设，很空洞，缺乏必要的内涵界定，没有具体措施以及相应的政策配套，不可操作，对地方建设小城镇的指导作用不足。因此，在广大地区，对于小城镇建设的应有之义缺乏认识。虽然也考虑集中居住、扩大人口与就业的问题，也认为发展乡镇企业，培育农村市场，要与小城镇建设结合，发展经济，才能建设好小城镇。但是在实际操作中，小城镇建设就具体成"奔小康、建新村"，当成纯粹的"建设"，由规划局制定规划，建委具体负责实施，乡镇也是极力介绍当地是如何拆旧建新，改善农民居住条件。水电、交通、电信、市场、道路建设，以及房屋设计、旧城改造、新村建设，乃至点缀绿地、房屋朝向，都成为小城镇建设的重点。为了达到前几年所谓的小康目标，装电话在一些地区成了强制性任务下达；有的直接下达每年建新房的户数、面积数，制定农宅建设样本；有的统一规划建农民别墅；有的把农村分成四种不同档次的生活区。某市专门设计 60 余种图纸供农民建房选择。某镇于 1990 年开始小城镇建设，重点就是集镇全部拆旧建新，集镇附近的一个村庄 2400 余人口，房子已经被拆 115 户。小城镇建设只起到改善村容村貌、居住条件的作用；带动经济发展、实现农村劳动力转移，还没有做到。

第二，小城镇建设，强调集镇范围的扩大、人口的扩张，而且把这些作为具体指标列入政绩考核，力图以行政手段达到小城镇建设的集聚目的，而不是作为一个经济过程加以考虑。某市制定了宽裕型小康建设目标，分解到年度、部门、县市区乡镇，以便加以考核。山区某市最大集镇才 1.4 万～1.5 万人，连同附近村庄才 1.6 万人，希望通过集镇扩张使其人口达到 2 万人。某镇准备至 2010 年将附近相距不太远的 2 个大村庄直接并入集镇，使集镇范围扩大到 3 平方千米。按照集镇规划，某镇也将在不改变行政村的基础上尽量向四周扩展，集镇面积将达到 6 平方千米。闽南某市要求规划中的镇区不小于 2 平方千米。集中在集镇居住，可以减少配套建设费；但是，农业耕作水平低，农副产品加工业容纳有限，因此存在从业问题，农民不愿意集中居住，即便转化为城镇户口对他们也没有诱惑力。如果村镇建设区域没有突破，就起不到辐射作用。但是人为地扩张人口，也不能发挥辐射作用。山区一个因为库区移民而形成的新镇，虽然一部分农民因为库区指标而转成居民户，但不能真正解决就业问题，当地人民仍然主要从事农业，富余劳力外出打工；虽然将人口集中于集镇，但从一定意义上说，只是一个人为的集聚过程，既没有小城镇经济建设的资金扶持，也没有实现区域中心的作用。

建设工业区、发展旅游业是各地小城镇建设的共同目标，没有根据各地具体条件制订可行的经济发展方案。某市在小城镇建设中，提出"六个一工程"的建设目标，包括每个乡镇建立一个民营企业区。农林为主的山区某镇规划了 3 个工业区；另一个小镇也有 5 个工业小区，其中最像样的一个，主导产业是奶牛养殖。强调地区社会文化特征，以此作为发展旅游业的有利条件：有的要利用蛇文化发展旅游业；有的要利用地理、华侨优势发展旅游业。

第三，在建设过程中，存在严重浪费。一方面是土地的浪费，为了小城镇建设规划中的工业区，大批圈占耕地，浪费良田。为了吸引农民向新村靠拢，往往把新村建设在地形相对便利的地方，也侵占部分良田。人口集聚，造成边远地区的土地荒废，连交纳公粮都成问题。另一方面是资金与物力的浪费，为了新村建设以及集镇建设的人为更新，大规模拆旧建新，使得很多农户负债累累，某镇竟然将此作为实现劳动力转移的有利时机。

第四，各地都在强调小城镇建设中的土地、资金问题，以及优惠政策，但事实上这些不是小城镇建设的关键。资金方面，强调财税体制改革是中央以及省政府加强对地方财力的控制过程，地方财力不足，影响基础设施建设投资规模和力度，使小城镇建设步伐减缓。先行工程、两基教育已经使乡镇负债。现在到了城市反哺农村的时候，政策应该向本地区倾斜，加大对农村投资力度。

希望把一些地方应上交之税费存留，如耕地占用税、交通附加费、粮食附加费等；能够通过资源的合法转让、吸引内外资等办法筹措资金。土地方面，新的土地法把大片耕地划入保护区，使得小城镇建设规划与用地产生矛盾，特别是要建设工业区，缺乏大片可使用的土地。户籍制度也要改革。山区强调没有优惠政策，不会吸引投资，因为其他地方条件更好。

但是实际上，土地问题已经与土地局、建委进行协调，各县多数已经将土地预留。城镇户口对农民并没有太大吸引力。目前来看，城市对农村的吸引力仅止于教育，而计划生育、生产就业、社会保障等不能配套。在小城镇建设中，基础设施建设绝大部分依靠人民群众自己的力量，政府投资极为有限。小城镇建设中所需经费主要用集资方式筹集，如某镇修一条路花费100万元，其中90万元来自集资；某镇由几个农户集资建市场，自己收取摊位费；某市小城镇建设，下水道以外的基础设施大部分实行"门前三包"；某镇1999年，全镇铺成水泥路面23.5千米，造价50万元/千米，县上补助10万元，镇上1万元，其余全部来自集资。只有个别经济发达地区，乡镇财力雄厚，可以直接投资于小城镇基础设施建设，闽南某镇近年来镇财小金库直接投入基础设施建设6.3亿元。

第五，产业结构没有得到调整，小城镇建设失去意义。山区的南平、三明，农业仍是主导产业。1999年，甲镇工农业总产值4.25亿元，其中工业1.6亿元，旅游业0.8亿元；镇财收入700万余元；人均收入2900元。农民主要收入来源：从事传统农业生产，外出从事旅游业，乡镇企业（从业者1700余人，兼业现象普遍）。目前该镇的产业调整主要力量集中在加强经济作物种植、水库养殖。但是因为短期效应明显，严重影响当地生态条件的可持续发展。乙镇以林业、农业为主，是林业重镇，1999年工农业总产值3亿余元，其中，乡镇企业产值2亿余元，农业产值7000万余元；镇财收入600万余元；人均收入2980元。本镇贫富差距小，没有百万元以上者；从事农副产品、木材流通业者收入好；此外，木材加工、商贸、第三产业也收入不错。目前主要力量也在于发展经济作物种植。丙镇1999年，人均收入4020元；镇财收入400多万元。农民最重要的谋生手段和最主要的收入来源是外出从事特色小吃，全镇有1.1万人以上在外从事该行业。而在闽南一个经济繁荣的丁镇上，我们看到，农业事实上仍然是最重要的产业部门，该镇进行了农业结构调整，形成香蕉、白背毛木耳等三大支柱；1999年，特产税1000万元，其中，1个村就达到100万元；工商税300万元；农民年收入数十万元的很多。虽然该镇正在以一家大型企业为契机，加快工业园建设，但是因为电价高、地价高等原因而面临困境。

因为农业效益高，当地农民不愿意放弃土地，征地困难；即便省级高科技园区60%以上的用工来自本镇，还是有一些人不会或不愿意做工，宁可到丘陵从事种植业。

在这些农林为主的乡镇，缺乏发展小城镇的必要性，农林生产的特征决定了人口就业状况，人口没有集聚的必要，物流、人流、信息流等小城镇应该具备的功能没有生成的土壤。即使农民因为外出打工而获得一定收入，有能力在集镇上建造房屋，也不能强化集镇的经济功能。

闽南的漳州、泉州地区，因为长期以来乡镇企业的发展，部分城镇已经实现向非农产业的转化，城镇的经济集聚功能得到自然的加强。在泉州经济发达地区，小城镇建设提的高度不如山区，但实际上的建设成效与水平远远超过后者。戊镇1999年农业产值1.3亿元，乡镇企业产值22亿元；镇财收入899万元，完成财税上交3500万元；人均收入4200元。全镇人口70%以上从事农业；一半劳动力转移到乡镇企业。外出人员主要是到香港以探亲的名义打工，1999年达4000余人次；也有的到香港、广东从事表业生产，仅广东就有10余家工厂。乡镇企业对劳动力转移的贡献明显，2000年1～4月，服装鞋帽业工人就增加1500人。目前，工农业生产的协调发展是该镇的主要目标，要建设成为工业强镇、商贸重镇、旅游重镇：2000年将有5项农业生产项目产值达到1亿元；在已有1个工业园、3个工业小区的基础上，准备再建1个工业小区。集镇人口2万余人，1.3万余人是农业户口；集镇人口增加，一方面是企业用工，另一方面是因为旧镇区全面改造，附近有人来买地建房。戊镇全镇主要从事鞋业生产，1999年工农业总产值57.6亿元（外出从事鞋业人员很多，收入不计入统计数据），80%以上来自制鞋业；1999年镇财收入1670万元，2000年更好，1～5月已经完成税收7000多万元，各项指标高于去年同期10%以上。目前企业1650家，外地劳工高峰期可达10万人。村级工业区多，企业正在呈现越来越集中的趋势。集镇则主要从事鞋材供应，经营商贸，形成了制鞋及原料市场。全镇10余个村庄已经连在一起，总共3万余人；集镇与所在县级市、地级市也已经完全已经连在一起，城市、集镇、村庄之间并没有明显的区别。

### 三、小城镇建设必须注意的几组矛盾

第一，土地可持续发展、自然资源保护与小城镇建设的矛盾。因为小城镇对于人口、产业，以及商贸等各方面的集聚需要，随着小城镇功能的扩大，地域范围必将扩大，这样，就与目前耕地保护的政策产生矛盾。在集镇扩大的过程中，不能为了扩大而扩大，必须充分考虑土地资源的不可再生性，在切实保护土地的基础上制定合理的小城镇建设规划，保证土地的可持续发展。此外，

在推进小城镇产业结构转化和农业现代化的同时，必须注意资源的保护，不能因为短视而破坏子孙后代赖以生存的环境与资源。

第二，有限资金与小城镇建设的矛盾。目前，国家与地方的财力均十分有限，需要财政直接投入的地区、行业、部门又很多。因为小城镇建设必须以产业扶持为先导，是一个长期的过程，考虑到资金的投入产出效益，直接以财政资金投入小城镇建设收益不明显。而且，小城镇建设是一项涉及社会政治经济文化各方面建设的系统工程，财政资金的有限也使直接投资力不从心。此外，农民负担已经十分沉重，完全或绝大部分依靠人民群众的力量来进行小城镇建设，实际上也是在进一步加重农民负担，这将在一定程度上影响人民群众建设家园的热忱，也将对各项方针政策的落实实施产生不良影响。

第三，小城镇建设与中心城市建设的矛盾。福建省各地级市的中心城市建设水平普遍滞后，无法发挥中心城市在地区经济发展中的核心辐射作用。在中心城市建设仍有较大余地的情况下，强调小城镇建设，是一种不分建设前后、不分轻重缓急的不当举措。为了加强福建省城市化建设水平，并进而促进经济发展，我们应该将有限的人财物投入中心城市建设，以中心城市建设带动小城镇的进一步发展。

第四，必须协调小城镇建设规划与福建省总体规划的矛盾。必须把小城镇建设置于经济发展的全局中加以考量，不能为小城镇建设而建设，小城镇建设必须服从全省经济发展的总体规划和要求，从促进经济发展的需要入手。

第五，必须协调好沿海与山区在小城镇建设中的矛盾。沿海、山区经济发展水平不同，地理人文各方面条件迥异，不能在小城镇建设中采取一刀切，必须区别对待，针对差异性制订符合各地实际情况的小城镇建设方案。在沿海经济发达、产业结构已经或部分实现非农产业化的地区，可以考虑小城镇建设与中心城市建设以及经济结构的进一步调整充分结合，以经济发展带动小城镇建设，以小城镇建设推动经济进一步发展。山区依然以农林业为主，并不具备小城镇建设的前提条件，缺乏产业基础，不能一哄而上，遍地开花，可以根据各地实际情况确定非农产业的发展方向，为下一步的小城镇建设奠定基础。

# 福建省城市化水平：测量与分析<sup>*</sup>

经过 20 余年的经济高速增长，国民经济的工业化水平不断提高。城市化成为世纪之交我国经济发展的一个重要课题。制定正确的城市化的发展战略与政策措施的重要基础之一是正确认识现有的城市化水平。本文报告了我们最近对福建省城市化水平的测算结果与初步分析。

## 一、现有测量方法评介

城市化是一个比较复杂的社会经济现象。不同学科从各自的研究领域和研究对象出发，给予不同的定义。城市化是一个动态过程，城市化的内涵丰富而多样，因此，测量一个地区城市化水平，有多种方法。目前，我们见到的有以下几种。

### 1. 单一指标法

即选择对城市化表述意义最强的、便于统计分析的个别指标来描述城市化的水平。

（1）城镇人口比重指标。即城市化水平是指某一地区内的城镇人口占总人口的比重。这是世界上较通用的城市化水平指标。它较好地描述了人口向城镇聚居的状况，反映了城市化的基本特征。其计算公式为：

$$Y = U/N$$

其中，$Y$ 为城市化水平，$U$ 为城镇人口，$N$ 为地区总人口。

———————————

\* 本文原载于《福建论坛》（经济社会版）2000 年第 11 期，共同作者：林毓鹏。

由于体制上的差异，直接用这个指标测量我国的城市化水平存在一些问题。我国目前只有辖区人口统计和农业非农业人口统计，没有按城市、农村分类的人口居住地统计。辖区人口统计与城市人口是完全不同的概念。例如，据统计，福建省1983年市辖人口占全省人口的比重为22.65%，到1998年市辖人口占全省人口的比重为84.69%。以此指标为据，显然将大大高估福建省的城市化速度和实际水平。因为，按照国际上20世纪80年代末标准，一个国家或地区人均国民收入达到8500美元以上，城市化水平才可能达到85%左右。而福建省1998年人均国民收入才1200美元左右。福建省的市辖人口比重之所以15年间上升了62个百分点，主要原因是统计口径的变化。

（2）非农业人口比重指标。即以某一地区内的非农业人口占总人口的比重来度量城市化水平。这种指标反映了人口在经济活动上的结构关系、非农产业的就业水平及其就业结构，较好地体现了城市化的经济内涵。其计算公式为：

$$Y = V/N$$

其中，$Y$为城市化水平，$V$为非农业人口，$N$为地区总人口。

但是，直接运用该指标也有些问题。我国的农业非农业人口并不是按照居民的实际从业状况而是按照户籍统计的。改革开放以来，大量的农业人口进入城镇从事第二、第三产业。这是我国城市化进程在人口就业结构上的体现。但是，囿于我国现有的户籍政策，许多已经多年常住城镇、从事非农职业的农业户籍人口却不统计为城镇人口。据统计，1998年福建省的非农业人口仅为全省总人口的19.85%，比1983年还低近3个百分点。显然，利用该指标反映城市化水平，得出的结论是完全相反的。

（3）城市用地比重指标。即以某一区域内的城市建成区用地占区域总面积的比重来反映当地的城市化水平。它体现的是城乡之间在地理景观上的分野。但它忽略了人口密度所造成的城市用地的松紧，以及统计上的难度，故应用不广。

（4）就业结构指标法。即以某一区域内的第二、第三产业的就业人口占总人口的比重来测算城市化水平。之所以采用这种指标，是基于城镇是非农业活动集中的场所这个认识。它可以反映一个地区产业结构的演化状况，揭示出农村城市化的水平及其未来发展的经济基础。

## 2. 综合指标法

鉴于城市化内涵丰富多样，不少学者提出以多项指标，即以多项社会、经济指标替代单一指标，更综合地反映城市化水平。目前，所见到的综合指标法主要有以下几种。

（1）城市成长力系数。该系数是日本学者在《地域经济总览》中提出的，由10项指标来测算"城市成长力系数"：地区总人口、地方财政年度支出额、制造业从业人数、商业从业人数、工业生产总值、批发业总额、住宅建筑总面积、储蓄额、电话普及率。具体计算方法是：选择两个时点，分别计算出某城镇地区上述10项指标在这两个时点内的增减值，然后再以这10项指标各自的全国平均值为100，将各项指标增减值换算为标准值，在此基础上进行算术平均，所得数值即为该城市的成长力系数。这个方法可以刻画一个城市的相对发展水平，但是，无法反映一个地区的城市化绝对水平。

（2）城市度。这是日本城市地理学家稻永幸男等在研究东京郊区地域构造时提出的一个城市度复合指标，用来研究东京郊区城市化的推进情况。

城市度由以下五类16个分指标复合而成：

第一类，表示地域规模的指标：面积，人口总数；

第二类，表示位置的指标：对东京市中心的时间、距离；

第三类，表示经济活动的指标：财政收入，工业产值，商品销售率，耕地面积率，电话普及率；

第四类，表示静态人口结构指标：第一、第二、第三产业人口，管理人口率，雇用人口率；

第五类，表示动态人口结构指标：人口增长率，通勤率，劳动力就业率。

计算采用数理统计中的因子分析法，将各指标标准化后在坐标图上标出，根据图表便可推算出该地区的城市化推进情况和水平。这个方法针对具体问题提出，与我们的研究目的有较大差距。

（3）城市化水平综合指数。这是我国学者提出的，包括以下四大类22项具体指标：

第一类为人口类，包括市区非农业人口占省域总人口比重、市区二三产业就业人数占市区就业人数比重和市区人口密度3个指标；

第二类为经济类，包括市区GDP占省域GDP比重、省域第二产业产值与第一产业产值之比、省域第三产业产值与第一产业产值之比、市区GDP与市区面积之比及市区二三产业占GDP的比重5项指标；

第三类为社会文化类，包括市区职工人均工资额、市区人均用水量、市区人均用电量、市区气化率、市区万人拥有电话数、市区万人拥有中级以上科技人员数和市区万人拥有影剧院数7项指标；

第四类为地域景观类，包括县级市占县级政区总数的比重、建制镇占乡镇总数比重、市区面积与省域面积之比、建成区面积与市区面积之比、市区万人拥有公交车辆、市区人均道路铺设面积和市区绿地覆盖率7项指标。

城市化水平综合指数的测定分两步进行，首先根据各指标对于城市化的贡献度不同，确定不同的权重，其次在对各指标值进行标准化处理的基础上加权求和，获得综合指数。

应当说，这个综合指数是比较全面的。但是，也存在一些问题：①混同了城市化水平与城市化程度，城市化水平反映的是一个地区城市化与否，即城市还是农村的问题。而城市化程度反映的是城市化深度，即低度城市化与高度城市化的问题。二者有联系，但是两个问题。②有些指标对于反映城市化水平来说并非充分必要的，指标的高低对衡量一地区城市化水平缺乏说服力。③指标过多，不少指标政府统计部门并不统计，需研究者自行调查采集，计算工作量大。

# 二、福建省城市化水平的测量

经过权衡比较，我们选择单一指标法，用经过调整的人口从业结构指标测量福建省的城市化水平。

第一，以市镇非农业人口为基础来对非农业人口比重进行修正。

城镇人口应以非农业人口为主，但不绝对排斥农业人口。目前的中国城市生活方式尤其决定了，在城镇人口中应包括一定比例从事农业的人口。这部分农业人口长期居住在城区边缘，除了没有城镇户口、不吃国家直接供应的商品粮外，其他方面几乎同城镇非农业人口一样。他们同样享用各种市政设施，也参与城镇的经济社会活动。因此，在计算城镇人口时，首先必须将这部分人口统计在内。我们认为，1982年以前福建省城镇非农业人口的比例是较为正常的（见表1）。

| 表1 | 1970~1982年福建省市镇人口结构 | | 单位：% |
|---|---|---|---|
| 年份 | 市镇人口比重 | 非农业人口比重 | 市镇非农业人口比重 |
| 1982 | 21.05 | 15.06 | 71.54 |
| 1981 | 20.96 | 14.90 | 71.09 |
| 1980 | 19.78 | 14.56 | 73.61 |

| 年份 | 市镇人口比重 | 非农业人口比重 | 市镇非农业人口比重 |
|------|------------|--------------|------------------|
| 1979 | 19.46 | 14.27 | 73.33 |
| 1978 | 19.08 | 13.70 | 71.80 |
| 1975 | 19.01 | 13.73 | 72.23 |
| 1970 | 19.20 | 14.07 | 73.28 |
| 1970～1982 | 19.79 | 14.33 | 72.41 |

资料来源：《福建统计年鉴（1999）》。

根据城镇非农业人口的比重，可以建立城镇人口比重的初步估计公式：

$$P_{uo} = P_n / K$$

其中，$P_{uo}$ 表示城镇人口比重；$P_n$ 表示非农业人口比重；$K$ 表示城镇非农业人口比重。

以72.4%作为城镇非农业人口比重参数，对福建省1983年以后的城镇人口比重进行估算。结果如表2所示。

表2　　　　　　　　1983～1998年福建省城镇化水平初步估计

| 年份 | 非农业人口比重 $P_n$ | 城镇化水平 $P_{uo}$ | 年份 | 非农业人口比重 $P_n$ | 城镇化水平 $P_{uo}$ |
|------|------|------|------|------|------|
| 1998 | 19.85 | 27.42 | 1990 | 16.68 | 23.04 |
| 1997 | 19.44 | 26.85 | 1989 | 16.99 | 23.47 |
| 1996 | 19.16 | 26.46 | 1988 | 16.75 | 23.14 |
| 1995 | 18.66 | 25.77 | 1987 | 16.65 | 23.00 |
| 1994 | 18.55 | 25.62 | 1986 | 16.55 | 22.86 |
| 1993 | 18.09 | 24.99 | 1985 | 16.48 | 22.76 |
| 1992 | 17.14 | 23.67 | 1984 | 15.78 | 21.80 |
| 1991 | 16.79 | 23.19 | 1983 | 15.26 | 21.08 |

资料来源：根据《福建统计年鉴（1999）》计算所得。

第二，按照实际城镇人口来估计城镇化水平。

我国的城镇实际人口不仅包括部分农业人口，也包括没有城镇户籍但长期居住在城镇的所谓流动人口。他们是事实上的城镇人口，在估计城镇化水平时也必须计入。由于这部分城镇流动人口一般从事第二、第三产业劳动，因此可以从二三产业就业人口比重变化来估算。我们认为，1982年以前，中国人口较少流动。因此，以1970～1982年第二、第三产业就业人口比重为基数来对实际城镇人口进行估算（见表3）。

| 表3 | | 1970～1982年福建省二三产业就业人口比重 | 单位：% |
|---|---|---|---|
| 年份 | 二三产业就业人口比重 $P_1$ | 年份 | 二三产业就业人口比重 $P_1$ |
| 1982 | 29.98 | 1978 | 24.89 |
| 1981 | 28.49 | 1975 | 20.87 |
| 1980 | 27.07 | 1970 | 19.00 |
| 1979 | 25.99 | 1970～1982年平均 | 25.18 |

资料来源：根据《福建统计年鉴（1999）》计算所得。

根据二三产业就业人口比重与非农业人口比重的关系，可以建立实际城镇人口比重的估计公式：

$$P_U = (R_2/R_1) \times P_{uo}$$

其中，$R_1 = P_n/P_{no}$，$R_2 = P_1/P_{1o}$

式中，$P_U$ 表示实际城镇化率；$P_{uo}$ 表示城镇化率；$P_n$ 表示非农业人口比重；$P_{no}$ 表示基期非农业人口比重；$P_1$ 表示二三产业就业人口比重；$P_{1o}$ 表示基期二三产业就业人口比重。

以1970～1982年平均非农业人口比重14.33%为基期非农业人口比重 $P_{no}$，以1970～1982年二三产业就业人口的平均比重25.18%为基期二三产业就业人口比重 $P_{1o}$，可算出1983～1998年新城镇化率 $P_U$，结果如表4所示。

| 表4 | | | 1983～1998年福建省实际城镇化率估计 | | | | 单位：% |
|---|---|---|---|---|---|---|---|
| 年份 | 非农业人口比重 | $R_1$ | 二三产业就业人口比重（%） | $R_2$ | $R_2/R_1$ | $P_{uo}$ | 实际城镇化率 $P_U$ |
| 1998 | 19.85 | 1.39 | 51.55 | 2.05 | 1.48 | 27.42 | 40.52 |
| 1997 | 19.44 | 1.36 | 51.57 | 2.05 | 1.51 | 26.85 | 40.54 |
| 1996 | 19.16 | 1.34 | 50.65 | 2.01 | 1.50 | 26.46 | 39.81 |
| 1995 | 18.66 | 1.30 | 49.71 | 1.97 | 1.52 | 25.77 | 39.07 |
| 1994 | 18.55 | 1.29 | 48.83 | 1.94 | 1.50 | 25.62 | 38.38 |
| 1993 | 18.09 | 1.26 | 46.49 | 1.85 | 1.46 | 24.99 | 36.54 |
| 1992 | 17.14 | 1.20 | 43.76 | 1.74 | 1.45 | 23.67 | 34.39 |
| 1991 | 16.79 | 1.17 | 42.25 | 1.68 | 1.43 | 23.19 | 33.21 |
| 1990 | 16.68 | 1.16 | 41.64 | 1.65 | 1.42 | 23.04 | 32.73 |
| 1989 | 16.99 | 1.19 | 41.24 | 1.64 | 1.38 | 23.47 | 32.42 |
| 1988 | 16.75 | 1.17 | 40.96 | 1.63 | 1.39 | 23.14 | 32.19 |
| 1987 | 16.65 | 1.16 | 40.08 | 1.59 | 1.37 | 23.00 | 31.50 |
| 1986 | 16.55 | 1.15 | 39.15 | 1.55 | 1.35 | 22.86 | 30.78 |
| 1985 | 16.48 | 1.15 | 38.45 | 1.53 | 1.33 | 22.76 | 30.22 |
| 1984 | 15.78 | 1.10 | 33.75 | 1.34 | 1.22 | 21.80 | 26.53 |
| 1983 | 15.26 | 1.06 | 31.29 | 1.24 | 1.17 | 21.08 | 24.60 |

资料来源：根据《福建统计年鉴（1999）》计算所得。

从表4可以看出，改革开放以来，福建省城市化水平显著提高。1983～1998年，15年间提高了将近16个百分点。目前福建省的城市化水平大致相当于国外中等收入国家20世纪70年代中期至80年代初期的水平。

# 三、福建省城市化水平的初步分析

城市化是一个自然的历史的过程，城市化实际上是国民经济的非农产业化在人口居住方式上的反映。因此，城市化与国民经济产业结构演变之间存在密切的关系。下面，我们就福建省的城市化发展水平与国民经济产业结构演变之间的关系进行初步分析。

从表5的数据可以看出，福建省的城市化水平与人均国民收入水平之间存在着正相关关系。城市化的产业基础是第二、第三产业，从表5的数据也可以看出，第二、第三产业在国民经济中的比重与城市化水平之间，也存在明显的相关关系。

表5　　　　　福建省城市化水平与经济发展及产业结构变动的关系

| 年份 | 实际城镇化率 $P_U$（%） | 人均GDP（美元） | 第一产业产值比重（%） | 第二产业产值比重（%） | 第三产业产值比重（%） |
|---|---|---|---|---|---|
| 1998 | 40.52 | 1232 | 18.32 | 43.38 | 38.30 |
| 1997 | 40.54 | 1117 | 19.22 | 43.11 | 37.67 |
| 1996 | 39.81 | 866 | 20.80 | 42.17 | 37.03 |
| 1995 | 39.07 | 813 | 21.66 | 42.43 | 35.91 |
| 1994 | 38.38 | 557 | 21.66 | 44.13 | 34.21 |
| 1993 | 36.54 | 631 | 22.54 | 41.12 | 36.34 |
| 1992 | 34.39 | 464 | 24.83 | 37.16 | 38.00 |
| 1991 | 33.21 | 383 | 27.21 | 35.13 | 37.67 |
| 1990 | 32.73 | 369 | 28.15 | 33.41 | 38.45 |
| 1989 | 32.42 | 422 | 29.62 | 35.74 | 34.64 |
| 1988 | 32.19 | 362 | 30.83 | 37.01 | 32.16 |
| 1987 | 31.50 | 268 | 31.96 | 36.27 | 31.77 |
| 1986 | 30.78 | 234 | 32.46 | 36.93 | 30.61 |
| 1985 | 30.22 | 251 | 33.98 | 36.19 | 29.82 |
| 1984 | 26.53 | 254 | 35.48 | 35.90 | 28.62 |
| 1983 | 24.60 | 246 | 37.00 | 36.04 | 26.96 |

注：人均GDP（美元）根据各年外汇汇率计算得出。
资料来源：根据《福建统计年鉴（1999）》计算得出。

在算出福建省的城市化水平之后，一个令我们感兴趣的问题是，福建省的城市化水平与世界平均水平相比，是否表现出相似的规律性过程？我们查阅了有关资料，发现福建省城市化与经济发展水平、产业结构之间的关系，与世界平均水平相当类似（见表6和表7）。

表6　　　　　　　世界城市化与人均GDP的分组（1989年）

| 城市化水平（%） | 人均GDP（美元） | 城市化水平（%） | 人均GDP（美元） |
| --- | --- | --- | --- |
| 5~19 | 372 | 60~69 | 6424 |
| 20~29 | 374 | 70~79 | 9960 |
| 30~39 | 820 | 80~89 | 8569 |
| 40~49 | 1087 | 90以上 | 10757 |
| 50~59 | 3621 | | |

资料来源：《城市经济学》，清华大学出版社1996年版。

表7　　　　　　　世界城市化与产值结构的变化　　　　　　　单位：%

| 国家 | 内容 | 1960年 | 1965年 | 1980年 | 1985年 | 1987年 |
| --- | --- | --- | --- | --- | --- |
| 低收入国家 | 城市化 | 13 | 17 | 17 | 22 | 30 |
| | 农业 | 50 | 42 | 36 | 32 | 31 |
| | 工业 | 18 | 28 | 35 | 33 | 37 |
| | 服务业 | 32 | 30 | 29 | 35 | 32 |
| 中等收入国家 | 城市化 | 33 | 36 | 45 | 48 | 57 |
| | 农业 | 24 | 21 | 15 | 14 | 15 |
| | 工业 | 30 | 31 | 40 | 34 | 36 |
| | 服务业 | 46 | 47 | 45 | 52 | 49 |
| 市场经济工业国家 | 城市化 | 68 | 71 | 78 | 75 | 78 |
| | 农业 | 6 | 5 | 4 | 3 | 3 |
| | 工业 | 40 | 39 | 37 | 36 | 36 |
| | 服务业 | 54 | 56 | 59 | 61 | 61 |

资料来源：《城市经济学》，清华大学出版社1996年版。

从表6可以看出，在人均GDP为820美元阶段，世界城市化平均水平为30%~39%，人均GDP上升到1100美元左右，城市化水平相应提高到40%~49%。1995年，福建省人均GDP为813美元，城市化水平为39.07%，1998年，福建省人均GDP增长到1232美元，城市化水平相应提高到40.52%。与10年前的国际相应水平的低限大致相当，但略微滞后，也就是说存在发展空间。

与世界上不同收入国家的不同城市化水平的三次产业结构比较（见表7），结论基本相同，福建省目前城市化水平与三次产业结构大致相当于中等收入国家1980年的水平。

# 四、小结

我们对福建省城市化水平的测算和分析仅仅是从一个角度进行的，即城市化实质内容的发展进程。尽管这是一个初步的研究，但也揭示或证实了城市化进程的一些规律性结论，例如，城市化与人均国民收入增长之间的关系，城市化与国民经济结构演变之间的关系，等等。尽管存在着不同国情，但是，福建省的城市化发展仍然基本遵循国际上的一般发展规律。显然，这些结论在制定福建省的城市化发展战略与政策上有一定的参考价值。我们的研究也可以得出一些直接的政策性结论。例如，从测算结果可以看出，从计划经济时代延续到今天的户籍制度已经严重不适应福建省城市化发展的现实需要。要加快福建省的城市化进程，必须加快户籍制度的改革步伐。

## 参考文献

［1］代合治、刘兆德：《复合指标法及其在测度中国省域城市化水平中的应用》，载《城市问题》1998 年第 4 期。

［2］辜胜阻：《非农化与城镇化研究》，浙江人民出版社 1991 年版。

［3］林兴、孙林桥：《论农村城市化》，同济大学出版社 1996 年版。

［4］谢文蕙、邓为：《城市经济学》，清华大学出版社 1996 年版。

# 城市化问题的若干理论思考<sup>*</sup>

加快城市化进程将成为"十五"期间我国经济社会发展的重要战略之一。近年来，各地政府纷纷把加快本地区的城市化进程，尤其是小城镇建设作为促进经济增长的重要战略举措，出现了小城镇建设热潮。本文就城市化及小城镇建设的若干问题谈谈看法。

## 一、城市化与小城镇建设

城市化与小城镇建设，是相互联系但不同的两个问题。城市化是社会生产力的变革引起的人类生产、生活方式和居住方式改变的过程。它表现为：随着一个国家或地区的人均收入水平提高，非农产业比重上升，人口由农村向城市转移，农业人口转化为非农业人口；农村地区逐步演化为城市地域；城镇数目不断增加；城市人口不断膨胀，用地规模不断扩大；城市基础设施和公共服务设施水平不断提高；城市居民的生活水平和居住水平发生由量变到质变的改善；城市文化和价值观念成为社会文化的主体，并在农村不断得到扩散和推广。城市化进程就是变落后的乡村社会为先进的城市社会，变传统的自然经济为现代的商品经济，变以农业为主的社会经济结构为第二、第三产业为主的社会经济结构的历史进程。

从经济角度看，城市化进程包括了两个相互联系、不可或缺的内容：一是非农产业发展为当地主导产业，农村人口因此产生了从散居农耕转向聚居工商的需求；二是新兴城市的建设。两者之间的关系表现为：前者是城市化的实质内容和新兴城市形成的经济基础，后者是城市化的物质表现。只有前者，没有

---

* 本文原载于《福建改革》2000 年第 8 期。

后者，仅仅是工业化，城市化的实质内容没有得到相应的物质表现；相反，没有前者，就没有城市化的经济基础，不可能产生城市化的内在需求，搞城市化建设就只能是揠苗助长、破坏生产力的扰民工程而已。

城市化的经济内涵决定了它是一个自然的历史的过程，只能随着经济发展尤其是工业的发展而循序渐进。国外城市化历史证明，在相当长时期里，城市化基本上是工业化的函数。1790～1950年，美国城市化率与工业化率的变动轨迹，是两条几乎平行的曲线。美国用了129年时间，才使城镇人口达到82.7%。苏联用了99年才使城镇人口提高到65%。全世界在50年间，城镇人口才提高13%。历史证明，城市化是一个国家、地区走向现代化过程中的长期任务，无法在三五年内迅速完成。

中国由于历史的原因，目前城市化水平低于工业化水平，需要适当加快城市化进程。因此，可以得出结论，加快城市化进程是需要的，但不是无限制的，而且，首先需要加快城市化进程的是那些工业化进程快于城市化的地区，而不是所有地区。

城市化具有丰富的内涵和广阔的外延。从外延上看，推进城市化的重点包括：加快建设小城镇，发挥中小城市和小城镇的集聚和带动作用；有重点地发展大城市，形成更多的区域性经济中心；适度发展特大城市，培育具有较强辐射力的国际性城市；在经济发达地区，以大城市或特大城市为中心，发展有较强经济辐射作用的城市群，等等。小城镇建设仅仅是城市化的一部分：小城市化，而且主要是小城市化中的城市建设而已。因此，在推进小城镇建设时，必须从城市化的整体战略角度着眼。

从城市化的整体战略角度着眼，可以得出的一个决策思路是：城市化有一个推进顺序的战略选择。按照从中心城市向次中心城市到小城镇的顺序推进城市化进程，而不是孤立地进行小城镇建设，是更符合城市化发展的一般规律要求的。从国民经济角度看，按照从中心城市向次中心城市到小城镇的发展顺序推进城市化进程，更具有经济合理性。因为，工业具有集聚经济效应，只有在城市达到一定规模，工业集聚的边际成本大于边际收益时，按照产业的边际收益率在布局上实行梯次扩散才是经济合理的。与之相应，大中小城市社会经济功能也存在着一个梯次发展承接替代的关系。中心城市最初是工业或流通中心，随着经济发展，城市地租上升，收益率低的工业被迫外移，第三产业逐渐地把第二产业挤出中心城市。中心城市功能从工业中心向金融中心、流通中心、信息中心、科研文教卫生中心转移的过程中，次中心城市逐步接替了中心城市原来的城市功能，同样，小城镇与次中心城市之间也存在类似的功能梯次发展替代关系。大中小城市梯次发展功能承接替代，是城市化进程的一般规律。尽管我国由于城乡隔绝的历史原因，使乡镇工业以及小城镇发展一度脱离了市场经济中城市化进程的一般规律，但是，市场经济的发展，将使它逐步回到这一规律所规定的路径上来。按照从中心城市向次中心城市到小城镇的顺序推进我国的城市化进程，有利于从国民经济全局合理地确定大中小城市的功能及相互关系，经济合理利用城市资源，节约投资。

从城市化的完整内容着眼，可以得出的另一个决策思路是，目前推进城市化进程的重点，不是城市化绝对水平低的地区，而是城市化相对水平低，即城市化水平滞后于当地经济发展水平尤其是非农产业发展水平的地区。因为，城市化的基础是非农产业高度发展。一个地区，只有它的非农产业发展为主体产业，在当地经济中占绝对优势，才能产生城市化的强烈需求：居民由于务工经商，产生了聚居的要求，以及对城市公共设施及市政服务的需求；同时，非农产业的发展，提高了居民收入及地方财政收入水平，为城镇建设创造了相应的供给能力。城镇建设也就成为打破瓶颈，促进经济增长的重要举措。相反，若当地经济仍以农业为主，尽管该地区的城市化绝对水平很低，也不可能产生城市化的足够需求和供给。这时，勉强进行城镇建设，往往成为扰民工程。在这些地区，当务之急是促进经济尤其是非农产业的发展。非农产业发展到一定水平，自然就会产生城镇建设的需求与供给，此时进行城镇建设则是顺应自然之举，事半而功倍。

# 二、城市化与农村现代化

城市化相对于非城市化而言。因此，城市化相当程度上是农村的城市化，因为，即使是小城市发展为中等城市，中等城市发展为大城市，从城市地域扩大、城市人口增长角度看，也是一个化农村为城市、化农村人口为城市人口的过程。

城市化是现代化的一个组成部分。农村城市化对农村现代化有重要促进作用。但是，农村城市化仅仅是促进农村现代化的重要因素，它并不等同于农村现代化。必须正确地认识二者之间的区别。

现代化的农村仍然是农村，现代化的农业仍然是农业。农业生产的特点决定了，农村人口的合理居住方式是按照有效耕作半径分散居住。现代化的农业，人均技术装备水平高，每个劳动力所能承担的土地耕作面积大大超过传统农业，将使农户的有效耕作半径扩大，农业人口的居住更为分散。也就是说，农业现代化本身并不要求农村城市化。关于这一点，从目前世界各发达国家的农业人口居住现状中便可以看出。当今世界发达国家都已经实现了农业现代化，但是农业人口仍然散居农村，并没有移居城镇。在欧洲，由于人均耕地面积相对少，历史上的居住习惯，农民居住相对集中，形成村落，美国由于人均耕地面积大，加之历史形成的居住习惯，农民高度分散居住，往往方圆数里仅此一家一户，以农场为单位，甚至不成村落。无论是欧洲还是美国，农业都是高度现代化的，但是，并不因此使农村变成了城市。也就是说，农业现代化需要现代化的农村，它要求现代化的农业技术装备，便捷的交通通信条件，现代的生活居住条件，等等。但是，这些都可以建立在农业人口散居的基础上，并不一定需要农村城市化。因此，农业，尽管是现代化农业，立足之地还是农村，而非城市。也就是说，尽管农村城市化是农业现代化的重要条件，但是，农村现代化并不等同于农村城市化。而农村经济非农产业化，则必然导致农村城市化，这是由现代工业所具有的强烈的集聚经济效应决定的。因此，必须把农村城市化与农业现代化区分开，把建设小城镇与"建新村，奔小康"区分开。小城镇建设是农村城市化的一部分，而"建新村，奔小康"是我国农业现代化的一部分。在政策上混淆二者，则会造成消极的后果。一些地方不是从农村非农产业发展的需要出发推进农村城市化，而是把小城镇建设看成"建新村，奔小康"的发展。在农业仍然是当地主要产业基础的条件下，并村建镇。农业人口聚居与分散的农业生产方式之间矛盾重重，不仅城市化的经济基础——非农产业没有发展起来，而且妨碍了农业生产，生态环境受到破坏，聚居的农业人口无法在当地就业，大量外出打工。这些结果是决策者始料不及的，与其初衷大相径庭。

# 三、城市化与扩大内需

在推进农村城市化问题上，一种观点是小城镇建设可以扩大内需，促进经济增长。毫无疑问，进行小城镇建设在一定程度上是可以扩大需求的：城镇住宅及市政建设，会扩大投资需求，从农村居民转变为城市居民，消费水平也将提高。但是，需要提出的问题是：能不能为了扩大需求而推行城市化？

显然不能。因为，如前所述，城市化是一个自然的历史的过程，只能随着经济发展尤其是工业的发展而循序渐进。历史证明，城市化是一个国家、地区走向现代化过程中的长期任务，无法在三五年内迅速完成。也就是说，城市化是长期政策任务，它是渐进的，根据经济发展的水平而逐步推进，但是需要长期一贯地进行下去，而扩大内需是反经济周期行为，属于短期政策目标。一旦经济从低谷走向高涨，扩大需求政策就要被抑制通货膨胀政策所取代。显然，城市化作为长期政策任务不能服务于短期的政策目标，成为短期政策手段。

不能为了扩大需求而进行推行城市化，那么，小城镇建设如何？在一定程度上可以。它主要体现在，如果一个地区城市化水平明显滞后于工业化水平，适当加快城镇建设是有利于扩大内需的。但是，这只能视为推进城市化进程中的一种附带政策效应。单纯为了扩大需求而进行城镇建设在政策考虑上还是值得商榷的。因为，如果认为可以为了扩大需求而进行城镇建设，就可能导致不顾城市化的需求而盲目扩大城镇建设，在没有城市化需求的地区进行城镇建设。而城镇建设，无论是从住宅建设，还是市政建设，都是非生产性建设，或者说非直接生产建设。如果不是根据社会经济发展的需要进行，显然是一种浪费。在资金仍然相当缺乏的中国，我们不能不考虑投资的增长效应。

至于城市化使农村人口转为城市人口，能够提高他们的消费水平，是建立在非农产业的发展，居民收入水平提高基础上的。居民收入水平大幅度提高了，才有能力投资建房，才有能力将自给性消费转化为商品消费。也就是说，提高农村居民的有效供给能力才是扩大消费需求的根本。收入提高了，基础设施条件具备了，消费水平自然也就提高了。城市化和消费水平的提高，都是经济发展尤其是非农产业发展的结果。不提高农村居民的收入水平，而欲通过城镇建设来扩大居民消费支出，似不妥当。全球化时代，对国家和地区而言，是有效供给决定有效需求。因此，必须把宏观经济政策的重心转向供给管理政策。从这个角度考虑，推进城市化的根本意义则在于：培植地区经济增长极，扩大地区经济有效供给能力，提高地区经济综合竞争力。至于它在扩大需求上的意义，我认为是其次的，甚至可以忽略不计。

# 城市郊区外生型农村城市化研究<sup>*</sup>

## ——厦门市禾山镇的案例分析

农村城市化以国民经济工业化为基础，不同地区的国民经济工业化的条件、成因各不相同，其农村城市化进程亦各不相同。就目前所见，我国农村城市化类型主要有内生型农村城市化模式、郊区外生型农村城市化模式、移民型农村城市化模式、民工汇款型农村城市化模式等四种。本文以厦门市湖里区禾山镇为例，探讨郊区外生型农村城市化及相关政策问题。

## 一、禾山镇的城市化：方式和问题

郊区外生型农村城市化模式是一种主要由外部经济力量推进的农村城市化模式，它一般出现在中心城市的郊区或边缘地区。这些地区出现外生型城市化的主要原因是：（1）中心城市的郊区农业原来基本上是服务于城市的副食品供应产业，如蔬菜种植业等，务农的比较收益较高。改革开放初期，资源从农业向非农产业转移的机会成本比较高。（2）20世纪80年代末90年代初，城市经济发展较快，需要大规模扩大城市用地，城郊土地成为首选目标，郊区地价因此急剧上升，这在一定程度上使郊区农民自主发展乡镇工业的机会成本也急剧上升。（3）郊区发展乡镇工业，在产业准入领域、技术标准、环保标准等方面往往要比远离城市的农村受到更多限制，同时又面临着近在咫尺的城市工业更强有力的竞争，因此，城郊农村工业化的进入门槛往往较高。不同时期的种种因素决定了，改革开放以来，城市郊区农村内生型工业化、城市化的机会成本始终比较高，因此，其城市化过程，往往是城市经济发展从外部推进的产物。

———————————

\* 本文原载于《东南学术》2003年第4期，共同作者：林民书、林枫。

外生型城市化模式，一般起点较高，城市建设的集约程度高，能够比较有效地利用土地等资源，并且能够利用中心城市强大的社会经济力量解决其他类型城市化过程中可能不易解决的问题，是一种具有较高效率的城市化模式。这种模式目前最大的问题是：城市化起点高，因此，成本也比较高；另外，由于城郊农村自主工业化的机会成本太高，缺乏内在经济动力，因此，城市化各要素的发展可能不太平衡，容易出现严重的农民转变为市民之后的结构性失业问题，以及市民角色认同慢、基层政权及有关组织转制比较复杂、违章建筑多、"城中村"现象严重、处理成本高等问题。

禾山镇原是位于厦门经济特区前身——湖里出口加工区附近的一个岛内郊区人民公社。20余年来，厦门经济的高速发展，为禾山镇的农村城市化创造了良好的外部条件。目前为止，禾山镇相当部分地区已经实现初步城市化，当地经济具有城郊农村城市化初始阶段的显著特征：第一，经济结构以非农产业为主。2000年全镇工农业总产值28.6亿元，其中农业产值7000万~8000万元，仅占2.6%。当地劳动力数量11483人，在三大产业中的就业比例为33.9∶40.3∶25.8；三大产业的收入比重为6.4∶90.2∶3.4。第二，自主工业化水平低。村集体及农民自主投资创办的乡镇企业为数不多，在我们调研的蔡塘等5个行政村中，不少村子根本没有村办企业，只有两家村办企业的全部产权属于村集体所有。第三，当地户籍人口失业严重。据估计，目前厦门岛东部农村户籍人口中，16~35周岁青年有1.5万~2万人，占总人口的35%~40%，其中50%以上处于失业或半失业状态。根据我们对蔡塘、枋湖、五通三个行政村的调查，当地户籍总人口11096人，其中青年3840人，占34.6%。青年中，在校生600人，占15.7%；中专以上200余人，占5.24%；无固定职业者1420人，占37.2%。其他劳动年龄段人口，失业率也比较高。从性别角度看，男性劳动人口失业率高于女性。

禾山镇的城市化存在着下列值得重视的问题。

**1. 城市化过程渐进推进，城市建设规划沉没成本较高**

城市建设中，一般有两种方式：一种是规划一步到位，建设分期进行；另一种是城市逐步形成，逐步扩大，规划多次形成，不断更改，重复实施。前者可以说是一种理想化的城市建设方案，如果规划得当，严格执行，城市建设的沉没成本较低，从长期看，建设成本较低，但是，在现实生活中，以这种方式形成的城市比较少。后者可以说是大部分城市的实际形成过程，其突出特点是，城市建设缺乏统一的长远规划，基本上按照中短期成本最低方案进行，城市功能区分布不尽合理，城市规划多次进行，后者总是对前者的某种更改和否定，因此，城市建设的沉没成本多次出现而且高昂。我国改革开放以来城市边缘地区的农村城市化过程，基本上是沿着后一路径进行的。这是因为，一方面，这 20 余年来的经济发展之快，经济结构变动之大，远远超出了人们的预料；另一方面，过去实行的实际上是严格限制农村城市化的政策，也在一定程度上限制了人们按照正常的预见能力进行扩大城市规模的建设规划。在禾山镇，这个问题集中体现为：

（1）土地利用不合理。全镇 31.4 平方千米土地，已经基本转为城市用地，但是，现有的利用格局，却是在缺乏统一规划的基础上逐渐形成的。全镇现有各个级别、不同单位审批的 30 个工业小区，千余家中小企业分布其间。虽然不少农民已经转变为市民，但居住方式基本不变。企业、人口零散分布，使土地资源利用率较低，市政设施、政府公共服务难以配套建设，不利于第三产业发展，居民就业机会减少，环境质量、社区服务水平以及居民的社会经济生活质量均低于老城区。按照新的城市规划调整建设布局，就会产生巨大的沉没成本。

（2）违章建筑面积不断扩大，城市建设成本大量增加。禾山镇的违章建筑，是在多年渐进式城市化过程中逐步形成的，量多面广，主要包括部分农村集体经济组织建造的违章厂房和私人建造的违章建筑。巨大的违章建筑，不予以解决，将极大地影响新城区的规划建设以及城市功能的发挥；而解决多年累积形成的大量违章建筑，如果不予以一定补偿，实际上是不现实的，按照既有的拆迁补偿标准，财政又难以承受。

### 2. 行政建制改革涉及复杂的责权利重组，渐进过渡与一步到位，选择两难

农村城市化，必然要求改变原有的行政建制。在行政村这一级，具体表现为村委会改居委会。这个似乎简单的套改问题却涉及复杂的责权利重组。从性质上看，按照《中华人民共和国村民组织法》，村委会是村民自治组织，由村民大会选举产生，但是，由于历史原因，村委会还是农村集体经济组织的管理者，拥有管理村集体资产，进行生产经营的权利，因此，村民资格不能因居住本村而自动获得，也不因移居而自动失去。村民是一个相对封闭的利益群体。由于城乡财政体制差异，行政村还要对本村的公共服务、公共设施负主要的财政责任。村委会身兼村民自治组织和集体经济组织管理者双重身份，有较大的经济责权利。居委会只是所在区域居民的自治组织，而非集体经济组织，没有也不能拥有属于本居委会全体居民所有的生产性集体资产，亦不负有相应的经

营责任。居委会也不对辖区范围的教育、卫生、治安、道路等公共服务和公共设施供给负有财政责任。居民资格是根据户籍原则和实际居住地原则自动生成的，居民是一个开放的群体。从数量上说，城市居民居住集中，农村居民分散居住。居委会管辖的人口一般比行政村要多得多。因此，从村委会到居委会，不是简单的套改，涉及复杂的责权利重组。简单套改，渐进过渡，遗留问题较多，不利于实现高起点的城市化；一步到位，则又有其难处。

### 3. 户籍改换容易而身份角色实质转变任务艰巨

农村城市化，就居民而言，涉及身份转变问题。由农民、村民转变为市民、居民，从表面上看，只是简单的户籍改换，但是，从深层次上看，根本问题则在于身份角色的实质性转变。真正从农民转变为市民，首先是职业的转变。在城市化过程中，首先是农民赖以生存的耕地被征用，变成非农业用地，农民因此变成了非农民，原来拥有的农业生产技能基本报废，重新学习城市谋生技能，需要一定的时间，而且存在种种困难；与此同时，城市化过程又导致城郊土地大幅度增值，为这些农民利用征地补偿费建造非自用私房，获得房产收入创造了有利条件，提高了他们学习城市谋生技能和从事正常城市职业的机会成本。这些因素，致使农民的职业转换十分困难。在城郊外生型农村城市化过程中，往往伴随出现相当一批劳动年龄人口结构性失业，而后逐步转变为长期失业，依靠出租私房（其中相当部分是违章建筑）维持生活。这些人长期无法真正实现从农民到市民的社会角色转换，成为城市生活的多余人。不仅加大了解决违章建筑问题的难度，而且不利于形成健康向上的社会风气，成为社区安定团结的隐忧，甚至可能贻误一代人的发展。

## 二、村改居中的责权利重组

村改居所涉及的责权利重组问题，从根本上说，是如何将村委会管辖的相对封闭、具有特定身份的利益群体——村民转变为居委会管辖的开放的以户籍和居住地为标志的一般群体——居民，将身兼村民自治组织与集体经济组织管理者双重身份的村委会改制为单一的居民自治组织的居委会，这就要求在管辖范围上，按照城市社区的适度人口规模及地理范围，对原来的行政村管理机构进行裁并，从而使城市化地区的基层社区管理完全转入正常的城市基层管理方式，为新区完全融入现行城市生活奠定必要的机制基础。

## （一）村集体资产、资产收入和开支

村民的特殊利益群体身份和村委会的政治经济组织双重身份的根源是农民对特定地域土地的垄断性占有，以及行政村和村民小组的前身——生产大队、生产队。在计划经济体制下，不仅人民公社是政社合一的，而且生产大队在一定程度上也是政经合一的，对本大队范围内的政治、经济、社会生活负全面领导责任。人民公社解体之后，生产大队改制为行政村，为了保留集体经济的性质，行政村也就继承了原来生产大队的集体资产以及对特定地域内土地的垄断性占有与支配权，对行政村内政治、经济、社会生活也同样负有领导责任。由于存在财产关系，行政村所管辖的村民就不是一般意义上的居民群体，而是特定的财产受益人，村委会也就在一定程度上对管辖地域内的公共服务和公共品的供给负有责任。村民与村委会因此形成了与城市居民、居委会不同的身份角色，不同的经济责权利关系。实现村改居，必须厘清改"居"村委会现有的资产状况、资产收益和村集体开支情况，按照城市居委会的组织要求，重新界定不同主体对相关财产应享有的权利、对有关公共服务和公共品供给应承担的责任。

### 1. 行政村的集体资产形式

调查结果表明，在禾山镇，土地是行政村集体资产的主要形式和收入来源，大致可以分成三种形态。

（1）目前村委会占有、使用的土地。按村民人数确定的人均15平方米企业用地共473370平方米（合710亩），习惯性用地为684320平方米（合1026亩）。[①] 据调查，各村对这些土地，或是直接出租，或是建成厂房出租。钟宅村将全部土地按40年租期一次性出租，村集体收入每年约200万元，其中土地租金和虾池租金约80万元，其余大部分是征地补偿费的每年摊收款；高林村和枋湖村将土地部分直接出租，部分建厂房出租，枋湖村委会拥有厂房3万多平方米。[②] 高林村通过出租土地和厂房，每年收入约为150万元，几乎是村集体收入的全部；枋湖村的集体收入每年约500万元，其中土地租金约300万元、厂房租金200万元。后埔村将土地全部建成厂房出租，拥有的厂房价值达数千

---

① 根据《湖里区土地使用情况》计算。

② 需要指出的是，这些厂房中有相当一部分没有按照厦门市政府的有关规定办理正常的产权手续，也就是说，在村委会拥有的集体资产中，有相当一部分属违章建筑。

万元，村集体收入每年 550 万 ~ 600 万元，其中厂房租金净收入就达 400 万元。江头村将某些地块与他人合作开发房地产，有的则建成厂房出租，村委会拥有厂房 2 万多平方米，村集体收入每年约 400 万元，主要有：地块合作开发近 100 万元，厂房租金收入 200 万元。

（2）征用土地的补偿费。1990 ~ 2000 年，这些行政村共被征用土地 13506.3 亩，获得各类补偿费 59078 万元，其中 14930 万元留归村委会。截至 2001 年 4 月，各村委会还存留 1000 万元左右。[①]

（3）即将被征用的土地。尚未征用的土地大约剩下 3 万亩，其中包括耕地 1 万亩，而一半以上的耕地分布在高林、五通两村，属战略用地范围，暂时不会被征用，实际待征用土地大约为 25000 亩。

**2. 村集体资产经营收入的主要开支项目**

根据调查，村集体收入除支付村干部工资外，主要用于卫生、教育、治安、福利、社会救济、优抚和部分公共品的投资。

（1）卫生和治安费用。卫生费用主要包括清洁员工资、垃圾运输费、清洁设备购置费等，治安费主要用于治安队伍，如村巡逻队、治保会、企业巡逻队、外口协管员、老人巡逻队等的费用开支。这两项费用从性质上说，属于公共服务开支。在我们调查的蔡塘等 5 个行政村，每年用于卫生、治安的支出从 60 万元至 250 万元不等，一般在 120 万 ~ 150 万元。

（2）社会救济开支。社会救济是行政村对低收入村民实行的最低生活保障。蔡塘村规定人均月收入不足 200 元的村民，村委会补足 200 元；五保户及困难户供养，由镇政府集中负责供养的，各村委会每年按供养人数上交 2300 元，散居的则要村财保障其生活；有的行政村还对村民的危房改造予以补贴，高林村规定一户补助 2 万 ~ 3 万元。

（3）优抚支出。为了鼓励适龄青年参军，这些村子大多制定了对参军青年家庭予以补贴的政策。例如，蔡塘村规定，每年补助每个参军入伍者 8000 多元。

（4）公共设施投资支出。主要是村办小学校舍及村庄道路建设投资。如 1994 年安兜小学校舍建设总投资 400 多万元，枋湖村支付了 300 多万元。

（5）村民福利支出。包括老人福利费、奖学奖教金、对村办小学的经费补贴、集中代交的农业税等。在我们调查的各村中，一般都对老年村民支付一定数额的现金津贴。高林村规定，60 岁以上的村民每人每月发 20 元，80 岁以上

---

① 根据 1990 ~ 2000 年禾山镇征地补偿费收支分配使用情况汇总。

每人每月发 30 元；钟宅，每人每月发 15 元，过年过节另给过节费，全村老人约 400 人，一年总开支 10 万~20 万元；枋湖，60 岁以上老人每月发 100 元；江头村，60 岁以上老人每月发 100 元，春节、老人节另发 500~600 元。

对村办小学的赞助及奖学奖教金也属于村民福利之一。枋湖每年用于接送本村学生上学的支出 30 万~40 万元，本村两所小学，一年支出 20 万~30 万元。钟宅规定被大专以上学校录取，一次性奖励 2000 元；蔡塘村规定村民子女上大学、中专都给予一次性奖励，被大学本科录取的奖励 3000 元，前提条件是迁出户口。可以看出，这实际上是对与生俱来的村民资格的一次性赎买。

村民福利的另一项是代交农业税，现在除了高林村之外，其余各村农业税都由村里集体代交，一般一个村子每年的支出约数万元。

（6）合作医疗和社会保险支出。调查各村的村民基本上都参加了合作医疗，享受社会保险。村民的合作医疗和社会保险费用是由村集体和村民按一定比例分摊的，此比例各村不尽相同。蔡塘村个人每年交纳 100 元的医疗费和 50 元的公益金；住院费可以报销 80%，最高报销限额是 6000 元/人年，60 岁以上老人的最高报销限额是 1 万元/人年。高林村的合作医疗费用，村集体承担 30%；社会保险，18~60 岁的村民都要参加，按 12 元/月、16 元/月、20 元/月三级投保，村里承担 60%。钟宅村每人每年的合作医疗费用是 150 元，其中村里代交 90元；社会保险，村里出 2/3。后埔村村民的社会保险及合作医疗费用，村里承担 2/3；村民每年报销的医疗费用最高限额是 1 万元/人年。枋湖村规定，20~60 岁的村民都要参加社会保险，每人每月投保 15 元，全部由村集体支付。

上述 6 种村集体支出项目，从村改居角度分析，可以分成几种类型：

（1）社会公共服务及公共品开支。如卫生和治安费用、社会救济开支、优抚支出、公共设施投资支出以及对村办小学的经常性补助支出。根据我国现行的城乡财政体制，在农村，这部分开支，基本上是由村集体经济收入来支付的，在城市，这部分开支，大部分由各级政府财政负担，小部分来自辖区居民的缴费，如社区的卫生费和部分的治安费用等。因此，实现了农村城市化，完成村改居之后，这部分费用无须再从村集体经济收入中开支。

（2）村民福利。村民是村集体资产的所有者，因此，他拥有资产收益权。在禾山镇各村，这个权益目前已经很小，主要表现为各项村民福利和合作医疗及社会保险中村集体支付的部分。这个部分是村民既有的福利，从改革必须尽量实现帕累托改进的政策原则出发，实现村改居后，这部分费用中，有些仍然是要开支的，如合作医疗和社会保险；有些会自然消失，如农业税和对村办小学的资助；有些则可以一次性付清后终止，如对学生上学的接送开支，对子女上大中专的奖励等。

（3）村干部工资。村干部不属于公务员系列，是村民代表大会选举产生的兼职工作人员。因此，村改居后，村干部继续担任居委会干部的，其工资自然由居委会按规定支出，不再担任居委会干部的，从原则上说，也就不必开支其工资。当然，这些干部工作多年，有一定的工作经验，也是本地区重要的干部资源，在村改居之后，年富力强的，应尽量设法予以妥善安置使用。但是，机构设置和人员安排，首先应当从农村城市化这个大局出发，而不是本末倒置，因人设事。

通过分解，并对照现有开支水平，可以发现，村改居之后，如果处理得当，需要从原村集体收入中继续支付的开支只是很小的一部分。

## （二）村改居的有关政策建议

### 1. 是一村一居还是按照城市社区管理需要重新设立居委会？

随着农村城市化进程的推进，为了适应城市社会经济发展的需要，必须调整现有行政建制，实行村改居。村改居有两种方案。一种是不改变原来建制格局，只是将原来的村委会换块牌子，变成居委会。另一种是打破原来的行政村建制，按照城市新区的居民小区规划设置居委会。

在禾山镇，有两个居委会就是由原来的行政村直接改制而成的。这种做法的优点是：

（1）简便易行。因为基本不触动原来的人事安排、利益格局。

（2）可以不进行村集体资产的处置。

其局限性是：

（1）机构设置缺乏规模经济，管理效率较低。城市和农村的居住特征不同，城市居民工作地点与生活区相对分离，相当数量的人口密集地居住在某个生活设施齐全的社区里，从而能有效地利用社区的市政设施和公共服务系统，享受较高质量的社区生活。而农村居民则反之。农耕生产方式决定了，村子大小、居民人数及居住地不能超过有效耕作半径，因此农民的居住方式相对分散。虽然我国人均耕地面积小，但一个村子的居民也为数有限。禾山镇是城郊，居住密集程度大大高于一般农村，这 11 个村子的平均户籍人口也不到 3000 人。城市居委会的管辖人口一般是它的十倍左右。一村一居，如果是在居民原地不动的基础上改制，则因居民人数太少（按现有水平，即使加上外来人口，每个村子的居住人口也仅 1 万人左右），机构设置上缺乏规模经济，人浮于事，政府难以负担；居委会势必靠创收维持正常运转，久必生弊；而且社区设施及公共服务也会因此成本过高，质量较差。一村一居，如果是在居民搬迁，重组新的居民小区基础上设立，那么，一个小区，原来只要设一个居委会，现在由于是几个村子的居民搬迁聚居，因此设立多个居委会，不但人浮于事，而且几个居委会之间的社区管理工作将难以协调，彼此扯皮不断，甚至引发不必要的村际矛盾。

（2）不利于逐步提高城市化水平和完全按照正常的城市管理规则运作。一村一居，可能在改制时比较简便易行，但是可能不利于今后进一步提高新区的城市化水平。一村一居，一般不会对现有的村集体资产较彻底地进行处置，往往是由改制后的居委会直接继承下来，或者变为一个班子、两块牌子。这样，居委会就有了社区管理和经济组织的双重职能，违背了政企脱钩的原则，[①]可能因此出现下列不利于提高城市化水平的情况：第一，不利于原有村民的自由流动，因为搬出该居委会，就可能失去其财产权利；第二，在本辖区内形成了两种居民，一种是对原来村集体资产拥有产权的居民，另一种是外来的、对原有村集体资产没有产权的居民。此时，居委会就难以公正地履行职责，而新区也难以逐步提高自己的城市化水平，难以完全按照正常的城市社区管理规则运作。

因此，从长远考虑，应当尽可能按照城市新区的居民小区规划设置居委会，不要因为照顾原有的行政区划，勉强地采取一村一居的改制方法。

### 2. 新设的居委会不宜继承村集体资产及债务

实行村改居，原来的村集体资产如何处置，是一个值得讨论的问题。大致有以下几种方案：

（1）将村集体财产全部变卖，所得按人头分给村民。

（2）改造后的经济实体仍然采取集体经济性质，但与新建立的居委会脱钩，由原来村民另行组织的管理机构负责经营。

（3）将集体资产变卖，其收入作为各种保险基金，由社保统一管理，再按有关规定，确定每个村民享受的份额。

（4）将村集体资产交镇统一处理，但镇政府必须负担原先村委会所承担的一切开支，包括提供给村民的社会福利。

---

① 当然，居委会不是政府机构，但是，其主要职能是从事公共管理与提供公共服务，因此也不能同时是辖区全体或部分居民的经济组织的经营管理者。

（5）成立经济发展公司，采取股份合作制形式，将财产分成集体股和个人股，集体股和个人股的比例视各村情况而定。目前禾山镇各试点大多采取这种方案，至于在具体的股份设置中，集体股份应占多大比例，各村不同。江头村提出，集体股应占51%，吕厝和江头居委会乌石浦小组的集体股则为30%。有些改制方案提出由居委会主任兼任集体资产管理委员会主任，将经营收益的80%分配给股东，20%留作企业发展积累资金，此外，股份合作企业还要为居委会提供必要的补贴，提供办公用房等必要设施，改制后社区的发展和公益事业投入也将由股份合作社继续承担。

我们曾经就村集体资产处置问题征求过村干部和村民的意见。大多数被调查的村干部和村民对继续保留集体资产持否定态度。村干部的主要忧虑是缺乏经营才能，资产经营风险太大，负不起责任。在过去的农村管理体制下，许多公共服务都要由村集体来提供，这些年来，虽然开始城市化了，但是，一些在城市管理体制下本来属于政府管辖范围的事务，政府还没有负起相应的管理之责，不得不靠村集体资产收入来维持运转。现在既然要实行村改居，最好还是按照老城区的方法，政府把该管的事管起来，村集体承担的开支也由政府直接接手，村集体资产采取一定的办法处理掉。而村民则是担忧村改居之后，村民对村集体资产的经营管理将更难监督，财产流失、利益被侵犯的问题将更加严重，与其如此，不如趁着村改居，把它们变现分给个人好。

我们认为，村干部和村民的意见有其合理成分，值得重视。这些村子由于耕地被征用，村办企业又基本上不存在，无法有效地组织村民从事集体经济活动，集体经济实际上早已名存实亡。所谓村集体经济就是以房地产租金等非生产性收入支付公共服务及村民福利开支。利用村改居的机会，分解遗留债权债务，结束这些实际上已经不存在的集体经济，有利无弊。此外，从前面的分析可以推论，无论是选择一村一居还是重新设置居委会，改制都应当尽量地使新设居委会成为单一的居民自治组织，不要继承村集体资产和债务。因为这样有以下好处。

（1）有利于居委会真正成为单一的居民自治组织，全心全意、一视同仁地服务本社区的全体居民。

（2）有利于保障原有村民的财产权益。防止出现用村民的集体资产收益支付社区公共服务开支的交叉补贴及利益再分配现象。

（3）有利于新区城市建设统一规划的执行。目前这些行政村的集体资产，除土地之外，主要是各村分期建设的大面积厂房，它们未必符合新区城市建设规划，而且其中不少是违章建筑。如果由居委会继承这些村集体资产并以此承担部分社区服务开支，显然不利于解决大量的违章建筑问题，不利于新区统一建设规划的执行。因此，从减少新区建设的人为障碍角度出发，最好是将原来村集体资产予以一次性处置。

但是，将村集体资产一次性处置，不等于全部变卖，所得按人头分给村民。这种直接变现分配的做法是不可行的。因为，第一，这些资产主要是土地和厂房，涉及的资产金额相当庞大，不可能一次变卖；第二，在这些资产中，相当部分厂房是违章建筑，或产权手续不全，无法变卖，或没有产权，不能变卖；第三，这些土地资产位于被城市化地区，政府对该地区的开发投资以及城市经济的发展使它得以大幅度升值，因此这些土地现价中的不小部分相当于意外利润（windfall profit），从理论上说，不应完全归村集体所有；第四，即使可以变卖，所得也不能按人头全部分给村民。因为目前村集体资产收入，除用于公共管理、公共服务与公共产品外，给村民个人的主要不是现金收入，而是为村民购买社会保险和医疗保险等，如果将资产变卖所得统统分给个人，村民的社会保险和医疗保险便难以为继，今后可能会因此出现社会问题。

改造后的经济实体仍然采取集体经济性质，由原来村民组成的管理机构另行负责经营管理，这种做法较之改制后的居委会继承村集体资产的方案，有利于避免居委会承担双重职能，但也不太可行。第一，这种做法实际上承认了这些资产全部属于村民所有，而实际上它们主要是土地和厂房，其现有价值，部分是由于被城市化而出现的增值，从来源看，不应完全归村民所有。目前，村集体资产的主要部分已经用于社区的公共服务开支，如果将集体资产全部划归独立的经济实体，今后地方政府的财政负担可能较重。第二，资产包括厂房和土地，且不少厂房属违章建筑，它们在未来的城市建设进程中，将有较大变化，经营风险较大，而这笔资产与村民直接相关的部分，主要是社会保险和医疗保险的代付款。以风险较大的资产形式应付相对固定的社会保险和医疗保险缴费支出，显然不合适。第三，在调查中，不少村干部均表示无论是行政村还是村民小组，都比较缺乏经营管理人才，不熟悉城市经济运作方式，若继续经营，则难以确保资产安全及收益。

将集体资产变卖，收入作为各种保险基金，由社保统一管理，再按有关规定，确定每一个村民享受的份额。这种做法忽视了村集体资产的复杂产权性质以及变卖的可能性。

将村集体资产交镇统一处理，镇政府负担原先村委会所承担的一切开支，包括提供给村民的社会福利。这种思路一方面忽视了村集体资产的复杂产权性质，另一方面也使镇这一级政府陷入政企不分的泥潭。原来要在居委会一级避免的政企不分的局面却在镇一级出现了，不仅不符合规则，镇政府也将因此增加极大的工作量。

因此，改制后居委会不再继承村集体资产，村集体资产及所承担的开支项目，在分解的基础上进行处置和分摊，从长远看，可能更为合理。

### 3. 按照责权利对称的原则分解原村集体资产及开支

目前禾山镇待改制各村的集体资产主要包括人均 15 平方米企业用地 710 亩，习惯性用地 1026 亩，厂房面积约 40 万平方米，[①] 以及待征用土地 25000 亩。每年村集体开支约 3000 万元，主要支出项目是社区公共服务与村民的社会保险和医疗保险。因此，可以考虑按照收益与支出对应的原则，将原来村集体资产及其开支项目按一定比例分解处置。

（1）人均 15 平方米企业用地、习惯性用地以及厂房的租金收入，划归区、镇政府支配。原来由各村委会承担的社区公共服务开支，按照不低于改制前三年平均支出水平的标准，由区、镇财政拨付给各改制居委会，用于卫生、治安等支出。根据我们的计算，这些租金收入扣除经常性开支后，一年还可以有2000 万元的剩余。

当然，也可以考虑将现在各村人均 15 平方米企业用地、习惯性用地等，在岛内置换等面积的土地，形成成片的工业可持续发展用地，使用权归湖里区及禾山镇，并给予适当的优惠政策。经营所得用于改制居委会的社区公共服务支出，剩余部分作为区、镇发展资金的补充。这种方案的好处是：各村现有的这两种土地，空间分布分散，管理不便，市政设施、政府公共服务难以配套，无法连片开发，既不能进行大规模高规格的招商引资，也不利于新区的建设规划；将这些土地置换成成片的开发用地，统一规划，集中开发利用，有利于土地的集约使用和新城区的建设开发。

（2）待征用土地分成两个部分。土地补偿费用于继续缴纳村民的社会保险和医疗保险。在原有的行政村体制下，村民的医疗、社会保险就是由集体所有的土地收益支付的，现在用土地补偿费继续支付。一方面，符合帕累托改进原则，有利于降低改制阻力。另一方面，在有条件的情况下，用村集体资产为多年务农的农民提供基本的社会保障，符合社会主义分配原则，也有利于促进新区的社会稳定。此外，在社会保险基金中，应该留出一块特别经费，用于东部农村地区村民原来享受的福利费开支，这些福利费在城市居民身份之外但又有

---

① 根据调查资料汇总计算。

一定的历史渊源，骤然取消不利于城市化进程的顺利推进，而继续保留又不符合城市化最终实现同等待遇的宗旨，可以考虑使用过渡性办法，老人老办法，新人新办法，经过若干年的逐步消化，最终完全取消。

土地拍卖所得扣除土地补偿费之后的余额归市、区财政所有。目前厦门市的土地拍卖价在每亩 100 万元以上（这一价格主要针对商贸和工业用地而言，然而，从厦门岛内实际情况出发，随着时间的推移，土地的稀缺性日见凸显，土地价格的攀升是一个可以预见的必然），而征地补偿费大约只有每亩 7 万余元，应该综合多种因素，适当提高征地补偿标准，以 25000 亩、每亩 7.175 万元计算，[①] 征地补偿费 179375 万元；如果将征地补偿费增加至每亩 15 万元，则总额将达到 37.5 亿元，由 6 万人分享，每人将得到 6 万余元的社会保险和医疗保险，而政府还将从土地拍卖中获得 210 亿元的收入。

在我们的政策设计中，一个主导思想是：通过改制，处置村集体资产（主要是土地资产），应当在不降低被城市化地区原有公共服务水平、村民福利水平的基础上，让市、区财政获得因城市化而产生的土地增值的较大部分。其原因是：第一，城郊土地增值的直接原因是随着城市经济的发展，城市用地扩大，政府为了推进城市化，先期支付了数额庞大的公共投入，因此，土地增值收益，部分源于被城市化地区之外经济推动，部分源于政府对该地区的公共设施投资，无论是根据前者还是后者，土地增值收益分配在原则上都应当是在保证该地区居民原有公共服务和福利水平的前提下，剩余部分归政府所有。第二，被城市化地区的市政建设严重落后，道路、自来水、市政管道等城市公共设施水平与老城区相比，差距还很大。湖里大道、吕岭路、环岛路都在禾山镇的外围断开，很多地方仍旧是 20 世纪 50 年代的乡村路，道路狭窄，经常堵车。禾山镇的自来水水源来自湖边水库，目前，金尚小区的生活污水未经处理就直接排入湖边水库，严重影响了该地区的自来水水质。下水管道也尚未完全铺设到位。此外，位于禾山镇的全市生活垃圾处理场也有待改建处理。这些市政建设，需要大量的资金投入。政府通过经营被城市化地区土地资产，将土地增值收益用于被城市化地区的市政建设，符合政府财政收入取之于民、用之于民的原则，也有利于加快被城市化地区的城市化进程。

土地征用将根据城市化进程逐步进行，资金也将逐步落实到位。制订年度计划，土地先行拍卖，再从拍卖所得中直接拨付补偿金给社保、医保专项经

---

① 土地补偿费，包括土地补偿费 3.55 万元、青苗补偿费 0.235 万元、地上物补偿费 1.24 万元、农村劳力安置费 2.15 万元，共计 7.175 万元/亩。

费；或者在土地拍卖之前，先按照土地补偿费标准计算应该归社保、医保管理的资金额度，制订分年度拨付计划，既可以保证政府支付能力，又能够保证广大群众得到实惠。

（3）至于现金等其他资产，可以按人口或其他标准直接分配到人，作为城市化建设后的搬迁费、安家费。

# 三、违章建筑与村民的就业、社会保障

## （一）违章建筑是一个涉及城市建设、村民生活的复杂问题

### 1. 结构性失业与违章建筑

由于上述分析的诸种原因，城郊农村城市化往往表现为外生的城市化过程，即原有的农村经济内部还没有自主地生成城市化的工业基础，城区经济的扩张浪潮就吞食了农业用地。农民不是根据比较利益自动地放弃农业，选择非农产业，而是由于土地被征用，被迫放弃了农业；在禾山镇，还有一些土地尚未被完全征用的村庄，一部分农民仍在从事蔬菜种植业和水产养殖业，但是由于近年来依靠郊区提供蔬菜等副食品供应的传统区域性市场模式因交通条件改善，商品经济发展，正逐渐被大规模集中生产、远距离调运的全国性市场取代，近郊生产的蔬菜面临外地低成本蔬菜的激烈竞争，而利用升值的土地从事地产经营可能获得更高的收益，这些都大大提高了农民继续从事农业的机会成本。在这种被城市化的过程中，随着土地被征用，农民原以为业的农业生产技能突然报废，因此成为城市化进程中的结构性失业者：他们有农业生产技能，却失去了土地，或者比较收益大大下降，以至继续从事无利可图；城市化提供了许多新的职业岗位，而他们却缺乏相应的职业技能。我国目前条件下，农业与非农职业的文化标准差异，进一步提高了劳动者从农业向非农产业转移的门槛，强化了这种结构性失业的刚性。在禾山镇户籍人口中，高中以上文化程度者（含在校生）只占10%左右，年轻人中初中生尚有一定比例，40岁以上的则多数没文化。各年龄段劳动人口失业率都比较高，其中，男性劳动人口失业率又高于女性，之所以如此，一个重要原因是城市化提供的劳动密集型产业、服务业低技能岗位对女工的需求较大。

与此同时，由于被城市化而飞速上涨的住房需求，不仅为被迫从农业中退出来的村民提供了维持生活的收入来源，而且也提高了他们向其他非农产业转

移的机会成本，阻滞了被城市化地区村民向市民的社会角色转换，在一定程度上潜伏着部分村民逐步演化为城市房地产食利者群体的危险，也使得被城市化区域出现了与现代化城市新区极不相称的"城中村"地带。"城中村"内，违章建筑密集，道路、下水等公共设施水平严重不达标，外来人口多，本地户籍人口中相当部分依靠房租为生，社区治安、卫生情况较差，严重影响了被城市化区域城市化水平的提高。城市里大量的外来打工人员对廉价出租房的巨大需求，使市区附近的出租房有广阔的市场空间；征地补偿的较大笔资金，又为村民建房出租提供了必要的资金保证。盖房子出租，便成为被城市化地区村民的重要衣食之源。由于厦门市在 1987 年以后基本上已不再审批宅基地，农民手中没有多少土地可以用来建房出租，因此，他们主要采取加层、扩建等形式进行违章建筑，非法增加房屋面积；另外，在目前的管理体制下，办理住宅建筑合法手续所需要的投入，也超出了一般村民的能力，使得他们宁可违章建筑，投资少，简单易行。巨大的需求和利益的驱动，造成了被城市化地区违章建筑大面积泛滥。而违章建筑带来的高收益，又使当地村民转业的机会成本大幅度上升。他们缺乏从事较高收入职业的专业技能，又有较高的房租收入维持一定的生活水平，因此不愿意像外来打工人员一样，从一般技能、较低收入的岗位干起，逐步发展。

综上分析，被城市化地区农民的结构性失业与城市新区中的违章建筑泛滥，是一对紧密相连、互为因果，需要在城市化过程中统筹考虑、联动解决的问题。

### 2. 违章建筑是村民的重要收入来源

目前，出租房屋是禾山镇村民的重要经济收入来源。90% 以上的村民都有或多或少的违章建筑，用来出租的房子 80%～90% 属违章建筑。据保守估计，全镇违章建筑面积达 50 万平方米，村民每年可以获得的房租收入达六七千万元之巨。

房屋租金收入的多寡，与城市化程度相关，与村民的收入水平相关。据调查，越是靠近城乡接合部，或者设在本村以及附近的企业越多的村庄，如江头、后埔、后坑、蔡塘、枋湖等，出租住房也越多。江头已经处在城市范围之内，三个村民小组，最多的一个组平均每户出租三套房子；如果不是因为征地早，违章建筑已经无地可建，私房出租还会更多。枋湖靠近机场，有着大量的租房需求，85%～90% 的人家都出租住房，每平方米租金 10 余元，每间 150 元左右；村民的租金收入可达每人 300 元/月以上，房租收入约占村民收入的 1/3

以上。即便是地点较为偏僻、附近企业较少的高林、五通等村，房租收入也在村民收入中占有很大比重。从房租收入与村民收入水平看，出租房屋多的村庄，村民收入水平也较高。蔡塘人均收入是 8400 余元，后埔人均收入为 7000~8000 元，而高林、钟宅的人均收入则低于禾山镇 7000 余元的水平，只有 6000 元左右。

违章建筑与城市化程度、村民收入水平的正相关关系，一定程度上说明了处理违章建筑的难度。城市化产生了廉价出租房的市场需求，不断地强化出租私房从而扩大违章建筑的激励机制，它使违章建筑的处理难度，随着城市化的深入而加大。廉价出租房需求与城市化正相关，某种程度上说明了，在被城市化地区，存在着对廉租房的巨大需求。这个需求不可忽视，应当通过正当的形式得到满足。违章建筑是村民收入的重要组成部分，说明了违章建筑问题的多层次性和复杂性，它涉及城市规划、城市建设、村民收入、村民向市民的身份角色转换等问题，不仅仅是一个简单的市政规划问题。

## （二）综合处理违章建筑与村民身份角色转换的政策建议

违章建筑是城市新区之癖。从珠海等城市处理"城中村"的情况看，如果在新区建设时不一次性地处理好该问题，那么，随着时间的推移，处理"城中村"的难度和成本将急剧上升。因此，最好趁城市化之初，尽可能一次性处理既有的违章建筑，防止产生新的违章建筑，同时，通过处理违章建筑，创造条件，促进被城市化地区村民向市民的身份角色转换。

如前所述，违章建筑涉及面广，情况复杂，牵扯多元利益，需要统一设计，联合行动，综合处理。我们认为，在处理违章建筑问题时，有几个问题值得注意：

（1）村民的收入；

（2）村民的结构性失业；

（3）广大外来员工的住房需要；

（4）政府的财政能力。

具体而言，我们认为：

第一，应根据违章建筑的建筑原因和建筑时间，承认既成事实，区别对待。（1）对于确属住房困难出现的违章建筑，应该从解决村民的居住条件出发，按照人口标准解决一定面积的住房，或者是廉租房，或者是微利房。（2）对于在近期有意利用土地征用的时间差违章建设，以获得征地补偿为目的的违章建筑，要坚决拆除，不予补偿，情节恶劣的要予以必要的处罚。（3）历史上逐渐形成的违章建筑，是现存违章建筑的主体。应当考虑到违章建筑的形成在一定程度上与城市化过程中出现的农民结构性失业问题处理不当有一定关系，还应当考虑到禾山镇80%～90%村民的生活来源相当部分来自房屋出租，其中大部分是违章建筑的现实。如果对所有的违章建筑都不予补偿地拆除，可能影响广大村民的生计，甚至影响社会的安定团结。建议对现有违章建筑按不同的建筑时期进行分类，根据具体时间界限规定不同的拆迁补偿比例，同时，还要规定人均拆迁补偿最大面积，以及累退的面积补偿等级，即低于某个人均拆迁补偿面积的，规定最高的补偿比例，以后每超过一个等级的人均面积，补偿比例相应递减。补偿可以采取多种形式分期支付。

第二，运用多种拆迁补偿方式，提高被城市化地区村民生活保障程度，促进村民向市民的平稳过渡。长期以来，城市拆迁赔偿形式基本是住房补偿与一次性货币补偿两种。这是因为市区的拆迁涉及拆迁地的居民住房问题。住房解决住的问题，城市住房供给有限，因此，按人口提供限量住房补偿后，剩余部分就采取一次性货币赔偿的方式。但是，将这种方式简单地搬来处理农村城市化中的村民私房拆迁，似乎未必尽妥。村民的私房不仅用于自住，而且是其日常收入的重要来源，此外，私房也是禾山镇十余万外来务工人员的栖身之所。拆迁补偿必须同时满足这些不同的需要，也就要求比通常城区拆迁更为多种多样的补偿方式。（1）住房补偿，用于解决村民的住房需要；（2）部分的货币补偿，用于村民投资兴业转行及搬迁等需要；（3）部分的建筑用地指标，允许村民集资或独力投资，按照统一的建设规划和建筑标准建设外口公寓，从而获得必要的日常收入。同时，鼓励村民以此为契机，参与外口公寓的物业管理；（4）部分直接转入社会保险基金。对于有些因种种原因投保金额不足的村民，应将部分补偿金额直接拨付社会保险机构，投足社会保险，解除这些村民的后顾之忧。

第三，建立被城市化地区适龄劳动人口就业基金。如前所述，外生城市化是禾山镇青壮年村民大比例结构性失业的主要原因，而大量的违章建筑出租大幅度地提高了这些村民积极主动转业的机会成本。因此，可以考虑，在违章建筑拆迁补偿金额中，抽出一定比例的资金，建立城市化地区适龄劳动人口就业基金，用于职业培训与职业介绍，帮助被城市化地区适龄劳动人口就业。对优先招收被城市化地区适龄村民的用人单位，按人头予以适当补贴，降低本地村民的就业门槛；对被城市化地区适合当地村民就业的社区服务工作，应优先考虑接收当地村民；对社区内的市场摊位、商业网点和店面，可以优先、优惠地提供给当地村民，并予以必要的税费减免优惠，帮助被城市化地区村民尽快实现从村民向市民的社会角色转换。同时规定由违章建筑拆迁补偿金部分购买的被城市化地区适龄劳动人口的社会保险金的领取，必须与本人就业情况挂钩，长期拒绝就业者，应扣减直至取消其享受资格。对房租收入，应按照有关规定征收所得税，抑制村民对房产收入的依赖性。

第四，限于政府财力与城市经济发展的需要，禾山镇农村城市化虽然已经全面展开，但是仍然需要一段时间渐进地进行，不可能一步到位，违章建筑也只能分批分期地处理。因此，为了防止有关单位和个人的套利行为，应对现有被城市化地区的土地利用情况与违章建筑情况进行普查，明确政策，以免后患。

# 外生型城市化中的村改居问题*
## ——基于厦门市禾山镇的一个研究

外生型城市化过程中的基层组织改制通常被称为"村改居"。外生型城市化是一种主要由外部力量推进的农村城市化，一般出现在城市郊区。这些地区出现外生型城市化的主要原因是：（1）城市郊区农业原来基本上是服务于城市的副食品供应产业，如蔬菜种植业等，务农的比较收益较高。因此，在改革开放初期，资源从农业向非农产业转移的机会成本比较高。（2）20世纪八九十年代之交，城市经济发展较快，需要大规模扩大城市用地，城郊地价急剧上升，这在一定程度上使郊区农民自主发展乡镇工业的机会成本也急剧上升。（3）郊区发展乡镇工业，在产业准入领域、技术标准、环保标准等方面往往要比远离城市的农村受到更多限制，同时又面临着近在咫尺的城市工业更强有力的竞争，因此，城郊农村工业化的进入门槛往往较高。郊区农村城市化因其外生性带来了一些特殊问题，其中之一是村改居，即将身兼村民自治组织与集体经济组织管理者双重身份的村委会改制为单一居民自治组织的居委会过程中的村集体财产处理问题。本文以作者近年来对厦门市郊区禾山镇城市化的调研为基础。

一

我国农村现行基层组织——村委会的前身是人民公社制度下的生产大队。计划经济体制下，不仅人民公社政社合一，生产大队也是政经合一的，对本大队的政治、经济、社会生活负全面领导责任。公社解体之后，生产大队改制为

* 本文原载于《财经研究》2002年第9期，共同作者：林枫、林民书。

行政村，继承了原生产大队的集体资产以及对特定地域内土地的垄断性占有与支配权，对行政村内政治、经济、社会生活继续负领导责任。由于存在财产关系，行政村所管辖的村民就不是一般意义上的居民群体，而是特定的财产受益人，村委会负责供应管辖地域内相当部分的公共服务和公共品。村民、村委会因此形成了与城市居民、居委会不同的身份角色、不同的经济责权利关系。实现村改居，必须将原来集村民自治组织与集体经济组织管理者双重身份的村委会改造成居民自治组织的居委会，将原来有身份限制、封闭的社群——村改造成无身份限制、开放的社群——城市社区。使城市化地区无差异地融入现代城市生活。

村改居有两种方案。一种是不改变原来建制格局，只是将原来的村委会换块牌子，变成居委会。在厦门市禾山镇，一些早期的村改居就是这样处理的。另一种是打破原来的行政村建制，按照城市新区的居民小区规划设置居委会。从既有的实践看，前一种做法的优点是：（1）简便易行。因为基本不触动原来的人事安排、利益格局。（2）因此可以不对村集体资产进行处置。其局限性如下。

**1. 机构设置缺乏规模经济，管理效率较低**

城市和农村的居住特征不同，城市居民工作地点与生活区相对分离，相当数量的人口密集地居住在某个生活设施齐全的社区里，从而能有效地利用社区的市政设施和公共服务系统，享受较高质量的社区生活。农村居民则反之。农耕生产方式决定了，村子大小、居民人数及居住地不能超过有效耕作半径，因此农民的居住方式是相对分散。虽然我国人均耕地面积小，但是一个村子的居民也为数有限。尽管郊区农民的居住密集程度大大高于一般农村，每个村子的平均户籍人口一般也只有数千人。城市居委会的管辖人口一般是它的十倍左右。一村一居，如果是在居民原地不动的基础上改制，则因居民人数太少，必然在机构设置上缺乏规模经济，人浮于事，政府难以负担；改制后的居委会势必靠创收及非正常收费才能维持正常运转，久必生弊；社区设施及公共服务也会因此成本过高，质量较差。一村一居，如果是在居民搬迁，重组新的居民小区基础上设立，那么，一个小区，原本只要设一个居委会，现在由于是几个村子的居民搬迁聚居，因此设立多个居委会，不但前面所说的弊病俱在，而且几个居委会之间的社区管理工作将难以协调，彼此扯皮不断，甚至引发不必要的村际矛盾。

## 2. 不利于逐步提高城市化水平，完全按照正常的城市管理规则运作

一村一居，可能在改制时比较简便易行，但是不利于今后进一步提高新区的城市化水平。一村一居，一般不会对现有村集体资产进行较彻底处置，往往是由改制后的居委会直接继承下来，或者变为一个班子，两块牌子。这样，居委会就有了社区管理和经济组织的双重职能，违背了政企脱钩的原则，[①] 可能因此出现下列不利于提高城市化水平的情况：第一，不利于原有村民的自由移居，因为搬出该居委会辖区，就可能失去其财产权利或可能享有的福利；第二，在本辖区内形成了两种居民，一种是对原来村集体资产拥有产权的居民，另一种是外来的、对原有村集体资产没有产权的居民。此时，居委会就难以公正地履行职责，而新区也难以逐步提高自己的城市化水平，难以完全按照正常的城市社区管理规则运作。

因此，从长远考虑，应当尽可能按照城市新区的居民小区规划设置居委会，不要因为照顾原有的行政区划，勉强地采取一村一居的改制方法。

## 二

村改居的核心问题是原有村委会管理的集体资产如何处理。为此，需要弄清楚城市郊区的行政村的集体资产形式及收益使用情况。

### 1. 行政村的集体资产形式

在我们调查的厦门市禾山镇的各个行政村，村集体的现存资产主要是土地，这些耕地由于城市的扩张，已经基本上转化为城市用地，增值巨大。村集体的主要经济收入是土地征用补偿费以及房地产收入，其中，土地租金及厂房租金收入大约占80%以上。

### 2. 村集体资产经营收入的主要开支项目

据调查，村集体收入除支付村干部工资外，主要用于卫生、教育、治安、福利、社会救济、优抚和部分公共品的投资。

---

① 当然，居委会不是政府机构，但是，其主要职能是从事公共管理与提供公共服务，因此也不能同时是辖区全体或部分居民的经济组织的经营管理者。

（1）卫生和治安费用。卫生费用主要包括所在村落的清洁员工资、垃圾运输费、清洁设备购置费等，治安费主要用于治安队伍，如村巡逻队、治保会、企业巡逻队、外口协管员、老人巡逻队等的费用开支。这些费用从性质上说，属于公共服务开支。

（2）社会救济开支。社会救济是行政村对低收入村民实行的最低生活保障。

（3）优抚支出。为了鼓励适龄青年参军，这些村子大多制定了对参军青年家庭予以补贴的政策。

（4）公共设施投资支出。主要是村办小学校舍及村庄道路建设投资。

（5）村民的福利支出。包括年老村民的福利费、奖学奖教金、对村办小学的经费补贴、集中代缴的农业税等。

（6）村民的合作医疗和社会保险支出。

### 3. 村集体支出的比例

上述 6 种村集体支出项目中，卫生和治安费用是目前村集体支出中最主要的部分，约占全部支出的 60%；其次是村民的福利支出和村民的合作医疗和社会保险支出。从村改居角度分析，村集体支出项目可以分成几种类型：

（1）社会公共服务及公共品开支。如卫生和治安费用、社会救济开支、优抚支出、公共设施投资支出以及对村办小学的经常性补助支出。根据我国现行的城乡财政体制，在农村，村一级的这部分开支，基本上是由村集体经济收入来支付的，在城市，则大部分是由各级政府财政负担，小部分来自辖区居民的缴费，如社区的卫生费和部分的治安费用等。因此，农村城市化，在完成村改居之后，这部分费用无须再从村集体经济收入中开支。

（2）村民福利。村民是村集体资产的所有者，因此拥有资产收益权。但是，由于所调查的城郊行政村集体经济收入主要是地租收入，因此，村民的资产收益主要表现为各项村民福利和合作医疗及社会保险中村集体支付的部分。它是村民既有的福利，从改革必须尽量实现帕累托改进的政策原则出发，实现村改居后，这部分费用中，有些仍然是要开支的，如合作医疗和社会保险；有些会自然消失，如农业税和对村办小学的资助；有些则可以一次性付清后终止，如对学生上学的接送开支，对子女上大中专的奖励等。

（3）村干部工资。村干部不属于公务员系列，是村民代表大会选举产生的兼职工作人员。因此，村改居后，村干部继续担任居委会干部的，其工资自然由居委会按规定支出，不再担任居委会干部的，从原则上说，也就不必开支其工资。

通过分解可以发现，村改居之后，如果处理得当，需要从原村集体收入中继续支付的开支只是很小的一部分，大约不到20％。因此，实行村改居，是可以对现有村集体资产进行一次性处置的。

<h1 style="text-align:center">三</h1>

目前，在实行村改居中，对原来的村集体资产大致有以下几种拟议处置方案：

（1）将村集体财产全部变卖，所得现金按人头或其他原则分给村民。

（2）将村集体资产划归改制成立的经济实体，改制后的经济实体仍为集体经济，但与新建立的居委会脱钩，由原来的村民另行选举组织的管理机构负责经营。

（3）将集体资产变卖，其收入作为各种保险基金，由城市社会保险机构统一管理，再按有关规定，确定每个村民享受的份额。

（4）将村集体资产交镇或更高级别政府统一处理，但是政府必须负担原先村委会所承担的一切开支，包括村民现在享有的一切社会福利。

（5）成立原来的村集体和村民共有的经济发展公司，采取股份合作制形式，将财产分成集体股和个人股，集体股和个人股的比例视各村情况而定。

我们曾经就这个问题征求过所调查村庄的村干部和村民的意见。大多数被调查的村干部和村民对继续保留集体资产持否定态度。村干部的主要忧虑是缺乏经营才能，资产经营风险太大，负不起责任。在过去的农村管理体制下，许多公共服务都要由村集体来提供，这些年来，虽然开始城市化了，但是，一些在城市管理体制下本来属于政府管辖范围的事务，政府还没有负起相应的管理之责，不得不靠村集体资产收入来维持运转。现在既然要实行村改居，最好还是按照老城区的方法，政府把该管的事管起来，村集体承担的开支也由政府直接接手，村集体资产采取一定的办法处理掉。而村民则是担忧村改之后，村民对村集体资产的经营管理将更难监督，财产流失、利益被侵犯的问题将更加严重，与其如此，不如趁着村改居，把它们变现分给个人好。

村干部和村民的意见有合理成分，值得重视。这些村子由于耕地大多已被征用，村办企业又基本上不存在，无法有效地组织村民从事集体经济活动，集体经济实际上早已名存实亡。村集体经济就是以城市化的土地产生的房地产租金等非生产性收入支付公共服务及村民福利开支。利用村改居的机会，分解遗留债权债务，结束这些实际上已经不存在的集体经济，有利无弊。此外，从前面的分析可以推论，无论是选择一村一居还是重新设置居委会，改制都应当尽量地使新设居委会成为单一的居民自治组织，不要继承村集体资产和债务。因为：

（1）有利于新设居委会真正成为单一的居民自治组织，全心全意、一视同仁地服务本社区的全体居民。

（2）有利于保障原有村民的财产权益。防止出现用村民的集体资产收益支付社区公共服务开支的交叉补贴及利益再分配现象。

（3）有利于新区城市建设统一规划的执行。目前城郊行政村的集体资产，除土地之外，主要是各村分期建设的大面积厂房，它们未必符合新区城市建设规划，而且其中不少是违章建筑。如果由新设居委会继承这些村集体资产并以此承担部分社区服务开支，显然不利于解决大量的违章建筑问题，不利于新区统一建设规划的执行。因此，从减少新区建设的人为障碍角度出发，最好是将原来村集体资产一次性处置。

然而，将村集体资产一次性处置，不等于全部变卖，所得按人头或其他原则分给村民。这种直接变现分配的做法不可行。因为：第一，这些资产主要是土地和厂房，涉及的资产金额相当庞大，不可能一次变卖；第二，这些资产相当部分厂房是违章建筑，或产权手续不全，无法变卖，或没有产权，不能变卖；第三，这些土地资产位于被城市化地区，政府对该地区的开发投资以及城市经济的发展使它得以大幅度升值，因此，这些土地现价中的不小部分相当于意外利润（windfall profit），从理论上说，不应该完全归村集体所有；第四，即使可以变卖，所得也不能按人头全部分给村民。因为目前村集体资产收入，除用于公共管理、公共服务与公共产品外，给村民个人的主要不是现金收入，而是为村民购买社会保险和医疗保险等，如果将资产变卖所得统统分给个人，村民现有的社会保险和医疗保险便难以为继，今后可能会因此出现社会问题。

改造后的经济实体仍然采取集体经济性质，由原来村民组成的管理机构另行负责经营管理，这种做法较之改制后的居委会继承村集体资产，有利于避免居委会承担双重职能，但也不太可行。第一，这种做法实际上承认了这些资产全部属于村民所有，而实际上它们主要是土地和厂房，其现有价值，相当部分是由于土地被城市化而产生的增值，从增值来源看，不应该完全归村民所有。而且，目前村集体资产收益的主要部分已经用于社区的公共服务开支，如果将集体资产全部划归独立的经济实体，也就意味着今后这些社区的公共服务开支

621

要全部由地方政府承担，因此产生的财政负担可能较重。第二，资产包括厂房和土地，其中不少厂房实际上是违章建筑，它们的资产价值在未来的城市建设进程中，将有较大变化，经营风险较大，而资产收益与村民直接相关的部分，主要是社会保险和医疗保险的代付款。以风险较大的资产形式应付相对固定的社会保险和医疗保险缴费支出，显然不合适。第三，在调查中，不少村干部均表示，无论是行政村还是村民小组，都比较缺乏懂行的经营管理人才，不熟悉城市经济运作方式，现在已经是勉强维持，若村改居之后，继续由村集体经营，将难以确保资产安全及收益。

将集体资产变卖，收入作为各种保险基金，由城市社会保险机构统一管理，再按有关规定，确定每一个村民享受的份额。这种做法忽视了村集体资产的复杂产权性质以及变卖的可能性。

将村集体资产交政府统一处理，政府负担原先村委会所承担的一切开支，包括提供给村民的社会福利。这种思路一方面忽视了村集体资产的复杂产权性质，另一方面也使政府陷入政企不分的泥潭。原来要在居委会避免的政企不分的局面却在政府出现了，不仅不符合规则，政府也将因此增加极大的工作量。

因此，改制后居委会不再继承村集体资产，村集体资产及所承担的开支项目，在分解的基础上进行处置和分摊，从长远看，可能更为合理。

## 四

如前所述，城郊行政村的主要集体资产是土地，村集体的主要收入是土地征用补偿费以及房地产收入，主要支出项目是社区公共服务与村民的社会保险和医疗保险。因此，在村改居过程中，可以考虑按照收益与支出对应的原则，将原来村集体资产及其开支项目按一定比例分解处置。

（1）原有土地租金收入部分划归区、镇政府支配。原来由各行政村负担的社区公共服务开支，按照不低于改制前三年平均支出水平的标准，由区、镇财政拨付给各改制居委会，用于卫生、治安等支出。

（2）待征用土地的征地收入。其中，土地补偿费用于继续缴纳村民的社会保险和医疗保险。在原有的行政村体制下，村民的医疗、社会保险就是由集体所有的土地收益支付的，现在用土地补偿费继续支付，一方面，符合帕累托改进原则，有利于降低改制阻力；另一方面，在有条件的情况下，用村集体资产为多年务农的农民提供基本社会保障，符合社会主义分配原则，也有利于促进城市新区的社会稳定。此外，在社会保险基金中，应该留出一块特别经费，用于村民原来享受的福利费开支，这些福利费对于老城市居民来说，是不存在的，但是对于原来的村民来说，是一个现实的存在，骤然取消不利于城市化进程的顺利推进，而继续保留又不符合城市化最终实现对所有城市居民同等待遇的宗旨，因此，可以考虑使用过渡性办法，以一定年龄划界，老人老办法，新人新办法，经过若干年的逐步消化，最终完全取消。

征地收入扣除土地补偿费后的余额归市、区财政。

这个政策设计的主导思想是：通过改制，处置村集体资产（主要是土地资产），应在不降低被城市化地区原有公共服务水平、村民福利水平基础上，使市、区财政获得因城市化产生的土地增值的较大部分。原因是：第一，城郊土地增值的直接原因是随着城市经济的发展，城市用地扩大，政府为了推进城市化，先期支付了数额庞大的公共投入，因此，土地增值收益，部分源于被城市化地区之外的经济推动，部分源于政府对该地区的公共设施投资，因此，土地增值收益分配在原则上应在保证该地区居民原有公共服务和福利水平的前提下，剩余部分归政府所有。第二，被城市化地区的市政建设严重落后，城市公共设施水平与老城区相比，差距很大，需要大量的资金投入。政府通过经营被城市化地区土地资产，将土地增值收益用于当地的市政建设，符合政府财政收入取之于民，用之于民的原则，也有利于加快被城市化地区的城市化进程。

土地征用将根据城市化进程逐步进行，资金也将逐步落实到位。制订年度计划，土地先行拍卖，再从拍卖所得中直接拨付补偿金给社会保险、医疗保险专项经费；或者在土地拍卖之前，先按照土地补偿费标准计算应该归社会保险、医疗保险机构管理的资金额度，制订分年度拨付计划，既可以保证政府支付能力，又能够保证广大群众得到实惠。

（3）至于现金等其他资产，可以按人口或其他标准直接分配到人，作为新区建设的居民搬迁费、安家费等。

# 公共财政体制城乡一体化与乡村振兴*
## ——基于曹远镇的调研

# 一、引言

2018 年 1 月，中共中央、国务院发布《中共中央 国务院关于实施乡村振兴战略的意见》；2018 年 9 月，进一步印发《乡村振兴战略规划（2018—2022年）》，要求各地区各部门结合实际认真贯彻落实。乡村振兴成为我国社会经济发展的一个重要战略以及各级政府部门工作的重点。这一发展战略的转变与过去数十年中国经济的快速工业化和城市化进程高度相关。1978～2019 年，中国人均 GDP 由 155 美元增长到超过 1 万美元，即将迈入高收入经济体行列。2019年，一、二、三产业增加值占 GDP 的比重分别为 7.3%、39.4% 和 53.3%。乡村常住人口降至 50979 万人，占全国人口比重降至 36.1%。未来数年内，中国将成为高收入经济体，乡村常住人口占比将进一步降至 30% 以下。中国经济将进入新发展阶段。工业支持农业，城市反哺农村，全面推进乡村振兴，城乡均衡发展，成为关系全局的重大问题之一。

从世界范围看，在工业化和城市化进程中，乡村在很长一段时期内滞后于城市发展是大多数发达国家或地区所经历过的经济社会现象。美国在 20 世纪四五十年代，非农业人口与农业人口可支配收入比由 1.7 持续扩大到 2.0；法国及一些欧洲发达国家在 20 世纪 60 年代工业化快速发展阶段，出现了显著的城市繁荣与乡村落后并存的现象（曾国安和胡晶晶，2008；张军和李勤，2010；叶兴庆等，2018）。类似地，东亚的日本和韩国在 20 世纪六七十年代经

＊ 本文原载于《经济研究参考》2023 年第 4 期，共同作者：唐文倩、王燕武。

济快速成长的同时，城市和乡村之间发展高度失衡。1975 年，占日本国土面积仅为 3.5% 的东京城市圈集中了近 1/4 的工业产值和人口；而占韩国国土面积约为 11.8% 的首尔都市圈在 70 年代中期也聚集韩国 40% 以上的人口以及接近一半的制造业工人（张季风，2004；李恩平，2006）。为扭转城乡之间发展失衡局面，大多数国家先后实施了相应的振兴乡村、改善乡村生活生产条件、提升乡村发展价值的战略计划和行动安排。例如，日本在 20 世纪 60 年代之后推行的国土开发计划、"一村一品"运动；韩国在 20 世纪 70 年代之后实施的旨在缩小城乡发展差距的"新村运动"；欧盟在 20 世纪 80 年代之后不断推进农业农村现代化的一些结构性改革计划（张军，2018；肖卫东，2022）等。

自乡村振兴战略提出后，大量的研究对乡村振兴进行了理论探索和分析，侧重于论述乡村振兴战略的内涵意义和具体路径（陈文胜，2017；罗必良，2017；姜长云，2018；韩俊，2018；黄祖辉，2018；秦中春，2020）。本文将在上述研究的基础上，着重从构建城乡一体化的公共财政体制视角，对乡村振兴工作的财政基础和体制保障进行探讨。财政支持是中国乡村振兴战略实施不可或缺的重要依托。一些研究，从政策、体制及功能等方面，指出财政是实施乡村振兴战略的重要政策工具及基础性制度保障，是乡村治理体系和治理能力的基础和重要支柱；从防范公共风险的角度出发，认为财政支持乡村振兴战略将有助于促进城乡融合发展，降低贫富差距引发的不确定性风险；从现行措施存在的问题及解决路径层面，提出财政支持乡村振兴战略需要加大资金投入力度，优化相关体制机制，强化支农政策的系统性、协调性和针对性（闫坤和鲍曙光，2019；中国财政科学研究院课题组，2020；刘小梅，2021）。还有一些研究则是从地方财政支持乡村振兴工作的实践以及发达国家或地区财政支持农业农村现代化的做法入手（安徽省财政科学研究所课题组，2019；浙江省财税政策研究室课题组，2019；肖卫东，2022），总结经验，分析问题，提出优化财政支持乡村振兴战略实施的措施建议。与上述研究相比，本文的新意在于：第一，基于福建省曹远镇 22 个村的村财收支数据，从村级层面详细描述了财政支持乡村振兴工作的现实案例，并以此为基础，分析存在的问题与不足，提出应当建立城乡一体化的公共财政制度，通过财政的经常性拨款，实现政府提供村级公共品服务，推动村域开放。① 这既有别于现有从宏观视角出发的财政支农措施

---

① 2022 年 3 月，课题组应永安市政府、财政局邀请，前往永安市曹远镇调研。课题组先后走访了埔头、丰海、霞鹤、清水池、张坊、陈坑等村，与永安市农业农村局、乡村振兴局、财政局、住建局、市国家统计调查队等部门、曹远镇政府各部门、曹远镇各村支部书记座谈，6 月又进行补充调研和座谈，与曹远镇部分乡镇、村干部交流。在此基础上形成了一些对乡村振兴问题的思考。

和路径讨论，也比基于地方或发达国家发展经验的财政支农研究文献更具现实基础。第二，现有关于财政支持乡村振兴战略的研究多是强调财政投入和资金的保障作用，或是探讨财政对乡村振兴战略实施的支柱地位。本文则从公共财政的视角出发提出，实现乡村振兴战略，必须适当调整财政体制。财政应当将城市与乡村一视同仁，全面承担其应尽的支出责任，构建可持续的长效投入机制，而不是当前的以资金援助、具体项目为主流的临时性、随机性转移支付制度。

本文接下来的安排如下：第二部分介绍本文案例研究的现实背景——曹远镇农村经济发展概况；第三部分是曹远镇各村的财政收支现状，本文将对 22 个村的村财收入和支出进行分析，总结财政资金在不同类型村的配置状况；第四部分是思考与建议。

## 二、曹远镇农村经济发展概况

曹远镇位于福建省永安市区西北方 8 千米，辖区面积 193 平方千米，下辖 22 个行政村，2 个居委会。全镇总人口 2.2 万人，是全国首批亿元乡镇和明星乡镇、省百强镇。境内自然资源丰富，已探明石灰石储量 3.6 亿吨，陶粒页岩 7000 万吨，还有大量的萤石、高岭土、铁、锰等，因此，工业较发达。境内除有建福水泥（上市公司）、福建化纤纺织以及中国华电等省属企业之外，全镇还有规模以上工业企业 33 家，形成了水泥建材、林竹加工、机械铸造、新型材料等工业产业。曹远镇交通条件较佳。泉三、永宁、永武高速在境内均有互通口，205 国道、307 省道贯穿全镇，同时还拥有 3 条铁路专用线，3 个专属货场，年货物吞吐能力达到 500 万吨。现代物流业有一定规模。水利资源丰富，现已开发 6.3 万千瓦。2021 年完成规模以上工业产值 192.91 亿元，地方级一般公共财政收入 1.89 亿元，农民人均纯收入达到 34456 元。同期，全国、福建省、三明市、永安市的农村居民人均纯收入分别为 18931 元、23229 元、21617元、22583 元（见图 1）。曹远镇农村居民人均纯收入明显高于全国、福建省、三明市以及永安市农村居民的平均水平。

曹远镇地处闽中丘陵地带，境内群山环抱，沙溪等大小河流穿流其间。其所辖的 22 个行政村，区位、资源禀赋、地理形态多样。有些村矿产资源丰富，利于发展工矿业；有些村山高林密，林业资源丰富，以林为主；有些村交通便利，濒临沙溪，风景宜人，利于发展旅游业；有的村土壤条件相对独特，可以发展特色农业。22 个行政村中，有的村拥有较多集体资产及收益，可以为村民提供较多

**图 1　2021 年部分地区农村居民人均纯收入**

资料来源：数据整理自 2021 年全国及各省市的国民经济统计公报；曹远镇农村居民人均纯收入数据来自 2021 年 12 月 10 日曹远镇政府工作报告。

福利；有的村居民收入水平不低，集体资产与集体收入却很少，村财政比较拮据；有的村则刚刚脱贫不久。多样化的村庄形态，为研究提供了比较丰富的样本。

观察各行政村的基本统计数据，发现它们有以下几个特点：第一，人口密度不大，仅约为 200 人／平方千米。人均耕地少，仅 0.9 亩左右。大部分村以农林业为主。少数有矿产资源的村，并不自主开采，而是根据政策规定，由专业工矿企业开采后获得村内矿产返村费、征地后扶持资金等收入。它们归村集体所有，用于公共支出及村民福利支出。第二，22 个村的农村居民人均可支配收入水平大致分为三档，9 个村人均可支配收入在 3 万元以上，4 个村在 1.8 万元以下。从人均耕地面积与人均可支配收入以及访谈中得知，曹远镇农民的收入主要来自工资性收入，当地农民绝大部分是兼业农户，经营性收入的比重较低。第三，由于人均耕地少，当地农民外出务工占比较大。2021 年，全镇平均外出务工人口占总人口的 19.0%，占劳动力人口的 34.7%。有 4 个村的外出务工人口占本村总人口的比重超过 30%，有 8 个村的外出务工人口占劳动力比重超过 50%。最多的一个村外出务工人口占总人口的 47.3%，劳动力的 77.0%。[①] 第

---

① 曹远镇第七次人口普查数据显示，在调查时间点，曹远镇的调查人口数达到 26783 人，大幅高于户籍人口数（20392 人）。其中，对应的各村调查人口数为 17687 人，也高于户籍人口数（15581 人）。由于距离永安市区较近，较多人口选择白天在曹远镇工作，晚上则返回永安市里居住，因此，实际住在曹远镇的人口与户籍人口、调查人口数相差较大。2020 年，住在曹远镇的人口数为 15202 人，分别仅为户籍人口数、调查人口数的 74.5% 和 56.8%。从调查人口看，该缺口基本与外出务工人口占劳动力人口的比重相当。这说明曹远镇劳动力人口存在双向流动的情况。大体而言，流出的劳动力主要从事工业和服务业，而流入的劳动力主要从事采矿业、农林牧渔业；流出的劳动力多为本地不愿从事农林牧渔业的青年人口，而流入的劳动力多为外地来此从事农林牧渔业的中壮年人口。

四，与各村居民人均可支配收入的差距相比，各村的集体经济收入差距更大，而且村集体经济人均净收入与本村居民人均可支配收入高低之间不存在对应关系（见图2）。

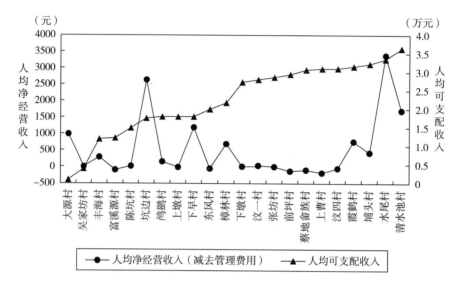

**图2　曹远镇各村人均村集体经营净收入与农民人均可支配收入**

资料来源：根据曹远镇政府提供的数据计算绘制。

## 三、曹远镇各村集体收支及构成分析

本部分重点介绍曹远镇各村集体收支状况。表1是2017～2021年曹远镇各村的收入及构成的合计统计，通过分析可以看到以下特征。

第一，近五年来，绝大部分村财收入来自村级组织的经营性收入和上级补助收入。其中，经营性收入五年平均占56.7%，来自上级的补助收入五年平均占40.0%，① 二者占全部总收入的96.7%。

第二，来自其他收入（主要包括利息、电费、水费以及杂项收入）的比重持续下降，由2017年的7.1%下降到2021年的0.8%，减少了6.3个百分点。而来自经营性收入的比重大幅提高，由2017年的39.9%快速提高到2020年的68.8%，2021年又大幅回落到56.8%。与之对应，来自上级补助收入的比重由2017年的53.0%快速降至2020年的30.4%，2021年则跳升至42.4%。

----

① 进一步分析发现，经营性收入中的农林收入主要是各种补贴，如将它们归为财政补贴，那么，来自上级的财政补贴将高达48%以上，超过各村真正的经营性收入（多数为资产性收入）。

第三，经营性收入主要是资产性收入。2017~2021年，资产性收入占经营性收入的比重均值约为64.2%，林业收入和农业收入占经营性收入的比重均值仅分别为6.2%和1.9%。这表明，一个村是否拥有可营收的资产是村财收入高低的关键。传统的农林业收入比重占比较低，对村财收入贡献有限，[①] 而且大多是各种财政补贴，仍然来自上级财政。

第四，不论是总收入还是经营性收入，不同年份的增速波动较大，缺乏稳定性。2018~2021年，曹远镇各村经营性收入增速分别为41.1%、-2.3%、20.0%、-13.9%。尽管村财经营性收入的主体是资产性收入，本应较稳定，但却变化极大。

**表1**         **2017~2021年曹远镇各村集体收入及构成**

| 年份 | 总收入（万元） | 经营性收入 | | 补助收入 | | 其他收入 | |
| --- | --- | --- | --- | --- | --- | --- | --- |
| | | 金额（万元） | 占比（%） | 金额（万元） | 占比（%） | 金额（万元） | 占比（%） |
| 2017 | 2673.7 | 1067.9 | 39.9 | 1416.8 | 53.0 | 189.0 | 7.1 |
| 2018 | 2671.5 | 1506.4 | 56.4 | 1052.6 | 39.4 | 112.5 | 4.2 |
| 2019 | 2379.4 | 1471.1 | 61.8 | 833.5 | 35.0 | 74.8 | 3.1 |
| 2020 | 2567.2 | 1765.7 | 68.8 | 779.4 | 30.4 | 22.1 | 0.9 |
| 2021 | 2678.7 | 1520.4 | 56.4 | 1136.8 | 42.4 | 21.6 | 0.8 |
| 均值 | 2594.1 | 1466.3 | 56.7 | 1043.8 | 40.0 | 84.0 | 3.2 |

| 年份 | 经营性收入（万元） | 林业收入 | | 农业收入 | | 资产性收入 | |
| --- | --- | --- | --- | --- | --- | --- | --- |
| | | 金额（万元） | 占比（%） | 金额（万元） | 占比（%） | 金额（万元） | 占比（%） |
| 2017 | 1067.9 | 19.6 | 1.8 | 30.0 | 2.8 | 757.4 | 70.9 |
| 2018 | 1506.4 | 83.3 | 5.5 | 26.0 | 1.7 | 895.7 | 59.5 |
| 2019 | 1471.1 | 136.6 | 9.3 | 19.2 | 1.3 | 885.1 | 60.2 |
| 2020 | 1765.7 | 115.4 | 6.5 | 40.0 | 2.3 | 1153.2 | 65.3 |
| 2021 | 1520.4 | 119.1 | 7.8 | 22.9 | 1.5 | 992.3 | 65.3 |
| 均值 | 1466.3 | 94.8 | 6.2 | 27.6 | 1.9 | 936.8 | 64.2 |

资料来源：根据曹远镇政府提供的数据计算。

进一步地，从各村的经营性收入及增长率变化看（见表2），各村经营性收入的波动幅度更大，更缺乏持续性和稳定性。具体分项看，2017~2021年，

---

① 经营性收入主要分为：（1）农、林业收入，包括烟叶返利款、生态公益林补助、天然商品林停伐补助、林地承包等收入；（2）资产性收入，包括村内矿产返村费、征地后扶持资金等；（3）地租、房租，占比小且覆盖面窄；（4）投资收益，即集体将自有资金投入当地龙头企业获取收益，覆盖村个数有限；（5）扶贫投资收益，贫困村（埔头村）特有，即村集体参与光伏发电项目及其他扶贫项目带来的收益。

22 个村子中，只有约 1/3 的村子有农业经营性收入。五年 110 个样本中，最高的仅 111624.3 元（下旱村，2017 年），仅占当年该村经营性收入的 32.8% 和总收入的 10.6%。由于地处闽中山区，曹远镇大部分村子都有林业经营收入，最多为 327254.19 元（樟林村，2020 年），占当年该村经营性收入的 27.4%，总收入的 21.7%。这些农林经营性收入，严格地说，不是真正的经营性收入，而是烟叶返利款、生态公益林补助、天然商品林停伐补助等政策性补贴，属于财政补贴；资产性收入，主要是村内矿产返村费、征地后扶持资金等。后者主要来自 2011 年的永安北部工业新城征地。目前，22 个村子中只有 6 个村有该项收入，它以农林用地从而农林潜在收入的减少为代价。至于地租、房租，在总收入中占比较小。尽管在 22 个村中，有 11 个村有租金收入，大多数村子的地租、房租收入在总收入中的占比都微不足道，只有水尾村因毗邻镇政府所在地有较多收入，但是其占水尾村经营收入及总收入的比重也很有限。投资收益是村集体将自有资金投资当地龙头企业获取收益。这个机会有限，资金主要来自征地收入。它覆盖的村子有限，在 22 个村中，有 4 个村有该项收入，年收益率约为 7%。以水尾村为例，2014 年，水尾村位于北部工业新城的土地被征收，村里获得了约 2500 万元的征地拆迁补偿款。为了保留集体经济，水尾村仅把部分征地拆迁款分发到户，剩余约 1900 万元征地款，先后投入谋成水泥发展有限公司与大兴工业园，获取投资收益。扶贫投资收益为个别原贫困村（埔头村）特有的政策性收益，它通过村集体参与光伏发电项目及其他扶贫项目获得收益。这项收入没有普遍性。

因此，通过对经营性收入中各个子项目进行分析，可以发现以下问题。（1）各村的"经营性收入"大多并非真正的经营收入，主要是政策性补助收入和"租金"收入。（2）各村的经营性收入具有偶然性。政策性补贴，或是因为恰好种植了有政策补贴的作物（烟叶），或是林地被划入了生态公益林、天然商品林停伐范围等，或是辖区内有特定的矿产资源。然而，即使在小小的一个乡镇范围内，也只有少数的村子有这样的资源，而且它常常会因为政策的变化使收入突然大幅度地下降甚至归零。曹远镇村级资产性收入从 2016 年的 1040 万元骤降至 2017 年的 757.4 万元，降幅达 27%，主要是因为在 2016 年以后，因淘汰落后产能需要，镇内前坪村煤矿、丰海煤矿等矿山关停，丰海片区各村的煤炭返村费等村财收入骤降；煤矿村财等骤降，产业停滞导致多米诺骨牌效应，先是常住人口急剧下滑，进而使得幼儿园房租、户外广告费等三产村财一并下降，村财收入呈现出螺旋式下降。（3）众所周知，由于村的规模及财力所限，村集体即使经营企业，一般也都是小企业。因此，村集体直接经营企业，各方面难度都较大，自身能否长期存活都是问题。如果要求它们将盈余主要用于村公共品及村民福利，显然是其力所不能及的。在实行家庭联产承包责任制之后，农村的大部分人力、物力、财力以及自然资源都已经划归农户，想依靠剩余的极其有限的村集体资产经营盈余覆盖辖区的公共品供给和村民福利（尤其是社会保障），难度显然较大。现今城里的各种企业，尚且要靠全省甚至全国统筹的社会保障体系来解决其职工养老保险和医疗保险，这份责任哪里是区区个别村办企业承受得了的？

表2　　　　　　　　　曹远镇各村经营性收入的绝对值及增长率

| 村 | 绝对值（万元） | | | | | 增长率（%） | | | |
|---|---|---|---|---|---|---|---|---|---|
| | 2017年 | 2018年 | 2019年 | 2020年 | 2021年 | 2018年 | 2019年 | 2020年 | 2021年 |
| 埔头村 | 11.6 | 11.2 | 29.1 | 144.9 | 72.3 | -3.3 | 158.4 | 398.7 | -50.1 |
| 上墩村 | 10.9 | 7.7 | 14.4 | 33.9 | 12.0 | -29.3 | 88.1 | 134.4 | -64.6 |
| 下墩村 | 4.1 | 5.3 | 11.0 | 15.1 | 13.6 | 28.9 | 109.7 | 37.0 | -10.0 |
| 富溪源村 | 1.6 | 5.4 | 21.5 | 44.9 | 11.4 | 242.0 | 296.6 | 108.7 | -74.7 |
| 前坪村 | 20.6 | 52.0 | 9.1 | 48.4 | 10.4 | 151.9 | -82.5 | 432.2 | -78.6 |
| 鸬鹚村 | 2.9 | 14.5 | 18.3 | 53.4 | 14.0 | 399.7 | 26.8 | 191.2 | -73.8 |
| 丰海村 | 9.5 | 6.5 | 12.6 | 26.1 | 32.9 | -32.0 | 95.0 | 106.6 | 26.2 |
| 下早村 | 34.1 | 176.2 | 121.5 | 119.4 | 143.7 | 416.5 | -31.1 | -1.7 | 20.4 |
| 蔡地村 | 173.7 | 62.9 | 10.5 | 10.8 | 10.8 | -63.8 | -83.3 | 2.4 | 0.2 |
| 汶一村 | 37.0 | 38.5 | 32.1 | 50.7 | 24.5 | 4.0 | -16.5 | 57.8 | -51.6 |
| 汶四村 | 1.2 | 11.2 | 9.5 | 14.4 | 11.2 | 863.8 | -15.2 | 50.6 | -21.7 |
| 清水池村 | 119.7 | 153.2 | 108.1 | 112.1 | 127.2 | 28.1 | -29.4 | 3.7 | 13.5 |
| 霞鹤村 | 6.8 | 31.0 | 38.1 | 26.2 | 49.5 | 356.4 | 23.0 | -31.2 | 89.0 |
| 张坊村 | 3.0 | 6.6 | 6.0 | 18.0 | 10.9 | 121.1 | -10.3 | 202.1 | -39.4 |
| 陈坑村 | 3.0 | 11.6 | 21.1 | 11.1 | 10.1 | 288.3 | 81.4 | -47.4 | -8.8 |
| 上曹村 | 37.5 | 29.1 | 103.5 | 107.9 | 51.8 | -22.3 | 255.2 | 4.3 | -52.0 |
| 东风村 | 2.8 | 6.1 | 13.7 | 78.6 | 10.0 | 115.7 | 123.9 | 473.9 | -87.2 |
| 大源村 | 3.7 | 5.1 | 13.4 | 12.4 | 10.9 | 38.6 | 162.0 | -7.2 | -12.5 |
| 吴家坊村 | 4.5 | 5.0 | 9.9 | 12.3 | 11.6 | 11.1 | 97.3 | 24.7 | -5.5 |
| 樟林村 | 76.4 | 95.1 | 130.0 | 119.2 | 105.7 | 24.4 | 36.8 | -8.3 | -11.4 |
| 水尾村 | 175.3 | 372.9 | 288.1 | 387.3 | 413.6 | 112.7 | -22.7 | 34.4 | 6.8 |
| 坑边村 | 328.0 | 399.2 | 449.5 | 318.6 | 362.0 | 21.7 | 12.6 | -29.1 | 13.6 |
| 合计 | 1067.9 | 1506.4 | 1471.1 | 1765.7 | 1520.4 | 41.1 | -2.3 | 20.0 | -13.9 |

资料来源：根据曹远镇政府提供的数据计算。

第五，各村集体经济的发展水平差距较大。我们选取集体收入排名前五名的村作为集体收入较高村，集体收入排名为后五名的村作为集体收入较低村。比较发现，集体收入较高村 2017～2021 年平均收入比集体收入较低村高 13.6 倍，其中，经营性收入高出约 36.9 倍，特别是资产性收入更高出约 48.5 倍；补助收入高出约 12.0 倍。这表明，财政转移支付在各村之间的差距程度要远小于经营性收入的差距，在一定程度上有助于平衡各村之间的集体财力差异，但是，尽管如此，经营性收入较高村得到的财政转移收入还是比经营性收入较低村高 12 倍。这说明，在配套申请机制下，集体财力更强的村在争取上级财政补助项目上更有优势，这在一定程度上导致了财政补助上的马太效应。从年度变化看，2021 年，获得财政转移支付最多的五个村，其得到的财政补助收入大约是最低五个村的 18.6 倍，比 2017 年的 10.2 倍明显扩大。

从村集体支出上看，近五年来，各村的集体支出主要集中在其他支出项目上。每年约占总支出的 75.5%（见表 3）。其他支出项目主要用于水利、医疗、教育、养老等村内公共福利及环境整治等方面，体现了村级组织作为村公共管理服务的主体地位。但村级支出项目中，管理费用约占总支出的 1/5，使用成本不低，使用效率有待提升。

表 3　　　　　　　　　　2017～2021 年曹远镇集体经济支出统计

| 年份 | 总支出 | | | |
|---|---|---|---|---|
| | 合计 | 经营支出 | 管理费用 | 其他支出 |
| 2017 | 1175.69 万元 | 98.46 万元（8.37%） | 287.97 万元（24.49%） | 789.26 万元（67.13%） |
| 2018 | 1918.66 万元 | 71.13 万元（3.71%） | 352.78 万元（18.39%） | 1494.75 万元（77.91%） |
| 2019 | 1875.39 万元 | 39.66 万元（2.11%） | 276.50 万元（14.74%） | 1559.23 万元（83.14%） |
| 2020 | 1835.30 万元 | 57.38 万元（3.13%） | 295.75 万元（16.11%） | 1466.06 万元（79.88%） |
| 2021 | 1696.78 万元 | 84.27 万元（4.97%） | 433.87 万元（25.57%） | 1183.71 万元（69.46%） |
| 均值 | 1700.36 万元 | 70.18 万元（4.46%） | 329.37 万元（19.86%） | 1298.60 万元（75.50%） |

注：括号内表示当年该项支出占总支出的比重；管理费用主要包括村干部及管理人员工资、水电报刊费、差旅、党建支出等。

资料来源：曹远镇各村 2017～2021 年收支明细表。

综上所述，通过观察曹远镇各村近五年的村财收入变动，我们认为：

第一，不同的村之间的村财收入差距悬殊，限制了不同村之间的公共品供给的公平性和村民最低水平福利的保障程度。普遍而言，除了个别有特定自然资源的村之外，大多数村财收入较高的村都与镇政府或永安市区距离较近，能够享受到城市化的外溢红利。例如，水尾村等 4 个村子由于部分土地被永安北部工业新城项目征用，获得了可观的土地拆迁收入，分给村民个人之外，还能留下部分用于投资入股，从而获得资产收益，同时还能获得每年1000元/亩的征地后扶持资金。

第二，村集体收入与村民的个人收入之间不存在相关关系（见图2）。因为村集体收入与村民个人收入来自不同的收入渠道。实行家庭联产承包责任制之后，耕地、山林等大部分为村民个人承包使用，除农林业外，村民还从事其他职业。村民的人均收入水平高低与否，基本上与村集体收入无关；相反，村集体收入高低也与村民收入无关。这就导致了部分村的村民人均收入水平较高，但是村财却很困难，难以保障必要的村级公共品的供给和最低限度的村民福利，更不用说村民的社会保障；部分村尽管村集体收入较好，但是村民的个人纯收入却偏低。

第三，多数村集体的经营性收入具有特殊性和偶然性。或是源于资源禀赋，有矿产资源或生态公益林，或是源于拆迁补偿。这就导致，一方面，村集体收入变化不稳定，易受外部政策变动的影响，如环保政策收紧、国土空间规划发生变化等，这都会直接影响一些村的集体收入；另一方面，它也决定了个别村的成功经验难以大面积地复制推广。

第四，村集体收入的管理费用较高，其他支出（占总支出的75%左右）倾向于村民福利支出，较少用于村庄住宅小区及农田的基础设施建设和维修以及公共服务的提供。前者主要依靠上级财政的项目拨款，后者严重短缺，甚至导致部分建成的公共基础设施年久失修，无人管理，无法正常使用。这种支出倾向，体现出村集体收入的管理者明显的利益内部化倾向：村集体收入是属于本村户籍人口的集体福利资金，村庄住宅小区的基础设施建设与公共品的提供，将普惠至包括外来人口在内的全体居民，产生外部效应，它和农田基础设施都具有公共品性质，应当依靠上级财政拨款。

第五，财政转移收入占村集体收入的比重已经不低，但提供方式缺乏公平性和普惠性，财政转移支付的效率存疑。目前曹远镇近40%（如果加上农林收入中政府补贴的部分，则已经接近50%）的村集体收入来自各级财政转移支付。近五年每年每村平均47.45万元，但补助方式除每年2.5万元左右的村两委办公经费外，其余都是项目补贴。项目补贴是逐次申请的一次性补贴，往往是某个村某年恰好具有符合某个上级政府部门对某个项目进行补助的条件才能申请，明星村、样板村常常获得倾斜支持。这从下述数据得到证明——集体收入较高村得到的财政转移收入要比集体收入较少村高12倍，2021年，获得财政转移支付最多的五个村，其所得到的财政补助收入约是最低五个村的18.6倍。

# 四、曹远镇调查引发的乡村振兴问题思考

解剖麻雀的目的在于了解麻雀的一般结构，曹远镇调查的目的在于了解农村（至少是福建农村）的一般情况，引发对乡村振兴问题的思考。

## （一）目标

《中共中央 国务院关于实施乡村振兴战略的意见》（以下简称《意见》）指出，实施乡村振兴战略，要"加快推进农业农村现代化，走中国特色社会主义乡村振兴道路，让农业成为有奔头的产业，让农民成为有吸引力的职业，让农村成为安居乐业的美丽家园"，"到 2050 年，乡村全面振兴，农业强、农村美、农民富全面实现"。到那时，应当基本消灭城乡差别、工农差别，这是衡量一个国家是否真正实现现代化的重要标志。

## （二）现状

从本次调查可以看出：

第一，农民收入水平还较低。2021 年，全国城镇居民人均可支配收入 47412 元，全国农村居民人均可支配收入 18931 元，两者之比是 2.5∶1。未来 28 年里，要使农村居民人均可支配收入达到与城镇居民基本一致，若城市居民人均收入水平翻一番，农村居民人均收入就要翻两番以上。要实现这一目标，任务显然是相当艰巨的。

第二，农民的社会保障水平还较低。首先，农村居民医疗保险制度虽已初步建立，但水平显著低于城镇，与《意见》中提出的"完善统一的城乡居民基本医疗保险制度和大病保险制度"相距甚远；其次，缺乏制度性社会养老保险。《意见》指出，要"完善城乡居民基本养老保险制度，建立城乡居民基本养老保险待遇确定和基础养老金标准正常调整机制。统筹城乡社会救助体系，完善最低生活保障制度，做好农村社会救助兜底工作。"没有退休制度的职业，不可能成为有吸引力的职业。没有退休养老制度，就不能使承包地摆脱社会保障功能，使农民到退休年龄退出承包地，农地的规模化、现代化经营也就难以实现。相反，随着代际传承，子女儿孙析产，耕地将不断碎片化，进一步加剧

农地的非商品化种植、经营无效率状况。

第三，农村基础设施建设水平有待提高，生产、生活公共品供给不足。农田基础设施相对落后，不少甚至年久失修，不配套，无法发挥应有作用；村庄公共基础设施与所在地区的城镇小区相比，差距较大。由于缺乏日常运营资金，农村公共基础设施即使建成了，也往往难以维持正常运转，发挥作用，提供正常服务，造成巨大投资浪费。能否提供与城镇地区水平大致相同的公共基础设施及公共服务水平，是衡量农村现代化水平、农民生活质量的重要指标，也是乡村治理体系的完善、治理能力现代化的重要指示器。

### （三）乡村振兴资源应主要来自城市与非农产业

实现乡村振兴，需要资源投入。它来自何方？能通过农村的内源积累获得吗？内源积累当然是必要的，但是，如果仅仅依靠农村农业的内源积累，在第一产业经济增长率大幅度低于第二、第三产业的现代经济条件下，显然是无法缩小长期形成的城乡差距。

在世界各国，农业都是弱质产业。由于自然再生产是农业经济再生产的基础，前者决定了农业生产与非农业生产的增速差别较大。农业的内源积累速度远远低于非农产业。因此，仅靠农业增长，提供乡村振兴的全部资金来源，是不现实的。那么，能否依靠发展农村的非农产业来解决乡村振兴所需的资金？也不可能。因为，工业、第三产业之所以是非农产业，是工业化和城市化的产物，就在于其经济活动性质决定了它们不可能大规模集中布局在农村，因此也不可能成为农村的主要产业。如果一个原先的农村地区成为工业集聚、第三产业繁荣的地区，它就已经城市化了，不再是农村。因此，以农林牧渔为主的农村，固然要实现产业兴旺，使农业成为有奔头的产业，但其目的并不在于提供满足农村现代化的全部资金需求。

进一步看，在各国工业化过程中，尤其是初期阶段，都曾用工农产品价格剪刀差等方式从农业中抽取积累资金用于工业投资。在中国，计划经济时期，主要是通过农产品的统购统销，将农业农村剩余转化为国家积累，投资工业、建设城市；改革开放以后，则通过了不完全城市化，设置农民移居城市门槛，压低农民工工资，降低工业化的成本，将部分农民工的劳动力再生产成本转化为工业化、城市化资金。

长期以来，在财政资金运用上，对城乡区别对待。财政资金主要投资非农产业及城镇地区公共基础设施，对农村、农业的投资严重偏低，历史欠账甚多。这些虽然不是城乡差别的全部原因，但却是重要原因。

在工业化、城市化初期，抽取部分农业剩余用于工业化、城市化，在工业化、城市化大体完成之后，城市反哺农村、非农产业支持农业发展，是世界各国经济发展的一般趋势。这一转折节点，大约在农村人口降至30%以下之后。中国现在已经基本到达这一节点，因此，通过城市反哺农村、非农产业支持农业发展，实现"到2050年，乡村全面振兴，农业强、农村美、农民富全面实现"，适其时也。

## （四）城乡一体化的公共财政体系

城市反哺农村、非农产业支持农业应如何进行？显然不能让城里各行各业各单位用对口支援的方式进行。那种有什么支援什么，会什么支持什么，跟哪里有关系就反哺哪里的对口支援，势必导致不均衡、不公平、无效率、不解决的问题，甚至可能弄出新问题来。最公正、最有效率、最好的反哺和支持农村、农业、农民的方式是建立城乡一体化的公共财政体系，从城市经济、非农产业中以合理的方式筹集资金，以公平公正的方式反哺农村农业农民。

建立城乡一体化的公共财政体系，意味着财政体系应无差别地覆盖全国城乡地区，对城乡所有地区提供相同水平的公共财政资金，进行相同水平的公共基础设施建设，为城乡全体居民提供相同水平的公共服务。

## （五）乡村振兴的三个维度：农业、农村、农民

在讨论乡村振兴时，常常将农业、农村、农民这三者作为一个整体。这似乎顺理成章：农业不兴旺，农民就富不了，农村问题也解决不了。但事实似乎未必如此。如前所言，即使农业兴旺，农民未必就能达到市民的平均收入水平，农业所能提供的资金积累，显然满足不了农业发展和乡村建设需要。因此，需要外源投入。在承认需要外源投入的情况下，农村、农业、农民尽管是乡村振兴中都必须解决的问题，但却可以而且必须分别讨论，采取不同的政策。其好处是针对问题本身，防止交叉补贴，促进农村开放，利于促进多方资源流入，打破传统束缚，改造农村的传统社会文化。

### 1. 农业

家庭联产承包责任制已经实行四十余年，《意见》指出，要继续"落实农

村土地承包关系稳定并长久不变政策，衔接落实好第二轮土地承包到期后再延长 30 年的政策，让农民吃上长效'定心丸'"。各国实践及理论研究也证明，家庭农场至今仍然是农业生产经营的有效组织方式。因此，农业的产业兴旺，仍将建立在以家庭为单位的经营方式基础上。

福建山多地少，成片耕地少。一个行政村常由多个自然村（村民小组）组成。每个自然村（村民小组）的耕地往往还分成好几片。许多成片耕地面积甚至低于规模经营面积。因此，尽管耕地使用权早已可以自由流转，但是，在曹远镇，也很少有投资者投入资金、设备、技术进行现代农业经营。本村农户之间流转，也遇到类似问题。在缺乏资本和技术进入的情况下，农民做传统的种植大户，与从事其他产业相比，比较收益也有限，尤其是现在的农村青壮年人口有更多其他产业技能和更多选择，务农很难成为他们的首选。因此，农户兼业化、农业副业化趋势明显。承包地目前主要的功能是替代缺失的农村社会保障，这在福建全省都比较普遍。正因如此，曹远镇的人口调查数据显示，当地有很多本地劳动力外出打工，与此同时，也有不少外地劳动力流入务农营林。据了解，这在东南沿海各省份都颇为普遍。

在不改变农业基本经营制度情况下实现农业现代化，关键在于如何在市场化条件下，使农业、农村成为有市场竞争力的产业和地区，吸引资本、技术及人才流入。没有这三者的流入，农业、农村现代化也就无从谈起。在农业最有效率的经营方式仍然是家庭承包责任制的前提下，政府应当通过提供更多的农业、农村公共产品和公共服务，降低农业生产经营的成本，提高农业经营的比较收益，为资本、技术和人才的市场化流入创造条件。我们认为：（1）将农业基础设施作为公共产品，通过财政增加投入，改善农业基础设施，创造条件，提高农业生产经营的比较收益率；（2）逐步建立农民社会保障制度，实现农民退休制度，用制度化的社会保障替代效率较低的承包地养老保障方式，使退休农民退出承包土地，推动农地流转及规模经营；（3）对退出的承包土地，实行新准入制度，推动新一代职业农民和现代农业经营制度的形成，促进资本、技术、人才流入农业，推进农业现代化；（4）创造村庄开放的制度条件，促进城乡双向人员流动，推动人才、技术、资金流入乡村。农业农村的现代化只有在农业能获得与非农产业一样的资金回报率，农村能像城市一样吸引人才的条件下才是可能的。

## 2. 农村

当农业发生上述变化之后，村庄也会发生相应的变化，同时也为农业现代化创造条件。地理条件决定了除非农户放弃这片农地及山林的耕种及经营，否则，移居其他村庄将导致耕作距离大幅度增加，严重降低耕作效率。因此，只要仍然兼营农业，农户一般都会继续保留在本村的住宅。在宅基地只在户籍所在村的建筑用地范围内分配的情况下，那些完全脱离了农业甚至已经在城里买了房子的农户，也仍然愿意在本村保留住宅甚至建新房。与此同时，这些年来，随着部分本地户籍农民外出就业，又有不少外地人口来到各村务农营林，成为当地新住户。在德国、日本等发达国家中，农村因其环境优美，如果交通方便，人居条件在某些方面甚至优于城市，不少在附近城市工作的人口纷纷移居乡村。这种情况，在我国一些农村尤其是邻近城区的农村也已经出现。这是城市化发展到一定阶段之后必然会出现的城乡融合、回归农村趋势。有关部门应当予以注意，顺势而为，未雨绸缪。农户兼业化、农业副业化、人口流动（农民进城、市民下乡），它使村子不再仅仅是本村户籍农业人口集居之地，不再仅仅承载农业，而是成为新的开放、城乡融合的居民小区。它将推动农村开放，为构建农村产业融合发展体系，推进城乡融合，建设美丽宜居农村，发展乡村共享经济、创意农业、特色文化产业创造前提条件，为资本、技术、人才下乡创造条件。

　　但是，农户兼业化、农业副业化、人口流动也导致了新问题。计划经济时期实行而且部分延续至今的户籍制度，使特定地域内的农村、农业、农民三者长期以来基本上是自成一体、封闭循环的。本村人种本村地，本村各种产业收益除归村民个人所有及上缴（如过去的农业税等）之外，均属于本村全体村民共有，包括各项财政补贴。因此，村集体有提供本村（村庄及所属农地）全部公共品以及为全体村民提供村内福利的义务。这样的制度安排，导致特定地域（一般是行政村甚至自然村）内的农村、农业、农民三者之间是一个封闭的循环体，同时又在生活（村庄、小区）、生产（农业基础设施）、村民福利之间形成交叉补贴。它的不良后果是不利于农村社会开放，排斥外来人口，限制资源的流动，导致资源配置和使用的无效率。

　　农户兼业化、农业副业化、人口流动，打破了传统农村社会三者之间的内在一致性，凸显了三者之间原有交叉补贴的不合理性。村集体资产及村财收入属于户籍村民，外出就业而仍住本村者继续享受村集体为村庄提供的各种公共服务甚至公共福利，但却不再付费。外来就业者也有类似问题，今后如果出现城市居民移居农村，将进一步凸显这一问题。

　　村集体提供了小区的公共品，但却不能向居住者收费。村集体收入较少的村庄，尽管村民的收入水平不低，也有公共品需求，但却因为不能向村民收费以弥补公共品成本，因此导致了村庄小区的公共品供给短缺。不仅村庄小区的公共设施，如村内道路、公厕、垃圾处理、给排水设施、绿化、公共绿地等缺乏资金投入，而且即使在获得上级补助建成这些设施之后，也常常因为缺乏维护、运转费用而不能正常运行。村集体收入较高的村庄，其收入并不来自住宅小区的使用者付费，因此，如果为住宅小区提供这些公共产品，势必导致交叉补贴，交叉补贴则必然导致村庄的社会封闭，排斥人口流动，拒绝外来人口。这种村集体收入不稳定与村公共服务的长期稳定需求之间的矛盾，各村从事集体经营活动的条件差距与所有村都应当向村民提供大致相近的公共服务之间的矛盾，更应引起关注。

从长远看，使用者付费是较好的处理原则。农村住宅小区的公共品也应当像城市住宅小区一样，由居住在农村住宅小区尤其是在村庄拥有房产的全体居民付费（租户的付费可以包含在房租中）。在此基础上，考虑到城市住宅小区的相当部分公共品（如水电、道路、给排水、安全、幼儿及中小学教育、公共绿地建设、垃圾处理、公共卫生以及社区管理等）也是由财政支付的，更因为乡村振兴需要城市反哺农村。因此，适当增加农村公共产品的经常性财政投入，有其合理性。完全可以对村庄类似城市小区由公共财政负担的那部分公共产品予以等同处理，纳入财政开支范围，在此基础上再增加考虑应由城市反哺农村的需要。这有助于促进农村社会开放，人口流动，推动村庄的基础设施、公共服务逐渐与城市缩小差距，建设美丽宜居乡村，实施休闲农业和乡村旅游精品工程，建设一批设施完备、功能多样的休闲观光园区、森林人家、康养基地、乡村民宿、特色小镇。吸引资本、技术、人才流入农村，发展乡村共享经济、创意农业、特色文化产业。

同样地，农业基础设施的建设及维护，也必须遵循使用者付费原则，应当把农业基础设施视为公共品，由来自农林的经营性收入及政府的公共投入支付。之所以如此，除前述原因外，一个现实问题是：在人均承包地不足一亩的情况下，即使很小的一片耕地也都是由众多农户共同承包的，它使得仅仅服务于很小一片农田的农业基础设施也会成为公共基础设施。

### 3. 农民

乡村振兴，最根本的目标是农民富。《意见》指出，要继续"落实农村土地承包关系稳定并长久不变政策，衔接落实好第二轮土地承包到期后再延长30年的政策，让农民吃上长效'定心丸'"。因此，农民富，今后仍主要取决于以家庭为基本经营单位的现代农业的发展，以及相关支持条件的进一步建立健全和发展。同时也取决于城乡一体化的社会保障制度的建立。正如《意见》所指出的，要"完善统一的城乡居民基本医疗保险制度和大病保险制度，做好农民重特大疾病救助工作。巩固城乡居民医保全国异地就医联网直接结算。完善城乡居民基本养老保险制度，建立城乡居民基本养老保险待遇确定和基础养老金标准正常调整机制。统筹城乡社会救助体系，完善最低生活保障制度，做好农村社会救助兜底工作。"时至今日，农村居民的社会保障体系尚有待发展完善。

目前，村集体收入在这方面承担了相当部分责任。但是，从表4的数据可以看出，这个责任显然是村集体经济收入力所不能及的——更何况，以村为单位来解决农民的社保问题，根本不符合保险学的基本原理。任何保险，无论是商业性质还是社会保障性质的医疗保险和社会养老保险，都必须在全社会范围内组织进行才能有效地实现其保险功能。更何况即使是这22个村子中人均村集体经营性收入最高的水尾村、坑边村，人均年净经营收入也不过两三千元。显然，这样的财力在扣除了必要的村公共品、公共服务开支之后，是难以承担全体村民的养老、医保费用的。而大部分村子的人均年净经营收入多则数百元，少则数十元，有近1/3的村子甚至是负数，更难以承担。更进一步看，村集体收入并不稳定，各年波动甚大，而村民的医疗保障与养老保障的需求是稳定且呈上升趋势的，它们需要稳定的资金来源，这就构成了巨大的矛盾。

表4　　　　　　　　　　2021年曹远镇各村人均村集体收入　　　　　　　单位：元

| 村名 | 人均总收入 | 人均经营收入 | 人均补助收入 | 人均总支出 | 人均管理费用 | 人均净经营收入（减去管理费用） |
|---|---|---|---|---|---|---|
| 蔡地村 | 1493.0 | 136.6 | 1351.6 | 3551.4 | 226.3 | −89.7 |
| 陈坑村 | 364.5 | 238.7 | 125.4 | 371.6 | 210.8 | 27.9 |
| 大源村 | 1525.0 | 1141.0 | 376.3 | 316.2 | 138.1 | 1003.0 |
| 东风村 | 1029.4 | 96.1 | 923.5 | 337.6 | 143.2 | −47.2 |
| 丰海村 | 1203.7 | 529.5 | 592.0 | 504.1 | 231.2 | 298.3 |
| 富溪源村 | 266.6 | 156.0 | 110.0 | 305.5 | 243.3 | −87.3 |
| 坑边村 | 4343.5 | 3001.6 | 1311.6 | 2213.9 | 357.8 | 2643.9 |
| 鸬鹚村 | 848.9 | 527.0 | 316.6 | 757.0 | 364.1 | 162.9 |
| 埔头村 | 1708.8 | 670.9 | 1035.1 | 506.5 | 238.2 | 432.7 |
| 前坪村 | 357.1 | 225.7 | 125.0 | 693.1 | 350.3 | −124.6 |
| 清水池村 | 2318.0 | 2141.9 | 163.0 | 1282.2 | 431.6 | 1710.3 |
| 上曹村 | 244.2 | 123.1 | 117.7 | 710.9 | 299.8 | −176.7 |
| 上墩村 | 652.5 | 202.4 | 448.0 | 444.0 | 208.1 | −5.7 |

| 村名 | 人均总收入 | 人均经营收入 | 人均补助收入 | 人均总支出 | 人均管理费用 | 人均净经营收入（减去管理费用） |
|------|-----------|-------------|-------------|-----------|-------------|------------------------------|
| 水尾村 | 3999.2 | 3815.7 | 172.2 | 2329.8 | 429.6 | 3386.1 |
| 汶四村 | 1382.3 | 247.6 | 1133.5 | 586.4 | 289.4 | −41.8 |
| 汶一村 | 2169.4 | 468.2 | 1700.4 | 2879.7 | 425.9 | 42.3 |
| 吴家坊村 | 253.5 | 115.2 | 123.4 | 293.1 | 103.4 | 11.8 |
| 霞鹤村 | 7411.5 | 1335.5 | 5926.8 | 2754.7 | 559.7 | 775.7 |
| 下墩村 | 967.2 | 178.2 | 787.7 | 230.2 | 163.4 | 14.8 |
| 下早村 | 1643.2 | 1469.8 | 171.8 | 522.5 | 267.2 | 1202.6 |
| 张坊村 | 661.7 | 203.5 | 457.7 | 304.8 | 196.5 | 7.0 |
| 樟林村 | 1422.4 | 1009.5 | 409.0 | 1068.6 | 308.5 | 701.0 |

资料来源：根据曹远镇政府提供的数据计算。

因此，逐步实行城乡一体化的社会保障制度，是目前乡村振兴必须认真考虑的最重要的政策问题之一。

一旦将农民纳入全社会的社会保障体系，那么，村级机构的主要经济负担也就卸下来了。村所承担的公共管理、公共服务职能就凸显出来了。它将演变为与城市的社区管理机构类似的公共管理机构，主要职能是进行公共管理，提供公共品、公共服务。

相应地，乡村振兴要求建立相应的城乡一体化公共财政体制。基本思路是：把农村视为与城市一样的地区，公平、普惠、制度化地向农村（包括村一级）提供财政资金，为其公共品与公共服务买单。这样做，从长远看，有利于加快推进乡村治理体系和治理能力现代化，加快推进农业农村现代化，走中国特色社会主义乡村振兴道路，让农业成为有奔头的产业，让农民成为有吸引力的职业，让农村成为安居乐业的美丽家园；有利于乡村全面振兴，农业强、农村美、农民富战略目标的全面实现。

从目前及今后一个时期看，它也有利于逐步形成以国内大循环为主体、国内国际双循环相互促进的新发展格局。在当前内需要提振、经济增速减缓的情况下，它有利于开拓新的投资空间，有效扩大内需，促进居民消费增长，形成国民经济的新增长极，有效促进拉动经济增长。

**参考文献**

［1］安徽省财政科学研究所课题组：《财政支持实施乡村振兴战略对策研究》，载《经济研究参考》2019 年第 23 期。

〔2〕陈文胜：《怎样理解"乡村振兴战略"》，载《农村工作通讯》2017 年第 21 期。

〔3〕韩俊：《关于实施乡村振兴战略的八个关键性问题》，载《中国党政干部论坛》2018 年第 4 期。

〔4〕黄祖辉：《准确把握中国乡村振兴战略》，载《中国农村经济》2018 年第 4 期。

〔5〕姜长云：《实施乡村振兴战略需努力规避几种倾向》，载《农业经济问题》2018 年第 1 期。

〔6〕李恩平：《韩国城市化的路径选择与发展绩效》，商务印书馆 2006 年版。

〔7〕刘小梅：《财政支持乡村振兴战略的体制机制创新与政策优化》，载《财会研究》2021 年第 11 期。

〔8〕罗必良：《明确发展思路，实施乡村振兴战略》，载《南方经济》2017 年第 10 期。

〔9〕秦中春：《乡村振兴背景下乡村治理的目标与实现途径》，载《管理世界》2020 年第 2 期。

〔10〕肖卫东：《筑牢乡村振兴的财政基础——欧盟财政支持农业农村现代化的有益启示》，载《东岳论丛》2022 年第 6 期。

〔11〕闫坤、鲍曙光：《财政支持乡村振兴战略的思考及实施路径》，载《财经问题研究》2019 年第 3 期。

〔12〕叶兴庆、秦中春、周群力：《借鉴国际经验  推动乡村振兴》，载《经济日报》2018 年 12 月 27 日。

〔13〕曾国安、胡晶晶：《城乡居民收入差距的国际比较》，载《山东社会科学》2008 年第 10 期。

〔14〕张季风：《日本国土综合开发论》，世界知识出版社 2004 年版。

〔15〕张军、李勤：《工业化城市化双加速阶段的城乡统筹发展——成因、表现及政策建议》，载《中国发展》2010 年第 5 期。

〔16〕张军：《乡村价值定位与乡村振兴》，载《中国农村经济》2018 年第 1 期。

〔17〕浙江省财税政策研究室课题组：《财政支持乡村振兴战略的浙江实践与探索》，载《财政科学》2019 年第 3 期。

〔18〕中国财政科学研究院课题组：《财政支持乡村振兴战略实施的政策建议——基于防范风险和以人为本的理念》，载《当代农村财经》2020 年第 3 期。

# 总体设计，分类指导，用工业化和城市化促进新农村建设*

## ——对福建省新农村建设的战略思考

　　近 30 年来，中国的经济增长以迅速的工业化和城市化为基本特征。预计未来一个较长时期内，我国仍处在加速工业化和城市化阶段。工业化和城市化进程中，如何保持城乡协调发展，是任何国家在这一发展阶段都必须正视的重大社会经济政策问题。改革开放以来，我国经济发展取得了举世瞩目的成就，但也因迅速的工业化和城市化出现了城乡差距日益扩大，农村社会经济发展相对缓慢，农民增收缓慢等一系列值得严重关注的社会经济问题。如何促进城乡社会经济协调发展，使社会各阶层都分享社会经济发展的成果，为更高阶段的发展创造经济基础，实现和谐而可持续的发展，是我国目前必须正确处理的重大决策问题。2006 年 2 月 21 日，中共中央、国务院下发了《关于推进社会主义新农村建设的若干意见》，建设新农村问题引起全国各级政府的高度重视，2006 年 7 月 20 日至 28 日，在福建省委宣传部和社会科学联合会的组织和领导下，福建省一批社会科学学者对全省 9 个设区市的 78 个行政村进行调研，[①] 旨在深入了解福建省新农村建设的实际状况，总结经验，研究问题，在此基础上进行理论探讨，为社会主义新农村建设提供政策建议。本文是课题组参与这次调研的研究成果。它利用调查中实地访谈和问卷调查的数据，对所调查的农村进行分类研究，有针对性地分析各类农村在新农村建设过程中遇到的

　　* 本文收录于王碧秀主编《科学·和谐·发展——福建省社会主义新农村建设百村调查报告》，社会科学文献出版社 2007 年版，系厦门大学课题组提交的调查报告。课题组负责人：李文溥；课题组成员：刘洁、沈小波、石红梅、肖正根、李金凤、邹文英、高清晖、卢盛荣、李静、阮君、李南南。本文共同作者：刘洁、沈小波、石红梅、肖正根。

　　① 本项调查原计划走访 100 个村庄，后因"格美"台风影响，部分沿海调查组未能完成计划，实际调查了 78 个村庄。

问题，剖析存在这些问题的原因，在综合调查结果和深入思考农村实际的基础上，提出在工业化和城市化背景下福建省建设社会主义新农村的若干政策建议。

# 一、调研概况

## （一）调研与资料收集过程

在本次调研中，课题组分别调查了福建省福州、厦门、泉州、漳州、莆田、三明、宁德、南平、龙岩9个设区市的78个样本村。所调查的78个样本村基本涵盖了福建省沿海、山区以及城郊多种类型的农村。调查期间，在当地有关部门的支持、协助下，在调查点进行实地考察，召开乡村干部、村民座谈会70余次，获得78个村庄的调查问卷。此外，我们还自己设计了相关的问题，进行入户调查，访谈了调查点的部分农民群众，填写农户问卷，此行共获得农户问卷92份。调查过程中，座谈会气氛热烈，问卷回收率及有效答卷率都比较理想。我们认为，调查中发现的问题大多是福建省社会主义新农村建设过程中值得关注的问题，所以此次调研对于新农村建设经验的总结、问题的发现、理论的研究和对策的思考具有一定意义。

## （二）被调查村庄的基本情况

被调查的78个村庄是在省委宣传部和社科联的组织下，由各设区市宣传部和社科联确定的，大多数是当地新农村建设的示范村和试点村，交通条件较好，经济相对发达。下面，对样本村的基本情况做概括性介绍。

（1）调查村的人均收入水平普遍较高，群众的生活水平有所提高。就人均纯收入来看（见表1），2000年样本村的人均年收入为3644.44元，2005年增长到4784.68元，年平均增长5.2%，不仅大大高于全国平均水平，而且高于福建省平均水平。就各地区来说，样本村的年人均总收入也高于当地农村年人均收入的平均水平。从衣、食、住、行等方面看，村民的生活条件都有所改善。许多农户在政府倡导和帮助下对住宅进行翻新和重建，居住环境有了明显的改善。总体来说，农民的生活水平较去年有所提高。

表1　　　　　　　　　　　　　样本村年人均纯收入

| 项目 | 2000 年 | 2001 年 | 2002 年 | 2003 年 | 2004 年 | 2005 年 |
| --- | --- | --- | --- | --- | --- | --- |
| 年人均纯收入（元） | 3646.44 | 3850.66 | 3995.37 | 4261.66 | 4491.83 | 4784.68 |

资料来源：根据课题组调查问卷数据汇总。以下各表，凡不注明资料出处者，均来自本次问卷（村问卷及农户问卷）调查数据。

（2）样本村致力于产业结构调整，不断提高劳动力转移的力度，农村工业化水平显著提高。目前福建省农村农业生产结构正在迅速调整。入户问卷显示，被调查农民家庭户平均耕种田地 6.38 亩，其中粮食作物 2.14 亩，经济作物 3.53 亩，经济作物种植面积为粮食作物的 1.65 倍。另外，农村在发展过程中非常重视工业企业的引进和扶持。2000 ~ 2005 年，样本村平均拥有企业数由 11.24 个增加至 16.34 个，吸纳劳动力由 2000 年的 495.38 人增加到 2005 年的 798.55 人。就工农业产值来看，大多数被调查农村的农业比重大幅度减小。沿海发达地区有些村庄的农业比重已不到 7%。5 年间，平均每村每年减少耕地 27.72 亩。有些村庄已没有耕地，村内到处是企业，"村内冒烟"似乎被看作是农民增收的法宝。就劳动力就业结构来看，直接从事农业的比例急剧减少，在工业、服务业就业的比重快速上升。入户问卷显示：有 44.0% 的农户今后想从事第三产业，19.8% 的农户今后想从事工业。进一步考察外出劳动力从事的行业，发现外出打工继续从事农业的农户少之又少，仅占调查对象的 1.2%，而从事工业、建筑业、服务业的比重很大，分别占到 39.6%、25.3% 和 36.3%。72.2% 的农户表示：如果村办企业招工，自己愿意去打工。在沿海地区，有的村庄已经有超过 90% 的农村劳动力从事非农业生产，在山区的某些村庄，也有超过 70% 的农村劳动力成功地转移到非农部门就业。总之，从产值份额、就业比重来看，经过近 30 年的发展，福建农村产业结构调整力度较大，某些被调查村的工业化水平已经达到较高水平。

（3）农村公共投入增加，基础设施状况改善，村容村貌大为改观。随着农村经济的快速发展，以及政府投入的增加，农村基础设施建设取得了很大进步。各乡村响应中央号召，集中进行新村建设中的"三清六改一整治"，各地都有明确的建设新农村示范村和试点村的任务。从样本村的情况来看，基本上都根据本村实际情况科学规划，进行旧村改造、新村建设的工作。在资金方面，各级政府都有一定的投入，各村也有相应的配套投入。2000 ~ 2005 年，与村民生产、生活、娱乐密切相关的基础设施，如机耕路、路灯、村办幼儿园、敬老院、体育健身场所（小公园）、图书文化站（室）、卫生室（院、所）等都得到很大发展。许多村还成立了专门的卫生清洁队，由专人负责村庄的环境卫生。在通信设施方面，样本村内电话平均每年增加39.15户，手机用户平均每年增加47.18户。截至2005年，样本村通电话率已经达到100%。

（4）农村社会、文化事业也在快速发展之中。首先，农村中小学教育条件有了很大进步。随着农村经济发展，以及村民收入水平提高，教育得到了极大的重视和发展。市（县）、乡（镇）政府，以及村集体对农村基础教育的投入快速增加，教学设施、办学条件、师资力量、教学质量都有了很大改善。推行九年义务教育后，学费和各种杂费全免，明显减轻了农户教育费用负担。农户问卷数据显示，学费减免后，有54.1%的被调查农户认为能够负担得起教育费用，并且认为教育费用支出占家庭收入的比例较小。其次，农村医疗卫生事业发展较快。调查村大多距离中心镇或县城不远，村民可以方便地获得较好的医疗服务，条件好的村还成立了多所村级卫生所，儿童免疫接种率基本上都达到了100%，农村新型合作医疗保险制度正在逐步推进。参加新型合作医疗保险的户数由2000年平均每村75.39户上升到2005年的222.25户，有些村达到了100%的参保率，一些财政情况好的村庄所有费用都由村财政统一支付。再次，2000~2006年，农村社会保障状况有所改善。平均每个村享受最低生活保障的户数明显增加。2000年，平均每村有5.64户享受最低社会保障，到2006年，已经增加到21.94户，享受村级养老补助的户数由2000年的30.22户增加到2006年的80.11户，享受计划生育养老补助的户数由3.18户增加到6.37户（见表2）。最后，农村文化事业也逐步在发展。农村各类文化活动不仅丰富了村民的业余生活，提高了村民的生活质量，而且能够凝聚人心，提高村民的组织化程度，促进社会经济事业的发展和进步。

表2　　　　　　　　　　样本村平均社会保障状况　　　　　　　　　　单位：户

| 项目 | 2000年 | 2001年 | 2002年 | 2003年 | 2004年 | 2005年 | 2006年 |
|---|---|---|---|---|---|---|---|
| 享受最低社会保障 | 5.64 | 5.96 | 6.91 | 14.06 | 24.26 | 23.92 | 21.94 |
| 参加新型合作医疗保险 | 75.39 | 88.07 | 106.28 | 129.30 | 169.00 | 190.47 | 222.25 |
| 享受村级养老补助 | 30.22 | 38.86 | 50.30 | 54.26 | 53.65 | 56.42 | 80.11 |
| 享受计划生育养老补助 | 3.18 | 0.97 | 1.19 | 1.58 | 4.54 | 6.37 | 6.47 |

## （三）目前新农村建设中一些值得注意的问题

在调查中，我们发现了一些问题，在城郊、沿海以及一般农村大多普遍存在。我们认为，这些是福建省不同类型地区在新农村建设中都值得注意的一些一般性问题，因此在这里进行统一分析。

### 1. 农业税费改革与农村公共品的提供

长期以来，我国广大农村公共品的提供者是村级组织和广大农民。根据公共财政理论，全国性的公共品，如基础教育、基本医疗卫生服务和计划生育等应由中央政府负责提供，地方则负责地方性公共物品的提供。但是，中央、地方之间的事权实际上存在着众多模糊交叉，特别是在农村公共产品的供给责任划分上。事权不清的结果是相互推诿，并最终落到基层政府和村民自治组织上。表3列示的是调查样本村自2000年以来有关各村公共品投资的数据。

表3 各村公共项目获得的投资状况

| 项目 | 修路 | 电力设施 | 公共厕所 | 垃圾处理 | 公共场所 |
|---|---|---|---|---|---|
| 国家投资（%） | 3.8 | 44.3 | 0.5 | 1.2 | 0.6 |
| 省级投资（%） | 15.9 | 0.0 | 0.0 | 0.0 | 1.7 |
| 县级投资（%） | 24.3 | 2.9 | 42.1 | 4.3 | 6.5 |
| 台商投资（%） | 0.6 | 0.0 | 0.0 | 0.0 | 1.5 |
| 农户投资（%） | 20.7 | 9.5 | 4.6 | 74.4 | 16.5 |
| 村自筹投资（%） | 34.7 | 43.3 | 52.8 | 20.1 | 72.8 |
| 村共得到投资（万元） | 157.79 | 109.47 | 13.17 | 23.26 | 48.42 |

调查统计数据表明：在村庄获得的公共品投资中，国家、省级投资的比例较低，而农户自筹和村级组织投资的比例较高，在修路、电力设施、公共厕所、垃圾处理、公共场所建立方面，村级组织和村民的投资占到总投资的55.4%、52.8%、57.4%、94.5%、89.3%。可以肯定，新农村建设中有许多公共投入和服务属于村级公共品，需要当地村行政集体筹集公共资金来提供。但是，目前遇到的一大问题是：村级组织和乡政府财力严重缺乏，无力提供这些农村公共产品。尤其是农村税费改革后，取消了村提留、乡统筹以及相关农产品特产税等。农民的负担减轻了，但是，乡村两级财政却因此遭遇到了严峻考验。表4列示了样本村的财务收入状况。

表4 样本村平均财务收入状况

| 项目 | 2000年 | 2005年 |
|---|---|---|
| 上级财政补助（不包括农业税附加） | 9.00（2.3%） | 13.54（5.7%） |
| 村提留 | 5.72（1.5%） | 4.29（1.8%） |
| 农业税附加 | 1.68（0.4%） | 0.07（0.0%） |
| 土地、水面、林地等承包转让费收入 | 10.04（2.5%） | 18.31（7.8%） |
| 村办企业上交收入（承包费、管理费、利润） | 23.08（5.8%） | 20.00（8.5%） |

| 项目 | 2000 年 | 2005 年 |
|---|---|---|
| 罚款收入（计划生育、林业及其他） | 1.01（0.3%） | 1.39（0.6%） |
| 利息收入 | 6.28（1.6%） | 1.92（0.8%） |
| 租金收入 | 34.40（8.7%） | 54.83（23.3%） |
| 已收债款 | 0.31（0.1%） | 2.02（0.9%） |
| 村统一经营收入（不算代收） | 196.03（50%） | 11.23（4.8%） |
| 征地补偿收入 | 66.04（16.7%） | 59.32（25.2%） |
| 出卖企业、其他资产收入 | 1.97（0.5%） | 2.91（1.2%） |
| 其他收入 | 39.8（10.1%） | 45.71（19.4%） |
| 当年村财务总收入 | 395.36（100%） | 235.54（100%） |

注：括号内为该项收入占当年村财务总收入的比例。

从表 4 可以看出：

（1）2000~2005 年，尽管农村及农民的收入都有所上升，但是调查村财务平均总收入却大幅度下降了。2005 年的村财总收入仅为 2000 年的 59.58%。在新农村建设中，村级组织的事权责任在扩大，但是所能支配的财力却大幅度下降了。

（2）从收入结构看，大部分收入来源于相对稳定的项目，如农业附加税、村办企业上交收入、利息收入、村统一经营收入等，收入额都大幅度下降了。而一些临时性收入项目的收入额却有所上升。这意味着村级财源不仅在萎缩，而且不稳定性上升了，显然，这种财务状况对于村级组织提供稳定的公共品，尤其是公共服务，是很不利的。而社会主义新农村的建设，恰恰需要加强村级组织的职能，提高其提供公共产品、公共服务的能力。

### 2. 资本融通与生产发展

农户是农业最基本的经营单位，也是市场经济中规模最小的企业之一。因此，农户在生产经营过程中，也和其他工商企业一样，需要资金融通。缺乏金融支持是目前我国农村经济发展滞后的重要原因之一。我国目前有三个正规的农业金融机构，即：承担政策性金融的中国农业发展银行，负责商业性金融的农业银行，以及从事农村合作性金融的农村信用合作社，三者各司其职，分工合作，相互配合。但是，从这三个农村金融机构开展的业务范围及服务的范围看，很难满足农村社会经济发展的需要。中国农业发展银行政策性业务比较单一，主要从事米棉油收购资金的发放回收业务，而且资金来源不足，政策性功能有限；农业银行近年来已经基本上从农村退出，在农村金融中的主导地位已不复存在，甚至可以说，已经很难称为农业金融机构；农村信用社组织单一，机制不活，坏账呆账严重，融资能力较差。服务农业、农村尤其是农户的金融机构发展严重滞后，业务范围小，服务水平低，农户作为农村经济的基本经营单位，很难获得正规农业金融机构的资金融通服务，这对于农村经济发展显然是非常不利的。

调查发现，农村信用合作社几乎是目前唯一的向农村提供金融服务的正规金融机构。但是，农村信用合作社的金融服务具有高度的歧视性：

第一，利率奇高。4个月期限的贷款利率为6.7%，4~6个月为9%，贷款期限一旦超过6个月，利率就升至15%①。

第二，最高限额过低。在我们调查的不少地方，规定的贷款上限是3000元，这通常远低于农民发展正常农业生产的需要。

第三，程序繁杂，导致很多农民不愿意贷款。农村信用社定位和职能不准确，缺乏真正开展农村信贷业务的激励，无法满足贷款人和借款人双方的需求，无法真正为农村经济发展提供有效的金融服务。

由于正规金融机构严重不足，金融服务水平低，农民基本上无法从正规金融机构获得正常生产经营所需要的贷款。地下金融机构和私人借贷仍然是很多农民的主要资金来源之一。农民在生产经营活动所需要的资金或是主要靠自有资金，或在必要时向亲戚朋友借款并支付利息，甚至去借高利贷，还有的参与非法的地下钱庄和标会。农村资金外流、农民融资困难已经成为严重影响农村、农业经济发展的不利因素。

### 3. 分散经营与协作组织

我国地少人多，人地关系高度紧张，改革开放后，家庭联产承包责任制的推行，刺激了农民个体的生产积极性，但是，按人口平均分配责任田，导致农业微观生产组织数量巨大，规模狭小，导致农业生产经营严重的规模不经济。福建省人多地少的矛盾尤为突出，大部分地区搞的都是所谓的精细农业，每个农户经营的土地面积可能更小。高度分散的小农户经常处于分散经营状态，各自为战，各自承担市场风险。实践证明，农户作为基本生产单位，还是基本符合目前我国的农业生产力发展水平的。以农户为基本经营单位，也就意味着农户作为供给者，将是市场价格的接受者。但是，农产品市场上的买者，其规模

---

① 此数据是笔者在柘荣县城郊乡下村调研时了解到的。

往往远远大于农户，因此，在市场上，众多的农户将面对数量较少规模较大的买者，在市场上处于劣势，农业生产者的利益将因此严重受损。因此，要保护农业生产者的利益，就必须实现分散的生产与规模经营之间的合理组合，提高农业生产效率，提高农民在农产品市场上的谈判能力，实现卖者与买者之间的力量均衡。

但是，尽管实行家庭联产承包责任制多年，福建省农村的合作组织发展目前还处于起步阶段。农村合作组织的数量、参与的人数还较少，许多合作组织的功能还有待于进一步的完善。我们所调查的78个样本村，合作组织仅48个，平均每个村庄不到1个。而且，其中有近10.7%的农民合作组织基本上处于瘫痪状态。统计数据表明，这些合作组织的参与人数为9463人，仅占样本村总人口数的11%。各种农产品行业协会、各类流通组织，包括专业合作社、农村经纪人、农产品促销组织、专业协会等发育很不完善。个体农民作为新农村建设的主体往往不具备与公司、政府谈判的能力，缺乏收集信息，协调生产，组织流通，统一采购等能力，也就不能有效地保护和实现自身的利益，近年来，有关部门提倡"公司＋农户＋订单"农业模式，这固然是一种方法，但是，公司毕竟是企业，必然追求自身利益最大化，仍然可能利用自己对个体农民的相对优势地位侵犯农民的利益，因此，在提倡"公司＋农户＋订单"农业模式的同时，还必须强调建立农民自己的合作组织尤其是综合性农协的重要性。

### 4. 经济扭曲与新农村建设

经济扭曲是一个比较宽泛而非严谨的概念，它可以被认为是一切不利于合理配置资源的方面，或者是人为干预经济正常运行的东西。[1] 经济扭曲的产生，既和市场的"先天不足"有关，比如垄断和外部性导致的扭曲，也和政府干预或政府强制性制度设定有关。

我国目前存在的城乡割裂的二元经济结构是一种典型的长期以来城市歧视农村、工业剥削农业的政策造成的经济扭曲。其中，制约和影响农村经济生产和发展能力的最主要扭曲就在于城市、工业对农村、农业、农民的掠夺式的生产要素使用和要素价格扭曲，以及工农产品的不等价交换。

对绝大多数农民而言，其所拥有的生产要素无非是土地、农业生产资料（比如农药、化肥、农业机械等）和劳动力。

---

[1] 经济增长前沿课题组：《国际资本流动、经济扭曲与宏观稳定》，载《经济研究》2005年第4期。

就土地而言，毫无疑问，城市化和工业化需要将大量的农村土地、农业用地转化为城市土地、非农业用地。在不存在因市场力量不对称和政府强制性制度设定条件下，农民是可以从中得到正常的土地使用权转让收入的，但是，由于农民自身知识的局限和在征地中的弱势地位，在土地使用权转让中缺乏讨价还价的能力与权力，低价补偿是普遍现象。至于长期以来，农业生产资料、工业品与农产品之间的价格剪刀差，对农村、农业、农民的剥夺，更是至今尚未完全解决的问题。

就劳动力而言，由于农产品的低价格，农村劳动力从事农业劳动的收益远远低于从事非农业劳动的收益。这也正是不少农村基层政府和农民将农村工业化作为发展农村经济的重要手段，不少农民离乡背井、抛妻别子地到城市当农民工的重要原因，关于农村工业化，我们将在下面的有关部分进行分析，这里从要素价格扭曲角度讨论一下农民工现象。

据农业部的调查，2002年，我国农民工的人均年收入仅为5597元，即月平均工资为466元。这大约相当于城镇在岗职工平均工资的一半（2001年，全国城镇在岗职工的平均年工资为10870元，平均月工资为906元）。按照国际惯例，最低工资标准应为上年度社会平均工资的40%～60%，但目前我国许多城市，却只达到20%～30%，在深圳这样一个生活费用高昂的沿海发达城市里，最低工资标准至今仍然是580元/月，据广东省的调查，过去12年，珠江三角洲的农民工月工资增幅只有68元，每年月工资只增加不到6元。如果考虑到物价上涨趋势，农民工的工资实质上是下降的。这样的工资水平，实际上无法满足劳动力的简单再生产需要。关于这一点，只要看一下大量的农民工多年来只能只身来城市打工，拥挤地住在城乡边缘的城中村中违章搭盖的出租屋中，到年底，一年一度地长途跋涉，回家探亲，形成所谓民工潮，就可想而知了。按照马克思的劳动价值论，劳动力商品的价值应该包括以下三部分：（1）维持劳动者自身生存所必需的生活资料的价值；（2）劳动者繁衍后代所必需的生活资料的价值；（3）劳动者接受教育和训练所支出的费用。马克思还指出，这仅仅是劳动力商品的最低价格，在正常情况下，工资还必须考虑到社会和道德的界限，要略高于劳动力商品的最低再生产费用。我国目前大多数城市中的农民工生存状态以及一年一度的民工潮已经明白无误地证明了：为我国经济增长、工业化和城市化做出巨大贡献的农民工，其工资水平是严重低于马克思所说的劳动力商品价值的，因为，它根本无法包括马克思提出的劳动者繁衍后代所必需的生活资料的价值，以及劳动者接受教育和训练所支出的费用，更不用说社会和道德上的考虑。正是由于农民工的工资基本上只能维持劳动者的简单再生产需要（即仅能满足个人温饱），根本无法在其工作的城市里养活其家人，因此，不得不将家人留在生活费用低得多的农村。长期以来，对于农民工的低工资，不少学者认为是中国农村劳动力大量过剩，农业劳动力边际生产力为零所致。我们认为，这一说法固然不无道理，但是仅以此说明农民工的现行工资水平，却是值得商榷的。农民工的低工资，首先是由于长期以来我国现实存在城乡严重不平等造成的，由于长期以来城市剥削农村，工农产品剪刀差，从事农业的收入极为低下，它必然影响农民工进城务工的收入预期，其次，进城务工的农民至今仍是一个弱势群体，没有能对工资水平进行集体谈判的组织。因此，在讨论农民工工资水平时，这些因素的巨大影响，是不能不加以考虑的。

低价的农村劳动力，曾经为中国的经济增长、工业化和城市化做出巨大的贡献，但是，继续维持农村劳动力的低价格，对中国经济的长远发展，将是严重不利的。对城市和工业经济而言，它将导致城市化速度缓慢，创新动力不足，技术进步停滞，经济增长方式转变困难，粗放式生产和资源非集约利用，产业结构难以升级。对于农村经济，则将降低农业劳动力向非农产业转移以及农村人口非农化的速度，不利于农业生产实现规模经济、集约化经营，不利于农村、农业积累资金，实现现代化，放慢了社会主义新农村的建设速度。

## 二、三类农村：分析与思考

### （一）村庄分类

福建省地理条件多样，各地区之间发展水平差异较大，根据本次调查实地观察印象以及座谈会和问卷调查得到的相关信息，我们认为，所调查的村庄基本上可划分为三种类型：一是一般农村，这类调查点大部分远离城市，地理位置比较偏僻，以农为主，经济发展水平较低；二是沿海农村，这类调查点大多位于沿海地区，产业发展较为多样化，有以农业、养殖业生产为主的，也有以工业生产为主的，经济较发达；三是城郊农村，这类调查点一般位于城市边缘，近年来由于城市化的进程加快，这些村庄正逐步被城市化，非农产业发展迅速，农业比重不断下降，经济发展水平最高。我们本次调研的 78 个村庄，如果按照上述地理位置和产业类型分类，其分布如图 1 所示。

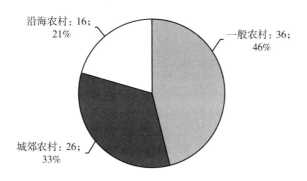

**图1 三种类型农村的数量分布**

其中，一般农村 36 个，占 46%；城郊农村 26 个，占 33%；沿海农村 16 个，占 21%。从分布情况看，一般农村数量最多，所占比重最大，其次是城郊农村，沿海农村最少。由于本次调查点的确定，不是严格按照抽样原理确定的，因此，这种分布状况与福建省农村的实际分布未必相关，但是，这三类农村的存在，三类农村目前在发展中遇到的主要问题各不相同，不能用统一的模式解决，则是可以认定的，因此，本文将本着分类研究的思想，利用所获得的数据和资料，对三种类型农村面临的特殊问题进行逐一分析，希望在此基础上能有针对性地提出解决思路。

## （二）城郊农村面临的问题

首先，我们定义：这里讨论的城郊农村指已经被城市化，成为"城中村"，或者即将成为"城中村"的地区，而不是任何一个泛指的城市附近农村地区，后者可能被城市化，也可能在一段时间内仍然是农村。此类农村面临的问题大体与下面讨论的沿海农村相同，可以归入下一类农村进行讨论。

在工业化和城市化进程中，有不少城郊农村逐渐被城市化，这一趋势仍在发展中，因此，对于城郊农村，发展面临的主要问题已经不是建设新农村，而是如何被城市化，如何在城市化进程中，用合理的政策措施解决被城市化城郊农村农民的市民化问题。

### 1. 城郊发达农村的一般特点

（1）区位优势明显，土地急剧升值。城郊农村一般处于中心城市的郊区或边缘地区，它区位优势明显。由于工业化和城市化，城郊农村的土地急剧升值，这为该地区的发展，解决该地区农民身份转化问题提供了必要的资源，但是，对于城郊土地升值，如果不从长远发展角度着眼，从协调城乡不同利益群体关系角度妥善处理，则可能会引发许多严重问题，即使它们不立即爆发，延至将来，也将产生巨大的处理成本。

（2）耕地大规模减少，非农产业发展迅速。随着城市不断扩张，城市工业用地需求急剧增加，城郊农村的土地成为首选的被征对象，耕地大规模减少。农户问卷调查数据显示：在城郊农村中，有71.4%的农户家庭土地被征用，考察样本村最近的三次土地调整的面积，城郊农村可供调整的土地面积从807.42亩减少到495.48亩，再到203.80亩，足见城郊型农村土地数量减少之快。很多农民家庭征地后几乎没有耕地，不得不寻求其他的谋生方式。而城中工业企业较多，被纳入城市新工业区内的城郊农村的农民进企业打工以及从事其他非农活动的机会比较多，所以城郊农村的农民从事非农业生产的多，非农化程度较高。调查样本村中，农村劳动力转移为从事非农产业的比例大部分在70%以上，有的甚至高达90%。这些村子的产值比重中，非农业产业已经远远超过农业。

### 2. 城郊农村面临的问题

由于城郊农村是在城市工业化不断推进的过程中被纳入城市化过程的，所以这些农村地区的城市化过程可以说是一种外生型被动城市化的过程，存在着许多值得重视的问题。[①]

（1）城乡土地规划缺乏统一筹划，土地城市化过程缓慢。

城中村虽然距离城市近，有的还处于城市新工业区的规划范围内，但从行政建构和管辖上，仍然保持了农村的建制，设有村委会。如何根据具体情况，站在经济社会发展长远目标的战略高度统一规划其建设方案，是目前城中村建设中的重要问题。目前出现的情况是：有关部门把城中村仍然当作是新农村建设的对象，出现了在城市化地区进行新农村建设这样的怪事。

第一，土地利用不合理。城郊农村一直面临着两种管理体制的问题，城市和农村两种管理体制在土地、建设、城管、环卫、公交等诸多方面都存在较大的差异。城市在扩张过程中，往往只注意到所征用城郊农村土地部分的利用，城市空间结构的调整，却忽视了将整个被城市化地区纳入城市新区建设规划，在城市新区留下大量的城中村，从而造成了新区土地利用的严重不合理。实践证明，这种做法，眼前看似乎省事，但是从长远看成本巨大。

---

① 李文溥、林民书、林枫：《城市郊区外生型农村城市化研究》，载《东南学术》2003年第4期。

第二，拆了城中村，建成"新农村"。在城郊农村的建设过程中，尽管这些城郊农村已经被城市化或即将被城市化，但是，农村建制仍然保留，因此，许多地方仍然将它们视为农村地区进行管理，下达新农村建设计划，要求它们按照农村的建设规划的要求进行建设，结果是拆了一个城中村，建成一个"新农村"。在调查中我们发现，有些地区，在城郊农村的建设中思路不明确，定位不准确，在加大新农村建设的过程中，曾下大力气解决乱盖乱建，但是接下来的规划又一刀切式地规定了新村建设的硬性指标，于是在拆了城中村后，一个明显的结果就是出现了"新农村"。城郊农村的发展依旧是没有纳入城市发展的统一规划之中，并且将进一步加大城市建设过程中的拆迁成本。

（2）城郊农民征地补偿费用偏低，未能从工业化和城市化带来的土地升值中得到应有的利益。

城郊农村在工业化和城市化进程中大多是被动地被城市化了，失地农民的可持续生计自然成为工业化和城市化进程中政府必须面对的问题。目前各国对于失地农民的补偿有两种方式：一种是提供土地的货币补偿费用，另一种是提供农民的就业机会。我国目前由政府提供的就业机会非常有限，提供的货币补偿费用偏低，广大城郊农民并未从工业化和城市化带来的地价升值和就业机会扩大中获得应该属于自己的利益。根据我们的调查，城郊农村71.4%的土地被征用，对于土地征用的补偿，有71.5%的农户是不满意的。农村土地是农民的基本生产资料，同时具有社会保障功能。补偿标准偏低，就根本无法保障失地农民年老体弱后的生活，更谈不上拿这笔钱谋求可持续的生计。需要指出的是：由于城市化，城郊土地的价格是不断上涨的。以厦门为例，目前土地拍卖价在每亩100万元以上[①]，随着城市化和工业化进程的不断推进，可以预见：土地的价格仍会持续上升。然而，目前付给农民的征地补偿安置费却是很低的。在厦门，每亩只有7万余元。显然，政府通过征地，获得了巨大的差价，即使扣除在土地经营过程中可能发生的其他成本，仍有相当大的盈余。因此，征地补偿费用偏低，农民未能从工业化和城市化带来的土地升值中得到应有的利益是不合理的，从长远看，也会造成难以解决的社会经济问题。

（3）农民户籍转换容易，但身份转变任务艰巨。

由农民、村民转变为市民、居民，从表面上看，只是简单的户籍改换，但是，从深层次上看，根本问题则在于身份角色的实质性转变。这里涉及三个重

---

① 这一价格主要针对商贸和工业用地而言，然而，从厦门岛内实际情况出发，随着时间的推移，土地的稀缺性日益凸显，土地价格的攀升是一个可以预见的必然。

要的问题。

一是职业的转变，城郊农民要由从事农业生产转变为从事非农产业生产。在城市化过程中，首先是农民赖以生存的耕地被征用。他们因此成为失地农民。原来拥有的农业生产技能也就因此基本报废。重新学习谋生技能，需要一定时间。中年以上的农民，在转换职业过程中，更存在种种难以克服的困难；与此同时，城市化导致城郊土地大幅度增值，为这些农民利用征地补偿费建造非自用私房，获得房产收入创造了有利条件，提高了他们学习城市谋生技能和从事正常城市职业的机会成本。这些因素更增加了农民职业转换的困难。

二是城市"肿瘤"现象严重。在城郊农村外生型城市化过程中，有相当一部分农民靠出租房屋作为今后增收甚至全部收入的重要渠道，农户问卷调查数据显示，想通过出租房屋来提高生活水平的农户家庭在城郊型农村占比为31.0%，而一般农村只占2.3%，即使是沿海农村，也不过10.5%（见表5）。

表5　　　　　　　　　农户今后想从事产业意愿比较　　　　　　　单位：%

| 产业 | 一般农村 | 城郊农村 | 沿海农村 |
|---|---|---|---|
| 农业 | 46.5 | 17.9 | 10.5 |
| 工业 | 14.0 | 27.6 | 21.1 |
| 第三产业 | 30.2 | 58.6 | 52.6 |
| 外出务工 | 18.6 | 3.4 | 21.1 |
| 出租房屋 | 2.3 | 31.0 | 10.5 |
| 样本数（户） | 43 | 29 | 20 |

由于出租房屋收益较高，他们大多不愿意务工。根据农户问卷，有48.1%的城郊农民表示不愿意去村办企业务工，认为务工很不自由。显然，如果听任城郊农民依靠出租私房（其中相当部分是违章建筑）维持生活，这些人在相当长时期内无法真正实现从农民到市民的社会角色转换，成为城市生活中的多余人。这种情况的存在，不仅加大解决违章建筑问题的难度，而且不利于形成健康向上的社会风气，成为社区安定团结的隐忧，甚至可能贻误一代人的发展。

三是农村村民享受市民待遇的进程缓慢。城市化的目的是使农民变成市民，但是农民转化为市民最关键的是，进城农能够享受到与城镇居民相同的社会福利和社会保障。目前，生活在城郊的农民收入极不稳定，开支也极具不确定性。他们的社会福利和社会保障绝大部分还是依靠村财收入。村财好的，福利和社保稍好些，村财差的，也就根本谈不上什么社会福利与保障了。现有的解决城郊型农村面临的这些问题的方式仍然沿袭了长期以来城乡分离的解决方式，如农村合作医疗，还是把城郊农村划出去，城郊农村的农民还是没有享受到市民的待遇。

## （三）沿海农村新农村建设面临的问题

在福建，沿海农村是一种介于城郊农村和一般农村之间的类型。从整体上看，沿海农村经济较为发达，农村工业化、城市化水平较高，农村各项社会事业发展快速，农民收入水平也较高，生活较为宽裕。因而，沿海地区农村建设社会主义新农村有较为扎实的基础，也取得了初步成效。但是，从建设社会主义新农村的目标和农民的要求，对照发达市场经济国家实现工业化、城市化的历史经验来看，福建省沿海农村新农村建设还存在一些突出的、战略性的问题。

**1. 农村工业较为发达，工业化水平高，但企业规模偏小，技术水平低，布局分散，难以获得聚集效应和规模收益**

经过近 30 年的发展，福建省沿海地区私营经济发展迅速，有力地促进了农村工业化和城镇化的发展，农村工业在农村经济中的地位举足轻重，为农村剩余劳动力的转移，提高农民收入，发展农村各项社会事业做出了重大贡献。但是，目前沿海地区的农村工业化也存在不少问题：一是村村点火，乡乡冒烟，农村工业遍地开花，布局分散，规模狭小，无法获得规模经济、范围经济和聚集效应。二是这种工业化方式占用了大量耕地。沿海地区本来土地资源就极为有限，人均仅 1.49 亩，耕地资源更少，人均 0.30 亩。但是，目前各地受利益驱动，村村都在建工业区，导致土地资源大量浪费。三是农村工业大多技术水平低，能耗物耗高，经济效益差，污染物排放量大，严重影响了农村生态环境。四是分散的工业化方式拖了城市化的后腿。

根据经济学的一般原理，在市场经济中，生产要素是可以自由流动的，工业化与城市化在时间和空间上基本上应是同步进行的。因为城市是工业及非农产业的空间载体，企业向城市集中，可以共享交通、通信、供电、供水、排污系统，以及人才市场和金融市场等社会基础设施，工业化的成本将因城市化带来的聚集效应、范围经济而大大降低。因此，第二、第三产业向城市集中具有经济上的合理性和必然性，是市场经济发达国家工业化和城市化所共同走过的道路。

因此，我们认为，目前福建省沿海发达地区普遍发展农村工业的做法，不符合市场经济条件下工业化、城市化的正常发展趋势。这可以从"苏南模式"从兴盛走向衰落得到佐证。"苏南模式"曾经有过辉煌的时代，其基层政府主导的"离土不离乡"的农村工业化、乡村城市化模式曾被奉为带有普遍意义的中国特色的发展新路，认为它既不同于资本主义发达国家工业化和城市化的道路，也不同于拉美发展中国家产生"城市病""贫民窟"的工业化和城市化的道路。但是，随着我国经济体制逐步向社会主义市场经济体制过渡，原来在计划经济体制下发展起来的"苏南模式"也就失去其生存的制度基础。近年来，苏南许多乡镇企业日益向上海、南京、苏州等大中城市集中，分享城市化所带来的聚集效应和规模经济和范围经济，以实现产品换代和技术升级，降低生产成本，提高经济效益。或许有人会说福建省农村工业的发展与"苏南模式"不同，苏南乡镇企业以集体所有制为主，政企不分，产权不明，发展过程中必然会遇到制度瓶颈的束缚，而福建特别是闽南地区农村工业以私人企业为主，不存在"苏南模式"固有的产权缺陷，因此不能以"苏南模式"的"终结"来否认福建目前农村工业化的道路。这或许有点道理。但是，如果我们再看浙江温州农村工业的发展趋势，就会发现农村工业向大中城市搬迁集中是我国工业化进程的必然趋势。"温州模式"不同于"苏南模式"，就产权制度来说，"温州模式"以私人经济为主，地方政府对市场和企业的干预也比较弱——这与福建省特别是闽南地区相似——因此，其发展前景被普遍看好。但是，"温州模式"农村工业也是遍地开花，难以获得聚集效应。从目前种种动向看，温州的许多企业也正加速向当地的城镇集中，有些规模较大的企业甚至向上海、杭州等大城市迁移。因此，无论是从"苏南模式"的转变，还是从"温州模式"的发展趋向看，福建省沿海地区目前的工业化道路是没有前途的，如果不及时调整发展方向，将来必然会为此付出沉重的代价。

**2. 沿海农村农业生产结构不合理，农业基础设施投入不足，技术水平低，持续稳定增长面临很多困难**

福建多山，无论山区还是沿海，土地资源都相当稀缺。据本次调查数据，在沿海农村，样本村人均土地面积和耕地面积分别为 1.49 亩和 0.30 亩，外出打工、经商的劳动力比例在 80% 以上。按照比较优势原理，这些地区应该发展能够集约使用土地的农产品。但是调查发现，目前沿海农村的多数农民依然以种植业尤其是粮食种植业为主，这明显不符合比较优势原理。耕地稀缺，土质差，加上家庭分散经营制度下的小规模，发展不具有比较优势的粮食生产就必然是低效率的。

除了生产结构不合理外，沿海发达地区农业生产中突出的问题还有基础设施薄弱、技术落后，农业很大程度上还靠天吃饭。由于政府投入不足，集体无力投资，农田水利等基础设施大多年久失修，农业基础设施状况很差。同时，农业技术人员不足，拖拉机、柴油机、收割机、水泵等农用机械也极为缺乏。根据问卷调查数据，2005 年，沿海农村调查村，灌溉方式仍以渠灌为主，占87.1%；喷灌和管灌占3.2%；井灌占9.7%。灌溉方式落后，水资源浪费严重，利用效率极低。就技术人员来看，2005 年，平均每村仅有技术人员7.10 人，其中种植业技术人员5.04 人。就农用机械和动力来说，平均每村仅有大中型农用拖拉机2.56 台，农用柴油机53.14 台，农用电动机7.85 台。因此，沿海地区一方面耕地资源有限，另一方面农业生产条件差，技术力量薄弱，现代化水平低，这些都是制约沿海地区农村发展现代高效农业的重要因素。

### 3. 政府投入不足，沿海地区农村公共产品的供给与需求失调，二者不仅数量上失衡，而且结构上也失衡

本次调查获得的信息表明：农村居民对农田水利、农村道路等基础设施，以及义务教育、医疗卫生、社会保障、职业技能培训等公共服务有着强烈的需求。农民最迫切需要的农村公共产品依次是：义务教育、农田水利等基础设施、村庄规划、医疗保健、职业教育、农村道路和农村电网。近几年来随着中央发展战略的转变，政府对农村公共产品和公共服务的投入逐步在增加，但与农民对农村公共产品和公共服务的需求相比，其供给数量仍然严重不足。

2005 年，在沿海地区的四个调查村中，平均每村为农村道路投入151 万元，其中：国家投入4.71 万元，占3%；省级投入6.25 万元，占4%；县级投入13.66 万元，占9%；三级政府投入共占16%；农户投入54.91 万元，占36%；村集体投入72.15 万元，占48%；后二者合计为农民投入，占84%。2005 年，四个村平均每村义务教育投资141 万元，其中国家投入15 万元，占11%；省级投入15 万元，占11%；县级投入21.6 万元，占15%；三级财政投入总共占37%；农户投入7.87 万元，占5%；村集体投入82.12 万元，占58%；二者合计占63%。可见，农民和村集体在农村公路和义务教育投资中都占绝大多数。对于这一比例，可以比较的是城市的道路投入和义务教育投入。目前为止，城市的道路（即使是社区道路）投资和义务教育投入有多少是由城市居委会和居民自筹的呢？

农村经济发展水平低于城市，村集体和农民的公共产品投入能力有限，在

政府财政投入不足的情况下，农村公共物品和公共服务的供给就必然难以满足其需求。

在农村公共物品的供给与需求在数量上不匹配的同时，二者在结构上也是失衡的。从需求来看，农民虽然对农村公共基础设施，如农村道路、自来水、电网、农田水利等也非常需要，但是最迫切需要的还是农村公共服务，比如义务教育、公共卫生、社会保障、农技推广、职业培训等。农户问卷调查数据表明，农民对政府的公共服务，处于需求第一位的是加强教育和医疗投资，50%的受访农户选择了该选项，其次是加大基础设施投资，有35%的农户选择了该选项，再次是提供生产技术和技能培训，30%的农户选择了该选项。农村公共服务的改善不仅能够提高农民的生活水平，使农民享受到现代文明带来的好处，而且能够有效培育农民的人力资本，对农村和农民的长远发展都有重要意义。但是，从供给来看，政府投入主要以农村基础设施的建设为重点，对农村公共服务投入却注意不够。因而，农村公共产品和公共服务的供给与需求在结构上就出现了矛盾。

在农村公共产品提供上，之所以出现公共设施和公共服务的供需结构不平衡，其原因在相当程度上是制度性的：尽管农民希望更多地提供无形的公共服务，但是有权支配这些开支的地方政府官员却更愿意提供有形的公共基础设施，因为后者是能直观看见的，而前者却比较难。农村公共设施和公共服务的供需结构上不平衡，从一定程度上反映出农村公共物品供需上更为深层次的问题：应该由谁来决定公共投入的使用方向？应该由谁以及如何制约地方政府的行政权力？

### 4. 农村劳动力缺乏职业技能和职业培训，剩余劳动力就业困难

沿海地区农村人口多、耕地少，人均仅 0.30 亩，大量的剩余劳动力需要转移到第二、第三产业就业。但是，对于多数剩余劳动力来说，在农业之外找到就业机会是很难的，原因是他们大多缺乏必要的文化知识和劳动技能。劳动技能的缺乏极大限制了剩余劳动力在二三产业就业的能力，也影响了农民收入水平的快速增长。调查获得的信息表明：75%的村没有对村民提供职业技能培训，仅有25%的村对村民提供职业培训项目，而且培训内容大多是劳动就业和法律知识，缺乏劳动技能培训。

劳动技能的缺乏在很大程度上影响了农村剩余劳动力外出就业的机会和就业地域的选择。村问卷调查数据表明：2005 年，沿海农村中，举家外出就业的农户占总户数的8.8%，举家外出人口占总人口的13.91%，比例比较低。农户

问卷调查数据表明：2005年，就剩余劳动外出打工的地域来看，40%在本乡镇打工，5%在省内其他乡镇，35%在省内其他城市，只有20%去外省打工。也就是说，福建省外出打工的农村剩余劳动力中，有80%是在本省寻找出路。这一方面说明福建省二三产业发展快速，省内就有大量的非农就业机会；另一方面也说明福建省剩余劳动力的外出就业的能力，特别是去外省就业的能力较为低下，限制了剩余劳动力的远距离迁移。

**5. 土地使用权流转和土地征用制度较为混乱，违法占用、征用农地，农民的合法权益得不到有效保护**

在现代化进程中忽视农民的土地权利是我国农村土地制度和政策的最大缺陷。从福建省现实情况来看，农民的土地权利事实上短期而不稳定，特别是在沿海发达地区，农村工业化、城镇化快速推进，大量土地流转或被征用，在这一过程中，不断出现农民权益被侵害的现象。从所调查的16个沿海村庄来看，2000年，平均每村耕地面积1106亩，到2005年平均每村耕地面积806亩，5年间减少了23.60%，下降速度是相当快的。农民权益得不到保护，主要表现在以下三点。

（1）土地补偿费偏低。按法律规定，土地征用补偿费用包括土地补偿费、安置补助费、青苗及地上附着物补偿费。土地是农民除劳动能力之外最重要的生产资源，不仅是基本的生产资料，而且具有社会保障功能。因此，在征用补偿时应考虑土地的这两个功能。从实际补偿金额看，沿海发达地区多数在每亩10万元以下，有的地方甚至只有4万~5万元，明显偏低。

（2）存在挪用、截留农民土地补偿费和安置费的现象。按福建省有关规定，被征用土地属于农民承包经营的土地或自留地的，集体经营单位又未能调整其他数量和质量相当的土地给农民继续经营的，应将不少于70%的土地补偿费支付给被征地农民。但是，从实际情况看，不少村庄截留土地补偿费，支付给被征地村民的土地补偿费还不到50%，有的更低，仅为25%左右。

（3）失地农民的安置问题。土地是农民的基本生产资料，要依靠它维持生活、获取经济效益；土地还是农民抵抗风险和养老的最后保障。但是，在调查中我们发现，被征地农民的安置问题较为突出。农户问卷调查的数据表明，有45%的受访农户希望土地补偿能够采取土地入股分红的形式，还有15%的受访农户希望能够提供就业培训和工作，仅有25%的农户愿意采取一次性现金补偿的方式。这说明失地农民对未来有不安全感，希望政府征地补偿时能更好地保障他们的合法权益。

## （四）一般农村新农村建设中存在的问题

在本文中，所谓一般农村，是指远离城市，地理位置比较偏僻，以农林业为主要产业的农村，这部分农村主要位于宁德、南平、三明、龙岩等福建内陆经济不发达地区，也部分包含了在福州、厦门、漳州、泉州、莆田等市的内陆山区农村。我们认为，它们是社会主义新农村建设应当着重考虑的农村类型。其所以如此，首先因其经济发展水平相对较低，亟须发展；其次因其是农村的主要部分，是问题的主要部分；最后从解决的难度看，也是新农村建设的难点。

在我们调查的样本村中，一般农村有 36 个，占调查样本的 46%。由于所调查的村庄大多数是新农村建设的示范村或试点村，经济条件处于相对发达的水平，因此，入选的样本村中，一般农村较少，但是，即使如此，在调查样本中也接近一半。可以推断，在现实中，福建省一般农村的比例将远大于另外两类。

一般农村远离城市，以农林业为主，村财收入主要来自山、地、水利资源、特色农林业的收入，财力比较薄弱。农村税费改革后，取消了村提留、乡统筹以及农林特产税等，农民负担减轻的同时，乡村两级的财政却出现了严峻问题：乡政府和村民组织不仅必须维持其工作人员的工资收入及补贴，而且必须履行一定的公共管理以致组织社会经济发展、提供公共产品、公共服务的职能，但是，政府财政却不能提供必要的财力资源，过去，这部分资源主要是依靠村提留、乡统筹以及农林特产税予以补充的，如今，在政府财政资源没有较大幅度增加的同时，来自村提留、乡统筹以及农林特产税的财力资源却大幅度下降了，在这种情况下，如何增加乡村两级组织的收入就成为摆在乡村干部面前的最紧要的任务。"要想富，就搞工"，建设工业平台招商引资成为乡村组织解决收入问题的理性选择。但是，由此也产生了一系列的矛盾和问题。

### 1. 一般农村能否依靠农村工业化实现新农村建设目标？

一般农村搞工业是最无优势的。从表 6 可以发现，在三种类型的村庄中，一般农村的工业化水平最低，各类企业的发展都比较弱。如图 1 所示，在所调查的 78 个村庄中，一般农村占调查样本的 46%，可是，表 6 的数据表明，一般农村的村企总产值仅为调查村企总产值的 2.41%。沿海农村占调查样本的 21%，其村企总产值却占了调查村企总产值的 37.49%。城郊农村占调查样本 33%，可是其村企总产值更高达调查村企总产值的 60.10%。可以看出：一般农村目前的工业化水平是三类农村中最低的，这尽管在一定程度上是发展阶段不同所致，但是，也是区位条件等限制所致，即使是从长远角度看，一般农村发展工业化也是不具有竞争优势的。也就是说，一般农村很难依靠农村工业化来实现其新农村建设目标。

表6                 **2005年村办企业状况比较**

| 项目 | 一般农村 | 沿海农村 | 城郊农村 | 合计 |
|------|---------|---------|---------|------|
| 企业总数（个） | 5.05 | 26.72 | 25.76 | 57.53 |
| 村集体经营企业（个） | 0.44 | 0.83 | 2.94 | 4.21 |
| 私营企业（个） | 4.24 | 25.29 | 20.57 | 50.10 |
| 台商投资企业（个） | 0.37 | 0.60 | 2.25 | 3.24 |
| 企业总产值（万元） | 955.24 | 14867.35 | 23829.47 | 39652.06 |
| 村集体经营企业产值（万元） | 63.75 | 92.93 | 347.90 | 504.58 |
| 私营企业产值（万元） | 739.14 | 14624.42 | 12700.46 | 28064.02 |
| 台商投资企业（万元） | 152.35 | 150.00 | 10781.11 | 11083.46 |

### 2. 一般农村是否一定要通过农村工业化道路来实现建设新农村目标？

不可否认，从20世纪70年代末至90年代初，一个相当长的时期里，我国农村的发展在相当程度上依靠发展乡村工业。乡村工业的发展，促进了农村经济的发展，产业结构的调整，农民收入的增加，农业人口的非农化，等等。但是，在承认农村工业化对我国农村社会经济以致整个国民经济巨大贡献的同时，还必须清醒地对这一道路进行反思。

（1）农村工业化不是建设社会主义新农村的合适发展道路。现代化和城市化并不意味着消灭农村和农业。社会主义新农村仍然是农村，不是城市，既然如此，其主要产业应该是农业，而不是工业。

从我国近30年的农村经济发展所走过的道路，也可以看出，农村工业化虽然从历史的角度看，有它产生的历史合理性，但是，在新的历史条件下，却不存在着继续实行的合理性。改革开放以来，以乡镇企业为核心力量的农村非农经济获得了快步发展。乡镇企业的积极贡献非常显著，1978～1988年，我国乡镇企业总产值年均增长率为33.2%，年均新增就业总量为670多万人，有力地促进了农民向非农产业的转移。但由于乡镇企业自身的血缘性和地缘性特征，以及乡、镇政府的深度介入，致使我国不自觉地走上了分散工业化和城市化的农村发展道路。[①] 进入20世纪90年代以后，这种分散工业化和城市化的

---

① 彭恒军：《乡镇社会论》，人民出版社2001年版，第95～99页。

弊端逐渐显露出来。"村村点火、户户冒烟"和"村村像镇、镇镇像村"可谓是这种分散工业化和城市化空间形态的形象表述。而与此相关的是农民市民化进程不同程度地受阻。

一是农民向非农产业进一步转移发生了困难，乡镇企业的分散布局难以形成规模效益和集聚效应，在20世纪90年代初就开始出现了吸纳就业能力下降的趋势，1992年起，增长幅度明显下降，平均每年仅260万人左右，此时，农民不仅兼业现象普遍存在，而且原来已经向非农产业转移的人口甚至出现回流的趋势。

二是分散城市化又导致了作为城镇重要作用的规模效应未能形成，城镇的生活环境未能形成重大的根本性改变，农民生活方式的市民化转变尚难以形成。[①]

（2）农村工业化可能造成资源浪费、生态破坏和农村以致国民经济的非可持续发展。

由于乡镇企业自身和外界条件的限制，它们很难向大中城市集中，小城镇的进入门槛则要低得多。但是，和大中城市相比，小城镇的集聚效应差，第二、第三产业发展规模小、档次低，对投资的吸引力和劳动力的吸纳能力都有限，不应对它在城市化中的作用寄予过高的期望。农村工业化不可能形成在城市布局工业所具有的规模经济、范围经济和网络经济效应，我国目前仍然有大量分散分布、从长远看是缺乏竞争力的乡镇企业，迫切需要改善布局和基础设施条件。如果在目前这种情况下再进行所谓大力发展，投资者为追求利润的最大化必然要钻监管缺位的空子，短期的表面繁荣之后，必然出现对环境、经济、社会发展的长期负面效应。由于农村地域广阔、情况复杂，政府监管部门没有能力对农村中的所有"生产组织"进行有效的监管，不免出现生产假冒伪劣产品，对资源的掠夺性开发、带险生产、无劳动保障条件生产等。而地方政府却出于对地方经济增长的过度重视，保护乃至投资兴建这类乡村企业，导致国家宏观调控的部分失效。由于区位因素，在城市郊区的乡村建设工业平台，比较容易招商引资；而离城市比较远、交通不太便利的一般农村招商引资并不容易。由此造成一些高污染，以至于在城市附近监管比较严的地区无法存在的企业就容易落户到了比较偏远的地区，而这些地区往往急于招商引资，监管的力度自然较松甚至放弃了监管，常常也导致了企业排污的肆无忌惮。乡镇企业过度排放污染物，再加上农民过度施用农药化肥、过度砍伐与放牧等，由此带

---

　　① 袁以星、冯小敏：《上海城乡一体化建设》，上海人民出版社2002年版，第128～134页。

来了农村生态环境的快速恶化。恶化的生态环境，不仅使当地的农村居民成为最大、最直接的受害者，而且还在区域范围上进一步扩大，由区域性污染向更大的范围扩展。

工业化与城市化过程，必然会对资源产生较大的消耗以及一定程度的环境污染，因此，对于整个生态大系统来说，是一个负子系统。正常情况下，农村作为生态系统中的一部分，对资源的消耗和环境的破坏应当相对较小，农林业的发展，对整个生态系统将起较多的修复作用，因此，相对于城市和工业子系统而言，农村在整个生态大系统中，应是一个正子系统，保持农村良好的生态环境，不仅对农村而且对我国的可持续发展显然都具有重要意义。与城市比较，农村的主要优势是什么？最为主要的，就是农村污染很少，空气新鲜，食品健康。农村没有过多的车辆，极少出现交通堵塞，也不会出现大量的噪声、废气污染。农家田园与自然风光混为一体，是闹市中的人们向往的居住环境。当前旅游活动中出现的"农家乐"及乡村游项目，以及一些大城市中的市民在郊区农村买房居住的现象，都说明了在新的发展阶段人们对于环境质量的特殊要求以及农村的生态优势。一般农村要真正成为国家的环境保护和农林产品生产基地，就意味着不能对一般农村过度开发，不能以破坏环境为代价发展经济，而是要在保护环境的前提下进行农业生产，即进行无污染的粮食和蔬菜生产等。乡村企业要不要发展？当然要发展。但是，不能发展污染型的企业。一般农村发展必须保证环境质量，同时突出农村之长，即突出农业、手工业与农产品加工业，在这些方面做大文章。应该看到，我国农业传统中大有资源可以开发。调研中我们欣喜地发现，有不少一般农村因地制宜开发特色农业，取得了较好的经济效益的同时，还很好地保护了生态环境。比较典型的有以"九山半水半分田"之称处于大山包围之中的光泽县的太银村，走的就是靠山吃山的路，以竹业为主导产业，形成了竹、竹笋、竹荪的种植、加工等相关配套产业，2005年全村财政收入接近30万元，农民人均收入达到3964元，由于竹价提高，预期2006年的收入的增幅仍在8%以上。进山调研的一路上，山清水秀，景色宜人，保持了非常好的生态环境。另一个典型例子是以种植为主业的陈坪村，属于比较典型的资源缺乏村，村民们每年花在粮食种植上的时间仅需2个月，其余的时间就大力发展经济作物的种植，自发组织了葡萄、淮山等协会，基本形成了订单农业，形成了以葡萄、淮山和银耳为主的种植、销售一条龙，解决了农产品的销售难题。发展特色农业使农民收入有了稳步增长，2005年农民人均收入达到4500元。农民的实践成果，应该坚定我们对农村发展农业求发展的信心。

# 三、对福建省新农村建设若干问题的战略思考

上面分析了新农村建设中存在的一般性问题和三种类型农村在新农村建设中的特有的问题，我们发现，要解决这些问题，新农村建设的战略定位问题是不可回避的。

## （一）新农村建设的基本定位

一种似是而非的看法是：社会主义新农村建设，就是实现农业工业化，农村城市化，农民市民化。在现实中，参考城市的生活习惯和生活水平，参照城市的发展规划，已经成为很多地方农村建设的基本战略。在理论界，农村工业化也是一种相当流行的用语，寄希望于政府财力支援，政策推动，使农村尽快变城市，让农民尽快成市民。

毫无疑问，工业化和城市化是一个国家和地区特定经济发展阶段的必然现象，农业人口向城市逐渐转移、向工业人口逐渐转变，是这个阶段经济社会发展的必然趋势。但是，工业化不可能使一个国家的所有地区，或者大部分地区，全部转化为城市，农民都变成市民。尽管从长远看，在工业化过程中，任何国家的农业人口都将大幅度地下降，但是，至今为止的所有发达国家，都没有可能消灭农村、农业和农民。现代化的社会经济系统中仍然存在着农村，现代化的农村和农业仍然是现代社会一个不可或缺的组成部分。因此，农业和农村的现代化，固然离不开工业化和城市化，但却不能把它归结为农村工业化、农村城市化和农民市民化。社会主义新农村建设有自己的目标和道路。那就是与现代社会相适应的现代化农村和农业。

基于如此认识，我们对福建省社会主义新农村建设基本目标的定位是：在工业化与城市化进程中，大力转移农业人口，降低农业人口占全部人口的比例，建设现代化农业，提高农业生产力；增加农民收入，尽快提高农民生活水平，改善农村基础设施，发展农村各项社会事业，使生活在农村的人们的物质生活条件尽快向城市靠拢，在农村也能享受现代文明社会的物质文化生活条件；维护农村良好的生态环境，缓解资源与生态矛盾，实现农村、农业系统的可持续发展，并因此促进整个社会经济系统的可持续发展性，实现社会经济和谐平稳可持续发展。

## （二）新农村建设的战略思考和政策建议

### 1. 对于新农村建设中共性问题的战略思考与政策建议

（1）加大对农村的转移支付，提高农民福利水平。

农民虽然与城市居民一样，都是中国公民，长期以来却没有像城市居民一样享受政府提供的公共福利。建设社会主义新农村，应当在各级政府财力许可的范围内，加大对农村的转移支付。加大转移支付是一个恢复和校正——对本应该由政府向乡村居民提供而长期未充分提供的公共福利的恢复；我国经济结构中长期的城乡割裂和对农村的剥夺式生产方式已经损害了农民的利益，这也是导致城乡差距扩大的基本原因之一，目前，有意识地加大对农村的转移支付，可谓一种补偿。

以人为本是和谐社会的基本要求。要解决当前的农村福利问题，需要注意以下方面：其一，最关键的是，执政者、政府官员不仅要从思想上正确对待农民，更要从制度上确保农民的利益，他们不仅是弱势群体，更是与城市居民一样的普通公民。那些作为市民的普通公民享有的社会福利，也是作为普通公民的农民应该享受的，不是要靠怜悯才能够享有的。其二，应充分认识到广大乡村基层组织是社会主义新农村建设的重要主体，必须增强乡村基层组织的执行力。长期以来乡村基层组织担负着组织广大农民群众生产和生活，提供农村公共品的职责，因此，如何在尊重农民意愿的前提下，激励乡镇政府和村行政集体增加村级集体收入，有效供给村级公共品和贯彻落实上级政府的支持项目和政策，是新农村建设不可回避的问题。我们不仅要关注新农村建设的主体农民，也要同时关注新农村建设的执行者——乡村基层组织，把乡村基层组织视为新农村建设中的重要主体之一。其三，对农村进行转移支付的关键在于长期有效的财政保障机制。要着力完善省以下的财政管理体制，按照财政公平性原则和量入为出的平衡性原则，彻底解决乡村基层政府"财力薄弱，责任无限大，权力无限小"的问题。公共财政的范围必须包括农村，让公共财政的阳光真正照耀到农村；不仅如此，由于农村在很大程度上长期没有享受应有的公共财政，在恢复农村公共财政的开始阶段，转移支付的金额还应比正常支付大一些。其四，由于现有基础极其薄弱，农村公共事业的建立必然是一项长期的过程，在此过程中，应优先解决关系到农民正常生活和生产发展的紧迫难题，包括基本生活和生产公共设施（水、电、交通）、医疗保险、农村教育等。

（2）尽快建立现代金融服务体系，同时加强农业保险服务。

农村金融信贷发展滞后，农村融资相当困难，不能满足农户的需要。社会主义新农村建设，应尽快建立健全农村的现代金融服务体系。农业银行要支持农业和农村经济的发展；农业发展银行要切实履行基本职责，农村信用社的改革应该成为社会主义新农村建设中的重要方面。世界银行在我国进行的政策性的小额信贷业务，在促进西部贫困地区农民脱贫致富方面积累了很好的经验，值得我国的金融机构学习与借鉴。另外也可设立多种所有制的社区金融机构，培育由自然人、企业法人或社团法人发起的小额贷款组织，促进农村资金回流，使来自农村的资金能用于农村。

此外，发展农业、农村保险事业。当前，保险公司针对农业和农村的保险服务品种稀少，承保规模小，服务质量差，因此，在建设社会主义新农村过程中，应采取有力措施加大对农业部门保险险种的开发，增加投入，加大宣传，并酌情适当增加对农业保险的补贴。用社会的力量帮助农民提高抗御农业风险的能力。

（3）强化协作分工，建立农业合作组织。

我国的基本国情决定了"三农"问题将长期存在。工业化和城市化不可能消灭农村、农业和农民。必须将大部分现有农业人口转移到城市中去，变成非农业人口，与此同时，实现农村现代化，即使留下来的农村人口的生产和生活方式现代化。在仍然维持以农户为基本生产单位的同时，应当积极鼓励农民自主建立综合性的农业合作组织。日本、韩国和中国台湾的经验都证明，综合性农协组织，通过生产互助、生活互助、共同交流、共同购销、共同消费，可以改变单个农户孤立无援的状况，提高农民在市场以及其他场合的谈判能力，使农民可以以集体的方式进行谈判、签约、批量采购、信息交换、抵押贷款等，以更合理的价格获得生产资料、生活资料、获得各种农业服务，出售产品和服务，极大地改善自己的生存状况。

（4）校正经济扭曲，推进新农村建设。

校正原有的经济扭曲，以恢复农村和农业生产应有的平等地位，是社会主义新农村建设的重要方面。鉴于农民和农村经济的固有特点和天生弱势地位，城市和工业部门很容易在交易中处于相对优势地位，政府应在以下几方面履行校正经济扭曲的职责，以提升经济的产出和福利水平：首先，应逐步提高城市最低工资标准，创造条件，逐步解决农业剩余劳动力转移与农业人口非农化之间的非同步现象，逐步消除一年一度的民工潮问题。其次，提高农民人口素质，对农村年轻人口的基本文化素质教育、对在岗农民的农业技能培训、对农业新技术和新品种的介绍和引进、对市场经济知识的培训应成为其中重点。鉴于村干部在农村经济发展中不可或缺的作用，村干部的选拔和任用机制的改革，应该成为新农村人力资本建设中关注的焦点。再次，在征地中，给予农民一个公允的长期土地价格是十分必要的。最后，对农用生产资料如化肥、农药的财政补贴是使农业生产获得平均利润的必要方式。

### 2. 通过城市化解决城郊农村发展中存在的问题

（1）转变思路，改革城郊农村规划的行政和经济运行机制，实现城乡一体化发展。

城郊农村的农民大多失去了土地，从事二三产业，其作为农村的基本特征已经消失。城郊农村建设就其性质而言，已基本上不属于新农村建设范畴，而是在工业化和城市进程中的城市化问题。或者说，目前在城郊农村所出现的许多问题都不能由新农村建设来解决和完成，而只能依靠城市化不断推进，纳入城市发展的过程中予以统一解决。这就要求城郊农村的规划必须是在综合考虑城乡发展的基础上纳入长远的城市化规划，而不是单就农村谈农村建设。必须在这一基本定位的基础上，进行城乡统一筹划，站在经济社会发展长远目标的战略高度统一规划城市和城郊农村的建设方案。基于此，我们建议：

第一，实行"村改居"，从行政运行机制上把城郊农村的规划纳入城市发展的轨道。

城郊农村要纳入城市的统一规划并与城市发展形成良性的互动，目前的最大障碍是体制。现行体制下，城市与城郊农村各一套管理制度，城郊农村并未真正纳入城市规划和管理之中。在城区规划中，"城"和"乡"规划建设管理在法规体系上分别适用《城市规划法》和《村庄和集镇规划建设管理条例》两个法律法规，管理上属于不同的部门管理，"城"和"乡"在法规体系上相互分离，规划管理上必然各自为政。要使农村城市化地区真正纳入城市发展的轨道，在城市规划中切实贯彻城乡统一规划，就必须根据城市化的发展进度，及时地进行体制调整，撤销原有的村委会，进行"村改居"。"村改居"从根本上说，是将身兼村民自治组织与集体经济组织管理者双重身份的村委会改制为单一的居民自治组织的居委会，将其管理对象从村委会管辖的相对封闭、具有特定身份的利益群体——村民转变为居委会管辖的开放的以户籍和居住地为标志的城市居民。这就要求对原来的行政村管理机构进行裁并，从而使城市化地区的基层社区管理完全转入正常的城市基层管理方式，为新区完全融入城市生活奠定必要的机制基础。实现村改居，就必须彻底分离村委会的集体经济组织职能和村民（现在是居民）自治组织的职能，将过去由村委会承担的对辖区范围的教育、卫生、治安、道路等公共服务和公共设施的供给职能移交给当地以及更高层级的政府部门。

第二，"社改股"从经济运行机制上把城郊农村的规划纳入城市发展的轨道。

在撤销村委会的同时，原有村集体经济组织的集体资产的处理是一个值得认真讨论的问题。原村集体经济组织（村经济合作社）拥有的资产属全体村民集体所有，村改居后，可以考虑实行"社改股"，就是将原集体经济组织的经营性资产（包括土地资产）通过清产核资后按一定的标准量化给原集体经济组织全体成员，组建社区股份合作公司，促进集体资产保值增值，保障集体和村民的合法权益。

（2）鼓励农民自谋出路，广泛开辟就业渠道，为农民居民化提供有效的途径。

农民身份的转变最终要通过他们在城市就业得以解决。为了加快城郊农民的居民化过程，推进城郊农村的城市化进程，我们一方面要鼓励农民自谋出路；另一方面要同时限制依靠出租房屋谋生的食利者阶层，广泛开辟就业的渠道，降低就业门槛，吸纳农民进入非农部门就业。

第一，发挥城郊农民原有优势，鼓励农民自谋出路。一是鼓励郊区农民在综合性农贸市场从事农副产品经营，充当农产品销售的经纪人。二是利用其较充裕的住房开展饮食服务或经营零售日用品。郊区农民大部分都建有较为宽敞的住房，随着城市的扩张，原来的村庄现在都成为城市新兴开发地带，农民可以利用闲置住房开展各种商业活动，而征用土地的赔偿金就成为他们个体经商的启动资金。在这一点上，城郊农民比原来居住在城市的市民更具有优势。

第二，政府引导，广泛开辟就业的渠道，降低就业门槛，吸纳农民进入非农部门就业。一是限制靠出租房屋谋利的食利阶层的进一步膨胀，鼓励农民就业。城郊农民利用城市化进程中大量外来打工人员对低档住房需求，利用宅基地违章搭盖，出租营利，是我国城市化进程中城郊农民的普遍选择之一，这已经成为城市化新区严重的市政建设及社会问题。因此，在推进郊区农民非农化的进程中，必须认真对待城郊农村农民违章建房问题。对于在城中村违章建房，必须坚决制止，对于正常的房租收入，也应当按照有关规定征收所得税，抑制村民对房产收入的依赖性。同时，鼓励农民走上就业的道路，只有这样，城郊农民才能通过职业和身份的转变成为真正从事非农产业的自食其力的劳动者。二是建立被城市化地区适龄劳动人口就业基金。如前所述，外生城市化是城郊青壮年村民大比例结构性失业的主要原因，而房屋出租大幅度地提高了这些村民积极主动转业的机会成本，因此，可以考虑收取房屋租赁的管理费用，抽出一定比例的资金，建立城市化地区适龄劳动人口就业基金，用于职业培训与职业介绍，帮助被城市化地区适龄劳动人口就业。对优先招收被城市化地区适龄村民的用人单位，按人头予以适当补贴，降低本地村民的就业门槛；对被城市化地区适合当地村民就业的社区服务工作，应优先考虑接收当地村民；对社区内的市场摊位、商业网点和店面，可以优先优惠地提供给当地村民，并予以必要的税费减免优惠，帮助被城市化地区村民尽快实现从村民向市民的社会角色转换。

（3）明确土地产权，提高征地补偿费用，推行土地换社保，建立农村城市化的重要保障机制。

在城市化过程中，城郊农民最为关注的是土地问题。在传统的二元结构管理体制下，法律对城市和乡村的用地有不同的规定：农村的土地归集体所有，归村合作社等集体经济组织或村民委员会经营管理，城市土地归国家所有。1982年中共中央文件规定：社员承包的土地，不准买卖，不准出租，不准转让，不准荒废。1994年，中央农村工作会议决定把土地承包期在原来15年的基础上再延长30年。这样，土地承包期实际为50年不变。由于农村土地的产权归村集体所有，村民可以低价甚至是无偿取得土地的使用权，村集体还按户划拨一定面积的宅基地。在城市化过程中，国家可以征用作为农民生产资料的农用地，却难以征用作为生活资料的宅基地，房地产商就无法介入城中村的整体性房产开发，而只能留给村民分散地进行粗放型开发，城市国有土地和集体所有土地两种管理方式造成目前城郊农村土地利用管理上的混乱。要想真正解决城郊农村的诸多问题，恐怕还需要从土地入手。为此，我们建议：

第一，明确土地产权。对中心城区内完全或基本被城区包围的行政村，村原有的集体土地应按《中华人民共和国土地管理法实施条例》第二章第二条的规定，一次性自动转为城市市区用地，性质为国家所有，其土地使用权归属原则上不变，并按历史用地办理国有土地使用登记手续，合法建筑核发国有土地房产证，如该土地房产进入土地市场，则需要补交国有土地使用权出让金。居民的自有住房参照宅基地面积和建筑面积规定标准，确认土地使用权和所有权，核发国有房地产产权证。

第二，提高征地补偿费用，推行土地换社保。农村土地对农民来说具有社会保障的性质，随着土地使用权的流转，农民赖以生存的土地没了，进入工厂后，又面临着工作能力不足的压力，这样，解决失地农民的社会保障问题就显得更加必要，应该说这是农村城市化过程中重要的保障机制。现行的《土地管理法》规定，土地补偿费包括土地补偿费、安置补偿费、土地上附着物补偿费和青苗补偿费。补偿范围前两项补偿标准是耕地前三年平均产值的 6～10 倍和 4～6 倍，两项之和的低限是 10 倍，高限是 16 倍，特殊情况也不能超过 30 倍。村民所获得的土地补偿费用偏低，土地补偿费非常有限。为了确保失地的城郊农民老有所养，应当实行土地换社保，形成"以土地换保障，以保障促就业，以就业促发展"良性循环。调查显示，沿海地区的农村每亩的征地补偿安置费每亩只有 7 万余元，而在山区农村每亩补偿在 2 万元左右，而目前厦门市的土地拍卖价在每亩 100 万元以上[①]，而征地补偿费只有每亩 7 万余元。因此，适当提高征地补偿标准，完全是有可能的。假定某地有 6.25 万人口，人均可征用土地为 0.4 亩，政府因建设需要，将这 25000 亩土地全部征用，如果政府将征地补偿费增加至每亩 20 万元，则该地区的失地农民将获得 50 亿元的征地赔偿款，用其中的 70% 建立社保和医保，每个人因此将获得到 5.6 万元的社会保险和医疗保险，假定政府将土地以每亩 100 万元的价格拍卖，仍可以获得 200 亿元的征地收入，显然，扣除其他成本之后，仍有相当大的盈余。我们必须明确城中村的农民身份的转变是需要投资的，政府不得利用征地盈利生财。"以土地换保障"既是对现行征地补偿标准偏低的修正，也是切实保障"可持续生计"被中断的失地农民权益的良性补偿。

第三，政策的目的是通过顺利过渡，做到城郊农民在城市化过程中享受市民待遇，做到城郊农村与城市无缝连接。当农民的耕地被国家征购后，失地农民的居住安置、再就业和社会保障就成为一个必须解决的实际问题。政策不能采用"甩包袱"的方式，要以人为本，从"人"这个角度考虑问题，真正使城中村的农民真正转化成为市民。如果说征地是国家和集体的商品交换关系，那么居民的安置就业和社会保障则是政府的社会职责。在城市化过程中，政府既然从土地用途转换中获得了大部分收益，就有义务和责任担负农民向市民转化的大部分费用，也就是农民由农业和农村进入非农产业和城市的大部分费用。

## （三）对沿海农村建设新农村的政策建议

### 1. 以中心城市为重点推进工业化，提升工业化的品质，促进分散的工业向县域经济中心城镇集中，以获取规模经济、范围经济和聚集效应

从经济学理论及发达国家的经验来看，工业化和城市化应该在时空上同步

---

[①] 这一价格主要针对商贸和工业用地而言，然而，从厦门岛内实际情况出发，随着时间的推移，土地的稀缺性日益凸显，土地价格的攀升是一个可以预见的必然。

进行。城市化的聚集效应可以降低工业化的成本，促进工业化的稳步协调发展，而工业化程度的提高反过来又促进了城市化。因此，工业化和城市化是相辅相成、互相促进的过程。既然工业向城市集中可以获得规模经济和聚集效应，为什么福建省沿海发达农村的工业又是分散布局的？如果我们承认企业以利润最大化为追求目标，那么，从成本—效益角度来说，沿海地区农村工业之所以没有向城市集中，那必定是由于向城市集中的成本超过了相应的收益。我们认为，可能正是某些制度因素导致过高的制度成本和生产成本，从而使农村工业化难以向城市集聚。

第一，土地制度不完善。根据我国现行法律，农村土地实行集体所有制，城市建设和工业所需土地，必须先由政府把农村集体土地征为国有土地，然后再进入建设用地市场。在此制度下，为了增加地方财政收入，地方政府必然会低价征用农民土地然后高价出让给开发商。这必然加大了城市的土地成本。与此相对，村集体和基层政府则乱占、乱用集体土地，违法把农业用地变为非农用地，为了鼓励本地农民发展工业，并吸引外地企业投资，村集体和乡镇政府往往以低地价甚至零地价作为优惠政策。因此，成立同样规模的企业，在农村的土地成本通常要比城市低得多，这是我国农村工业分散布局的主要原因之一。

第二，政府与市场的关系不顺。一般而言，在市场经济中，政府的主要职能是提供公共服务，并不直接参与经济活动，特别是不直接参与企业生产经营活动。但是，目前，我国政府特别是地方政府还承担着重要的经济职能，政府对企业和市场的干预仍然很强。加上政府官员政绩考核与当地经济发展情况挂钩，这更加重了政府对企业和市场活动的干涉。一方面，基层政府为了加快本地经济增长速度，增加财政收入，必然会大力鼓励农村工业的发展；另一方面，本村本乡的企业根据生产经营的需要向城市迁移时，也必然会受到当地基层政府的限制。因此，正是地方政府对企业和市场的过度干预在一定程度上导致了农村工业初始时的分散布局，同时也制约了农村工业难以根据生产经营的要求向城市地区的迁移。也就是说，政府干预为农村工业向城市集聚施加了较大的制度成本。

第三，资本市场不完善。如前所述，由于城市土地成本大大高于农村，加上城市地区生活费用比农村高，因而城市劳动力成本也要比农村高得多。这样，建立同样规模的一家企业，在城市所需的初始投资必然要大大高于在农村所需的初始投资。而对于大多数私人企业主而言，常见的情形是自有资本不足。这样，在资本市场不完善、无法通过金融体系筹集所需的资金缺口时，在农村地区建立企业就是合理的选择了。

第四，社会资本。社会资本是从非公开投资活动过程中演化而来的社会网络、行为规范和社会信任。与物质资本和人力资本一样，社会资本是企业发展过程中所必需的投入品。任何企业从其一诞生到发展壮大的过程中都离不开社会资本。比如，一个企业如果能赢得社会各界的信任，特别是消费者、原料供给方和产品销售方的信任，就能在市场竞争中处于有利地位；如果它能与银行建立相互信任，就能较容易获得银行贷款扶持；如果它能与政府部门建立信任关系，就能得到政府提供的各种优惠待遇。

虽然社会资本有这样的收益，但培育社会资本，就如同积累物质资本和人力资本一样，也需要有相应的人、财、物的投入。一般来说，在本村本乡建立企业，培育社会资本的代价要小一些。特别是我国农村经济基本上还是"熟人经济"，人与人之间的关系还带有更多的乡情、亲情、感情的成分。因此，农村中许多经济活动是以社会网络、社会关系为基础的。这样，在本乡村建立企业就能够较容易地与当地政府部门、金融机构、村集体建立相互信任的关系，原有的社会关系也可以为企业的产、供、销活动提供方便。一旦这种社会资本建立起来，在对企业生产活动产生积极影响的同时，也会产生"套牢"效应，从而对企业的流动施加不利影响。一方面，如果企业迁移到城市，原先好不容易积累的社会资本就会受到损害；另一方面，迁移到城市后积累新的社会资本又是代价不菲的活动。特别是中小企业，要在新的、陌生的城市环境中与当地政府部门、金融机构、供给方及销售方建立相互信任关系是很难的。因此，节约和充分利用社会资本也是农村工业难以向城市集中的可能原因之一。

因此，为了促进分散的农村工业化向城市集中，必须降低由上述因素所导致的生产成本和制度成本。

第一，为了消除土地制度的不利影响，要么是降低城市土地价格，要么是提高农村土地价格，或者是降低城市地价的同时提高农村土地价格。不管是哪种选择，首要的是建立规范的城市土地交易秩序和农地流转制度。既要消除政府对城市土地市场的不合理控制，又要根除村集体和乡镇政府对农村土地的违法占用和挪用。如果市场机制在土地资源的配置中起基础作用，那么，城市地价与农村地价的差别就能反映城市土地与农村土地级差收益的差别。这样，对土地价格人为干预所导致的企业行为扭曲就能得到改善。

第二，为了消除政府干预带来的制度成本，需要进一步推进社会主义市场经济体制改革，实现政府职能的转变，政府除了做好宏观调控职责外，应该把主要精力放在提供公共服务上。同时，应该建立规范的财政转移支付制度，解决地方政府财力不足的问题。只有这样，地方政府对当地工业化的追求才不会过于强烈，工业布局的问题才真正由市场机制来决定。

第三，加快金融体制改革，为解决中小企业融资难的问题提供制度保证。

第四，为了消除社会资本的不利影响，应该加快推进市场经济体制的建立和完善。在市场经济发展的早期，市场还很脆弱且不完善，稠密的人际关系网络就会发挥作用，以解决资源配置和协调问题。特别是当企业规模小时，人际关系会产生相当重要的作用。但是，随着市场经济的发展和完善，原有的基于社区的人际关系和社会网络的价值降低了，而根植于完善且运行良好的法律体系中的市场契约关系变得日益重要，建立在市场交易基础上的社会网络发展了起来，并最终取代原来建立在传统社会基础上的社会网络。这样，在乡村积累的社会资本的"套牢"效应就会日渐削弱，对企业流动性的束缚也就日趋减弱，农村工业向城市迁移的阻力也将明显减少。

### 2. 加大农业基础设施投资，调整农产品结构，发展高产、优质、高效农业

沿海发达地区农村人口多，耕地资源少，发展粮食作物不具有比较优势。但是沿海地区经济较为发达，城市化水平高，信息灵通，交通便利，技术力量较强，发展既有资源优势和产业基础，又有市场潜力和发展前景的蔬菜水果、花卉苗木、食用菌、海水养殖等特色农业、生态农业具有较大优势。根据诱致性技术变迁理论，在市场机制在资源配置中起基础性作用的条件下，资源禀赋的稀缺性变化会引起要素相对价格的变化，而要素相对价格的变化必然会导致农业技术的变迁。比如，当土地相对于劳动变得更为稀缺时，土地相对于劳动成为更为昂贵的要素，农民必然会用节约土地的技术来代替节约劳动的技术。因此，从长远来看，福建省农业技术进步的方向必然是发展能够节约土地和劳动力的适用技术，比如使用优质、高效化肥，培育或引进优良品种，发展小型农业机械，等等。政府应该加大对农业基础设施的投入，重点建设一批规模化、标准化的特色优势农产品生产基地和农产品出口基地，调整优化产品结构，加强农业科技推广体系，在加强对农业生产诸环节的技术指导同时，做大做强龙头企业，加强农产品加工业，依托中心城镇大力推动涉农企业的集群发展，大力发展农产品运输、储藏、精深加工业，延伸农业产业链，提高农业效益。

### 3. 充分发挥政府、市场、社区（村庄）的作用，挖掘农村文化资源和社会资本，加快农村公共服务建设

（1）充分发挥政府投资的主导作用，强化农村公共服务建设，统筹城乡发展。沿海地区在农村公共物品的供给与需求上存在着不匹配。就数量的不匹配

675

来说，关键在于解决政府投资缺位的问题，也就是说要加大政府对农村公共产品供给的投资，政府投资应该起主导作用。尽快建立起城乡一体化的公共财政体制，从制度上保证各级财政对农村公共产品供给的投入。就农村公共产品供给与需求上存在的结构性不对称问题，我们认为政府投入应该调整方向，从以农村基础设施为重点向以农村公共服务为重点转变。缩小城乡差距，重要的是缩小城乡居民享有的公共服务的差距，以实现公共服务的均等化。

（2）充分发挥市场和乡村社区的巨大作用，挖掘农村文化资源和社会资本，加快农村公共服务建设。

首先，应鼓励、引导市场为农村公共物品的供给贡献力量。由于公共物品具有的非竞争性和非排他性，追求私利的个体不会从提供公共物品中获利，因而，人们通常认为市场不能把资源有效配置到公共物品的供给中去。但是，在农村社区性公共物品的供给中，市场并不是完全失灵的。由于我国农村基本上还是一个熟人社会、感情社会，传统的家族、宗族、宗教势力还很强大，人与人之间的关系还带有更多乡情、亲情、感情的成分。由此，私人企业与所在乡村之间存在着千丝万缕的联系，企业捐资参与农村基础设施建设，能够从乡村社区得到其他的收益，以弥补它所付出的代价。企业可以从村庄社区得到廉价的土地，可以获得充足的劳动力供给，一些农产品加工企业还能够获得稳定的、低价的农产品原料。企业捐资修建农村公共物品，能够树立良好的企业形象，提高企业的社会知名度。企业参与农村公共物品的供给，减轻了政府在公共支出方面的压力，有利于在企业与政府之间建立良好的合作关系。所有这些都是企业有形或无形的收益。这些收益足以补偿企业参与公共物品供给的成本。所以，断言在公共物品特别是社区性公共物品的供给上存在市场失灵有一定片面性，特别是在厦门、泉州、漳州等传统力量强大、私人企业发达的地方，完全可以引导、鼓励私人企业为农村公共物品的供给出一份力。只要政府投入增加了，农村基础设施和农村公共服务建设项目规划设计好了，就完全可能吸引、鼓励市场力量介入农村公共物品的供给。

其次，应发挥社区在乡村社区性公共物品供给中的潜力。社区最大的资本是社区成员之间的相互信任，以及社区成员之间、社区成员与外界之间形成的网络关系。这种信任关系与网络关系就是人们通常所说的社会资本。它对农村社区性公共物品的供给，以及农村经济的发展都有非常重要的促进作用。由于村庄大多规模不大，村庄内部成员之间相互非常熟悉，从博弈论的角度看，村庄社区有能力进行重复博弈，村民在农村道路、供水、供电、卫生设施等公益事业的建设中，能够比较有效地相互合作，大家共同为社区性公共物品的供给出钱出力。特别是在泉州、厦门等私人经济发达、海外华侨多、与港台关系密切的地区，乡村社区的社会资本更为丰富，村庄社区组织应充分利用这种社会网络关系，鼓励私人企业主、海外华侨为家乡的基础设施建设贡献力量，促进农村社区性公共物品的供给。

**4. 加强农村义务教育，发展农村职业技术教育和成人教育，提高农民文化素质和劳动技能，加快农村剩余劳动力转移步伐**

（1）强化省级财政支持农村义务教育的职责及投入力度。首要措施是着力调整省级财政教育投入比重，改变现行重高等教育、轻基础教育的不合理状况。力争在"十一五"期间，省级财政每年新增教育投入总量中，拿出至少60%的资金用于农村基础教育。建立有效的省级财政对下级基础教育转移支付制度。一是一般性的基础教育转移支付制度，以县为单位，计算县级人均财力，以此作为对县教育转移支付的基本依据。二是专项基础教育转移支付制度，重点解决农村中小学危房改造及其他教学条件的改善。

（2）建立一个与沿海地区农村经济发展规模和要求相适应的、服务农民、手段先进、灵活高效的农民职业技术教育和成人教育体系。一是努力办好现有各类农业职业技术学校，加强规范化建设，并集中力量办好一批起示范作用的骨干学校。二是广泛开展多渠道、多层次、多形式的农民职业技术教育培训，从实用技术培训、绿色证书培训、青年农民科技培训、乡村干部培训到高、中等农业职业教育，积极开展多种实用技术培训、咨询、示范和推广服务工作，大力推广现代农业新技术、新成果、新品种和新方法。三是逐步推行"持证上岗"制度。以法规或政策的形式，明确农业从业人员必须取得相应技术岗位的培训合格证后方能上岗，制定对技术农民的优惠政策，如在农业开发项目承包、农村基层干部选用或农业社会化服务体系人员选聘、生产贷款、新技术和新产品示范应用等方面，对培训对象及获证农民给予政策优惠，调动广大农民学科学、用科学的积极性。四是各级政府应对农村职业技术教育提供支持和帮助，在建校经费、师资力量、教师工资、教学条件、教学示范基地、招生等方面给以扶持。

**5. 完善土地流转制度和土地征用制度，切实保护失地农民的合法权益**

（1）在土地承包经营权流转中要充分尊重农民的意愿。依照法律规定，农民对自己依法获得的土地承包经营权，可以依法通过转包、出租、互换、转让等方式进行土地承包经营权流转。土地承包经营权流转有利于解决人地矛盾，有利于充分利用土地，加快农村剩余劳动力转移，对促进农村经济发展有积极意义。因此，国家有关政策和法律对土地承包经营权流转予以肯定。但同时又强调土地承包经营权流转必须在稳定土地承包经营权的前提下进行，必须在农民自愿的基础上进行，并且不得违法改变土地用途。在新农村建设中，必须坚决制止违背农民意愿收回农民的承包地、强制推行土地承包经营权流转、侵害农民经营自主权的违法行为。当然，在二三产业比较发达、大多数农民转移到非农产业并有稳定工作岗位的地区，政府可以鼓励、引导土地承包经营权的流转，使农业生产规模化、产业化，但也必须坚持依法、自愿、有偿的原则，在农民自愿的前提下进行。

（2）改革补偿办法，提高补偿标准。补偿办法除了一次性现金补偿外，可考虑土地入股分红方式。就补偿标准而言，目前对失地农民的土地补偿费，既不能反映土地资源作为农业生产资料的价值，也没有考虑土地所具有的社会保障功能的价值。因此，应该考虑提高补偿标准。既然土地承包期为 30 年不变，土地补偿费就应按被征地三年平均产值的 30 倍计算。

（3）建立失地农民社会保障制度。保护农民的土地权益，必须体现农民承包地的双重功能。要建立被征地农民的就业制度，提供就业岗位、就业前的培训、就业信息渠道；建立被征地农民医疗、生活和养老保障制度，要从制度上落实机构、人员和经费，各级政府的职能部门要统筹安排，抓好这件事。

## （四）一般农村建设新农村的若干政策建议

### 1. 一般农村实现新农村建设目标的道路在于国民经济范围的工业化、城市化，在于农业现代化，在于建立新型的城乡、工农关系

之所以在相当长时期内，我国的农村发展走上了依靠农村工业化的道路。一个重要原因是：近 30 年来，我国农村的发展仍然基本上是在传统的城乡关系格局下进行的。在改革开放初期，中国的经济发展水平决定了，还只能在城乡隔绝或相对隔绝的状态下，发展农村经济，当时的国民经济实力和政府财力决定了，不但无法实现工业反哺农业；相反，工业化和城市化还必须从农业和农村获得资源，在这种城乡关系格局下，基本上不能给农村、农民提供国民经济剩余，农民要发展农业、农村经济，就只能通过发展非农产业尤其是农村工业。因此，认识到这一点，而且也有条件发展农村工业的地区，就不约而同地走上了依靠农村工业化发展农村经济的道路，尽管就工业经济学以及区域经济学的角度看，农村工业化是一条不经济的发展方式，就生态环境经济学的角度

看，农村工业化是一条不利于可持续发展的道路，但是，改革开放以来不同地区的实践证明：所有依靠农村工业化发展农村经济的地区，尽管遇到了一些问题，尤其是环境污染、生态恶化等，但是，这些地区的经济都发展得比较快，相反，那些主观上没有意识到在传统的城乡关系格局下，只能通过农村工业化来发展农村经济，或是那些没有条件搞农村工业化，只能继续搞农业的地区，尽管维持了较好的生态环境，但是，大多经济都发展得比较缓慢。

问题在于，这样的发展格局能否持久不变地维持下去？前面的分析已经证明，首先，从长远、从国民经济全局看，农村工业化并不是建设社会主义新农村的合适道路；其次，在国民经济发展到一定阶段之后，继续实行城乡隔绝的发展道路，无论是对城市还是农村的发展，都是不利的；最后，在经济发展到了一定水平之后，国民经济的实力和政府的财力将有可能实行工业反哺农业。在这种情况下，建设新农村就有可能不再走农村工业化的道路，而是通过大量减少农村人口，建立新型城乡关系，工业反哺农业，城市支援农村，发展现代农业，改善农村基础设施，提高农村物质文明生活条件来实现了。

### 2. 建立工业反哺农业、城市支持农村的新型城乡关系

搞工业有利搞农业无利的局面是传统的城乡关系格局的产物。因此，要摆脱依靠农村工业化来建设新农村的传统发展道路，必须建立工业反哺农业、城市支持农村的新型城乡关系，由对农村、农民的剥夺转而支持农业、农村的发展。

因此，新农村建设必须强调城乡统筹发展。但是，应当看到，打破传统的城乡关系，建立新的城乡关系，不可能一蹴而就。由于"三农"矛盾非常突出，中央政府虽然重视"三农"问题强调工业反哺农业，但是，在这方面的财政支出比重却在下降。1991 年，中央财政对"三农"的投入占中央财政支出21.3％，到 2004 年，却下降到 10.8％。其原因，与其说是财力方面的问题，不如说更多是观念所致。政府的公共财政的理念还没有真正树立起来，财政资源配置的缺位与越位现象并存，财政考虑的主要目标仍是经济增长和财政收入的增长，所以财政支出更多投向城市和企业。对农村的转移支付严重不足，农村公共资源的缺乏严重制约了农村的长远发展。国家对农民的直补等转移支付虽然直接增加了农民收入，但也使资源的分配与使用分散化，从长远看未必有利于农村社会经济的发展。尤其在福建省这样人多地少的省份，考虑到政策执行的成本，直补政策的效用是非常有限的，可以说政策的政治意义超过了经济意义。农业税费改革，虽然降低了农民的负担，却没有充分考虑到农村公共产

品的供给问题，而农村公共产品是给农民提供一个正常、合理的生存、发展的基础条件，对于新农村建设是至关重要的。

从表7所示的调研村庄的公共项目的投资状况来看，三类村庄中自有投资（＝农户投资＋村自投资）占全部投资额的比重都超过了40％，沿海农村的自有投资比重甚至接近70％；国家投资最多的一般农村，所占比重也仅为18.80％，甚至低于县级投资的31.18％。这种公共投资的结构可以追溯到我国的财政制度的不尽合理之处。1994年分税制改革划分了中央和地方的财权（中央60％，地方40％）和事权（中央40％，地方60％），中央实现财权的集权和事权的分权，这种制度安排对促进地方竞争，推动经济增长有很强的激励作用，但是，地方政府支出责任和收入资源的不对等的后果是公共产品的供给和服务严重匮乏。省级以下的地方政府支出责任非常沉重，按照事权的划分，地方政府必须提供主要的公共服务，包括70％的教育预算支出和55％~60％的医疗卫生支出，以及100％的失业保险、社会保障和福利支出。如此制度安排的结果是地方政府层层向下推诿事权，越至基层，公共产品供给越是日趋萎缩。中央政府通过分税制改革，把财力向中央集中，却继续让基层政府承担农业基础建设、义务教育、卫生医疗等开支，造成基层政府的大量债务，是中央政府在税基很小、负担很重的农村甩下的财政包袱。

表7                            村庄涉及的公共项目投资状况比较

| 投资类型 | 一般农村修路＋建校 | | 沿海农村修路＋建校 | | 城郊农村修路＋建校 | |
|---|---|---|---|---|---|---|
| | 投资额（万元） | 占比（％） | 投资额（万元） | 占比（％） | 投资额（万元） | 占比（％） |
| 国家投资 | 80.53 | 18.80 | 19.71 | 6.23 | 9.54 | 6.58 |
| 省级投资 | 27.46 | 6.41 | 21.25 | 6.72% | 40.11 | 27.65 |
| 县级投资 | 133.53 | 31.18 | 35.23 | 11.14 | 28.05 | 19.34 |
| 农户投资 | 68.97 | 16.11 | 62.78 | 19.85 | 11.15 | 7.69 |
| 台商投资 | 0.00 | 0.00 | 22.67 | 7.17 | 4.80 | 3.31 |
| 村自投资 | 117.75 | 27.50 | 154.27 | 48.79 | 51.82 | 35.72 |
| 总投资 | 428.24 | 100.00 | 316.21 | 100.00 | 145.07 | 100.00 |

从公共财政的理念来看，农村与城市，市民与农民本是一致的。财政应该把向整个社会提供公共产品的服务作为自己的义务和责任。资源的制度安排应该是根据资源的使用方向来决定的，如果是公共产品，则理应由政府的公共财政资源来提供；如果是准公共产品则可以考虑政府、集体、私人三者的合作提供；如果是纯私人产品，就应该放手让市场去配置资源。依据市场经济发展的

进程，发展中国家政府职能的演进通常是从以经济性服务为主，逐步扩展到以社会性公共服务为主。对我国来说，这一过程显然具有重大的意义，它直接关系到中国市场经济地位的正式确立和全社会对于改革方向的共识。

通过公共财政向全社会提供公共产品和进行收入再分配，是市场经济条件下政府的主要职能所在。相对于工业，农业处于弱势地位，决定一国工业是否反哺农业、以何种方式反哺、反哺到何种程度，决定因素是国民经济发展水平，此外，还取决于特定时期的社会经济环境、农业资源禀赋、政策路径依赖、决策层政策偏好、城乡利益集团的力量格局等因素。客观上要求政府作为行为主体，在城乡统筹方面表现出足够的自觉行动。如何通过政府行为调整，统筹城乡经济社会发展，充分发挥好工业对农业的支持和反哺作用，发挥城市对农村的辐射和带动作用，把握住城乡统筹阶段性特征，适时做出经济社会发展阶段性战略目标选择十分重要。从我国改革实践看，早期工业反哺农业，城市支持农村更多地表现为政府对农业产业的支持。其后，随着人均 GDP 水平不断提高，在经济总量扩张，经济发展实力进一步增强、农村劳动力转移达到一定程度后，工业反哺农业，城市支持农村的重点要及时由支持农业产业发展，转向调整国民经济分配格局，加大对农民收入的支持力度，为农村提供更多的公共产品，支持农村社会事业发展，关注基本医疗援助、义务教育实施、社会保障建设等社会公平性问题。换言之，当经济发展进入工业化中期阶段，城乡统筹的重点在于刺激经济总量增长，支持产业发展，提升国民经济各产业的竞争力；而在经济发展有了足够的实力后，就要及时调整政府行为，将城乡统筹的重点领域由经济发展转向追求社会公平，使城乡差距保持在可以承受的范围内，并努力提高农村的生活水平与质量。这是符合经济社会发展趋势的必然选择，也是发达国家经济社会发展成功经验的启示。

不能靠工业化来发展经济的一般农村对公共财政的依赖更高，其对公共服务的需要、提高生活质量的需要，都必须在整个经济范围内靠工业化、农业人口非农化来解决问题。农业现代化问题不可能只从农业本身来解决，而必须结合工业化、城市化与劳动力的转移才能解决，靠实现土地的适度规模经营，靠提高农业的劳动生产率才能解决。如果把一般农村定位为福建省的绿色腹地，那么就应该加大省级政府对一般农村基层政府的财政转移支付，以维持其公共职能的正常展开，限制乃至关闭不成规模、污染大的乡镇企业的发展；同时还应加大工业反哺农业的力度，增加对农业生产、农村基础设施与农民社会保障的投入，以避免城乡生活差距过大超出农民可以承受的范围，维护整个社会的稳定发展。

### 3. 大幅度降低农村人口是实现工业反哺农业，城市支援农村的前提

什么条件下，非农产业能够补贴农业？世界经济发展的一般规律显示，工业反哺农业的前提是农业人口足够少。世界上对农业补贴较多的发达国家，如美国、欧盟、日本等国家的农业人口占总人口的比重都低于25%。而我国农村人口的数量之多，比例之高，在全世界是少有的（见表8）。近几年我国农村人口占总人口的比重虽在不断下降，但仍远远高于世界上的很多国家，大量农民滞留在农村，严重阻碍了城市化与农业现代化的进程。

表8　　　　　　　　　2001年中国与世界上一些国家农村人口比较

| 国别 | 总人口（亿人） | 农村人口（亿人） | 占比（%） |
|---|---|---|---|
| 世界 | 61.34 | 32.11 | 52.35 |
| 中国 | 12.76 | 9.34 | 73.17 |
| 印度 | 10.25 | 7.39 | 72.13 |
| 日本 | 1.27 | 0.27 | 21.11 |
| 埃及 | 0.69 | 0.40 | 57.33 |
| 加拿大 | 0.31 | 0.06 | 21.07 |
| 美国 | 2.86 | 0.65 | 22.57 |
| 法国 | 0.59 | 0.15 | 24.47 |
| 英国 | 0.59 | 0.06 | 10.63 |
| 俄罗斯 | 1.45 | 0.39 | 27.10 |

资料来源：《中国统计年鉴（2003）》。

农业人口转移的速度在各类农村是不平衡的。表9的调查数据说明，一般农村的农业人口转移目前是最缓慢的。如表9所示，2005年，被调查沿海农村的农业人口转移数量最多，速度最快，占村全部人口的13.91%；其次是一般农村，比重为3.4%；最少的是城郊农村，比重仅为2.5%。

表9　　　　　　　　　2005年各类农村的劳动力流动比较

| 项目 | 一般农村 | 沿海农村 | 城郊农村 |
|---|---|---|---|
| 平均总户数（户） | 431.43 | 671.07 | 515.00 |
| 其中：当年举家外出户数（户） | 17.82（4.10%） | 59.19（8.8%） | 15.52（3.0%） |
| 村平均总人口（人） | 1829.37 | 2637.73 | 1896.28 |
| 当年举家外出人口（人） | 62.33（3.4%） | 366.80（13.91%） | 47.00（2.5%） |
| 村平均总劳动力人口（人） | 1040.53 | 1440.62 | 1238.14 |
| 其中：劳动力（人） | 40.23（3.9%） | 375.14（26%） | 95.04（7.7%） |
| 举家外出地区（1）外省（户） | 11.80（2.7%） | 58.23（8.7%） | 3.60（0.1%） |
| （2）本省（户） | 11.82（2.7%） | 31.64（4.7%） | 56.77（11%） |

注：括号内为占比。

这里需要说明的是：城郊农村的劳动力流动比例虽然最低，但是，这并不说明城郊农村的农业人口不向非农业人口转移，而是说明城郊农村由于所在地点的缘故，该地区的农民不需要通过向外地流动的方式就可以就地实现农业人口向非农业人口的转移了，因此，城郊农村的劳动力流动比例低并不能说明其向非农业人口转移的速度慢，而沿海农村，由于当地非农产业的发展远远超过一般农村，不少农业人口向非农业人口的转移未必需要通过劳动力流动实现，可以推断：沿海农村农业人口向非农业人口转移的比例要高于统计表中劳动力流动的比例，相形之下，一般农村的农业人口转移目前是最慢的。这种情况的出现与各类农村的特征是有密切关系的：沿海农村因地少人多且土地贫瘠，农民有外出就业闯天下的传统，从而形成了与城市、非农产业深厚的关系资源，带动了人口的转移；一般农村的农民不具有沿海农村农民的特色资源，农民的就业知识与技能都比较低下，人口的转移也就最为困难，而我们前面的分析说明，正是在一般农村，目前是最需要较大量将农业人口转移出去，成为非农业人口。

### 4. 实现"农业剩余劳动力非农化"和"农村人口城市化"同步化

在一般经济学原理中，"农村人口城市化"和"农业剩余劳动力非农化"基本上是一个命题。在绝大多数市场经济国家里，他们基本是同步进行的。但是，在我国，目前农业人口非农化却被分割为两个割裂的部分：农民到城市做农民工——农村剩余劳动力非农化进展较快，但是，进城打工的城市农民工向城市产业工人和市民的职业和身份变化——农村人口城市化却步履维艰。我国在大幅度地实现了"农业剩余劳动力非农化"的同时，农村人口城市化却步履维艰的主要制度障碍是：僵化的土地承包制度、城乡分割的劳动力市场制度和城市封闭的社会保障制度。首先，期限较长的土地承包制度设计的着眼点是维护农村稳定，但也造成土地缺乏流动性，农民缺乏退出土地和农业的积极性，已经不适应社会经济发展的需要，这是农村剩余劳动力难以实现彻底转移的重要原因之一；其次，城乡分割的劳动力市场制度使得进城农民工大多只能从事一些稳定性差、收入低、劳动强度大、无福利、无保障，市民看不上眼的边缘性职业和岗位，难以进入城市正规体制之内，实现与主流社会的融合；最后，与二元户籍制度对接的城市社会保障制度具有很强的封闭性，没有将事实上在城市务工经商的农民工纳入城市社会保障体系之中。由于进城工作的农村人口在城市中的工作大多具有不稳定性、临时性和收入低的特点，农民工最后只能依靠农村的土地作为自己的最后保障，难以割断与承包土地的"脐带"关系。

这三个制度障碍互为依据相互加强，严重阻碍了农村人口城市化的进程。

正如我们在此前不断强调的，建设新农村，必须建立在农村人口在总人口中的比重大幅度下降的基础上。因此，工业化和城市化是实现新农村建设目标必要的前提。只有不断发展的工业化和城市化吸纳大批的农业人口，才能实现农业的规模经营，从而提高农业的现代化程度。而这些，不仅需要让农民进城当工人来实现"农业剩余劳动力非农化"，而且需要这些进城农民工的家属也离开农村，实现"农村人口城市化"。然而，至今为止的"农业剩余劳动力非农化"却没有同步地实现我们所期望的"农村人口城市化"。进城的农民工尽管多是年轻力壮，或有一技之长或敢闯敢干的乡村"草根精英"，但是，他们进入城市后因为制度、市场和个人等多方面的原因，绝大多数却成为都市边缘人。农民工遭受各种歧视、权益得不到保障，他们收入水平低，[①] 无法承担家人在城市的生活费用，因此只能只身前往城市打工，把家人留在乡下。这样的"农业剩余劳动力非农化"实际上是传统体制下旧式城乡关系在新形势下的一种新的表现形式，是城市剥削农村、工业剥夺农业的一种新形式。这种形势下的工业化和城市化，实际上是将工业化和城市化的部分成本再次转嫁给了农村。因此，从建设社会主义新农村的角度出发，必须实现"农业剩余劳动力非农化"和"农村人口城市化"同步化。

# 参考文献

［1］经济增长前沿课题组：《国际资本流动、经济扭曲与宏观稳定》，载《经济研究》2005 年第 4 期。

［2］李文溥、陈永杰：《中国人口城市化水平与结构偏差》，载《中国人口科学》2001 年第 5 期。

［3］李文溥：《关于城市化问题的若干理论思考》，载《福建改革》2000 年第 8 期。

［4］李文溥、林民书、林枫：《城市郊区外生型农村城市化研究》，载《东南学术》2003 年第 4 期。

［5］罗其友等：《我国新型农村工业化战略问题思考》，载《农业现代化研究》2006 年第 7 期。

［6］彭恒军：《乡镇社会论》，人民出版社 2001 年版。

［7］王为民：《加大对农村公共品的供给是统筹城乡发展的突破口》，载《农民经济》

---

① 根据《中国统计年鉴 2005》提供的数据，1994～2004 年，城市职工的实际平均工资从 4538 元增长到了 11902 元（1994 年不变价格），而在这十年间，一些相对发达地区的进城农民工的工资水平却没有太大的变化。

2005 年第 9 期。

　　[8] 王为民：《论中国农村公共事业的建设与管理》，载《经济与管理》2006 年第 7 期。

　　[9] 王玉玲：《论社会主义新农村工业化》，载《中国特色社会主义研究》2006 年第 3 期。

　　[10] 叶文虎、宁森：《中国农村人口问题与中国可持续发展》，载《中国人口·资源与环境》2005 年第 3 期。

　　[11] 袁以星、冯小敏：《上海城乡一体化建设》，上海人民出版社 2002 年版。

　　[12] 邹薇、张芬：《农村地区收入差异与人力资本积累》，载《中国社会科学》2006 年第 2 期。

# 新农村建设与农村工业化[*]

## ——农村调查札记

近 20 年来，中国经济发展的主旋律是工业化和城市化。在经济高速发展的同时，农村与城市的发展水平差距逐渐拉大了。统计数据显示：1988 年，全国农村家庭的人均总收入大约相当于城镇家庭人均可支配收入的 2/3，到了 2004 年，这个比例就降到了 43% 左右。"三农"问题再次引起政府及社会各界的关注。2006 年初，中共中央、国务院下发了《关于推进社会主义新农村建设的若干意见》。2006 年 7 月，就建设新农村问题，我们在福建省的 78 个行政村进行了调研。[①] 走出书斋，回到阔别多年的广阔天地，不免思绪万千。

我们走访的农村大体可以分为三类：一是大中城市附近的城郊农村，二是沿海发达地区的农村，三是位于内陆山区的偏远农村。尽管这些农村经济发展水平相差极大，但是，无论是在城郊、沿海还是偏远农村，我们经常听到的一种说法是：建设新农村，就是实现农村工业化，农村城市化，农民市民化。不少县、乡、村干部都对"农村工业化"寄予厚望，把建设新农村和解决"三农"问题的期望寄托在农村工业化上。

农村干群对农村工业化的渴望，是和农业与工业的比较收益悬殊，近年来乡村两级财政面临的严峻考验密切相连的。

从表 1 可以看出：（1）2000~2005 年，尽管农村及农民的收入都有所上升，但是样本村财务平均总收入却大幅度下降了。2005 年村财平均总收入仅为 2000 年的 59.58%。（2）从收入结构看，大部分收入来源相对稳定的项目，如农业附加税、村办企业上交收入、利息收入、村统一经营收入等，收入额都大

---

　＊　本文原载于《中国经济观察》2007 年第 1 期。
　①　这次调研是福建省委宣传部、省社科联组织的。原定调查 100 个行政村，后因"格美"台风，部分调研计划撤销，实际调查了 78 个村。在调查中，我们进行了座谈和个别访谈、村一级的问卷调查和农户的问卷调查。

幅度下降。而一些临时性收入项目的收入额却有所上升。这意味着村财不仅在萎缩，而且不稳定性上升了。其中，偏远农村的村财尤其困难。偏远农村远离城市，以农林业为主，村财收入主要来自山、地、水利资源、特色农林业的收入，村财原本就比较薄弱。农村税费改革后，取消了村提留、乡统筹以及农林特产税等，农民负担减轻了，村财却是雪上加霜。

**表1** 样本村平均财务收入状况

| 项目 | 2000 年 | 2005 年 |
|---|---|---|
| 上级财政补助（不包括农业税附加） | 9.00（2.3%） | 13.54（5.7%） |
| 村提留 | 5.72（1.5%） | 4.29（1.8%） |
| 农业税附加 | 1.68（0.4%） | 0.07（0.0%） |
| 土地、水面、林地等承包转让费收入 | 10.04（2.5%） | 18.31（7.8%） |
| 村办企业上交收入（承包费、管理费、利润） | 23.08（5.8%） | 20.00（8.5%） |
| 罚款收入（计划生育、林业及其他） | 1.01（0.3%） | 1.39（0.6%） |
| 利息收入 | 6.28（1.6%） | 1.92（0.8%） |
| 租金收入 | 34.40（8.7%） | 54.83（23.3%） |
| 已收债款 | 0.31（0.1%） | 2.02（0.9%） |
| 村统一经营收入（不含代收） | 196.03（50%） | 11.23（4.8%） |
| 征地补偿收入 | 66.04（16.7%） | 59.32（25.2%） |
| 出卖企业、其他资产收入 | 1.97（0.5%） | 2.91（1.2%） |
| 其他收入 | 39.8（10.1%） | 45.71（19.4%） |
| 当年村财务总收入 | 395.36（100%） | 235.54（100%） |

注：括号内为该项收入占当年村财务总收入的比重。
资料来源：根据本次问卷调查数据整理，下同。

众所周知，我国农村的公共产品和公共服务，大部分是由乡政府和村民组织提供的，县级以上政府提供的资源比较有限（见表2）。

**表2** 样本村公共项目投资来源

| 项目 | 修路 | 电力设施 | 公共厕所 | 垃圾处理 | 公共场所 |
|---|---|---|---|---|---|
| 国家投资（%） | 3.8 | 44.3 | 0.5 | 1.2 | 0.6 |
| 省级投资（%） | 15.9 | 0.0 | 0.0 | 0.0 | 1.7 |
| 县级投资（%） | 24.3 | 2.9 | 42.1 | 4.3 | 6.5 |
| 台商投资（%） | 0.6 | 0.0 | 0.0 | 0.0 | 1.5 |
| 农户投资（%） | 20.7 | 9.5 | 4.6 | 74.4 | 16.5 |
| 村自筹投资（%） | 34.7 | 43.3 | 52.8 | 20.1 | 72.8 |
| 村共得到投资（万元） | 157.79 | 109.47 | 13.17 | 23.26 | 48.42 |

在这种情况下，新农村建设，农民收入水平、基础设施建设，公共产品、

公共服务水平，社会保障程度，很大程度上取决于村财实力。问卷调查的统计证实：城郊农村和沿海农村的农村工业化发展水平较高，村办企业多，当地的农村经济发展水平就比较高，农民比较富裕，村财收入多，乡村的公共基础设施建设，公共产品和公共服务就能搞得比较好，农民的医保、社保水平也要比村办企业少的乡村要高一些。因此，调查组所到之处，都看到了兴办乡村工业的热潮。大多数村子都有村办企业，有的甚至兴建村级工业小区，而那些即使地处偏远山区，没有什么工业资源的农村，也在想方设法投资办厂，无力投资的也要平整出块地来，或出租或出让，招商引资，即使不指望解决新农村建设的大问题，也希望能改善一下村财状况。

但是，在调查中，我们也发现：村办工业企业，大多都不大，低于起码的经济规模，企业数量少，无法形成产业簇群，产业配套多不完整。村办工业缺乏规模经济和范围经济，产出效率低而资源消耗大。村办工业较发达的农村，周边生态环境质量大多受到影响。越是在偏远山区农村，村办工业的企业规模、技术水平、资源消耗状况，污染控制程度越是令人担忧。所调查的 78 个村子，不同程度地出现了这样的组合：村办工业发达，农民收入较高，村财实力足，但是，周边的生态环境大多受到不同程度的破坏；村办工业不发达，村财比较困难，农民收入水平也较低。但是，生态环境却因此得到了较好的保护，山清水秀。其次，大部分乡村缺乏发展工业的基本条件。在我们调查的 78 个村子中，偏远农村 36 个，占 46%；城郊农村 26 个，占 33%；沿海农村 16 个，占 21%。① 地处内陆山区的偏远农村样本村占总样本的比例为 46%，可是其村办企业总数仅为调查村企业数的 8.78%，企业总产值仅为调查村庄企业总产值的 2.41%。沿海农村和城郊农村占 54%，其村办企业数和企业总产值却占调查村庄企业数和企业总产值的 91.11% 和 97.59%（见表 3）。偏远农村的村办企业，不仅数量少，而且企业平均规模也明显小于城郊农村和沿海发达地区农村的村办企业。

表3 　　　　　　　　　　2005 年样本村村办企业状况比较

| 项目 | 一般农村 | 沿海农村 | 城郊农村 | 合计 |
|---|---|---|---|---|
| 企业总数（个） | 5.05 | 26.72 | 25.76 | 57.53 |
| 村集体经营企业（个） | 0.44 | 0.83 | 2.94 | 4.21 |
| 私营企业（个） | 4.24 | 25.29 | 20.57 | 50.10 |

---

① 由于本次调查点是由市县有关部门确定的，市县的同志在选点时更多地从交通方便，易于调查角度考虑，选点并不严格按照抽样原理确定，因此，调查样本的分布状况与福建省不同类型农村的实际分布比例未必相关。例如，城郊农村的调查点比例显然就大于其实际分布比例。

| 项目 | 一般农村 | 沿海农村 | 城郊农村 | 合计 |
|---|---|---|---|---|
| 台商投资企业（个） | 0.37 | 0.60 | 2.25 | 3.24 |
| 企业总产值（万元） | 955.24 | 14867.35 | 23829.47 | 39652.06 |
| 村集体经营企业产值（万元） | 63.75 | 92.93 | 347.90 | 504.58 |
| 私营企业产值（万元） | 739.14 | 14624.42 | 12700.46 | 28064.02 |
| 台商投资企业（万元） | 152.35 | 150.00 | 10781.11 | 11083.46 |

在我国，城郊农村和沿海农村毕竟是少数，远离城市和工业区的偏远农村是大多数。如果我们把偏远农村作为我国农村的一般形态，这就提出了一个问题：能否依靠农村工业化实现社会主义新农村的建设目标？从上述调查数据可以看出，偏远农村是很难像城郊农村和沿海农村一样，依靠发展农村工业致富来建设新农村的。就一般而言，长远而论，远离大城市和工业集聚区的农村不是发展工业尤其是现代大工业的理想之地，因为，它的制约不是一些暂时性条件——例如，偏远农村所处的经济发展阶段目前低于城郊农村和沿海农村，而且是由于其根本条件——例如，偏远农村的工业资源禀赋和区位条件——不具备所决定的。如果我们不承认这些条件对农村工业化的限制，也就等于否定了迄今为止经济学原理和产业经济学、区域经济学的一般结论。

与此相联系的另一个问题是：农村工业化是实现建设新农村目标的必经之路吗？

不可否认，从20世纪70年代至90年代，我国农村的发展在相当程度上依靠发展乡村工业。乡村工业的发展，促进了农村经济发展，产业结构调整，农民收入增加，农业人口非农化，等等。但是，改革开放后，长期计划经济形成的既有利益格局，并没有马上打破。家庭联产承包责任制只是把生产经营自主权还给了农民，市场化取向的改革，在一定程度上缩小了工农产品价格剪刀差，但是，在工业化时期，工业增长远远快于农业增长，农村仅仅依靠农业收益，仍然难以实现与城市的同步发展，更不用说弥补长期计划经济拉开的城乡差距了，[①] 因此，即使是在改革开放后相当长时期里，农村发展还是严重依赖

---

① 需要指出：这些年来，在城乡关系上，出现了城市剥削农村、工业挤占农业剩余的新形式。在城市化过程中，大量城郊农业用地被廉价地征用，失地农民获得的土地赔偿金是比较低的；在工业化进程中，农民工为中国的工业化，尤其是出口指向的劳动密集型产业的发展作出了重要贡献，但是，"农业剩余劳动力非农化"和"农村人口城市化"非同步化，说明目前我国工业尤其是出口指向的劳动密集型产业的低成本、高价格竞争力建立在农民工的工资水平低于劳动力再生产费用的基础上，因此，进城的农民工无法在其就业的城市，不得不在劳动力再生产费用低得多的农村赡养其家庭成员，这实际上是工业再次把包袱甩给农业，是工业挤占农业剩余的新形式。

农村工业的发展。尽管这些农村工业起点低、技术差、规模小、消耗高、污染大，但仍然要比从事农业的比较利益高，因此，尽管农村工业化从整个国民经济角度看，是不经济的，不利于建设资源节约型，环境友好型社会，但是，农民还是理性地选择了它。

从历史的角度看，农村工业化有它产生的历史合理性，是农民对计划经济下不合理的城乡利益分配格局的一种自发矫正。但是，在新的历史条件下，却并不因此有继续实行的合理性。这一点从曾经盛极一时的苏南模式、温州模式近年来的走势可以大体看出。近年来，苏南许多乡镇企业日益向上海、南京、苏州等大中城市集中，分享城市化所带来的聚集效应和规模经济和范围经济，实现产品换代和技术升级，降低生产成本，提高经济效益。以私人企业为主的温州许多农村企业也正加速向当地的城镇集中，有些规模较大的企业甚至向上海、杭州等大城市迁移。这提示我们：随着我国经济向市场经济转型，短缺经济为需求约束经济所取代，工业向城市集中，是必然趋势。农村工业化不再是实现农民致富、新农村建设目标的必经之路。如果进一步考虑在农村大规模发展乡村工业对生态环境必然造成的严重破坏，其对整个社会经济系统将造成的巨大负面效应，更可以得出这样的结论：建设社会主义新农村，从长远计，决不能再走农村工业化之路。

显然，放弃了农村工业化道路而欲实现新农村建设目标，就必须在整个国民经济范围根本调整农业与非农产业，农村与城市的利益分配格局。实现农业现代化、提高农业生产力是解决农村农民问题的根本前提之一，但是，纵观世界各国，农业都是国民经济的弱势产业，想要依靠农业自身的收入，使农村实现现代化，农民生活水平接近市民，几乎是不可能的。发达国家完成工业化后，基本上是通过工业反哺农业，城市支援农村，财政转移支付来缩小城乡差距的。而这又建立在农业在国民经济中的比重、农村人口占全国人口比例的大幅度下降基础上。在中国这样一个尚未完成工业化进程，农业产出仍占国民经济相当比重，农村人口占全国人口比例约60%，工业以及其他非农产业生产率还不高的国度里，显然，工业反哺农业，城市支援农村，财政转移支付的能力相对于实现农村现代化的巨大需要来说，还是极为有限的。在中国，即使是城市化进程最快的近10年，每年人口城市化速度也不过是每年一个百分点左右，以此论之，若要使农村人口降到全国人口的25%以下，非25～30年莫办。看来，我们还不能不承认一个现实：社会主义新农村建设，绝非短期可以一蹴而就，解决"三农"问题，任重而道远。

# 工业化是城市化的基础<sup>*</sup>

工业化是城市化的基础。关于这一点，注意一下工业与农业的生产特点，就可以大致得出结论。

农业的主要生产对象是土地。农业劳动生产率的提高，固然也可以依靠精耕细作，但是大田农业的现代化耕作，还是建立在机械化基础上，机械耕作方式决定了提高农业现代化水平，需要土地规模经营，一个农户耕种很大一片土地。在美国，一个家庭农场经营的土地是如此之大，在农村往往驱车几英里也难得见到一个农户。美国的农业是现代化的，但是，美国的农民仍然散居在农村；中国人多地少，农民相聚而居，因而有村落，但是有效耕作半径却不能无限扩大，因此，一个村子里的居民就不可能和城市一样多。

农业、农村现代化与城市化没有直接的关系。城市化的基础是工业化，因为，工业生产的特点是在有限的区域内集中大量的机械设备和工人，实行协作生产，大量的工厂和工业人口集中在一起，有利于实现社会分工与专业化，刺激技术进步，促进规模经济与范围经济。工业化的正常结果是城市化。这个思想也可以得到世界经济史的事实验证。发达国家的人口城市化基本上是随着工业化进程实现的。当今世界大部分大中城市，基本上是工业化的产物。因此，在处理工业化与城市化的关系问题上，必须把工业化作为城市化的先决条件。笔者前几年研究福建城市化问题时，曾调研过一些小城镇，在闽北见过一个因库区移民而形成的城镇，由于是库区移民而形成的城镇，因而，没有什么工业，移民无法以工商业为生，继续务农，周围的土地却不够种，种远处耕地，耗在路上的时间又太多，只能抛荒不种。本地缺乏就业机会，镇里一半左右的劳动力只好外出打工。这是一个缺乏工业化基础的城镇化，不仅自身难以发展，而且也无法推进所在县城的经济发展。

---

\* 本文原载于《福建日报》2003 年 8 月 24 日每周评论版。

与此同时，一种非常态情况是有工业化而无城市化。20 世纪 60～70 年代的大小三线建设，工业布局强调服从战备需要，一个工厂的几个车间还要分散在几条山沟里，所谓"山、散、洞"，"羊拉屎"。结果把工厂办成了农场。工人虽然是城市户口，可日子过得跟农民一样，照样喂猪养鸡种菜赶集买油盐。80 年代发展乡镇企业，一度强调离土不离乡，洗脚不进城，乡乡点火，村村冒烟。这样的工业化，不仅缺少社会分工与专业化、规模经济与范围经济，而且造成了相当严重的资源浪费：由于工业分散，无法建设配套的市政基础设施，水、电质量不达标，价格昂贵，三废随便排放，环境质量下降；与此同时，由于缺乏聚居人口，第三产业难以伴随着工业的发展而发展，居民的生活质量难以提高。实践证明，在推进工业化进程的同时，不相应地推进城市化，既不利于通过工业集聚提高工业生产效率，而且造成严重的资源环境问题，导致三次产业结构失衡，居民生活质量低于可能达到的水平。因此，必须在推进工业化的同时推进城市化。

那么，为什么要城市化而不要城镇化？这里，两个不同用语强调的是，县域范围的城市化也必须集中力量，发展 5 万城区人口以上的城市，而不是数千或上万城区人口的小城镇。原因是：第一，工业发展本身要求集聚，只有集聚才能提高生产效率；第二，从城市基础设施（如自来水厂、污水处理厂等）的最小有效产量规模与我国目前的人均消费水平看，最小有效规模的城市基础设施至少可以服务 5 万城区人口，因此，某种意义上说，5 万城区人口是一个城市的人口起点规模，也就是城市的最小规模；第三，一般而言，城市的最低经济规模大等于城市最小技术规模，至少对于商业、饮食业、生活服务业等来说，5 万常住人口还是一个太小的消费群体，而发展法律、金融、文教卫生、信息、会计、咨询等生产性服务业的最低市场需求规模就更大了。

# 关键是把农民变成市民<sup>*</sup>

近年来，县域经济发展，尤其是山区县域经济发展问题备受关注。

福建省现今状况是山区穷而沿海富。2001年，沿海各县市的人均GDP为12055元，山区各县的人均GDP只有9644元，前者比后者高25%，沿海农民人均纯收入更比山区农民高32%。如果从工业看，山区与沿海的差距就更大，沿海26个县的工业增加值、利润总额分别占福建省全部县域工业增加值、利润总额的81%、90.2%，而33个山区县只占19%、9.8%。人均农业产值是山区高而沿海低，沿海各县只有山区县的68.25%，而工业则倒过来，沿海约是山区的两倍。

这些年，沿海县经济上去了，靠的是工业化；山区县发展滞后，输在农业比重高、农民多。常言道：无农不稳，无工不富。20多年前，中国人温饱未解决，山区地多人少，吃饭不愁；如今渐入小康，工业落后收入不高，农业比重大反而成为包袱。这说明了一个经济规律：产业结构演变的根本原因是人均收入水平提高而引起的需求结构变化，在人均收入很低时，人们收入的大部分要用于解决吃饭问题，大部分社会劳动用于农业，是为农业社会；经济发展了，人均收入水平逐渐提高，吃饭问题解决，增加的收入也就主要用于非农产品。

工业品需求大，工业增长快，对工业的劳动力需求增加，工人收入高于农民，于是，越来越多的人选择进城进厂打工去，农民逐渐变成工人变成市民，这就是工业化和城市化。在这个过程中，由于土地生产率不易提高，更主要是市场对农产品的需求增长慢，农业产值的增长速度逐渐减缓，20世纪90年代前半期，福建农业增长速度还高达8.24%，最近5年降到4.63%。而同期的工业增长速度大体都保持在农业增长速度的3倍左右。也就是说，发展工业与发展农业相比，增加收入的机会是3∶1。与此同时，当一个国家农业人口占较大

---

* 本文原载于《福建日报》2003年8月3日每周评论版。

比重时，为了集中资金实现工业化，国家往往运用工农产品价格剪刀差等政策工具，取农补工。中国现在还是这么做的。只有到了工业化基本完成、农业人口所占比重甚少时，才有可能用工业收入来反哺农业，发达国家如今就是如此。为什么会出现这种情况呢？道理也简单：工业化初期，农村人口多而城市人口少，用工业收入补贴农业，城市人口负担太重；而反过来，用农业收入补贴工业，则是集腋成裘。而工业化完成之后，情况就倒了过来。工业化初期，农业补贴工业，工业化之后，工业补贴农业，既有需要，政策的可行性也较大。

所以，解决县域经济尤其是山区县域经济问题，不能仅靠发展农业、农民增收来解决，关键是要通过工业化，带动城市化，把农民变成市民。这样做，既解决本县的问题，也为将来全国范围用工业补贴农业创造条件，这是一件一举多得的好事。沿海许多县这些年就是靠走这条路富起来了。山区县显然也可以创造条件跟上去，因为这是一条为经济学理论所揭示而且沿海县的实践证明其行之有效的致富之路。

# 打破山区发展的资金"瓶颈"*

前年，我到闽西北几个山区县走了走，深切感受资金缺乏严重制约着山区经济发展。所到之处，当地同志都和我提起项目缺资金，银行贷款难。我查了统计资料，发现闽西北虽然收入水平不高，但还是有一定储蓄能力。以某山区市为例，1999 年该市人均新增储蓄 268 元。1998 年、1999 年全市的居民储蓄增量相当于同期这个市国有基建投资总额的 90% 左右。但是，有相当一部分没有转化为当地投资，而是通过银行流出本地区。1996～1999 年，这个市存贷款余额全是存差，平均每年流出信贷资金约占当年全市居民新增储蓄的 50%。落后地区本来就缺乏资金，为什么有限的储蓄不能顺利转化为当地投资，反而流出去了呢？原因是当地经济落后，投资机会有限，也缺乏必要的储蓄转化为投资的渠道，居民的剩余收入大多只能存入银行。当地投资机会有限，投资边际收益率较低，银行也不愿意在当地放款，吸收的储蓄也就流到外地去了，在当地形成存差。这可以形象地比拟成贫血患者的经常性失血，后果是降低了当地的经济增长率。

山区县资金缺乏，相当程度上是因为储蓄转化为投资的渠道不畅造成的。如果渠道畅通，即使仅仅将当地储蓄转化为当地投资，也是一笔不小的建设资金。如何解决这个问题呢？一些山区同志抱怨说，银行"嫌贫爱富"。金融机构普遍存在重视发达地区，忽视山区小县的政策导向，不利于山区小县发展；由于缺少业务，一些大银行干脆就撤掉了设置在山区小县的分支机构；商业银行将小县城、民营企业的融资门槛抬得很高。他们认为，国有银行不应当嫌贫爱富，有责任对山区县实行倾斜政策，扶持一把，至少也应当平等对待。这些意见不无道理，但是，银行也有不得已的苦衷。发展市场经济，银行也是企业，必须讲求效率，以利润最大化为目标，只能嫌贫爱富，在利润面前人人平

---

* 本文原载于《福建日报》2003 年 9 月 21 日每周评论版（第 4 版）。

等，国有商业银行（政策性银行另当别论）也不能例外，不然，如何保障居民存款安全，实现资产保值增值，提高银行竞争力，确保宏观经济稳定？因此，山区县储蓄转化为投资的渠道不畅问题，还得根据市场经济规则寻求解决办法。

银行是否愿意贷款，在很大程度上取决于申请贷款者的信誉、贷款项目的盈利前景。因此，所在地区如果能引来信誉卓著的投资商，开发有良好发展前景的项目，那么，银行肯定愿意贷款；当地经济发展了，资金流量大了，有钱好赚，大银行也一定会放下身段，到小地方来设分支机构。当然，一时没有这样的机会，经济也得设法发展。

山区小县，企业小，项目小，融资额也小。企业小，信誉度不够；融资额小，银行贷款成本高。同样的贷款额，一笔贷给大企业大项目，只要审查监督一次；分别贷给小企业小项目，可能就要几次甚至几十上百次的审查监督，增加成本。大银行管理层次多，只能实行严格的指标管理，基层分支机构即使知道一些小客户资信不错，但是按上级规定的指标衡量，却可能不达标，贷款也就难以被批准。对此，建立小企业贷款担保系统，提高其融资信誉可能是个可行选择。其次，建立与小企业相适应的中小银行系统。小银行规模小，主要客户在当地，情况比较了解；银行小，管理层次少，不便实行统一的指标审核，应根据小企业特点，实行个性化信贷审查监督，甚至包括对企业主个人信誉的审核，这样，有利于小企业贷款。大银行也可以尝试着切出一块贷款额度，按照这样的原则，下放审批权限等。当然，还有许多办法。总之，县域经济尤其是山区县城经济发展，必须解决储蓄转化为投资的渠道问题，主要用市场化的方法来解决。

# 精兵简政乃发展之道*

　　几年前，一个贫困乡的党委书记曾和我谈起农民负担与乡财政问题。这是一个人口不多的小乡，却有 120 名干部，其中由县财政开支工资的编制内干部只有 40 人，剩下的 80 个干部的工资要靠乡政府自筹。可是乡镇企业少，赚钱的更少，乡政府没有什么财源，只能从农民身上想办法。农民因此增加不少负担。他知道这很不合理，何尝不想减轻，可是，干部们的工资等又怎么办呢？

　　一头是农民，另一头是干部，弄得他左支右绌，问我有什么办法？我说，记得 20 世纪 70 年代初我在乡下时，当时的公社没有几个干部，如今怎么就要那么多干部呢？他苦笑着说，其实不需要那么多干部，但是，近年县里经济不景气，县办企业大多倒了，人没地方安插，可是每年又有许多需要安排的人，县里安排不下，就往乡里塞，乡里能不接受吗？接受下了，县财政又开不出工资，只能乡里想办法了。贫困乡，又能有什么办法！

　　这使我想起公共选择理论中一个关于政府规模与 GDP 产出关系的模型。它假设国民经济中，只有一种资源，即劳动力，两个部门，即政府与企业。企业生产带来 GDP；政府不生产，靠征税获得收入，雇用公务员，提供公共服务，即法律与秩序。显然，资源既定情况下，政府占用的人力资源越多，可用于企业生产的人力资源就越少。因此，政府规模与 GDP 的关系表现为：当政府规模很小时，扩大政府规模将增加 GDP，原因是政府提供的公共服务是必要的，有利于改善市场环境，促进企业增加产出；政府规模扩大到一定水平之后，继续扩大，就会导致 GDP 下降，原因是政府占用人力资源过多，企业的生产人员太少，产量自然降低。当然，这个作用还有限，但是，政府规模大，公务员太多，必然管得太多太细，反而妨碍企业自主经营，本来可以用于生产的资源现在却妨碍生产。两者综合，GDP 能不掉下来吗？极端的情况是：政府如果将全

* 本文原载于《福建日报》2003 年 10 月 12 日每周评论版（第 4 版）。

社会的劳动力资源都雇用为公务员，GDP 将降为零。

因此，经济发展与政府规模之间存在着两个循环关系：经济不发达，市场上挣钱的机会少，许多人向往着到政府中去捧"铁饭碗"。公务员越多，从事物质生产的人越少，生之者寡，食之者众，生产者负担就越重，就会有更多的人要挤入政府，这是逆向循环。反之，经济发达，市场挣钱机会多，大家都争着下海赚钱捧"金饭碗"去，"铁饭碗"也就不那么吸引人了。经济发展了，政府税收收入随之增加，公务员待遇也就水涨船高，这是正向循环。要发展经济，就要打破逆向循环，使冗员走出衙门，投身市场，发展经济。今年一些地方已经开始解决这个问题：2001 年 9 月，永安市下发了《关于鼓励机关企事业单位工作人员进入生产、流通领域的意见》，相继出台了一系列措施，现在已初见成效：全市已有 110 名机关单位人员"下海"。我觉得永安市鼓励机关事业单位工作人员进入生产、流通领域的做法，值得贫困县乡政府借鉴。

逆向循环与正向循环，就是经济学中常说到的路径依赖的不同表现形式。在出现路径依赖的情况下，没有外力推动，既有循环往往难以打破，这时，政府可以有所作为。当然，它不仅要求领导者具有卓识，能够认识问题所在，而且要有高超的领导艺术，采取对症下药的政策措施。鼓励机关事业工作人员进入生产、流通领域，要有一定的利益刺激：一是降低下海的风险，可以给个救生圈，一定年限内觉得不行了，允许回头"上岸"，解除后顾之忧；二是用金饭碗而不是泥饭碗去换铁饭碗，要让干部觉得"下海"有利可图，前景广阔。

# 调整城镇就业政策与减轻农民负担*

中共中央、国务院《关于切实做好减轻农民负担工作的决定》中指出："农民负担重，已成为影响农村改革、发展和稳定的一个十分突出的问题。"农民负担重，是我国农村工作中长期未能彻底解决的一个大问题。但是，在不同时期，农民负担过重，有着不同的原因，就一个时期来说，也往往是多种因素的综合结果。本文就近年来导致农民负担增加的一个方面的体制性因素进行分析。

一

把城镇就业政策与农民负担问题联系起来，似乎有点儿风马牛不相及。但是，变化了的我国经济却使这相距甚远的二者密切联系起来。

在我国，如果按照从业人员的收入来源进行划分，城乡之间的分界线并不在县城与乡镇，而在乡镇与行政村之间。即使是在"政社合一"的公社化时代，公社干部与大队干部也属于不同的类别：前者是国家干部，吃财政饭；后者是农民，收入取决所在大队、生产队的经营状况。乡镇干部有定编，工资全部由县财政支出，因而，乡镇或公社干部基本上不是导致农民负担的因素。然而，近年来，我们看到的情况是，乡镇一级政府急剧膨胀，机构臃肿，干部队伍过于庞大，人浮于事。以福建的闽东地区为例，目前一个乡镇政府的各类工作人员大多在 100～200 人之间。福安市的一个贫困乡镇，现有乡镇干部 120 余人，而福鼎市的一个较富裕的乡镇，则有乡镇干部 200 余人，其中，仅专职计划生育干部就有 37 人。据福安那个乡镇的党委书记讲，实际上，就该乡镇的

---

* 本文为通过厦门市政府向上级政府有关部门提交的一份政策咨询报告。写于 1997 年。

日常工作需要而言，最多只需要 40 人，即该乡镇现有干部人数的 1/3 就足够了，另外，该乡镇的财政正常收入也只能负担 40 人左右的干部工资。而且，上级财政并不增拨超出部分干部的工资基金。因此，2/3 的干部工资必须靠乡镇政府组织来的各种非正常收入维持，与此同时，这些干部没有正常的日常工作，因此只好常年派驻各行政村，主要是督促村干部搞好计划生育及各种催收任务。对于一个只有 3 万~4 万人口的乡镇来说，近百名甚至更多冗员的工资及相应费用开支是一项沉重的财政负担。仅工资及相关的个人费用，就需要乡镇政府筹集数十万元至上百万元的额外收入，在贫困地区，这笔收入自然大部分需从农民身上征收，也就意味着农民人均每年将因此增加负担数十元，对于乡镇企业办得较好、乡镇经济较富裕的地区，这笔开支相当部分是转嫁到乡镇企业头上。这一方面使乡镇企业的负担过重，妨碍了乡镇企业的积累和扩大再生产；另一方面，造成乡镇政府对乡镇企业的高度依赖，不得不对乡镇企业实行严格控制，从而造成新的政企不分。最后，由于这笔收入的获取极不规范，由此产生的各种弊病及潜在危害则远远大于加在农民头上的经济负担数额。

## 二

首先，需要探讨的是：如此庞大的乡镇干部队伍是从何而来的，为什么在没有工作需要的情况下，乡镇政府的干部队伍会不断扩大。

据了解，乡镇干部队伍主要是由于以下三个来源而不断扩大的。

（1）安排每年毕业的大中专学生就业；

（2）安置城镇户口的复退军人；

（3）因地方国有企业不景气而调入乡镇政府的干部职工。

其次，为什么在没有工作需要的情况下，乡镇干部的队伍会不断扩大。

根本原因在于：向社会主义市场经济转轨过程中，县级国有企业遇到较大困难，而我们的就业政策却没有作出适时调整。

## 三

减轻由于乡镇政府冗员过多造成的农民负担过重，必须釜底抽薪，从精兵简政入手，否则，尽管在短时期可以运用行政强制的方法将农民的负担硬压下去，但是，风头一过，势必死灰复燃，甚至会出现为了弥补前一阶段的收支失衡而变本加厉地增加农民负担的情况。

减轻农民负担必须精兵简政，这一道理，大多数基层政府也充分了解，但是，在实际工作中却难以做到。其主要原因是：

（1）地方政府在安排就业方面负担沉重，而经济落后地区就业机会（尤其是国有部门的就业机会）过少。在经济落后地区，大部分的国有企业都不景气，因此，不但无法吸收每年毕业回乡的大中专毕业生、复退军人，而且，还有不少国有企业干部职工纷纷找门路调往行政机关及事业单位，吃财政饭的人越来越多，大量挤占本来可以用于发展经济的各种人力、物力、财力资源。这就造成了贫困地区经济发展中的恶性循环。

（2）上级职能部门片面强调基层政府设立对口专业机构。目前各级职能部门对下级政府机构落实本部门工作要求的重要方法之一是片面强调对口专业机构的设立及专职干部的配备，在检查部门工作落实时，往往首先查对口机构设立了没有，专职干部配备情况，如果没有达到，便认为工作没有做好。各上级职能部门都有一定的权限，掌管着一定范围的资源分配权。基层政府机构，尤其是乡镇政府对他们是一个也得罪不得，因此，尽管各级编制委员会年年要求控制机构与编制，但是，机构却越设越多，冗员一年甚于一年。

因此，目前有必要对目前各地区，尤其是经济落后地区的乡镇一级政府的机构进行一次清理与整顿，将任职人员严格控制在规定的编制数之内。

（3）目前乡镇以及更高一级政府机关人员过多（有的县级市目前配备副市长达 10 名之多，政府部门多达 70 余个），既与行政体制改革不彻底，政府办事效率低下有关，也与政府承担了过多的社会责任有关。就后者而言，目前政策上的一大弊病是：国家对大中专毕业生就业、城镇户口的复退军人的安置实际上仍然是采取保底的政策。大中专生毕业后求职虽然采取了双向选择的方式，但是，无法找到适当就业机会的毕业生最后一般是回原籍人事部门分配。当地政府在无法安排其到企业就业的情况下，往往只好将他们强制塞进各级政府部门，尤其是乡镇政府。对于城镇户口的复退军人，虽然从政策规定上看，可以安置非国有单位，但是，目前在现实中往往做不到。地方政府对城镇户口的复退军人坚持安置在国有部门的要求，往往只能接受。而这，在经济落后地区，大多只能靠牺牲农民利益来实现。

因此，改变目前这种经济越不发达、政府机关及行政事业单位部门冗员越多的不正常趋势，必须在政策上作必要的调整：明确在市场经济条件下，政府对大中专毕业生及城镇户口的复退军人只负有帮助就业而无保障就业之责。即各级政府在就业方面的职责是创造良好的社会条件，促进当地社会经济发展，从而扩大就业机会，同时通过发展劳动力市场、加强职业培训、职业介绍、促进劳动力在各地区间的流动等来帮助解决有关人员的就业问题，而不是继续计划经济体制下的传统做法，对某些特定身份的人员如大中专毕业生、城镇户口的复退军人就业、安置一包到底。这种超越实际经济承受能力的就业承诺势必给地方政府，尤其是基层政府带来不堪重负，最后往往只能是转嫁负担于农民。

# 福建省全面建设小康社会的一个比较研究[*]
## ——以漳浦县为基点

## 一、文献综述及研究意义

　　小康社会无论是作为古代提出的理想社会，还是当代的社会实践，都深深地烙下了中国的痕迹，因此，小康社会是一个具有鲜明中国特色的概念。特别是在当代中国，自 1979 年邓小平将小康设计为中国现代化建设三步走战略构想的第二步战略目标后，1990 年党的十三届七中全会，确定了小康目标和蓝图；党的十六大第一次正式提出了全面建设小康社会的奋斗目标；党的十七大从新的实际出发提出了全面建设小康社会奋斗目标的新要求，即人均国民生产总值到 2020 年比 2000 年翻两番的目标，将"工业化、城镇化、市场化"扩展为"工业化、信息化、城镇化、市场化、国际化"，以及把"转变经济增长方式"变为"转变经济发展方式"，并提出了与物质文明、精神文明、政治文明一起并列的"生态文明"的科学新概念。

　　与此同时，随着小康社会目标的确定、升华与实践，从 20 世纪 90 年代初，国内学术界也开始了对小康社会衡量标准的研究，如中国社会科学学院的小康指标体系、国家统计局的小康体系等。特别是党的十六大之后，国内学者开始从不同角度对全面小康社会进行大量理论研究与实证分析。首先是定性分析，目的是弄清全面小康的内涵：（1）从宏观层次阐述全面小康的内涵，例如，李

　　* 本文收录于《全面小康社会建设与农民增收》，经济科学出版社 2013 年版，共同作者：李静、卢盛荣、刘丽娟。

君如（2003）认为：全面建设小康社会，是中国特色社会主义经济、政治、文化全面发展的目标，它包括环境、资源与人口相互协调和社会可持续发展的要求，是与21世纪的中国实际相适应的，也是初级阶段的一个具体发展环节。胡鞍钢（2002，2003）认为，从总体小康到全面小康是一次发展战略的改变，即从"先富论"为主转向"共富论"为主。胡必亮（2002）认为，全面建设小康社会就是完成4项战略任务：一是完成由传统计划经济向市场经济的转变；二是实现由政府主导的社会向法制主导的社会转型；三是从乡村社会向城市社会转型；四是由较低收入水平向较高收入水平过渡。而李培林等（2003）认为，全面建设小康社会关键是要实现3个基本转换：一是产业结构的基本转换（三产39%以上）；二是就业结构的基本转换（非农就业70%）；三是城乡社会结构的基本转换（城市人口比重达到56%）。（2）从微观层次阐述全面小康内涵，主要集中在人民的生活方式与生活质量方面（胡鞍钢，2003；顾明远，2003）。其次是在定性分析全面小康内涵的基础之上，再进行定量的分析，构建全面小康社会指标体系。例如，胡鞍钢（2003）设计的指标体系包括人均收入、恩格尔系数、人类发展指标、贫困人口比例。陈友华（2003）采用经济发展、生活质量、社会结构和社会公平4类10个社会指标测量全面小康社会的水平。宋林飞（2003）的"全面小康社会指标体系"由经济发展、生活水平、生活质量和社会发展4类18个指标组成。李培林等（2003）设计的"全国小康社会指标体系"由两个层次构成：一是全国水平，二是农村水平。前者由5类28个指标构成：社会结构指数、经济与教科发展指数、人口素质、生活质量与环保、法制与治安；后者由4类27个指标构成：社会结构和生产条件、经济效益、人口素质、生活质量。李文溥和杨灿（2004）以福建为基点构建了"全面小康社会的评估体系"由经济水平、生活质量、人口素质、环境状况及安全保障5个部分16个指标组成。但这些研究均是根据党的十六大提出的基本要求设计的，随着党的十七大提出了更高要求，国家统计局统计科学研究所课题组（2009）构建了较为科学的全面小康社会进程监测指标体系，由经济发展、社会和谐、生活质量、民主法制、文化教育、资源环境6个部分23个指标组成。然而，国外基本没有关于"小康"的研究（李文溥和杨灿，2004）。

上述这些研究虽为本研究提供了有益的借鉴，但由于它们均以全国或省级作为整体为研究对象，而不是从下到上，即以县域为单位作为考察基点，因而其所设计的指标体系并不一定能适用于对县域全面小康社会进程的监测，既不能预测各县未来的发展速度和水平，也不能监视各县发展的运行轨迹，预测出发展滞后的症结，以致使用范围有限。强调以县域为单位作为考量基础，是考虑到我国是一个区域差异十分明显的国家——特别是各县（市）社会经济发展差异十分突出，各县（市）全面小康实现程度很可能存在差异，如果没有各县（市）全面小康社会的实现，就没有各省乃至全国全面小康社会的实现。如何监测与协调区域全面小康社会进程就成了当前一个很重要的新课题。因此，本文拟通过以漳浦县这样一个农业大县（兼有沿海与山区特征的福建农村县域）为基点构建全面小康社会指标体系，对福建省乃至全国各县（市）建设全面小康社会进程进行比较研究，科学地反映福建省各县（市）全面建设小康社会的进程，为福建省决策层制定政策提供依据，具有重要的现实与理论意义。

## 二、指标体系

### （一）指标体系说明

党的十六大提出了全面建设小康社会的奋斗目标，党的十七大又对这一目标提出了更高要求，即加强发展的协调性、实现又好又快发展，扩大社会主义民主，加强文化建设、社会建设和生态文明。李文溥和杨灿（2004）以福建为基点构建的五类 16 个指标"全面小康社会的评估体系"反映了党的十六大时期小康社会的内涵，国家统计局统计科学研究所全面建设小康社会统计监测课题组（2009）构建的六类 23 个指标的"中国全面建设小康社会统计监测指标体系"，增加了"民主法制"和"社会和谐"的评价指标，丰富了小康社会的内涵，但由于此文是以各个省为研究对象，"公民自身民主权利满意度""失业率（城镇）"等指标对漳浦县这样县域经济体不适用。本文在参考现有研究文献的基础上，从漳浦县县域经济的特点出发，综合了专家学者和当地基层政府工作人员对各项指标相对重要性意见，构建了以漳浦县为基点的全面建设小康社会指标统计监测指标体系。

"漳浦县全面建设小康社会统计监测指标体系"（见表 1）的监测内容涵盖经济水平、生活质量、人口素质、环境状况、社会和谐五个方面，每类指标下设个体指标，整个指标体系由五大类 28 个指标组成。各指标目标值的设定以中等偏上收入国家[①]的指标水平为依据，参考全国和福建省的发展水平，并考

---

① 国家收入的标准依据世界银行《世界发展指标 2010》（*World Development Indicators* 2010）。

虑近年来漳浦县的发展速度及漳浦县的发展基础。

表1　　　　　漳浦县全面建设小康社会统计监测指标体系

| 监测指标 | 单位 | 权重（%） | 目标值（2020年） |
|---|---|---|---|
| 1. 经济水平 | | 15.51 | |
| （1）人均GDP | 元 | 4.37 | ≥34000 |
| （2）城镇人口比重 | % | 2.30 | ≥60 |
| （3）第三产业增加值占GDP比重 | % | 4.75 | ≥50 |
| （4）R&D经费支出占GDP比重 | % | 4.09 | ≥2（0.5） |
| 2. 生活质量 | | 25.67 | |
| （5）农村恩格尔系数 | % | 4.82 | ≤40 |
| （6）城镇家庭人均可支配收入 | 元 | 3.91 | ≥2700（39000） |
| （7）农村人均纯收入 | 元 | 5.85 | ≥14000 |
| （8）城镇人均住房使用面积 | 平方米/人 | 3.85 | ≥43（50） |
| （9）农村人均合格住房使用面积 | 平方米/人 | 3.60 | ≥28 |
| （10）居民文教娱乐服务支出占家庭消费支出比重 | % | 3.64 | ≥16 |
| 3. 人口素质 | | 18.22 | |
| （11）千人拥有医生数 | 人 | 2.71 | ≥2.5 |
| （12）财政教育支出占GDP比重 | % | 2.80 | ≥4.6 |
| （13）初等教育单位教师学生数 | 人 | 2.10 | ≤15 |
| （14）文化产业增加值占GDP比重 | % | 1.84 | ≥5（100） |
| （15）平均受教育年限 | 年 | 2.61 | ≥11.2 |
| （16）5岁以下儿童死亡率 | ‰ | 3.17 | ≤12 |
| （17）平均预期寿命 | 岁 | 3.00 | ≥75 |
| 4. 环境状况 | | 19.51 | |
| （18）耕地面积指数 | % | 3.75 | ≥100 |
| （19）每平方千米公路通车里程 | 千米/平方千米 | 2.04 | ≥1.5 |
| （20）单位GDP能耗 | 吨标准煤/万元 | 3.83 | ≤0.84 |
| （21）城镇人均园林绿地面积 | 平方米 | 3.05 | ≥60 |
| （22）城市污水处理率 | % | 3.74 | ≥95 |
| （23）森林覆盖率 | % | 3.09 | ≥65 |
| 5. 社会和谐 | | 21.09 | |
| （24）城乡居民收入比 | 以乡村为1 | 3.40 | ≤2.3（3.3） |
| （25）地区差异系数 | % | 2.77 | ≥60 |
| （26）基尼系数 | | 4.11 | ≤0.4 |
| （27）基本社会保险覆盖率 | % | 5.08 | ≥60 |
| （28）社会安全指数 | % | 5.73 | ≥100 |

## 1. 经济发展水平指标

指标（1）人均 GDP 达到 34000 元/人（2000 年价格，下同）。党的十六大提出在 2000 年的基础上，经过 20 年，GDP 总量翻两番的奋斗目标；党的十七大对全面建设小康社会提出了新的更高要求，将翻两番的目标由总量改为人均。2000 年全国人均 GDP 为 7858 元，漳浦县人均 GDP 为 8393 元。2009 年全国人均 GDP 达到 17547 元，年均增速为 9.3%；漳浦县达到 20129 元，年均增速为 10.8%。到 2020 年漳浦县人均 GDP 翻两番应达到 33572 元，超过 3900 美元[1]，达到中高收入国家水平[2]。

指标（2）城镇人口比重达到 60%。2000 年以来我国的城镇人口比重从 36.22% 上升到 2009 年的 46.59%，同期福建省城镇人口比重也由 41.95% 上升到 51.39%，高于全国平均水平，2009 年漳浦县城镇人口比重为 37.10%，低于福建省和全国水平，城镇化速度有待提高。据《世界发展指标 2010》，2008 年世界高收入国家的平均城镇化率为 78%，中高收入国家平均城镇化率为 75%，中低收入国家平均城镇化率为 41%。参考国家统计局统计科学研究所全面建设小康社会统计监测课题组（2009）并考虑漳浦县县域经济城镇化底子薄的特点，我们将漳浦县 2020 年城镇化率准值设定为 60%，略低于中高收入国家水平。

指标（3）第三产业增加值占 GDP 比重达到 50%。据《世界发展指标 2010》，2008 年中低收入国家第三产业增加值占 GDP 比重为 46%，中高收入国家为 60%，高收入国家为 73%。2000 年以来我国第三产业增加值占 GDP 比重维持在 40% 左右，低于中等收入国家水平。考虑到我国明显的二元经济结构惯性，在传统农业向现代农业的转化、传统工业向现代工业的转化以及整个社会向信息化社会转化的过程中，第三产业的比重将有可能继续提高，但不可能太高，参考国家统计局统计科学研究所全面建设小康社会统计监测指标体系（2009）将此目标值定为 50%。

指标（4）R&D 经费支出占 GDP 比重达到 2%。根据《2000 年福建省 R&D 资源清查主要数据统计公报》，2000 年福建省 R&D 经费占 GDP 的比重为

---

[1] 以 2000 年价格和汇率估算。

[2] 世界银行将经济体划分为低收入、中等收入（细分为中低收入和中高收入）和高收入国家。根据 2010 年世界银行国家分类标准的数据，人均国民收入 ≤975 美元为低收入国家，人均国民收入 976 ~ 3855 美元为中低收入国家，人均国民收入 3856 ~ 11905 美元为中高收入国家，人均国民收入 >11906 美元为高收入国家。见《世界发展指标 2010》第 34 页。

0.54%，同年全国平均水平为1.0%，2009年福建省达到1.02%，全国平均水平为1.62%。据《世界发展指标2010》，R&D支出占GDP比重的世界平均水平为2.21%，其中中等收入国家为0.96%，而高收入国家该指标值为2.47%。根据《国家中长期科学和技术发展规划纲要（2006—2020年）》，到2020年我国全社会研究开发投入占国内生产总值的比重提高到2.5%以上。考虑到R&D经费支出较集中投向城市，而本文以县域经济为研究对象，所以设定该目标值为2%。由于数据限制，只能获得漳浦县R&D经费支出中来自财政支出的部分，观察福建省各年R&D相关支出数额，发现财政R&D支出约为R&D经费支出的1/4[①]，所以设定2020年财政R&D支出占GDP比重的目标值为R&D经费支出占GDP比重的目标值的1/4，即0.5%。

### 2. 生活质量

指标（5）农村恩格尔系数不高于40%。根据一般经验，恩格尔系数在60%以上为绝对贫困；50%～59%为温饱水平；40%～49%为总体小康水平；20%～39%为全面建设小康社会水平；20%以下为现代化水平[②]。2000年漳浦县、福建省与全国农村恩格尔系数分别为50%、49%、49%，2009年分别降低为44%、46%、41%，已达总体小康水平，参考国家统计局统计科学研究所全面建设小康社会统计监测课题组（2009）并考虑漳浦县实际情况，以及未来食品价格上涨、在外就餐机会的增加等引起恩格尔系数上升的可能，我们将漳浦县2020年恩格尔系数的目标设为不高于40%，开始进入全面小康水平。

指标（6）城镇家庭人均可支配收入达到27000元（2000年价格，下同）。反映城镇居民收入状况的合理指标应当是城镇家庭人均可支配收入，2000年漳浦县与福建省城镇家庭人均可支配收入分别为6802元、7432元，2009年分别达到11635元、17268元，年均增速分别为6.1%、9.8%，到2020年漳浦县城镇家庭人均可支配收入翻两番应达到27208元，未来年平均增速应达到8.1%。由于数据限制，我们只能得到福建省其他县城镇单位在岗职工平均工资的数据，比较福建省城镇人均可支配收入与城镇单位在岗职工的平均工资发现，1999年以来二者比例关系大体稳定在0.7（见图1），所以设城镇单位在岗职工平均工资目标为39000元（27208÷0.7≈38869）。

---

① 2003～2008年财政R&D支出占R&D支出比重分别为0.27、0.24、0.24、0.22、0.26、0.25，均值为0.25。

② 见国家统计局设计的小康指标体系的解释。

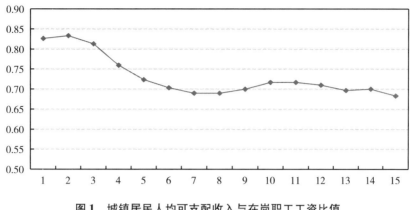

**图1 城镇居民人均可支配收入与在岗职工工资比值**

指标（7）农村人均纯收入达到14000元（2000年价格，下同）。2000年漳浦县与福建省农村家庭人均纯收入分别为3524元、3230元，2009年分别达到6200元、5749元，年均增速分别为6.5%、6.6%。2020年漳浦县农村家庭人均可支配收入翻两番应达到14000元，要达到这一目标未来年平均增速应达到7.7%。

指标（8）城镇人均住房使用面积达到28平方米。居住条件是小康生活的重要组成部分，2009年福建省城镇人均住房使用面积达到28平方米，漳浦县达到43平方米。根据发达国家经验，人均住房建筑面积达到35~40平方米，一般会稳定下来。根据住建部提出的"户均一套房、人均一间房、功能配套、设施齐全"的小康社会住房标准，考虑未来城镇化过程中城镇人口的增加，并参考李文溥和杨灿（2004）将这一指标目标值设为28平方米。

指标（9）农村人均合格住房使用面积达到43平方米。合格住房使用面积既反映居住面积大小，又考虑住房质量。农村合格住房包括钢筋混凝土结构、砖木结构、石材结构住房。由于数据限制，我们只能获得农村人均住房使用面积数据，通过比较2002~2009年福建省农村人均住房使用面积与合格住房使用面积数据发现，前者约为后者的1.2倍。2009年福建省农村人均合格住房使用面积达到42平方米，漳浦县农村人均住房使用面积达到42平方米，估算合格面积为35平方米，低于福建省平均水平。考虑漳浦县农村住房现状和发展趋势，并参照李文溥和杨灿（2004）将漳浦县2020年农村人均合格住房使用面积目标值设为43平方米，则漳浦县2020年农村人均住房使用面积应达到50平方米（43×1.2≈52）。

指标（10）居民文教娱乐服务支出占家庭消费支出比重达到16%。居民文教娱乐服务支出占家庭消费支出比重，是综合反映物质文明和精神文明建设的指标，也是综合反映文化教育水平的指标。2000 年，福建省城镇居民人均文教娱乐服务支出占消费支出的比重为 10.37%，其中教育支出比重为 5.76%；2009 年城镇居民文教娱乐支出比重为 11.19%，其中教育支出比重为 4.44%。2000 年福建省农村居民人均文教娱乐支出占消费支出比重为 10.55%，2009 年降低为 8.41%；漳浦县水平与福建省平均水平基本持平。近年来福建省人均文教娱乐消费比重增长缓慢，甚至出现负增长，尤其是农村居民的文化生活水平有待丰富和提高。根据福建省的实际情况，并参照一些发达地区达到的水平，把漳浦县 2020 年居民文教娱乐服务支出占家庭消费支出比重的目标定为 16%。

### 3. 人口素质

指标（11）千人拥有医生数达到 2.5 名。2002 年漳浦县千人拥有医生 0.5 名，同期福建省与全国水平分别为 1.2 名、1.5 名，2009 年漳浦县下降为 0.4 名，同期福建省与全国水平上升为 1.5 名、1.6 名，均已超过《世界发展指标 2010》中的中等收入国家水平（1.3 名），但与医疗条件发达的欧元区（3.6 名）仍有较大差距。近年来中国有近 10 个省份千人拥有医生数已经超过 2.0 名，最高已超过 4 名。综合各种情况并考虑到医疗条件在小康社会中的重要意义，我们将漳浦县 2020 年千人拥有医生人数目标值定为 2.5 名。

指标（12）财政教育支出占 GDP 比重达到 4.6%。漳浦县 2002～2008 年教育投入占 GDP 的比重维持在 1%～2%，2009 年升至 2.9%。我国多年来教育投入占 GDP 的比重也只徘徊于 2%～3%。而据《世界发展指标 2010》2008 年公共教育支出占 GDP 比重的世界平均水平为 4.6%，其中中低等收入国家为 4.4%，中高收入国家为 4.6%，高收入国家为 5.4%。为缩短与世界先进国家水平的差距，《国家中长期教育改革和发展规划纲要》将国家财政性教育经费支出占国内生产总值比例的 2012 年目标定位 4%，为此我们将 2020 年的该目标定为 4.6%，与世界平均和中高收入国家水平持平。

指标（13）初等教育单位教师学生数不大于 15 人。初等教育（即小学教育）作为普及教育是提高国民整体文化水平的重要环节，初等教育中每个教师负担的学生人数越少，学生获得的教育越充分。据《世界发展指标 2010》，2008 年世界初等教育教师平均每人负担学生 24 人，其中中等收入国家 23 人，中高收入国家 22 人，高收入国家 15 人。2000 年漳浦县、福建省、全国初等教育教师平均每人负担学生分别为 22.13 人、20.11 人、22.21 人，2008 年分别提高到 17.38 人、15.41 人、18.38 人，均达到中高收入国家水平。考虑到漳浦县和福建省均高于全国平均水平，教育基础较好，因此将 2020 年目标值设为 15 人。

指标（14）文化产业增加值占 GDP 比重达到 5%。文化产业占国民经济比重明显提高，是党的十七大对实现全面建设小康社会奋斗目标提出的新要求。文化产业的范围包括提供文化产品、文化传播服务和文化休闲娱乐等活动以及与之直接关联的用品、设备、文化产品的生产和销售活动，包括广播、电视、电影服务、新闻服务、出版发行和版权服务等九个类别。2004 年，我国文化产业增加值占 GDP 比重为 2.15%，2000 年以来漳浦县文化产业增加值占 GDP 比重由 0.31% 提高到 2009 年的 0.90%，远低于全国水平。参照发达国家和中等收入国家的水平，并考虑文化产业增加值，把我国 2020 年文化产业增加值占 GDP 比重的目标定为 5%。由于其他县数据获得的局限性，并考虑到电视对文化事业发展的贡献，我们进行横向比较时采用电视人口综合覆盖率来反映福建省文化产业的发展状况，并将其目标设为 100%。

指标（15）劳动年龄人口平均受教育年限达到 11.2 年。我国人均受教育年限近年来虽然不断增长，但仍落后于先进国家水平。1982 年我国 15 岁以上人口平均受教育年限为 5.3 年，到 2008 年增加到 8.5 年，福建省 15 岁以上人口平均受教育年限 2000 年为 8.34 年，2009 年达到 9.24 年。据世界银行教育统计（education statistics），2010 年 15 岁以上人口平均受教育年限美国为 11.5 年，加拿大为 12.7 年，德国为 12.4 年，日本为 11.6 年。教育部制定的《国家中长期教育改革和发展规划纲要（2010—2020 年）》中提出，到 2020 年我国主要劳动年龄人口平均受教育年限应达到 11.2 年，与日本 2010 年水平接近，因此我们将此目标值设为 11.2 年。

指标（16）5 岁以下儿童死亡率不高于 12‰。据《世界发展指标 2010》，2008 年中低等收入国家 5 岁以下儿童死亡率为 64‰，中高收入国家为 23‰，高收入国家为 7‰。我国改革开放以来，全国 5 岁以下儿童死亡率大幅度降低，由 1980 年的 59.1‰ 下降到 2009 年的 17.2‰，已达到中高收入国家水平。漳浦县 5 岁以下儿童死亡率由 2002 年的 18.29‰ 下降到 2009 年的 8.01‰，已接近高收入国家水平。综合各种情况，并参考国家统计局统计科学研究所全面建设小康社会统计监测课题组（2009），将此目标值定为 12‰。

指标（17）平均预期寿命达到 75 岁。据《世界发展指标 2010》，2008 年中低等收入国家的平均预期寿命为 68 岁，中高收入国家为 71 岁，高收入国家为 80 岁。2000 年漳浦县平均预期寿命为 74.4 岁，福建省为 72.55 岁，已经超过中上国家水平，但与高收入国家还有差距，参考国家统计局统计科学研究所全面建设小康社会课题组（2009）将此目标设定为 75 岁。

### 4. 环境状况

指标（18）耕地面积指数不小于100%。耕地面积指数是用报告期耕地面积与基期耕地面积之比反映报告期耕地面积相对基期的变化情况。福建省是全国人均耕地较少的省份，1996年第一次全国农业普查全省耕地面积为1434.7千公顷，人均0.65亩，2008年底全省耕地面积为1330.1千公顷，人均仅0.55亩。人均拥有1亩常用耕地是我国实现粮食基本自给和食物供给安全的基本保障。随着人口的增加和城市化、工业化对占用耕地的强大压力，人均耕地面积有不断减小的趋势，因此必须加强对常用耕地的管理，保证实现常用耕地面积占补平衡的目标，特别是必须保证现有基本农田总量不减少，用途不改变，质量不降低。由于数据限制，这里我们用农作物播种面积指数代替耕地面积指数，基期为2000年，目标值区间设为≥100%，允许下界限值为90%。

指标（19）每平方千米公路通车里程达到1.5千米。2002年漳浦县每平方千米通车0.40千米，2009年达到0.56千米。据《世界发展指标2010》，2007年中等收入国家每平方千米通车里程为0.89千米，中低收入国家为2.4千米，高收入国家为0.76千米，欧元区国家为1.23千米。进一步观察发现由于印度的公路密度高达10.01千米/平方千米，而其他中下收入国家的平均水平不足0.4千米/平方千米，使得中等收入国家的整体千米密度水平高于高收入国家。考虑到印度是一个高人口密度的国家（360人/平方千米），而公路设置规划又与人的居住状况密切相关，因此我们在设定漳浦县2020年的目标值时应该参照人口密度与漳浦县相当的国家。2009年漳浦县的人口密度为378人/平方千米，日本（338人/平方千米）相对接近，2007年日本的公路密度为3.16千米/平方千米，考虑漳浦县原有基础和未来发展趋势，将2020年目标设为1.5千米。

指标（20）单位GDP能耗不超过0.84吨标准煤/万元（2000年价格，下同）。单位GDP能耗也称"能源强度"，是衡量能源使用效率的指标。虽然"十一五"时期的前四年我国万元GDP能耗由1.49吨标准煤下降到1.26吨标准煤，但距世界先进国家水平仍有较大差距，据《世界发展指标2010》，2007年中低、中等、中高和高收入国家的单位GDP能耗分别为我国的87%、77%、65%、52%（2005年PPP）。漳浦县2007年万元GDP能耗为0.55吨标准煤，同年福建省与全国平均水平分别为0.98、1.30。根据国务院审议通过的《节能中长期专项规划》，2020年我国单位GDP能耗目标为0.84吨标准煤/万元，虽然漳浦县目前已经达到该目标值，但考虑到漳浦县目前工业规划项目较多，能源消费处于增长阶段，节能减排任务艰巨，因此将目标值定为0.84吨标准煤/万元。

指标（21）城镇人均园林绿地面积达到 60 平方米。联合国生物圈生态与环境组织根据有关耗氧参数提出城市居民人均拥有 60 平方米绿地，才能获得最佳居住环境。2000 年全国城镇人均园林绿地面积 18.9 平方米，福建省为 12.5 平方米，2008 年全国平均水平达到 28.8 平方米，福建省为 21.4 平方米，由于厦门市园林绿地面积占全省的 1/3 以上，所以其他县市的人均园林绿地面积还不足 20 平方米，城市环境建设亟须改善，参考李文溥和杨灿（2004）将 2020 年福建省人均园林绿地面积目标定为 60 平方米。

指标（22）城市污水处理率达到 95%。"十五"期间，我国城市污水处理率由 34.3% 增加到 52.0%，增长 17.7 个百分点。"十一五"期间，2008 年全国城市污水处理率达到 70.2%，福建省也从 2005 年的 54.52% 增加到 2009 年的 80.31%，照此发展速度 2020 年达到 95% 是可能的，因此目标设为 95%。

指标（23）森林覆盖率达到 65%。由于不同国家地区的地形、气候等差异，森林覆盖率有很大不同。福建省多山，地形复杂，气候温润，近年来森林覆盖率一直稳定保持在 60% 以上，参考世界其他多山地丘陵地国家的森林覆盖率，日本 68.2%，瑞典 67.1%，马来西亚 62.7%，将福建省 2020 年森林覆盖率目标设为 65%。

### 5. 社会和谐

指标（24）城乡居民收入比的目标区间为 [1.4，3.3]。漳浦县近年来镇居民人均可支配收入与农村居民人均纯收入的比维持在 [1.8，1.9]，而福建省城乡居民收入比由 2000 年的 2.3 上升到 2009 年的 2.9，同期全国平均水平由 2.8 上升到 3.33，城乡居民人均收入差距呈现不断扩大的趋势。如果未来十年城乡收入仍按过去十年的增长率增长，则 2020 年漳浦县城乡收入比可能缩小到 1.7 倍，而福建省则可能扩大到 4.2 倍。未来全面小康建设力求城乡差距不再扩大，因此设定城镇居民人均可支配收入与农村居民人均纯收入的目标区间为 [1，2.3]，参考国家统计局统计科学研究所全面建设小康社会统计监测课题组将允许下界限值设为 1，允许上界限值设为 4[①]。由于上文提到的数据限制，我们用城镇单位平均工资与农村居民人均纯收入的比例来反映各县城乡居民收入的差异程度，目标区间为 [1.4，3.3]，允许下界限值为 1.4，允许上界限值为 5.7。

指标（25）地区差异系数：由于缺乏县级以下行政级别的数据，所以我们

---

① 对于区间指标，当实际值落在目标区间时实现程度为 100%，实际值低于允许的下界限值或高于允许的上界限值时实现程度为 0，实际值落在允许的上下界限值之间而没有被包含在目标区间时实现程度在 0～100%，具体计算方法见下文"实现程度纵向分析"。

以各县与相应市辖区的人均 GDP 的比值来反映地区发展的不平衡性，通过比较我国人均 GDP 较高的浙江、江苏、广东、辽宁等省份的地区差异系数，我们发现人均 GDP 地区差异系数较小的浙江省的各县与相应市辖区的人均 GDP 的比值较集中地落在 [0.5，0.7]（见图 2），所以我们将漳浦县的目标值设为 0.6。

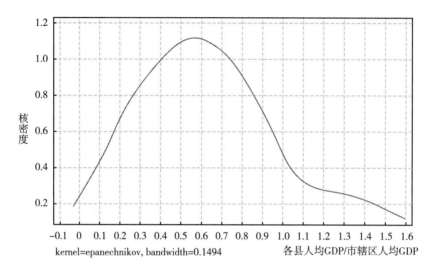

**图 2 浙江省各县人均 GDP 与市辖区人均 GDP 比值分布**

指标（26）基尼系数设为 [0.3，0.4]。基尼系数是衡量收入分配不均等程度的重要指标。2000～2009 年，福建省城镇基尼系数由 0.31 增加到 0.35，农村基尼系数由 0.30 增加到 0.37，说明近年福建省收入差距正在逐步扩大，农村尤为突出。"十一五"期间漳浦县农村基尼系数由 0.23 增加到 0.32。基尼系数是一个区间适度指标，过高、过低都不好，过高表明收入差异太大，容易形成两极分化，影响社会稳定；过低则表明收入差异太小，容易导致平均主义，影响经济效率。一般认为基尼系数为 0.3～0.4 的收入分配相对合理，因此 2020 年目标区间设为 [0.3，0.4]，参考国家统计局统计科学研究所全面建设小康社会统计监测课题组（2009），将允许下界限值设为 0，允许上界限值设为 0.5[①]。

指标（27）基本社会保险覆盖率：由于新农村合作医疗的普及，2009 年全国新型农村合作医疗参合率已达 94.0%，所以我们在这里仅考虑养老保险的普及情况。2009 年福建省养老保险覆盖率仅为 24%，2020 年要达到全面小康水平，此目标值不应低于 60%。

指标（28）社会安全指数不小于 100%。社会安全指数是一个合成指数，由万人刑事案件立案数、万人交通事故死亡人数、万人火灾死亡人数、万人拥

① 详见本文第三部分的区间指标的设定方法。

有律师数四个指标综合而成，反映社会治安、交通安全、生活安全、法制健全等方面的总体变化情况。根据世界其他国家的发展历程和我国改革开放的发展经验，未来 20 年既是社会经济飞速发展的过程，也是各种社会矛盾集中释放的过程，因此在全面小康社会建设过程中我们必将面临社会安全状况恶化的严峻挑战。因此我们以 2000 年的社会安全状况为目标，力求社会安全状况不恶化。具体而言，先以 2000 年各指标全国平均水平与漳浦县各年各指标之比（律师数为漳浦县水平比全国水平）反映各指标相对 2000 年全国水平是否恶化（小于 100%），然后取各指标的加权平均值得到各指标的综合值来反映社会安全相对 2000 年的总体变化，因此如果 2020 年社会安全指数不小于 100%，就达到我们设定的社会安全状况不恶化的目标。

### （二）数据说明

本部分根据研究对象的数据获得情况，建立了两套数据，第一套是在漳浦县调研过程中从各职能部门获得的第一手数据，指标较为齐全；第二套是根据福建省统计年鉴以及相关部门的统计公报获得的福建省县级地区的数据，对于缺失的数据采用福建省数据或者各地级市的平均数据对各县的相关指标进行推算，为统一比较，这里漳浦县的数据也采用同样的方法推算，从而得到福建省 44 个县 28 个指标的数据。第一套数据用于分析漳浦县全面建设小康社会的速度以及目标实现情况，第二套数据用于横向比较福建省 44 个县全面建设小康社会实现程度的差异，以进一步分析漳浦县全面建设小康社会中取得的成绩和存在的问题。具体数据来源情况如下。

第一套数据来自在漳浦县调研过程中从统计局、公安局、卫生局等单位获得的第一手资料，其中"社会安全指数"指标由万人刑事案件立案数、万人拥有律师数、万人火灾率、万人交通事故死亡率各指标的实现程度加权计算得到；农村基尼系数由各年统计局 70 户抽样数据计算得到。第二套数据中，5 岁以下儿童死亡率、平均预期寿命（2002～2006 年数据）来源于福安信息网，2008 年平均预期寿命来自《人口发展与城镇化建设步入良性轨道——新中国六十年福建经济社会发展系列分析报告之五》，该报告对福建省 2008 年的平均预期寿命做了估算，2007 年和 2009 年也采用此值；刑事案件立案数来源于福建省公安厅网站；其他数据均来源于各年份福建省统计年鉴和统计公报。其中，基尼系数、文教娱乐支出占 GDP 比重均按城镇、农村分别统计，计算时用相应的人口比重取加权平均；平均受教育年限采用 15 岁以上各文化程度人口比重对各文化程度受教育年限进行加权平均后得到；城镇人均住房使用面积采用人均住房建筑面积除以 1.33 推算；计算单位 GDP 能耗的 GDP 数据经平减后按 2000 年价格计；养老保险覆盖率以已参保人数占应参保人数的比重计算，其中已参保人数以城镇基本养老保险与农村社会养老保险参保人数的加总计，应参保人数以当地 15 岁以上人口数计；科学技术支出占 GDP 比重、千人拥有医生数、单位 GDP 能耗、城镇人均园林绿地面积、城市污水处理率、基本社会保险覆盖率等指标在计算时部分年份数据缺失，采用福建省相应年份相应指标的增长率进行推算。

## （三）权重设定

我们利用层次分析法来设定各指标权重。层次分析法（analytic hierarchy process，AHP）是对定性问题进行定量分析的一种简便、灵活而又实用的多准则决策方法，它把复杂问题中的各种因素通过划分为相互联系的有序层次，然后将同一层次元素两两比较的重要性进行定量描述，然后利用数学方法计算反映每一层次元素的相对重要性，最后计算出所有元素的相对重要性。本文在确定各指标在小康社会评价体系中的相对重要性时，采用问卷的形式分别从专家学者和当地基层政府工作人员处获取他们对各指标两两相对重要性的评价，然后利用层次分析法软件 yaahp（V0.5.2）计算得到五类指标在小康社会指标体系的类指标权重及各类指标下个体指标的类内权重，将指标类内权重与类权重相乘得到各指标在小康社会指标体系中的权重（见表1）。

本次层次分析共收集问卷 6 份，其中 2 份来自专家学者，4 份来自当地基层政府工作人员。观察各权重发现，近年来人们对小康社会的理解正在发生微妙变化。首先，"经济水平"在李文溥和杨灿（2004）的指标体系中权重达到 25.1%（见表2），位列第三；在国家统计局统计科学研究所全面建设小康社会统计监测课题组（2009）的指标体系中，"经济发展"也达到 29%，位列第一；而本次专家问卷结果表明，"经济水平"权重仅为 15.51%，排在最末。其次，"环境状况"在两文的指标体系中权重分别为 10%、12%，均为各指标体系中权重最低项，而本文中"环境状况"权重达到 19.51%，位列第三。最后，在参考两文的指标体系中，权重最高项与最低项差距较大，分别为 15.5%、17%，而此次问卷结果各项权重差距减小为 10.16%，说明小康社会在人们心目中已经成为一个复合的、具有多维标准的概念，许多之前并未注意的指标（如环境状况）正在显现它们小康社会中的重要性。

| 表2 | | 指标体系权重比较 | | | 单位:% |
|---|---|---|---|---|---|
| 权重 | 经济水平 | 生活质量 | 人口素质 | 环境状况 | 社会和谐 |
| 李文溥和杨灿（2004） | 25.1 | 25.5 | 14.0 | 10.0 | 25.4 |
| 国家统计局（2009） | 29 | 14 | 19 | 12 | 21 |
| 本文 | 15.51 | 25.67 | 18.22 | 19.51 | 21.09 |

注：（1）参考的两篇文章中各项目权重数值并非原文数值，而是依本文小康指标体系设重新组合个指标计算得到。如"地区差异系数""城乡居民收入比"在李文溥和杨灿（2004）中归入"经济水平"项目中，本文将其归入"社会和谐"项目中计算权重，并从原文"经济水平"项目中减去相应的权重。

（2）国家统计局的"公民自身民主权利满意度"（原文中权重为5%）指标本文未涉及，因此权重计算中没有加入此指标。

# 三、计算结果分析

基于前文所述两套数据的获得情况，我们以第一套调研数据计算了漳浦县2002~2009年全面建设小康社会的实现程度，通过纵向比较观察漳浦县全面建设小康社会的历程，采用动态指数观察各年小康建设的实现速度；以第二套数据计算了2002~2009年福建省44县全面建设小康社会的实现程度，通过全省各县实现程度排序获得漳浦县在全面建设小康社会中的全省排名，通过全省动态指数排序获得漳浦县在全面建设小康社会实现速度的全省排名；并以第二套数据对全省44县2002年和2009年28个指标的实现进程进行聚类分析，得到各年福建省各县全面建设小康社会的聚类情况，并从中观察漳浦县归属的变化。

## （一）纵向分析

### 1. 实现程度纵向分析

本文的"漳浦县全面建设小康社会统计监测指标体系"的指标类型有三种，分别为正指标、逆指标、区间指标。正指标的实际数值越高越接近小康社会标准，逆指标的实际数值越低越接近小康社会标准，区间指标当实际数值落在目标区间才达到小康目标，太高或太低都不符合小康社会要求。本文的28个指标中"农村恩格尔系数""初等教育单位教师学生数""5岁以下儿童死亡率""单位GDP能耗"为逆指标，"城乡居民收入比""基尼系数"为区间指标，其余均为正指标，各类指标实现程度计算方法如下。

717

（1）正指标：$\begin{cases} \dfrac{x_i}{x_{i1}} \times 100\% & ,若\dfrac{x_i}{x_{i1}} < 1 \\ 100\% & ,若\dfrac{x_i}{x_{i1}} \geq 1 \end{cases}$

（2）逆指标：$\begin{cases} \dfrac{x_{i1}}{x_i} \times 100\% & ,若\dfrac{x_{i1}}{x_i} < 1 \\ 100\% & ,若\dfrac{x_{i1}}{x_i} \geq 1 \end{cases}$

（3）区间指标：

$$\begin{cases} 0, & 若\ x_i \notin [m_1, m_2] \\ \left[ -\dfrac{1}{(q_1 - m_1)^2}x^2 + \dfrac{2q_1}{(q_1 - m_1)^2}x + \dfrac{m_1^2 - 2q_1 m_1}{(q_1 - m_1)^2} \right] \times 100\%, & 若\ x_i \in [m_1, q_1] \\ 100\%, & 若\ x_i \in [q_1, q_2] \\ \left[ -\dfrac{1}{(q_2 - m_2)^2}x^2 + \dfrac{2q_2}{(q_2 - m_2)^2}x + \dfrac{m_2^2 - 2q_2 m_2}{(q_2 - m_2)^2} \right] \times 100\%, & 若\ x_i \in [q_2, m_2] \end{cases}$$

其中，$x_i$ 为实际值，$x_{i1}$ 为目标值，$[q_1, q_2]$ 为指标 $x_i$ 的目标区间值，$m_1$、$m_2$ 为指标 $x_i$ 的一个允许下、上界限值。

在计算得到漳浦县 2002～2009 年全面建设小康社会 28 指标的实现程度之后，将每类指标内各指标实现程度以类内权重加权计算得到每类指标的实现程度，然后将类指标的实现程度以类指标加权计算得到全面建设小康社会的实现程度（见表 3）。最终的监测结果显示，2009 年漳浦县小康社会实现程度为68.0%，比 2002 年提高 10.3 个百分点，年均提高 1.5 个百分点，实现速度较为缓慢。其中，经济水平 2009 年实现程度为 50.4%，在五类指标中实现程度最低；生活质量、人口素质实现程度居中，分别为 69.5%、69.2%，近年来呈稳步增长态势，且人口素质实现程度增长幅度在五类指标中最大；环境状况实现程度较高，达到 72.6%，且实现速度近年来有加速趋势；社会和谐实现程度达到 73.9%，在五类指标中最高，但近年来有波动倒退情况出现，仅比 2002年高 2.9 个百分点，在五类指标中增长幅度最小（见图 3）。

表 3　　　2002～2009 年漳浦县全面建设小康社会实现程度统计监测结果　　　单位：%

| 监测指标 | 2002 年 | 2003 年 | 2004 年 | 2005 年 | 2006 年 | 2007 年 | 2008 年 | 2009 年 |
|---|---|---|---|---|---|---|---|---|
| 1. 经济水平 | 40.4 | 40.7 | 43.4 | 43.0 | 45.4 | 47.6 | 49.7 | 50.4 |
| （1）人均 GDP | 29.0 | 31.8 | 34.2 | 37.6 | 41.9 | 47.7 | 52.6 | 59.2 |
| （2）城镇人口比重 | 48.8 | 49.5 | 49.4 | 49.7 | 57.5 | 59.0 | 60.6 | 61.8 |

| 监测指标 | 2002 年 | 2003 年 | 2004 年 | 2005 年 | 2006 年 | 2007 年 | 2008 年 | 2009 年 |
|---|---|---|---|---|---|---|---|---|
| （3）第三产业增加值占 GDP 比重 | 81.6 | 79.8 | 86.4 | 81.7 | 82.0 | 83.1 | 84.7 | 80.0 |
| （4）R&D 经费支出占 GDP 比重 | 0.0 | 0.0 | 0.0 | 0.0 | 0.0 | 0.0 | 0.1 | 0.1 |
| 2. 生活质量 | 57.6 | 56.8 | 57.3 | 60.4 | 62.4 | 64.0 | 66.3 | 69.5 |
| （5）农村恩格尔系数 | 79.7 | 78.4 | 80.6 | 83.8 | 83.0 | 86.6 | 89.2 | 90.6 |
| （6）城镇家庭人均可支配收入 | 26.8 | 27.7 | 27.8 | 29.4 | 31.4 | 34.6 | 38.1 | 43.1 |
| （7）农村人均纯收入 | 27.3 | 28.6 | 29.1 | 30.4 | 33.6 | 36.7 | 39.9 | 44.3 |
| （8）城镇人均住房使用面积 | 100.0 | 100.0 | 100.0 | 100.0 | 100.0 | 100.0 | 100.0 | 100.0 |
| （9）农村人均合格住房使用面积 | 63.2 | 67.2 | 67.7 | 73.7 | 72.8 | 68.8 | 80.9 | 83.1 |
| （10）居民文教娱乐服务支出占家庭消费支出比重 | 59.7 | 49.0 | 47.9 | 55.0 | 64.6 | 66.3 | 58.7 | 64.5 |
| 3. 人口素质 | 53.3 | 53.2 | 59.8 | 61.5 | 63.6 | 64.7 | 65.6 | 69.2 |
| （11）千人拥有医生数 | 18.4 | 19.9 | 22.1 | 14.5 | 14.4 | 14.5 | 16.0 | 16.5 |
| （12）财政教育支出占 GDP 比重 | 25.2 | 22.9 | 24.1 | 29.8 | 37.2 | 41.9 | 41.8 | 62.1 |
| （13）初等教育单位教师学生数 | 67.8 | 78.0 | 85.7 | 88.0 | 88.2 | 87.4 | 86.3 | 86.2 |
| （14）文化产业增加值占 GDP 比重 | 6.3 | 6.1 | 10.0 | 13.1 | 10.3 | 15.9 | 17.7 | 18.0 |
| （15）平均受教育年限 | 74.0 | 74.6 | 73.7 | 74.3 | 75.6 | 74.8 | 79.2 | 82.6 |
| （16）5 岁以下儿童死亡率 | 65.6 | 58.5 | 86.8 | 94.2 | 100.0 | 100.0 | 100.0 | 100.0 |
| （17）平均预期寿命 | 99.2 | 99.2 | 99.2 | 99.2 | 99.2 | 99.2 | 99.2 | 99.2 |
| 4. 环境状况 | 61.1 | 62.7 | 63.6 | 63.8 | 66.0 | 66.2 | 67.5 | 72.6 |
| （18）耕地面积指数 | 91.5 | 89.5 | 87.7 | 86.5 | 87.7 | 79.6 | 80.6 | 82.5 |
| （19）每平方千米公路通车里程 | 26.4 | 26.5 | 26.5 | 26.3 | 36.0 | 36.7 | 37.0 | 37.4 |
| （20）单位 GDP 能耗 | 100.0 | 100.0 | 100.0 | 100.0 | 100.0 | 100.0 | 100.0 | 100.0 |
| （21）城镇人均园林绿地面积 | 8.5 | 17.3 | 20.4 | 17.3 | 18.2 | 19.6 | 20.4 | 15.6 |
| （22）城市污水处理率 | 35.8 | 39.4 | 43.4 | 47.9 | 51.9 | 58.6 | 63.8 | 91.7 |
| （23）森林覆盖率 | 81.4 | 81.1 | 81.1 | 81.4 | 81.7 | 82.8 | 82.8 | 82.8 |
| 5. 社会和谐 | 71.0 | 72.0 | 77.3 | 76.7 | 75.4 | 76.3 | 73.1 | 73.9 |
| （24）城乡居民收入比 | 100.0 | 100.0 | 100.0 | 100.0 | 100.0 | 100.0 | 100.0 | 100.0 |
| （25）地区差异系数 | 67.1 | 73.8 | 66.1 | 54.4 | 53.8 | 52.9 | 51.8 | 50.3 |
| （26）基尼系数 | 100.0 | 100.0 | 100.0 | 100.0 | 93.8 | 100.0 | 100.0 | 100.0 |
| （27）基本社会保险覆盖率 | 27.1 | 27.8 | 28.1 | 28.3 | 29.0 | 30.9 | 32.4 | 32.7 |
| （28）社会安全指数 | 73.6 | 73.6 | 96.4 | 100.0 | 99.2 | 97.6 | 84.1 | 87.8 |
| 全面建设小康社会进程 | 57.7 | 58.0 | 61.1 | 62.0 | 63.4 | 64.6 | 65.3 | 68.0 |

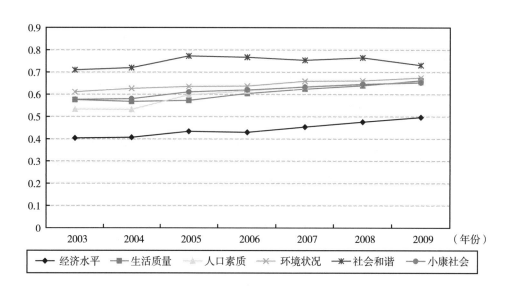

图3　2002~2009年漳浦县全面建设小康社会各指标实现程度比较

"经济水平"在各大项指标中实现程度最低且增长缓慢，从2002年的40.4%到2009年的50.3%，增长10.1个百分点。其中"人均GDP"实现程度增长较快，2009年接近60%；"城镇人口比重"实现程度也稳步增长，2009年达到61.8%；"第三产业增加值"实现程度较高但缺乏增长，基本保持在80%；而"财政R&D经费支出占GDP比重"实现程度在各项指标中最低，基本为零。分析以上数据不难明白，由于漳浦县是农业大县，以农业为主的特点使得人均GDP和城镇人口比重较低，工业和第三产业相对不发达，财政R&D投入也难以与工业经济发达的地区相比，尽管近年来有些指标增长较快但仍处于较低水平，未来需要加强。

"生活质量"实现程度在2002~2004年停留在57%水平，自2005年开始增长，到2009年达到69.5%。其中"城镇人均住房使用面积"实现程度已达100%；"农村人均合格住房使用面积"实现程度由63.2%增长到83.1%，增长速度较快；"农村恩格尔系数"实现程度由79.7%增长到90.6%，已接近小康水平；"居民文教娱乐支出占家庭消费支出比重"实现程度呈现不稳定的波动状态，最高达到66.3%（2007年），最低为47.9%（2004年）；"城镇家庭人均可支配收入"与"农村人均纯收入"实现程度均较低，2009年分别为43.1%、44.3%，漳浦县未来需花大力气提高居民收入才能达到小康社会的要求。

"人口素质"实现程度从2002年的53.3%到2009年的69.2%增长15.9个百点。其中"5岁以下儿童死亡率"与"平均预期寿命"已达到或接近小康水平，"平均受教育年限"与"初等教育单位教师学生数"实现程度较高，分别达 82.6%、86.2%；"财政教育支出占 GDP 比重"实现程度由 25.2% 增长到 62.1%，增长 36.9 个百分点；"文化产业增加值占 GDP 比重"实现程度较低且增长缓慢，2009 年仅为 18.0%，比 2002 年增长 11.8 个百分点；"千人拥有医生数"实现程度较低且趋势不稳定，2009 年仅为 16.5%。小康目标的实现进程反映漳浦县在基础教育方面做得比较好，但医疗卫生和文化产业离小康社会的标准还有很大的距离，需要着力提高。

"环境状况"实现程度位居其次，从 2002 年的 62.7% 到 2009 年的 72.6%，增长 11.5 个百分点，增长趋势平缓。其中"单位 GDP 能耗"实现程度已达 100%；"城市污水处理率"实现程度由 2002 年的 35.8% 增长到 2009 年的 91.7%，增长 55.9 个百分点，为各指标增长速度之最；"森林覆盖率"实现程度保持在 80% 以上但增长缓慢；"每平方千米公路通车里程"与"城镇人均园林绿地面积"实现程度较低，分别为 37.4%、15.6%，说明漳浦县交通基础设施和城镇绿化情况基础较为薄弱；"耕地面积指数"实现程度近年来一直呈下降趋势，由 2002 年的 91.5% 下降到 2009 年的 82.5%，未来需要引起注意。

"社会和谐"实现程度最高，从 2002 年的 71.0% 到 2009 年的 73.9% 始终处于各项指标前列，但增长速度缓慢，中间还出现倒退（见图 3）。其中"城乡居民收入比"和"基尼系数"实现程度已达 100%，说明漳浦县城乡居民的收入差距、农村居民收入分配均较为合理、不至悬殊；"社会安全指数"在 2005 年达到 100% 后近年又出现下降趋势，说明近年来漳浦县随着经济发展社会稳定程度有恶化趋势；"地区差异系数"一直呈下降趋势，从 67.1% 下降到 50.3%，说明漳浦县与中心城区的经济水平差距正在拉大；"基本社会保险覆盖率"停留在 30% 水平左右有微弱上升，离小康社会的要求还有很大距离，需要着力提高。

**2. 动态指数纵向分析**

在监测漳浦县全面建设小康社会实现程度的同时我们计算了漳浦县 2003～2009 年全面建设小康社会各项指标的动态指数（见表 4），具体而言，即用本年实现程度与上年之比反映各指标实现程度每年的增长情况。计算结果表明漳浦县 2002～2009 年全面建设小康社会总动态指数处于〔1，1.05〕，除"社会和谐"项外，各大项指标动态指数保持为正，最高达到为 1.124，出现在 2004年"人口素质"项（见图 4）。分析各分项指标动态指数之间的关系发现，2005 年以后"经济水平"与"社会和谐"动态指数表现出此消彼长的关系

（见图5），即当"经济水平"动态指数上升时，"社会和谐"动态指数下降，而当"经济水平"动态指数下降时，"社会和谐"动态指数上升，反映出在经济建设过程中存在着收入分配结构不合理、地区发展不平衡的问题。

表4　2003～2009年漳浦县全面建设小康社会统计监测动态指数（以上年为1）

| 监测指标 | 2003年 | 2004年 | 2005年 | 2006年 | 2007年 | 2008年 | 2009年 |
|---|---|---|---|---|---|---|---|
| 1. 经济水平 | 1.008 | 1.066 | 0.990 | 1.057 | 1.048 | 1.045 | 1.012 |
| （1）人均GDP | 1.095 | 1.076 | 1.098 | 1.116 | 1.137 | 1.104 | 1.125 |
| （2）城镇人口比重 | 1.015 | 0.998 | 1.006 | 1.158 | 1.026 | 1.027 | 1.021 |
| （3）第三产业增加值占GDP比重 | 0.978 | 1.082 | 0.946 | 1.003 | 1.014 | 1.019 | 0.945 |
| （4）R&D经费支出占GDP比重 | 1.031 | 1.064 | 1.396 | 1.001 | 1.197 | 1.761 | 1.369 |
| 2. 生活质量 | 0.987 | 1.008 | 1.054 | 1.033 | 1.024 | 1.037 | 1.047 |
| （5）农村恩格尔系数 | 0.983 | 1.029 | 1.039 | 0.991 | 1.043 | 1.030 | 1.015 |
| （6）城镇家庭人均可支配收入 | 1.033 | 1.002 | 1.057 | 1.069 | 1.101 | 1.103 | 1.130 |
| （7）农村人均纯收入 | 1.048 | 1.018 | 1.064 | 1.086 | 1.092 | 1.088 | 1.110 |
| （8）城镇人均住房使用面积 | 1.000 | 1.000 | 1.000 | 1.000 | 1.000 | 1.000 | 1.000 |
| （9）农村人均合格住房使用面积 | 1.064 | 1.007 | 1.089 | 0.987 | 0.945 | 1.176 | 1.027 |
| （10）居民文教娱乐服务支出占家庭消费支出比重 | 0.821 | 0.978 | 1.149 | 1.174 | 1.026 | 0.886 | 1.098 |
| 3. 人口素质 | 0.998 | 1.124 | 1.028 | 1.034 | 1.017 | 1.014 | 1.056 |
| （11）千人拥有医生数 | 1.079 | 1.112 | 0.655 | 0.993 | 1.011 | 1.104 | 1.031 |
| （12）财政教育支出占GDP比重 | 0.910 | 1.055 | 1.233 | 1.250 | 1.125 | 0.998 | 1.486 |
| （13）初等教育单位教师学生数 | 1.151 | 1.098 | 1.026 | 1.003 | 0.990 | 0.988 | 0.998 |
| （14）文化产业增加值占GDP比重 | 0.972 | 1.639 | 1.316 | 0.788 | 1.538 | 1.116 | 1.017 |
| （15）平均受教育年限 | 1.009 | 0.988 | 1.008 | 1.017 | 0.989 | 1.058 | 1.043 |
| （16）5岁以下儿童死亡率 | 0.892 | 1.482 | 1.086 | 1.062 | 1.000 | 1.000 | 1.000 |
| （17）平均预期寿命 | 1.000 | 1.000 | 1.000 | 1.000 | 1.000 | 1.000 | 1.000 |
| 4. 环境状况 | 1.027 | 1.015 | 1.003 | 1.034 | 1.003 | 1.020 | 1.074 |
| （18）耕地面积指数 | 0.978 | 0.981 | 0.986 | 1.014 | 0.908 | 1.011 | 1.025 |
| （19）每平方千米公路通车里程 | 1.006 | 1.000 | 0.992 | 1.369 | 1.019 | 1.008 | 1.010 |
| （20）单位GDP能耗 | 1.000 | 1.000 | 1.000 | 1.000 | 1.000 | 1.000 | 1.000 |
| （21）城镇人均园林绿地面积 | 2.030 | 1.177 | 0.851 | 1.047 | 1.077 | 1.041 | 0.766 |
| （22）城市污水处理率 | 1.102 | 1.102 | 1.102 | 1.083 | 1.130 | 1.090 | 1.436 |
| （23）森林覆盖率 | 0.996 | 1.000 | 1.004 | 1.004 | 1.013 | 1.000 | 1.000 |
| 5. 社会和谐 | 1.015 | 1.073 | 0.993 | 0.982 | 1.015 | 0.955 | 1.012 |
| （24）城乡居民收入比 | 1.000 | 1.000 | 1.000 | 1.000 | 1.000 | 1.000 | 1.000 |
| （25）地区差异系数 | 1.099 | 0.896 | 0.823 | 0.989 | 0.983 | 0.980 | 0.971 |
| （26）基尼系数 | 1.000 | 1.000 | 1.000 | 0.938 | 1.066 | 1.000 | 1.000 |
| （27）基本社会保险覆盖率 | 1.025 | 1.010 | 1.005 | 1.025 | 1.069 | 1.048 | 1.008 |
| （28）社会安全指数 | 1.000 | 1.309 | 1.037 | 0.992 | 0.985 | 0.861 | 1.044 |
| 全面建设小康社会进程 | 1.007 | 1.052 | 1.016 | 1.023 | 1.019 | 1.010 | 1.042 |

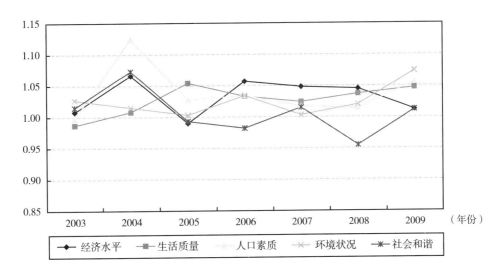

**图 4　漳浦县全面建设小康社会五类指标动态指数**

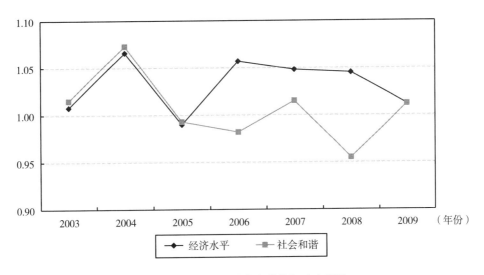

**图 5　经济水平与社会和谐指标动态指数**

　　基于以上监测结果,我们认为漳浦县今后全面建设小康社会遇到的问题可能有:首先,一些指标实现程度较低,短期内又难以突飞猛进。由于县域经济的科研基础薄,"R&D 经费支出占 GDP 比重"难以与大城市比肩,同样的情况也适用于"千人拥有医生数""文化产业增加值占 GDP 比重";城市发展处于起步阶段,各种基础设施建设仍在酝酿中,"城镇人均园林绿地面积"短期内难以提上日程;"基本社会保险覆盖率"的提高有待国家养老保险体系的进一步完善,短期内难以达到目标水平。其次,近年来部分指标出现下降趋势,如"耕地面积指数""社会安全指数""地区差异系数",随着城市化、工业化的进一步发展,这些指标的下降趋势将持续并可能加快。不仅如此,一些已达小康水平的指标如"城乡收入比""基尼系数""单位 GDP 能耗"等有可能出现倒退。

因此，漳浦县在未来小康建设过程中，仍然面临着艰巨的任务，在巩固已有成果的同时，应对影响小康社会的各个方面统筹兼顾，尤其兼顾经济发展与环境保护、社会和谐，经济发展的过程不能以牺牲环境为代价，经济发展的成果应在各群体、各区域间合理分配，防止经济快速增长过程中各种矛盾的激化，践行"全面小康"的真正内涵。

## （二）横向比较

为了解漳浦县全面建设小康社会实现程度在福建省 44 县中的位置，我们同时监测了福建省 44 县全面建设小康社会的实现程度，将各年结果进行排序得到漳浦县的排名，结果表明，2002～2009 年漳浦县全面建设小康社会实现程度在福建省 44 个县的排名依次为：第 38 名、第 38 名、第 33 名、第 32 名、第 33 名、第 29 名、第 26 名、第 25 名，表明过去八年中漳浦县全面建设小康社会水平已从福建省下游位置上升到中游位置（见表5）。

表5　　　　2002～2009 年福建省各县全面建设小康社会进程比较

| 地区 | 2002 年 | | 2003 年 | | 2004 年 | | 2005 年 | | 2006 年 | | 2007 年 | | 2008 年 | | 2009 年 | |
|---|---|---|---|---|---|---|---|---|---|---|---|---|---|---|---|---|
| | 进程（%） | 排名 | 进程（%） | 排名 | 进程（%） | 排名 | 进程（%） | 排名 | 进程（%） | 排名 | 进程（%） | 排名 | 进程（%） | 排名 | 进程（%） | 排名 |
| 泰宁县 | 63.2 | 1 | 63.7 | 3 | 64.6 | 4 | 63.7 | 8 | 65.5 | 8 | 66.9 | 7 | 67.8 | 11 | 70.0 | 8 |
| 沙县 | 63.2 | 2 | 64.8 | 1 | 65.9 | 1 | 64.2 | 6 | 66.0 | 6 | 67.5 | 5 | 68.0 | 8 | 70.6 | 6 |
| 永春县 | 63.0 | 3 | 64.1 | 2 | 65.7 | 2 | 66.6 | 3 | 69.1 | 2 | 70.0 | 3 | 70.6 | 3 | 72.0 | 3 |
| 德化县 | 62.9 | 4 | 63.6 | 4 | 64.1 | 6 | 67.4 | 1 | 69.4 | 1 | 70.6 | 2 | 71.7 | 1 | 72.8 | 1 |
| 顺昌县 | 62.8 | 5 | 63.0 | 7 | 63.7 | 7 | 63.6 | 12 | 65.1 | 15 | 66.8 | 6 | 67.4 | 13 | 69.9 | 9 |
| 东山县 | 61.9 | 6 | 62.7 | 8 | 63.9 | 8 | 64.1 | 7 | 65.9 | 7 | 66.2 | 12 | 68.3 | 5 | 71.0 | 5 |
| 惠安县 | 61.8 | 7 | 63.3 | 5 | 64.8 | 3 | 66.8 | 2 | 68.6 | 3 | 70.9 | 1 | 71.6 | 2 | 72.5 | 2 |
| 明溪县 | 61.5 | 8 | 63.3 | 6 | 64.2 | 5 | 63.4 | 9 | 65.2 | 13 | 65.9 | 15 | 66.3 | 17 | 67.7 | 21 |
| 将乐县 | 61.2 | 9 | 62.3 | 10 | 63.9 | 9 | 63.4 | 10 | 65.2 | 12 | 66.4 | 9 | 67.0 | 15 | 68.7 | 15 |
| 清流县 | 61.1 | 10 | 62.1 | 12 | 62.8 | 13 | 62.0 | 20 | 63.8 | 22 | 64.9 | 20 | 65.5 | 21 | 67.1 | 27 |
| 松溪县 | 60.7 | 11 | 60.9 | 21 | 62.5 | 15 | 61.8 | 21 | 63.4 | 25 | 64.9 | 21 | 64.3 | 32 | 65.6 | 37 |
| 建宁县 | 60.7 | 12 | 62.4 | 9 | 63.1 | 11 | 61.6 | 24 | 63.1 | 27 | 63.8 | 28 | 64.6 | 28 | 66.0 | 35 |
| 永定县 | 60.7 | 13 | 61.4 | 15 | 62.2 | 18 | 61.0 | 30 | 63.6 | 24 | 62.4 | 40 | 64.6 | 29 | 67.1 | 28 |
| 浦城县 | 60.7 | 14 | 60.3 | 29 | 61.2 | 28 | 61.8 | 23 | 63.7 | 23 | 65.3 | 19 | 66.1 | 19 | 68.1 | 18 |
| 光泽县 | 60.4 | 15 | 61.0 | 20 | 62.8 | 14 | 62.4 | 15 | 64.0 | 18 | 65.3 | 18 | 65.4 | 22 | 67.6 | 23 |

| 地区 | 2002 年 | | 2003 年 | | 2004 年 | | 2005 年 | | 2006 年 | | 2007 年 | | 2008 年 | | 2009 年 | |
|---|---|---|---|---|---|---|---|---|---|---|---|---|---|---|---|---|
| | 进程(%) | 排名 | 进程(%) | 排名 | 进程(%) | 排名 | 进程(%) | 排名 | 进程(%) | 排名 | 进程(%) | 排名 | 进程(%) | 排名 | 进程(%) | 排名 |
| 仙游县 | 60.3 | 16 | 62.2 | 11 | 62.1 | 19 | 62.4 | 16 | 64.7 | 16 | 65.4 | 17 | 66.1 | 18 | 67.8 | 19 |
| 长泰县 | 60.3 | 17 | 61.9 | 13 | 63.1 | 10 | 62.8 | 14 | 65.5 | 9 | 66.1 | 14 | 66.4 | 16 | 69.3 | 14 |
| 平潭县 | 60.2 | 18 | 61.4 | 19 | 63.0 | 12 | 64.2 | 5 | 66.6 | 5 | 68.0 | 4 | 70.2 | 4 | 71.2 | 4 |
| 安溪县 | 59.9 | 19 | 61.5 | 14 | 62.3 | 17 | 64.4 | 4 | 66.7 | 4 | 67.5 | 6 | 68.2 | 6 | 69.6 | 13 |
| 连城县 | 59.9 | 20 | 60.6 | 23 | 61.5 | 26 | 60.2 | 39 | 63.2 | 26 | 63.2 | 33 | 65.1 | 24 | 67.6 | 22 |
| 上杭县 | 59.8 | 21 | 60.6 | 24 | 61.8 | 23 | 59.7 | 44 | 62.4 | 37 | 61.1 | 44 | 62.8 | 41 | 62.8 | 44 |
| 武平县 | 59.7 | 22 | 60.6 | 25 | 60.9 | 31 | 60.2 | 38 | 62.9 | 29 | 63.0 | 35 | 64.9 | 25 | 67.7 | 20 |
| 政和县 | 59.5 | 23 | 60.1 | 30 | 62.1 | 20 | 61.3 | 28 | 62.8 | 31 | 64.1 | 27 | 62.7 | 42 | 64.2 | 43 |
| 连江县 | 59.5 | 24 | 60.9 | 22 | 61.8 | 24 | 63.1 | 13 | 65.5 | 11 | 66.1 | 13 | 68.1 | 7 | 69.7 | 12 |
| 宁化县 | 59.5 | 25 | 61.4 | 16 | 61.4 | 27 | 60.6 | 34 | 62.5 | 35 | 63.1 | 34 | 63.3 | 39 | 65.0 | 41 |
| 闽清县 | 59.5 | 26 | 61.4 | 17 | 62.3 | 16 | 63.2 | 11 | 65.5 | 10 | 66.3 | 10 | 67.9 | 10 | 69.8 | 10 |
| 尤溪县 | 59.5 | 27 | 61.4 | 18 | 62.0 | 21 | 62.2 | 18 | 63.9 | 21 | 64.8 | 23 | 65.3 | 23 | 67.5 | 24 |
| 南靖县 | 59.4 | 28 | 60.4 | 27 | 61.6 | 25 | 62.2 | 17 | 65.1 | 14 | 64.4 | 25 | 65.7 | 20 | 68.5 | 16 |
| 长汀县 | 59.2 | 29 | 60.4 | 28 | 61.1 | 29 | 59.9 | 41 | 62.7 | 32 | 62.6 | 37 | 64.0 | 35 | 66.7 | 31 |
| 大田县 | 59.1 | 30 | 60.5 | 26 | 61.8 | 22 | 61.4 | 27 | 63.1 | 28 | 64.2 | 26 | 64.2 | 33 | 66.4 | 33 |
| 柘荣县 | 58.9 | 31 | 59.6 | 32 | 59.1 | 40 | 62.0 | 19 | 62.9 | 30 | 64.6 | 24 | 64.3 | 31 | 65.7 | 36 |
| 永泰县 | 58.5 | 32 | 60.0 | 31 | 61.0 | 30 | 61.5 | 25 | 64.0 | 20 | 66.2 | 11 | 67.9 | 9 | 68.4 | 17 |
| 古田县 | 58.4 | 33 | 58.7 | 37 | 60.4 | 34 | 61.0 | 31 | 62.5 | 34 | 63.3 | 32 | 64.4 | 30 | 66.8 | 29 |
| 华安县 | 58.4 | 34 | 59.5 | 33 | 59.8 | 36 | 60.4 | 36 | 61.8 | 40 | 62.6 | 38 | 63.8 | 36 | 66.1 | 34 |
| 罗源县 | 58.4 | 35 | 59.1 | 34 | 60.7 | 32 | 61.8 | 22 | 64.6 | 17 | 65.9 | 16 | 67.5 | 12 | 69.7 | 11 |
| 闽侯县 | 57.7 | 36 | 58.7 | 36 | 59.3 | 38 | 61.2 | 29 | 64.0 | 19 | 64.8 | 22 | 67.4 | 14 | 70.4 | 7 |
| 云霄县 | 57.5 | 37 | 58.2 | 39 | 59.6 | 37 | 61.5 | 26 | 62.4 | 36 | 63.6 | 30 | 64.1 | 34 | 66.8 | 30 |
| 漳浦县 | 57.4 | 38 | 58.6 | 38 | 60.4 | 33 | 60.9 | 32 | 62.5 | 33 | 63.7 | 29 | 64.7 | 26 | 67.4 | 25 |
| 平和县 | 57.1 | 39 | 57.8 | 41 | 59.9 | 35 | 60.3 | 37 | 61.6 | 42 | 61.4 | 43 | 62.2 | 44 | 65.3 | 40 |
| 周宁县 | 57.0 | 40 | 57.4 | 43 | 58.3 | 43 | 60.2 | 40 | 61.7 | 41 | 62.4 | 39 | 63.8 | 37 | 65.6 | 38 |
| 霞浦县 | 56.8 | 41 | 57.5 | 42 | 58.3 | 42 | 60.7 | 33 | 62.1 | 39 | 63.5 | 31 | 64.6 | 27 | 67.3 | 26 |
| 屏南县 | 56.4 | 42 | 58.7 | 35 | 59.1 | 39 | 60.4 | 35 | 62.2 | 38 | 62.9 | 36 | 63.7 | 38 | 66.4 | 32 |
| 诏安县 | 55.9 | 43 | 58.0 | 40 | 58.8 | 41 | 59.8 | 43 | 61.1 | 44 | 61.7 | 42 | 62.7 | 43 | 65.5 | 39 |
| 寿宁县 | 55.7 | 44 | 56.6 | 44 | 57.4 | 44 | 59.8 | 42 | 61.3 | 43 | 61.9 | 41 | 63.3 | 40 | 64.6 | 42 |

为了解漳浦县在全面建设小康社会的实现速度在全省的排名情况，我们计算了福建省44县全面建设小康社会的动态指数，得到漳浦县在其中的排名依

次为第 16 名、第 3 名、第 21 名、第 27 名、第 18 名、第 19 名、第 11 名，表明漳浦县近年来全面建设小康社会发展速度在福建省 44 县中处于中上游水平，高于其实现程度排名，如果漳浦县动态指数保持目前其在福建省各县的相对水平，则未来其实现程度排名仍有上升空间（见表6）。

表 6　　　　2003～2009 年福建省各县全面建设小康社会动态指数比较

| 地区 | 2003 年 | | 2004 年 | | 2005 年 | | 2006 年 | | 2007 年 | | 2008 年 | | 2009 年 | |
|---|---|---|---|---|---|---|---|---|---|---|---|---|---|---|
| | 指数 | 排名 | 指数 | 排名 | 指数 | 排名 | 指数 | 排名 | 指数 | 排名 | 指数 | 排名 | 指数 | 排名 |
| 屏南县 | 1.041 | 1 | 1.007 | 39 | 1.022 | 10 | 1.030 | 21 | 1.011 | 29 | 1.013 | 24 | 1.041 | 10 |
| 诏安县 | 1.038 | 2 | 1.014 | 29 | 1.017 | 14 | 1.021 | 42 | 1.010 | 33 | 1.016 | 20 | 1.045 | 2 |
| 尤溪县 | 1.032 | 3 | 1.011 | 36 | 1.002 | 26 | 1.028 | 29 | 1.014 | 20 | 1.008 | 34 | 1.034 | 20 |
| 仙游县 | 1.032 | 4 | 0.999 | 43 | 1.003 | 24 | 1.037 | 13 | 1.011 | 30 | 1.011 | 27 | 1.025 | 29 |
| 宁化县 | 1.032 | 5 | 0.999 | 42 | 0.987 | 36 | 1.032 | 17 | 1.009 | 34 | 1.004 | 39 | 1.025 | 28 |
| 闽清县 | 1.031 | 6 | 1.015 | 21 | 1.015 | 15 | 1.036 | 15 | 1.013 | 23 | 1.023 | 11 | 1.029 | 25 |
| 明溪县 | 1.029 | 7 | 1.015 | 24 | 0.988 | 33 | 1.027 | 30 | 1.012 | 28 | 1.005 | 37 | 1.021 | 36 |
| 建宁县 | 1.028 | 8 | 1.010 | 37 | 0.977 | 42 | 1.025 | 34 | 1.010 | 32 | 1.013 | 25 | 1.023 | 33 |
| 长泰县 | 1.027 | 9 | 1.019 | 16 | 0.996 | 27 | 1.043 | 8 | 1.008 | 36 | 1.005 | 38 | 1.044 | 4 |
| 安溪县 | 1.027 | 10 | 1.013 | 32 | 1.034 | 5 | 1.036 | 16 | 1.012 | 26 | 1.010 | 30 | 1.020 | 37 |
| 沙县 | 1.026 | 11 | 1.016 | 19 | 0.974 | 43 | 1.030 | 22 | 1.023 | 7 | 1.007 | 36 | 1.038 | 14 |
| 永泰县 | 1.025 | 12 | 1.017 | 18 | 1.008 | 22 | 1.040 | 10 | 1.036 | 1 | 1.025 | 9 | 1.008 | 43 |
| 惠安县 | 1.023 | 13 | 1.024 | 12 | 1.031 | 9 | 1.027 | 31 | 1.033 | 2 | 1.010 | 28 | 1.013 | 42 |
| 连江县 | 1.023 | 14 | 1.014 | 30 | 1.021 | 11 | 1.038 | 11 | 1.009 | 35 | 1.030 | 6 | 1.023 | 32 |
| 大田县 | 1.023 | 15 | 1.022 | 13 | 0.993 | 29 | 1.028 | 28 | 1.016 | 19 | 1.000 | 41 | 1.034 | 19 |
| 漳浦县 | 1.021 | 16 | 1.031 | 3 | 1.008 | 21 | 1.028 | 27 | 1.017 | 18 | 1.016 | 19 | 1.040 | 11 |
| 长汀县 | 1.020 | 17 | 1.013 | 33 | 0.980 | 40 | 1.048 | 2 | 0.998 | 40 | 1.022 | 13 | 1.043 | 5 |
| 华安县 | 1.019 | 18 | 1.005 | 40 | 1.010 | 19 | 1.024 | 39 | 1.012 | 25 | 1.020 | 16 | 1.037 | 18 |
| 平潭县 | 1.019 | 19 | 1.026 | 8 | 1.019 | 12 | 1.037 | 14 | 1.022 | 9 | 1.032 | 3 | 1.014 | 41 |
| 闽侯县 | 1.018 | 20 | 1.011 | 35 | 1.032 | 7 | 1.045 | 5 | 1.013 | 22 | 1.040 | 1 | 1.045 | 3 |
| 寿宁县 | 1.017 | 21 | 1.014 | 27 | 1.042 | 3 | 1.024 | 40 | 1.010 | 31 | 1.023 | 12 | 1.020 | 39 |
| 永春县 | 1.017 | 22 | 1.024 | 11 | 1.014 | 16 | 1.038 | 12 | 1.013 | 21 | 1.008 | 33 | 1.020 | 38 |
| 将乐县 | 1.017 | 23 | 1.026 | 9 | 0.992 | 30 | 1.029 | 23 | 1.018 | 16 | 1.010 | 29 | 1.026 | 27 |
| 南靖县 | 1.017 | 24 | 1.020 | 14 | 1.011 | 17 | 1.046 | 3 | 0.990 | 42 | 1.020 | 15 | 1.042 | 9 |
| 清流县 | 1.016 | 25 | 1.012 | 34 | 0.987 | 34 | 1.028 | 26 | 1.015 | 20 | 1.009 | 32 | 1.025 | 30 |
| 武平县 | 1.014 | 26 | 1.005 | 41 | 0.989 | 31 | 1.045 | 4 | 1.001 | 38 | 1.030 | 7 | 1.043 | 6 |
| 平和县 | 1.014 | 27 | 1.036 | 1 | 1.006 | 23 | 1.023 | 41 | 0.996 | 41 | 1.014 | 22 | 1.050 | 1 |
| 东山县 | 1.014 | 28 | 1.019 | 17 | 1.002 | 25 | 1.028 | 25 | 1.004 | 37 | 1.032 | 4 | 1.040 | 12 |
| 上杭县 | 1.013 | 29 | 1.019 | 15 | 0.967 | 44 | 1.045 | 7 | 0.980 | 44 | 1.028 | 8 | 1.000 | 44 |

| 地区 | 2003 年 | | 2004 年 | | 2005 年 | | 2006 年 | | 2007 年 | | 2008 年 | | 2009 年 | |
|---|---|---|---|---|---|---|---|---|---|---|---|---|---|---|
| | 指数 | 排名 | 指数 | 排名 | 指数 | 排名 | 指数 | 排名 | 指数 | 排名 | 指数 | 排名 | 指数 | 排名 |
| 连城县 | 1.013 | 30 | 1.015 | 23 | 0.979 | 41 | 1.049 | 1 | 1.001 | 39 | 1.031 | 5 | 1.038 | 15 |
| 罗源县 | 1.013 | 31 | 1.027 | 6 | 1.018 | 13 | 1.045 | 6 | 1.020 | 13 | 1.023 | 10 | 1.034 | 21 |
| 霞浦县 | 1.013 | 32 | 1.015 | 25 | 1.040 | 4 | 1.024 | 38 | 1.022 | 8 | 1.018 | 18 | 1.042 | 8 |
| 永定县 | 1.012 | 33 | 1.013 | 31 | 0.981 | 39 | 1.042 | 9 | 0.981 | 43 | 1.035 | 2 | 1.039 | 13 |
| 云霄县 | 1.012 | 34 | 1.024 | 10 | 1.031 | 8 | 1.015 | 43 | 1.019 | 14 | 1.007 | 35 | 1.042 | 7 |
| 柘荣县 | 1.012 | 35 | 0.992 | 44 | 1.049 | 2 | 1.014 | 44 | 1.027 | 4 | 0.996 | 42 | 1.022 | 34 |
| 光泽县 | 1.011 | 36 | 1.028 | 5 | 0.994 | 28 | 1.026 | 32 | 1.021 | 12 | 1.001 | 40 | 1.033 | 22 |
| 德化县 | 1.010 | 37 | 1.008 | 38 | 1.051 | 1 | 1.031 | 20 | 1.017 | 17 | 1.015 | 21 | 1.015 | 40 |
| 政和县 | 1.009 | 38 | 1.034 | 2 | 0.987 | 35 | 1.024 | 37 | 1.021 | 11 | 0.977 | 44 | 1.024 | 31 |
| 泰宁县 | 1.007 | 39 | 1.014 | 28 | 0.986 | 38 | 1.029 | 24 | 1.021 | 10 | 1.014 | 23 | 1.032 | 23 |
| 周宁县 | 1.007 | 40 | 1.016 | 20 | 1.032 | 6 | 1.025 | 35 | 1.013 | 24 | 1.021 | 14 | 1.028 | 26 |
| 古田县 | 1.005 | 41 | 1.030 | 4 | 1.010 | 20 | 1.025 | 36 | 1.012 | 27 | 1.018 | 17 | 1.037 | 17 |
| 顺昌县 | 1.004 | 42 | 1.014 | 26 | 0.987 | 37 | 1.031 | 18 | 1.027 | 3 | 1.009 | 31 | 1.037 | 16 |
| 松溪县 | 1.003 | 43 | 1.026 | 7 | 0.989 | 32 | 1.026 | 33 | 1.023 | 6 | 0.991 | 43 | 1.021 | 35 |
| 浦城县 | 0.993 | 44 | 1.015 | 22 | 1.010 | 18 | 1.031 | 19 | 1.026 | 5 | 1.011 | 26 | 1.030 | 24 |

为了进一步探究漳浦县全面建设小康社会实现程度排名变化的结构性原因，我们对 2002～2009 年各项指标进行排名得到漳浦县在福建省 44 县中各项指标所处的位置（见表 7）。

表 7 　2002～2009 年漳浦县全面建设小康社会实现程度各项指标排名

| 指标 | 2002 年 | 2003 年 | 2004 年 | 2005 年 | 2006 年 | 2007 年 | 2008 年 | 2009 年 |
|---|---|---|---|---|---|---|---|---|
| 经济水平 | 7 | 7 | 5 | 10 | 8 | 10 | 9 | 15 |
| 人均 GDP | 14 | 15 | 15 | 15 | 15 | 16 | 18 | 18 |
| 城镇人口比重 | 11 | 4 | 8 | 22 | 13 | 13 | 14 | 13 |
| 第三产业增加值占 GDP 比重 | 6 | 7 | 2 | 3 | 3 | 5 | 3 | 9 |
| 财政 R&D 经费支出占 GDP 比重 | 43 | 43 | 43 | 43 | 43 | 43 | 38 | 37 |
| 生活质量 | 38 | 39 | 35 | 35 | 39 | 36 | 33 | 34 |
| 农村恩格尔系数 | 29 | 29 | 24 | 19 | 30 | 14 | 8 | 9 |
| 城镇单位平均工资 | 44 | 44 | 44 | 44 | 44 | 44 | 43 | 43 |
| 农民人均纯收入 | 6 | 6 | 8 | 8 | 9 | 6 | 7 | 6 |
| 城镇人均住房使用面积★ | 22 | 22 | 22 | 22 | 22 | 22 | 22 | 22 |
| 农村人均住房使用面积 | 31 | 31 | 31 | 31 | 31 | 31 | 31 | 31 |

| 指标 | 2002 年 | 2003 年 | 2004 年 | 2005 年 | 2006 年 | 2007 年 | 2008 年 | 2009 年 |
|---|---|---|---|---|---|---|---|---|
| 居民文教娱乐服务支出占家庭消费支出比重 | 37 | 39 | 35 | 32 | 35 | 40 | 39 | 39 |
| 人口素质 | 44 | 44 | 43 | 43 | 42 | 43 | 43 | 41 |
| 千人拥有医师数 | 43 | 43 | 42 | 44 | 44 | 44 | 44 | 44 |
| 财政教育支出占 GDP 比重 | 41 | 42 | 41 | 39 | 36 | 35 | 39 | 21 |
| 初等教育单位教师学生数 | 38 | 37 | 36 | 38 | 38 | 39 | 41 | 41 |
| 文化产业增加值占 GDP 比重◆ | 16 | 16 | 16 | 25 | 21 | 21 | 21 | 15 |
| 平均受教育年限★ | 22 | 22 | 22 | 22 | 22 | 22 | 22 | 22 |
| 5 岁以下儿童死亡率★ | 22 | 22 | 22 | 22 | 22 | 22 | 22 | 22 |
| 平均预期寿命★ | 22 | 22 | 22 | 22 | 22 | 22 | 22 | 22 |
| 环境状况 | 34 | 30 | 30 | 15 | 16 | 14 | 16 | 12 |
| 农作物播种面积指数 | 36 | 36 | 37 | 38 | 34 | 25 | 26 | 26 |
| 每平方千米公路通车里程★ | 22 | 22 | 22 | 23 | 35 | 35 | 35 | 35 |
| 单位 GDP 能耗◆ | 1 | 1 | 1 | 1 | 1 | 1 | 1 | 1 |
| 城镇人均园林绿地面积◆ | 31 | 26 | 21 | 7 | 22 | 22 | 31 | 13 |
| 污水处理率◆ | 26 | 26 | 26 | 26 | 26 | 26 | 26 | 6 |
| 森林覆盖率★ | 22 | 22 | 22 | 22 | 22 | 22 | 22 | 22 |
| 社会和谐 | 22 | 21 | 26 | 35 | 32 | 33 | 32 | 28 |
| 城乡居民收入比 | 13 | 11 | 14 | 7 | 8 | 4 | 4 | 5 |
| 地区差异系数 | 25 | 24 | 27 | 36 | 36 | 38 | 38 | 41 |
| 基尼系数★ | 22 | 22 | 22 | 22 | 22 | 22 | 22 | 22 |
| 基本社会保险覆盖率◆ | 26 | 26 | 26 | 26 | 26 | 26 | 26 | 26 |
| 社会安全指数◆ | 21 | 21 | 21 | 1 | 1 | 12 | 12 | 12 |

注：★表示缺乏各县数据，用福建省数据代替，排名设为 22。◆表示缺乏各县数据，用相应的地级市数据代替，排名设为本地级市内各县排名最前名次。

"经济水平"排名较为前列但呈下滑趋势，其中"第三产业增加值占GDP比重"排名较为靠前但有微弱下滑，表明漳浦县第三产业相对福建省其他县较为发达，"人均GDP""城镇人口比重"排名处于中上游，表明漳浦县的经济水平和城镇化率相对福建省其他县更为接近小康水平，"人均GDP"有微弱下滑，表明漳浦县几年来经济增长速度与福建省其他县相比相对较慢，"财政R&D经费支出占GDP比重"排名在全省较低水平但近年来有上升迹象，表明漳浦县在科研投入上相对福建省其他县较低，这也与县域经济的科研基础较薄有关。综合来看，"经济水平"在各项指标中实现程度最低

（见图 3），其排名相对其他指标反而靠前，说明福建省各县全面小康建设社会的经济水平普遍偏低，漳浦县近年来排名下滑说明漳浦县较福建省经济水平增长较缓。

"生活质量"排名稳定在中下游水平有微弱上升，其中"农民纯收入"排名稳定在上游水平，表明漳浦县农民纯收入较福建省大部分县高，"农村恩格尔系数"排名由中游上升到福建省前列，表明漳浦县居民消费结构相对福建省其他县日趋现代化，"城镇人均住房使用面积"和"农村人均住房使用面积"排名分别处于中游和中下游水平，"居民文教娱乐服务支出占家庭消费支出比重""城镇单位平均工资"排名处于全省下游，表明漳浦县城镇居民收入相对其他各县较低，文教娱乐事业有待发展。

"人口素质"排名处于全省下游，未来需要着力改善，其中"文化产业增加值占 GDP 比重"排名位于中上游，"平均受教育年限""5 岁以下儿童死亡率""平均预期寿命"稳定在中游水平，"初等教育单位教师学生数""财政教育支出占 GDP 比重"排名均处于中下游水平，说明漳浦县教育师资和教育投入在福建省处于较低水平，由于教育关系未来发展潜力，需要尤其重视，"千人拥有医生数"排名最为靠后，表明漳浦县的医疗条件在全省相对较差，未来需要着力改善。综合来看，漳浦县"人口素质"排名较低的原因主要是在教育、医疗方面与福建省其他各县存在较大差距，由于"人口素质"整体实现程度已接近 70%，也从另一方面说明福建省各县全面建设小康社会的"人口素质"指标均达到较高水平。

"环境状况"排名从中下游水平不断攀升目前已达中上游水平，其中"单位 GDP"能耗一直处于全省首位，表明漳浦县相对其他县在能源使用效率上表现优秀，"城镇人均园林绿地面积""森林覆盖率""污水处理率"均处于中游水平，"每平方千米通车里程"由中游下降到中下游，表明漳浦县的公路密度近年来发展相对其他县有下降趋势，"农作物播种面积指数"排名从中下游上升到中游，尽管近年来此指标实现程度出现倒退，但仍表明漳浦县相对其他县对耕地的利用率较高。综合来看，漳浦县"环境状况"排名近年来的上升一方面是由于漳浦县自身环境状况的改善，另一方面也与福建省其他县在发展经济的同时引起环境质量下降有关，如沙县。

"社会和谐"排名维持在中游水平中间略有下滑，其中"社会安全指数"排名处于中上游水平，表明漳浦县社会安全情况相对优良，"基本养老保险覆盖率"稳定在中游水平，"基尼系数"维持在中游水平，这是由于福建省各县"基尼系数"均达到或接近小康水平，"城乡居民收入比"排名从中上游上升到福建省前列，表明漳浦县城乡差距相对福建省其他县较小，"地区差异系数"排名从中游下滑到下游水平，表明漳浦县与市中心辖区的差距相对福建省其他县正在逐年拉大。综合来看，漳浦县城乡差距较小，居民收入分配合理，社会安全环境好，但与市中心辖区的差距较大，需要着力改善。

# 四、聚类分析

聚类是将数据分类到不同的类或簇的一个过程，其分类目标是达到类内元素差异最小化，类间元素差异最大化。为探究福建省各县近年来全面建设小康社会的聚类情况，我们分别对 2002 年和 2009 年福建省 44 县的 28 个小康指标的实现程度进行聚类分析，结果表明，2002 年以相异度 1.8 为界限（相异度越大表示类间的"距离"越大）聚为四类，2009 年以相异度 4 为界限聚为四类，聚类结果见表 8、表 9。

表8　　　　　2002 年福建省各县全面建设小康社会聚类情况

| 第一类 | 福州市：连江县、罗源县、闽侯县、闽清县；<br>漳州市：平和县、云霄县、漳浦县、诏安县、长泰县、东山县、南靖县、华安县；<br>南平市：松溪县、光泽县、顺昌县；<br>三明市：将乐县、沙县、泰宁县 |
|---|---|
| 第二类 | 泉州市：安溪县、德化县、惠安县、永春县；<br>莆田市：仙游县 |
| 第三类 | 宁德市：古田县、屏南县、寿宁县、霞浦县、周宁县、柘荣县 |
| 第四类 | 福州市：平潭县、永泰县；<br>龙岩市：上杭县、长汀县、连城县、武平县、永定县；<br>南平市：政和县、浦城县；<br>三明市：大田县、建宁县、明溪县、宁化县、清流县、尤溪县 |

表9　　　　　2009 年福建省各县全面建设小康社会聚类情况

| 第一类 | 福州市：连江县、罗源县、闽侯县、闽清县；<br>漳州市：长泰县、东山县、南靖县、华安县；<br>泉州市：安溪县、德化县、惠安县、永春县 |
|---|---|
| 第二类 | 莆田市：仙游县；<br>宁德市：古田县、屏南县、寿宁县、霞浦县、周宁县；<br>福州市：平潭县、永泰县；<br>漳州市：平和县、云霄县、漳浦县、诏安县 |

| 第三类 | 南平市：松溪县、政和县；<br>宁德市：柘荣县；<br>龙岩市：上杭县 |
|---|---|
| 第四类 | 南平市：光泽县、顺昌县、浦城县；<br>三明市：将乐县、沙县、大田县、明溪县、宁化县、清流县、尤溪县、建宁县、泰宁县；<br>龙岩市：长汀县、连城县、武平县、永定县 |

2002 年聚类情况表现出明显的按地域聚集的特点：前三类多分布于沿海地区，其中第一类多为福州市、漳州市各县，也包含了经济相对发达、生活水平较高的南平市松溪县、光泽县、顺昌县及三明市将乐县、沙县、泰宁县；第二类包括泉州市各县及仙游县，它们在地域上相近，各项小康社会指标也处于全省前列；第三类为宁德市各县，它们普遍表现为经济水平相对落后，人口素质和环境状况有待提高；第四类多分布于闽西北（除福州市平潭县、永泰县），这类地区表现为经济发展水平相对落后，社会和谐度有待提高，但人口素质较好，有较大的发展潜力。从类间相异度来看，第四类与前三类的差异较大（如果以类间相异度 4 为界限前三类会聚为一类），说明地域性因素是影响各县小康社会建设情况聚类的最主要差异因素。

2009 年的聚类情况则表现出地域、经济、文化等多因素聚类的特点：第一类是福、漳、泉各市的沿海较发达县区，人民生活水平较高，小康社会综合水平处于全省前列；第二类为沿海的次发达县区，包括福、漳部分县区、宁德市各县及仙游县，它们经济水平不及第一类发达，小康建设综合水平居于全省中游；第三类包括南平市松溪县、政和县、宁德市柘荣县及龙岩市上杭县，它们的共同特点为经济、生活水平较为落后，环境状况较差，整体小康水平居全省下游，但人口素质处于全省前列，有后续发展潜力；第四类为闽西北的南平市、龙岩市、三明市各县，经济发展、人民生活处于全省中游，环境状况处于全省下游，整体小康水平居全省中游。从类间差异度来看，第一类与其他三类差异度最高，达到 8，说明经济水平成为福建省各县小康社会建设情况聚类的最主要差异因素，其他三类的差异度也较高，达到 4，均高于 2002 年类间差异度，说明除地域性因素影响外，近年来随着经济、社会的发展及人口、环境等条件的变化，小康社会的影响因素表现出多元化的特点。

比较漳浦县分别在 2002 年和 2009 年的聚类情况可以发现：由于 2002 年的聚类结果类间相异度较小，尽管漳浦县按类内距离最近的原则与第一类的各县聚为一簇，但若以相异度 4 为界限（这也是 2009 年各县聚类的划分界限），漳浦县会与前三类的福、漳、泉、宁的大部分沿海县区聚为一类，表明那时这些县区的小康社会建设情况非常接近，只是与闽西北的各县有较大差异；而2009年的聚类结果表明，沿海各县的小康建设情况出现分化，一类为经济相对发达、小康社会总体水平居于全省前列的沿海较发达县，另一类为经济水平不及第一类发达，小康社会总体水平居于全省中游的沿海次发达县，而漳浦县归为后者，说明漳浦县在近年来的小康建设过程中没有跟上先进者的步伐，而被甩入第二梯队，未来需要着力提高落后指标，尤其是小康社会的"生活质量""人口素质"方面，以进入福建省各县全面建设小康社会的前列。

# 五、结论

通过本研究，可以得出以下结论。

第一，漳浦县全面建设小康社会的特点整体表现为：经济发展水平居中，农民生活较大改善，城镇建设有待提高，现阶段城乡差距不大；环境质量优良，能耗低，社会安全水平高。这些特点与漳浦县农业大县的县域经济有关：许多受益于农业和农村发展的指标得到了很好的完成，如"农村恩格尔系数""农村人均合格住房使用面积""5岁以下儿童死亡率""基尼系数"（农村）；同时由于以农业为主的特点，漳浦县的环境质量和社会安全水平未受到破坏和威胁，也达到了较高的水平，如"单位GDP能耗""森林覆盖率""社会安全指数"；也是因为农业的主体地位，漳浦县的城镇建设水平暂时较为落后，相关指标有待提高（见表10），如"城镇家庭人均可支配收入""城镇人均园林绿地面积""文化产业增加值占GDP比重""基本社会保险覆盖率"等，其中有些是由于漳浦县自身水平较福建省整体水平低所以排名较后，有些是由于福建省整体水平较低；正是由于漳浦县农业发展农村生活改善而城镇建设相对落后，现阶段城乡差距较小，"城乡居民收入比"这一指标达到了小康水平。

表10　　　　　　　漳浦县全面建设小康社会落后指标及改善可能

| 指标 | 完成程度较低 | 排名较后 | 改善可能 |
| --- | --- | --- | --- |
| 城镇家庭人均可支配收入 | √ | √ | 短期可能改善 |
| 城镇人均园林绿地面积 | √ | | 需长期改善 |
| 文化产业增加值占GDP比重 | √ | | 需长期改善 |
| 基本社会保险覆盖率 | √ | | 有待于国家养老保险体系进一步完善 |

| 指标 | 完成程度较低 | 排名较后 | 改善可能 |
|------|:---:|:---:|------|
| 财政 R&D 经费支出占 GDP 比重 | √ | √ | 需长期改善 |
| 每平方千米公路通车里程 | √ | √ | 短期可能改善 |
| 千人拥有医生数 | √ | √ | 需长期改善 |
| 地区差异系数 | | √ | 需长期改善 |
| 居民文教娱乐服务支持占家庭消费支出比重 | | √ | 需长期改善 |
| 财政教育支出占 GDP 比重 | | √ | 短期可能改善 |
| 初等教育单位教师学生数 | | √ | 短期可能改善 |

第二，漳浦县 2009 年全面建设小康社会进程达到 68.0%，自 2002 年来年均增长 2.4%，照此速度到 2020 年漳浦县全面建设小康社会实现程度达到 88%，要完成全面建设小康社会的目标未来需要加快小康社会建设进程。首先，继续发挥农业优势，提升各种物质资源和人力资本的使用效率，实现经济的高效增长，继续努力提升农村居民的收入水平；其次，加快城镇建设，改善"城镇人均可支配收入""城镇人均绿地面积"等指标，逐渐推进文化教育、医疗卫生、科研事业发展，实现城乡协调发展；最后，注意影响长期发展潜力的指标"人口素质"，漳浦县"人口素质"实现程度排名在全省最末位，究其原因主要是"千人拥有医生数""财政教育支出占 GDP 比重""单位教师学生数"，需要提起重视以为漳浦县未来加速全面建设小康社会做准备。

第三，统筹经济发展与环境状况、社会和谐的关系。从各类指标完成程度来看，经济水平指标完成进度较为落后，环境状况、社会和谐指标完成进度较为领先，从另一个角度看，这也是漳浦县经济尚不发达，经济增长与环境状况、社会和谐的矛盾还没有充分暴露，经济水平和社会和谐两项指标动态指数的"此消彼长"的关系也警示着这一可能，从全省排名来看，漳浦县环境状况指标完成进度在福建省各县排名不断提高，成为拉动漳浦县整体小康水平排名上升的主要因素，这一方面说明漳浦县在环境保护方面做出的努力，另一方面也说明福建省其他县在经济建设过程中对环境的破坏。随着未来漳浦县古雷港口经济开发区、绥安工业片区和以赤湖集控区为主体的东部片区的三个工业片区的逐步开发，漳浦县在工业化跨越式发展中已经领先的环境状况、社会和谐可能受到冲击，需要引起注意。

第四，从聚类分析来看，漳浦县 2002 年与大部分的沿海县区聚为一类，随着其中福、漳、泉各市部分沿海县区经济的迅速发展，人民生活水平普遍提高，小康社会综合水平居于全省前列而聚为一类；包括漳浦县在内的其他沿海县区聚为一类，成为沿海次发达县区，小康建设水平居全省中游，说明漳浦县在近年来小康建设过程中没有进入第一梯队，需要抓住机遇，调整布局，科学发展，缩小与沿海发达县区的距离。

# 参考文献

［1］陈友华：《全面小康社会建设评价指标体系的构建》，载《学海》2003 年第 4 期。

［2］顾明远：《全民终身教育与小康社会》，载《中国人民大学学报（社会科学版）》2003 年第 2 期。

［3］国家统计局统计科学研究所全面建设小康社会统计监测课题组等：《2007 年中国全面建设小康社会进程统计监测报告》，载《统计研究》2009 年第 1 期。

［4］胡鞍钢：《各地区如何全面建设小康社会》，载《清华大学学报（哲学社会科学版）》2003 年第 1 期。

［5］胡鞍钢：《全面建设小康社会应有四大发展目标》，中国新闻网，2002 年 11 月 13 日。

［6］胡必亮：《全面解读"小康社会"的概念》，中国新闻网，2002 年 11 月 14 日。

［7］李君如：《论"全面建设小康社会"》，载《中国社会科学》2003 年第 1 期。

［8］李培林、朱庆芳等：《中国小康社会》，社会科学文献出版社 2003 年版。

［9］李文溥、杨灿：《建设全面小康社会进程的一个比较研究——以福建省为基点》，载《中国人口科学》2004 年第 4 期。

［10］世界银行：《世界发展指标 2010》，（*World Development Indicators* 2010），2010 年。

［11］宋林飞：《小康社会理论的提出与创新》，载《江海学刊》2003 年第 5 期。

［12］朱启贵：《适应小康统计需要研究社会资本核算》，载《统计研究》2003 年第 3 期。

# 工业化、城市化模式与农民稳定增收途径探讨[*]

## ——基于漳浦县农村居民收入调查的思考

　　保持农民收入较快稳定增长，是建设社会主义新农村的重要基础和目的所在，是转变经济发展方式、扩大国内消费需求的重要方面，同时也是检验我国经济发展目标实现状况的重要标志。如果高增长不能伴随着包括广大农民在内的居民收入相应增长，我国经济增长的意义将无法得到证明。近年来，随着中央不断加大对农村基础设施建设、发展现代农业和扶助农民增收、减轻农民负担等方面的投入，广大农村社会经济发展速度加快，农民收入水平迅速增长。国家统计局数据资料显示：2004 年以来，我国农民人均纯收入增速连续 5 年超过 6%，以往农村居民收入增长乏力、支出负担沉重的状况初步缓解。然而，国际金融危机对我国农民收入的持续增长造成了严重负面影响。截至 2009 年前三个季度，农村家庭人均现金收入累计增速为 9.2%，低于 2007 年、2008 年同期 5.6 个和 1.8 个百分点，为近五年来最低水平。同期，我国城镇居民人均可支配收入累计增速为 10.5%，高出 2008 年近 3 个百分点，仅低于 2007 年约 2.8 个百分点。可见，同样面对国际金融危机、经济周期波动，农村居民抵御经济危机冲击能力更弱，收入不稳定性更强。在社会主义市场经济下，如何建立农村居民收入较快稳定增长机制，值得关注。

　　本文以对福建省全面建设小康社会调研基地——漳浦县的实地考察以及近期对福建、江西两省一些农村的调查为基础，利用漳浦 2003 年以来农村住户调查年报数据以及本次调查获得的该县 12 个镇 24 个村近百户农户的调查问卷，对 2003 年以来漳浦农村居民收入结构变化进行数据分析和计量研究，发现：外出务工是近年来农民增收的主要途径，这种增收方式导致了该

---

　　* 本文原载于《东南学术》2011 年第 1 期，共同作者：卢盛荣、王燕武。

县乃至我国广大农村居民收入增长深受经济周期影响，呈现较大的不稳定性。随着我国工业化和城市化进程的继续深化，农村土地制度的改革，候鸟式的外出务工将逐渐转为越来越多的农村居民举家迁入城市，因此，外出务工作为农民增收的主要途径具有双重不稳定性。我们认为，它作为目前农民增收的主要方式，是现行经济发展模式和既有工业化、城市化模式的产物，它仍然是传统的牺牲农村以发展城市的思路在新形势下的一个变种，有较大弊病。从长远看，具有不可持续性。农村居民收入增长模式不能简单地视为农村、农业经济问题，它与中国现阶段的工业化、城市化模式紧密联系，是问题的不同侧面。寻求农民收入稳定增长途径应视为我国经济发展方式转轨的一个重要方面，需要从实现经济发展方式转变，调整既有工业化和城市化模式中寻找出路。

# 一、漳浦县农民收入结构的统计分析

## （一）漳浦县情简介

漳浦县位于福建省漳州市南部沿海，面积 2135 平方千米，总人口约 85 万人，东接厦门，南临汕头，与台湾一衣带水。从县城到厦门、汕头两个经济特区仅需 80 分钟。交通路网便捷配套，高速公路、铁路、国道省道县道等密集。港口资源丰富，267 千米海岸线有 27 个优良海湾及许多天然港湾。古雷港作为全国八大深水良港之一，是福建省实施"以港兴省"战略的重点区域。

漳浦农业资源条件优越，是福建省著名的农业大县，全国现代农业示范区和国家级海峡两岸（福建）农业合作实验区的重要组成部分，福建省商品粮基地县、渔业十强县。现有 17 个市级现代农业示范基地、36 个市级现代农业专业村，县级以上农产品加工"龙头"企业 30 家，其中省级 4 家、市级 14 家。共有 64 个农产品或农产品加工品获得商标注册，其中，中国驰名商标 1 个，省级名牌产品 13 个，福建著名商标 4 个，绿色食品标志认证 16 个。目前，漳浦县已形成水果、水产、蔬菜、花卉、食用菌、畜牧六大特色产业，是全国少有的两种水产品产量均进入全国前 30 强的县。2008 年，漳浦县地区生产总值 110.9 亿元，其中第一产业增加值 36.5 亿元，占地区生产总值的 32.9%；第二产业增加值 29.1 亿元，占 26.2%，第一产业比重明显超过第二产业。

## （二）漳浦县农村居民的收入结构变化分析

### 1. 农民人均纯收入增速快于同期全国、福建省及漳州市平均水平

2003～2008年漳浦县农村居民人均纯收入5071.3元，分别高出漳州市、福建省及全国平均水平27.2元、276.3元和1521.1元；2003～2008年该县农村居民人均纯收入的实际平均增长率为9.9%，分别超过漳州市、福建省及全国平均水平近1.1个、3.1个和2.9个百分点。近年来，漳浦县农民人均纯收入更是呈现出增长加速趋势，2007年、2008年增速超过两位数，分别达14.9%和13.8%（见表1）。

表1　　　　　2003～2008年农村居民人均纯收入及实际增长率变化情况

| 年份 | 全国 | | 福建省 | | 漳州市 | | 漳浦县 | |
|---|---|---|---|---|---|---|---|---|
| | 增长率（%） | 绝对额（元） | 增长率（%） | 绝对额（元） | 增长率（%） | 绝对额（元） | 增长率（%） | 绝对额（元） |
| 2003 | 4.3 | 2622.0 | 4.9 | 3734.0 | 5.9 | 3982 | 5.9 | 4003 |
| 2004 | 6.8 | 2936.4 | 5.5 | 4089.4 | 8.5 | 4320 | 6.2 | 4250 |
| 2005 | 6.2 | 3254.9 | 5.8 | 4450.4 | 8.6 | 4690 | 9.4 | 4649 |
| 2006 | 7.4 | 3587.0 | 8.3 | 4833.4 | 8.1 | 5071 | 9.0 | 5069 |
| 2007 | 9.5 | 4140.0 | 7.3 | 5467.0 | 12.2 | 5696 | 14.9 | 5826 |
| 2008 | 8.0 | 4761.0 | 8.3 | 6196.0 | 9.2 | 6506 | 13.8 | 6631 |
| 2003～2008 | 7.0 | 3550.2 | 6.8 | 4795.0 | 8.8 | 5044.2 | 9.9 | 5071.3 |

资料来源：2003～2008年国民社会经济统计公报、2003～2008年福建省国民社会经济统计公报、2004～2009年漳州市政府工作报告、2004～2009年漳浦县政府工作报告。

### 2. 农民人均总收入增长较快

其中，家庭经营收入增长较不稳定，但仍占据总收入较大比重；工资性收入增长迅猛，是近年来总收入增长的主要来源；财产性收入比重较小，影响有限，转移性收入出现下降趋势。

2003～2006年，漳浦县农村居民人均总收入由5325.6元，上升到6360.6元，增加了1035元。分年份看，除2005年稍微下降外，其余年份均保持上涨势头。收入构成方面，家庭经营收入的增长较不稳定。2003年家庭经营收入合计为3516.0元，2004年快速上升至4023.5元，2005年下降为3611.5元，2006年回升至3851.3元。从比重看，2003～2006年家庭经营收入分别占总收入的66.02%、66.84%、60.45%和60.55%，是总收入的主要构成部分。具体

而言，家庭经营收入主要来自一产，二产、三产所占份额还较小，尤其来自二产的收入，不到家庭经营收入的 1.5%。增量上，2003~2006 年来自三产的收入增量为 289.5 元，占同期家庭经营收入增量的 86.3%，而来自一产的收入增量仅为 50.5 元，占同期家庭经营收入增量的 15.1%。财产性收入在历年总收入中所占比重均低于 0.5%，短期内还不可能成为农民收入的重要来源。转移性收入就绝对值而言，近年出现了先上涨后逐渐下降的趋势。转移性收入主要包括家庭非常住人口寄回和带回收入、城市亲友赠送收入以及农村亲友赠送收入，不包括政府财政补贴，因此这里将不做进一步分析。工资性收入则增长迅猛，2003 年人均工资性收入仅 821.4 元，占总收入 15.42%；2006 年上升至 1713.4 元，增加了 892 元，是 2003 年的两倍多，占总收入的比重上升至 26.94%。由于 2003~2006 年总收入仅增长了 1035 元，可得工资性收入增量约占总收入增量的 86.2%，是近年来总收入增长的主要来源（见表 2）。

表 2　　　　　2003~2007 年漳浦县农民人均总收入趋势性变化

| 项目 | 年份 | 人均总收入 | 工资性收入 | 家庭经营收入 | | | | 财产性收入 | 转移性收入 |
| | | | | 合计 | 一产收入 | 二产收入 | 三产收入 | | |
|---|---|---|---|---|---|---|---|---|---|
| 数额（万元） | 2003 | 5325.6 | 821.4 | 3516.0 | 2845.8 | 49.2 | 621.0 | 11.3 | 976.9 |
| | 2004 | 6019.5 | 821.0 | 4023.5 | 3327.5 | 38.4 | 657.7 | 25.2 | 1149.7 |
| | 2005 | 5974.6 | 1329.2 | 3611.5 | 2740.7 | 26.4 | 844.4 | 26.2 | 1007.7 |
| | 2006 | 6360.6 | 1713.4 | 3851.3 | 2896.3 | 44.4 | 910.5 | 1.8 | 794.1 |
| | 2007 | 5825.4 | 2203.3 | 2899.3 | 1953.9 | 18 | 927.3 | 21.2 | 701.7 |
| 比重（%） | 2003 | 100.00 | 15.42 | 66.02 | 80.9 | 1.4 | 17.7 | 0.21 | 18.34 |
| | 2004 | 100.00 | 13.64 | 66.84 | 82.7 | 1.0 | 16.3 | 0.42 | 19.10 |
| | 2005 | 100.00 | 22.25 | 60.45 | 75.9 | 0.7 | 23.4 | 0.44 | 16.87 |
| | 2006 | 100.00 | 26.94 | 60.55 | 75.2 | 1.2 | 23.6 | 0.03 | 12.48 |
| | 2007 | 100.00 | 37.82 | 49.77 | 67.4 | 0.6 | 32 | 0.36 | 12.05 |

　　注：2007 年为人均纯收入，因此在数量上不可比，但在比重上，仍然可以说明收入结构的变化趋势。家庭经营收入中，一产收入、二产收入以及三产收入所对应的比重项均为占家庭经营收入的比重。
资料来源：2003~2007 年漳浦县农村住户调查年报。

### 3. 来自非农产业的收入增长较快，对农民收入的贡献度明显增强

　　2003 年，漳浦县农民的收入来自农业的 2845.8 元，来自非农产业的 1491.6 元，占人均总收入的比重分别为 53.44%、28.01%，二者之比约为 2:1。农民收入主要来自农业。2006 年，人均总收入中来自农业的降为 45.54%，来自非农产业的上升至 41.95%，二者大体持平。2007 年，按人均纯收入计算，

来自非农产业 3148.6 元，来自农业的 1953.9 元，二者占人均纯收入的比重分别为 54.05%、33.54%，来自非农产业的纯收入超过了农业，成为漳浦县农民纯收入的主要来源。从增量看，2004～2006 年农民人均总收入分别比上一年增加 693.9 元、−44.9 元和 386 元，其中，来自农业的收入增量为 481.7 元、−586.8 元和 155.6 元，而来自非农产业收入的增量为 25.4 元、683 元和 468.3 元，2005 年、2006 年来自非农产业的收入增量成为漳浦农民总收入增量的主要来源，尤其是 2005 年，农业收入大幅减少，正是非农产业收入的增加，才使得总收入未出现大幅滑坡（见表 3）。

表 3　　　　　　　　农业收入与非农产业收入的变化趋势对比

| 项目 | 年份 | 人均总收入 | 其中：农业收入 | 非农产业收入 |
|---|---|---|---|---|
| 数额（元） | 2003 | 5325.6 | 2845.8 | 1491.6 |
| | 2004 | 6019.5 | 3327.5 | 1517.0 |
| | 2005 | 5974.6 | 2740.7 | 2200.0 |
| | 2006 | 6360.6 | 2896.3 | 2668.3 |
| | 2007 | 5825.4 | 1953.9 | 3148.6 |
| 较上年增量（元） | 2003 | — | — | — |
| | 2004 | 693.9 | 481.7 | 25.4 |
| | 2005 | −44.9 | −586.8 | 683.0 |
| | 2006 | 386.0 | 155.6 | 468.3 |
| | 2007 | — | — | — |
| 比重（%） | 2003 | 100.00 | 53.44 | 28.01 |
| | 2004 | 100.00 | 55.28 | 25.20 |
| | 2005 | 100.00 | 45.87 | 36.82 |
| | 2006 | 100.00 | 45.54 | 41.95 |
| | 2007 | 100.00 | 33.54 | 54.05 |

注：农民来自非农产业收入包括家庭经营收入中的二、三产业收入及工资性收入，来自农业的收入是家庭经营收入中的第一产业收入。

资料来源：2003～2007 年漳浦县农村住户调查年报。

### 4. 工资性收入中，外出从业收入增长速度明显快于本地劳动收入，农村劳动力转移方向发生转变

2003 年，本地劳动收入占工资性收入 67.69%，外出从业收入仅占 11.25%，二者之比为 6.02∶1。2004 年，二者之比进一步扩大为 31.20∶1，外出从业收入大幅度下降，由上一年的 92.4 元，下降为 22.9 元。2005 年，外出

从业收入迅速增长，为上一年的 14.89 倍，净增加 319.1 元，占同期工资性收入净增量的 62.8%。2006 年，外出从业收入再翻一番，达到 729.4 元，净增加 388.4 元，来自本地劳动的收入却绝对下降，比上一期减少 48 元。一增一减，二者之比迅速由上一年的 2.41∶1 变为 1.06∶1。2003～2006 年，漳浦县农民外出从业收入增量 637 元，占工资性收入增量 61.5%。2007 年，按照人均纯收入口径，漳浦农民外出从业收入 1048.5 元，首次超过本地劳动收入，占工资性收入的 47.59%（见表4）。

表4　　　　　外出从业收入及本地劳动收入的变化趋势对比

| 项目 | 年份 | 工资性收入 | 其中：在非企业组织中劳动收入 | 本地劳动收入 | 外出从业收入 |
|---|---|---|---|---|---|
| 数额（元） | 2003 | 821.4 | 173.0 | 556.0 | 92.4 |
| | 2004 | 821.0 | 83.3 | 714.8 | 22.9 |
| | 2005 | 1329.2 | 167.6 | 820.6 | 341.0 |
| | 2006 | 1713.4 | 211.3 | 772.6 | 729.4 |
| | 2007 | 2203.3 | 242.5 | 912.3 | 1048.5 |
| 较上一年增量（元） | 2003 | — | — | — | — |
| | 2004 | −0.4 | −89.7 | 158.8 | −69.5 |
| | 2005 | 508.2 | 84.3 | 105.8 | 318.1 |
| | 2006 | 384.2 | 43.7 | −48 | 388.4 |
| | 2007 | 489.9 | 31.2 | 139.7 | 319.1 |
| 比重（%） | 2003 | 15.42 | 21.07 | 67.69 | 11.25 |
| | 2004 | 13.64 | 10.15 | 87.06 | 2.79 |
| | 2005 | 22.25 | 12.61 | 61.73 | 25.65 |
| | 2006 | 26.94 | 12.34 | 45.09 | 42.57 |
| | 2007 | 37.82 | 11.01 | 41.41 | 47.59 |

注：在非企业组织中的劳动收入、在本乡地域劳动收入以及外出从业收入所对应的比重项均为占工资性收入的比重。

## 二、影响漳浦县农民增收因素的计量分析

在漳浦调研中，我们进行了问卷调查。下面用获得的调查问卷，对影响漳浦县农民收入的相关要素进行计量分析。本文从两方面对漳浦县农民的收入变化进行研究。首先是对影响农民收入的因素进行分析；其次是对影响农民增收的因素进行分析，二者分别针对农民收入的绝对量和增量。

## （一）样本和变量统计描述

本次调研在漳浦县 12 个镇、24 个村展开，共回收村民问卷 146 份，其中有效问卷为 100 份。问卷主要由 5 个部分构成，分别考察农户的家庭人口、耕地情况；收支及补贴情况；劳动力输出情况；生产、组织情况；家庭负担及增收情况。时间跨度是 2008～2009 年。本文计量分析的变量见表 5。

表 5 　　　　　　　　所选变量及其样本描述统计均值

| 变量 | 样本均值 | 样本标准差 | 样本个数 |
|---|---|---|---|
| 人均总收入 | 7515.03 | 8068.40 | 100 |
| 家庭人口数 | 5.04 | 1.52 | 100 |
| 其中：有收入人数 | 2.59 | 1.46 | 100 |
| 在学人数 | 1.05 | 0.73 | 100 |
| 从事农业人数 | 0.73 | 0.97 | 100 |
| 人均耕地面积 | 0.90 | 1.06 | 100 |
| 经济作物面积占农作物耕种面积的比重 | 0.41 | 0.54 | 100 |
| 来自政府的补贴收入 | 139.63 | 299.57 | 100 |
| 与去年相比是否收入增加？ | 0.69 | 0.46 | 100 |
| 是否有外出务工？ | 0.47 | 0.50 | 100 |
| 本地是否有农产品加工企业？ | 0.62 | 0.49 | 100 |
| 是否加入农村合作社组织？ | 0.29 | 0.46 | 100 |
| 是否参加新型农村医疗合作制度？ | 0.92 | 0.27 | 100 |
| 是否被征地？ | 0.22 | 0.42 | 100 |
| 有无参加政府就业培训？ | 0.32 | 0.47 | 100 |

表 5 中，人均总收入是家庭总收入除以家庭人口数；人均耕地面积是家庭拥有耕地面积数除以家庭人口数；政府补贴收入包括种粮直补和良种补贴等直接发给农民的补贴，不包括农机具补贴和家电下乡等惠农政策给农民的补贴；其余变量均为虚拟变量，在变量赋值方面，如果选择是则变量值为 1，如果选择否则变量值为 0。从样本均值可知，所考察的农户样本中，"是否参加新型农村医疗合作制度""与去年相比是否收入增加"等变量的数值较大，而"是否被征地""是否加入农业合作社组织"等变量的数值明显较小，这意味着漳浦县参加新型农村医疗合作制度、比去年收入增加的农民较多，而被征地和加入农业合作社组织的农民则明显较少。变量"与去年相比是否收入增加？"表示与 2008 年相比，今年农户的收入是否增加。

## （二）计量模型及估计结果

首先，考察农户收入绝对量的影响因素。模型估计的结果见表6。可以发现：（1）本期总收入与上期总收入有显著的正相关性。（2）"是否有外出务工"变量的系数为正，而且在10%的显著性水平上显著。这表明农户家里有外出务工的，家庭人均总收入要高于没有外出务工的。变量的估计系数为0.339，在所有变量的估计系数中居第二。可见，外出务工对提高农民的收入水平具有重要的正向推动作用。（3）"本地是否有农产品加工企业"变量估计系数也是正的，同样在10%的显著性水平上显著。说明农产品加工企业在保障本地农民收入上也有积极作用。（4）"是否加入农业合作社"变量的估计系数不显著，与农户收入之间并无明显的相关关系。这点与现有其他研究[①]的调查结论并不一致。（5）"政府补贴"变量与农户收入水平之间同样缺少预期的显著正相关关系，即政府补贴不能用来解释农民的收入水平高低。原因在于漳浦县人多地少、人均耕地面积小，部分耕地又用于种植经济作物，种粮直补等政府补贴是以粮食种植面积为补贴基数的，因此，农民能拿到的政府补贴较少，对总收入的影响很小。这与其他人均耕地较多、种粮为主的地区情况有所不同。（6）人均耕地面积越多的农户，收入也越高，这说明了当地人均耕地面积小于最有规模耕作面积，扩大农户耕地面积有利于提高农民收入。在调研过程中，有大量村民反映了这个问题。据估计，按照现有的农业生产技术和农业科技水平，漳浦县一个农业整劳力可以耕作的土地约有10～15亩，现在人均只有几亩地，甚至几分地，远远低于适度耕作面积。劳动力严重冗余，这是沿海人口密集地区农村的普遍特征，它已经成为制约沿海地区农民收入水平进一步提升的关键因素。（7）从事农业的人口数越多，对农民人均收入的影响越不利，但其估计结果并不显著。

表6　　　　　　　　农户收入绝对量影响因素的模型估计

| 因变量：人均总收入（取对数） | | | |
| --- | --- | --- | --- |
| 解释变量 | 估计系数 | t 值 | 概率 p 值 |
| 农业人数 | −0.082 | −0.831 | 0.408 |
| 人均耕地面积 | 0.156 * | 1.748 | 0.084 |

① 茅佩云、全秋梅：《上海农村合作社调查：农民收入的实质性突破》，载《第一财经日报》2007年1月24日。

| 因变量：人均总收入（取对数） | | | |
| --- | --- | --- | --- |
| 解释变量 | 估计系数 | t 值 | 概率 p 值 |
| 经济作物面积占农作物耕种面积的比重 | 0.266 | 1.559 | 0.123 |
| 来自政府的补贴收入 | − 0.0004 | − 1.364 | 0.176 |
| 是否有外出务工？ | 0.339 * | 1.817 | 0.073 |
| 本地是否有农产品加工企业？ | 0.465 * | 1.769 | 0.080 |
| 是否加入农村合作社组织？ | 0.070 | 0.336 | 0.738 |
| 是否被征地？ | 0.104 | 0.442 | 0.659 |
| 有无参加政府就业培训？ | 0.111 | 0.502 | 0.617 |
| 上期人均总收入 | 0.287 *** | 2.723 | 0.0078 |
| 截距项 | 7.849 *** | 28.035 | 0.0000 |
| 拟合优度 R | 0.218 | F 统计量 | 2.447 |
| 修正的拟合优度 R | 0.129 | Prob（F） | 0.013 |

注：*** 表示在 1% 的显著性水平上拒绝原假设，** 表示在 5% 的显著性水平上拒绝原假设，* 表示在 10% 的显著性水平上拒绝原假设。为了降低残差的异方差，模型估计的因变量是取对数值。

其次，使用二元选择模型来分析影响农户增收的因素。其中，因变量为"与去年相比总收入是否增加？"，变量赋值是：农户样本中，预计总收入增加的，设为 1；预计总收入没有增加或是减少的，设为 0。其余控制变量和解释变量保持不变。估计的结果如表 7 所示。

**表 7　　　　　农户增收的影响因素模型估计（二元选择模型估计）**

| 因变量：与去年相比总收入是否增加？ | | | |
| --- | --- | --- | --- |
| 解释变量 | 估计系数 | z 统计量 | 概率 p 值 |
| 农业人数 | 0.251 | 1.567 | 0.117 |
| 人均耕地面积 | − 0.151 | − 1.162 | 0.245 |
| 经济作物面积占农作物耕种面积的比重 | 0.766 ** | 1.989 | 0.047 |
| 来自政府的补贴收入 | 0.0001 | 0.278 | 0.781 |
| 是否有外出务工？ | − 0.458 | − 1.539 | 0.124 |
| 本地是否有农产品加工企业？ | − 0.182 | − 0.585 | 0.559 |
| 是否加入农村合作社组织？ | − 0.012 | − 0.037 | 0.971 |
| 是否被征地？ | 0.495 | 1.381 | 0.167 |
| 有无参加政府就业培训？ | 0.680 ** | 2.723 | 0.0318 |
| 截距项 | 0.214 | 0.622 | 0.534 |
| McFadden $R^2$ | 0.127 | LR 统计量 | 15.748 |
| Log likelihood | −54.036 | Prob（LR） | 0.0423 |

注：*** 表示在 1% 的显著性水平上拒绝原假设，** 表示在 5% 的显著性水平上拒绝原假设，* 表示在 10% 的显著性水平上拒绝原假设。

从表7可以看出：（1）外出务工、农产品加工企业对农户收入增加的影响在2009年均不显著。考虑到截至2009年9月，农副食品加工企业出口及农民外出务工就业均处于低迷状态，这一估计的结果符合当前经济形势对农民增收产生负面作用的现实。（2）"是否加入农村合作社组织"变量依旧没有对农民增收产生积极的作用。政府补贴也没能对农民增收作出贡献。（3）经济作物面积占农作物耕种面积的比重与农民增收呈现显著的正相关关系，表明农产品结构的优化成为金融危机冲击下漳浦县农民收入增长的重要因素。（4）参加政府就业培训与农户增收存在显著的正相关关系，即有参加政府就业培训的农户，收入增加的可能性更大。

结合上述两个模型的估计结果，我们得到以下结论：首先，外出务工、农产品加工企业是近两年来漳浦县农民收入增长较快的重要解释因素，二者均有利于提高农民的收入水平。但是，受国际金融危机的影响，2009年这两个变量对漳浦县农民增收不再具有正向效应，直接导致农民收入增长速度的下滑。2005～2007年，即本次经济周期的上行阶段，无论是工资性收入还是其中的外出从业收入都有大幅度的增长，工资性收入增长占整个漳浦农民总收入增量的85%以上，外出从业收入占工资性收入的一半左右，然而到了2009年，被调查农民却不再认为外出务工是今年提高收入的重要变量，可以得出一个结论：外出务工收入受到经济周期的严重影响，它在成为农民收入增长的主要来源的同时，也成为农民收入不稳定的主要原因。其次，漳浦县的农村合作社组织总体上对促进农民收入增加的作用不明显，难以用来解释为什么有些农户的收入水平较高。在大多数调查所涉及的村庄，参加或者不参加农村合作社，与农民收入的变化无关。再次，以种粮直补、良种补贴为主的政府补贴对漳浦县农民收入的贡献微弱。这与漳浦县的农业产业结构有关。漳浦县地处我国东南沿海，属南亚热带海洋性气候，自然气候和土壤类型适宜多种农作物生长。全县海岸线267千米，海域面积3400平方千米，浅海滩涂面积1046平方千米，海洋与渔业资源十分丰富。特有的地理环境优势，使粮食作物在大农业中所占比重较小，经济作物、牧业、渔业所占比重较大。2008年，漳浦县渔业产值为31.9亿元，占农林牧渔总产值的47%，位居大农业首位。2006年，农民家庭经营收入中42.7%来自种植蔬菜收入，20.5%来自牧业和渔业收入，而来自粮食收入仅占4.0%。当地的人均耕地面积和农业资源环境所决定的农业产业结构决定了眼下以种粮直补、良种补贴为主的政府补贴对改善漳浦县农民收入的贡献微不足道。最后，国际金融危机袭来之际，有两种方式对提高漳浦县农民收入起了积极作用：一是调整农业生产结构，种植符合市场需要、附加值较高的经济作物。二是积极参与政府提供的培训项目，提高自身素质，以便增强自身的竞争力，提高就业的可能性。

漳浦县在我国广大农村中不过是一个小小的局部。我们在漳浦县调查中发现的这些事实在多大程度上具有一般意义呢？首先，以农业经营收入为主的收入结构逐渐被以外出务工收入为主的收入结构所替代，这种农民收入结构演变趋势看来符合全国农村的一般情况。2004 年，我国农村家庭人均现金收入中，工资性收入的比重为 30.8%，家庭经营收入的比重为 62.5%，二者相差31.7%；到 2008 年，工资性收入的比重上升至 34.7%，家庭经营收入比重则下滑到 55.5%，二者差距缩小为 20.8%。从增量看，2004 年，新增工资性收入占新增农村家庭人均现金收入的比重仅为 12.9%，到 2008 年，该比重迅速上升到 32.8%，增加近 20 个百分点，而同期，新增家庭经营收入的比重则由78.2% 下降为 50.4%，下降幅度约为 27.8%。可见，家庭经营收入对农民增收贡献额度下降的比例基本上是由工资性收入的增长来加以代替的。近期其他学者的相关研究同样描述了类似的情况[1][2]。其次，以种粮直补、良种补贴为主的政府补贴对改善农民收入的贡献不大，至少对于地少人多的南方农村以及非粮食主产区农村来说，有一定共性。在经济作物区，如何通过调整农业生产结构，种植符合市场需要、附加值较高的经济作物，对于提高农业经营收入来说，显然更为重要。最后，通过政府提供的培训项目，提高农民的素质，增强其从业竞争力，来提高农民收入，显然也具有一般意义。

但是，本次调查发现的农村合作社组织总体上对促进农民增收的作用不明显的结论，却未必具有一般性。因为，我们在漳浦县一些乡镇的典型调查发现，组织较好的合作社，对当地农民增收起了良好作用。我们近期在福建、江西其他地区农村调查，发现的事实也是如此。之所以在漳浦县的问卷调查数据处理得出相反的结论，某种程度上是因为在调查所涉及的大多数村庄，农村合作社尚未普遍建立起来，因此被调查者较多选择了否定的选项。

## 三、工业化和城市化背景下的农民稳定增收途径

漳浦县农民收入结构变化的剧烈程度、以农业经营收入为主的收入增长结

---

① 姜云长：《中国农民收入增长趋势的变化》，载《中国农村经济》2008 年第 9 期。
② 杨瑞珍：《论中西部地区农民增收的途径与对策》，载《中国软科学》2005 年第 3 期。

构被以外出务工收入为主的收入增长结构所替代的速度都是惊人的。2003 年，漳浦县农民来自农业的收入占人均总收入的 53.44%，来自非农产业的收入仅占人均总收入的 28.01%，二者之比约为 2:1。到 2006 年，来自农业的收入占总收入的比重下降至 45.54%，来自非农产业的收入上升至 41.95%，仅仅三年，二者之比就从约为 2:1 变为近似 1:1。2007 年，依据人均纯收入口径计算，来自农业的人均纯收入占人均纯收入的 33.54%，来自非农产业的纯收入为 54.05%，二者之比变为 1:1.61。短短四年，二者位置互换。究竟是什么原因造成的呢？

工业化和城市化是农村居民收入结构转换的大背景。2003~2008 年，是我国自入世以来的第一个经济周期的上行区间。由于国际市场需求的强劲拉动，我国尤其是东部沿海地区的工业化再上了一个新台阶，城市化进程因此进一步加快。漳浦县所在的漳州市，尽管是一个以农业著称的市，但工业化和城市化的进程也大大加快了。2003 年，漳浦县第二产业占地区 GDP 的比重为 19.28%，其中工业所占份额为 15.63%，到 2008 年，第二产业占 GDP 比重就上升至 25.18%，五年内增加了近 6 个百分点，其中工业所占份额增加得更快。与此同时，福建、广东等东南沿海经济发达地区出口导向型劳动密集型产业对农民工的大量需求，也为漳浦农民的外出务工提供了大量就业机会。关于这一点，从近五年来，外出从业收入占漳浦农民工资性收入的比重上升了 36.34 个百分点（见表4）也可以看出。

就一般的逻辑推论，工业化和城市化应主要带动农村劳动力的大规模转移，但是未必一定是，至少主要不应导致农民收入来源结构的重大变化。因为，在正常情况下，农民一旦进了城，尤其是举家进了城，就从农民转变为城市居民，不成为农村居民收入统计的对象了。如果如此，其直接效应是农村人口的减少，间接效应才是因此导致的那些留下来仍然务农的农村居民收入状况变化，例如因农村人口递减，农民的人均耕地面积扩大，土地规模经营带来的农业收益上升、人均政府支农补贴的上升等。但是，在中国，目前为止的工业化和城市化带来的是大量候鸟式的农民工，是农村劳动力的大规模流动而非真正的转业和人口迁徙。由于现有的人口统计是按照统计对象半年以上的居住地来决定其属于城市人口或农村人口的，因此，尽管到城里务工的农民已经全年多数时间在城里工作，被统计为不断增长的城市化人口了，但是他们的家和根还在农村，他们在城里的务工收入除日常生活费用之外的所余基本汇回到农村。正是这种工业化和城市化模式，使候鸟式的农民工的供需不断增长，才导致了上述的农村居民收入来源结构重大变化。然而，在承认这种人口城市化进程的积极意义的同时，不能不注意到这是一种不稳定的人口城市化过程：一代代的青年农民进城打工，其中相当部分到了一定年龄，难以继续从事繁重的体力劳动时，就不得不再回到农村守着有限的责任田终老。某种程度上说，这是一种滚动而非稳定推进不可逆的城市化，是目前为止我国城市化的特殊形态。那么，这种工业化及城市化模式所导致的农村居民收入增长来源结构的重大变化，又隐含着什么呢？

第一，以出口低劳动技能密集型产品为导向的粗放经济增长方式将难以改变。流动型农民工的存在，源源不断地供给，为我国东部沿海地区的低技能劳动密集型产业提供了廉价劳动力。它与地方政府不计成本引进外资，压低当地土地供给价格一起，为延续出口低劳动技能密集型产品为导向的粗放经济增长方式提供了要素供给支持。当劳动力和土地被人为压低价格的供给时，整个社会无论是转变经济发展方式、产业升级换代还是加快技术创新都将缺乏动力[①]。

第二，大批进城的农民工缺乏必要的技能，因此大多只能从事低技能劳动密集型的职业，收入较低，难以承受全家人进城的生活费用，不得不将家人继续留在农村。以这种方式实现的工业化和城市化，是一种低于正常成本的工业化和城市化，是将工业化和城市化成本转嫁给农村的工业化和城市化。与此同时，对于工业和城市而言，固然在一定时期内，实现了低成本的工业化和城市化，看似有利，但是，并非没有成本：工业的劳动力供给是不稳定的。社会、企业和员工个人都没有从事人力资本投资的欲望，员工的人力资本难以稳定地积累。以农民工为主体的产业大军势必是低人力资本型的，只能适应低技能劳动密集型产业发展的需要，不能为产业升级提供必要的技术工人供给；流动型的城市人口，大量的务工收入汇回农村，势必使城市失去本来可能的消费额度，降低城市的消费水平，扭曲城市的消费结构，导致城市消费需求不足。如果说，在发展初期，增长更多需要廉价的劳动供给时，这在某种程度上甚至造成了中国的比较优势——正是因此才有现有的工业化和城市化模式。但是，当经济发展要求以创新为动力，内需尤其是居民消费需求为基础时，既有的工业化和城市化模式就逐渐显现它的比较劣势了。

第三，这种工业化和城市化模式带来的农民收入增长具有较强的不稳定性。经济周期的上行区间，工业和城市需要大量的劳动力，对劳动的需求大于供给，不仅有大量的农民工进城，而且其工资水平也将上升，但是，当经济进入下行区间，工业和城市对劳动的需求锐减，首先被解雇的往往是缺乏制度保

---

① 龚敏、李文溥：《论扩大内需政策与转变经济增长方式》，载《东南学术》2009年第1期。

障的农民工，即使仍然在岗，工资水平的下降也往往大于城里的固定工。农民工作为城市的边缘人，往往是经济周期波动的最大受害者，从而使农村居民的收入更深地受到了经济周期波动的影响。

第四，这种工业化和城市化模式使农业难以实现规模化、现代化经营，提高农业生产效率与收益率。它使农村失去了它的精壮劳动力。我们近期调研的福建、江西一些县，外出务工人员大多已占本地劳动力的50%左右，这些劳动力基本上是农村的精壮男劳力。他们不仅劳动能力最强，而且是文化程度最高、学习能力最强的劳动力组群。因此，首先，这种工业化和城市化模式使农业的人力资本水平大幅度地下降了，这势必降低农户的农业经营水平；其次，由于留在农村的是家庭中能力较弱、文化水平较低的劳动力，又由于家庭的收入主要来源不再来自农业经营收入，这势必影响农户的农业经营行为，降低农业生产效率和农业收益率；最后，尽管有大量的农村居民已经进城务工，但是，其所拥有的责任田仍需保留，以备退路。这就导致了尽管工业化和城市化进展迅速，而农村人口的城市化却在相当程度上是不彻底的，形成了大量的两栖人口。农地不因工业化和城市化的进展而集中，真正愿意从事农业生产的农户没有足够的土地可以实现规模经营，农业机械、现代技术及经营方式的应用也就受到限制。我们所调查的闽赣两省一些农村，尽管也在现有制度框架下大力推广承包土地的流转经营，但是，大多只能实现短期（1~3年内）租用，短期的土地流转经营只能导致经营者的短期行为，其对农业长远发展的负面影响无须赘言。

因此，现有的农村居民收入增长模式不能简单地视为农村、农业经济问题，它与中国现阶段的工业化、城市化模式紧紧地联系在一起，是一个问题的不同侧面。这个问题就是长期以来未能及时转型的以出口劳动密集型产品为导向的粗放经济增长方式。它固然在过去30年里实现了中国经济的高速增长，但是，未能适时地实现粗放型经济增长向集约型经济增长的转轨，逐渐累积了国民收入结构的重大失衡，使内需尤其是居民消费不足成为制约中国经济未来持续稳定较快增长的最大障碍。

寻求农村居民收入稳定增长途径必须视为我国经济发展方式转轨的一个重要方面，在实现经济发展方式转变中寻找出路。实现经济发展方式的转变，也就意味着必须转变既有的工业化和城市化模式。农村居民收入的增长应当逐渐摆脱依靠向工业和城市提供廉价劳动力，挣取受经济周期波动影响、高度不稳定的临时性工资收入尤其是外出从业收入的既有路径，这是一条农业、农村被转嫁了工业化和城市化成本的短期而且不稳定的农村居民增收途径。农村居民收入稳定增长的希望在于稳定非可逆而非滚动的人口城市化，在于工业化和城市化带来真正的农业劳动力转业和随之而来的农村人口向城市的迁徙定居；在于在这种工业化和城市化进程中适时推进农村土地制度改革，使留下的农村居民可以真正实现土地的规模化、现代化经营，在现有农业技术能力范围内充分提高农业的生产效率与收益率；在于在此基础上的工业和城市对农村、农业的有效反哺。①

---

① 种粮直补和良种补贴目前基本上以责任田所有人为发放对象，实际受益人不是耕地的真正经营者。它决定了这种补贴是家家有份，户户所获甚少。对农民收入影响有限。如果工业化和城市化使大批农民真正进城了，留下的农民实现了土地规模经营，这笔补贴集中支付给真正的耕地经营者，显然比现在要有效得多。

# 农民增收：地权稳定抑或土地流转？[*]

## ——基于对漳浦县农地细碎化和农业投入的产出弹性分析

# 一、问题提出与文献回顾

投入和规模经营效率是关系农业收入的两个重要方面。农业投入可以分为长期投入和短期投入两类，长期投入涉及平整土地，兴修水利、施加有机肥等各种能长期提高土地肥力和可耕种性的人力和资金投入，短期投入包括种子、化肥农药、农机、劳动力的投入等。农业规模经营意味着扩大土地连块耕种面积，从而提高机械耕种的生产效率。土地的规模经营状况可以用农地细碎化程度予以反映，即农户耕种的土地总面积不变情况下耕种地块数、地块平均面积、耕种距离等的变化情况。

在小农经济条件下，农地细碎化是一种普遍现象，其形成原因有多方面。从供给角度来说：第一，由于土地稀缺、质量不一及与农舍的距离远近等原因，人们为了追求公平，倾向于在土地分配上使之细碎化；第二，人口不断增长促使了农地细碎化；第三，就中国而言，土地承包责任制促进了农地细碎化程度上升。就需求角度来说：第一，农地细碎化在一定程度上有利于农户分散种植农作物，减轻自然灾害损失，规避自然风险；也有利于规避价格波动风险。第二，在中国，农村劳动力租赁市场不发达，耕种大块连片土地，在农忙时可能面临劳动力匮乏，借助于农地细碎化，能使农民错开农忙季节，规避劳动力不足。

———————————

\* 本文原载于《东南学术》2012 年第 2 期，共同作者：卢盛荣、易明子。

关于农地细碎化对农业产出和农民收入的影响，长期以来意见不同。

弗莱舍（Fleisher，1992）通过实证分析指出农民土地块数减少会带来全要素生产率的提高。阮（Nguyen，1996）采用土地面积作为细碎化的衡量指标，研究其对中国三种农作物玉米、小麦、大米的产量的影响，得出结论产量随耕地面积的增加而增加。吴等（Wu et al.，2005）采用1995年中国农户调查的数据估计平均生产函数，发现农地细碎化并没有统计意义上的显著影响。但是陈等（Chen et al.，2006）随后的研究认为细碎化会影响技术效率而不是平均产量，因此运用县级数据估计出一个随机产量方程，他们用田地数量和辛普森指数表示细碎化程度，发现细碎化程度提高会导致技术运用效率的低下。刘涛等（2008）利用江苏省南京市274个农户的实地调查数据，用模型估算结果表明：农地细碎化导致农户复种指数的下降，并阻碍了平均土地综合产出率的提高，建议通过推进土地流转来提高土地利用效率。

相反，许庆和田士超（2008）通过实证检验，运用基于回归方程的夏普里值分解法发现农地细碎化与农民的总收入水平呈正相关关系，同时农地细碎化还有利于缩小农民收入不平等。钟甫宁和王兴稳（2010）利用江苏兴化、黑龙江宾县两地8个村庄农民的实际田块分布图，根据整群抽样调查所获得的数据，模拟了农民间农地交换以减轻农地细碎化的可能性。结果显示，由于地块不匹配、交换链条过长等原因，农民间农地交换很难成功。这从另一角度说明农地细碎化可能有其合理性。

同一时期不同地区的研究并存着不同的研究结论，说明农地规模化经营是一个需要根据不同地区情况具体分析、区别对待的政策问题。本文以福建省漳浦县的调研结果为基础，分析东南沿海地区农地细碎化对产出的影响，当前在土地政策上，究竟是促进土地流转还是稳定地权更有利于农民增收。

# 二、模型设立与估计分析

漳浦县全县20个乡镇，人口83.7万人（其中农业人口52.64万），土地面积2135平方千米，耕地52万亩，山地165万亩，海岸线267千米，有72个港湾、26个岛屿和51万亩浅海滩涂，物产丰富，是一个兼有沿海与山区特点的人口大县、农业大县、海洋大县。2009年起，漳浦县被选定为福建省全面建设小康定点观察调查县。厦门大学宏观经济研究中心于2009年8月、2010年8月、2010年10月先后三次就农民增收问题在此进行实地调研，调研在该县

9 个乡镇展开：湖西畲族乡、官浔镇、石榴镇、佛昙镇、南浦乡、前亭镇、深土镇、赤湖镇、长桥镇。前后共有 14 名师生参加了调研。2010 年通过入户调查，取得有效调查问卷 263 份，并从中整理获得本文所使用的数据。

我们在调研中发现：当地地貌属于典型的低山丘陵地貌，农地细碎化程度比较高，每个农户平均拥有 5 块以上的土地，并且单块土地面积大多为 0.3~0.8 亩。农地细碎化程度如此之高，但是当地的土地流转市场却不活跃。漳浦县农办 2009 年的统计数据显示，当年参与土地流转农户仅 17229 户，占农民户数 9.6%；土地流转面积 57182 亩，占耕地面积 13.8%。土地流转市场不活跃，说明土地流转的边际收益低于地权稳定可能带来的收益。地权稳定，有利于农民增加对土地的投入。因此，我们从农地细碎化和农业投入两个方面入手，并构建了相应的指标与模型，分析农地细碎化和农业投入的农民收入弹性。

通常用于衡量农地细碎化的指标有每个农户所拥有的土地块数及辛普森指数。布拉雷尔等（Blarel et al., 1992）指出，辛普森指数本身包含了两个因素：土地数量、土地面积的变化方差。为了综合评定农地细碎化程度，我们选取农地数量指数、蒙丘克和戴宁格（Monchuk & Deininger, 2010）提出的农地面积变化方差指数以及辛普森指数这三个指数。后两种指标具体构建形式如下：

土地面积变化方差指数：

$$S^+ = \frac{\left[\sum_f (\alpha_f - \bar{\alpha})\right]^{1/2}}{\bar{\alpha}}$$

其中，$\bar{\alpha} = \dfrac{\sum_f \alpha_f}{F}$。

辛普森指数：

$$S = 1 - \left[\frac{\sum_f (\alpha_f^2)}{\sum_f (\alpha_f^2)^2}\right]$$

其中，$\alpha_f$ 表示单块土地面积，$F$ 表示农户拥有的土地总块数，$f$ 表示土地标号，$f = 1, 2, \cdots, F$。可以看出，土地变化方差指数衡量任意一块土地与平均土地面积的关系。指数越大，表示细碎化程度越高（特殊情况如只有一块土地的情形除外）。辛普森指数则蕴含了土地数量和面积变化方差两方面的影响，随土地数量增多而增大，随面积变化方差增大而减小。

另外，与农地细碎化程度相关的指标还包括地块之间的距离、地块与农舍的距离。布拉雷尔等（Blarel et al.，1992）指出，地块之间的距离越大，细碎化程度越高。但是蒙丘克等（Monchuk et al.，2010）指出，单纯地块之间的距离并不能表示土地分散程度，应该考虑农舍与地块之间的相对位置和距离。如果两块地与农舍的距离均为 1000 米，那么，两块地分别位于农舍的两侧将比两块地都位于农舍的一侧的细碎化程度更强，其耗费的生产成本将更高。因此我们运用如下指标来衡量距离的影响：

$$D = \frac{dh_f + \sum_{k \neq f} d_{fk}}{F}$$

其中，$dh_f$ 表示 $f$ 地块与家户之间的距离，$d_{fk}$ 表示其他地块与 $f$ 地块之间的距离。这样我们就可以区分地块与农舍的相对位置的异同，从而更加精确地度量距离对农地细碎化程度的影响。

农业投入和收入方面，我们以价格而非数量为衡量指标。我们将农业投入分为两大部分：长期投入与短期投入。长期投入包括水利投入，土杂肥投入。短期投入包括种子、化肥、农药、劳动成本、机械租用、土地租金。所有成本都以年为计算单位。对于水利投入，我们采取直线折旧法计算年成本，其他投入则以使用量乘以当地购买价格。

为了求得弹性，对收入、各个投入变量、土地细碎化各项度量指标取对数，然后进行回归，表达式如下：

$$\ln y = \sum \beta_i \ln x_i^* + \sum \alpha_j \ln z_j + \xi$$

$$x_i^* = \begin{cases} x_i, & 若 \ x_i > 0 \\ 1, & 若 \ x_i = 0 \end{cases}$$

其中，$x_i$ 代表各项投入指标，由于有些农户的有些投入（例如水利）为零，当其为零时，对数值无意义，因此引入如上虚拟变量。$z_j$ 为各项衡量农地细碎化程度的指标，$\xi$ 为随机扰动项。

根据以上模型，我们首先进行简单回归，结果如表 1 所示。

| 表1 | | 回归结果 | | | | |
|---|---|---|---|---|---|---|
| 变量 | | 情形1 | 情形2 | 情形3 | 情形4 | 情形5 |
| 长期投入 | 土杂肥 | −0.149<br>（−0.72） | −0.013<br>（−0.640） | −0.015<br>（−0.740） | −0.015<br>（−0.720） | −0.014<br>（−0.640） |
| | 水利 | 0.021<br>（1.18） | 0.020<br>（1.090） | 0.021<br>（1.150） | 0.020<br>（1.100） | 0.019<br>（1.030） |

| 变量 | | 情形1 | 情形2 | 情形3 | 情形4 | 情形5 |
|---|---|---|---|---|---|---|
| 短期投入（可变） | 种子 | 0.037<br>(1.48) | 0.038<br>1.480 | 0.038<br>(1.500) | 0.036<br>(1.400) | 0.037<br>(1.420) |
| | 化肥 | 0.537 ***<br>(8.4) | 0.539 ***<br>(8.35) | 0.538 ***<br>(8.38) | 0.537 ***<br>(8.27) | 0.538 ***<br>(8.22) |
| | 农药 | 0.212<br>(0.76) | 0.022<br>(0.780) | 0.021<br>(0.740) | 0.022<br>(0.790) | 0.023<br>(0.800) |
| | 机械 | − 0.035 **<br>( − 1.84) | − 0.035 **<br>( − 1.830) | − 0.037 **<br>( − 1.89) | − 0.035 **<br>( − 1.81) | − 0.035 **<br>( − 1.79) |
| | 雇用劳力 | 0.021<br>(1.17) | 0.021<br>(1.200) | 0.021<br>(1.180) | 0.020<br>(1.160) | 0.021<br>(1.180) |
| 不变 | 土地成本 | 0.437 ***<br>(5.14) | 0.425 ***<br>(4.83) | 0.429 ***<br>(4.91) | 0.435 ***<br>(5.06) | 0.424 ***<br>(4.77) |
| 细碎化指标 | 土地块数 | | 0.066<br>(0.680) | | | 0.063<br>(0.640) |
| | 土地面积方差 | | − 0.065<br>( − 0.770) | | | − 0.064<br>( − 0.750) |
| | 辛普森指数 | | | − 0.069<br>( − 0.460) | | |
| | 土地距离指数 | | | | 0.008<br>(0.160) | 0.007<br>(0.150) |
| | 常数 | 1.772 **<br>(3.17) | 1.787 **<br>(3.13) | 1.810 **<br>(3.19) | 1.792 **<br>(3.16) | 1.800 **<br>(3.11) |
| Adj-$R^2$ | | 0.627 | 0.602 | 0.604 | 0.603 | 0.599 |

注：*** 表示在1%的水平上显著，** 表示在5%的水平上显著，* 表示在10%的水平上显著。

可以看出，5 种情形下的模型估计的细碎化指标均不显著（见表1），原因可能是方程的解释变量较多而且之间存在着相关关系，一方面造成了解释变量繁杂不容易解释，另一方面多重共线性也使一些解释变量在统计上不显著。因此，我们用 SPSS 进行因子分析，简化变量个数，消除多重共线性带来的不利影响。利用因子分析的第三个好处是可以将上述五个模型进行综合，得到一个解释力最强的变量组合。因子分析的结果如表2 和表3 所示。

表2　　　　　　　　　　因子得分矩阵

| 因子 | 提取方差 | | | 旋转后提取方差 | | |
|---|---|---|---|---|---|---|
| | 特征值 | 提取方差百分比 | 累积提取方差 | 特征值 | 提取方差百分比 | 累积提取方差 |
| 1 | 2.670 | 22.252% | 22.252% | 2.034 | 16.946% | 16.946% |
| 2 | 2.023 | 16.856% | 39.108% | 1.993 | 16.612% | 33.558% |
| 3 | 1.337 | 11.139% | 50.247% | 1.643 | 13.695% | 47.253% |
| 4 | 1.239 | 10.329% | 60.576% | 1.507 | 12.556% | 59.810% |
| 5 | 1.062 | 8.848% | 69.424% | 1.154 | 9.615% | 69.424% |

表3　　　　　　　　　　旋转后的因子构成分析

| 变量 | 因子 | | | | |
|---|---|---|---|---|---|
| | 1 | 2 | 3 | 4 | 5 |
| 土杂肥投入对数 | −0.059 | −0.086 | 0.068 | 0.856 | −0.028 |
| 水利投入对数 | 0.180 | 0.264 | −0.205 | 0.691 | 0.133 |
| 种子对数 | 0.105 | 0.812 | 0.002 | 0.196 | 0.147 |
| 化肥投入对数 | 0.131 | 0.032 | 0.831 | 0.026 | 0.276 |
| 农药投入对数 | 0.122 | 0.754 | 0.142 | −0.044 | 0.083 |
| 机械耕种对数 | −0.215 | 0.687 | −0.060 | 0.045 | −0.350 |
| 雇用劳动力投入对数 | −0.045 | 0.421 | 0.305 | 0.470 | −0.232 |
| 耕地面积×租金对数 | 0.161 | 0.081 | 0.835 | −0.042 | −0.171 |
| 土地块数 | 0.856 | 0.019 | 0.181 | 0.081 | 0.044 |
| 土地面积方差 | 0.769 | 0.158 | 0.231 | 0.114 | 0.025 |
| 辛普森指数 | 0.739 | −0.076 | −0.065 | −0.110 | −0.143 |
| 土地距离指数 | −0.102 | 0.021 | 0.040 | 0.015 | 0.896 |

通过选取特征值大于1的因子并经过因子旋转，前5个因子可以包括近70%的信息而且把原有的12个解释变量简化为5个因子，这5个因子互相独立，排除了多重共线性。表3显示了这5个因子的构成：因子2和因子3主要体现了种子投入、农药投入、机械投入、雇用劳动力投入、化肥投入和租金投入，它们均为短期投入，因此我们把因子2、因子3两个因子命名为短期投入因子。因子4主要有土杂肥投入、水利投入等长期投入，我们将其命名为长期投入因子。因子1和因子5主要体现了土地块数、土地面积方差、辛普森指数和土地距离，主要反映土地细碎化程度，因此把因子1、因子5命名为土地细碎化因子。

把新得到的5个因子代入回归方程，得到的回归结果如表4所示。

表4　　　　　　　　　　因子分析处理后的模型回归结果

| 对数产出 | 细碎化程度（土地块数、面积方差、辛普森指数） | 短期投入（种子、农药、机械、劳动力） | 短期投入（化肥、租金） | 长期投入（土杂肥、水利） | 细碎化程度（土地距离指数） | 常数 |
|---|---|---|---|---|---|---|
| Coef. | 0.181 *** | 0.134 ** | 0.717 *** | 0.057 | 0.184 *** | 9.242 *** |
| t | 3.429 | 2.538 | 13.552 | 1.074 | 3.470 | 175.335 |
| Adj-R² | 0.852 | | | | | |

注：*** 表示在1%的水平上显著，** 表示在5%的水平上显著，* 表示在10%的水平上显著。

从表4看，经过因子旋转处理，除长期投入不显著外，短期投入、土地细碎化程度都对农业产出有显著的正向影响。

首先，短期投入对农业增收作用明显。短期投入按照因子分析的结果分为两个方面：一是种子、农药、机械租用租金、劳动力租金；二是化肥、土地租金。相比较而言，后者的收入弹性最大。这点符合我们的预期：农业产出与土地面积成正比，一般而言，增施化肥会增加农产品产量。两者会带来农业收入增加。种子、农药、机械租用租金、劳动力租金合并成一个因子之后对农业收入的弹性为正，但是比较小，说明这些投入对产出的影响有限。值得一提的是，机械租金投入对农业收入弹性为负，即增大机械投入反而会引起农户收入下降。这一结果似乎与一般常识相悖。但是结合漳浦县的具体情况也可以得到解释：漳浦属于南方低山丘陵地带，地貌决定了土地难以平整，不便连片种植，这种情况使农机优势难以发挥，其使用成本甚至比用人力的成本更高，所以机械投入对农业增收作用不大，甚至为负。人均农地面积小，机械耕种反而是规模不经济的。

其次，长期投入并不必然增加农民的当期收入。无论是从简单回归结果来看，还是从因子分析结果来看，长期投入因子对农业当期收入的弹性皆不显著。根据调研情况，漳浦县农民在农业生产中的长期投入主要是土杂肥投入与水利投入。一般来说，给土壤施加土杂肥是出于对土地长期肥力的考虑，因为土杂肥相比化肥，除含氮、磷、钾等大量元素外，还含有许多作物所需的中量元素和微量元素，以及有机质和腐殖质，能改良土壤结构，协调土壤的水、肥、气、热，增强土壤的通气透水能力和保肥、保水、供肥、供水能力。调查得知，漳浦县施加土杂肥的农户大部分是从市面上购买经过干燥处理的猪粪，家禽粪等。相比化肥，它们对产出增长的影响在短期一般都不明显。另外，水利投入对农业收入弹性也不显著。主要原因是能够对产出产生重大影响的水利投入一般不是个别农户所能承担的。个别农户的水利投入基本上是零星投入，因此在回归中结果并不明显。

最后，我们发现农地细碎化对产出的影响整体上是正值。如前所述，农地细碎化程度体现为：农户拥有的土地总块数；所拥有土地面积变化的方差；土地与家的距离远近。从表3的计算结果可以看出，土地总块数增加对农业收入影响为正，面积方差影响为负，土地距离家的远近影响为正；从经过因子分析的结果来看，土地总块数和面积方差整合成的辛普森指标作为一个细碎化变量，对农业收入弹性体现为正（见表4）。这与以往有些文献对农地细碎化影响的研究结论不同。我们无意以此否认不同的研究结论，而是想指出：在中国，由于各地土地状况、经营方式的高度异质化的特征，必须实行因地制宜的土地政策。漳浦县地处福建东南部，与广东省接壤，海岸线长度在福建省仅次于宁德市霞浦县，极易遭受台风袭击。农业生产受剧烈变化的气候影响很大。

因此，农民需要多块分散而且间隔一定距离的土地，分别种植不同的农作物，分散经营风险。另外，目前农村中务农的多为留守在家的中老年人及妇女，劳动能力有限，耕地面积较小，反倒有利于农户经营。因此户均土地块数较多对农业收入影响为正。在调研中，我们了解到，当地部分农民拥有的土地方差比较大，最大的单幅土地面积不过1亩，0.5亩以下的也不少，对于农户而言，一方面单幅土地面积过大不利于分散经营风险能力及有限劳动力的配置，另一方面单幅土地过小（0.5亩以下）又低于单位劳动时间工作量（半天/人），不利于实现劳动时间规模经济，所以土地面积方差过大对农业收入影响为负。由于土地块数对农业收入的正向影响大于土地面积方差对农业收入的负向影响。整体上漳浦县的农地细碎化程度对农业收入反倒有一定的正向影响。

# 三、结论与启示

从对福建漳浦县的调研中能够得出关于农地细碎化从而农村土地流转政策与农民增收之间关系的多少启示？这取决于漳浦调查所发现的事实在何种程度上具有典型意义。

首先，可以认定的是：目前农村中务农的多为留守在家的中老年人及妇女，劳动能力有限，此时，农户拥有的地块较多，单位耕地面积较小，一定程度上反倒有利于农户经营的这一事实，在全国有较大普遍性。

其次，南方特有的地形地貌、自然条件、农业生产特征，使多地块多品种种植以规避风险的生产方式可能仅在南方部分地区尤其是东南沿海地区具有一定程度的一般意义。

可以看出，由于现有的城市化与工业化特征，导致了目前留在农村务农的多为中老年人及妇女，这不是农业的正常状态，而且也不能认为是农地细碎化的充要条件。因为，在平原地区，地势比较平坦，气候变化也不频繁、剧烈，农作物种植品种比较单一，风险较小。自然条件适合于将细碎土地整合起来进行规模化，机械化的经营。在这种情况下，只要土地规模经营的收益大于农户自主经营的收益，土地流转仍将受到农民欢迎而得到发展。但是，即使是在这些地区，土地流转也仍然必须遵循尊重农民意愿的原则，否则有可能出现因推进土地流转导致了收入再分配，固然农业产出因土地流转而增加了，但是农民却并不因此而增收。在这些地区，推进农村的土地规模经营，要求相应地调整现有的城市剥削农村、工业剥削农业的加工贸易型工业化、滚动型城市化模式

（厦门大学宏观经济研究中心 CQMM 课题组，2010a、2010b），使进城的农民工在经济上有能力实现举家进城。

但是，在南方丘陵山地地区，推进土地流转及规模经营，则要更为慎重。因为在这些地区，土地平整，合并的成本较大，即土地本身不具备整合的优势，这样一来土地流转市场上的需求方除了财力充足的大农业公司之外，个体户农民大多缺乏经济实力，参与能力有限。在这种情况下，土地流转的结果，可能会使农民手中有限的土地流入农业企业而非经营大户手中，土地流转是否因此产生农民增收效应，是值得进一步考察的。在目前的工业化、城市化模式下，农地对于农民来说，还具有一定的保险和社会保障功能。在农民无法尚无法举家进城，实现彻底的非农化，进入城市社会保障体系的情况下，土地流转不仅要考虑农业是否增收，而且还必须考虑农民是否因此将稳定增收；从供给方来看，由于农户的总土地是按家庭总人口分配的，在可以获得的土地面积一定情况下，农民更加倾向于地块适度分散，种植不同农作物以规避气候剧烈变动的风险（台风，暴雨等洪涝灾害），所以他们本身有保留多块土地的动机，而不愿意将细碎化土地通过流转，降低其经营的地块数。因此，当前部分农村土地流转不活跃，一定程度上是农民的理性选择。

因此，我们认为：

第一，农业生产经营现代化的发展趋势要求逐步推进农村土地流转，促进农业规模经营。农村土地流转及农业规模经营的推进必须与工业化、城市化进程相协调。在我国目前的工业化、城市化模式下，农民进城从事非农产业是比较不稳定的，举家迁入城市的可能性还比较小，因此，农村土地流转不得不受到现有工业化、城市化模式的制约。要推进农村土地流转，必须从调整现有的工业化、城市化模式入手，使进城从事非农产业的农民能够真正地成为城市人口，其赡养的家庭人口能够迁入城市生活。否则，仅仅考虑到现有农村大批青壮年劳动力进城务工，农田使用不经济，农业生产效率不高而强制推行农村土地流转，将有可能导致对农民的剥夺。农村土地流转，即使是在自然生产条件允许的情况下，也必须坚持尊重农民自主权的原则，在农民自愿的前提下进行，绝对不得强制推行。

第二，在现阶段，与推行土地流转相比，稳定地权对于发展农业、农民增收而言，可能更为重要。本文的调研及统计分析发现：增加投入对提高农业产出、农民收入有重要作用，激励农民增加投入的最重要因素莫过于地权稳定。因此，认真贯彻中共十七届三中全会通过的《中共中央关于推进农村改革发展若干重大问题的决定》，赋予农民更加充分而有保障的土地承包经营权，稳定现有土地承包关系，对于农业增产、农民增收具有更重要的意义。

第三，加快推进政策性农业保险制度的落实和推广。调查发现，在南方沿海地区，农民保留多块土地的较大动机是规避气候变化导致农业灾害的风险，因此，因地制宜地建设、完善各种政策性农业保险制度，推广各种政策性农业保险，有利于降低农业经营风险，促进农民增收。与此同时，当农业生产经营风险通过制度及政策安排得到缓解之后，农民就无须或者大大减少了通过以一定程度的损失农业生产效率的农地细碎化、多种经营来自我投保，而是将经营重点放到提高农业生产效率上，这样，通过土地流转，实现农业生产的规模经济也就成了农民自身的需要。

# 参考文献

［1］刘涛、曲福田：《土地细碎化、土地流转对农户土地利用效率的影响》，载《资源科学》2008 年第 10 期。

［2］厦门大学"中国季度宏观经济模型（CQMM）"课题组：《中国宏观经济预测与分析——2010 年春季报告》，2010 年 2 月。

［3］厦门大学"中国季度宏观经济模型（CQMM）"课题组：《中国宏观经济预测与分析——2010 年秋季报告》，2010 年 9 月。

［4］许庆、田士超：《农地制度、土地细碎化与农民收入不平等》，载《经济研究》2008 年第 2 期。

［5］钟甫宁、王兴稳：《现阶段农地流转市场能减轻土地细碎化程度吗？——来自江苏兴化和黑龙江宾县的初步证据》，载《农业经济问题》2008 年第 7 期。

［6］B. Blarel, P. Hazell, "The Economics of Farm Fragmentation: Evidence from Ghana and Rwanda", The World Bank Economic Review, 1992, Vol. 6, No. 2, p. 233.

［7］B. Fleisher, Y. Liu, "Economies of Scale, Plot Size, Human Capital, and Productivity in Chinese Agriculture", Quarterly Review of Economics and Finance, 1992, Vol. 32, No. 3, pp. 112 – 123.

［8］D. Monchuk, K. Deininger, et al., "Does Land Fragmentation Reduce Efficiency: Micro Evidence from India", on Agricultural and Applied Economics Association 2010 Annual Meeting.

［9］T. Nguyen, E. Cheng, et al., "Land Fragmentation and Farm Productivity in China in the 1990s", China Economic Review, 1996, Vol. 7, No. 2, pp. 169 – 180.

［10］Z. Chen, W. Huffman, et al., "Farm Technology and Technical Efficiency: Evidence from Four Regions in China", China Economic Review, Vol. 20, No. 2, pp. 153 – 161.

［11］Z. Wu, M. Liu, et al., "Land Consolidation and Productivity in Chinese Household Crop Production", China Economic Review, 2005, Vol. 16, No. 1, pp. 28 – 49.

# 农业 FDI 与当地农民增收[*]
## ——基于闽台农业合作的研究

## 一、问题的提出

党的十一届三中全会以来的实践证明，农业生产经营体制的变革，对于农业经济发展、农民增收具有极为重要的意义。近年来，FDI 也开始进入农业领域，在带来先进的农业技术、种苗、品种的同时，势必导致农业生产经营体制的变革。

联合国食品和农业组织（FAO）2012 年 4 月的一份研究报告表明，引入农业 FDI 的本地农民收入效应是不确定的。在那些引入农业 FDI 的非洲国家，包括加纳、乌干达、塞内加尔、埃及、摩洛哥等，尽管农业 FDI 的流入有效地提升了农产品的产量和质量，增加了农产品的种类，促进了农产品的出口，创造了新的就业，但在增加当地农民实际收入方面并无显著作用。台湾学者陈武雄（2006）也指出，大陆在引进台湾地区农业资本方面，与大陆工业引进外资的策略很相似，这种模式可以在短时间内解决大陆"三农"中的农业发展问题，但对当地农民增收及农村发展问题的帮助较小。

目前我们在农业 FDI 以及闽台农业合作领域的研究，主要关注农业 FDI、闽台农业合作的农业现代化、技术进步、产业结构调整及增产效应。但是对于引入农业 FDI、闽台农业合作的当地农民增收问题却研究较少。在所见为数不多的有关农业 FDI 或闽台农业合作对本地农民增收影响的研究中，结论不太一致。许建明（2012）、卢盛荣等（2012）分别从失地农民的长期收入稳定性以

———————————
* 本文原载于《经济与管理研究》2014 年第 6 期，共同作者：王燕武、李静。

及地权稳定的角度进行实证研究，得出通过大规模征地方式引入农业FDI，有可能会导致失地农民长期收入不稳定的结论。张雅静和林卿（2005）则认为农产品对外贸易、外商投资、农民受教育程度、农业产业结构以及技术进步等对农民收入都有正向作用。

本研究建立在对福建省漳浦县实地调研的基础上，利用面板计量模型对福建引入台湾地区农业FDI，进行闽台农业合作的当地农民增收效应进行实证研究。本文余下部分的安排是：第二部分是有关闽台农业合作对当地农民增收效应的统计分析；第三部分是基于漳浦县镇一级数据，应用面板计量模型对引进台湾地区农业FDI的当地农民增收效应进行实证研究；第四部分进行进一步理论探讨；最后是结论及政策含义。

## 二、闽台农业合作对当地农民的增收效应：一个悖论

如果比较全国、福建以及漳州地区的农民相对收入变化，可以发现存在一个闽台农业合作对当地农民增收效应的悖论：越是引入较多台湾地区农业FDI，闽台农业合作较为集中的地区，近十年来，当地农民的收入相对非闽台农业合作地区的农民，增长越缓慢。

首先，从农民人均纯收入的变化趋势看，1987年以前，福建农民的收入一直低于全国水平，之后方才超过，并进入较快增长期。2010年至今，福建农民的收入增长速度减缓，与全国农民的收入比逐渐回到了20年前的水平。

其次，从收入构成看，工资性收入成为近年来福建农民收入增长的主要来源，家庭经营性收入占比持续下降。1995年，福建农民的人均家庭经营性收入为1295.9元，人均工资性收入为520.5元，两者分别占全部人均纯收入的63.3%、25.4%，家庭经营性收入与工资性收入之比为2.49∶1；2011年，福建农民的人均家庭经营性收入为4094.8元，人均工资性收入为3889.5元，分别占全部人均纯收入的46.6%、44.3%，二者几乎持平。这说明，这十六年来，农业对于农民增收的重要性在减弱。

在工资性收入中，外出务工收入增长速度明显快于本地务工收入，因此，工资性收入的增加主要不是由本地企业带动的。由于缺乏省市一级的相关数据，我们以实地调查的漳浦县数据为例。2003年，漳浦县农民本地务工收入占全部工资性收入的67.69%，外出务工收入占11.25%，二者之比为6.02∶1。2007年，按照人均纯收入的口径，漳浦农民外出务工收入为1048.5元，首次

超过本地务工收入，占工资性收入的 47.59% 。

最后，从福建引进台湾地区农业 FDI 的重点区域——漳州市的农民人均纯收入的相对变化趋势看，2000～2011 年，漳州市农民人均纯收入与全国农民人均纯收入的比值由 1.57 持续下降到 1.33；与福建农民人均纯收入的比值则由 1.09 下降至 1.04。可见，与全国及福建相比，21 世纪以来，漳州市农民的收入增长相对缓慢。

过去十多年来，尽管引入台湾地区农业 FDI、闽台农业合作有了较快发展，但是，闽台农业合作密集地区——漳州农民的收入增速却相对减缓了。当然，不能简单地因此得出推论：引入台湾地区农业 FDI，进行闽台农业合作不利于当地农民增收。这是一个需要控制其他变量的作用进行严谨的实证研究方能得出判断的问题。下一节以在漳浦调研所获得的数据进行实证研究。

# 三、基于漳浦县调查的经验研究

漳浦县是国家级海峡两岸（福建）农业合作实验区的重要组成部分。2005 年，成为首个台湾农民创业园的试点单位；2006 年，正式被批准成立国家级台湾农民创业园，是全国首批四个台湾农民创业园之一。至 2009 年底，漳浦县累计批办台资农业企业 204 家，总投资 3.1 亿美元，实际到资 1.5 亿美元，约占到同期全省实际引进台湾地区农业 FDI 的 10% 。因此，考察引入台湾地区农业 FDI、闽台农业合作对当地农民收入的影响，漳浦县是一个合适的样本点①。

## （一）研究方法及变量选取

选取的样本时段是 2000～2010 年。为克服时间序列较短引起的估计有效性较差的问题，运用漳浦县镇一级的数据，利用面板计量模型来检验闽台农业合作对当地农民增收的作用。具体方法和过程如下。

### 1. 变量选取

为避免方差过大，以取对数后的农村居民人均纯收入作为被解释变量。解释变量方面，首先确定闽台农业合作的变量。为相对完整地检验闽台农业合作

---

① 如果在一个闽台农业合作力度较小地区去衡量其对农民收入的作用，其结论很可能是无效的。

对当地农民增收的作用，我们设计了两个代表闽台农业合作的变量，一是是否为台湾农民创业园所在地的虚拟变量，如果是，取值为1，反之，取值为0。漳浦县台湾农民创业园位于长桥镇，因此，该变量最终表示为长桥镇取值为1，其余镇取值为0。二是距离变量，即以离台湾农民创业园的远近为变量。其假设是越靠近台湾农民创业园地区的农民，越能够受到其辐射效应的影响。这样，无论是为其打工获取的收入，还是模仿其先进技术或管理经验、获取现代农业的信息的机会，都会越多越好，进而对其增收作用也会越大。因此，这两个变量的预期符号正好相反：虚拟变量为正，距离变量为负。其次，确定相对增长的控制变量。为排除共同增长因素对各镇农民增收的影响，将漳浦县农村居民人均纯收入作为独立的控制变量加以引入。该变量的预期符号为正。由于漳浦县农村居民人均纯收入变量可能已经包含了闽台农业合作的增收效应，为此，还将分别选用漳州市、福建省及全国农村居民的人均纯收入变量作为收入效应衡量的控制变量。控制住全国农村居民人均纯收入的增长因素，将最大限度地排除闽台农业合作之外的其他增长因素对当地农民增收效应的影响。最后，确定其他控制变量。包括年末常用耕地面积、有效灌溉面积、每亩肥料、每亩农用柴油量等代表农业生产条件；农作物亩产代表农业生产效率；粮食作物与经济作物播种面积之比代表农业内部的产业结构；男性劳动力比例代表劳动力结构；本地企业个数、非农企业个数等代表本地工业化水平；乡镇政府到县政府的距离代表各个乡镇的对外开放程度等。一般来说，农业生产条件越好，农业生产效率越高，农民家庭经营收入就会越高，这两类变量的符号预期为正；农业产业中经济作物比重越高，收入就会高一些，因此，粮食作物与经济作物播种面积之比的变量符号预期为负；男性劳动力比例越高，收入就会越高，变量预期为正；本地工业化水平越高，吸纳的本地就业人数会越多，农民的工资性收入会越高，因此，本地企业个数和非农企业个数的符号预期为正；越是开放，交通便利的地方，农民获取市场信息的能力以及农产品销售的渠道会越强、越多，收入也会越高，所以，开放程度变量的预期符号为负，即离县城越远的乡镇，农民的收入会越低。除虚拟变量外，所有变量均经过对数化处理。

## 2. 计量方程设定

参考消费方程的设定，建立了计量回归的基本方程：

$$Y_{it} = C + \sum_j \alpha_j X_{jit} + \sum_k \beta_k D_{kit} + \varepsilon_{it}$$

$i$ 和 $t$ 分别代表第 $i$ 镇和第 $t$ 年，$C$ 为截距项，$\alpha_j$、$\beta_k$ 为回归系数，$\varepsilon_{it}$ 是残差项。$Y$ 代表农村居民人均纯收入变量，$X_j$ 为闽台农业合作变量，$j=1$，$2$，分别表示台湾农民创业园所在地的虚拟变量和距离变量；$D_k$ 为其他控制变量，包括相对增长控制变量、农业生产条件变量、农业生产效率变量、农业产业结构变量、人口变量、工业化水平变量和对外开放变量等。

### 3. 数据来源和说明

本文选取了漳浦县 20 个乡镇的数据，包括古雷镇、沙西镇、六鳌镇、深土镇、马坪镇、赤土乡、前亭镇、湖西乡、赤岭乡、南浦乡、长桥镇、盘陀镇、石榴镇、官浔镇、霞美镇、杜浔镇、赤湖镇、佛昙镇、旧镇镇和绥安镇。时间期限为 2000～2010 年，数据频率为年度数据。所有的数据均来自历年《漳浦统计年鉴》。

## （二）模型回归结果及分析

根据豪斯曼（Hausman）检验的结果，选用随机效应模型对上述计量方程进行估计，模型估计的结果见表 1。

**表 1**                 样本的回归结果

| 被解释变量：农民人均纯收入（对数值） | 模型一 | 模型二 | 模型三 | 模型四 | 模型五 |
|---|---|---|---|---|---|
| 解释变量： | | | | | |
| 闽台虚拟变量 | 0.310 ** | 0.157 | 0.176 | 0.181 | 0.181 |
| 闽台距离变量 | 0.004 *** | 0.001 | 0.001 | 0.001 | 0.001 |
| 控制变量： | | | | | |
| 漳浦县相对增长变量（对数值） | — | 1.054 *** | — | — | — |
| 漳州市相对增长变量（对数值） | — | — | 0.759 *** | — | — |
| 福建省相对增长变量（对数值） | — | — | — | 0.733 *** | — |
| 全国相对增长变量（对数值） | — | — | — | — | 0.627 *** |
| 农业生产条件变量： | | | | | |
| 耕地面积（对数值） | − 0.066 | 0.130 *** | 0.110 ** | 0.101 ** | 0.100 ** |
| 有效灌溉面积（对数值） | 0.069 *** | 0.009 | 0.003 | 0.003 | 0.003 |
| 每百亩化肥使用量（滞后一期） | 0.013 ** | − 0.002 | − 0.002 | − 0.002 | − 0.001 |
| 每百亩柴油使用量（滞后一期） | 0.142 *** | − 0.070 *** | − 0.065 ** | − 0.061 ** | − 0.060 ** |
| 农业生产效率变量： | | | | | |
| 加权每亩农作物产量 | 0.188 *** | − 0.018 | 0.009 | 0.015 | 0.016 |

| 被解释变量：农民人均纯收入（对数值） | 模型一 | 模型二 | 模型三 | 模型四 | 模型五 |
|---|---|---|---|---|---|
| 农业产业结构变量： | | | | | |
| 　粮食作物与经济作物面积比 | -0.031 | -0.026 | -0.044 ** | -0.048 ** | -0.048 ** |
| 人口变量： | | | | | |
| 　男性劳动力比例 | -0.275 | 0.088 | 0.076 | 0.067 | 0.070 |
| 工业化水平变量： | | | | | |
| 　工业企业数（对数值） | -0.033 * | 0.011 | 0.019 * | 0.010 ** | 0.020 ** |
| 对外开放变量： | | | | | |
| 　离县城距离变量（对数值） | -0.068 | -0.005 | -0.007 | -0.008 | -0.009 |
| 截距项： | 8.541 *** | -1.467 ** | 0.736 | -1.092 * | 2.18 *** |
| 检验项： | | | | | |
| 　豪斯曼（Hausman）检验概率 | 0.3324 | 0.6615 | 0.4735 | 0.4332 | 0.4488 |
| 估计方法 | 随机效应模型 | 随机效应模型 | 随机效应模型 | 随机效应模型 | 随机效应模型 |
| Adj-R$^2$ | 0.1666 | 0.8598 | 0.8281 | 0.8134 | 0.8105 |
| Prob（F） | 0.0000 | 0.0000 | 0.0000 | 0.0000 | 0.0000 |

注：*** 、** 、* 分别表示估计系数在1%、5%、10%的水平上显著，下表同。

首先，在不考虑相对增长变量时，模型一的结果显示，闽台虚拟变量显著为正，表明闽台农业合作有利于提高本地农民的人均收入；与事先的预期相反，闽台距离变量也显著为正，这意味着闽台农业合作对本地农民的增收效应不仅不会随距离的扩散而削弱，反而会略有增长。这显然是不合理的。但是，在考虑了相对增长变量之后，即扣除共同增长因素之后，模型二到模型五的结果均显示，尽管闽台变量的系数估计符号保持不变，但估计结果不再显著。换言之，闽台农业合作对农民人均纯收入不存在显著的正向作用。这就证实了我们事先的猜想：一些实证研究之所以得出闽台农业合作促进了当地农民增收的结论，是没有控制其他变量作用的结果。闽台距离变量的影响效应不随着距离的扩散而削弱，反而略有增长，恰恰说明闽台农业合作与漳浦县农民收入增长之间的关系，与其说是因果关系，不如说是共时变量关系。因此，必须通过设置控制变量尽量排除其影响。

其次，从其他控制变量的估计系数来看，模型二至模型五的估计结果显示出较好的一致性和稳定性。其中，农业生产条件方面，耕地面积对农民收入具有稳定而且显著的正向作用，有效灌溉面积尽管符号为正，但估计结果不显著。比较意外的是，每百亩化肥使用量以及柴油使用量对农民收入均有负向的作用，尤其是后者，显著为负。这也许并非说明化肥和机械的投入不会增加农业产量，而是以化肥和机械为代表的农业生产资料过快涨价，导致了农业增产农民不增收；农业生产效率方面，每亩农作物产量对农民收入有正的作用，但估计结果不显著；农业产业结构方面，粮食作物与经济作物的面积之比对农民收入具有稳定而且显著的负向作用，这意味着经济作物的种植比例越高，越有利于提高农民收入；人口变量和对外开放变量的符号均符合预期，但是估计结果不显著；工业企业数则有利于提高农民收入，并且估计结果是显著的。

### （三）稳健性检验

由于人均农民纯收入指标包含儿童、老人，及其他失去劳动能力的人口，不能确切反映有劳动能力农村居民的收入变化。为了进一步检验估计结果的稳健性，用劳均农民纯收入来代替人均农民纯收入。其指标处理方法是将人均农民纯收入乘上乡村人口数，再除以劳动力人数①。最终估计的结果见表2。

表2　　　　　　　　　　　　　　样本估计的稳健性检验

| 被解释变量：农民劳均纯收入（对数值） | 模型六 | 模型七 | 模型八 | 模型九 | 模型十 |
|---|---|---|---|---|---|
| 解释变量： | | | | | |
| 　闽台虚拟变量 | 0.163 | 0.019 | 0.038 | 0.043 | 0.043 |
| 　闽台距离变量 | 0.003 | 0.001 | 0.0002 | 0.0001 | 0.0001 |
| 控制变量： | | | | | |
| 　漳浦县相对增长变量（对数值） | — | 0.898 *** | — | — | — |
| 　漳州市相对增长变量（对数值） | — | — | 0.635 *** | — | — |
| 　福建省相对增长变量（对数值） | — | — | — | 0.611 *** | — |
| 　全国相对增长变量（对数值） | — | — | — | — | 0.522 *** |
| 农业生产条件变量： | | | | | |
| 　耕地面积（对数值） | − 0.135 | 0.083 | 0.065 | 0.057 | 0.056 |
| 　有效灌溉面积（对数值） | 0.043 * | − 0.012 | − 0.016 | − 0.016 | − 0.016 |
| 　每百亩化肥使用量（滞后一期） | 0.009 | − 0.007 | − 0.007 | − 0.007 | − 0.007 |
| 　每百亩柴油使用量（滞后一期） | 0.117 ** | − 0.104 *** | − 0.095 ** | − 0.090 ** | − 0.089 ** |
| 农业生产效率变量： | | | | | |
| 　加权每亩农作物产量 | 0.266 *** | 0.009 | 0.042 | 0.050 | 0.051 |
| 农业产业结构变量： | | | | | |
| 　粮食作物与经济作物面积比 | − 0.035 | − 0.031 | − 0.047 * | − 0.051 * | − 0.051 * |

---

① 2000～2010年漳浦县劳均农民收入约是其人均农民纯收入的1.78倍。

| 被解释变量：农民劳均纯收入（对数值） | 模型六 | 模型七 | 模型八 | 模型九 | 模型十 |
|---|---|---|---|---|---|
| 人口变量： | | | | | |
| 男性劳动力比例 | 0.047 | 0.329 ** | 0.312 ** | 0.304 ** | 0.307 ** |
| 工业化水平变量： | | | | | |
| 工业企业数（对数值） | 0.002 | 0.049 *** | 0.054 *** | 0.056 *** | 0.055 *** |
| 对外开放变量： | | | | | |
| 离县城距离变量（对数值） | −0.127 | −0.048 | −0.052 | −0.053 | −0.054 |
| 截距项： | 9.906 *** | 0.548 | 2.875 *** | 3.204 *** | 4.126 *** |
| 检验项： | | | | | |
| 豪斯曼（Hausman）检验概率 | 0.1425 | 0.9804 | 0.8994 | 0.8807 | 0.8829 |
| 估计方法 | 随机效应模型 | 随机效应模型 | 随机效应模型 | 随机效应模型 | 随机效应模型 |
| Adj-$R^2$ | 0.078 | 0.6304 | 0.5734 | 0.5569 | 0.5530 |
| Prob（F） | 0.0000 | 0.0000 | 0.0000 | 0.0000 | 0.0000 |

观察模型七至模型十的估计结果，可以发现，闽台农业合作变量的估计结果与此前模型估计的结果基本一致，即闽台农业合作对本地农民的收入不具有显著的正向作用。在其余控制变量方面，工业企业数、每百亩柴油用量以及农业产业结构变量也与此前模型保持一致的作用方向和显著程度，是影响农民收入的重要因素。略有不同的是耕地面积变量由原来的显著为正变得不显著，而男性劳动力比例对劳均收入的影响则变得显著为正，不过，这两个变量估计的符号均保持不变。因此，总体上，用劳均农民纯收入变量来替代人均农民纯收入变量并没有较大地改变模型估计的结果，模型估计具备较好的稳定性。

## （四）主要结论

首先，在样本期间内（2000～2012 年），引入台湾地区农业 FDI、进行闽台农业合作并没有对漳浦县农村居民的收入产生显著的正向效应，也不存在空间上的收入溢出效应。

其次，在农业生产条件及生产效率方面，有效灌溉面积、化肥使用和农业机械化水平的提高也没有提高漳浦县农村居民的收入水平，只有耕地面积的总数会对农民收入具有显著的正向作用。这显然与漳浦县耕地面积小、多林地山地导致难以进行规模化种植、机械化成本较高的农业自然条件息息相关。而效率方面，每亩农作物产量的增加也无法促进农民收入的提高，这与人们对农业经济作物的需求量较稳定有关。例如，柚子、龙眼等农产品，因其不是必需品，人们的消费量有限，不因价格下降而大量增加消费，反而会因为涨价而减少消费，农民面临的是一条拐折的需求曲线。因此，农业生产效率的提高反而会加剧农户间的价格竞争，导致农民收入的下降。

再次，农业产业结构的优化，即经济作物播种面积的增加，将有利于促进农村居民收入的提高。由于过去从台湾地区引进的良种对改变漳浦县乃至福建省农业种植业结构有一定影响，这可能使闽台农业合作在较长时期里会对农村居民收入产生正向的溢出效应。但是，其作用可能有限，不宜过高估计①。

最后，本地工业化水平的提高将有利于增加本地农民的收入。这也再次验证了我们此前的实证研究结论：与全国的趋势一致，近年来漳浦县农村居民的收入增加主要是工资性收入增加带来的（李文溥等，2011），工业化和城市化是促进农民增收的主要渠道。

# 四、对实证研究结果的理论分析

基于漳浦县镇一级数据的实证研究证实，目前为止，引入台湾地区农业FDI、进行闽台农业合作并没有显著地促进当地农民收入提高。这一研究结果的合理性，不仅取决于数据的可靠性及实证研究方法的合理性，而且取决于计量研究结果在理论上的可解释性。

## （一）闽台农业合作的主要模式

笔者认为：当前引入农业FDI、进行闽台农业合作的当地农民增收效果不显著在相当程度上与目前引入农业FDI、闽台农业合作所采取的主要模式密切相关。

联合国粮食和农业组织（FAO，2012）的研究指出，按照农民参与合作的程度不同，引进农业FDI的模式可以划分为："佣工模式"（waged workers，即外资企业从农民手中获得土地建设农场，而后雇用失地农民为农业工人）、"契约农业模式"（contract farming，即外资企业与本地农民签订生产合同，提出产

---

　① 2000~2010年漳浦县劳均农民收入约是其人均农民纯收入的1.78倍。

品品质要求，订购、加工并销售其产品），以及"股份制合作模式"（share-holders，即农民以土地及劳力入股，企业以资本、技术、良种入股，双方共同成立企业，共负盈亏）。不同的农业FDI模式对本地农民的收入效应截然不同。其中，"佣工模式"农业FDI给本地农民带来的收益最小，仅能产生不稳定的就业创造效应，同时却由于大规模的土地征用，容易导致政府腐败、农企对抗、土地闲置、社会不稳等众多负面问题。"股份制合作模式"的农业FDI不触及地权转让，有利于保护农民的基本利益，又能够充分利用外来企业的资本、技术、管理经验、市场化运作及人才优势，实现双赢。问题在于，选择何种合作模式是双方在特定时空条件下博弈的结果，它取决于参与博弈各方的力量对比及其选择。

当前引入台湾地区农业FDI、闽台农业合作的模式基本上以"佣工模式"为主。一份对漳州市台资农业企业的调查研究（张慧祯和黎元生，2009）发现，近90%的台资农业企业是采取"佣工模式"的。

## （二）"佣工模式"对当地农民收入的影响

运用"佣工模式"引入农业FDI，进行闽台农业合作所产生的当地农民收入流主要有：第一，失地农民的土地补偿收入或租金收入。土地补偿收入是一次性的。租金收入可以带来长期而且相对稳定的收入流，不过，失地农民也将从此失去土地的经营性收益。第二，失地农民的佣工收入。台资企业或多或少会雇用当地农民作为其员工。但是，在地少人多的南方农村，实行"佣工模式"的台资企业，为实现人地最大效率，所能雇用的当地农民数量显然将少于因此失去土地的农民数量。第三，对非失地农民的"外溢"效应。它正负兼有。正的外溢效应指台商带来的新产品、新技术、先进管理经验、组织生产模式、市场营销手段以及农业种植新观念的推广、示范及集聚效应；负的外溢效应是台商凭借其资金、技术、成本和销售渠道优势，击垮或挤垮本地农民的原有生产经营，压缩其市场空间，使其依附于台资企业。正的外溢效应会促进本地农民收入提高，而负的外溢效应则不利于本地农民增收。

冯秀萍等（2010）指出，在闽台农业合作存在的问题中，表现最为突出的就是"富了企业、农民增收有限"。不论是"佣工模式"，还是"契约合同模式"，福建农民的增收效果均不显著，甚至出现了损害农民利益的情况。例如，在租赁农地时，一些台资农业企业利用农民组织化程度不高、谈判能力薄弱等缺点，不仅没有让农民分享企业利润，反而故意压低农地租赁价格以降低生产成本。叶亚野和林翊（2011）也认为，福建省长期利用压低土地、劳动力等资源要素价格来吸引台湾地区农业FDI的做法，势必造成合作的企业和农民双方利益关系的失衡和冲突。集中体现在：第一，在政府的引资冲动下，土地租金价格被压得很低，仅约为正常土地经营收入的一半左右，而且租赁时间越长，租赁费用和土地正常经营收入之间的差额越大。第二，以"产值倍数法"作为土地征收补偿的标准过低，不符合现代农业的补偿要求，也不体现土地作为稀缺资源的真正价值。第三，在"契约合同模式"的合作实践中，由于组织化程度较低、议价能力较差，福建农民也难以分享产业化经营带来的收益，大多沦为台湾地区农业FDI企业的初级农产品原材料提供者。这就导致，一方面农业生产的风险基本都由本地农民承担；另一方面在正常年份或丰收年份，农产品价格又会被刻意压低，难以获得应有的经营收益。此外，一些台商对所租赁土地资源的过度开发或长期闲置，也不利于失地农民回收土地之后的长远利益。

许建明（2012）进一步指出，即使土地补偿的标准提高至合理水平，基层政府在中间扮演的角色是公平的，并且土地交易过程也是透明的，这种以土地使用权转让为前提的农业合作模式，从社会稳定的角度看，也是不可取的。因为台湾农业FDI企业所能吸纳的就业人数远远小于因土地使用权转让而产生的农村剩余劳动力人数。

总之，引入"佣工模式"的农业FDI、开展闽台农业合作可能会对福建农业产值增长、现代农业发展产生一定积极作用[①]，但是，本地农民的增收效应，却是不显著的。

### （三）为什么是"佣工模式"？

为什么目前引入台湾地区农业FDI、进行闽台农业合作普遍采取了当地农民增收效果不佳的"佣工模式"？

首先，从台商的角度看，这是获取投资方最大利益的便捷方式。通过"佣工模式"，一方面，可以得到稀缺的土地资源及廉价的农业劳动力；另一方面有利于独享企业经营利润。而且，便于长期保持技术优势、市场营销优势。佣工模式其实是工业中加工贸易FDI的翻版。这是一种比较安全的投资方式，土

---

① 但是，这是一种"被现代化"而非内生或自生的农业现代化。能否因此推动本地农民自主内生的农业现代化，值得进一步研究。

地资源的垄断性占有，有利于保持对土地的投资以及附着土地的投资的安全。

然而，对台商最有利的农业FDI方式未必同时是对于当地农民和政府最有利的合作方式，可为什么当地农民与政府也接受了这一方式？

当地农民之所以接受不是其利益最大化的"佣工模式"，主要原因是：在目前条件下，个体农民经营农业的收益率较低，因此，农村青壮劳动力纷纷外出务工，承包地不能自由交易，也就无法实现它潜在的市场价值，因此，尽管其潜在价值可能很高，但却成为外出务工农民手中食之无味弃之可惜的鸡肋，这些年来，各地都有不少外出务工农民不得不把承包地以极低的价格（甚至无偿地）转给亲戚朋友耕种。当然，在这种情况下，如果有人能够代表这些希望出让承包地的农民与前来投资的台商谈判，是可以寻求能够实现当地农民利益最大化的闽台农业合作形式的。但是，目前在农村，并不存在着独立于乡镇政府、村委会等正规组织之外的其他农民组织，而现有的乡镇政府、村委会等基层组织的性质决定了，它们在上级政府的招商引资政策导向及指令约束下，首先必须执行上级政府的政策意图，一般很难以农民利益的独立代表身份与台商进行谈判。在这种情况下，农民将承包地以低于潜在收益的价格出让给台湾地区农业FDI企业，虽说是无奈之举，却也是情理中的选择。

然而，各级地方政府之所以也选择了"佣工模式"，却是值得反思与检讨的。第一，在引进台湾地区农业FDI，开展闽台农业合作的初期，可能是经验不足，没有认识到以这种方式推进闽台农业合作，可能会不利于当地农民增收；第二，认真科学的研究不足，没有控制其他变量作用的大而化之的研究，给政府部门传递了误导的错误信息；第三，即使通过研究和工作实践，发现了现有的闽台农业合作方式不利于农民增收，但却对农业、农村现代化的根本目标是实现农民增收的重要性认识不足，认为为了前者可以在一定程度上牺牲后者；第四，在研究和实践证明了现有的闽台农业合作方式不利于农民增收之后，政府部门是否改变既有的鼓励"佣工模式"农业FDI的政策导向？这显然取决于政府部门将何种政策目标放在首位。近十多年来，以追求经济增长与财政收入最大化为目标，不计成本地招商引资，以出口劳动密集型产品为导向的粗放型经济发展在实现了经济高增长的同时，已给我国经济发展带来了国民经济结构失调、居民收入增长缓慢、收入分配差距扩大、国内需求不振等一系列问题，经济发展方式的转变已是社会经济持续健康发展的当务之急（王燕武，2014）。当此之时，如果在农村、农业经济工作中复制非农经济中既有的经济发展方式，显然收益将更小，成本将更大。

# 五、结论与政策建议

本文基于福建省闽台农业合作重点区域——漳浦县的实地调研及实证研究显示：在控制了其他影响农民收入的因素之后，在样本期间内，引入台湾地区农业 FDI、闽台农业合作的当地农民增收效应不显著，并没有实现企业与农民双方利益的双赢。

对此进行理论分析的结论是：引入台湾地区农业 FDI、进行闽台农业合作的当地农民增收效应之所以不显著，关键是采取了不利于当地农民利益的"佣工模式"。它使本地农民不论是土地补偿收入、租金收入，还是因此受雇的工资性收入，均无法有效地弥补所流失土地的经营性收益。因此，"佣工模式"的农业 FDI、闽台农业合作无助于本地农民增收。之所以当前引进台湾农业 FDI 的闽台农业合作以"佣工模式"为主，是台商、当地农民及各级政府在特定体制空间下三方利益博弈的结果。从农村、农业现代化的根本目的角度看，"佣工模式"的农业 FDI 是闽台农业合作的次优选择。

国内外的诸多研究指出：以稳定地权为特征的"股份合作制"是较能实现当地农民增收的农业 FDI 形式。但是，现实情况是：以稳定地权为特征的"股份合作制"却难以在农业 FDI 中推广，其原因在于：（1）就投资方而言，只要当地条件许可，是更愿意采取"佣工模式"的。它有利于投资方取得稳定的土地使用权，为附着在土地上的其他投资提供必要的保障。然而，"股份合作制"却使投资方无法绝对控制土地使用权，投资的风险因此上升。（2）"股份制合作"实际上是现代企业制度在农业领域的一种运用，它需要合作方具备现代企业组织、生产、管理、市场营销等多方面的综合知识。当前我国农民的知识水平和文化素养，就多数而言，显然远不足以有效地参与企业日常正常经营事宜，与台商形成真正平等互利的合作关系。（3）"股份制合作"模式的农业 FDI 要求参与合作的当地农民作为一个群体，有组织地参与合作，"佣工模式"的农业 FDI 无论是土地使用权的转让，还是之后的员工雇用，投资方都只需要与单个的农民打交道。显然，佣工模式的农业 FDI 对当地农民的要求更低。

简言之，股份合作制的农业 FDI 可以使当地农民的收益更大，但是，所要求的条件更高；佣工模式的农业 FDI 实施的条件简单，但是却不利于当地农民增收。

选择何种农业 FDI 模式，取决于政府的政策目标。如果追求引资数量等短期政绩，或者提高当地农民收入之外的其他政策目标，势必倾向于选择"佣工模式"，因为它能较快地引进台湾地区农业 FDI。如果将引入台湾地区农业 FDI、推动闽台农业合作的根本目的定位为提高当地农民收入而非其他政策目标，那么，势必着力推动以"股份制合作"为主的闽台农业合作方式。问题在于：在引入农业 FDI、闽台农业合作上究竟应当选择何种政策目标呢？笔者认为，农村、农业现代化的根本目的或首要目的是富民，是农民增收。全部农村、农业工作必须围绕这一目的展开。如果如此，通过相应的政策调整，辅之以必要的措施，政府与当地农民齐心联手，引入农业 FDI、闽台农业合作是有可能向有利于当地农民增收的合作方式转变的，并且从长远看，它也是有利于投资方的，问题是三方都要有长期的收益目标及足够的耐心。

# 参考文献

［1］陈武雄：《变与不变——两岸农业合作的省思和期许》，新浪网，2006 年 10 月 17 日。

［2］冯秀萍、林翊、林卿：《闽台农业合作中福建农地利用的 SWOT 分析》，载《台湾农业探索》2010 年第 6 期。

［3］李文溥、卢盛荣、王燕武：《工业化、城市化模式与农民稳定增收途径探讨》，载《东南学术》2011 年第 1 期。

［4］卢盛荣、李文溥、易明子：《农民增收：地权稳定抑或土地流转？》，载《东南学术》2012 年第 2 期。

［5］王燕武：《扩大内需的财政政策选择：供给管理型财政政策》，经济科学出版社 2014 年版。

［6］许建明：《农业 FDI：两岸农业合作中的土地问题与土地配置方式选》，厦门大学宏观经济研究中心工作论文，2012 年。

［7］叶亚野、林翊：《闽台农业合作中农民土地权益问题分析》，载《台湾农业探索》2011 年第 5 期。

［8］张慧祯、黎元生：《闽台农业价值链分工中利益协调机制研究》，载《中国证券期货》2009 年第 12 期。

［9］张雅静、林卿：《加强闽台农业合作 促进农民增收》，载《台湾农业探索》2005 年第 3 期。

［10］FAO，"Rends and Impacts of Foreign Investment in Developing Country Agriculture"，Food and Agriculture Organization of the United Nations，2012.

第六篇

# 论海峡西岸中心城市建设[*]

## 一、引言

改革开放以来，福建人民在党中央、国务院及福建省委、省政府的正确领导下，艰苦奋斗，开拓进取，经过二十多年的努力，终于使福建经济社会发展水平跃居全国先进省份行列。但是，与同处华东南沿海地区的广东、浙江、江苏等省份相比，仍存在一定差距。[①]

目前，长江三角洲与珠江三角洲地区经济的快速增长已在沿海形成中国地区经济增长的"波峰"；福建地处这两个三角洲之间，其相对落后的社会经济发展水平在华东南沿海地区形成一个经济增长的"波谷"。这种"东南凹陷"的局面正在使华东南沿海地区断裂为长江三角洲与珠江三角洲两个相对独立、各自发展的经济区。因此，加快福建经济的发展，缩小其与广东、浙江、江苏等省份社会经济发展水平的差距，将有利于把长江三角洲、珠江三角洲以及福建在区域经济上连成一体，形成我国最大、最发达同时也是最具活力的经济区——华东南沿海经济繁荣带。这个新的经济区的形成，对拉动江西、安徽、湖南、湖北、广西等省份的经济发展，以及扩大大陆与台湾的经济联系、促进祖国和平统一大业，都具有极为重要的战略意义。正是基于这一考虑，中共福建省委、福建省政府提出了建设海峡西岸经济区的战略构想。这不仅可以加快福建经济增长并缩小福建与两个三角区的发展差距，而且还在空间上

———————

[*] 本文收录于李文溥主编《论海峡西岸中心城市建设》（经济科学出版社 2006 年版），系全书研究的总论，建立在此后各章专题研究的基础上。共同作者：龚敏。

[①] 李文溥、杨灿：《建设全面小康社会进程的一个比较研究——以福建为基点》，载《中国人口科学》2004 年第 4 期。

修补华东南沿海地区因福建经济相对落后而出现的区域经济布局上的断裂或凹陷，从而使之成为空间上连续的真正意义上的华东南沿海经济繁荣带。

众所周知，在现代经济条件下，一个地区经济的崛起，取决于该地区工业以及城市经济的发展；而城市经济发展到高级阶段的产物则表现为城市群的出现。① 在世界经济的发达地区，我们都可以看到各种不同规模的城市群。在国内，长江三角洲、珠江三角洲（包括港、澳）和京津唐地区，已逐步通过区域内城市功能的整合，正在形成城市系统。正是这些充满活力的城市群，带动着这些地区经济的高速增长，使它们集聚了全国大部分的经济总量，并成为中国经济增长的核心地区。

由于历史的原因，福建城市经济的发展始终落后于长江三角洲、珠江三角洲（包括港、澳）和京津唐地区。在福建，不仅尚未形成真正意义上的城市群，而且既有的单体城市规模也相对落后于长江三角洲、珠江三角洲和京津唐地区（见表1）。作为福建最大的三个城市福州、厦门和泉州，其 GDP 的规模均大大低于长三角的核心城市上海，珠三角的核心城市广州和深圳，以及京津唐地区的核心城市北京和天津。

**表1　　　　　　　　福建与长三角、珠三角、京津唐地区城市规模比较**

| 城市 | | 土地面积（平方千米） | 人口（万人） | GDP（亿元） |
|---|---|---|---|---|
| 长江三角洲 | 上海 | 6340.5 | 1334.23 | 5408.76 |
| | 南京 | 6588 | 563.28 | 1297.57 |
| | 苏州 | 8488 | 583.86 | 2080.37 |
| | 杭州 | 16596 | 636.81 | 1781.83 |
| | 宁波 | 9365 | 546.19 | 1500.34 |
| | 区域合计 | 100241.5 | 7570.58 | 19124.98 |
| 珠江三角洲 | 广州 | 7434.4 | 720.62 | 3001.48 |
| | 深圳 | 1949 | 139.45 | 2256.82 |
| | 东莞 | 2465 | 156.19 | 672.89 |
| | 中山 | 1800 | 136.03 | 415.67 |
| | 珠海 | 1688 | 78.61 | 406.27 |
| | 区域合计 | 22050.4 | 2624.92 | 9565.29 |

---

① 亦称城市系统（urban system 或 system of cities），指在连续的地域范围之内，以分层次的中心城市为中心，由功能各异、规模不等、既有分工、又密切协作的众多城市所组成的空间组织系统，具有多层次性、开放性和功能互补性等特征。

| 城市 | | 土地面积（平方千米） | 人口（万人） | GDP（亿元） |
|---|---|---|---|---|
| 京津唐 | 北京 | 16807.8 | 1136.3 | 3212.7 |
| | 天津 | 11919.7 | 919.05 | 2051.16 |
| | 唐山 | 1182.0 | 292.75 | 544.86 |
| | 区域合计 | 32586.5 | 2762.34 | 6552.63 |
| 福建省 | 福州 | 11968 | 597.53 | 1160.53 |
| | 厦门 | 1565 | 137.16 | 648.36 |
| | 泉州 | 10866 | 659.03 | 1223.06 |
| | 全省合计 | 122805 | 3332.37 | 4842.18 |

资料来源：根据《中国城市统计年鉴（2003）》整理所得。

因此，作为实现建设海峡西岸经济区战略构想的一个重要战略举措是建设福州、厦门、泉州三个沿海中心城市，使之成为海峡西岸经济区的战略支撑点；以此整合福建区域，集聚社会经济资源，辐射周边地区，加强与长三角、珠三角地区的经济合作与联系，拉动福建经济增长。本文正是基于这一战略构想，试图就构建海峡西岸经济区南端的中心城市——厦门以及形成以其为中心的环厦门湾城市群的相关问题进行研究。

# 二、建设以厦门为中心的环厦门湾城市群

## （一）作为海峡西岸经济区中心城市，厦门的发展严重受制于城市发展空间不足

中心城市是经济区的轴心、资源、信息、技术集聚点、辐射中心和经济增长极。中心城市对周边地区的凝聚与辐射能力、辐射范围、影响强度在相当程度上是与城市本身的规模成正比的。厦门是海峡西岸经济区的主要中心城市之一，经济特区和福建省唯一的副省级城市。但是，长期以来，其行政辖区面积、人口规模、经济总量在全国同级别城市中一直都是最低或比较低的（见表2）。

**表2** **全国副省级城市基本经济数据比较**

| 城市 | 面积（平方千米） | 位次 | 人口（万人） | 位次 | GDP（亿元） | 位次 | 固定资产投资额（亿元） | 位次 | 社会商品零售额（亿元） | 位次 |
|---|---|---|---|---|---|---|---|---|---|---|
| 沈阳 | 12942 | 5 | 488.66 | 4 | 1200.77 | 5 | 354.08 | 8 | 639.53 | 4 |
| 大连 | 13237 | 4 | 273.23 | 11 | 1068.94 | 7 | 274.1 | 11 | 484.77 | 6 |

779

| 城市 | 面积<br>（平方千米） | 位次 | 人口<br>（万人） | 位次 | GDP<br>（亿元） | 位次 | 固定资产<br>投资额<br>（亿元） | 位次 | 社会商品<br>零售额<br>（亿元） | 位次 |
|---|---|---|---|---|---|---|---|---|---|---|
| 长春 | 20532 | 2 | 303.94 | 10 | 847.37 | 10 | 202.95 | 15 | | |
| 哈尔滨 | 53775 | 1 | 311.77 | 9 | 715.9 | 13 | 294 | 7 | 405.39 | 9 |
| 南京 | 6421 | 13 | 480.35 | 5 | 1197.34 | 6 | 488.46 | 5 | 487.59 | 5 |
| 杭州 | 16596 | 3 | 387.01 | 7 | 1366.82 | 4 | 490.01 | 4 | 426.36 | 8 |
| 宁波 | 9365 | 9 | 203.41 | 13 | 665.65 | 14 | 241.78 | 13 | 147.35 | 14 |
| 厦门 | 1565 | 15 | 137.16 | 15 | 648.36 | 15 | 248.45 | 12 | 215.07 | 13 |
| 济南 | 8177 | 11 | 327.55 | 8 | 930.51 | 9 | 286.19 | 10 | 362.87 | 11 |
| 青岛 | 11026 | 7 | 241.74 | 12 | 790.76 | 11 | 215.36 | 14 | 200.43 | 12 |
| 武汉 | 8406 | 10 | 768.1 | 1 | 1492.74 | 3 | 549.33 | 3 | 770.08 | 2 |
| 广州 | 7263 | 12 | 583.89 | 2 | 2731.11 | 1 | 937.27 | 1 | 1279.88 | 1 |
| 深圳 | 2050 | 14 | 139.45 | 14 | 2256.83 | 2 | 799.84 | 2 | 689.59 | 3 |
| 成都 | 11939 | 6 | 439.79 | 6 | 1007.37 | 8 | 472.9 | 6 | 459.49 | 7 |
| 西安 | 9983 | 8 | 497.38 | 3 | 748.08 | 12 | 290.21 | 9 | 363.37 | 10 |

资料来源：根据《中国城市统计年鉴（2003）》整理。

即使是在福建省内，厦门的辖区人口和面积也远远低于福州和泉州。厦门市人口仅为泉州和福州的1/5；面积仅为泉州和福州的1/7，因此，尽管厦门的人均GDP居全省之首，但是经济总量（GDP）却只有泉州（1350亿元）和福州（1300亿元）的1/2。

厦门是一个靠口岸港口发展起来的海岛城市，20世纪30年代建市初期，厦门的城市建成区面积不过6平方千米，经过长达半个世纪的缓慢发展，至80年代初，厦门市的建成区面积也只扩张了一倍。显然，在这种城市规模下，厦门本岛面积（134.45平方千米）及其行政辖区面积（1565平方千米）并不构成其发展的限制。

1980年，国务院决定在厦门设立经济特区，1984年将特区范围扩大到厦门全岛，厦门进入经济高速发展时期，带动了厦门迅猛的城市化进程。经过20年快速发展，厦门城市建成区面积从20世纪80年代初的12平方千米扩大到2000年的大约82平方千米，面积扩大了将近6倍。厦门市区空间的迅速拓展，使厦门本岛以及行政辖区面积狭小这一硬约束日益突出：目前，在岛内扩展市区面积的空间余地已所剩无几，全岛可供市区建设发展的土地仅剩下20平方千米左右，主要分布于厦门岛的东部和东北部。至2003年，厦门岛内城市化水平已达到92.5%。可以说，厦门城市化进程的第一阶段——岛内城市化已至尾声。

近年来，厦门城市化进程进入第二阶段，即岛外推进阶段，或者说，由厦门本岛向周边地区扩张的阶段。与岛内城市化水平达 92.5% 相比，2003 年，岛外三个区的城市化水平仅为 24%，不仅低于全市 57% 的总平均水平，也低于全省的 42% 和全国的 38% 的平均水平。由此可见，厦门市域的岛外城市化进程方兴未艾。根据厦门市政府的总体规划设想，今后十年厦门市的城市发展将朝着以厦门岛为中心，越过海湾辐射到周边的地区，形成"一环数片、众星拱月"的城市格局。这一规划设想若顺利实现，那么，2010 年后，厦门市将超越既有的海岛城市的范畴，转变为一个海湾型城市（类似于美国的海湾城市旧金山），其城市空间将得到很大的拓展。但是，这样的一个海湾城市仍然是一个单体城市，而不是城市群。因为，按照现有的城市规划，厦门本岛与岛外周边的新城区、城市次中心及中心城镇将连成一片，因而只能算是一个城市，而非一个城市系统或城市群。

2010 年前后，厦门将要步入其城市化的第三个阶段：从单个城市的规模扩张转向城市群的形成及其整体规模扩张。在这个阶段，厦门的城市化进程将面临以下三个突出问题：市域空间狭小问题、土地问题和城市规模及其总体规划问题。这些问题在厦门现有的行政区划范围内，无法得以解决。也就是说，行政辖区过小将成为厦门第三个阶段城市化进程的主要限制。

## （二）漳州经济发展动力不足，城市化进程缓慢

与此同时，与厦门相邻的漳州市，则面临着经济发展动力不足、经济发展缓慢、城市化进程滞后、可能被边缘化等问题。

"九五"以来，漳州城市化水平在不断提高，城市化水平由 30.4% 提高到35.4%，平均每年提高 1 个百分点。然而，与全省平均水平（42%）相比，漳州的城市化水平和进程速度仍然相对落后。

在城市化水平和进程相对落后的背后，是漳州经济发展的相对滞后。1978年，漳州的经济总量位居厦漳泉三市之首，泉州、厦门的 GDP 仅为漳州的87.4% 和 53.9%。然而，6 年、12 年之后，泉州和厦门的经济总量就都超过了漳州。2000 年，漳州的经济总量仅相当于泉州的 45.7%、厦门的 95.1%，就人均收入而言，2003 年漳州仅相当于厦门的 70%，泉州的 80%。

目前，漳州不仅作为区域中心城市地位越来越不明显;[①] 而且作为地区一

---

① 一个例证是，2003 年，福建省提出重点规划建设三大省级中心城市——福州、泉州、厦门，将漳州列为厦门中心城市所辐射的次一级中心城市（亦即与作为福州中心城市的次一级中心城市的福清、作为泉州中心城市的次一级中心城市的晋江是同等级的，而福清与晋江至今仍是县级市）。

级的中心城市，其功能也不够完善。

首先，漳州基础设施长期未能得到应有的发展。交通不畅，是漳州发展所面临的最突出的制约因素。漳州目前是我国东南沿海地区交通网络较为薄弱的地区之一，铁路和公路网里程短，布局偏，设施技术标准不高，综合输送能力低下，运量与运能矛盾突出。交通不便不仅加剧了漳州地区发展的不平衡，使漳州的内陆山区得不到较快的开发，也限制了其沿海港口优势、开放优势的充分发挥，更制约了漳州作为地区中心城市发挥其聚集和辐射功能的潜能。

其次，漳州的产业基础薄弱，发展缓慢。主要表现在，产业总体技术水准低，尤其缺乏高新技术武装的战略性先导产业；支柱产业不突出，产业优势不明显，特别是缺乏具有较强带动作用的主导产业。产业的素质不高，造成经济增长的质量不高，对外竞争能力不强，缺乏持续发展的动力。漳州的第三产业层次不高，领域不宽，机制不灵活；旅游等新兴产业发展不快、成效不显著，与漳州市城市化进程不相称。产业基础薄弱和发展缓慢客观上制约了漳州作为地区中心城市发挥聚集和辐射功能的能力。

最后，漳州的科技水准不高，人才结构不能满足经济发展要求，漳州虽然在市区拥有几所高等院校（漳州师范学院、漳州职业技术学院、漳州教育学院、漳州电大、漳州医专等），但由于经济长期发展不快，产业发展水准不高，人才大量外流，致使漳州的科技力量相对薄弱，人才结构不能适应经济发展的需要。

这些方面都表明，漳州作为一个中心城市尚未充分具备中心城市所应具有的聚集和辐射基本功能。

## （三）厦漳合并有利于形成支撑海峡西岸经济区的中心城市群——环厦门湾城市群

如前所述，城市化乃至城市群的形成和发展，是现代经济发展的必然趋势，也是区域经济发展的必然途径。建设海峡西岸经济区，连接长江三角洲和珠江三角洲，形成华东南沿海经济繁荣带，必须在经济区内形成 2~3 个较大规模的城市群。然而，一方面，单纯局限于厦门现有行政区划范围之内，显然不可能出现城市群，因为厦门狭小的地域空间支撑不了一个城市群的形成。另一方面，单纯依靠漳州自身的发展，在漳州现有行政区划之内或许有潜能形成一个小规模的城市群，但是，近 20 年来的发展历程证明，其进程必定十分缓慢，而且由于规模太小，难以成为支撑海峡西岸经济区的中心城市群，加之漳州与厦门毗邻，如果各自局限在其行政辖区范围内规划发展，必定造成经济社会资源的严重浪费。我们认为，如果调整现有的行政区划，将厦门和漳州在行政区划上合为一体，统一规划，则有望形成一个支撑海峡西岸经济区的中心城市群——环厦门湾城市群，它们与正在形成中的以泉州为中心的环湄洲湾城市群连为一体，与以福州为中心的闽江口城市群一起，将成为支撑海峡西岸经济区的南北两个增长极，拉动整个海峡西岸经济区的发展。

## （四）环厦门湾城市群的空间布局设想 *

设想中的环厦门湾城市群是一个包含着四个层级的城市系统。其中，处于城市群最高级的城市有一个，即厦门市；二级城市也只有一个，即漳州市；三级城市有四个，即龙海、角美、港尾和靖城；四级城市或集镇有多个，其中漳州一带包括长洲、蓝田、步文、浮宫、东园、海澄、颜厝、九湖、程溪等，厦门一带包括杏林、海沧等。此外，在合并后的厦门市域内，还有一些与环厦门湾城市群相呼应的新兴卫星城市，因此，可以将厦漳合并后的厦门城市的空间布局战略概括为"一环、两带、三集团"。这里的"一环、两带"指城市的空间发展方向沿着环厦门湾、九龙江发展带与南部沿海发展带展开，"三集团"指城市空间布局由厦门主城区、漳州集团、漳浦集团组成基本构架。

### 1. 环厦门湾

环厦门湾以厦门本岛为核心，包括厦门湾海域及后方陆域。以九龙江出海口为界，厦门湾分为南北两部，南部为漳州下属的龙海市辖区，北部为厦门行政区划的范围与龙海的角美镇。随着海湾型城市发展战略的实施，厦门湾北部已经进入全面开发阶段，相比之下，厦门湾南部存在着较大的落差。厦漳合并之后，厦门湾南北两岸作为一个有机整体，可以统一规划，统一组织建设，环厦门湾城市开发不平衡的状况，将从根本上得到改变。

首先，海沧与角美将迅速融为一体。自设立台商投资区以来，海沧先后投资 110 亿元建设城市基础设施，开发条件已相对成熟，招商引资与城区经济进入高速发展时期。连续 3 年 GDP 与工业总产值均以 46% 的速度增长。2003 年实现 GDP 101.5 亿元，工业总产值 301.5 亿元。厦门的三大支柱产业（机械、化工、电子信息）齐集海沧，每平方千米用地所产生的 GDP、工业产值、税收

---

* 本部分内容原载于《福建论坛（人文社会科学版）》2006 年第 2 期。

分别为 13.7 亿元、40.8 亿元和 3.8 亿元。随着投资环境日趋完善与产业集聚态势的形成，国内外投资者纷纷看好海沧，前来洽谈的大项目迅速增多，扩大工业用地的供给成了海沧最紧迫的问题。紧邻海沧的角美是闽南名镇，辖区面积 100 多平方千米。两地联手，工业用地可以增加 1 倍，充分利用海沧的基础设施和其他投资条件，将海沧的产业链条延伸到角美，可以最大限度地延续海沧的发展态势。若以经济总量与财政收入作为衡量标准，则 8~10 年时间，就可以在这里新建一个"厦门"。

其次，厦门湾南岸将融入厦门主城区，参与完整意义上的海湾型城市建设。厦门湾南部以九龙江支流南溪为界，分为东西两个区域：东面为南太武区，范围包括招银开发区及浮宫、港尾、白水、隆教 3 镇 1 乡，面积 300 多平方千米；西面是龙海区，以龙海县城石码镇为中心，包括榜山、紫泥、海澄、东园、东泗 5 镇 1 乡和程溪镇一部分，面积 400 多平方千米。这是两个具有不同发展模式、不同风格的城区。南太武区拥有海岸线 28 千米，其中深水岸线 12 千米，最大水深 29 米，可建设 1 万~20 万吨泊位 32 个。港口后方有大片的工业用地，可以以深水港口为依托，建设大型的物流园区、临港工业区和出口加工区。该区三面环海，北面与厦门本岛及海沧隔海相望，东面为厦门湾口，东南面面临台湾海峡，隆教湾风光秀丽、沙滩平直宽阔、南太武山与金门的北太武山遥遥相对，自然环境极佳，可建设高品位的休闲度假区、文教区与居住区。招银开发区规划面积 40 平方千米，相当一部分需填海造地。经过 12 年的建设，已建成码头泊位 7 个，其中 5 万吨的集装箱泊位 2 个。先后有 198 家中外企业在区内投资，投资总额达 15 亿美元，预计 2004 年工业产值可达 50 亿元，开发区已颇具规模。然而，迄今为止，开发区还仅仅是块飞地，周围的乡镇基本上仍处于农业经济时代。要让这块极具开发价值的土地红火起来，需要注入新的动力。融入厦门主城区之后，可以在中心城市政府的统一规划与组织下，集中力量建设连接厦门湾南北两岸的跨海大桥、疏港铁路、城市道路及其他基础设施，并创造一定的政策与制度环境，引导企业、文化实体与各类专业人才进入厦门湾南岸，形成港口码头、物流园区、工业区、商业区、居住区、文教区、休闲度假区联动开发的态势，将南太武区建设成为新型的港口工业区与文化旅游区。龙海区位于九龙江出海口，目前城市建设集中在石码、海澄、紫泥三镇范围内。九龙江支流北溪、西溪在龙海境内汇合之后又分成南港、北港两支。石码与海澄位于九龙江南港南岸，紫泥岛则位于九龙江南港与北港之间。由于月港（今海澄境内）的兴盛，这一带在历史上曾经有过长达 1 个多世纪的繁荣。沿九龙江两岸建城，可以形成具有鲜明的闽南水乡风貌与人文特色的城市人居环境。在经济上，龙海与厦门本岛联系历来密切。作为蔬果鱼米之乡，龙海是厦门重要的食品生产基地，随着厦门本岛辐射能力的增强，进入龙海投资的厦门企业正在增多。融入厦门主城区，为龙海的发展提供了新的机遇，可以重新审视自己在海湾型城市建设中的定位。可以在中心城市政府相关政策的支持下，加快建设跨越九龙江的桥梁与连接角美、海沧的城市主干道；通过疏浚九龙江、治理水土流失、遏制污染、在九龙江口大片种植红树林等措施，建设高水准的生态环境；通过与外商、台商的合作及承接厦门本岛的产业转移，发展能大量吸纳农村劳动力的食品、纺织服装、运动器材等产业，通过本岛产业链的延伸发展高新技术制造业、房地产业与旅游业等，从而形成龙海的特色经济。

### 2. 九龙江发展带

九龙江发展带指以九龙江西溪为主轴的城镇带，包括漳州主城的龙文区、芗城区及其下属的芝山镇、天宝镇，龙海的颜厝镇、九湖镇，南靖的靖城镇、山城镇等。这是一座大型中心城区和一群小城镇的组合。漳州市区向东直逼万松关，西至芝山镇，沿九龙江南北两岸展开，市区面积可达 100 平方千米，可容纳 100 万人口。随着漳州市区到厦门本岛的快速公共交通系统的建设，漳州市区的集聚和辐射效应将明显展现，与周围城镇的联系也将大大加强。但周围的主要城镇或处于山区河谷地形狭窄地带，或处于生态敏感区，城镇发展规模不会很大，大多为 3 万~5 万人的小城镇。漳州城镇集团最突出的特点是走生态城市的发展道路。这需要采取一些战略性措施。第一，大规模转移农村人口，恢复自然生态。通过与厦门主城区的产业对接，迅速发展漳州市区及周围城镇的城市经济，增加就业岗位，大量吸纳农村劳动力。与此同时，不断扩大封山育林的力度与范围，有效地治理水土流失。第二，在市区与各县建设大型的农产品出口基地。在坚决关闭污染企业淘汰落后产业，治理生态污染的同时，通过必要的政策与制度安排，进一步引导外商、台商及厦门的农业龙头企业、外贸企业进入漳州，以漳州平原及山区各县丰富的绿色资源为依托，建立农产品生产、加工、销售、服务一条龙的生产基地，大力发展花卉、绿色食品、以竹木为原料的工艺品等高附加值的出口产品，使之成为厦门港对外贸易的重要货源地。第三，在长泰设立农业高新技术产业开发区。现代生物技术在农业上的应用，是 21 世纪具战略意义的高技术领域。长泰处于戴云山脉与漳州平原的过渡地带，地势相对开阔。可以规划建设一个占地 60~80 平方千米，融研究、开发、试验、生产、服务及专业人才培训为一体的农业高科技园区，成为海峡两岸农业高科技合作的战略基地。第四，在漳州市区建立生态工业园，应用清洁生产技术，发展循环经济，并逐步向工业城镇推广。

### 3. 南部滨海发展带

南部滨海发展带指厦门都市区南部沿海地区邻近快速交通轴线的城镇群，包括佛昙、旧镇、漳浦、云霄、东山、诏安等。南部沿海地区地势开阔，港湾众多，既有令人赏心悦目的海滨风光，也有开阔的城市建设用地，是厦门都市区最重要的战略后备空间。漳诏高速公路分别在赵家堡、漳浦、杜浔、云霄、常山、东山、诏安东、诏安南设置了 8 个互通口，很有利于沿线城镇的发展。厦漳行政区划合并之后，沿海各城镇的发展前景将更加明朗，招商引资将出现新的局面。但由于沿海各县经济基础相对薄弱，城市基础设施建设更需要有一个过程。因此，还不能期望南部城镇短期内就能像九龙江发展带那样突飞猛进。对于中心城市政府来说，在南部沿海一线首先要重点关注的是古雷港开发区的建设。古雷港位于东山湾的东侧，可规划 1 万～20 万吨级顺岸泊位 20 个。古雷港开发区规划面积 278 平方千米，其中陆域面积 130 平方千米，海域面积 148 平方千米（含浅海滩涂 55 平方千米），适宜于建设大型的重化工业基地。该开发区对于厦门大都市区的产业布局具有重大战略意义。我国经济发展已进入重化工业时期，福建经济发展更需要在重化工业方面有重大战略部署，以适应海峡两岸经济关系发展的需要。目前厦门的三大支柱产业中，有两大产业（机械、化工）要把产业链向上游延伸，都有待于在重化工业方面有新的突破。古雷港开发区正好在关键性时期，为厦门都市区大型重化工业的发展提供了理想的空间；例如，翔鹭集团总投资 14.2 亿美元的 PX 项目，与该集团先期投资的 PTA 及涤纺纤项目形成产业链，正在引发石化产业的连锁投资效应。对于前来投资的石化项目，下游项目可在海沧或角美安排；上游的大型投资项目就很难在厦门湾找到合适的地砵。有了古雷港开发区作为战略基地，厦门的石化业就更能够做大做强。

## 三、厦漳合并与厦门湾港口建设

### （一）厦门港具备建设国际干线港的前提条件

厦门与漳州共同拥有厦门湾，厦门湾港口的建设对厦门和漳州的经济发展具有举足轻重的作用。厦漳合并的一个重大意义在于打破现有行政区划下厦门湾港口建设及运营各自为政、重复建设、无序竞争的局面，抓住时机，加快发展，在国际竞争中尽快确立厦门港的国际集装箱干线港地位。

厦门湾是我国东南沿海海岸线上的一个重要天然深水港湾。湾内厦门港与漳州港①同处于九龙江入海口，两个港口拥有共同的航道和锚地，同样的经济腹地资源，在自然属性上属于同一个港口。厦门港②港口水域面积 340 平方千米，陆域规划面积约 30 平方千米，岸线总长 154 千米，其中达到可建港条件的岸线长 30 千米，进港航道设计低标高达负 14.0 米，可满足第五、第六代集装箱船和 10 万吨级油轮乘潮通航。目前，厦门港全港综合通过能力 4044 万吨、152 万人次、32 万车次，其中，集装箱专业化泊位 11 个，通过能力 265 万 TEU。2003 年的集装箱年吞吐量突破 200 万标箱，成为我国沿海第 7 个超过 200 万标箱的港口，正式跻身世界集装箱港口 30 强；漳州港拥有长达 26.1 千米的自然岸线，其中可供建设万吨级以上深水泊位的岸线长达 12 千米，最深点 -29 米。可建设 1 万 ~ 20 万吨级泊位 32 个，全部建成后吞吐量能力可达 4000 万吨。加上作为其组合港部分的古雷港区等，整个厦门湾港口的总吞吐能力超过 1 亿吨，从港湾地理条件看，具有发展成为国际干线港的潜在能力。

近年来，以全球集装箱生产量高速增长为背景，在各港口城市政府的强力推动下，我国东部沿海形成了一股港口建设的高潮。有关统计数据显示，2010 年前后，我国东部沿海主要港口的集装箱规划吞吐能力将超过 9000 万标准箱。根据交通部中国水运建设协会发布的研究报告（2002 年），在 2010 年前后，中国将成为全球最大的集装箱航运中心，中国内地集装箱的生成量将达到 8000 万 ~ 8500 万标准箱。因此，未来的十年间各港口之间争夺集装箱货源的竞争将无比激烈，各港口在竞争中将重新排位，形成新的港口运输格局。

众所周知，集装箱干线港的发展中存在着"马太效应"，而且一旦形成之后，还具有一定的自然垄断性。一个港口一旦确立了国际航运中心和国际性的中转枢纽港地位，货物在东西主干船舶与南北辐条线船舶之间移动以及集装箱的重新编组，都要通过中转枢纽港来进行。即在一定区域内，只可能形成一个

---

① 本文如无特别说明，厦门湾港口主要指的是厦门港和漳州港，而漳州港则指的是漳州招银港。有关厦门湾更为详细的基本概况请参阅《论海峡西岸中心城市建设——厦漳行政区划调整研究》（经济科学出版社 2006 年版）第三章"厦门湾港口总体规划及建设研究"的附录。

② 厦门港有东渡、海沧、嵩屿、东部、和平客运五个主要港区，其中除东部港区以外的四个港区地处厦门湾北岸。

国际集装箱干线港。一般而言，要成为国际中转港，必须具备三个条件：一是足够的深水航道和码头；二是足够的国际航班密度；三是有效的政策支持，主要是费率问题。一般来说，意欲竞争国际集装箱干线港地位的港口城市，其自然条件都比较优良，因此，港口之间的竞争将主要体现在有效的政策支持，从而形成良好的港口经营环境，吸引更多的货源和船公司开辟航线，并形成良性循环。目前，厦门基本具备上述三个条件，但还不是特别好。若不能发挥自身的优势，获得竞争均衡的增长，就完全有可能处于长三角和珠三角两大高速发展的港口群的阴影笼罩之下，逐步被边缘化。

## （二）目前的行政区划不利于厦门港建设国际干线港

然而，由于目前厦门湾分属厦门漳州管辖，港区的人为分割，导致了目前港湾建设、运营及管理上的各自为政，严重影响厦门港建设国际干线港。

（1）难以形成厦门湾组合港整体有序发展效应。组合港是指一定区域内各港口统筹规划，相互之间有机结合，形成一个组合港群，各港口之间优势互补、层次分明、功能明确。发展组合港的好处是：避免重复建设，防止无序竞争。但是，目前厦漳两地的区域发展规划等行政管理内容都是以行政区划为基础进行的，这就不可避免地造成了市场分割，对港口间的协调发展形成了制约。分属于不同行政区域的港口在各自利益驱动下，必然出现无序竞争、恶性竞争。

（2）港口建设缺乏统一协调，港口资源浪费。目前，厦门、漳州两个港口在管理上难以统一协调，有限的港口资源不能得到合理的配置，造成了港口资源浪费。例如，在厦漳分割的体制下，由于漳州港没有足够的货源，也没有干线船，进口到漳州的货物需经第三地中转，但由于厦门到漳州没有支线航线，因此漳州进口的货物经常是舍近求远，选择高雄、香港作为中转港。

从表3可以看出，目前厦门漳州两港发展极不平衡，厦门港航线密集，货源充足，运能即将进入超负荷状态，[①] 而漳州的招银港区至今航线稀疏，货源不足，运能大量闲置，严重影响了港口运营的经济效益，港口企业经营较为困难。显然，如果两港合并，统一管理，它们目前各自面临的问题是完全可以解决的。

---

① 厦门港开通的集装箱班轮航线已达57条（包括外贸线44条、内支线4条、内贸线9条），月航班量达到420班。

| 港口 | 运能 | 2003 年 | | 2010 年规划 | |
|---|---|---|---|---|---|
| | | 运量 | 运能 | 运量 | 运能 |
| 厦门港 | 吞吐量 | 3403 | 4044 | 10000 | |
| | 集装箱 | 233 | 265 | 1000 | 800 以上 |
| 招银港 | 吞吐量 | 465 | 1000 | — | 3000 |
| | 集装箱 | 5.6 | 100 | — | — |

**表 3**　　　　　　　　　　**厦门漳州两港运量运能比较**

注：吞吐量的单位为万吨，集装箱的单位为万 TEU。

（3）港口运作过程中资源难以协调利用，人为增加运营成本。目前，由于厦漳两港的资源难以协调利用，人为地增加了运营成本，如拖轮、引航、接驳等。例如，厦门湾南岸的招商港区自 1995 年投入运营以来，在其靠泊的船只一直利用厦门湾北岸厦门港务集团所属拖轮公司的拖轮。尽管厦门港务集团的拖轮公司的生产能力至今远未达到饱和状态，从厦门湾整体来看，再投资拖轮必将造成重复投资和资源浪费，然而，最近招商港区已在筹划购置自己的拖轮并组建拖轮公司。另外，由于漳州港运量有限，航班密度不够，为了吸引货源，漳州港提供的费率较厦门港低。一湾两港，相互竞争，必然使港口企业的收益下降。

（4）跨地区环保监管难度较大，水土流失危及港口资源。厦门湾海域是九龙江的出海口，九龙江流域的生态破坏和水土流失对厦门湾港口资源危害极大。据统计，目前，九龙江流域内漳州段的水土流失面积已达 11.79 万公顷，占漳州段土地面积的 17%。沿江小煤矿、采石场和其他采矿市场等小型矿场的无序开发，极大地破坏和浪费自然资源，造成了严重的水土流失和水体污染，加大了河流输沙量。九龙江年平均入海泥沙量与建国初期相比增长 7 倍以上，使下游局部河床近 10 年抬高了 2 米左右；近 20 年，九龙江河水泥沙沉积线向厦门西海域推进了 5 千米左右。照此发展下去，将严重影响厦门港、漳州港港口安全及功能的发挥。

（5）临港工业缺乏合理布局。临港工业是港口经济的重要组成部分，其合理布局对厦门港的发展具有重要意义。目前，厦门湾两大临港工业区——海沧投资区和招商局漳州开发区基本上处于各自为政、相互竞争的状态，显然不利于厦门湾临港工业的有序发展。

从理论上说，可以用不同的方式解决厦门湾诸港之间的协调发展问题。为了比较不同方式解决厦门湾诸港之间协调发展的有效性，我们构建了数学模型，运用动态模拟方法，研究不同管理体制下——在现行行政区划体制下厦漳两港各自"独立经营"体制、"事业部"体制①以及厦漳合并，两港完全统一管理体制——厦门湾港口的物流状况。

研究结果是：厦漳合并，建立统一的港务管理机构，统一管理厦门湾各港口的建设和运营，是解决厦门湾诸港之间协调发展的最有效方式。

第一，厦漳合并有利于港口资源的有效利用，有利于厦门湾生产力合理分布、避免重复建设的恶性竞争，有利于厦门湾港口的可持续发展。

第二，厦漳合并，有利于培养和开发物流市场，有利于降低运输成本、提高物流企业的竞争力，有利于统筹规划物流基础设施建设。

第三，厦漳两港完全合并以后的进出口物流战略效果的比较分析，可以得知合并以后的厦门进出口集装箱货物集中度这一战略变量的弹性有了较为明显的提高，合并后的集装箱化率，对漳州港的出口物流的影响弹性增加了320%。合并以后的经济因素影响主要体现在外商的直接投资方面，其弹性均有不同程度的上升。

总体而言，厦漳两港完全合并优于厦漳分立状态下的各港独立经营。

## 四、厦漳合并的资源利用效应

实行厦漳行政区划合并，从自然资源的合理利用和生态环境保护角度看，有以下几个方面的好处。

### （一）扩展厦门的城市发展空间，带动漳州经济发展，从整体上提高两地的土地利用率及利用效率

目前，厦门在发展上遇到的最大资源瓶颈是城市发展空间不足，辖区土地供给短缺。厦门作为一个岛，其最为显著的地理空间特征就是地域面积狭小。即便将周边地区都列入城区范围，也就是说，即便将厦门变成没有城郊和农村腹地的城市，其地域范围也仍然是不算大的。在这样一个硬约束之下，厦门发

---

① 事业部制指按照企业所经营的事业，包括按产品、按地区、按顾客（市场）等来划分部门，设立若干事业部，各事业部实行严格的独立核算，并在内部的经营管理上拥有自主性和独立性。事业部既是受公司控制的利润中心，又是产品责任单位或市场责任单位。这种组织结构形式最突出的特点是"集中决策、分散经营"，即公司集团决策，事业部独立经营。有关模型详见《论海峡西岸中心城市建设——厦漳行政区划调整研究》（经济科学出版社2006年版）第三章"厦门湾港口总体规划及建设研究"。

展面临的最为突出的问题，就是因城市化进程而带来的土地供给和利用问题。

首先，厦门市地域范围狭小，制约土地自然的供给。由于厦门市土地开发历史已久，大多数土地资源都得到利用，土地利用率较高。全市92%以上的已被开发利用，岛内土地利用率更高达97.12%。所以，后备土地资源不足。全市未利用土地面积只有14410公顷，只占土地面积的8%左右。这些未利用分布零散，开发难度大，成本高。根据国家的要求，2001年底，厦门市划定农田保护区面积为41.03万，保护率79.28%，这些土地将依法严格保护，城市用地的自然供给十分有限。

其次，城市建设的存量土地十分有限。城市存量土地是相对于城市增量土地而言的。城市建设的存量土地是指在城市地域内已利用和已征用或出让但尚未充分利用的非农国有土地的总和。厦门市的存量土地供给大体分为：规划期内的旧城改造项目但尚未启动的地块；建设用地单位经合法手续取得土地使用权并且具备用地条件而未按约动工建设以及各种原因未能建设的非农建设用地，即闲置用地。从这两方面的存量土地看，旧城区大多处于繁华商业圈，旧城改造征地拆迁工作难度大，成本高。闲置用地占有相当的份额。盘活这些闲置土地，无疑能减轻土地供给的压力。但是，闲置土地与土地需求量相比，显然只是很小的一部分，更大部分的土地供给需要通过新征土地来取得。

最后，城市建设用地量持续增长。厦门市一方面经济的快速发展，"十五"期间国内生产总值年均递增14%左右；另一方面人口也迅速增加，到2000年，本市户籍为131万人，常住人口176万人。应该看到，随着农村劳动力向城市转移增加，没有城市户籍但常住在城市的人口将进一步增加。依此粗略推算，到2010年，如果城市化水平提高到65%以上，以户籍人口计算的厦门城镇人口量将达140万人以上；若按常住人口计算，城镇人口将达到200万人左右。所以，经济与人口的增长将推动了城市规模的日益扩大。根据《厦门市土地利用总体规划（1997—2010年）》的预测，到2010年全市城镇用地共扩大8236公顷。同时，随着海湾型城市发展战略的实施，厦门市建成区将向海沧、杏林、集美、同安呈扇面扩展，城市用地将持续增长。

因此，随着厦门城市化进程的推进与城市规模的扩张，土地需求量会不断增加。受土地供给的限制，在城市化过程中人地矛盾将日益突出。要使厦门成为海峡西岸经济区的中心城市，必须解决厦门城市发展的用地问题。

相对而言，漳州的土地资源是比较丰富的（见表4和图1）。土地利用率不仅低于厦门，甚至低于全省平均水平。

| 项目 | | 项目 | |
|---|---|---|---|
| 土地总面积 | 19310496.0 | 城镇村与工矿用地 | 782108.7 |
| 耕地 | 3007365.6 | 交通用地 | 143687.0 |
| 园地 | 2460480.7 | 水域 | 1268878.3 |
| 林地 | 8606816.9 | 未利用土地 | 3034659.2 |
| 牧草地 | 6499.6 | | |

**表4** 　　　　　　　　　　　**1996年漳州市各项用地情况** 　　　　　　　单位：亩

资料来源：漳州市土地局编《福建省漳州市土地利用总体规划（1998）》。

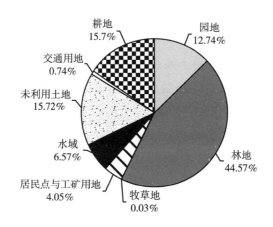

**图1　漳州市各项用地情况**

在厦门经济发展遇到土地瓶颈的情况下，实行厦漳合并，将有利于利用漳州相对丰富的土地资源支持厦门的进一步发展，同时也提高漳州的土地资源利用效率。

（1）厦漳合并之后，原先布局在厦门的部分产业——尤其是占地较大的企业——可以逐步转移到目前漳州所辖地区，一些与厦门现有支柱产业配套的上下游产业可以在现有的漳州辖区设厂，既可以在一定程度上解决厦门现有支柱产业的产业链太短，产业关联度低，缺乏聚集效应等问题，又可以增加现有漳州地区的生产性投资，促进其工业化进程，加快其经济发展。

（2）厦漳合并之后，可以根据建设需要，适当调整两地的土地用途，提高土地的整体利用效率。例如，可以考虑在保持两地土地用途规划总量不变的前提下，将现有厦门的一部分农田保护区调整到漳州地区，将这部分土地转为建设用地；在现有的建设用地上，也存在着两地互换的可能，即商业用地适当向厦门集中，工业用地向漳州转移，提高土地利用效率。①

————————————

① 据了解，在漳州现有的建设用地中，还存在一定数量的闲置土地，即已征用或已开发而未被利用的土地。根据漳州市各类非农建设用地清查资料（1991.1—1997.4），漳州市各类建设用地中，开发区建设用地闲置土地12752.0亩，经营性房地产开发闲置土地220.1亩。

（3）目前，厦门与漳州的地价存在着一定差距，两地合并之后，就可以利用土地价格阶梯，对产业进行合理布局，提高两地引进各类项目的消化能力，在一定程度上消除两地经济发展的一些制约因素。

## （二）水资源的合理利用和水资源保护

厦门是一个严重缺水的城市，而漳州则水资源相当充裕。漳州市域内水系密布，流域面积在 100 平方千米以上的河流达 11 条之多，总流域面积达 1.934 万平方千米，干流总长度达到 685 千米。另外值得注意的是，漳州市域内的水系具有这样两个显著特点：其一，河流和山脉走向垂直，具有明显的向心状和扇状特点；其二，除九龙江发源于市域外之外，其余河流均发源于市域内，因而整个水系基本上可称为自成体系。它们使漳州市域内水资源的利用成本相对较低，并具有利用的稳定和可持续性。

厦门用水长期以来在相当程度上依赖漳州境内的水源。2002 年厦门市全年总供水量为 56320 万立方米，其中的 30.0% 是客水，即厦门市总供水量中有 16876 万立方米是通过北溪引水工程引自漳州市域内的九龙江支流北溪，这一供水量大概占到厦门市自来水系统原水的 80%。目前拟议把漳州市长泰县拟建的龙津溪水库作为厦门市第二水源，这一方案的有利之处在于龙津溪水量较丰富，年来水量可达 8 亿立方米，水质良好；工程量相对较小，方案迁移人口 1000 余人，工程动态总投资估算 4.7 亿元。但是在目前行政体制下，无论是北溪引水还是长泰借水，都遇到比较复杂的水权交易，工程的投资资金来源以及建成后工程的管理等问题。

此外，在目前行政区划条件下，水资源也难以得到充分有效的保护。近年来，由于沿岸经济的发展以及对流域保护和污染治理不够，九龙江水污染问题日趋严重，沿江各河段水体已经普遍受到污染，局部河段污染甚至已经十分严重，据环保部门监测统计，九龙江全流域粪大肠杆菌超标严重，生化需氧量、高锰酸盐指数、非离子氨、挥发酚、石油类等也属超标项目，个别断面还出现重金属铅超标。1997 年，全流域共接纳各种污水在两亿吨以上，其中工业废水 8872.1 万吨，龙岩市和漳州市分别排放 1830 万吨和 7042 万吨；生活污水 10830.9 万吨，龙岩市和漳州市分别排放 950 万吨和 9880.9 万吨；医疗废水 188.1 万吨，龙岩市和漳州市分别排放 50 万吨和 138.1 万吨；大量的畜牧养殖也是主要的污染源；此外，来自采石采矿业、第三产业、地表径流、种植业的农药、化肥以及其他非点源污染的污水也侵袭着这条母亲河……据 1998 年九龙江流域 22 个省控断面水质监测结果，有 36.4% 的断面水质超过地面水 111 类水质标准。水质恶化还表现在以九龙江为饮用水的水源地也受到污染。

目前厦漳两地经济发展中出现的水权交易和水资源保护问题，从经济学角度看，是一个由于资源的分割占有而产生的外部不经济问题。对于这一问题，可以采取的措施有多种，其中，最有效的方式是调整资源产权主体，使外在性成本收益内在化。这种措施在水系流域广大，分属多个行政辖区，合并后的区域过大，超过合理管理跨度，则难以实行。但是，漳州水系除九龙江发源于市域外之外，其余河流均发源于市域内，整个水系基本上自成体系，而目前排放到九龙江的污水，绝大部分（85.77%）发生在漳州境内，因此，通过厦漳行政合并来解决水资源的合理利用和保护，显然具有可行性。

## （三）生态环境的保护

水资源的保护只是厦漳生态环境保护中的一个问题，此外，厦漳两地目前面临的另一大生态问题是九龙江的水土流失。由于森林植被的破坏，果园、矿山的无序开发开采以及兴修公路时不注重固堤保护等，近十年来漳州地区水土流失面积约占全部耕地面积的 1/5，单南靖一县水土流失面积就达到 56 万多亩。全流域因水土流失注入九龙江的泥沙量每年达到 368 万立方米以上。水土流失除了酿成河道淤积，河床抬高，航道梗塞的恶果外，更为危险的是，它还对厦门港、漳州港及其航道构成了直接威胁。据了解，九龙江年平均入海泥沙量与中华人民共和国成立初期相比增长了 7 倍以上，近二十年九龙江河口沉积线向厦门西海域推进了 5 千米左右，一些深水航道正在变浅变窄，有的深水沟正在消失，专家预测，如果照此发展，再过 40~50 年，厦门港和漳州港将重蹈泉州后诸港和漳州月港因港区淤积而遭废弃的历史。

近年，通过环境整治，这一问题有所改善，但是，九龙江流域的生态环境仍然存在一些突出的问题：小煤矿小铁矿继续污染环境，沿江城镇的生活、医用垃圾和分散养殖户的养殖粪便废水直接排入江，大部分市镇内河水质为五类或超五类，而且，环境污染问题已经由点源污染（企业排污）转向面污染（农村污染、地表漫流等），生态林的建设和养育问题日益突出。

九龙江生态问题的形成，原因是复杂的。第一，从历史上看，主要是产业结构和工业布局的不合理。如污染型工业、养殖业、采掘业往往沿江分布，把江河作为其排污的载体，因而导致结构性污染。第二，从流域管理角度看，没有强有力的管理机构和法规，又没有统一的、强有力的监督机制，从而导致个别地区和部门的地方保护主义和短期行为，不合理甚至野蛮开发，以牺牲环境来发展经济，导致环境污染和生态破坏的日益加剧。第三，人口急剧膨胀，城市化步伐加快带来的排污总量增加以及环保投入力度不够，污染企业的处理设施和城市环保设施严重滞后，一些干部群众环保意识和法制意识淡薄等，也给九龙江的生态环境带来了巨大压力。第四，九龙江从经济欠发达的闽西山区，流至比较发达的闽东南地区。从河流的上游到河口，无论海拔高度等自然因素，还是人均收入等社会经济因素都存在着较大的梯度差异，这些自然和社会经济梯度的存在，使各个区域、各个部门的利益难以协调，使整个流域的管理存在一定的难度。

这些问题，相当一部分可以通过厦漳合并，获得新的解决机制。第一，合并之后，可以形成统一的流域管理机制，从全局利益出发，进行流域环境治理；第二，可以在厦漳整个辖区范围内根据全局利益最大化的要求，调整产业布局；第三，从经济发达的下游地区筹集资金用于经济相对不发达的上游地区的环境治理，为下游地区的社会经济发展创造良好的环境条件。

# 五、厦漳合并的经济增长及产业发展效应

从经济增长及产业发展角度看，实行厦漳合并的好处是：厦门经济可获得更大的发展空间，并重新定位城市功能；同时，漳州经济可以通过部分承接厦门城市功能的转移，在厦门经济的牵引下可获得发展动力。因此，两市将有助于实现厦漳两地经济的长期、可持续经济增长。

## （一）行政区划制约厦门经济发展

在目前行政区划下，制约厦门经济增长的主要因素有以下几点。

### 1. 城市土地资源缺乏，经济发展带动地价不断升高

厦门全市现有的土地总面积为 1565 平方千米，其中，耕地、园地、林地以及水域占了将近 1300 平方千米。1997～2010 年能够用于新增建设的用地指标只有 145 平方千米。随着经济扩张，厦门市地价近年在不断攀升，岛内地价

中长期走高已成为定局。① 地价的不断升高将使企业生产成本上升，竞争力降低。

### 2. 产业链太短，产业关联度低，缺乏聚集效应

在狭小的地域内，可以展开的产业链是有限的。厦门工业的三大支柱产业——电子、机械、化工产业的产值已占全市规模以上工业产值76%，但是，产品关联度较低，龙头企业的带动能力较弱，配套能力不足。电子产业手机无芯、电脑无脑，IC芯片、元器件配套缺乏；机械产业上游没有铸造、锻造，下游没有表面处理、热处理；石化产业上游没有油头、石油裂解，下游没有纺织、印染。产业链缺失，使产业难以在一定空间范围内形成范围经济和集聚效应，企业缺乏专业化分工，也就难以形成规模经济，两头在外的生产模式，使相当部分大企业成为无根企业，随时可以迁走，而这对主要依靠外向型经济拉动的厦门经济来说，是致命的隐忧。

### 3. 厦门经济对周边地区的辐射带动作用较弱

由于受现有行政区划制约，厦门三个支柱产业基本布局于厦门市域之内，较少与周边城市连接配套，从而导致一方面厦门经济的发展难以有效带动周边地区经济的发展；另一方面，厦门相对较发达的现代服务业如航运物流、商贸批发、旅游会展、金融中介等也不能够有效地服务于整个周边地区。因而，厦门与周边地区的经济缺乏足够的互动效应。

### 4. 民营经济发展水平不高

特区建设20多年来，外商投资一直是厦门经济建设中的主要力量，民营经济的发展尚未得到真正的重视。2002年厦门市民营企业总产值只有66.79亿元，民营企业实现的增加值只占全市GDP的7.6%，缴纳的地税、国税也分别只占5.82%和5.22%。由于民营企业数量少、规模小，又多数集中在第三产业，使得厦门的工业配套能力有限，不利于外资企业在厦门的采购配送。尤其是大型外资上游企业在厦门投资，由于没有大量的中下游企业与之相配套，形不成完整的产业链，因而不利于企业的持续发展。这也是厦门近几年吸引外资能力下降的原因之一。厦门的民营经济发展受限，与厦门市域范围太小，不能

① 据2004年10月16日《厦门晚报》报道，厦门市三块地块拍出8.67亿元高价，其中一地块以5.05亿元创下今年单幅地块最高价，每平方米单价高达1.1295万元。而另一地块虽然最后售价仅为1.51亿元，但是每平方米单价更高达1.9955万元。岛内地价如此，岛外地价则以更快速度攀升。

不提高产业进入门槛有一定关系。

### 5. 出口退税政策调整对厦门经济的负面影响

目前，在厦门市的出口产品中，劳动密集型、附加值低的产品仍占相当比重，退税率下调，在一定程度上降低了它们的竞争力。具体而言，出口退税率下调对计算机及其零部件、服务器、存储器、手机及其零部件和集成电路等 IT 产品都将产生较大的影响。此外，目前厦门出口的产品中异地货源比重大，一般贸易出口退税中有 87% 是异地货源，加工贸易中有少部分是采购自异地的零部件，征税在外地，退税在厦门，也将使得厦门财政的负担进一步加重。

## （二）行政区划限制漳州经济发展

在目前的行政区划下，限制漳州经济增长的主要因素有以下几点。

### 1. 固定资产投资乏力

漳州的辖区面积是厦门的 8 倍，可是，2002 年漳州市固定资产形成总额、城镇以上固定资产投资额和基本建设投资仅为厦门的 68.74%、43.16% 和 29.9%。而且，与新增生产能力密切相关的工业投资所占比例也较低。2002 年城镇以上固定资产投资中工业投资占 48.20%；基本建设投资中工业投资占 37.74%；更新改造建设投资中工业投资占 27.32%。固定资产尤其是生产性固定资产投资少，必然导致生产能力增长缓慢，产业结构难以升级，影响经济增长率的提高。

导致漳州固定资产投资乏力的主要原因是地方政府财力薄弱。2002 年，漳州地方财政收入仅为厦门的 27.37%；金融贷款总量小，融资渠道不畅。目前漳州市金融结构单一，可供企业选择金融服务有限，金融服务信息滞后。调查显示，57.5% 的企业把"资金不足"作为影响企业在漳州发展的第一因素；在对政府及有关部门的要求中"增加融资渠道"为第一要求的占调查企业的 50.7%。[①] 由于工业基础薄弱，工业规模小，经济总量小，政府财力薄弱，上市公司数量少，漳州吸引外资的能力也比较弱，实际利用外资水平不高。投资资金的缺乏直接抑制了经济的增长速度。

---

① 福建省统计局：《漳州市企业投资环境问题分析》，2004 年 6 月。

**2. 主导和重点产业规模小、链条短**

近年来，漳州市政府调整了经济发展的战略思想，提出"工业立市"，确定食品、机械、材料、能源四个产业为主导产业，家具、制药、电子三个产业为重点产业。

但是，由于没有充分考虑与厦门主导产业的对接发展，漳州目前的产业定位存在着主导产业规模不大，产业集中度低：主导和重点产业链条较短等问题。

**3. 投资行为短期化，土地利用效率较低**

由于缺乏项目投资，在一定程度上导致了政府在引进投资方面的短期行为。在引进项目时，有大项目就引进大项目；在项目缺乏的情况下，有什么项目就引进什么项目。这也就降低了土地利用效率，有项目就圈地批地，土地随着项目走。这也就不能保证土地使用的合理规划和长期规划。如果说，对于那些区位劣势比较明显的内陆山区，这样的引资行为也是难以赞同的，那么对于地处沿海，区位优势明显，而且毗邻经济发展空间极为有限的厦门的漳州市来说，这样的引资行为就更值得考虑了。

**4. 出口产品结构单一**

目前，机电产品和食品是漳州最大的出口创汇产品。机电产品又主要以低端家电产品为主，因此，出口产品不仅结构单一，而且资本密集度也低。出口退税机制调整后，作为漳州市的主要出口产品的退税率均有所下调，其中一些劳动密集型、附加值低的产品下调幅度更大。这直接导致像灿坤、万利达等这些出口大户的出口成本大幅上升。

**5. 县域经济缺乏产业中心城市的支撑**

2004 年第一季度，漳州扣除市区和龙海市后八个县的县域规模工业产值总量仅占全市规模工业的 27.9%；城镇以上固定资产投资完成 7.99 亿元，同比下降 14.8%，投资额占全市的比重仅为 33.6%；地方级财政收入总量仅占全市 29.0%。分县来看，南靖县规模工业产值增长 71.3%，而漳浦县只增长 26.8%；城镇以上固定资产投资，东山县增幅高达 120%，云霄县却下降 21.5%；社会消费品零售额漳浦县增长 10.0%，南靖县增长 9.9%，而东山县只增长 8.0%；地方级财政收入南靖县增长 36.3%，华安县只增长 7.8%。这说明，漳州市县域经济基础薄弱，特色产业不明显，发展不平衡，影响了全市经济的总体协调发展。

## （三）厦漳合并对两地经济发展的积极影响

为了分析现有行政区划对厦漳两地经济增长的影响，我们运用自回归模型进行预测。[①] 预测结果表明：（1）在现有行政区划下，厦门经济若按现有的产业结构增长，2004～2010 年，年平均经济增长率将只能维持 14.50% 的水平。显然，这是一个较慢的增长速度。（2）在现有行政区划下，漳州经济若按现有的产业结构增长，2004～2010 年，年平均经济增长率将只能维持 12.25% 的水平，比厦门更低。相对于厦门经济，漳州经济的规模将不断缩小，2004～2010 年，漳州 GDP 占厦门 GDP 的比重将从 79.44% 持续下降到 67.83%。

这意味着，如果厦漳两地经济在今后的一段时期各自在行政区划内规划发展，不仅厦门经济不能实现快速的经济增长，漳州经济与厦门经济的差距也将越来越大。

当然，在市场经济条件下，市场法则的作用将促进资源的优化配置，这个趋势近年来在厦漳之间也开始出现。例如，厦门的一些劳动密集型产业正逐步迁移到临近厦门的龙海市，漳州的一些企业将公司总部或研发部门搬迁到厦门。但是，依靠市场力量实现这一过程，一般而言是比较缓慢的，而在我国特有的市场经济条件下，资源在地区间的自由流动一定程度上受到政策限制。

因此，要缩小厦漳两地经济增长差距，更为可行的方式是政府主导，厦漳合并，打破其对资源流动的障碍，推动资源在两地间的合理配置，实现两地经济共同增长。

厦漳合并对厦门经济的积极影响主要体现在：（1）改变土地的稀缺性，抑制地价的上升；（2）重新规划区域内产业，延长产业链，完善产业配套能力，提高产业集聚效应；（3）提高厦门城市定位，形成总部在厦门、基地在漳州的区域经济新格局；做大做强中心城市，充分发挥厦门所具备的为制造业和市场服务的功能。通过区划调整，厦门对内可增强辐射能力，对外可增强吸引力，形成具备制造业基地的港口经济。

厦漳合并对漳州经济的积极影响主要体现在：（1）合理规划利用土地资

---

① 具体模型详见《论海峡西岸中心城市建设——厦漳行政区划调整研究》（经济科学出版社 2006 年版）第五章"厦漳合并与两地经济增长分析"。

源，促进农业产业升级，充分发挥其农业优势；（2）通过承接厦门产业转移，培育产业中心城市，扩张第二产业；（3）依托产业中心城市发展特色专业化的县域经济。通过区划调整，漳州将利用厦门的制造业和市场服务功能，招商引资，扩大出口，实现经济可持续增长。

由于厦漳合并消除了制约厦漳两地经济长期增长的诸多因素，因此，可以说这是一项可实现两地经济长期、可持续增长的措施。厦漳合并后，厦门将获得更大的发展空间，厦门的制造业可以向周边地区转移，生产链条将向周边扩展，而资金流、物流、人才流的配置中心则集中在厦门。而漳州可以利用厦漳的资本市场以及区位优势获得投资资金（内外资金）和人才保障，通过承接厦门的制造业转移，发展产业中心城市，培养产业集群，带动县域经济发展。最终，该地区将形成以厦门为区域性生产研发中心，周边具备制造业基地的港口经济。厦门也将以此确立在海峡西海岸经济区的中心城市地位。通过与其他中心城市间产业结构的调整、生产力的合理布局，来带动福建经济的发展，缩小福建与长三角、珠三角地区经济增长的差距。

# 六、厦漳合并对旅游业发展的影响

## （一）厦门具有较高的旅游品牌知名度，但旅游资源开始枯竭

厦门是国内外著名的旅游风景城市。2002 年，厦门入境游客人数和旅游外汇收入、国内旅游人数和收入均占福建全省总量的 1/3 以上，居全省第 1 位。经旅行社组织的出境旅游人数占全省的 1/6。在全国 24 个主要城市中，厦门市入境旅游收入居第 7 位，入境旅游人数居第 11 位。旅游业在厦门经济中也占有重要地位，2002 年，旅游增加值占全市国内生产总值的 9.3%、全市第三产业增加值的 20.8%，国际旅游外汇收入占全市外贸出口额的 4.4%。

从旅游业的产业发展水平、客源市场、品牌知名度角度看，厦门无疑是福建省的旅游中心城市、中国著名旅游城市，但是，在现有行政区划范围内，厦门旅游业的发展目前遇到了后续空间不足的问题。主要体现在：厦门已开发的旅游景点景区都属于观光旅游产品，观光旅游产品的发展空间局限已经显现。

近十年来，尽管随着经济增长，人均收入水平的提高，居民闲暇时间的增加，我国的旅游经济迅速发展，但是，来厦门旅游的人数却停滞不前，甚至呈

下降趋势。① 厦门几大旅游景区的客流量不仅没有增加，反而越来越少（见表5）。它说明厦门的几大老牌旅游景点已经老化，厦门旅游吸引力和初期的观光旅游优势已不复存在，后续观光旅游资源不足。

表5　　　　　　　　1992～2003年厦门市景区（点）接待情况对比　　　　　单位：万人

| 年份 | 日光岩 | 菽庄花园 | 皓月园 | 万石山植物园 | 集美鳌园 |
|---|---|---|---|---|---|
| 1992 | 110 | | | 67.3 | 92.3 |
| 1993 | 90 | | | 65.4 | 69.2 |
| 1994 | 86 | | | 63.5 | 62.6 |
| 1995 | 100 | | | 61.0 | 70.9 |
| 1996 | 88 | | | 58.4 | 71.4 |
| 1997 | 95 | 37 | 25.92 | 66 | 70 |
| 1998 | 88.8 | 40 | 18.635 | 81.64 | 76.4 |
| 1999 | 73.35 | 34.55 | 14.25 | 78 | 78.07 |
| 2000 | 79.35 | 37 | 16 | 76.96 | 73.28 |
| 2001 | 74.58 | 38.3 | 16.06 | 76.16 | 77.85 |
| 2002 | 66.34 | 42.34 | 14.458 | 85 | 76.08 |
| 2003 | 56.2475 | 38.1407 | 9.0778 | 145.2189 | 66.1328 |

资料来源：根据厦门市旅游局的相关统计数据制作。

　　旅游业的一般发展模式是，随着经济发展水平的提高，居民收入增长，观光旅游将逐步过渡到休闲度假旅游。根据世界旅游组织关于全球旅游业发展预测，度假旅游、专项旅游和个性化旅游等将是21世纪旅游业的发展趋势。在新的旅游消费方式转变之初，以观光旅游为主的厦门市旅游业发展需要引进新思维、发展新产品，转变旅游消费模式，以迎合世界旅游业发展趋势，保持厦门旅游中心城市的发展优势。但是，厦门城市化的急剧扩张，大规模开发休闲度假的资源空间日益萎缩，厦门已经不具备发展大型度假旅游的地域空间和资源条件。为了继续发挥厦门旅游业的品牌优势，扩大市场规模，厦门急需寻求周边地区的旅游发展空间，进行旅游产品的创新开发。

## （二）漳州旅游资源另有特色，但是自身缺乏开发条件

　　与厦门相比，漳州的旅游资源另有特色。少数观光旅游资源具有较强烈的

---

　　① 据厦门迅达市场调查咨询有限公司调查，2004年"十一"黄金周期间，厦门共接待中外游客59.09万人次，同比下降1.18%；旅游收入6.3亿元，同比下降7.68%，其中，过夜旅游者22.54万人次，同比下降7.6%，一日游旅客38.26万人次，同比增长2.7%。

感官冲击力，适合发展一定规模的观光旅游，但是，就总体而言，漳州旅游资源的单体景观规模相对较小、地域分布较为分散、知名度不高，因此，发展观光旅游缺乏比较优势，难以形成规模。相形之下，休闲度假旅游资源却比较丰富，绝大多数旅游景观地更适合发展休闲度假旅游。[①] 但是，发展休闲度假旅游，需要良好的基础设施和旅游接待设施，需要大量的资金投入，就目前漳州旅游业本身的发展水平看，依靠旅游业自身进行投入和开发，缺乏能力；由政府采取超前型模式，通过率先发展旅游业来引起国民经济的相关行业的发展，似乎也不现实，因为，可以采取旅游业超前型发展模式的前提条件是旅游的自然和环境条件较好，旅游资源拥有量大而且旅游吸引力强。适用范围主要是那些经济基础较好的地区和旅游资源丰厚且开发程度较高的地区。从经济基础较好和旅游资源丰厚这两个指标来衡量，漳州基本不具备。因此，依靠漳州自身的高强度投入和通过市场运作来筹集建设资金发展休闲度假旅游，不现实、也不可能。从地缘优势看，厦门海岛风光与漳州地质公园、厦门城市风光与漳州原始生态环境、厦门人文旅游资源与漳州历史文化名城具有非常强的优势互补性，而厦门休闲度假发展空间的不足正是漳州的长处，厦门的优势漳州部分具备，厦门的劣势漳州可以弥补，这是两个相邻城市旅游业发展的最佳组合。因此，从旅游板块发展趋势看，具备资金优势和品牌优势的厦门介入漳州的休闲度假基础设施开发最合适，但是，目前由于受到行政区划限制，厦门介入漳州进行休闲度假的基础设施和接待设施建设几乎不可能，如果不从行政建制的障碍入手，打破行政区划限制，则厦门旅游业再上新台阶、漳州旅游业的大规模成功开发都很困难。

## （三）厦漳合并有利于发展福建省的旅游业

显然，厦漳合并不仅对于发展厦门和漳州的旅游业具有重要意义，而且：

（1）通过对厦漳地区海岛与海域旅游资源开发有利于形成对福建沿海旅游度假地的大规模开发。

（2）有利于形成以厦漳旅游板块，并在此基础上强化与泉州、金门的区域旅游合作，以泉州和金门为厦门最直接的协作伙伴，可以开发独具中国特色的"中国台海风情旅游区"。

---

① 具体分析，详见《论海峡西岸中心城市建设——厦漳行政区划调整研究》（经济科学出版社2006年版）第七章"厦漳合并的旅游业影响研究"。

（3）厦门漳州旅游中心城市、旅游中转批发城市的形成，有利于提升武夷山的客流量，带动龙岩的旅游发展。

（4）厦门旅游中心城市、旅游中转批发城市的形成有利于与福州、汕头等周边地区的旅游发展连为一体。

（5）厦门旅游中心城市、旅游中转批发城市的形成及与苏浙沪—闽台—粤港澳东南沿海旅游连接成线，将有利于建设福建旅游强省。

# 七、厦漳合并可行性探讨

厦漳合并尽管从上述各方面分析，有诸多益处，但是，在目前社会、政治、经济条件下，还应当具有可行性，讨论这一问题才有政策意义。

厦漳合并的现实可行性，可以从多方面进行探讨，我们认为，以下几个方面是比较重要的：是否符合发展战略，两地政府与人民的接受程度，行政管理幅度，财政承受能力，干部安排。

## （一）是否符合发展战略

我们认为，促进两岸关系，实现祖国统一是全体中国人的共同心愿，也是所有中国人的神圣使命和崇高目标。在实现祖国统一过程中，与台湾隔海相望的福建肩负着重任。迅速发展福建经济，吸收台湾资金、技术、人才，促进两岸经济、文化交流，减少福建与台湾经济社会发展的落差，促进闽台经济一体化进而推动祖国统一。

从国内经济发展的角度看，当前，我国正进入新一轮的经济增长周期，处在加快发展的重要战略机遇期。长江三角洲和珠江三角洲快马先行，环渤海经济区加速崛起，西部大开发，东北老工业基地振兴，全国以区域经济为特色的经济竞争格局正在形成，不同区域之间的竞争愈加激烈。发展福建经济，把长三角、珠三角和福建整合成中国最大的最有增长活力的华东南沿海经济区，显然对于进一步发展对外经贸、参与国际竞争，对内带动江西、安徽、广西及其他内陆省份发展具有十分重要的战略意义。厦漳区划调整，是构建海峡西岸经济区中心城市，拉动福建经济增长，使长三角与珠三角地区整合成华东南沿海经济繁荣带的重要战略举措。这符合中共福建省委、福建省政府提出的建设对外开放、协调发展、全面繁荣的海峡西岸经济区的重大战略构想。

## （二）两地政府与人民的接受程度

厦漳两地同处闽南沿海，两地具有相似的自然地理条件、人文特征和历史渊源，地理交通和各种资源等难于分割。自古以来，两地语言相通，民俗相同，血缘人缘相亲，经济社会联系紧密，两地居民的人文认同感是相当高的。在历史上，两地的行政区划也是根据当时的管理和发展的需要而不断进行调整的。改革开放以来，两地的经济交流和人员流动十分频繁。近年来，随着区域合作的进展，厦门与漳州的经济加速融合，厦漳对接构筑产业链，厦漳两市联手规划《厦门湾港口总体规划》，[①] 厦门大学跨海设立的漳州分校已投入使用；漳州人节假日到厦门旅游、购物已是家常便饭，越来越多的漳州人在厦门投资置业。同样，有很多厦门人也到漳州的开发区投资置业，在节假日到漳州的长泰、东山等地休闲度假。这些都为两地人民接受厦漳合并提供了很好的基础。当然，这并不是说，对于厦漳合并，两地人民群众没有任何疑虑。在调研中，我们发现，有部分厦门干部群众担心两地经济差距较大，厦漳合并将使厦门背上沉重的财政包袱，影响对厦门本市的财政投入，因此减缓厦门的经济社会发展速度，对提高居民收入会产生消极影响；部分漳州干部群众则认为，厦门财力有限，合并之后，未必就有能力带动漳州加快发展，两地合并之后，行政中心移到厦门，弄不好反而会削弱漳州的发展势头。这些担心不无道理，都是决策时必须充分估计并妥善解决的。

从厦漳两地政府角度看，应当说，厦漳两市政府早已充分认识到进一步加强厦漳合作对两地社会经济发展的重大意义。2000年，新一届厦门市委提出"建设海湾型城市"的发展战略，旨在"跨出岛内，走向海湾，通过城市空间的扩充，实现产业布局的调整、经济结构的优化和经济总量的扩张，增强厦门城市的综合竞争力，更好地发挥经济特区的示范、辐射和带动作用"。针对厦门经济发展的特征和自身的实际情况，自20世纪90年代后期起，漳州决策层对本地经济发展的战略构想，开始特别突出工业化和城市化，提出了"工业立市"战略，体现出漳州主动"对接特区"，试图融入厦门经济圈的姿态。漳州市于1999年开始组织实施、2002年完成的一系列空间发展规划中提出了"壮大实力，开拓东进，城乡一体，区域共荣"城市发展战略指

---

① 2004年10月10日《厦门日报》报道：《厦门湾港口总体规划》获厦漳两市认可，已上报省政府待批，规划明确七个港区功能定位，建议对港口实行统一的港政管理。

导性总体目标。"开拓东进"反映了漳州决策层主动与东部的厦门经济整合，亦即主动接受厦门经济中心的辐射，以带动漳州本地经济加快发展的意愿。近年来，两地的主要领导在不同场合多次强调厦漳合作的重要意义。郑立中到厦门任市委书记后不久就指出：城市规模、经济总量小是影响和制约厦门城市功能作用的突出问题。做大总量已成为厦门发展的迫切要求。现在岛内开放已趋饱和，发展空间极为有限，走向海湾是唯一选择。[①] 在郑立中提出这一看法的同时，时任漳州市委书记的袁荣祥也提出：要充分发挥对接特区的优势，积极主动参与构建厦门湾经济区，实现区域内经济互动发展。重点要以现有的南太武经济协作区包括漳州开发区、后石经济区、角美开发区为基础，加强总体规划与功能区设置，构筑厦门湾南岸经济区。要加快厦门大学漳州校区建设，积极推动厦漳跨海大桥等重大项目实施，带动厦门湾南北两岸合作发展。"[②] 漳州与厦门两地经济互补性强，漳州必须主动加强与厦门的合作，加快与厦门在基地共建、港口合作、基础设施政策、市场的对接，谋求两地互利双赢、共同发展。

因此，我们认为，就整体而言，两地政府与人民对于厦漳合并具有较大的认同感，但是也存在着需要解决的一些思想和实际问题。

## （三）行政管理幅度

从本源上看，厦漳合并首先是行政学问题，其中，行政管理幅度是否合理，是一个至关重要的问题。一般而言，在社会化大生产条件下，组织的扩大，有利于范围经济与规模经济的形成，但是组织扩大不可能是无限的，因为，它必然导致管理幅度扩大，使管理工作复杂化，管理成本非线性上升。在一定技术条件下，规模经济或范围经济收益与管理成本之间的平衡点决定了组织规模的合理区间。因此，研究区划整合，首先要考虑行政管理幅度对政府运作的影响。

目前，厦门市下辖思明、湖里、同安、海沧、集美和翔安6个区。厦漳合并后，厦门管辖范围就由6个区变为16个县市区。厦门是个岛屿为中心的城市，经济总量相对偏小，其国内生产总值还不到深圳的1/3，是15个副省级城

---

① 郑立中：《加快推进海湾型城市建设步伐，努力构建三条战略通道的发展平台》，引自荆福生主编《奋起之道 繁荣之道》，福建教育出版社2002年版。

② 袁荣祥：《围绕构建三条战略通道 加快漳州经济发展步伐》，引自荆福生主编《奋起之道 繁荣之道》，福建教育出版社2002年版。

市中经济总量最小的。而漳州又是个农业特征比较明显的城市，经济发展水平与厦门相比，差距很大，人均GDP、人均财政支出、人均财政收入仅为厦门的19.16%、33.20%、30.79%（见表6）。在这种背景下，厦漳合并，是否会出现漳州发展不了，厦门经济也会被拖垮的情况，是两地整合中人们最关注的问题。这就涉及一个管理幅度问题，到底厦门管辖多大，既能壮大自己的发展空间，又能带动周边地区的发展。

表6  厦漳两地经济水平差异比较

| 城市 | 人均GDP（万元） | 人均财政收入（元） | 人均财政支出（元） |
| --- | --- | --- | --- |
| 厦门 | 47270.34 | 4550.88 | 5781.25 |
| 漳州 | 9056.42 | 1510.98 | 1779.76 |

资料来源：《中国城市统计年鉴（2003）》。

通过对副省级城市辖区管理幅度的横向比较（见表7），我们认为，厦漳合并后的管理幅度大致是可行的。

表7  全国副省级城市辖区管理幅度

| 项目 | 沈阳 | 大连 | 长春 | 哈尔滨 | 南京 | 杭州 | 厦门 | 宁波 | 济南 | 青岛 | 武汉 | 广州 | 成都 | 西安 | 深圳 |
| --- | --- | --- | --- | --- | --- | --- | --- | --- | --- | --- | --- | --- | --- | --- | --- |
| 管理幅度辖区数 | 9 | 6 | 6 | 8 | 11 | 8 | 6 | 6 | 6 | 7 | 13 | 10 | 8 | 8 | 6 |
| 辖市数 | 1 | 3 | 3 | 4 | | 3 | | 3 | 1 | 5 | | 2 | 4 | | |
| 辖县数 | 3 | 1 | 1 | 7 | 4 | 2 | | 2 | 3 | | | | 7 | 5 | |

资料来源：《中国城市统计年鉴（2003）》。

根据表7的数据，15个副省级城市中，哈尔滨市和成都市的辖区管理幅度最大，下辖19个区、市、县；而深圳市和厦门市的辖区管理幅度最小，仅下辖6个区。平均辖区幅度是12.1。厦漳合并之后，下辖16个区县，并未超过目前副省级城市最大的辖区管理幅度，如果假定现有的副省级城市的管理幅度是大致合理的，那么，可以认为厦漳合并之后的辖区管理幅度没有超出合理范围。

当然，管理幅度是否合理，不仅取决于下一级行政辖区的数量，而且与辖区人口、面积、经济活动总量大小密切相关。一般而言，单位面积人口密度高，经济活动量大，管理工作量会比较大一些，管理的复杂程度也高，有效管理的面积也就要相对小一些。对全国副省级城市人口、区域面积、就业人口、GDP等基本情况的对比分析说明（见表8），厦漳合并之后，其经济总量（14）、工业总产值（10）、人口数量（10）、就业人口（9）、土地面积（11）在15个副省级城市中的位次基本上都在十位以后，因此，增加的经济总量、人口数量和土地面积并不会成为管理幅度的负担。

表8　　　　　　　　　　　全国副省级城市基本情况

| 城市 | 土地资源 | | 年末总人口 | | | | 经济活动 | | |
|---|---|---|---|---|---|---|---|---|---|
| | 全市 | 市辖区 | 全市 | | 市辖区 | | 全市 | | |
| | 土地面积（平方千米） | 土地面积（平方千米） | 人口（万人） | 人口密度（人/平方千米） | 人口（万人） | 人口密度（人/平方千米） | 非农业人口（万人） | GDP（亿元） | 工业总产值（亿元） | 年平均从业人数（万人） |
| 沈阳 | 12980 | 3459 | 688.92 | 531 | 488.66 | 1398 | 399.55 | 1400.02 | 828.33 | 44.61 |
| 大连 | 12574 | 2415 | 557.93 | 444 | 273.23 | 1131 | 218.16 | 1406.10 | 1250.49 | 43.10 |
| 长春 | 20571 | 3603 | 712.50 | 346 | 303.94 | 844 | 228.38 | 1150.18 | 1202.47 | 32.88 |
| 哈尔滨 | 53068 | 1660 | 948.27 | 179 | 311.77 | 1878 | 273.51 | 1232.13 | 611.07 | 43.02 |
| 南京 | 6588 | 4729 | 563.28 | 855 | 480.35 | 1016 | 323.14 | 1297.57 | 1973.25 | 60.02 |
| 杭州 | 16596 | 3068 | 636.81 | 384 | 387.01 | 1261 | 205.98 | 1781.83 | 2400.32 | 78.14 |
| 宁波 | 9365 | 1033 | 546.19 | 583 | 203.41 | 1969 | 86.43 | 1500.34 | 2000.16 | 77.22 |
| 厦门 | 1565 | 1565 | 137.16 | 876 | 137.16 | 876 | 96.30 | 648.36 | 1025.49 | 32.80 |
| 济南 | 8177 | 3257 | 575.01 | 703 | 327.55 | 1006 | 234.60 | 1200.83 | 1009.04 | 40.54 |
| 青岛 | 10922 | 1349 | 715.65 | 655 | 241.74 | 1792 | 193.02 | 1518.17 | 2064.46 | 77.09 |
| 武汉 | 8494 | 8494 | 768.10 | 904 | 768.10 | 904 | 459.34 | 1492.74 | 1138.98 | 53.10 |
| 广州 | 7434 | 3719 | 720.62 | 969 | 583.89 | 1570 | 465.31 | 3001.48 | 3176.43 | 118.19 |
| 深圳 | 1949 | 1949 | 139.45 | 715 | 139.45 | 715 | 112.04 | 2256.83 | 3628.52 | 109.28 |
| 成都 | 12390 | 2176 | 1028.48 | 830 | 439.79 | 2021 | 266.41 | 1667.10 | 815.66 | 45.97 |
| 西安 | 9983 | 3502 | 702.59 | 704 | 497.38 | 1420 | 276.64 | 8235.00 | 544.78 | 38.48 |
| 漳州 | 12608 | 401 | 453.25 | 359 | 51.44 | 1283 | 35.68 | 534.70 | 62.42 | 12.47 |
| 厦门+漳州 | 14173 | 1966 | 590.41 | 225 | 188.60 | 959 | 131.98 | 1183.06 | 1087.91 | 45.27 |

资料来源：《中国城市统计年鉴（2003）》。

就强度指标看（见表9），厦漳合并后的各个强度指标在15个副省级城市中也多在8、9位之后，因此，并不因此产生因单位面积人口密度高，经济活动量大，使管理工作量增加，管理复杂程度提高，必须缩小有效管理面积的要求。

表9　　　　　　　　全国副省级城市基本情况（强度指标）

| 城市 | 全市按土地面积平均GDP（万元/平方千米） | 全市人均GDP（元） | 全市按土地面积平均工业总产值（万元/平方千米） | 全市人均工业总产值（元） | 市辖区按土地面积平均GDP（万元/平方千米） | 市辖区人均GDP（元） |
|---|---|---|---|---|---|---|
| 沈阳 | 1078.60 | 20321.95 | 638.16 | 12023.60 | 3471.44 | 24572.71 |
| 大连 | 1118.26 | 25202.09 | 994.50 | 22413.03 | 4426.25 | 39122.35 |
| 长春 | 559.13 | 1.6142.88 | 584.55 | 16876.77 | 2351.85 | 27879.52 |
| 哈尔滨 | 232.18 | 12993.45 | 115.15 | 6444.05 | 4312.65 | 22962.44 |
| 南京 | 1969.60 | 23035.97 | 2995.22 | 35031.42 | 2531.91 | 24926.41 |
| 杭州 | 1073.65 | 27980.56 | 1446.32 | 37692.88 | 4455.08 | 35317.43 |
| 宁波 | 1602.07 | 27469.20 | 2135.78 | 36620.22 | 6443.85 | 32724.55 |
| 厦门 | 4142.88 | 47270.34 | 6552.65 | 74765.97 | 4142.88 | 47270.34 |
| 济南 | 1468.55 | 20883.64 | 1234.00 | 17548.22 | 2856.95 | 28408.18 |
| 青岛 | 1390.01 | 21213.86 | 1890.18 | 28847.34 | 5861.82 | 32711.18 |
| 武汉 | 1757.41 | 19434.19 | 1340.92 | 14828.54 | 1757.41 | 19434.19 |
| 广州 | 4037.50 | 41651.36 | 4272.84 | 44079.13 | 7343.67 | 46774.39 |
| 深圳 | 11579.43 | 161837.90 | 18617.34 | 260202.20 | 11579.43 | 161837.90 |
| 成都 | 1345.52 | 16209.36 | 658.32 | 7930.73 | 4629.46 | 22905.70 |
| 西安 | 8249.02 | 11720.92 | 545.71 | 7753.88 | 2136.15 | 15040.41 |
| 漳州 | 424.10 | 11797.02 | 49.51 | 1377.16 | 2886.53 | 22501.94 |
| 厦门+漳州 | 834.73 | 20037.94 | 767.59 | 18426.35 | 3886.62 | 40514.85 |

资料来源：《中国城市统计年鉴（2003）》。

## （四）财政承受能力

2003年，厦门预算内地方财政收入73.39亿元，支出90.13亿元，净转移支付17.87亿元；漳州预算内地方财政收入20.32亿元，支出29.16亿元，净转移支付6.34亿元。厦门人均财政收入4550.88元，人均财政支出5781.25元，漳州人均财政收入1510.98元，人均财政支出1779.76元，前者约是后者的三倍。区划调整以后，漳州的人员经费支出标准将逐渐向厦门靠拢，其他支出也将以快于厦门的速度增长。因此，财政承受能力是厦漳合并必须认真研究的一个重大问题。

（1）2004～2008年的财政状况。我们预测了厦漳合并后2004～2008年的财政状况。研究表明，按我们给定的方案，如果这种标准的趋同在一年内实现，2004～2008年每年的预算内财政缺口将分别达到44.32亿元、42.27亿元、

40.45 亿元、39.01 亿元和 37.98 亿元；如果这种趋同是在五年内实现的，相应的预算内财政缺口分别为 13.65 亿元、19.35 亿元、25.18 亿元、31.37 亿元和 37.98 亿元（见表 10）。

表 10 　　　　　　　　2004～2008 年厦漳合并后两地财政缺口预测值 　　　　单位：万元

| 项目 | | 2004 年 | 2005 年 | 2006 年 | 2007 年 | 2008 年 |
|---|---|---|---|---|---|---|
| 财政能力 | 地方财政收入 | 889197 | 964820 | 1040443 | 1116066 | 1191689 |
| | 净补助数 | 239128 | 239521 | 238439 | 235748 | 231304 |
| | 合并带来的财政收入增加 | 60845 | 63176 | 68046 | 72841 | 77561 |
| | 合计 | 1189170 | 1267517 | 1346928 | 1424655 | 1500554 |
| 财政支出 | 一年趋同 | 1632332 | 1690238 | 1751413 | 1814743 | 1880356 |
| | 两年趋同 | 1440202 | 1690238 | 1751413 | 1814743 | 1880356 |
| | 三年趋同 | 1376571 | 1562975 | 1751413 | 1814743 | 1880356 |
| | 五年趋同 | 1325666 | 1461165 | 1598698 | 1738386 | 1880356 |
| 财政缺口 | 一年趋同 | −443162 | −422721 | −404485 | −390088 | −379802 |
| | 两年趋同 | −251032 | −422721 | −404485 | −390088 | −379802 |
| | 三年趋同 | −187401 | −295458 | −404485 | −390088 | −379802 |
| | 五年趋同 | −136496 | −193648 | −251770 | −313731 | −379802 |

从表 10 可以看出，按照一年趋同计算，2004 年的财政支出将达到 163.23 亿元，而后平稳增长，每年递增约 6 亿元，至 2008 年这一数字达到 188.04 亿元。如果按照两年趋同计算，2004 年的支出数为 144.02 亿元，比一年趋同下的数字要少 19.21 亿元，减少的原因是调整的年限增加，当年漳州财政负担的人员经费的增加数只有一年趋同下的一半。从 2005 年开始，两年趋同与一年趋同方案下的支出数持平。如果选择五年趋同的方案，财政支出数的增长将变得更为平缓，2004 年的财政支出为 132.57 亿元，随后，财政支出以每年约 14 亿元的规模递增。与一年趋同的方案相比，在五年趋同下，2004 年的财政支出将减少 30.67 亿元，2005～2007 年则分别减少 22.91 亿元、15.27 亿元、7.64 亿元，至 2008 年两者相等，五年内共减少支出 76.48 亿元。

对比两地财政能力与财政支出数值，可以得出 2004～2008 年两地合并后不同人员经费支出标准差异调整方案下的财政缺口数。从表 10 我们可以看出，在财政负担的人员经费支出标准一年趋同方案下，未来五年内每年的财政缺口数分别为 44.32 亿元、42.27 亿元、40.45 亿元、39.01 亿元、37.98 亿元，缺口逐渐收敛。在五年趋同方案下，2004 年财政缺口数为 13.65 亿元，以后每年增长约 6 亿元，至 2008 年达 37.98 亿元，财政缺口是发散的。造成这一结果的原因在于在一年趋同的方案下，调整的第一年就将漳州人员经费的标准提高到厦门的水平，财政支出急速上升，而此后财政支出的增长则相对缓慢。由于地方政府可支配的财政能力的增长是匀速的，财政缺口在第一年突增后开始收敛。在五年趋同的方案下，财政支出和财政收入的增长都是均匀的，由于支出的增长快于收入的增长，在标准趋同的这段时间内财政缺口逐步增大。但是，从 2009 年开始，当标准的趋同完成以后，财政收入增加的速度就将超过支出增加的速度，缺口迅速变小，实现收支平衡和盈余。

显然，即使是按照标准五年趋同的方案，厦漳合并的财政缺口还是太大，因此，必须考虑缩小财政缺口的其他途径。

另一个可以考虑的方案是漳州市本级和芗城、龙文、龙海、长泰等与厦门邻近、经济发展相对较快、财力相对充足的区县人员经费水平率先达到厦门的标准，而其他地区则仍然分期向厦门的标准靠拢。我们按照厦门财政支出按每年 3%、漳州公用经费和基建等三项支出按每年 8% 增长，漳州市本级和芗城、龙文、龙海、长泰四区县在一年内实现人员经费标准趋同、其余地区五年内逐步趋同的假定，对合并后的支出和相应的财政缺口数据进行了计算，相关结果如表 11 所示。

表 11　　　　　　　　　　　分地区逐步趋同下的财政缺口　　　　　　　　　单位：万元

| 项目 | 2004 年 | 2005 年 | 2006 年 | 2007 年 | 2008 年 |
|---|---|---|---|---|---|
| 合并后漳州人员经费 | 284429 | 347788 | 412321 | 476130 | 539939 |
| 合并后财政总支出 | 1426387 | 1536161 | 1649204 | 1763638 | 1880356 |
| 财政缺口 | −237217 | −268644 | −302276 | −338983 | −379802 |
| 缺口（支出）比原方案增加 | 100721 | 74996 | 50506 | 25252 | 0 |

按照这一方案，合并后的财政缺口 2004～2008 年分别达到 23.72 亿元、26.86 亿元、30.23 亿元、33.90 亿元、37.98 亿元。2004～2007 年比原来测算的漳州所有地区在五年内趋同的方案每年分别增加财政缺口（即增加的总支出）10.07 亿元、7.50 亿元、5.05 亿元、2.53 亿元，2008 年两种方案对人员经费的调整均已完成，财政缺口相等，五年内共增加财政缺口 25.15 亿元，给合并后的财政带来一定压力。

从表 11 来看，即使是选择五年趋同的方案，区划调整带来的财政缺口仍然是比较大的，特别是到 2008 年，这一缺口将达到 37.98 亿元。这里，需要说明的是，在整个测算过程中我们舍弃了一些因素，或者由于采纳某些假定，都可能使得财政收支预测数据产生偏差，如果考虑到这些原因，2004～2008 年的财政收支缺口将没有表 11 中那么大。

在前面的测算中我们没有考虑政府的土地批租收入。事实上，土地使用权出让收入（或土地批租收入）是政府掌握的非常重要的财力。这里简单地从几个方面对此进行说明。

首先，厦漳合并将对厦漳两地尤其是漳州邻近厦门的龙海、长泰以及芗城、龙文等区县的地价带来较大影响，同时，这些地区的土地出让面积也会有所增加。2002～2003年，龙海、长泰和芗城、龙文四区县共出让土地751.07万平方米，取得出让收入210459万元，平均地价280元/平方米。假定2004～2008年，这些地区每年出让的土地面积比2002年和2003年平均数增加30%，即每年出让的土地面积达到488.15万平方米；而地价也比2002年和2003年的平均地价增加30%，达到364元/平方米。同时，还假定政府出让土地取得的收入在扣除拆迁成本、土地平整费用等以后有20%的比例可统筹使用。那么，2004～2008年，这些地区每年从土地使用权出让中获得的可支配财力将达到364×488.15×20%=35537（万元）。

其次，考虑到2003年厦门的土地出让收入达到338766万元，假定2004～2008年厦门保持每年30亿元的土地出让规模，以20%的可支配收益计，每年将增加6亿元的财政能力。

最后，考虑到厦漳合并后，厦门市划定的农田保护区可部分转移到漳州农村，这部分土地则可用于工业开发。2001年底，厦门市划定农田保护区面积为41.03万亩，假定2004～2008年每年将其中的10%转移到漳州，其本身转为工业用地。以岛外工业用地200元/平方米，转让收益的20%的作为政府可支配部分计，仅此一项，每年即增加财政能力10.94亿元。

以上三项涉及政府土地使用权出让的财力相加，2004～2008年，合并后每年可增加20.49亿元可用财力，相应的财政缺口变为6.84亿元（盈余）、1.16亿元（盈余）、4.69亿元（缺口）、10.88亿元（缺口）、17.49亿元（缺口），五年合计总缺口25.09亿元，每年平均只有约5亿元。

（2）在对财政支出的预测中，我们计算的一个前提是假定财政供养人口不变。但事实上，行政区划调整后，机构精简和人员精减将在或长或短的时期内进行。考虑到这一变动，财政支出将会有较大幅度的下调。如果厦漳合并后原漳州地区可以减少10%的财政供养人口，在五年趋同的条件下，2004～2008年，财政支出将分别减少2.00亿元、2.98亿元、3.97亿元、4.95亿元和5.94亿元。

（3）财政收入和转移支付受政策影响较大。伴随财政体制的变动，地方政府的收入也可能出现较大幅度的增加或减少。同时，厦漳合并后目前的转移支付政策也可能发生变动，这都将影响到我们的预测。我们没有考虑政策变动的影响。

（4）由于缺乏相关数据，我们没有对预算外财力展开研究。改革开放以来，我国预算外财力迅速增长，到20世纪90年代，预算外财力几乎与预算内持平。虽然近两年来随着公共财政制度框架的初步构建和逐渐完善，经过清理整顿，一部分预算外财力并入预算内，另一部分预算外收入项目则被取消，特别是《行政许可法》实行以后，多项政府行政性收费将被取消，但是，至少在目前，预算外财力仍然是非常重要的一项。事实上，我们在对公用经费和人员经费的预测分析中，亦曾经指出预算外财力也承担了一部分的公用经费和人员经费。如果把预算外财力考虑进来，相关的财政缺口将进一步变小。

（5）在厦门和漳州基金预算中，两地都没有把社会保障基金的收入和支出数据纳入进来。由于两地在社会保障水平上的差异，一个合理的预测是，如果两地的社会保障水平最终趋同，区划调整将导致社会保障支出较快增加。

（6）需要着重指出的一点是，由于篇幅的限制，我们只预测了2004～2008年的财政收入、支出和缺口数据。事实上，从2009年开始，表11中的缺口数就开始收敛，即使不考虑上面的土地出让收入、预算外收入，其自身也仍然将很快实现收支平衡和盈余并保持下去。

综合考虑以上这些因素，从财政承受能力角度来看，我们认为，厦漳合并具有可行性。但在选择具体调整方案的时候，应该注意逐步、谨慎地对两地支出水平之间的差异进行调整，尽量缩小预算内的财政收支缺口，根据实际情况选择三年、五年的调整方案而不是一步到位地调整，减少厦漳合并初期对财政的冲击。

## （五）干部安排

厦漳合并将撤销一个厅级的设区市，同时设立若干个副厅级的区，机构的变动必然影响干部的安排。厦漳两地目前干部待遇不同，合并之后，干部待遇差别如何处理，也是一个相当复杂的问题。能否处理好因行政区划调整而产生的机构调整、干部安排、干部待遇等问题，也在相当程度上决定着厦漳合并的可行性。这个问题我们将在下文结合厦漳合并方案的设计进行讨论。

# 八、厦漳合并方案的初步构想

## （一）厦漳合并后的行政区划调整

目前，厦漳区县设置的基本情况是：厦门市为副省级，下设同安、翔安、集美、海沧、湖里、思明六个副厅级区。漳州市为正厅级，下设正处级的二区一市八县，分别是芗城区、龙文区、龙海市、漳浦县、云霄县、诏安县、东山县、南靖县、平和县、长泰县、华安县。考虑到厦门市的知名度，我们建议，厦漳合并后，市名仍定为厦门市，原厦门市所属六个区名称不变，行政级别不变，仍为副厅级；原正厅级的漳州市取消；为扩大合并后厦门主城区的影响范围，促进城市经济社会发展，芗城和龙文区合并为漳州市（区），升为副厅级，龙海市改为龙海区，升为副厅级，将龙海市所属的角美区划归海沧区；原漳州市所属的漳浦、云霄、诏安、东山、南靖、平和、长泰、华安八县保持不变，仍为正处级。经过调整后成立的新厦门市由八区八县组成。这样的行政区划调整是基于下面几个方面的考虑。

第一，厦门市所属六区是 2003 年根据海湾型城市发展战略的需要，经过缜密研究后进行的调整。新的区划功能定位明确，布局合理。思明区突出商业、金融、商务、旅游、文化等城市功能；湖里区重点发展物流园业和高科技产业；海沧区重点发展港口物流、机械、石化等工业；集美区重点建设生态型文教旅游区和环保型高新技术园区；同安区和翔安区重点发展新的工业区和现代化农业区。这样的功能划分是合理的。经过调整，各区的人口、面积、财政状况等也基本合理或便于辖区经济和社会发展，故该行政区划调整被民政部树为成功范例。因此，不应也没有必要立即再作调整。

第二，芗城区和龙文区合并为一个区，定为副厅级。其原因一是龙文区是1997 年新成立的区，面积有 126 平方千米，但人口只有 12 万人，2003 年财政收入才 8800 万元，底子薄，保留区建置比较勉强。两个区合并起来，土地面积 389 平方千米，人口近 52 万人，地方级财政收入近 4 亿元，都达到了较高水平，可以作为新厦门市的一个城市次中心，在城市化过程中发挥重要的作用。二是两区合并有利于实现漳州市区的统一规划、统筹发展，避免人为的行政分割，降低行政成本，减少重复投资，合理利用土地资源。三是两区在地理上相连，龙文区的步文镇距老市区不过两三千米，城区已经连成一片，合并起来也较容易。合并后的这个区，管辖范围与原有的县级市漳州市大致相同，因此建议该区承袭漳州这一地名。其所以如此，是因为漳州历史悠久，名人荟萃，历史上曾出现过一大批政治家、思想家、教育家、文学家、史学家、数学家和地理学家，素有"海滨邹鲁"之美称。在撤销原漳州市的基础上，成立一个副厅级的漳州区，有利于更好地利用原漳州市的历史文化遗产，更好地发挥"漳州"这一历史文化名城所包含的无形价值。

第三，将龙海市改为龙海区，升为副厅级。一是因为龙海市在地理上位于厦门湾南岸，与厦门的海沧区接壤，近年来，龙海市的工业化和城市化进程较快，已经成为环厦门湾城市群的一个新兴城市。二是龙海市综合实力较强，具备设区的基本条件。龙海全市总面积1115平方千米，人口77.91万人。1995年以来连续五年进入"福建省综合经济实力十强县（市）"行列，2003年，全市完成国内生产总值128.17亿元，总量占漳州市1/5，财政收入3.35亿元，工业总产值占漳州市的1/4，是闽东南经济发展较具活力的县级市。三是这样做有利于龙海的快速发展。龙海的基础设施比较完善，其境内有国道、省道和漳诏、厦漳、漳龙三条高速公路横贯，距厦门机场仅70千米，九龙江流贯全境，海轮可直达上海、汕头、香港、澳门等港口。将龙海设为区有利于将厦门的优惠快速延伸到龙海，也有利于龙海承接厦门本岛的产业转移，发展能大量吸纳农村劳动力的食品、纺织服装、运动器材等产业，并通过本岛产业链的延伸发展高新技术制造业、房地产业与旅游业等，助其起飞。四是有助于迅速实现厦门建设海湾型城市的目标，提升厦门作为港口城市的实力。龙海拥有港湾水深的海岸线100多千米，可供建设深水泊位码头，已建成石码、招商局、镇海三个港区，港口优势明显。尤其是厦门湾南岸的南太武区和招银开发区建设开发已初具规模。将龙海融入厦门主城区之后，可以在中心城市政府的统一规划与组织下，集中力量建设连接厦门湾南北两岸的跨海大桥、疏港铁路、城市道路及其他基础设施，并创造一定的政策与制度环境，推动厦门湾南岸的建设，使之实现与厦门湾北岸的比翼齐飞，完成海湾型城市的布局。

第四，将龙海市的角美区并入海沧区。角美和海沧两地比邻，发展势头都比较好。自设立台商投资区以来，海沧先后投资110亿元建设城市基础设施，开发条件已相对成熟，招商引资与城区经济进入高速发展时期。连续3年GDP与工业总产值均以46%以上的速度增长。2003年实现GDP 101.5亿元，工业总产值301.5亿元。厦门的三大支柱产业（机械、化工、电子信息）齐集海沧，每平方千米用地所产生的GDP、工业产值、税收分别为13.7亿元，40.8

亿元和3.8亿元。随着投资环境日趋完善与产业集聚态势的形成，国内外投资家纷纷看好海沧，前来洽谈的大项目迅速增多，扩大工业用地的供给成了海沧最紧迫的问题。紧邻海沧的角美是闽南名镇，辖区面积100多平方千米。两地联手，工业用地可以增加1倍。充分利用海沧的基础设施和其他投资条件，将海沧的产业链条延伸到角美，可以最大限度地延续海沧的发展态势。合并进来，进行整体规划，有利于招商引资，真正实现优势互补。此外，现有龙海的面积太大（约等于整个厦门市面积的72%），作为区的建制，管理幅度显然已经过大，适当调整可以减轻管理的压力。

设立副厅级的漳州区和龙海区的另一个考虑是：这样有利于保持领导队伍的稳定性。两区升格为副厅级之后，可以使相当部分原漳州市级副职领导和职能部门的领导得到妥善安排。这样既可以减轻改革阻力，又可以因地制宜，发挥漳州原有领导的优势，加快发展。

第五，至于原漳州市所辖的其他八县之所以保持不变，是考虑到这八个县现有经济社会发展水平、财政收入与其他各区仍有很大的距离，改为区的条件还不成熟，城市化水平还比较低，直接纳入厦门市主城区，也非厦门市财政所能承受。因此，本着循序渐进，稳步发展的精神，留待未来再分步骤进行调整改制。其中，原漳州市的漳浦县可以考虑作为下一步设区的重点对象。因为，在原漳州市的各县市中，漳浦的经济地位仅次于龙海。根据城市空间运动规律与厦门都市区的发展目标，整合后的厦门都市区的空间战略可以概括为"一环、两带、三集团"。其中，南部沿海发展带以漳浦为中心展开，包括佛昙、旧镇、漳浦、云霄、东山、诏安等。与厦门主城区和漳州集团相并列的漳浦集团同样以漳浦为核心，组建南部沿海一线重要城镇群。这说明，漳浦在厦门未来的空间发展战略中，居于十分重要的区位优势。

## （二）党政机关和其他机关团体的调整

厦漳党政机关和其他机关团体的现状是这样的：

第一，现有厦漳两市直属的各类党政机关、社会团体的设置基本是相同的，但数量上有所不同。从机构数量上看，厦门比漳州多9个，其中主要是政府部门。据统计，厦门市党政机关和事业单位的情况是：市委工作部门10个，部门管理机构3个，议事协调办事机构2个，市政府工作部门41个，部门管理机构4个，议事协调办事机构3个。漳州市党政机关和事业单位的情况是：市委工作部门9个，部门管理机构3个，议事协调办事机构2个；市政府工作部门33个，部门管理机构3个，议事协调机构4个。从人员上看，厦门比漳州多一倍，据统计，到2002年底，厦门市直机关行政编制人员6102人，漳州市直为2928人。

第二，管理体制有明显的差别。按照我国现行的行政管理体制，县、区管理机构和职权是不同的，管理模式也是不同的。漳州目前主要实行的是"市管县"体制（芗城区和龙文区属于市区直接管理体制），在这种体制下，县政府有较完整的行政管理权限，大部分行政部门实行属地管理，这是一种以块管理为主的体制。厦门实行的是市、区直接管理体制，为了全市统一规划、协调发展需要，许多部门已经实行市以下垂直管理，这是一种以条管理为主的体制。例如，在漳州，县规划局、环保局、交通局等属县政府领导，县公安局由县政府和市公安局双重领导；而在厦门，这些部门均由市局直接管理。

厦漳合并之后，出于现实的考虑，原漳州的八个县，必然会继续沿用原漳州地区的"市管县"体制，机构及其职能也基本上保持不变。至于漳州区和龙海区因为要直接融入厦门主城区，管理体制上就要实行以条管理为主的体制，机构与职能就要做相应的调整。根据这样的制度安排，厦门市直、漳州市直、漳州芗城区、龙文区和龙海市的党政机关包括权力机关、审判机关、检察机关、政协机关、民主党派机关、群团机关在内的其他机关、单位必须进行相应的调整。

原漳州市直各类机关因为漳州市的取消，势必要进行调整。根据比较，我们可以看到，除了机构级别、职能范围、人员数量，漳州市直机关和芗城区级机关设置相对应的占大多数。以政府机关为例，芗城区政府下设经济贸易局、行政服务中心、教育局、科学技术局、监察局、人事局、财政局、审计局、文化体育局、民族与宗教事务局、建设局、交通局、水利局、农业局、卫生局、计划生育局、环保局、统计局、外事侨务办公室、城市管理执法局、对外贸易经济合作局、劳动和社会保障局、民政局、发展计划局、司法局等26个政府职能机构，而这些漳州市直都有相对应的机构。漳州市直政府机构（见表12）只比芗城区多公安局、国土资源局、海洋和渔业局、林业局、广播电视局、文化与出版局、审计局、物价局、旅游局、粮食局、城乡规划局以及法制办、体改办、防空办、口岸和海防管理委员会15个机构。这15个机构厦门市几乎都有，只是个别名称略有不同（见表13）。

**表12　　　　漳州市人民政府工作部门设置**

| 办公室 | 发展计划委员会 | 经济贸易委员会 | 科学技术局 | 民族与宗教事务局 | 公安局 | 监察局（不计入机构数） | 民政局 | 司法局 | 财政局 | 人事局 | 劳动和社会保障局 | 国土资源局 | 建设局 | 交通局 | 水利局 | 农业局 | 海洋与渔业局 | 林业局 | 对外贸易经济合作局 | 文化与出版局 | 广播电视局 | 卫生局 | 体育局 | 计划生育委员会 | 审计局 | 统计局 | 环境保护局 | 物价局 | 旅游局 | 粮食局 | 城乡规划局 | 外事侨务办公室 |
|---|---|---|---|---|---|---|---|---|---|---|---|---|---|---|---|---|---|---|---|---|---|---|---|---|---|---|---|---|---|---|---|---|

**表13　　　　厦门市人民政府工作部门设置**

| 办公室 | 发展计划委员会 | 经济发展局 | 教育局 | 科学技术局 | 民族与宗教事务局 | 公安局 | 监察局（不计入机构数） | 民政局 | 司法局 | 财政局 | 人事局 | 劳动和社会保障局 | 国土资源与房产管理局 | 建设与管理局 | 交通局 | 信息产业局 | 农业局 | 水利局 | 贸易发展局 | 文化局 | 卫生局 | 计划生育委员会 | 审计局 | 环境保护局 | 广播电视局 | 统计局 | 物价局 | 工商行政管理局 | 海洋与渔业局 | 质量技术监督局 | 药品监督管理局 | 旅游局 | 粮食局 | 外事办公室 | 侨务办公室 | 法制局 | 外商投资局 | 规划局 | 市政园林局 | 机关事务管理局 |
|---|---|---|---|---|---|---|---|---|---|---|---|---|---|---|---|---|---|---|---|---|---|---|---|---|---|---|---|---|---|---|---|---|---|---|---|---|---|---|---|---|

鉴于此，应该采取两种方法进行调整：

一是就地重组，将市直机关中与芗城区和龙文区相同的机构一并重组为新的漳州区直机构，新区的主要领导和部门领导主要从原漳州市的机关和芗城、龙文二区机关中行政级别相当的主要领导中产生。

二是异地合并，将未来漳州区级机关中不必设置的原漳州市各机关撤销，并入厦门市相应的机关，重组为新的厦门市直属机关，这也基本上属于同类项合并，同样比较容易操作。

除了操作上的便利外，这样调整的好处就是有利于新机构迅速有序运行。就漳州区而言，因为是就地重组，主要人员基本上都是老手，对工作、工作环境和工作对象也比较熟悉，能够很快地实现角色的转换（实际上也不要太多的转换），履行好岗位职责。对于新的市直机关而言，因为合并，管理的幅员大量增加（辖区面积增加8倍，人口增加2倍多），管理对象也比较生疏，需要增加人员编制，尤其需要增加熟悉漳州各方面情况的人员，直接从撤销和重组的漳州市直机关和其他机关中补充进谙熟漳州市情况的领导和干部，也有助于改善新厦门市各机关的人员结构，使之有效地履行新职能。

现在的龙海市与合并后成立的龙海区，管理体制不同，机构设置也不同。我们将同安区的政府机构（见表14）与龙海市的政府机构进行比较就可以发现，虽然增减重组不可避免，但机构调整的幅度不会太大。以政府机构为例，如果新的龙海区以同安区的模式设置机构，只要将下列机构进行调整即可：气象局、地震办、环保局、广电局、规划局、公安局、交警大队、国税局、地税局、药监局、工商局等，直接归属市级机关管理，变更的幅度比较小，牵涉的人员也不会太多，不会带来大的问题。

**表 14　　　　　　　　　厦门市同安区区级党政机构设置**

| 区政府 | | | | | | | | | | | | | | | | | | | | | | |
|---|---|---|---|---|---|---|---|---|---|---|---|---|---|---|---|---|---|---|---|---|---|---|
| 办公室 | 计划统计局 | 经济发展局 | 贸易发展局 | 教育局 | 监察局 | 民政局 | 司法局 | 财政局 | 人事劳动和社会保障局 | 交通局 | 计划生育局 | 卫生局 | 审计局 | 农业局 | 林业局 | 水利局 | 国土资源与房产管理局 | 建设局 | 科学技术局 | 文化体育局 | 旅游局 | 外事侨务办公室 | 民族宗教事务局 | 粮食局 |

在党政机构调整过程中，要认真加以考虑的是：扩大管理幅度后的新厦门应如何进行适当的分权化改革，以保持高效运行的态势，以调动区县政府的积极性和创造性。尤其是新设的漳州区、龙海区，作为相对独立的行政区和未来的城市次中心，理应拥有较为完整的行政职能。因此，在进行机构调整过程中，一方面要适当下放权力，赋予较大的经济管理权（限额以下的项目审批权、农林场管理等）、财政自主权（改进厦门和漳州现有的税收收入分成制，重新确定收入范围划分、共享收入分成比例、支出范围整合等）和更多的社会公共服务（诸如教育、卫生、文化、体育、社会保障、市政基础设施建设与管理、园林绿化等）职能，即使对于市垂直部门而言，亦应适当下放权力，支持这两个区的统筹发展。当然，同时也要建立相应的审批备案制、审核否决制、抽查复核制、定期报告制等监控制度。另一方面要更多地考虑其特殊性，给予相对于厦门岛内各区，甚至相对于同安区更加灵活和宽松的机构编制。

## （三）事业单位的调整

在厦漳合并过程中，事业单位的调整整合也是必须认真加以规划的一个课题。据统计，截至 2003 年 12 月 31 日，厦门市有市级直属事业单位 296 个，这些单位分散在教、科、文、卫、新闻、出版、广播、影视、交通、农村、环保、体育、社会福利等部门，共 22 类。296 个事业单位中，财政预算机构数 223 个，经费自理机构数 61 个，企业化管理机构数 12 个，职工总计 15268 人。漳州市级直属事业单位 435 个，也分为 22 类，其中财政预算机构数 262 个，经费自理机构数 163 个，企业化管理机构数 10 个，职工总数 12248 人。芗城区事业单位总数 266 个，共分 19 类，其中，财政预算机构数 235 个，经费自理机构数 27 个，企业化管理机构数 4 个，职工总数 4092 人。龙文区事业单位总数 164 个，共分 15 类，财政预算机构数 138 个，经费自理机构数 25 个，企业化管理机构数 1 个，职工人数 1480 人。

由上可知，一是事业单位数量多、人员多；二是事业单位的供养主体是政府财政；三是经费自理机构数还不到一半，而企业化管理的机构更是寥寥无几。说明事业单位社会化、市场化的程度总体而言是很低的。根据这一实际情况，对漳州市事业单位进行改革，我们提出以下几种的基本模式。

第一，一个地区允许有多个同种类的事业单位同时存在。这类事业单位除级别有所改变外，其他基本上保持不变。如原漳州市图书馆、博物馆、各中小学校等，可以更名为漳州区图书馆、漳州区博物馆、漳州区第一小学、第一中学等。但其基本运作、人员可以保持不变。

第二，一个地区只能有一个同一种类的事业单位存在。在这种情况下，相关单位要进行归类、整合。如原漳州市党校、芗城区党校等，由于整合成新的漳州区，其党校必须撤并为一个漳州区党校。

第三，在一个地区内这一类事业单位是不允许存在的。在这种情况下，这类单位必须收归厦门市相关上级单位。如漳州报业集团，改革后应并入厦门报业集团。

即，在厦漳合并过程中，事业单位的调整主要可以考虑采取下述三种方式：

第一，直接改名。有些事业单位原来虽属不同的市、区和部门，但都面向社会提供服务，政府在设立过程中就已经根据服务对象的数量而做出合理安排，其服务对象并不因为行政区划调整而减少，即使行政区划变化了，事业服务也不能减少。如基础教育、高中、职高教育、部分医疗卫生机构等。因此，厦漳合并过程中，漳州市、芗城区、龙文区的相当部分事业单位，只要将前置的漳州市、芗城区、龙文区统一改为漳州区即可，如果出现原事业单位改名后名称一样，则可以冠以漳州区第一××、第二××、第三××等。这一类占 1161 个事业单位中的多数，仅漳州市直属、芗城区和龙文区的教育事业单位就有 211 家，卫生事业单位就有 66 家，两类合并就占总数的 1/4 强，更何况还有很多类似的事业单位。

第二，合并。合并有两种方式。一是有些事业单位在新建漳州区中不应当继续设置，而厦门市又必须设置，且已有对应的事业单位，可以进行合并。如闽南日报就应考虑并入厦门市报业集团，漳州市讲师团、方志办、政府发展研究中心、电视台、广播电台等都属此类。二是有些事业单位漳州市、芗城区、龙文区都有，在新的漳州区也必须设置，可以进行同类项合并，如漳州市委党校和芗城、龙文二区党校。

第三，保留。漳州市历史悠久，原来所辖市、县、区幅员也比较广，各项社会事业已有相当规模，有些事业单位并入厦门，对于原辖区人民而言多有不便，应该本着统筹安排的精神，适当给予保留。保留方式有二：一是对新漳州区机构编制给予适当增加，即，在其他厦门所属的各区没有设立的，可在漳州区考虑设立，即允许漳州区的事业单位比其他各区多；二是作为厦门市同类机构的分部而存在。前者会影响将来事业机构的人财物运作安排，后者虽复杂些，但便于统筹安排。如漳州市博物馆、图书馆、文化馆、少年宫等，改为厦门博物馆、图书馆等漳州分馆，直接由厦门市直同类机构管理，似乎更为恰当。

第四，社会化。对于那些已经实行企业化管理和经费自理的事业单位，可以考虑逐步实行转制改革，直接推向市场。根据统计，这些机构总数为303个，占漳州市、龙海市、芗城区、龙文区现有事业单位总数的近26%。这项市场化改革，可以在厦门市直和现有各区统一进行。这些单位的改革也比较容易，一是原本因为他们有经济能力，不依赖政府；二是因为人员可以自己消化。除此之外，还可以考虑将部分勘察设计、科学研究、教育卫生、广播影视、出版新闻、交通、环保、测绘、信息咨询、物质仓储、供销、房地产服务、城市公用事业、社会福利、机关后勤、政府宾馆、培训中心等逐步实行社会化。

总体而言，厦漳行政区划调整以及相关的机构调整要综合考虑所涉及市、区、县、镇的实际情况，而各地的情况又是千差万别，实施起来比较复杂，但相较于人员安置和利益调整，机构调整还是相对容易的，只要深入调查，摸清实际情况，精心设计，稳步实施，厦漳行政区划调整的第一步——机构调整——是不难解决的。

### （四）厦漳党政机关和事业单位人员的调整与分流

目前，厦门市党政机关中副处级（领导职务）以上全市核定数为737人。而在2003年年终时，漳州市党政群行政、机关事业单位中，全市副处以上共有631人，其中市直副处以上就有330人，市直的领导职数接近厦门的一半。

最大限度地减少人员震动是改革的一个重要的效度指标。我们主张遵循以下几个原则：一是要保持适当的年龄结构，领导班子要由老、中、青年干部按合理的比例构成最佳的年龄结构；二是要严格控制领导的职位数量；三是要实行竞争上岗，使每一个岗位都能够得到最适合的人才。结合厦漳目前机构现状，借鉴国内其他一些城市先进的模式和做法，我们提出以下两点建议。

（1）整合后，具有较强的综合能力并且年龄适合的原漳州市正职领导可以充实到整合后的厦门市政府中。原副职领导经过考核，可以安排到新成立的区担任相关领导职务，一部分领导特别是分管农口的领导根据需要，可以安排到整合后的厦门市政府相关职能部门担任正职领导。厦门市目前下辖6个区，即使是过去，也只有管辖过同安一个县，总体上，一直处于单体型的城区管理模式。整合后，厦门要从单体管理转变为二重管理，既要对区进行有效管理，又要对县进行有效管理。有效的二重管理涉及许多因素，其中，领导的素质和经验是非常重要的。原漳州市各级领导在一定程度上充实到整合后的厦门市各级组织、各个部门，可以帮助实现这种模式转换。在岗位安排的过程中，对那些符合提前退养条件的即年龄大、身体不好、文化水平较低、能力和素质较差、不适宜分流到企事业单位的领导，可以根据他们的意愿，应用经济杠杆作用，通过对他们进行利益诱导及给予必要的经济补偿，提前退养。这样，有利于拓宽分流渠道、减轻分流压力。

（2）原漳州市局级正职领导经过考核、选拔的途径，可以安排到整合后的厦门市政府相关职能部门担任副局级领导职务。整合后的厦门要管理原漳州的八县二区一市，但原厦门市的干部对漳州情况并不熟悉。通过这样一种人事安排途径，既稳定了原漳州市中层管理层，又可以发挥这些干部对漳州、对本部门情况比较熟的优势，做到人尽其才，缩短磨合期。同样，原漳州市局级副职领导经过考核、选拔的途径，可以安排到新成立的漳州、龙海两个区的职能部门担任正职领导。

根据我们提出的行政区划调整方案构想，厦漳合并过程中人员调整和分流的基本特点是：调整对象主要集中于现漳州市直、芗城和龙文区属、龙海市属党政机关和事业单位干部人员。上述这些单位要进行不同程度的调整：首先是撤销漳州市建制，将芗城区和龙文区合并为漳州区，相应地，漳州市直、芗城和龙文区属党政机关和事业单位中，有些要并入新厦门市直党政机关和事业单位，有些单位要在原有基础上进行整合，而有些单位则面临撤销或改制；其次是将龙海市变成龙海区，将角美镇划归海沧管辖，原龙海市的机构要精简，部分干部人员面临分流。因此这些单位的人员变动最大。相比较而言，厦门市和漳州其他县党政机关和事业单位变动不大，人员调整幅度也不会太大。因此在厦漳合并过程中应重点考虑如何对漳州市直、芗城和龙文区属、龙海市属党政机关和事业单位的人员进行调整和分流。人员调整和分流的基本思路是：

第一，兼顾各方利益，尤其是漳州方面干部人员利益。如上文所述，厦漳合并引致人员方面的调整和分流，影响最大的是漳州方面，尤其是漳州市直、芗城和龙文两区所述党政机关和事业单位。因为芗城和龙文两区合并为漳州区，撤销漳州市建制，新的漳州区党政机关和事业单位的领导职数和人员编制数会少于目前漳州市直、芗城和龙文区的总和，这意味着将会有大批人员可能会被分流出去或者离开现有工作岗位。因此合并会直接影响到这三个地方现有干部人员的利益得失，如果解决不好这些人员的调整和分流问题，必然会影响到厦漳合并的进程。

第二，用足编制。从目前厦漳两地干部人员编制数和实有人员的比较来看，均有一个共同点，就是法定的编制数多于实有人员数。厦漳合并后，随着新的"三定"方案正式实施，应用好用足两地人员编制，最大限度安置现有人员。

第三，区内调整和区间调整相结合。厦漳合并后，大多数漳州方面相关人员的调整和分流要就地解决，但同时也要考虑将部分人员进行跨区域调整，也就是说，可以将有些漳州市直的领导干部充实到新的厦门市各机关。因为合并以后，原有厦门和漳州的市级直属党政机关和事业单位中有一部分将会合并。新机关成立后，其管辖幅度增加，适当扩大编制是合理的，这样一来，就必然要增加人员以充实新机关，而将这部分名额主要留给漳州市的干部人员，一是有助于优化新机关干部人员结构；二是漳州的干部人员熟悉漳州地区的情况，将他们充实进来有助于新机关顺利开展工作；三是可以减轻漳州利益相关部门人员分流的压力。

第四，妥善分流，平稳过渡。人员调整和分流不可急于求成，应妥善进行，尽可能兼顾各方利益，实现渐进、平稳过渡，以避免引起社会动荡。

## （五）原漳州市公务员待遇问题

厦漳合并后原漳州各市、区、县公务员的工资待遇如何确定，关系提高公务员的工作积极性，促进公务员队伍的优化、廉洁和稳定等一系列问题。

厦漳合并后，原漳州市公务员待遇将会碰到两个实际的问题。

第一，由厦门市财政统一支付各区、县的工资、补贴、津贴是不可能的。目前，厦门全市党政机关编制总数为 12879（含政法），其中，市直 4539 人。全市事业单位 14179 人。漳州市截至 2003 年月 12 月 30 日，全市机关编制总数为 89048 人，市直为 16663 人，其中"机关编制数"15318 人（含政法）。2003

年，厦门市地方财政收入为 70.14 亿元，加上漳州市的地方财政收入 17.25 亿元，两者相加不到 90 亿元。以这样一种财力，要按照整合前厦门的工资待遇标准，统一支付整合后的各区、县的工资、补贴、津贴是不可能的。

第二，由厦门市统一规定各区、县公务员的待遇也是不可能的。原漳州所辖各市区县经济发展情况各有不同，财政状况也有很大差别。2003 年，其所辖各区、市、县的地方级财政收入，除芗城区为 2.76 亿元、龙海市为 3.35 亿元、漳浦县为 1.05 亿元以外，其他均低于 1 亿元，最少的华安县仅为 2900 万元。而 2002 年厦门市的思明区地方财政收入为 2.39 亿元，湖里区为 3.6 亿元，杏林区为 2.01 亿元，集美区为 1.47 亿元，同安区为 3.44 亿元。因此，在相当的一段时期里，原漳州市各区、县公务员的待遇水平还不可能与原厦门市各区齐平。

从理论上说，原漳州市公务员待遇一步到位也是不合理的。公务员的工资待遇属于行政支出，是财政支出的一部分。财政支出应该与财政收入相对应，量入为出，财政支出的扩大只有在财政收入增加的基础才可能进行。否则，随意提高公务员的工资待遇，不仅财力无法应付，而且会打乱当地整体的工资薪酬平衡体系。过高的公务员的工资待遇势必对当地的企事业单位产生一种吸附作用，大批优秀人才纷纷涌入党政机关，企事业单位用人成本对比攀高。这样一种状况，会削弱该地区原有的经济竞争优势，不利于经济的纵深发展。当然，与分步改制的设想相一致，拟设立的两个区在工资待遇方面可以更快接轨。一方面，这两个区本身就是原漳州市经济发展较为发达的地区；另一方面，一旦整合成功，原厦门市周边的工业布局立马可以延伸，这两个区的土地价格将迅速增值，短期内可望地方财政得到较大的改善。

总之，厦漳合并后原漳州各市、区、县公务员的工资待遇安排的总的原则是，权力下放给各区、县，由各区、县因地制宜，根据各自的财政情况自行安排，随着其经济的发展和财力的增加，逐渐缩小与厦门市公务员待遇的差距，最后达到基本持平的目标。对这些整合后的区、县的公务员待遇安排，拟建的漳州区、龙海区公务员的待遇可以参照现在同安区、翔安区的做法，其他各县公务员的待遇安排可以参照原同安县的安排情况。

## 九、厦漳合并对政府管理职能的影响分析

政府管理的职能同各个地区的实际情况存在着紧密的联系。地方政府职能范围和规模取决于政府体系自身的职责功能以及区域经济社会和市场发育状

况，区域中心城市政府职能范围和规模更多取决于经济发展所处阶段的财政供给能力；同时，区域面积的大小，人口数量和人口密度也是核定区域中心城市政府规模，确定合理的行政控制幅度的重要依据。基于两市在区划调整前所存在的实际状况的差异，在区划调整后，面对地域的扩大、资源条件的重新整合等方面的改变，政府管理需要协调调整后政府内部相互关系、充分发挥整合优势，以持续推动城市的综合竞争优势。

## （一）进一步完善城市综合执法管理模式

近年来随着各地的城市化进程逐步加快，城市的管理事务也日益复杂。长期以来我国实行的城市专业执法模式，该体制下执法主体部门化、多元化，执法职能交叉，行政处罚权分散，这给我国的城市管理带来了一系列问题。在此背景下，行政综合执法的体制改革应运而生。行政综合执法指的是由一个通过一定法律程序成立的行政机关（或具行政职能特定的公共组织），集中行使有关几个执法机关的行政检查权和行政处罚权的一种行政执法制度，相对于执法主体各行其是的传统模式，它体现出明显的优势，有利于塑造政府新形象，节约行政开支，维护百姓利益。

### 1. 厦门市两级综合执法模式选择

厦门市早在几年前就成立了城市综合执法部门，对行政综合执法在厦门市的发展进行了一系列有益的探索。总体来看，探索的主题主要集中于执法领域的界定、执法模式的建构、执法权限的规范、执法监督体系的培育等方面。其中，关于行政综合执法纵向管理模式的探讨曾经持续了较长一段时间，对垂直管理模式以及两级管理模式的抉择进行了充分的论证，最终于 2004 年确立了两级管理模式。在两级管理模式下，市、区均设置有行政综合执法部门，按照属地管理的原则分别履行自己的职责；区局的人、财、物由区政府管理，市局对区局仅实行业务指导。两级管理模式的优点在于：可充分调动区及区行政综合执法部门的积极性，在自己的属地范围内相对自由地展开执法办案工作，执法的效果与执法部门绩效直接挂钩；有利于发挥区执法部门人员对于本地区执法客体、执法重点、难点相对熟悉的比较优势；区执法部门可以得到区政府更多的支持，有利于辖区内行政执法工作的顺利开展。

### 2. 区划整合后综合执法模式的发展路向

厦漳两地经济发展水平不同，人文历史、城市化程度、居民素质等差别较大，城市管理体制也有很大不同。两地整合后要真正融合可能需要很长一段时期。这就给将来城市执法带来了很大的挑战。在现阶段，垂直管理模式所要求的步调一致可能无法实现，而两级管理模式则相对灵活，能适应不同地区具体需要，因此我们的设想是未来漳厦整合后城市综合执法采取两级管理模式；同时为尽量消除地方保护主义的影响，在制度上进行一定创新。

（1）整合后选择行政综合执法两级管理模式的必然性。

首先，这是适应未来新城市地域差别和城乡结构变化的需要。漳州的农业人口比率要远远高于厦门，居民整体素质、风俗习惯等与厦门相比也有一定的差异。区划整合后，随着新城市的地域面积扩大和城乡结构的变化，行政综合执法难度、强度也跟着增大。如果采用垂直管理模式，那么城市中心行政综合执法部门的辐射力很难穿透、覆盖到所有的地区，尤其是在原漳州地区一些比较偏远的县。例如，漳州市的平和县与厦门市的思明区，前者是全国贫困县，后者正在争取进入全国经济十强区县，两者在经济、社会各方面情况的差异性显而易见；在实行垂直管理的模式下，如何统一两地的执法标准，如何考核两地执法分局的工作绩效？当时厦门市考虑到岛内外差异等因素而采取了两级管理模式，因此在整合城乡差异进一步扩大的现实情况下，采用两级管理模式，方能因地制宜，提高执法质量和效率。

其次，是适应未来新的城市管理体制需要。厦门已撤销县的建制，许多执法部门亦已实行市以下垂直管理，在这种情况下，出于多种考虑，还是采用了两级管理模式。而漳州目前实行的是"市管县"体制，县政府的经济管理权限较区政府而言较为全面，多数执法部门以"块"的管理为主，厦漳两地整合后，出于现实的考虑，必然会继续沿用原漳州地区的"市管县"体制，即在相当长一段时期内新城市仍将是县、区两种政府建制并存。因此，未来的新城市只有采用两级管理的执法模式，才能适应区划整合之后不同层次的需要。县里的综合执法局也更易于得到许多属于县政府"块"管理的相关职能权力部门的支持，易于综合执法工作的开展。

（2）消除地方保护主义影响的制度设计。

考虑到未来城乡差别较大的情况，两级管理模式下市局对各地区、县分局的监管难度较大，为了避免或减少地方保护主义影响，提高行政综合执法效果，区划整合之后两级管理模式也需要结合漳州情况作一定的制度创新，而不能简单套用厦门现行做法。就目前而言，至少应该考虑以下几个方面的制度建设。

首先，要执法有据。整合后，建议由新的厦门市人大以地方性法规的形式通过一部新的《厦门市城市管理综合执法条例》，明确划分市、区行政综合执法部门权限，按照执法责任制确定各自执法职责，这是市、县区两级综合执法部门有效开展工作的前提。例如，由市执法部门行使组织协调、教育培训、检查监督及行业考核等行政管理职能；而县区一级综合执法队伍在县区人民政府的领导下，直接管理下属执法中队，统一调度各中队执法力量，指挥、协调全县区集中整治的综合执法活动，指导、检查、监督派驻乡镇综合执法队伍的日常综合执法工作等。

其次，对县区执法局实行双重领导（这方面可以参考漳州现行的公安局管理体制）。即县区政府负责县区执法局的行政关系、工资关系和组织关系的管理（对于正副局长等主要负责人员，由县区组织部门进行考察，并充分听取市执法部门意见后方由县区按规定程序任免）；市局负责对县区执法局的业务指导、协调、考核、督查和应急调度、指挥等。

最后，可以参考财政部、审计署等部门在各地派驻特派员和当前两地的交警支队下设直属大队的做法，必要时向原漳州地区重点县市派驻直属大队（这些直属大队不受派驻地县区政府管辖），赋予必要的权限（必须要有相应的法规依据），在特定情况下由市局直属大队直接查办某些重要案件。这样可以最大限度减小当地县区政府对行政综合执法工作的干扰。

（3）其他实行不同管理模式部门的重组原则。

漳厦两地在行政管理体制上有很大不同。漳州的辖县作为较独立的一级政府建制，具有相比于区政府而言拥有较完整的行政管理权限；在县里，大部分行政部门实行属地管理，即块管理为主体制。而在厦门，城乡一体化程度较高，原有唯一的郊县亦已整合成为同安、翔安两区；同时为了全市统一规划、协调发展需要，许多部门已经实行市以下垂直管理。例如，在漳州，县规划局、环保局、交通局等属县政府领导，县公安局由县政府和市公安局双重领导；而在厦门这些部门已均由市局直接管理。

由于城乡差别较大，在现阶段，对于整合后原来两地不同管辖模式的部门（如公安局、环保局、规划局），其管理模式的建构可循此指导原则：在县上，沿用漳州的现行做法，以县一级政府管理为主，即采取两级管理模式；在市辖区里，则沿用厦门的现行模式，直接由市局派驻、领导区分局，即垂直管理模式。对一些重要的部门，实行双重领导，如城市综合执法、公安、审计、安全生产等部门。当然，市局对各县局、区分局也有共同职责，如对各县区局进行业务指导、协调、督查、行业考核评比等。

## （二）不断探索分权化管理模式

长期以来我国的行政管理体制是高度集权的，在城市管理方面也不例外。在城市"二级政府（市与区）、三级管理（市、区及街）"体制下，区政府和作为区政府派出机构的街道办事处行政职能的严重削弱，条块相互掣肘，基层行政效率低下，从而一定程度上束缚了城市的更快发展。

### 1. 近年来厦门市的分权化改革探索

改革前厦门市也是实行"强市弱区"模式，区、镇（岛外各区设有镇一级政府）的行政职能较为单一，没有发挥其作为一级政府的应有作用。2003 年 11 月，厦门市以所辖区的行政区划整合为契机，调整了部分事权与财政体制，进一步完善政府分级管理体制，理顺市与各区的财政分配关系，以充分调动各区政府的积极性和创造性，适应海湾型城市发展的需要。

事权调整包括城市建设和管理、外商投资、农林场管理、水资源及水利工程管理、电力管理、教育、卫生、文化、体育、社会保障、城市社会治安综合治理、鼓浪屿管理等方面。事权整合的趋势是将一些原来隶属于市政府的社会公共管理权限下放到区一级政府，扩大区一级政府的自主管理权。

财政体制调整包括收入范围划分、共享收入分成比例、支出范围整合、基数确定、体制衔接问题等多个方面。这些整合也体现了分权化趋向，如在此次整合中，投资额在 3000 万元以上的建设项目及营业额在 3000 万元以上的餐饮、娱乐、酒店等服务型企业，其流转税及附加收入归属项目所在地，由所在区税务部门征收，所得税归属注册地所在区。

综观厦门市 2003 年进行的事权、财权整合，整体上已经体现出城市管理分权化的走向，提高了各区政府的积极性与主动性，将更有力地推动辖区经济的发展。这种模式理应推广至两地整合后城市管辖区域扩大、城市人口规模提升、城乡之间差异扩大的新城市中。

### 2. 漳州市现行的分权管理模式

作为管县的地级市，实际上漳州市的城市管理职能仍主要局限于传统市辖区（芗城、龙文二区）范围，对辖下各县市的管理仍以中观调控指导、协调县区发展为主。因而，辖内各县市区政府具有较高的社会、经济微观事务管理权限，相对独立，"麻雀虽小，五脏俱全"，县里设有各种社会、经济管理机构，这些机构基本上以属地管理为主。因此，就市与区县两级政府间的分权化程度而言，漳州要比厦门要高一些。

### 3. 整合后分权化管理模式的基本设想

厦门市分权化改革一方面是为了顺应国内外行政改革的大趋势，另一方面是为了满足厦门市建设海湾型城市的需要。今后，如果厦门市与漳州市实现了整合，由于漳厦之间管理体制、城市化程度不尽相同，新城市不只是地域面积扩大了，而且管理的难度也增大了。因此，新城市可能要探索不同的城市管理模式。综观各地做法和漳厦两地的现行模式，适应未来厦门"海湾型城市"发展需要，构建新城市管理模式的基本思路如下：

（1）遵循"属地管理和垂直管理相结合""抓大放小"的总体指导原则。即整合后，新厦门市政府及其部门应直接负责一些两地的综合规划、产业布局、国土资源利用、行业重点机构等宏观或中观管理职能。整合后的县区政府的职能可以参照现行漳州市管县体制设定，如直接负责本县区辖区内教育、医疗、民政、公共环境卫生机构（除重点单位）的管理，提高县、区政府面向基层公众直接提供公共服务的能力。对一些重要的部门，实行双重管理，如城市综合执法、公安、审计、安全生产监督和环境保护等部门。

（2）结合漳州、厦门两地的实际情况，实行区、县与县级市区别对待的政策。例如，对于经济较发达的龙海市，可赋予较大的经济管理和财政自主权，扶持成为整合后原漳州地区的次中心城市。对于较为落后的平和、华安等边远县，则由市政府加强直接管理，对口扶持经济发展；一般的中等县，则主要予以加强产业发展指导、实现优势互补与建设统一市场为主。而对于原厦门辖下各区、原漳州所辖的芗城区（现龙文区拟整合入该区），则按城市总体的发展要求，统一协调，加强城市规划、城市主干道交通建设、环保与房地产建设等方面的管理，下放社会公共服务（诸如中等教育、社区医疗服务、社会保障、市政基础设施、园林绿化与一般文体活动等）职能、一定的经济管理权（限额以下的项目审批权等）和财政收支自主权（改进现有的税收收入分成制），与此同时加强监控制度建设（审批备案制、审核否决制、抽查复核制、定期报告制等）。通过上述差别化的政策，使整合后的两地经济、社会融合度提高，使城区对周边地区形成更大的辐射力，缩小城乡差距。

（3）厦门市的分权化改革为今后的新城市管理提供了很好的启示，新城市应该沿着厦门市分权化改革的路径，进一步下放社会公共服务事权、财政权到新城市的区县政府，让各区县政府可以根据实际的情况管理好辖区内的具体社会事务。这一点可以借鉴当年广州市的一些做法。

## （三）厦漳行政区划整合对政府管理机制的影响分析

从政府管理的角度而言，管理体制是在宪法和法律的框架下确立，其刚性特质明显，受到严格的外在制度制约。而作为一种管理工具，管理机制更具灵活性和权变特点，可以因地制宜做出创新。管理机制对于促进城市管理职能的顺利施行和城市的内部融合方面有重要影响。政府管理机制的整合主要体现为两个方面：一是政府内部职能的优化整合，比较典型的可以从"机关效能建设"方面入手；二是政府外部职能的重新配置，涉及的是政府与社会、政府与市场之间关系的重塑。

### 1. 借整合之机，深入开展机关效能建设

（1）纵向上"首尾相连"——效能建设最早和最新模式的优势互补。

机关效能建设是福建省在创新政府管理机制、提高公共管理绩效方面的一个特色。漳州市是开展机关效能建设的先行城市。早在1998年6月，长泰县在全国首先建立了独树一帜的"615"勤政申诉中心。该模式从效能监察入手，将效能建设与廉政建设挂钩，设立了相对独立的监督机构。漳州市政府将此模式在所属各区县和各部门进一步推广，建立了市"99615"中心，还在市政府网站上开通了网上效能投诉通道。漳州市"96615"行政效能投诉中心，作为鲜明的制度创新典范，其运行方式、运行规则、机构设置及其他配套制度建设等，在整合后结合各地实际情况作相应改造后，可作为一个示标在各县区（主要是原厦门市所属各区）继续推广运用。

近年来，机关效能建设不断推出新的创新方式，自然就有一个如何评估效能的问题。从2001年开始，思明区与厦门大学合作，共同推出公共部门绩效评估这一最新管理模式。该模式以绩效评估为核心，推进公共部门绩效管理，赋予了效能建设新的内涵，为效能建设提供了新的管理工具。思明区绩效评估以计算机为载体，通过各种评核指标的体系设计和权重设计，利用评估软件对机关的工作绩效进行考核，提高了评估的客观性。作为一种效果显著的新型效能建设模式，该区获得了2004年中国"地方政府创新奖"。2004年6月思明区还和中国行政管理学会联合主办了公共部门绩效评估研讨会，向全国各地专家学者和政府官员介绍了思明区的经验，获得热烈反响。

两地整合后，一方面可以利用原漳州市机关效能建设起步较早、效能观念

深入人心、效能建设体系完善的优势，继续深化机关效能建设；另一方面，可以汲取厦门市开展公共部门绩效管理的新理念、新模式、新方法，优势互补，再创辉煌。

（2）横向上"局部重组"——制度优化组合的优势互补。

漳州和厦门两地在实行"政务超市"即一站式行政服务方面均有积极探索。整合后，根据实际情况，我们的设想是：在市一级采用厦门市的专项行政服务中心模式，而在县（市、区）一级则采用漳州市的综合性行政服务中心之模式。

① 市一级政府"一站式"服务模式的确立。

厦门市以公共服务的核心业务设立各"政务超市"——专项行政服务中心，例如建设管理服务中心、外商投资项目审批服务中心、东渡港报关联检中心、土房局综合服务大厅、国地税联合报税大厅等专业审批服务中心，同时在一些窗口推行并联审批方式。各中心"主营业务"——主要服务内容非常突出，有相对固定的服务对象，运作效率较高。将与市民生活、企业运营密切相关的几大类公共事务分别设立行政服务中心，是厦门市机关效能建设一大特色。

对于整合后的新城市而言，在市这一级政府，由于行政管辖区域更广、公共事务更繁杂，同时作为一个外向型、经济发展程度较高的城市，如果要完全将各种公共服务集中于一个高度综合性的行政中心，不但短期内实行难度较高，而且由于内部事务过于繁杂，可能造成服务中心内部工作效率下降，因此设立专项行政审批服务中心可能比漳州市设立全方位的、高度综合性的行政服务中心效率更高，更具有服务的针对性。综上考虑，在现阶段，整合后新城市采用"专项服务中心"的模式是较为务实的做法。

② 县（市、区）一级政府"一站式"政务服务模式的确立。

漳州市和芗城区联合设立了行政服务中心，为前来办事的企业和公众提供综合性、并联式的"一站式"服务。从中心进驻部门的数量、人数，所提供服务的种类数量（进驻中心的市、区两级部门48个，行政审批、服务项目650项，市、区两级进入"中心"的窗口工作人员共182人）来看，漳州市的行政服务中心的综合度是非常高的，"一站式"服务的特色体现得非常明显。在县、市、区这一政府层级，目前漳州市所属的各县市都建立了综合性的行政审批服务中心，对于各县市区政府提高行政效能发挥了重要的作用。

由于县市区这一级政府的行政管理事务相对简单明了，因此，上述的综合性行政服务中心模式可以在两地整合后在所属的县市区一级政府继续沿用，这方面目前漳州各县市综合性行政审批服务中心模式可为鲜明的标杆，原厦门市各区政府可以借鉴它们的成功经验。

（3）"以点带面"——示范带动式的优势互补。

近年来厦门市投入较大财力建设电子政务，全市各区、各部门均建立了政府网站，组成完整的政府公务网。该市在政府上网的部门数量、上网的服务事项和更新速度（有效性）等方面走在了全省的前列，有些甚至是全国首创。

2004年4月，厦门市政府网站举办"社会评议机关"活动，从4月15日至12月31日每季度开展一次，对全市54家市直机关和行风评议单位进行评议，内容包括办事效率、工作作风、服务质量、依法行政和政务公开五方面，评议结果作为机关单位绩效考评、行风评议的重要参考依据。2004年6月，市政府又开展了"政府系统优秀网站公民网上评选"活动，自6月至9月市民可以在市政府网站网上投票评选政府系统优秀网站。这些表明了厦门市电子政务"以民为本"的理念。

近年来，厦门市不断推进网上审批的进程。外商服务中心推出的网上审批系统，所有网上申报项目均于3个工作日内答复，此举属全国首创。而加工贸易、进出口许可等已于2003年实现了网上审批。在2004年7月1日《行政许可法》生效后，又有13个部门实现网上审批，涉及行政审批事项近百项。下半年还将启动其他35个政府部门的网上审批工作。此外，厦门市积极支持中央或省垂直管理的部门推行"金税工程"、"金关工程"、电子口岸建设等。2003年国地税部门就开通了网上报税系统，纳税人足不出户即可办税。此外，还有多项G2B（government to business）电子政务应用系统已开发完毕并推广，涉及市外资局、统计局、财政局、经发局等政府部门的9项业务处理系统。

厦门市的这些做法可在原漳州市及其各县市区继续延伸、推广。对于一些短期内推行电子政务有财政困难的边远县，除了提供技术支持外，还可以予以一定的财政专项补助。

（4）行政审批制度：结合两地实际，继续深化改革

从1999年开始，厦门市就紧随深圳市之后大力推进行政审批制度改革。这几年来主要的改革措施有：一是清理、削减行政审批事项。厦门市下大力气对行政审批事项进行清理。1999年、2003年1月和10月，分三轮撤销、整合、暂停了部分行政审批事项，使其总数从1999年初的1177项减至目前的431项，减幅达62%。在区一级的审批事项削减比例更高。同时，理顺行政职能，根据市直各部门职能配置规定，31项审批事项向其他部门转移。二是改革前置审批，方便企业登记。经过清理，拟将厦门市目前共173项的前置审批事项减为

99 项，有 8 项按资质专项规定处理不再列为前置审批事项。三是清理行政事业性收费。厦门市率先于 2003 年 11 月启动行政事业性收费清理工作，并将在对照省物价局等有关部门的清理项目后公布具体明细。四是建设项目审批提速，将审批时限缩短为 45 天以内。

漳州市这方面也做了许多工作。在规范和落实机关效能制度的基础上，该市全面开展了第二轮行政审批制度改革，市直部门行政审批项目改革面达 60%，各县（市、区）也完成了第二轮行政审批制度改革，平均改革面达到 51%。在行政审批项目上，市行政服务中心"再次提速"，积极推行企业注册登记前置审批改革，实行"先证后照""承诺登记"制。最近，市政府又对建设项目审批进行改革，使审批时限从原来的三四个月压缩为 30~40 天。

整合后，新厦门应在结合两地实际的基础上，以《行政许可法》施行为契机，相互借鉴（如漳州的先证后照及承诺登记前置审批制度、厦门的行政事业性收费清理工作等），继续推进行政审批制度改革，进一步改善两地的投资软环境。

### 2. 加强公共服务市场化、社会化运作方式的互补

公共服务市场化和社会化运作涉及政府职能的转移和政府职能实现方式的变革，本质是政府分权于市场、还权于社会的行政变革。公共服务市场化运作，扩大了市场配置资源的范围，使市场机制成为公共服务职能实现的重要方式。公共服务社会化打破了社会公共管理政府是唯一的权力中心的格局，实现了公共管理权力的多中心化、公共管理主体的多元化，使政府掌舵和划桨角色分离，形成了政府掌舵，社会划桨的协作关系。

（1）对于两地共同探索之处：相互借鉴、规范提高。

漳厦两地在公用事业、文体事业和基础设施建设方面，都进行了市场化社会化运作的初步探索，各自积累了一些有益经验；两地整合后，可以在相互借鉴、总结规范的基础上，使之更具实用性，在更大范围内予以推广。

（2）对于各具特色的做法：吸取经验、示范推广。

厦门市公交系统分别于 1996 年、1997 年成立了同安公交公司和海沧公交公司，通过经营岛内线路或进岛线路，与市公交总公司展开直接的竞争；竞争的内容不仅有乘客量，还有车身广告份额。2003 年，厦门市还率先将一些拟新增的公交和中巴线路公开进行竞拍，引入新的经营主体。在推行无人售票、巾帼文明线路、精减人员、公交站点广告等方面，也走在了全国同行业前列。通过竞争主体多元化等方面的机制创新，大大提高了公交系统的运作效率和效

益，让广大社会群众体会到了市场化运作的好处。相对而言，漳州公交行业的改革远远落在厦门之后，运行机制、服务质量等方面还处于较低水平上，这也是漳州市区摩的、人力车盛行的原因之一。在两地整合后，一方面，厦门的公交线路可以立即向漳州地区延伸，腹地大大扩展，直接方便漳厦两地居民的交往；另一方面，政府可以将厦门公交的先进经验应用于漳州公交业的改革，可以根据市场发展的需要，对两地公交进行整合重组，形成若干个实力相当的竞争主体，灵活运行机制。这对于两地公众而言，得到的将是服务质量提高、车辆条件改善的实惠。

同样，漳州也有一些市场化运作项目值得厦门借鉴。漳州市垃圾处理场是全国第一个融卫生填埋、焚烧处理、高温堆肥为一体的垃圾处理场，日处理垃圾 400 吨，使用年限 50 年。漳州市领导者以前瞻的眼光，自觉打破政府统包统建、包运营的体制，一开始就着手成立漳州市城市废弃物净化有限公司，公司以企业独立法人的身份对这一项目的建设与运营负全责，创了全国首例。总投资 7627 万元的漳州市九龙岭垃圾综合处理场，如今已交给上市公司漳州发展经营。首期投资 1.2 亿美元的灿坤项目是龙海市的重点项目之一，在灿坤项目建设上，龙海市依托漳州发展有限公司筹措 6000 万美元建好厂房，再以优惠价格把厂房租赁给灿坤公司，改变以往由财政注入资金办项目的传统模式，避免了政府举"官债"。通过民间资金兴建公用设施项目、减轻政府财政负担，这方面漳州的经验可供未来整合后新厦门市运作重大项目配套设施及一些公用设施之借鉴。

（3）市场主体多元化：重组既有资源、扶持新生主体。

① 重组市场既有的主体资源。

由于长期以来在公用事业领域行政分割现象严重，各地公用事业的建设小而全，因此两地整合后，在新行政区内就自然形成了多个竞争主体。新城市对于这些公共服务企业，可以按市场实际情况进行重组，对于一些效益差、亏损严重的公用企业，可以整合、关停，由同行业的龙头企业来继承。对于一些效益较好的经营主体，其经营范围可以扩大至两地。两地的整合，对于这些企业而言，既有商机，腹地、服务市场扩大，为做大做强形成规模效益创造了机遇；又有风险，在竞争中，效率低、成本高的企业可能被淘汰、收购。而这种竞争格局的形成，却为两地资源的配置、公共服务质量的提高提供了良好的市场机制，其直接受益者是两地的百姓、企业。

② 培育新的市场竞争主体。

厦门市在水务行业改革过程中，除了整合"三水"资源、组建水务集团外，还积极扶持即将上市的厦门环境科技股份公司，形成水务市场主体多元化。在公交系统改革过程中，厦门市有关部门成立了海沧公交和同安公交，直接与厦门市公交总公司展开竞争。整合后，在有些自然垄断行业，如果两地市场经营主体仍然偏少，政府可以通过多种途径引入、组建新的竞争主体，并以优惠政策扶持新生主体，使之可以与原先的垄断企业展开竞争。

（4）其他方面互补：构建统一市场、发挥比较优势。

两地整合后，政府要将市场化和社会化经验继续推广、应用，构建两地统一大市场必不可少。厦门与漳州从地理上相互比邻，然而整合前两地却分属不同行政区，各种社会资源人为分割，自然资源不能互补。因此，整合后，要整合双方各种社会和自然资源，创建统一大市场，使各种资源、要素能够自由流通，避免内耗。一些比较大的市场化、社会化项目就可以由将来的新城市统一与开发商谈判，在投资环境、政策、土地使用上统一规划。

此外，厦门与漳州都是侨乡。外资的引入是解决建设资金瓶颈的有效之道，如果两地整合得以实现，那么为数众多的海外漳州籍华侨在出资兴建基础设施时视野就更加开阔了，可以为厦门的一些薄弱基础设施（例如文化产业投资）注入新的血液。新城市也可以根据两地发展的需要以及投入产出效益更好地统筹安排各种外资的流向与使用。

# 建设厦漳泉城市群的次中心城市<sup>*</sup>

## ——对晋江城市建设的若干思考

## 一

晋江是福建的骄傲。近 30 年来的晋江发展，证明了一旦摆脱传统体制的束缚，走向市场、走向世界的福建人民有多么大的创造力：一个曾经是福建最为贫穷落后的"地瓜县"，如何在一代人的时间里，成为全国最富庶、经济实力最强的十个县之一；一个原本以农业为主的县，如今其农业与非农产业的比例，已与国内大中型城市没有差别；一个原来的农业县，如今一半以上行政村已经城市化，绝大部分农业人口实际上已转为非农业人口；一个地少人多连种田都得排队轮流去的劳动力严重过剩的县，近十年来却频频苦于招工难，不仅张开了双臂欢迎全国的劳动者前来就业，而且希望他们在晋江安家落户，成为新一代的晋江人；一个现代工业几乎为零的县，成为中国乃至世界的劳动密集型产品制造之都，服装、运动鞋的品牌之都；一个县级市，经济总量却超越了省内大多数行政级别高于它的城市，<sup>①</sup> 成为福建省除厦门、福州之外的第三大经济体。

然而，成就已属过去，未来正待开拓。晋江过去的辉煌也向未来提出了问题：当支撑劳动密集型产业制造环节的要素比较优势逐渐减弱以致消失时，晋江新的发展空间应该如何开拓？历经 30 年艰辛培育，如今如此强大的工业，

---

* 本文收录于李文溥主编《海峡西岸发展研究论集（二）》，经济科学出版社 2011 年版，共同作者：张俊远。

① 这里的城市，是按市辖区，而没有包括现在的设区市所管辖的县及县级市计算的，例如福州市就设区市而言，包括五区八县，但是在计算单体城市经济规模时，只能按五区的范围计算。

需要一个什么样的城市与此匹配？晋江市近两百万人民艰苦创业、奋勇拼搏、辛勤劳动，当然是为了过上更美好的生活，晋江通过下一阶段的发展，能为他们提供什么样的品质生活空间，使他们中的每一个人在晋江都能自由全面地发展，实现他们的价值、抱负和人生理想？

<h1 style="text-align:center">二</h1>

产业的生发与形成，现有的经济学理论仍难以充分解释。在许多资源禀赋十分相近的地区，面临类似的机遇，但其经济发展实绩相去甚远，形成的产业各异。与此同时，一旦形成了优势产业，对于所在地区下一步的产业发展则会产生强大的路径空间影响。晋江在"十一五"规划中提出发展五大新兴产业：装备制造业、新型材料工业、生物制药工业、电子信息工业和环保节能工业，但是，实践的结果并不理想。到"十一五"期末，这五大新兴产业的企业数、产值总量都不到晋江全部工业企业数、工业产值的10%。传统的优势产业依然占据了晋江工业产出的3/4左右。这一事实说明，尽管人们在主观上迫切希望实现产业的升级换代，用资本、技术密集型产业替代传统的劳动密集型产业，但是，在县级市这样一个相对狭小的地域内，跨产业或者说产业间的替代并非人们想象的那么容易。可以预计，未来一个时期里，晋江仍然需要依靠传统的优势产业支撑经济发展。但是，晋江既有的传统优势产业比较高的发展水平，则使晋江在劳动密集型产业的制造环节上，要素的比较优势已经逐渐减弱：可利用土地十分有限，劳动力成本不断上升，环境压力日益沉重。这就形成了两难选择：一方面，晋江仍然需要依靠传统的优势产业支撑它的经济发展；另一方面，在劳动密集型产业的制造环节上，晋江的要素比较优势已经逐渐减弱，发展空间有限。幸好，晋江的劳动密集型产业与国内某些沿海地区的劳动密集型产业不太一样。晋江的劳动密集型产业从一开始起就根植于民间，以自有的草根资本为主，在长期的发展过程中，培育了一批在国内享有盛誉的品牌，形成了自己独特的营销方式和营销网络，遍布全国数以万计的专业品牌店。一些大企业正逐步从生产经营转向资本运营和品牌营销。相比较那些更多依靠"富士康"之类的代工型企业创造了经济起飞奇迹的地方而言，晋江的产业发展模式有着更大的发展空间。有效地利用原有产业的潜在资源优势，沿着产业价值链，从低端环节向高端环节逐步攀升，就有限地域内的产业发展而言，较之产业间的升级换代，铲平了重来，可能是一种更为可行的路径。但是，这样的发

展方向也就意味着，在劳动密集型产业的生产环节因要素成本上升而逐步外迁、外包的同时，晋江应当大力发展生产环节的前后两端：设计、创意和营销与资本运营。但是，当企业沿着产业价值链向上攀升之时，必然要根据新的经营重点，重新进行区位选择。

交通条件改善导致的同城化，周边大城市的吸附效应，企业的第二代接班和现代经营体系的建立使得企业管理层对晋江这块土地的热情下降，推动着晋江企业最核心部分、最高附加值部分离开晋江，寻求更好的发展空间。以品牌和营销、资本运营为主的企业，其总部是否还必然要留在晋江？换言之，晋江有何优点可以吸引企业内部最富活力的部门留在本地？

就晋江的发展而言，当然必须尽量地留住它们。因为，失去了它们，也就失去了城市的活力，失去了城市发展的空间，失去了城市的未来。然而，应当创造什么的条件让企业的这一部分留下来并发展壮大？

设计、创意和营销与资本运营，无论是否从工业企业中独立出来，就其性质而言，属于第三产业。现代经济条件下，第三产业是城市尤其是中心城市的核心功能。中心城市必须以第三产业为首位产业而且其集聚辐射能力超越所在城市本身。一个以制造业为中心的城市，不可能是所属城市群中的首位城市。工商企业发展发展到一定水平，进行总部的区位重新选址，而且一般是向中心城市移动。这并非是经营者向往都市繁华，追求物质享受，而在于中心城市可以给企业带来更多的声誉、信息、机会和发展空间，中心城市发达的第三产业可以提供它所需要服务。企业的设计、创意部门选择中心城市，也是因为中心城市更有利于吸引高端人才，更有利于获得信息，更有利于同行交流、竞争，从而最大限度地提高生产效率。

## 三

因此，在"十二五"时期以及今后的一个时期里，晋江应当以城市化为其社会经济发展的"纲"，统筹其方方面面的工作。通过发展现代城市经济，解决其社会经济发展目前所面临的一系列问题，实现晋江社会经济发展的第二次飞跃。

以城市化为纲，首先需要解决的问题是晋江的城市定位。在计划经济体制下，城市的大小基本上是由城市的行政级别决定的。北京、上海、天津等直辖市是大城市或特大城市、省会城市或省辖市，属于大中型城市，县级市一般被认为是小城市。

按照我国目前对城市规模的划分，主城区非农业人口在 20 万～50 万为中等城市。这个概念基本上是以本地户籍人口中非农业人口数为依据的。

晋江在行政级别上，只是一个县级市，就本地户籍人口中非农业人口数计算，不过 50 万人左右。因此，如果依照上两个标准，晋江不过是一个中小型城市。

但是，晋江作为我国最有竞争力和经济活力的沿海开放城市之一，已经不仅使本地户籍的 100 万人口大部分实际上转变为非农业人口，而且吸引了全国各地近百万外来人口在晋江从事非农产业活动。以实际居住在晋江市的非农业人口计算，晋江已经具备现实中的大中型城市人口规模。这一人口规模至今仍在发展之中，今后仍将维持下去。因此，晋江的城市发展定位应当有新标准。在计划经济体制下，城市的大小，基本上按照城市的行政级别予以确定；在封闭经济环境下，城市规模的划分，主要以本地户籍人口中非农产业人口数为依据。在开放的市场经济条件下，城市的规模和类型，是由它实际的经济规模和经济实力，生活在这个城市中的常住人口数，它的实际城市建成区面积，它对周边地区辐射带动能力所决定的。因此，晋江必须超越其行政级别对城市发展的限制，城市建设思路必须超越县级市局限，以大中型城市为目标。

毫无疑问，就现实的城市建设水平而言，晋江还不是一个达标的大中型城市。晋江在改革开放之初，不过是福建最落后地区的一个贫困农业县而已。正是由于农业资源严重稀缺，晋江走向了发展外向型劳动密集型产业之路。晋江的城市化是工业化推动的城市化，是工业化的副产品。晋江最初的城市发展，始于沿马路发展起来的经济集聚，它随着工业化的进程根据工业化的需要得到逐步发展。在较长时期里，晋江并未确立建设大中型城市的战略目标，直至制定"十一五"规划时，提出建设目标还是"中等城市建设"，"中心市区建成区面积 60 平方千米，中心市区人口 60 万人，城市化水平 55％ 以上，基本形成与工业化进程相适应的城市规模"。这一规划的最大问题是：在城市化建设上的严重滞后，没有意识到晋江的城市规模不能仅满足本地户籍城市人口的需要，而必须同时充分考虑近百万外来城市人口的生产、生活需要。因此，今后必须确立这样的思想：在既有经济发展态势下，近百万外来人口是晋江市人口的稳定组成部分，他们中的相当部分，今后将随着晋江城市经济的发展，在晋江安家落户，成为新晋江人。城市规划和城市基础设施建设，必须按照一定折算比例，将这部分人口纳入晋江城市人口的计算基数。如果将这部分人口的需求排除在外，仅凭百万本地户籍人口，晋江在相当长时期内不可能建成为真正意义上的大中型城市。

# 四

晋江以大中型城市为发展目标，这仅仅是从晋江自身的角度出发的定位。晋江的城市定位，不仅要考虑到自身的城市发展潜在规模，而且必须在更大的地理空间范围内予以考虑。城市的形成始自经济在地理层面的空间布局，单体城市自有其独特性支撑城市功能，但社会大分工促进的产业和市场发展必然形成在空间层面呈块状分布的城市经济布局；在经济地理层面距离相近的城市因为相互间的运输成本低，加之经济发展的路径依赖，通过城市集聚和辐射能力的竞争组合，形成独特的城市功能分工；在地理空间范围扩大后，对单体城市在城市群落中的功能性分工的清晰认识，是明确其城市经济后续发展的重要依据。同时，从城市发展的历史看，城市的经济功能将最终由保持着密切经济联系的地理空间范围接近的城市所共同组成的城市群来体现。

如果从更大的地理空间范围考虑，当然，晋江应当成为正在形成的大泉州市的一个组成部分。但是，我们认为，晋江的城市定位，还可以依据其目前以及今后一个时期出口加工型经济占主导地位的城市经济功能出发，从更为广大的地理空间予以考虑。

"十二五"期间，国家已经确定了中国的三个特大城市群、八个大型城市群为重点建设对象。闽东南城市群正是这八大城市群之一。住建部批复的海西城市群建设规划，将闽东南城市群进一步具体化为厦漳泉城市群与闽江口城市群。晋江的地理位置和城市功能决定了，它是厦漳泉城市群的一个重要组成部分。近期福厦高铁的开通，更进一步地改善了晋江的经济地理条件，缩短了晋江与厦漳泉城市群的中心城市——厦门的经济距离，晋江与厦门更紧密地联系在一起；晋江到厦门，高铁只有半个小时的行程，这样的行程时间，甚至小于城市内的正常通勤时间。可以预计，在不远的将来，随着厦门与晋江城区的向外延伸，两地之间的同城化进程，将要大大快于厦漳泉城市群中的其他城市。厦门与晋江之间，早已有密切的经济联系，厦门是福建第三产业最发达的中心城市，[①] 有较强的辐射能力，又因享受特区政策，在对外经济层面，占据福建省进出口商品总额的半壁江山（2009 年厦门市进出口商品总额占福建省总进出

---

① 福州的第三产业比重固然高于厦门，但是，福州的第三产业有相当部分是因其具备省会城市所特有的政治、行政管理功能而生成的。

口商品总额的 54.3%）；而晋江市很多出口型企业，其产品出口地往往选择厦门，同时，厦门的高端生产性、消费型服务业也是全省最发达的，晋江企业在高端服务业层面也往往依赖厦门。我们相信，两地之间的资源共享、优势互补，将对两个城市的发展都产生重要的积极影响。因此，我们认为，晋江在其城市发展过程中，不仅要将自己定位成大中型城市、大泉州市的一部分，而且应当将自己进一步定位为中国东南沿海正在崛起的厦漳泉城市群（厦漳泉都市圈）中的次中心城市。这也就为晋江的城市发展提出了更高的目标。

## 五

作为大中型城市，作为中国东南沿海正在崛起的厦漳泉城市群（厦漳泉都市圈）中的次中心城市，不仅要求城市人口必须达到一定数量，城市建成区达到一定面积，而且要求与之相适应的科教文卫社会事业、民生产业发展水平，以提高城市的功能，为生活在这个城市中的居民提供高品质的生活条件。一个科教文卫社会事业、民生产业发展水平高度落后的城市，尽管可以聚集上百万城市人口，可以形成上百平方千米的城市建成区面积，从数量上看，是一个大中型城市，但是，从质量、从内涵上看，仍难以被视为大中型城市。晋江市科教文卫社会事业方面的发展水平，如果就县级市而言，不失为先进，但是，与其经济总量、产业发展水平相比，显然很不相称。这不仅极大地影响了晋江的城市形象，而且它将严重影响晋江的资源（人才、资本）的集聚能力，制约晋江的科技创新能力。

因此，必须把加快科教文卫社会事业发展作为晋江建设大中型城市的最重要战略举措之一。

第一，必须重视教育的发展。晋江作为县级市，中小学、幼儿教育体系基本完善，"十一五"时期以来，在解决外来人员子女就学问题做了大量卓有成效的工作，为解决百万外来员工稳定作出了贡献。但是，从晋江建设大中型城市这一宏伟目标看，仅有良好的中小学、幼儿教育体系是远远不够的，一个没有大学的城市很难称为符合标准的大中型城市。大学不仅有其为所在地城市培养人才的功能，同时作为集聚高端人才，施展其才华的平台，有其他平台不可替代的功能，大学将有力地提升一个城市的科学技术水平、文化品位，形成一个城市发展不可或缺的潜力储备。因此，晋江必须在高等教育方面谋求破题，这既为晋江产业发展、科技创新所急需，又为晋江提升城市品位，构建城市文化，创造人居环境所必需。尤其需要指出的是：作为大中型城市，它所需要的大学，是国民教育体系的综合性大学，其作用不是任何以职业培训为目的的非国民教育体系高校所能替代的。因此，在目前企业筹建"泉州轻工职业学院""茄克科技学院""科技职业技术学院"之外，应当重视国民教育系列综合性大学的创建或引进。

第二，重视医疗卫生事业发展。人口对医疗卫生服务的刚性需求决定了，一个地区的医疗机构数及病床数大幅度地低于正常标准将产生灾难性后果。晋江市目前的医疗机构数及病床数，甚至超过了福建省的许多设区市本体。但是，与其实际服务的人口相比，晋江的医疗卫生事业仍然落后于大中型城市，主要体现在市千人卫技人员数、千人医生数、千人床位数以及万人卫生监督人员数、疾病预防控制人员数、妇幼保健人员数等远远低于厦门、顺德等发达地区；同时，从建设大中型城市目标出发，晋江的医疗卫生发展水平滞后，更体现在其高端医疗机构的缺失。作为一个对外开放的大中型城市，晋江必须具备能够提供国际标准医疗服务的能力。通过国际合作合资，引进能够提供国际标准医疗服务的医疗机构，是晋江在建设大中型城市中必须重视的一个问题。

第三，大力发展民生产业。长期以来，我们习惯将科学研究、教育、文化、卫生、社会服务作为事业而非产业，认为科学研究、教育、文化、卫生、社会服务必须主要依靠政府的财政投资进行建设，依靠政府的财政拨款维持其正常运转。毫无疑问，科学研究、教育、文化、卫生、社会服务中有一些是公共产品和公共服务，必须由财政提供资源，今后也仍然如此，而且，随着经济增长、人民生活水平的提高、民生需求的扩大，财政应当逐步地提高社会公共产品公共服务的供给水平。但是，我们应当看到，科学研究、教育、文化、卫生、社会服务中也有很多部分的产品和服务，是可分割、可排他性消费的，是可以市场化地提供的，我国经济市场化进程的经验多次证明，对于可分割性、可排他性消费的产品和服务，用市场化的方式去发展它，往往比单纯等待政府的财政投入去发展它，要效率高得多，要好得多。居民的收入水平提高之后，他们的一部分这类需求，也希望通过市场化的方式予以更高水准的满足。因此，发展城市，必须发展第三产业。在第三产业中，一些与百姓日常生活息息相关的基本生活性服务业，不仅可以通过政府财政拨款和事业性单位提供，而且可以通过企业以市场化的方式提供。这一部分服务业也就是民生产业。我们在进行城市建设时，应当予以高度重视，用两条腿走路的方式，来更好、更快地满足居民的需要，从而也更快地发展了第三产业，提高了城市人民的生活品质。

第四，作为一个具有百万城市人口的大中型城市，还需要为市民提供必要的文化、体育、公园及休闲场所和设施。城市不仅是人们工作的场所，而且是人们享受高品质生活的地方。只有同时具备经济活力和高品质的生活条件，城市才能成为吸引高层次人才的巨大磁场。

# 六

仅仅在中国，百万人口的大中型城市就不下数十个。城市之间为争取发展资源，必然展开激烈竞争，没有特色的城市，犹如没有品牌的商品，必然陷入完全竞争状态下的价格竞争，其所能争取到的资源就相当有限。因此，城市犹如商品，必须形成自己的品牌形象，进行差异化竞争，方能在众多城市的竞争中脱颖而出。

晋江在过去的发展中已经用自己的业绩为自己树立了城市品牌，如"世界夹克之都""中国鞋都""中国纺织产业基地市""全国食品工业强县""中国伞都""中国陶瓷重镇""中国石材之乡"等14个国字号区域品牌。在中国，一个县级市，甚至一个设区市，能够获得如此多城市品牌的城市可以说是不多的。这些称号是晋江市30年辉煌历史的体现，是它的荣誉和象征。但问题在于：这些区域品牌所彰显的城市形象与晋江目前建设大中型城市的目标之间存在着一定差异。这些区域品牌所彰显的城市形象是一个以第二产业为中心的城市、一个以劳动密集型产业为主的制造业城市。而在现代社会经济条件下，制造业城市在城市系列中从属于以服务业为主的都市。晋江要建设大中型城市，不仅必须进行城市建设的重新定位，而且必须实现城市品牌的创新和城市形象的再造。

城市品牌和形象，既与其承载的经济功能有关，也与城市本身在大众心目中形成的精神形象相关。晋江作为一个从农业县基础上发展起来的庞大经济共同体，在大众心目中，其产业成就是不可替代的。但一个城市最核心的品牌特质应该是为大众津津乐道的独特的精神诉求。打造晋江的独有的精神形象，在大众语境下形成关注，需要与大众所最关心的福利问题相唱和；同时，从晋江自身出发，晋江精神品牌的打造，必须与客观的大城市定位下的城市建设结合；跨越式发展打造有品质和品位的福利、幸福之城，在民生事业、民生产业方面先行先试，形成福利城市建设的排头兵，必然能在新的城市发展历史的城市定位中占据上风。

同时，晋江的目前具有一定的优越条件，可以在打造体育城市品牌上有更大诉求，但相比具有优越政治经济条件、举办过国际赛事的其他大城市，晋江，必须通过以体育用品制造产业的产业链为核心的体育产业创新，才能在城市的精神品牌中形成贯穿体育用品色彩的体育城市。通过成规模的体育用品展销活动，在公众论题中占据先发优势，形成"购买体育用品到晋江"的大众语境，必然能在体育城市的品牌塑造上形成晋江的小而丰富的特色。

总之，晋江的城市品牌塑造，既要在城市面貌的革新上下功夫，又必须形成自己独特的精神特质，在公众语境中的城市宣传中，以福利之城、体育用品之城为核心，形成晋江的宽幅的、综合体现城市功能和城市精神的独特品牌。

# 发展流量经济、提高厦门中心城市集聚与辐射功能问题研究<sup>*</sup>

经过 20 余年的高速发展，厦门已经发展为我国东南沿海地区著名的海港风景城市，重要贸易口岸与新兴工业城市。进入 21 世纪，厦门的经济发展将进入一个新的阶段。城市布局正从海岛型城市向海湾型城市发展；经济结构面临着三次产业岛内外布局以及工业结构升级换代的调整，厦门作为区域中心城市的资源集聚、配置和辐射功能正在形成发展之中。

本文从物资、资金、信息、专业服务角度，研究厦门作为东南沿海地区中心城市的资源集聚、配置与辐射能力发展，其对提升、发挥厦门中心城市功能的作用，在此基础上提出相关的政策建议。

## 一、发展流量经济与开发、提升厦门中心城市功能

在经济学中，流量一词有特定含义，指那些可以累计的经济活动和现象，如一定时期形成的 GDP 总量，完成的货运量，新增人口数等，它们在统计上表现时期指标。与之对应，存量是指那些不能累计的经济活动和现象，如物价水平、人口总量、利率水平等，在统计上，它们表现为时点指标。

近年来，我国有学者提出了发展"流量经济"的设想，认为：流量经济是一种经济发展模式。它是指一个地区以相应的平台和条件，吸引区外的物资、资金、人才、技术和信息等资源要素集聚其中，并在该地区重组、整合和运作，进而带动各产业部门的发展，再以由此形成并倍增的经济能量向周边乃至

---

\* 本文系中共厦门市委 2002 年重点调研课题报告，共同作者：林枫、林民书、张明志、杜朝运、邹文英。

更远的地区辐射。通过高效、有序和规范的流动，各要素实现其价值，并且通过循环不断的流动，要素流量的规模不断扩大。由此，达到该地区经济规模不断扩大、经济持续发展的目标。[①]可以看出，这些学者提出的"流量经济"的内涵与经济学教科书中所谈的流量、存量概念不同，主要是指与中心城市作为资源积聚、配置中心，从而服务、辐射周边地区的经济功能，显然与这一功能有关的产业主要是第三产业，尤其是生产性服务业。

中心城市发展流量经济的思想，可以从经济增长过程中城市社会经济功能的演变轨迹中得到解释。

在中世纪，城市主要是手工业与商业的集聚之地，由于社会生产的主要部分是农业，因此，在自然经济条件下，城市并不是整个社会生产的中心，更不可能是社会经济资源的配置中心；产业革命之后，工业逐渐成为社会生产的主要部分，作为工业集聚之地的城市迅速发展，城市的主要经济功能是从事工业尤其是制造业生产，在制造业大发展的基础上，为制造业服务的资源配置功能也随着发展起来，城市逐渐成为社会经济资源的配置中心。至今为止，制造业仍然是以城市为依托的；反之，城市的发展，从总体上看，也是以工业为基础的。但是，随着经济发展水平的提高，社会化分工的发展，消费需求结构的变化，第三产业产出在国民经济中的比重逐渐提高，第三产业在城市经济中的地位也逐渐提高。与此同时，由于交通条件的改善，城市地价的上升，城市环境标准的提高，原来集聚在中心城市的制造业逐步向周边的卫星城镇转移。因此，当经济发展到一定水平之后，中心城市的工业生产功能的重要性会相对下降，而作为资源积聚、配置中心，从而服务、辐射周边地区的功能重要性相对上升。中心城市作为资源配置中心，服务、辐射周边地区的作用，主要是通过物资、资金、技术、信息与人才的集聚与配置实现的。因此，所谓流量经济的发展，实际上是中心城市在制造业以及社会经济发展达到一定水平之后，为了开发、提升其作为区域经济中心的资源集聚、配置、辐射等功能，需要发展相应的服务产业尤其是生产性服务产业。

## 二、厦门发展流量经济的基础条件与发展现状

现阶段厦门市发展流量经济的基础条件与发展现状可以概括为：具有成为

---

① 周振华、韩汉君：《流量经济及其理论体系》，载《上海经济研究》2002 年第 2 期。

我国东南沿海区域性流量经济中心的较好基础，但是，目前发展水平仍处于初期阶段。

## （一）物流

### 1. 物流基础设施状况与货物流发展现状

经过 20 余年的建设，厦门已经初步建成以海港、空港为龙头，海运、陆运、空运等各种运输方式相互衔接，比较发达的多层次交通运输体系，综合运输网络和营运能力略具规模。2000 年，公路、铁路、水运、航空四种运输方式共完成货运量 3998.31 万吨，比 1990 年增加了 2.23 倍，年均递增 11.4%。其中港口集装箱货物吞吐量达到 108.46 万标箱，厦门已成为我国沿海七大对外贸易口岸之一。

海港方面，厦门港是一个多功能的现代化综合性港口，已与 160 多个国家和地区建立了经贸联系，开辟 23 条近洋航线、10 条远洋航线、2 条集装箱内支线和 4 条不定期的内贸航线。近年来，港口集装箱吞吐量呈高速增长态势，2000 年已达到 108.46 万标箱，连续三年成为全国第六大集装箱港。2000 年，水路货运量占全市货运总量的 49.15%，比 1990 年上升了 197.1%，年均递增 24.69%。

空港方面，厦门国际航空港的综合水平位居全国第四，仅次于北京、上海和广州。高崎国际机场是最高等级的 4E 级机场，年设计货物吞吐能力为 20 万吨。现有货站仓储面积近 3 万平方米，另有 3 万平方米正在建设之中。从海关方面看，2002 年厦门空港有两项指标列入全国前十名，一是报关量居全国海关第 8 位；二是进出人员居全国海关第 9 位。目前有 33 家国内外航空公司在厦门市经营 58 条国内航线和 10 条国际航线。在出港货物中，国际部分占 29.55%，国内部分占 70.45%。据有关统计，1994 年，高崎机场进出港货运量总计仅为 6586.24 吨，到 1999 年则增长到 35702.3 吨。1995～1999 年货运量平均每年增长 17.3%。2000 年，厦门空港完成货物吞吐量 9.95 万吨，居全国百家机场前列，航空港在厦门现代物流发展中的优势和巨大潜力开始显示出来。

厦门是交通部确定的 47 个公路主枢纽之一，2000 年完成公路货运量 1364.2 万吨，比 1990 年增长 93.4%，年均递增 8.49%；货物周转量为 13.25 亿吨千米，比 1990 年增长 3.2 倍，年均增长 29.05%。

2000 年，厦门铁路完成货物到发量 658.86 万吨，占全市货运总量的 16.84%，比 1999 年增加 13.65%。其中，货物发送量 203.72 万吨，比 1999 年减少了 0.3%；

集装箱发送量 31.26 万吨, 比 1999 年减少了 20.02%; 货物到达量 455.14 万吨, 比 1999 年增加了 21.2%。

### 2. 物流企业群体正在形成

近年来, 厦门市出现了不少物流企业, 这些物流企业基本可以分为两种类型: 第一, 外资和国内进驻厦门市的物流企业, 如伯灵顿、中外运物流、大通物流等。这些物流企业, 一方面为其原有的客户提供延伸物流服务, 另一方面也针对厦门市正在生成和发展的物流服务需求提供服务。例如, 大通物流的营业收入中, 有相当部分是为厦门市工商企业提供物流服务的收入。第二, 由运输、仓储和货代企业向客户提供物流服务。这些企业依托原有的业务基础和客户、设施、经营网络等方面的优势, 不断拓展和延伸物流服务, 逐步向现代物流企业转型。例如, 厦门市建发物流有限公司利用自己在福建省内的运输网络资源, 为厦华公司的产品在福建省的配送提供服务。

值得一提的是, 为戴尔计算机公司全球供应链运作提供物流配送的美国伯灵顿公司加盟象屿保税区之后, 促进了厦门市现代物流企业的形成。厦门出现了一批专业化的第三方物流服务企业, 如中外运物流、速传物流、胜狮货柜、象屿特贸、新加坡太平综合物流、裕利集团、大通物流、日本日通物流、保迪物流、长江物流、林登运安物流等。厦门象屿集团国际货运有限公司是国内企业实现传统物流向现代物流跨越式发展, 创造本土化第三方物流企业的代表。

物流企业相对集中的象屿保税区采用"港区联动"运作模式, 已建成集装箱、石材等各类堆场 23 多万平方米, 初步形成了机电产品配送、进出口石材分驳和国际集装箱运输三大物流基地。1999 ~ 2001 年保税区物流业进出口额分别为 1.3 亿美元、1.7 亿美元和 4.2 亿美元, 占同期全区一线进出口总额的 76%、83% 和 79%, 2002 年上半年物流业进出口更是达到了 5.2 亿美元。

### 3. 由于产业基础等方面的影响, 厦门物流业的发展仍然处于较低层次

总体而言, 目前厦门的物流发展还处于起步阶段, 物流需求有限。对物流市场的调查显示, 厦门制造业的 35.9% 和 49.12% 的原材料物流是由企业自身和供应方企业承担, 由专业物流企业承担的仅为 15.79%。产品销售物流中, 企业自理、企业与专业物流企业共同承担比例分别是 34.48%、50%, 而由专业物流企业承担的仅为 15.52%; 厦门的商业物流由商业企业自理和供货方承担的比例为 75% 和 8.33%, 由专业物流企业承担的仅为 16.69%。与此同时, 厦门市多数工商企业内部各种物流设施的保有率都比较高, 但是利用率较低。

这些现象充分反映出，目前厦门市工商企业的物流仍然是以自我服务为主，缺乏足够的物流市场需求。

## （二）资金流

### 1. 金融机构多，但是金融保险业务增长缓慢，对 GDP 贡献有限

厦门是福建省金融开放度最高的城市，外资银行数居全省之首，现有中资商业银行 9 家（除四大国有银行外，还有交通银行、光大银行、中信银行、兴业银行、厦门银行），网点 360 个左右；外资银行有 12 家经营机构，3 家代表处；另外还有农村信用社 24 家，信托投资公司 1 家。

与 GDP 的增长速度相比，厦门金融保险业的增长速度较慢，与第三产业的其他产业发展速度相比，金融业的发展速度相对落后（见表 1）。表中的数据显示，厦门的金融保险业相对滞后于经济的发展，金融对经济的推动力作用还未充分发挥出来。

表 1    厦门市 GDP、第三产业和金融保险业的增加值指数比较（环比指数）

| 年份 | GDP | 第三产业 | 金融保险业 | 年份 | GDP | 第三产业 | 金融保险业 |
|------|------|---------|-----------|------|------|---------|-----------|
| 1995 | 123.0 | 113.0 | 99.2 | 1999 | 115.0 | 106.5 | 87.4 |
| 1996 | 115.1 | 115.5 | 113.3 | 2000 | 115.2 | 112.1 | 104.7 |
| 1997 | 118.2 | 117.9 | 99.4 | 2001 | 112.2 | 111.3 | 100.3 |
| 1998 | 115.2 | 113.2 | 100.1 | | | | |

资料来源：《厦门统计年鉴（2002）》。

2000 年厦门金融保险业创造的产值为 335798 万元，占同年 GDP 比重为 6.69%，而上海金融保险业占 GDP 比重为 15.2%。从金融保险业对 GDP 的贡献来看，2000 年其贡献率为 3%，拉动 GDP 0.31 个百分点，而当年厦门 GDP 增长了 15.24 个百分点。这些数字表明厦门金融保险业对 GDP 的贡献程度并不大。

### 2. 金融机构业务范围难以突破，与周边地区联系脆弱

根据我国现行银行管理制度，中资银行一般只对本地客户服务，外资银行的业务区域不受限制。但是由于地方保护主义以及近年来内需不足，各地银行都存在比较突出的存差，周边区域对外资银行的外汇贷款需求有限，因此，厦门的外资银行在周边地区开展的业务有限，根据《中国加入世贸组织议定书》，厦门是第三批放开金融业务的城市，即要到 2004 年底外资银行才能全面经营

人民币业务，这也在相当程度上限制了外资银行业务的拓展。

另外，尽管近20余年来，闽南金三角地区的经济高速增长，但是，闽南地区的主要城市厦门、泉州、漳州的经济发展基本上还是各自为主，区域内的产业联系比较微弱，真正经济学意义上的闽南经济区尚在形成之中，因此，厦泉漳之间的资金流量较小。据中国人民银行厦门市分行统计，2001年底，流入厦门的资金为2078亿元，流出厦门的资金为1977亿元；2002年1~7月，流入厦门1425亿元，流出厦门1370亿元。[①] 资金流动的分类数据表明，漳州主要与广东、浙江义乌发生资金往来，泉州则与全国各地都有资金往来，厦门的国内资金往来对象也主要是全国各主要大中城市，资金流动在产业、地点上均不集中。而厦泉漳之间则不存在密切的资金往来，资金流量相对较小。中国人民银行上海分行根据在长江三角洲的宁沪杭，以及珠江三角洲的经验，曾希望在厦泉漳之间也建立一个大同城票据交换中心，[②] 在闽南经济区实现大同城票据交换，提高区内各城市之间的资金流动速度，但是，厦门市人民银行经过调查，发现三地之间的资金流量太小，建立票据交换中心在经济上是亏本的，因而作罢。这表明真正经济学意义上的闽南经济区尚在形成之中，厦门同周边地区资金的往来从而物资流出流入还有待发展。

## （三）信息流

### 1. 网络建设已有一定基础，国民经济和社会信息化程度尚待加强

厦门的通信基础设施在国内各主要城市中处于较先进水平，但是，基础设施的应用相对滞后；网络建设中缺乏共识，存在重复建设现象；相对于需求，已建成系统设备利用率低。

目前，厦门电话本地网、移动通信网、邮电光缆传输网络已经覆盖全市城乡；有线广播电视网也已形成，有线电视用户达20万户；有线电视网络双向改造工程进展迅速，已经完成城域数据主干网、模拟主干网、网络业务平台建设及1万多户的双向化改造。电信宽带接入网覆盖厦门全岛和岛外，共计200多个节点，提供ADSL、光纤＋LAN、Home PNA等接入方式，近30000端口。宽带城域网汇接层总带宽为20Gbps，出口带宽达4Gbps，可提供千兆接入小区

---

[①] 只包括跨系统大额的资金流动，即异地跨行大额转移（50万元以上），但是大致上可以反映厦门资金流动状况。

[②] 在长江三角洲的宁沪杭，以及珠江三角洲的主要城市之间，已经建立了这样的大同城票据交换中心。

200 个。城域计算机互联中心项目首批互联电信局、金桥网、科技网，厦门大学、集美大学等单位，成功地实现了本地用户通过本地路由跨网访问其他运营商在本地的信息资源。已经建立金字系列工程、厦门科技信息网、公众多媒体通信网、教育科研网、电子商务平台等各类信息网络 150 余个。2001 年末，计算机互联网用户已达 20 万户，比上年增长 82.5%。

电子商务推进缓慢。电子商务中心于 1999 年 8 月成立，运营几年来，已取得不少建设成果。与外资委、统计局、经发委、财政局等四个政府部门联合开发了一般贸易合同审批系统、工交企业直报系统、外经企业直报系统、机电产品许可证审批管理系统、工交企业统计直报系统等七项业务应用系统，1400 多家企业上网办理相关业务；被厦门海关指定为中国电子口岸厦门地区技术支持单位，为 2000 家企业提供了技术支持；建设空港 EDI 中心网络系统；建设成功岛电子商务社区服务体系，设立五家社区服务网点；建设福建省最大的购物网站——成功岛网上商城；完成海港电子订舱（一期工程）的建设，并于 2002 年 6 月 20 日正式投入运营。通过与厦门市经发委、贸发委等政府部门的合作，正在致力实现相关政府业务系统的电子化处理，为企业营造一个先进、高效、安全、低成本的电子商务应用平台。但是，尽管电子商务中心在平台建设、技术、开发经验、人员素质等方面已经具有一定水平，但是，目前各项业务进展缓慢。其原因是：（1）政府不允许商务中心向企业收费，为政府部门开发的系统也基本上是无偿服务，中心自运营以来一直处于亏损状态；（2）电子商务目前还是新生事物，业务为企业及消费者接受尚需时间；（3）电子商务费用，网络带宽、信息安全性、支付体系、物流环境、个人信用制度等在一定程度上制约着电子商务的发展。

电子政务有待进一步完善。厦门电子政务通过商务中心平台连接市内各主要委、办、局等主管机关，开展企业向相应主管单位在线上报统计数据及各类型业务的申报和审批 EDI 服务，用户涵盖本市 1000 多家生产型企业，包括99% 的外资投资企业，大大提高了政府的办事效率，同时也为企业节省了时间成本。电子政务目前存在的问题是：政府各单位的网络建设不健全，有的单位只有一张网页，内容极其简单，而且更新少，使得相关政府业务无法电子化。

公益性网络建设不健全。除现在已经开发的医保系统之外，旅游信息系统、公安系统，报刊订购、医院专家门诊、各种交通工具的运行时刻表及订票系统皆分散在各家网站，社会保障网，药品管理与使用信息、卫生保健信息、远程医疗信息、要素市场行情、商家目录、价格行情等贴近大众、为群众急需的专用信息资料库过少，为大众服务的力度仍不足。

从国民经济和社会信息化程度来看，各行业信息化程度发展不均衡。金融业，交通运输业中的海港、空港，海关、商检、外贸、税务等政府管理部门以及教育科研等事业性单位信息化程度相对较高，内部网络基本建成并且有业务电子化运作；而制造业的信息化水平则参差不齐；商业零售业中沃尔玛、富山诚达的销售、库存、订货、配送、财务和人事已全部实现计算机管理，内资较大的零售业公司如华联等，正在建设企业的管理信息系统，目前已有局部实际应用，小型超市也大多有计算机管理。中小企业信息化程度低。以 DELL 为首的跨国公司和外商投资企业信息化程度普遍很高，利用国外软件实现企业的供应链或价值链管理；内资企业中部分较大规模的企业虽然已经引进计算机，但是只实现了信息管理的某些部分功能，如财务、采购、销售、库存等方面的管理，单项使用多，集成使用少，基本没有形成自动化信息网络；众多中小企业信息化程度很低，单机使用且功能单一，大多锁定在进销层。农村信息化建设落后。农村每百户家庭 2001 年末拥有电话机 100 部，移动电话 35 部，彩色电视机 106 台，个人电脑 3 台；城市每百户家庭 2001 年末移动电话 99 部，彩电132.5 台，个人电脑 24.5 台，呈现出较明显的"数字鸿沟"。

### 2. 信息设备制造业较发达，信息服务业相对滞后

信息产业包括设备制造业和信息服务业。厦门市的情况是：硬件大于软件，即信息产品制造业工业较发达。2001 年电子及通信设备制造业完成产值229.31 亿元，比上年增长 19.9%，在四个经济特区中排名第二；但是信息技术服务业的落后。除高校、各种专业服务咨询机构及各网站提供的信息咨询有较大程度发展，信息资源的使用仍然比较粗放，附加的增值服务少，精细加工、利用、开发不够，以应用带动建设的意图尚未实现。

厦门市政府在"十五"规划中决定大力发展软件业，力争使厦门成为国家主要软件产业基地之一。目前全市经营范围涉及软件的企业达 700 多家，只有近 130 家运作较好，较突出的有厦门信息港建设发展股份有限公司，东南融通软件有限公司，巨龙软件有限公司等一批本地骨干企业和火凤凰软件公司、阿尔法软件公司等一批外向型企业，2001 年产值仅 10 亿元。整个产业基础薄弱，规模小、集中度低，仍处于小作坊状态，缺乏完备的开发管理机制；人才严重不足；产业竞争力弱；这种薄弱状态，使其市场生存环境严峻，一些大的信息化工程都轮不到本市的软件企业，大多被省外公司承接。软件产业是信息产业的核心和灵魂，是其真正发挥效用、推动传统产业技术进步、产业升级的关键力量。信息化建设绝不仅仅是买一些先进的设备并把它们连接起来，信息化建

设的重点，应逐步由硬件基础设施的建设向信息资源的开发利用转变，并与传统产业全面结合，提高其科技含量，增强其产品的附加价值，促使其管理水平和国际竞争力的提高。因此，对于软件业而言，潜在的市场是巨大的，关键是要增强产业自身提供产品及服务的综合能力。

数据库建设是信息服务业的基础，大规模、高容量的数据库能为需求者提供有序、有用的信息，充分发挥网络的数据传输功能。贸发委的经济信息网、经济与信息中心、高校图书馆、金字系列工程等单位都或多或少建有或购有一部分数据库，但是，总体而言，本地开发的数据库少，规模小，已开发的系统仅供本单位或本系统内部使用，自给自足。大型基础性资源数据库微乎其微。政府统计数据的有限开放，制约了真正有价值的数据库的建设。商用数据库数量少，部分上网的基本采用会员制，全面推向市场，为联网提供服务的屈指可数，市场竞争力弱。数据库产品的开发与上市远远落后于网络建设。建设经费大多来源于各单位的事业费。资金的短缺制约了建库及其维护、更新，也使生产出来的数据库不能很快收到效益。企业多采用购买的方式，自主开发的少。数据库产品开发所需的多技能高素质的复合型人才极度匮乏。信息服务业的主要问题在于：信息资源的深度、广度开发，利用极度不足，联合开发更少；信息业社会化服务的水平、层次、质量低，服务范围狭窄，市场竞争力弱；信息人才严重缺乏。

### 3. 对周边地区的辐射比较有限

市政府建有闽粤赣十三地市区域合作信息网，厦门市内联企业协合网、与漳州、泉州、三明、南平、福州等城市皆有联网，这为与周边地区合作、联动发展，从而进一步发挥厦门的辐射力奠定了基础。

厦门信息港公司 GPS 系统拥有覆盖全省的机动车卫星定位报警调度运营服务网络，可在全省范围内承接各种机动车的智能服务报警调度监控管理业务，该公司的网络商驿平台目前在证券服务和银行方面有了成功应用，可以覆盖福建全省，提供电子商务应用服务；但是，市内企业为周边地区提供系统集成项目、医保系统项目建设等各种信息技术服务的数量太少，有规模、有影响的基本没有。信息技术服务行业对周边地区的辐射能力弱。

## （四）专业服务

### 1. 律师与注册会计师服务

律师、会计师等专业服务既是第三产业中生产性服务的重要组成部分，又是发展其他流量经济的重要前提条件。厦门的律师、会计师等专业服务在福建省占有明显优势，但是，从业务范围及业务结构看，处于发展的初级阶段，在全国没有竞争优势，缺乏参与国际竞争的能力。

（1）专业服务队伍、服务质量在福建均占有明显优势。

厦门的律师、会计师数量在全省万人占有量均属前列，素质也比较高。至2001年底，厦门有会计师事务所27家，执业会计师354人，另有数量不小的非执业会计师；律师事务所34家，执业律师530人，其中专业律师457人，兼职律师73人，此外，还有1200人拥有律师资格。

厦门律师事务所、会计师事务所的规模和层次均在全省占有重要地位。华天天健会计师事务所是全省最大的会计师事务所，也是全国连锁事务所之一。共有160余名会计师，年业务收入超过2000万元，占有全市注册会计师业务量的1/3，并是全市唯一具有证券资格的会计师事务所，执业质量深得客户信任。联合信实和天衡是省内规模较大的律师事务所，联合信实律师事务所有执业律师89人，加实习律师和行政人员共有近110人；天衡律师事务所有执业律师59人，加实习律师和行政人员共有80余人。

厦门市专业服务的业务收入亦居全省前列。2001年，全省会计师事务所业务收入2亿余元，厦门达6400万余元，占1/3。2001年，省司法厅直管所业务收入9000万元，厦门市司法局直管所业务收入8000万元，而其他八地市总和也是8000万元（包括福州市司法局直管所业务收入1000万余元），人均业务收入厦门最高。

（2）业务范围相当有限，基本局限于法定、传统业务，开展业务的区域也比较狭小。

目前，厦门的注册会计师和律师事务所的业务范围都比较有限，业务结构与发达国家同类事务所有较大区别。厦门的会计师事务所主要从事常规的法定业务：如审计（年度报表的审计），验资（注册资本的验资）等。律师业务主要包括：民事案件代理，经济案件代理，刑事辩护，非诉讼法律事务，法律顾问。但是，诉讼业务与非诉讼业务之比为80%∶20%，而发达国家的律师事务所，这个比例恰好是相反的。

服务的地域范围基本限于本市。会计师基本上只为本市企业服务，省内外业务都为数很小，即使是规模最大的华天天健所，也仍然以本市业务为主，本市业务占70%以上，省外业务仅占20%。律师事务所的业务主要局限于厦门一地（90%），有限的外地业务基本上是因本地案件在省高院审理而发生在福州的业务（10%）。本地专业服务机构基本上限于服务本地市场的同时，本地的部分附加值高的专业服务如在厦门的外资企业尤其是跨国公司的部分会计、法律服务，上市公司上市包装服务，反倾销诉讼服务等，却必须依靠北京、上海以及外资专业服务机构。

### 2. 会展业

（1）会展业促进了厦门经济发展。

厦门会展业在国内起步较早，已经创造了一定的品牌，总体实力大致居国内第二梯队。会展业包括会议业和展览业。厦门会议业发展仍在初级阶段，国际会议少，国内大会议少，尚未繁荣；以投洽会、台交会为代表的展览业，尚在发展期，已经具有一定规模。全国共有投洽类展会 19 个，厦门投洽会居第一位；台交会正逐渐向机电专业展靠拢，是全国三大机电专业展之一。

厦门从 1985 年到 2001 年底，共举办 300 多场各类展览会、交易会、洽谈会，共有 500 多万人次、超过 400 家跨国公司参会、参展，投资贸易总成交额达 1200 亿美元。第五届九八贸洽会各代表团和境内外客商约 5 万人与会，给厦门的宾馆、餐饮、交通、电信、广告、印刷、旅游等业带来超过 2 亿元的营业收入。第六届台交会有 1270 个展位，第七届台交会增加至 1550 个展位。第六届台交会与会台商 2091 人，签订进出口贸易合同总额突破 5 亿美元，其中两岸贸易额约 2 亿美元，厦门市签订 20 个投资项目，投资总额达 2.5 亿美元，其中台商项目 9 个、1.68 亿美元，利用台资 1.57 亿美元。

（2）发展会展业需要适当调整方向。

厦门的会展业，发轫于"9·8"投资贸易洽谈会。"9·8"投资贸易洽谈会是厦门会展业的品牌。但是，近年来，随着国内外环境的变化，以"9·8"投资贸易洽谈会为代表的厦门会展业遇到了前进中的问题。"9·8"投资贸易洽谈会是我国改革开放初期，实行窗口开放的产物，在窗口开放情况下，国外投资者与国内招商引资地区和部门只能通过有限的窗口得以接触，窗口的有限性在一定程度上掩盖了投资不适宜成为展览业对象的缺陷。① 而在我国实行全面开放之后，这个本质性缺陷就逐步显现出来。而厦门经济总量不大，产业特色不突出，与周边地区缺乏密切的产业关联，致使厦门的展览业缺乏足够的企业群体为基础。而会议业则至今尚未打出品牌，成为产业。发展厦门的会展业，需要调整发展方向。

---

① 关于这一点，只要注意一下在市场经济如此发达，FDI 早就大量存在的发达国家，虽然存在着各种各样的国际博览会、展览，但没有投资贸易洽谈会，并不利用会展招商引资。

# 三、影响厦门流量经济发展的因素分析

　　厦门的流量经济的发展，尽管在福建省内居领先地位，但是，就其本身而言，总体发展水平较低：市场发育程度低，市场需求不足，业务领域较窄，服务地域基本限于本市辖区范围，显然，这与厦门的区域中心城市地位是不相称的，难以发挥中心城市作为资源积聚、配置中心，服务、辐射周边地区的城市经济功能。

　　评价厦门的流量经济发展水平，必须从两个方面着眼，一方面是全国范围的原因，另一方面是厦门自身的原因。

　　就总体而言，我国尚未完成工业化进程，生产的社会化分工也不够发达，加上我国城市化发展战略中的偏差，我国的第三产业不仅落后于发达国家水平，而且落后于人均国民收入水平与我国大致相当的发展中国家。[①] 我国的市场经济尚在发育之中，各级地方政府对地方经济的强大控制能力，不能不在一定程度上影响了社会主义统一市场的形成。厦门是全国经济的一个部分，因此，厦门的流量经济发展水平不能不受到全国经济的发展水平以及市场经济发育程度的制约。

　　另外，厦门经济发展的自身条件也是制约厦门流量经济发展水平的重要因素。

　　（1）城市规模、经济总量较小，制约了厦门经济要素流动的数量。

　　全国15个副省级城市中，厦门的经济规模明显较小。[②] 在15个副省级城市中，厦门除与外经有关的3个指标外，其余经济指标都在10位之后（见表2）。

　　从省内来看，厦门GDP、工业增加值、商品零售额也都落后于福州和泉州（见表3）。[③]

---

　　① 关于我国城市化战略偏差与我国三次产业结构偏差之间关系的分析，见李文溥、陈永杰：《中国人口城市化水平与结构偏差》，载《中国人口科学》2001年第5期。

　　② 厦门的特点是没有市辖县（县级市），而其他14个副省级城市中只有深圳和武汉没有市辖县，其余12个各有2~12市辖县，严格的城市规模应该在扣除市辖县的基础上比较，因此，这个比较有一定的不可比性，但是从市政府所能规划、支配、动员的资源角度看，按照行政辖区进行比较又是合理和可比的。

　　③ 这是按照行政辖区而言，就市辖区范围而言，厦门是福建省最大的城市。

表2　　　　　　　　　　厦门在15个副省级城市中的经济地位

| 项目 | 国内生产总值（亿元） | 第二产业产值（亿元） | 第三产业产值（亿元） | 规模以上工业总产值（亿元） | 社会消费品零售总额（亿元） | 进出口总额（亿美元） | 协议利用外商直接投资（亿美元） | 实际利用外商直接投资（亿美元） | 金融机构存贷款余额（亿元） | 地方级预算内财政收入（亿元） |
|---|---|---|---|---|---|---|---|---|---|---|
| 最高数值 | 2684.80（广州） | 1136.50（广州） | 1452.60（广州） | 2880.40（深圳） | 1243.90（广州） | 686.14（深圳） | 35.89（青岛） | 30.01（广州） | 6953.32（深圳） | 246.19（广州） |
| 厦门的前一位 | 734.00（西安） | 330.00（西安） | 359.00（西安） | 954.70（杭州） | 352.90（青岛） | 112.98（杭州） | 15.00（武汉） | 14.50（大连） | 2312.28（青岛） | 65.39（哈尔滨） |
| 厦门的数值 | 556.39 | 296.96 | 236.92 | 800.50 | 186.55 | 110.79 | 12.72 | 11.53 | 1148.73 | 65.31 |
| 厦门的排名 | 15 | 15 | 15 | 10 | 15 | 6 | 7 | 4 | 15 | 12 |

资料来源：厦门市统计局《厦门市情（2002）》，第88～101页。

表3　　　　　　　　2000年福州、厦门、漳州、泉州主要经济指标比较　　　　　　单位：亿元

| 地区 | GDP | 工业增加值 | 地方财政收入 | 最终消费 | 商品零售总额 | 第一产业增加值 |
|---|---|---|---|---|---|---|
| 厦门 | 501.87 | 232.99 | 50.19 | 165.93 | 169.64 | 21.24 |
| 福州 | 1003.27 | 390.55 | 49.26 | 395.77 | 351.77 | 135.18 |
| 泉州 | 1045.08 | 503.02 | 37.03 | 361.73 | 347.02 | 80.69 |
| 漳州 | 477.36 | 154.46 | 24.42 | 202.06 | 149.63 | 113.66 |

资料来源：《福建统计年鉴（2001）》。

　　行政辖区面积小，城市规模小，经济总量小，是厦门发展流量经济的重要制约条件，因为，第三产业的发展，以第一、第二产业的发展为基础，生产性服务业的发展，更是建立在制造业的高度发展与社会化分工的基础上的。此外，我国目前正处在向市场经济转轨阶段，各级政府对当地经济仍有较强的控制能力。地方保护主义使不同行政区域之间的市场不是完全统一的，外地企业面临着比当地企业更高的进入壁垒。一般而言，市场发育程度越低，地方保护主义越强烈，进入壁垒也就越高。相对于有形产品市场，目前，我国服务产品市场的发育程度更低。因此，中心城市的生产服务业的发展，必须首先依靠本行政辖区范围内的市场需求，在本地的产业支撑下，形成较强的服务能力、竞争优势，才有能力打破外地市场的进入壁垒，逐步向外延伸发展，服务周边地区经济，发挥中心城市的资源集聚、配置与辐射功能。

　　（2）经济外向型特征明显，与国际市场有着十分密切的经济联系，但对内经济联系则明显不足，从而影响了厦门对周边地区的辐射能力。

　　从表4可以看出，外商投资企业和台港澳投资企业是厦门经济的重要支

柱。2001年，两类企业的工业总产值、工业增加值、出口交货值等指标均占总数的80%以上。而且，这两类企业具有明显的两头在外的特点。2001年，台港澳投资企业出口占其总产值的50.41%，外商投资企业的出口占其总产值的44.76%；两类企业出口占厦门规模以上工业企业出口的97.15%，进口为333781万美元，占厦门进口总额的72.98%，说明这些企业所用原材料也依赖国际市场，大量进口。台港澳投资企业和外商投资企业产值占厦门工业产值85%，这些企业以两头在外为主，使厦门经济呈现出与国际市场联系密切与国内市场关系较弱的特点。由于产业缺乏与国内经济，尤其是周边地区产业的分工合作关系，建立在这种制造业基础上的生产服务业，自然对周边地区的辐射能力有限。

表4　　　　　　　厦门全部国有及年产品销售收入500万元以上
非国有工业企业主要经济指标

| 企业类型 | 工业总产值<br>（当年价）（万元） | 工业增加值<br>（万元） | 出口交货值<br>（万元） | 出口占总产值<br>的比重（%） |
|---|---|---|---|---|
| （1）国有企业 | 449423 | 238283 | 62808 | 13.98 |
| （2）私营企业 | 240278 | 40468 | 32339 | 13.46 |
| （3）港澳台投资企业 | 4040386 | 964905 | 2036916 | 50.41 |
| （4）外商投资企业 | 2694591 | 556319 | 1206069 | 44.76 |
| （5）总计 | 7424678 | 1799975 | 3338131 | 44.96 |
| [（3）+（4）]/（5） | 90.71% | 84.51% | 97.15% | — |

资料来源：《厦门经济特区年鉴（2002）》。

厦门经济的这一特点，也可以从厦门与国外国内以及周边地区的物流指标上看出（见表5和表6）。

表5　　　　　　　　　　2000年福建不同地区货运流量

| 地区 | GDP<br>（亿元） | 公路发运量<br>（万吨） | 铁路发运量<br>（万吨） | 港口吞吐量<br>（万吨） | 港口集装箱吞吐量<br>（万吨） | 航空发运量<br>（吨） |
|---|---|---|---|---|---|---|
| 厦门 | 501.87 | 1364 | 205 | 1965 | 108.50 | 76000 |
| 福州 | 1003.27 | 5086 | 253.3 | 2425 | 40.02 | 29763 |
| 泉州 | 1045.08 | 4676 | 206.5 | 1712 | 15.89 | 6527 |
| 漳州 | 477.36 | 4758 | 314.5 | 419 | 0.56 | — |
| 三明 | 254.98 | 2073 | 824.9 | — | — | — |
| 龙岩 | 226.68 | 1573 | 630 | — | — | — |
| 南平 | 222.78 | 1651 | 392 | — | — | 500 |

资料来源：《厦门市现代物流产业发展规划前期调研报告》。

| 表6 | 不同地区不同运输方式的运输强度 | | | | |
|---|---|---|---|---|---|
| 地区 | 公路运输强度（万吨/亿元） | 铁路运输强度（万吨/亿元） | 港口吞吐强度（万吨/亿元） | 港口集装箱吞吐强度（万吨/亿元） | 航空货运强度（吨/亿元） |
| 厦门 | 2.72 | 0.41 | 3.92 | 0.22 | 151.43 |
| 福州 | 5.07 | 0.25 | 2.42 | 0.04 | 29.67 |
| 泉州 | 4.47 | 0.20 | 1.64 | 0.02 | 6.25 |
| 漳州 | 9.97 | 0.66 | 0.88 | 0.001 | — |
| 三明 | 8.13 | 3.24 | — | — | — |
| 龙岩 | 6.94 | 2.78 | — | — | — |
| 南平 | 7.41 | 1.76 | — | — | 2.24 |

注：运输强度指标＝地区不同运输方式运量÷地区 GDP。

海运和空运是厦门运输强度最高的运输方式，海运主要是国际货运，空运主要是远程货运。铁路与公路主要是承担国内货运。因此，根据表5、表6的数据，可以清楚地看出，厦门经济与国际经济联系密切，与国内经济联系相对微弱的特点。

（3）产业特色初现，国内地位不突出，与周边地区产业关联程度较低，在一定程度上限制了流量经济的发展空间。

经过 20 余年的发展，厦门工业已经初步形成了它的特色，除前述之外向型特色外，在产业分布上，形成了电子、机械、化工三个优势产业。2001 年，三大支柱产业共拥有资产 576.58 亿元，实现现价工业总产值 568.02 亿元，完成产品销售收入 553.44 亿元，利税 34.2 亿元，分别占全市同口径工业企业的64.9%、70.7%、70.5%、51.5%。[1][2]

但是，三大产业虽然在本市的支柱地位比较明显，但是，这三大产业在全国的地位并不突出。能够形成执全国牛耳，以及以它为中心的产业簇群的产品比较少。这些产业实际上只是国际产业分工链条上的简易加工环节。[3]

从表7可以看出，厦门的制造业以电子工业为主，轻纺次之，而泉州以轻纺为主，石化次之，漳州则以轻纺为主，电子次之。再考虑到厦门的电子工业基本上是外资企业，跨国公司在中国的生产基地。厦门与周边地区的产

---

① 骆惠珠：《工业经济支撑全市经济半壁江山——厦门经济特区二十年工业发展回顾》。
② 《厦门经济特区年鉴（2002）》，中国统计出版社 2002 年版，第 202～205 页。
③ 具体分析见李文溥、张明志：《出口竞争力的产业间转移与产业结构演进》，厦门大学福建经济研究中心研究报告，2000 年。

业关联度是比较微弱的。因此，以产业关联为基础的经济流量就不可能太大。

| 表7 | | 厦泉漳制造业结构 | 单位：% |
|------|------|------|------|
| 产业 | 厦门 | 泉州 | 漳州 |
| 制造业 | 100 | 100 | 100 |
| 轻纺工业 | 21.65 | 48.56 | 50.96 |
| 石化工业 | 16.16 | 19.67 | 6.37 |
| 非金属矿制品业 | 2.63 | 12.03 | 4.61 |
| 冶金工业 | 3.13 | 2.64 | 5.01 |
| 机械工业 | 16.12 | 4.14 | 9.90 |
| 电子工业 | 39.20 | 2.70 | 17.34 |
| 其他制造业 | 1.11 | 10.26 | 6.68 |

资料来源：根据《厦门经济特区年鉴（2002）》（中国统计出版社2002年版）、泉州市统计局编《泉州统计年鉴（1999）》、漳州市统计局编《漳州统计年鉴（1998）》有关数据计算。

（4）发展流量经济的物理平台和服务平台有待完善。

市场经济条件下，城市经济的辐射能力并不取决于城市的行政级别与辖区范围，而是城市经济的市场竞争能力。向市场经济转轨阶段，各级地方政府对辖区内的经济资源的控制是形成区域市场进入壁垒的一个重要因素，但是，随着我国市场经济的逐渐发展，各级地方政府对辖区内经济资源的控制能力将逐渐削弱，市场竞争能力将取代政府的经济控制力，成为决定城市经济辐射能力的主要因素。对于生产性服务产业而言，其市场竞争力就是独特的服务资源，综合服务能力、服务质量与服务成本之比。厦门行政辖区面积小，因此，发展流量经济必须把提高生产性服务产业的综合竞争力放在首位。但是，厦门市的生产性服务产业发展水平还比较低，各类生产性服务产业的规模偏小，专业化和社会化程度低，服务方式和服务手段比较原始单一，服务质量有待进一步提高，这些在一定程度上影响厦门生产性服务产业的竞争力。

第一，目前厦门从事物流服务的企业，包括传统的运输和仓储等流通企业和新型的专业物流企业，规模和实力都普遍较小，网络化的经营组织尚未形成。由于规模小、实力弱，厦门市的多数物流企业的服务范围基本上局限于厦门市及毗邻的周边地区；金融保险业的业务受制于行政区划，服务范围基本上限于本市；信息服务产业尚各自为政，难以满足本市经济发展需要；法律、会计等专业服务事务所和其他专门机构除个别外，大多规模较小，既不利于执业质量，也限制了向外地拓展业务，与外地事务所竞争的能力。

第二，服务方式和服务手段比较原始单一，服务质量有待进一步提高。厦门从事物流服务的多数企业都只能简单地提供运输或仓储服务，而在流通加工、物流信息服务、库存管理、物流成本控制等物流增值服务方面，尤其是在物流方案设计以及全程物流服务方面还没有全面展开，而且服务质量不尽如人意。对物流市场的调查表明，目前厦门市除家电、日化、医药等少数行业的企业对专业物流服务具有较高的满意度外，其他多数行业的企业对专业物流服务的满意度偏低。金融机构服务内容范围狭小，金融产品推介工作力度不够，金融产品销售效果不佳，外资银行由于服务范围狭窄而普遍出现业务萎缩。律师和会计师等专业服务大多局限于法定业务、传统业务，新业务开拓困难，不少本地业务甚至为外地专业服务机构染指。如会计服务中，柯达、林德、DELL、国际货柜码头等大型公司均委托上海中外合作所或境外合作所进行。法律服务也有类似情况。

（5）存在着发展流量经济的体制性和政策性障碍。

从信息产业角度来看，尽管通信基础设施建设取得明显成效，但应用基础设施建设薄弱，各单位信息建设各自为政，自给自足，缺少部门间协调，实现各系统的整合、链接、资源共享。网络建设中，各部门基于自身利益，垄断业务，在统一规划，接入方式上缺乏共识，多头作业，不能形成合力，致使网上城市——城域宽带的网络公用基础设施难以构建，造成资源浪费。而速度、费用、传统的消费习惯和生产经营方式，信息理念的缺乏，使相对于需求，已建成系统、设备的利用率较低。从而造成：信息资源的深度、广度开发，利用极度不足，联合开发更少；信息业社会化服务的水平、层次、质量低，服务范围狭窄，市场竞争力弱；信息人才严重缺乏等问题。

从物流角度来看，管理体制的条块分割导致了各部门从上到下都有自己的物流体系、物流设施和资源。例如，在运输管理体制上，我国实行的是按照不同运输方式划分的分部门管理体制。分割式的管理体制使得部门之间、地区之间的权力和责任存在交叉和重复，难以有效合作和协调。各部门为了各自的利益不能实现各种物流要素之间的有效衔接和协调发展，在不同程度上形成了物流资源的浪费。

专业服务方面，政府各部门保护主义严重，相当部分可以市场服务的业务没有推向市场，由政府部门或其服务中心垄断性提供，降低了行政效率，提高了办事成本，增加了腐败机会，抑制了厦门专业服务市场的发展。

## 四、必须从福建经济发展的战略高度重视厦门流量经济的发展

尽管厦门发展流量经济存在一定制约条件，目前的发展水平也比较低，但是，发展流量经济，提升厦门作为区域中心城市的资源积聚、配置功能，使其真正成为闽南经济区以致福建的中心城市，从而服务、辐射周边地区是十分必要的。必须从发展福建经济而不仅仅是发展厦门以致闽南经济区的战略高度重视厦门流量经济的发展问题。

进入 21 世纪以来，我国经济面临着新的发展机遇和挑战，国内市场经济进一步发展，国内统一市场正在形成，各类市场主体正在逐渐摆脱传统的行政束缚，按照市场规律，在全国范围配置其生产力，市场机制作为配置资源的基础性作用进一步凸显；由于中国加入 WTO，国内市场与国际市场进一步融合，国内经济与国际经济之间的界限正逐步淡化，出现了国际经济竞争国内化的趋势，因此，每一个地区不仅面临着激烈的国内经济竞争，而且面临着激烈的国际经济竞争。整合地区经济，增强地区经济综合实力、区域经济竞争力，就成为各个地区经济发展的头等大事。

有关研究指出，福建经济的国内竞争力弱于其国际竞争力，其中原因之一是缺乏有较强经济实力的大城市作为福建经济区的资源集聚、配置中心，服务、辐射周边地区。从提高福建经济竞争力角度看，必须重视作为资源集聚、配置中心的大城市的建设。[①]

把大城市视为服务、辐射周边地区的资源集聚、配置中心，发展大城市的流量经济也就成为题中应有之义。

厦门是福建省最大而且经济发展水平最高、经济实力最强的城市（见表 8），我国最重要的对外贸易口岸之一，东南沿海自宁波至深圳之间最大的港口城市。因此，成为福建最大的中心城市，福建经济区的资源集聚、配置与辐射中心之一，厦门责无旁贷。必须从福建经济发展的战略高度考虑发展厦门的战略意义。与此同时，经过 20 余年的高速增长，厦门也初步具备成为福建省最大的中心城市，福建经济区的资源集聚、配置与辐射中心之一的基本条件，发展

---

① 参见李文溥 2002 年 9 月 26 日在福建省"构建三条战略通道"社科季谈会上的发言《提高国内竞争力是拓宽对内连接通道的关键》。

流量经济的一定基础。

表8    2000年福州、厦门、泉州、漳州主要经济指标（按市辖区范围统计）

| 地区 | 年末总人口（万人） | 建成区面积（平方千米） | GDP（亿元） | 地方财政收入（亿元） | 工业总产值（亿元） | 批零商品销售总额（亿元） |
|---|---|---|---|---|---|---|
| 福州 | 148.49 | 92 | 464.10 | 34.11 | 368.57 | 550.59 |
| 厦门 | 131.27 | 82 | 501.87 | 50.19 | 699.68 | 480.74 |
| 泉州 | 57.78 | 40 | 162.82 | 10.25 | 86.34 | 121.87 |
| 漳州 | 50.53 | 22 | 93.12 | 8.55 | 43.41 | 79.60 |

资料来源：《福建统计年鉴（2001）》，中国统计出版社2001年版，第359～369页。

# 五、发展厦门流量经济的策略与政策建议

发展厦门的流量经济，必须从厦门的现实条件出发，正视厦门经济的目前发展水平，发展流量经济的优势所在，以及不利条件，从经济全球化与国内统一市场的大视野出发，站在福建经济发展战略的高度，制订符合本地经济现实，有厦门特色的流量经济发展策略与政策。

## （一）发展厦门流量经济的策略空间分析

（1）流量经济实际上是第三产业中的生产性服务产业。发展流量经济，必须以一、二产业的一定发展水平为基础。虽然经过了20年的高速发展，厦门的经济发展水平无论是在闽南经济区、福建还是全国，都是比较高的。但是，厦门与全国其他地区一样，尚未完成工业化进程。厦门的制造业，与国内工业发达地区相比，产出总量仍然较小，产业实际发展水平低于产值水平。厦门的行政辖区狭小，本地一、二产业能够为流量经济提供的市场容量有限。在向市场经济转轨期间，各级地方政府的行政权力仍然对地区市场有较强控制力的情况下，发展厦门的流量经济，必须尤其正视厦门经济的这一特点。

（2）厦门发展流量经济的优势也是比较突出的。厦门是福建最大的城市、国内最重要的对外贸易口岸之一，东南沿海自宁波至深圳之间最大的港口城市。独特的地理位置，已经形成的发展流量经济的基础设施，长期形成的国内外经贸联系，以及相关的专业服务人才队伍，在国内都属于先进行列。这些优势，可以在一定程度上弥补厦门行政辖区狭小、经济总量小、制造业不够发展

的弱点，使厦门的流量经济发展不必完全受制于辖区经济尤其是制造业的发展水平。

（3）厦门经济发展的重要条件以及政策变数之一是两岸关系。发展与台湾的经贸联系，是和平统一方针的重要组成部分。这也同时预示着对台经贸关系的处理，是从更高层次的政策目标出发的，因此，两岸关系既是发展厦门经济可以利用的重要条件，也是厦门经济发展最重要的变数之一，厦门可以而且必须充分利用对台特色，同时也必须正视这基本上只是发展厦门经济可以利用的外生变量，而不是厦门可以操纵的内生政策变量。

## （二）发展厦门流量经济的政策建议

### 1. 扩大厦门行政辖区[①]

建设大城市是福建继续发展外向型经济，提高福建经济国内竞争力的重要战略举措。在我国目前体制环境下，扩大城市的行政辖区范围对提高中心城市资源集聚、配置、辐射能力，仍有重要作用。因此，建议从福建经济发展的战略高度，向有关部门建议，适当扩大厦门市的行政辖区范围，以便在统一行政管辖范围内，统一规划厦门湾的经济布局与产业发展，促进生产力的合理配置。

### 2. 继续大力发展厦门的制造业

无论是从厦门现有的经济发展水平还是现有的体制环境看，制造业都是厦门经济的基础，发展流量经济的立身之本，因此，尽管从城市布局角度出发，三次产业在岛内外的布局应进行调整，但是，在相当一段时期内，仍然必须坚持以发展制造业为主的经济发展战略，提高厦门的制造业生产总量，产业素质和产业特色。为发展流量经济创造坚实的产业基础。

### 3. 在投资政策上贯彻国民待遇原则

对所有地区国别所有投资主体实行一视同仁的鼓励投资政策，取消现有的对不同投资主体的不同优惠政策，并在实际工作中切实贯彻。通过鼓励民营投资，拓展厦门经济与国内经济的联系。因为：

---

① 在福建省"构建三条战略通道"社科季谈会上，省委有关领导已经意识到厦门行政辖区狭小对厦门乃至福建经济发展的限制。

（1）这种政策是符合 WTO 的国民待遇原则的。

（2）对所有投资主体一视同仁的鼓励投资政策，实际上是鼓励国内民间资本投资厦门。从社会主义市场经济的发展趋势看，民营经济将成为竞争性产业的主要投资主体，哪个地区成为对民营资本最有吸引力的地区，这个地区也将成为最有国内竞争力的地区。

（3）从国内既有的产业簇群形成情况看，必须有一个同类资本激烈竞争的阶段，只有通过同类资本的激烈竞争，才能在优胜劣汰的基础上逐渐形成比较合理的产业内专业化分工与协作关系。这样的过程，仅仅依靠引进外资是难以在较短时间内形成的。

其次，降低民营企业进入厦门的门槛。目前，厦门的民营经济发展落后于周边地区，主要是民营企业进入厦门的成本高昂。从厦门岛内外实际差异出发，应该对岛内外工业进入门槛有所区别。厦门岛内土地有限，在产业选择上可以有所限制。但是，岛外明显发展不足。同安的经济发展水平甚至低于周边各县（见表9）。

表9    2000 年同安、南安、晋江、龙海经济发展水平比较

| 地区 | GDP（亿元） | 地方财政收入（元） | 批零商品销售总额（万元） | 第二产业增加值（万元） |
|------|------------|------------------|----------------------|----------------------|
| 同安 | 42.73 | 2.73 | 7.12 | 31.62 |
| 南安 | 183.17 | 4.47 | 7.10 | 101.53 |
| 晋江 | 279.49 | 13.06 | 7.13 | 153.60 |
| 龙海 | 94.08 | 3.31 | 4.58 | 45.37 |

资料来源：《福建统计年鉴（2001）》《同安区统计年鉴（2000）》。

因此，应适当降低市场准入条件，摒弃厦门全市在产业上都必须高于周边地区的观念，积极鼓励、引导中小民营企业在同安等岛外地区发展，主动实现厦门经济与周边经济的对接，实现经济的融合。

**4. 根据厦门的经济发展水平、经济特点、产业特色，有重点地发展厦门的物流产业**

现代物流产业作为第三产业中的一个新兴的生产性服务业，它的产生和发展，是建立在一、二产业的专业化生产与社会化分工的基础上的。物流业发展的国际经验证明，特定物流产业特别是第三方物流基本上是伴随着某一类特定产业的发展而发展起来的。因此，必须根据厦门的经济发展水平、经济特点，产业特色，有重点地发展厦门的物流产业。现阶段，厦门必须重视以电子产品为主

的国际物流业的发展，在物流手段上，重视运用海空联运的现代物流手段，推动象屿保税区与高崎机场物流园区的连片开发，引进国外以及台港澳物流厂商，发展有厦门特色的保税物流产业。在具体政策上，应当做到以下几点。

（1）大力培育物流市场。

培育物流市场的首要一点就是创造各种条件，促进工商企业非主业物流功能的剥离。将物流从工商企业核心业务中剥离出来，不仅可以使工商企业专注于技术水平的提高和经营管理的加强，同时还将扩大物流服务的需求，为物流服务创造需求市场，促进物流服务的发展。而物流需求的扩大，不仅有助于拉动物流服务的供给，使物流服务的社会需求和社会供给相辅相成，而且更多的物流需求，会使物流服务供给形成规模经营，给物流客户带来质量更优、费用更低的物流服务。

目前厦门大多数的工商企业对现代物流服务的需求特别是利用第三方物流服务的理性认识不足。虽然这与厦门物流服务的社会化和专业化供给相对不足有很大的关系，但企业如何树立起正确的现代物流意识不能不说是很有必要的。

只有树立起现代物流意识，充分认识到优化物流供应链管理是降低生产总成本，提高产品附加值，增强企业竞争力，获取新的利润源的重要手段，工商企业才有可能逐步将原材料采购、运输、仓储和产成品加工、整理、配送等物流业务从主业中有效分离出来，按照现代物流管理模式进行调整和重组。这固然是企业方面的问题，但并不意味着政府在这方面就无所作为了。比如，通过媒体加大现代物流的宣传力度，同时予以适度的政策引导，以能够降低成本为动力诱导企业形成对现代物流的需求，这样，政府就可能在很大程度上促进工商企业及早更新经营理念，顺应现代物流的发展趋势，实现传统物流模式向现代物流模式的转化。

物流市场的培育和发展同时也需要专业物流企业逐步转化或构建成真正意义上的现代物流企业，提高优质高效的物流服务，积极开拓物流市场。如何促进传统物流企业运用现代信息技术和先进管理理念整合物流已有的物流要素和资源，应当成为政府考虑扶持物流企业发展的着眼点之一。政府可以积极创造各种条件，比如在行业管理、工商管理、税收和金融政策上给予扶持，鼓励各种物流企业通过兼并重组、形成大型物流企业，提供完整的物流供应链服务，同时积极促进传统运输、仓储、代理等服务企业向现代物流企业的转型。

总之，现代物流企业的成长与传统工商企业非主业物流功能的剥离需要一个磨合过程，这一过程需要政府为之创造各种条件。

（2）稳定推进物流园区和物流公共信息平台的建设。

"物流园区"作为社会物流大网络中的节点，它对提高全社会物流效率有着非常重要的作用。政府可以在物流园区的布局和功能规划、区内土地使用价值的确定以及区内基础设施的建设等方面发挥重要作用。

在加快物流基础设施的规划和建设过程中，如何充分发挥市场机制的作用是个需要研究的重要问题。厦门对物流园区已有初步的规划，但物流园区的规划不仅要考虑到基础设施建设的合理性和可行性，而且要考虑到如何鼓励国内不同所有制投资者和外商投资企业参与物流园区的建设。

发展现代物流业关键的问题是现代信息技术和先进管理理念的导入。这也是现代物流与传统物流的重要区别之所在。政府有必要和责任制定相关的政策法规积极促进或直接投资建设公共信息平台。

公共物流信息平台的建设，旨在使企业和政府有关部门实现信息资源的共享和连通，合理组织物流资源、提高物流效率和推动物流产业现代化。

政府应加大对公共信息平台建设的投入，加快口岸物流信息平台的建设，推动物流园区信息联网，鼓励企业进行信息化改造。

（3）多方营造促进现代物流良性发展的制度环境和政策环境。

政府部门在现代物流发展中要从政策法规方面提供保障，推进物流发展的市场化进程，为各类企业参与市场公平竞争创造很好的外部条件，为物流企业的经营和发展提供宽松的宏观环境。基于厦门现代物流发展刚刚起步，政策的导向应立足于加快其发展，谨防政出多门，出现新的政策性、体制性障碍。

由于对物流功能和要素的整合涉及的管理部门众多，为避免政出多门和确保政府部门间政策的协调一致，有必要建立起政府部门间的协调机制，以打破条块分割，促进综合性全程物流的顺利展开。我们认为，由政府综合管理部门如计委牵头，负责协调各个相关部门的政策，可能更有利于形成并制定出合理的现代物流发展政策。

从国内其他发达地区的做法上看，在物流发展的规划和起步阶段，政府的政策优惠和其他扶持措施的运用都是必不可少的。比如，广州市根据《广州现代物流发展实施纲要》的建议，将在近期内出台多项优惠政策，以扶持物流发展。在财政税收方面，对列入省市重点扶持的大型连锁经营企业、中高级批发市场和第三方物流企业的技术改造，由市财政贴息；对于以上企业中的国有或国有控股企业，通过国有资产收益和土地出让金返还、商业用国有房产等有效资产划拨形式，增加国有资本金的注入。在用地政策方面，在列入市规划的大型物流园区内设立的物流配送中心和物流企业新增用地，按仓储用地实行使用，土地出让金及市政基础设施配套费由市政府按标准下浮等。

结合政府当前的政策取向，在物流基础设施建设与物流装备更新的融资政策上、在物流园区的土地使用政策上、在物流服务及运输价格政策以及工商登记管理政策上，研究制定一些有利于物流产业发展的支持性措施。2002年国家经贸委对物流项目已开始给予国债贴息。从提高厦门本地区的经济运行质量和地区经济竞争力的角度看，市政府有必要加大对物流基础设施建设和重点物流企业的扶持力度。

（4）高度重视各种物流标准的规范工作，推进厦门物流产业的标准化进程。

物流设施和装备的标准化是物流产业发展的一个关键问题，标准化程度的高低不仅关系到各种物流功能、要素之间的有效衔接和协调发展，也在很大程度上影响着全社会物流效率的提高。

物流标准化是物流发展的基础。由于物流的整个活动经过众多的环节，使用大量的技术装备与设施，同时，它又连接众多的上下游企业，因此，实施物流运作系统内的包装、机械、装备、设施等的技术标准和包装、装卸、运输等各类工作标准，并形成全国乃至国际接轨的标准化体系，对于最大限度地节省投资和流通费用，以及提高服务质量有着重要的意义。当前，为促进现代物流发展的规范化、标准化和高效化，国家经贸委拟牵头组成"全国现代物流技术标准委员会"，组织制定和修改物流基础设施、技术装备、管理规程和物流信息化等方面的技术标准。

因此，厦门市政府应高度重视各种物流标准的规范工作，抓住时机，积极推进厦门物流产业的标准化进程。

（5）提高通关效率，创造国际物流发展的竞争优势。

口岸通关环境和通关效率是发展国际物流的关键环节。厦门作为外向型经济比较发达的城市，加入WTO必将带来国际货物量的快速增长，同时对厦门口岸的通关环境提出更高的要求。

通关效率的提高涉及各个部门，主要有海关、相关企业和中介机构。制约厦门通关效率提高的原因是多方面的：一是通关效率涉及海关、边防、检验检疫、海事等部门，每一个环节的低效都将影响通关效率；二是中介机构如专业报关行、货代、外代等部门的服务质量和服务水平也是影响通关效率的重要因素；三是企业自律意识和人员素质也会直接影响到通关效率。总体上看，厦门口岸整体管理水平不高，其中风险管理机制没有建立起来是影响海关通关效率的一个重要原因；口岸整体协调能力不强是另一个重要的制约因素。

我们认为，包括海关在内各口岸行政管理部门必须在严格执法与提高通关效率两者之间寻求某种均衡，尽可能地去实现"让守法者获得最大的通关便利"。从世界经济全球化发展和我国加入世界贸易组织的背景上看，口岸行政管理部门在严格执法的同时应该实现管理思想的转换，即应着眼于提高通关效率，满足经济全球化和物流国际化的发展要求，并服务于厦门企业国际竞争力的提升。除了从硬件设施上特别是现代科学技术的广泛应用以改进通关环境之外，各口岸行政管理部门可以通过重组通关作业流程，实现通关效率的提高。

（6）在招商引资方面，重视引进国内外知名的物流企业。

现代物流是一个开放性、国际化的产业。厦门应鼓励吸收国际资本和国内外知名的物流企业参与物流园区的建设和推动物流业的发展。尽管在外经贸部没有把厦门列入外商投资物流企业的试点城市，但厦门拥有象屿保税区这样特殊的经济区域，可以考虑进一步引进外商投资物流企业或选择一些企业"嫁接"国外的一些知名的物流企业，这也是厦门发展现代物流的一大优势所在。因为国际知名物流企业特别是第三方物流企业可以为厦门物流企业的发展提供很好的示范作用。从厦门目前的情况来看，这一种思路不仅具有现实可行性，而且有可能在较短的时间内培育一批有竞争力的物流企业，促进厦门现代物流的发展。

（7）物流发展的模式选择要考虑到厦门产业结构的实际。

现代物流的发展不可能也不应该完全抛开原有的产业基础，但考虑到厦门本身并没有足够的本地货源，而且经济腹地狭小，远离国内中心市场，因此在物流发展的模式选择上，厦门要着眼于整合物流资源，吸引周边地区的货源，以增强和提高厦门作为区域中心城市的集聚和辐射能力。

### 5. 在发展制造业的基础上提高厦门的资金集聚和辐射功能

（1）夯实经济基础。一个城市要成为资金的集散地是需要有强大的经济发展能量作为后盾的。从国外的经验看，那些仅依靠税收优惠而没有经济实力做后盾的国际金融中心发展速度正在放缓，而有强大经济实力做后盾的国际金融中心发展势头越来越猛。事实上，经济和市场需求的规模和质量正是金融中心产生的动力基础。厦门应以从海岛型城市向海湾型城市转型为契机，努力夯实产业基础，摆脱长期存在的产业劣势，为资金流平台的构建创造条件。

（2）加强同周边地区的联系。改革开放以来，厦门注重发展外向型经济，外向度较高，但同周边地区的经济联系不够紧密。厦门应主动加强同周边地区的经济合作，发挥各自比较优势，在产业上相互补充、相互依存，共同发展。

政府在这方面应有所作为，例如，可支持试行闽南三地大同城结算，以此促进三地之间经济交流。

（3）吸引更多的金融机构进驻厦门。一个城市能否发挥资金的集聚和辐射功能，与该城市的金融机构数量是相关的。目前国内还有一些较大的股份制银行未进入厦门，外资金融机构中也还有几家代表处尚未升格为营业性银行，所以，厦门应积极创造条件，集聚更多的中外金融机构，为发展流量经济创造条件。

（4）促进金融创新，提供更多功能的金融服务。厦门应努力培育和完善多元化的金融市场体系，积极创新，为经济、产业的发展提供多样化、国际化的金融服务，这是厦门发挥资金集聚和辐射功能的内在要求。通过对区域内企业提供多种金融服务，促进区域内金融资源的优化配置，从而能够强化金融对经济贸易的支持作用。

（5）加强中外资金融机构的合作。中资金融机构具有本土优势，外资金融机构有较先进的管理经验和金融产品创新方面的优势，中外金融机构应逐步建立互为合作、适当竞争的关系，有时可以共享客户资源，为客户提供不同服务，实现双赢局面。这也有利于厦门资金集聚和辐射功能的发挥。

（6）培植区域性的直接融资市场。建立区域性的直接融资市场经济，可以带动厦门及周边地区的资金流动，促使资金从剩余方流向需求方，对于推动区域整体生产力水平的提高具有重要的意义。为此，厦门应努力争取国家的政策支持，积极探索，敢于创新，尽早成为区域性的直接融资中心。

**6. 打破信息化建设中的部门分割状态，加快公共信息平台建设，提高信息基础设施利用效率，鼓励信息资源的商业性开发利用，打通两岸信息通道，共同发展信息产业**

除了贯彻执行国家和福建省制定的有关政策、法规和标准，立法机构应根据本市实际情况，加强对信息化建设各方面工作的法制建设，对信息的经营、流通、服务、交易、权益等关系做出明确规定，同时为电子商务等业务的合法性提供保障，为信息化建设快速、有序、健康的发展保驾护航。

实行多元化投资，通过上市融资、发展产业投资基金、吸引风险投资等各种方式，拓宽筹资渠道，加大信息化投资力度；培育信息市场，打破信息服务业的垄断，鼓励竞争，鼓励企业开辟新的业务品种，扩大经营范围，实行业务交叉，在竞争中求生存，通过竞争机制实现信息资源的优化配置。

加快信息人才的培养。信息资源建设中，需要大量能够从事信息调研、收集、管理，掌握网络技术、软件开发技术的复合型人才。当前，应加强专业信息人才的培养，既重视正规的教育途径，又大力发展培训等再教育方式，同时采取措施吸引省内外、国内外掌握信息技术的高素质人才。没有一支训练有素的信息化专业人才队伍，是实现不了信息化的。

学习借鉴其他国家和地区信息化建设的实践经验。在鼓励信息技术应用的过程中，新加坡、中国香港、中国台湾等国家和地区的政府都实行过对企业的补贴政策，包括对企业建设信息技术系统的补贴、培养人才的补贴、对信息技术服务企业提高管理水平的补贴等。建议政府设立信息技术应用鼓励专项资金。

信息资源的开发利用程度对一个国家或地区的信息化水平影响极大，没有人们对信息技术的普遍接受、理解与使用，就不可能有信息产业的全面发展，信息技术使用质量的普遍提高，更无法大幅度提高一个国家的信息生产能力、利用能力和流通能力，创造出更有活力的生产力，也无法发挥对周边地区的集聚、辐射效应。目前除巩固咨询业方面已有的优势，组织力量加强数据库建设，必须加快软件业的发展。鉴于软件业在国民经济发展中的重要地位，应切实落实以下事项：

（1）针对国家涉及财政、税收的有关规定，制定本市相应的实施细则，并加以落实。

（2）明晰思路，统一政府各部门认识，将分散在各部门的政策统一起来，形成具体、系统的扶持政策。

（3）软件业在厦门属幼稚产业，要使其顺利发展，政府有必要在市场方面给予一定的支持，实施幼稚期内的适当保护。

（4）充分发挥软件园的作用，运用其完备的基础设施和政策环境的聚集效应，为创办和成长中的软件企业提供有深度的、针对性强的行业服务与管理。依托大型骨干企业，重点发展具有自主知识产权，市场占有率高的产品，提高企业的创新能力和产业化能力。

（5）加快人才的培养，培训与引进工作。据了解，厦门目前软件开发人员2300人，未来需求量将成倍增长，因此加快人才建设须尽快提上议事日程。

建议落实厦门与金门间的"直通电信"。目前，厦门至台湾的话单比重占国际总话单的35%左右，比至香港的34%还略多，居国际总通话量的首位。厦门物理网络建设完善，光纤覆盖面广，离金门近，这些都为实现厦门与金门的"直通电信"奠定了较好的基础。技术上的可行性是：

（1）建议在厦门设立准国际长途交换局——边境局（类似深圳对香港形

式）。厦门电信与金门电信直通的内部条件是具备的，有两个长途交换局（F—150 和 S1240），其中 S1240 长途交换机可以兼容国际、国内信令点编码（14 位和 24 位），亦即具有国际/国内 No.7 信令自动转换功能，可兼作对金门的边境长途交换局，实际上 S1240 长途交换局目前就有与香港直达的出口电路，采用 5 号信令方式。需要的外部条件是信息产业部批准核配给厦门电信公司一个国际 No.7 信令点编码（14 位）。

（2）厦门、福州与金门、马祖的组网方式。厦门边境局负责疏通闽南地区（泉州、漳州）和龙岩等到金门的去话，福州负责疏通其他各地市到马祖的去话，省际来话可以采用厦门与福州负荷分担方式；金门、马祖到大陆的来话也可以采用负荷分担分别接至厦门和福州再接转至各地。

（3）厦门至金门的传输方式既可以采用 SDH 微波方式（容量达 622Mb/s），也可以采用海底光缆传输方式（容量至少可达 2.5Gb/s），前者最短建设周期只要半个月，后者约需两个月。厦门的对接点可以选在岛内前埔，也可以选在同安的大嶝或新店或刘五店等。

（4）资费标准：厦门和福州至金门和马祖的通话费比照深圳至香港的资费标准，即 2.25 元/分钟；福建省境内其他地市至金门、马祖比照广东省境内除深圳、珠海外至香港的资费标准，即 3.45 元/分钟；国内其他地方至金门、马祖的资费不变，即为 5.00 元/分钟。

### 7. 开放中介服务市场，培育专业服务市场，积极引进国外专业服务机构，提高专业服务产业的国际竞争能力

会计师事务所、律师事务所等各种中介咨询专业服务产业既是中心城市流量经济的重要组成部分，又是中心城市成为资源配置平台、发展流量经济的重要基础。专业服务产业发达，将在一定程度上弥补厦门产业基础方面的弱点，降低经济流量运行成本，吸引经济流量汇聚厦门，因此，必须从提高城市经济运行效率的角度出发，重视专业服务产业的发展。为了发展专业服务产业，提高其国际竞争力，一方面，应着手取消中介服务的部门垄断，开放中介服务市场，让符合条件的各种中介服务机构平等地参与服务市场竞争，通过竞争提高效率，增强竞争力；另一方面，应积极引进国外中介服务机构，提高厦门专业服务产业的国际竞争力，引进外资服务机构来改善厦门的投资环境。

# 厦门市政府债务空间研究*

按照我国《预算法》规定，地方政府不能实行赤字财政，不能自行举债。这就是说，地方政府不可能以发行公债的手段来弥补资金缺口，但在财政系统的实际运行中，地方政府总会有一些显性或隐性的债务负担。从目前的实际数据来看，厦门市政府负担的债务有以下几种。

（1）国债转贷。1998 年全国增发 1000 亿国债，其中 1/3 转发到地方的建设项目，并要求地方配以 1∶1 的配套贷款。这些款项就成了地方政府的现实负债，必须按时还本付息。

（2）外国贷款。改革开放特别是 20 世纪 90 年代后，我国的投资环境不断改善，吸引了大批外国资金进入，这些债务主要包括世行、亚行和政府间贷款。随着时间的推移，外债的负担已日益沉重。这些大部分都是由财政借贷，成为财政现实的债务负担。

（3）财政担保的企业负债和企业债务转嫁。由于体制上的原因，很多地方财政曾为企业向银行担保。一旦企业经营不善，无法偿还债务，债务就落到财政头上。还有一些市政工程项目，名义上有相应的法人代表负责，但他们是受地方政府委托办理这项工程，只要保证工期和工程质量就完成任务，实际并不承担债务，而且有些项目大多是主管部门向银行担保后才形成债务的，政府承担最后的还款责任。

地方政府债务有其存在的合理性。如果一个地区经济仅依靠自身的资金积累进行经济建设，它的发展速度就会受到很大的限制。如果能合理利用债务收入，就可以扩大建设规模，促进经济增长，推动社会事业的进步。另外，由于中央继续推行积极的财政政策，国债增投项目还会进一步增加。因此，研究地方政府债务的适度空间有其现实意义。

---

\* 本文是 2000 年 10 月提交厦门市财政局的研究报告，共同作者：林新、尚琳琳、高如云、张艳阳。

# 一、地方政府债务空间的理论分析

## （一）地方政府债务空间的制约因素

### 1. 经济发展水平

根据世界银行发展报告统计，税收负担同人均 GDP 呈正相关，即随着国家收入水平的提高，税收负担率上升，并且随着经济发展，税收负担率也呈上升趋势。1995 年低收入国家的非加权平均税收负担率为 14.37%，高收入国家的非加权平均税收负担率为 30.4%。另外，非税财政收入在财政收入中也占有相当比重。1995 年，12 个低收入国家非税财政收入负担率为 6.4%，23 个高收入国家非税财政收入负担率为 8.6%，非税财政收入同税收收入一样，负担率水平也随着收入水平提高而提高。所以，随着人均 GDP 增长，财政收入占 GDP 的比例呈上升趋势。由于我国目前所处经济发展水平比较低，人均 GDP 比较低，因此财政收入占 GDP 的比例就低于发达国家。由于政府所借的债务最终要由财政来偿还，所以较低的人均 GDP 水平导致的财政收入比重较低就成为制约债务规模的一个因素。

### 2. 财政统计口径

目前在研究债务适度规模时，多采用政府公布的预算内收入数据作为财政收入计算上述指标，但事实上，我国公布的财政收入只是预算内收入，不是政府的全部财力，与国际通行的财政收入统计口径不同。在国外，财政收入就是政府收入，就是全部纳入预算的政府可用财力，但在我国，政府收入同财政收入是两个概念。我国的政府收入除了纳入预算的财政收入和债务收入外，还有预算外收入。按照国际惯例，这一收入应视为政府财政收入，但在我国这笔数额巨大的收入并没有纳入财政收入。从厦门市的实际情况来看，1997 年、1998 年预算外收入占预算内收入的比重分别为 64.7% 和 42.9%。如果把预算外收入都考虑进去，财政收入就相应提高了。这意味着政府对债务的承担能力提高了，也表明政府的负债空间要大于按预算内收入计算的债务空间。

另外，我国的行政事业单位普遍存在一种既不纳入预算内收入管理也不纳入预算外收入管理的制度外收入。这种收入表现为各种收费、罚款、价外加价、捐助、摊派、集资等，是一些行政事业单位凭借行政权力自行征收，自行决定用途的收入，游离财政部门的管理和监督之外的"小金库"。但就目前的实际情况而言，财政部门还无法对制度外收入进行直接的调度和管理，也就无法用它来还债，所以对于适用于地方政府债务的安全界限，制度外收入暂时还不能考虑在内。

### 3. 地方政府的偿债能力

对中央政府而言，发行公债是弥补财政赤字，筹集建设资金的有效手段，还可以通过公债量的大小对宏观经济进行调控。虽然现代经济学者之间对于公债是否是将负担转嫁给后代的问题存在争论，但他们大多同意来自公债的公共支出可以促进经济增长，增加就业，还会刺激私人经济部门的发展。中央政府可以用借新债还旧债的方法，使本金成为一个实际上不用归还的余额，需要支付的只是利息。

对地方政府而言，债务并不能作为弥补财政赤字的手段，因为地方政府预算本身就不允许出现赤字。从债务的构成可以看出，绝大部分债务都是工程项目借款。因此，地方政府负担债务的主要目的是筹集建设专项资金，由于项目贷款要求专款专用，因此地方政府不可能通过借新债来偿还旧债。

另外，能够用来偿还债务的财政收入的比重也不相同。因为，这些年来：（1）用于经济建设的支出的比重降低，而行政管理费和各项事业费的支出大幅上升。（2）在经济建设支出中，大部分为非生产性支出，真正用于基础设施建设及改善投资环境的支出相对很少。（3）人员经费支出增长较快，而真正用于事业发展的资金并没有很大增长。很多地方财政成了所谓的"吃饭财政"。（4）在体制转轨时期，地方财政实际承担了中央财政的一些职能，经济和社会各项事业的发展对财政资金的需求量出现跳跃性增长的特征。以上四个特征使地方财政支出出现一种不可压缩的特点，并且有时会出现跳跃性增长，而相应的财政收入的增长又不可能是超常规的。这样，能用于偿还债务的财政收入不仅比重小，而且很不稳定。

### 4. 债务结构

债务结构主要取决于三个因素：利率、宽限期和还款期。地方政府的债务空间主要取决于两个因素：一是还款额，二是还债能力。利率和还款期影响地方政府每年的还款金额。在本金相同的情况下，利率越低，每年需支付的利息额就会越低；还款期限越长，分摊到每一年的还款数额就会越小。而宽限期是通过影响地方政府的还债能力从而影响债务的安全界限。这是因为地方政府的贷款多为项目贷款，其中一部分还是为企业担保的项目贷款，如果宽限期短，项目本身还不能产生经济效益，也就没有还款资金来源，这就很有可能要由财政来代付或垫付这笔款项。但如果宽限期较长，就可以用项目本身产生的经济效益来偿债。另外，在不同经济发展水平的情况下，财政收入占 GDP 的比重不同，随着时间的推移和 GDP 的增长，财政收入的数额和占 GDP 的比重都会有所增长，从而提高了地方政府的偿债能力。例如对于外国贷款而言，宽限期一般为 5 年左右，有的为 10 年，这么长的宽限期，地方经济已有了很大的发展，财政收入也大幅度增长，这时再来还款也就容易得多了。

### 5. 外部环境

在不同的外部环境下，地方政府债务的安全界限也是不同的。这里主要考虑了两个影响因素。（1）经济周期。当经济处于繁荣期时，由于经济增长较为迅速，财政收入在短期内的增长速度也会较快，这就会提高地方政府的偿债能力。同时由于经济处于繁荣期时，通货膨胀率一般也会较高，这时对于固定利率的贷款，地方政府的还债压力就会较轻。但是，经济繁荣时期，贷款利率较高，这又会加重地方政府的债务负担。所以经济周期这一影响因素对地方政府债务空间的影响结果是不确定的，关键要看偿债能力和应还款金额二者增加的幅度哪一个更大。（2）制度因素。中央政府的政策会极大地影响地方政府偿债空间的安全界限。目前按《预算法》规定，地方政府不能发行债券，所借贷款都是项目贷款，不能用借新偿旧的方式使债务无限期滚动。这样相对于中央政府而言，地方政府债务空间就会缩小许多。但如果中央政府改变政策，允许地方政府发行少量的建设性公债，那么地方政府的偿债能力就会大大增加。另外，目前地方政府用来偿债的资金主要来自预算外收入，而中央如果清理预算外收入，把大量的费改为税，这样就会减少地方政府可用于偿债的资金，也自然就会缩小债务空间。

## （二）对国际通行的衡量债务适度规模指标的分析

根据世界各国债务管理经验，一般有这样三个通行的衡量债务适度规模的指标：

（1）债务依存度。债务依存度是指当年债务收入与财政支出的比例关系。其计算公式为：债务依存度 = 当年债务收入额 ÷ 当年财政支出额 × 100%。债务依存度反映了一个国家的支出有多少是依靠发行债务来实现的。债务的发行量过大，债务依存度过高，表明财政支出过分依赖债务收入，财政处于脆弱状态。因为债务毕竟是一种有偿性的收入，财政支出主要还是应依赖税收，债务收入只能是一种补充性的短期收入。因此债务规模的合理性可以根据这一指标来判断。对于这一指标，国际上有一个公认的控制线（或安全线），即国家财政的债务依存度是 15%～20%。

（2）国债偿债率。国债偿债率是指一年的国债还本付息额与财政收入的比例关系。用公式表示为：国债偿债率＝当年还本付息额÷当年财政收入总额×100%。债务收入的有偿性决定了债务规模必然要受到国家财政资金状况的制约，因此要把债务规模控制在与财政收入适当的水平上。国外经验表明，这一指标的警戒线为 8%～10%。

（3）债务负担率。债务负担率衡量的是一定时期的债务累计额占同期国民生产总值的比重情况。用公式表示为：债务负担率＝当年债务余额÷当年 GDP×100%。这一指标是从国民经济的总体和全局来考察和把握债务的数量界限。根据世界各国的管理经验，发达国家的债务累计额最多不能超过当年 GDP 的 45%，由于发达国家财政收入占国内生产总值比重较高，一般为 45% 左右，所以债务累计额大体上相当于当年的财政收入总额，这是公认的债务最高警戒线。

三个指标从不同的角度设定债务的安全界限，其中债务依存度和偿债率是从财政收支的角度来考察债务的数量界限，债务负担率是从国民经济总体和全局的角度来考察债务的适度规模。一般来说，需要综合运用三个指标，全面衡量政府的偿债能力。

由于《预算法》规定地方财政不能出现赤字也不能举债，因而各地方政府在预算内是保持平衡的，而现有的债务的支出也主要是用于预算外的基本建设支出，所以直接套用国际上通行的衡量债务规模的指标，以预算内财政收入作为全部财政支出，以预算内财政支出作为全部财政支出来衡量地方政府的债务规模不能反映地方政府的实际债务情况和偿债能力。因此，我们这里对国际上通行的衡量债务规模的前两个指标根据我国的实际情况稍加调整，采用综合财政债务依存度，综合财政偿债率这两个指标；而债务负担率由于是从国民经济总体和全局的角度来考察债务规模，不涉及财政收入和财政支出，所以这个指标保持不变。这样我们认为适用于地方政府衡量其债务规模的指标的计算公式分别为：

综合财政债务依存度＝当年债务收入额÷（当年预算内财政支出额＋当年预算外财政支出额）×100%

综合财政偿债率 = 当年还本付息额 ÷（当年预算内财政收入额 + 当年预算外财政收入额）× 100%

债务负担率 = 当年债务余额 ÷ 当年 GDP × 100%

这样修正之后的指标其实与国外通行的债务规模指标更具有可比性，因为国外的财政收入本身就包括政府所能调用的全部财力。

对于外债，国际上评价一国外债规模是否合理的主要指标有三个：债务率（外债余额与当年商品和劳务出口外汇收入之比，国际公认的警戒线是100%）、偿债率（一国到期外债本息之和与该国当年商品和劳务出口的外汇收入之比，国际公认的警戒线是20%）和负债率（当年债务余额与国民生产总值之比，国际公认的警戒线是25%）。对于一国来说外债要靠商品和劳务出口的外汇收入来偿还，所以考察外债规模是否合理的指标是按外债余额和一年还本付息额以及当年商品和劳务出口的外汇收入来表示的。而对于一个区域而言，可以用人民币从银行买入外汇。所以对于地方政府所贷外债来说，其合理规模与其说取决于商品和劳务出口的外汇收入，不如说取决于财政收入。因此考察地方政府内债和外债规模是否合理的指标都可以用考察债务适度规模的指标来进行衡量。

用上述指标来衡量厦门市政府的债务规模，结果如表1所示。

**表1** 厦门市政府债务指标数值

| 项目 | 1995 年 | 1996 年 | 1997 年 | 1998 年 |
| --- | --- | --- | --- | --- |
| 借债额（万元） | 47098.5 | 40162.6 | 45564.5 | 107659.7 |
| 年还本付息额（万元） | 13486.04 | 17927.58 | 22901.51 | 44719.67 |
| 每年债务余额（万元） | 136224.9 | 171945.9 | 212536.5 | 298378 |
| 预算内收入（万元） | 337194 | 396561 | 421612 | 506941 |
| 预算外收入（万元） | 230000 | 240000 | 272939 | 217342 |
| 综合财政收入（万元） | 567194 | 636561 | 694551 | 724283 |
| 预算外占预算内的比重（%） | 68.21 | 60.52 | 64.74 | 42.87 |
| GDP 当年价（万元） | 2505488 | 3063544 | 3703042 | 4180644 |
| 综合财政债务依存度（%） | 8.30 | 6.31 | 0.06.56 | 14.86 |
| 综合财政偿债率（%） | 2.38 | 2.82 | 3.30 | 6.17 |
| 债务负担率（%） | 5.44 | 5.61 | 5.74 | 7.14 |

将表1列出的三个指标与国外通行的指标警戒线进行比较可以发现，厦门市政府的三个指标值都处于国际警戒线之内，但这并不能说明厦门市的债务处

于适度规模，因为我国经济所处的发展阶段不同，财政统计口径与国际通行的统计口径不同，并且地方政府债务有自己独有的特征，即无法利用借新偿旧的方法使债务无限期滚动，所以国际通行的衡量债务适度规模的指标和警戒线就不能照搬。由于财政收入占 GDP 的比重较低，地方政府的偿债能力较弱，因而债务安全线的数值必须下调。至于安全线的具体数值，和债务本身的年限结构、利率结构，和经济的外部环境，如通胀率、经济周期都有密切关系，应当具体情况具体分析。

# 二、厦门市债务空间的计算

## （一）计算的基本思路和步骤

要计算债务空间，必须有两方面的数据：一是现有债务每年需要偿还的数值；二是可偿债资金的数量。两者进行比较，就可以看出剩余的债务空间。

### 1. 现有债务

从负债原因看，厦门市政府债务存在着不同类型，必须分类汇总。鉴于国债增投及配套贷款属于非经常性的特殊债务，所以将它单列出来，与财政直接负债、财政担保和企业转嫁负债并列。此外，还有一部分工程超支款、拖欠款和在建工程资金缺口，也存在着由财政负担的可能性，但这部分债务没有还款的年限，称为"不知偿还年限的负债"，也单列出来作为一类。

按债务还本付息的条件，我们计算出每年应还本息的数值。对于财政担保和企业转嫁的或有性负债，我们按财政还款的可能性大小，给出概率估计。对于不知偿还年限的负债，我们假设财政需在近年内还清，也算出平均每年应还款额。由此，我们得到未来十年内每年财政需要还债的数值。

### 2. 可供偿债资金

现有还债来源主要有两部分：一是预算内收入的偿债基金，二是预算外收入中先行工程、土地收入等几个项目。如果这两部分资金还不足以偿债，就要压缩预算内的其他支出项目。按厦门市的预算编制原则，先根据每年的还本付息额确定偿债基金的大小，然后再编制其余的各项支出。这就是说，偿债基金其实就是从其余各项支出里挤出来的。在前面分析地方政府债务空间的制约因素时，我们已经指出地方财政支出在人员经费和行政事业费方面都具有难以压缩的特点。因此，能用来偿债的资金主要来源于基础建设支出、企业挖潜改造支出和科技三项费用。因此我们把这部分资金也作为偿债基金来源。

对于可供偿债的预算外资金和预算内的偿债资金，只有近三年来的数字。经过计算发现，它们占当年财政收入的比重都比较稳定。因此我们用财政收入的数字对它们进行预测。基建支出和挖潜改造支出以及科技三项费用与财政收入都存在紧密的相关关系，但不是线性相关，因而我们用非线性方程对它们进行回归。为了预测这四部分资金的数值，我们还需要测算财政收入未来增长的情况，而财政收入增长与 GDP 增长呈现密切的相关关系，所以我们首先测算了 GDP 的增长情况。

## （二）全市债务空间的计算

### 1. 现有债务情况的整理

（1）计算每年财政直接负债和财政担保负债可能需要偿还的数值。

按财政直接债务的还款条件，计算每笔债务到期后每年应偿还本息额，然后按年加总。对财政担保的企业负债，按需要财政偿还的可能性进行概率估计，也得到每年应偿还的数额（见表2）。

表 2　　　　　全市财政直接负债和财政担保负债每年还款金额　　　　单位：万元

| 年份 | 财政直接负债 | 可能需要偿还的财政担保负债 |
| --- | --- | --- |
| 1992 | 0 | 219 |
| 1993 | 6781.66 | 5733.68 |
| 1994 | 2602 | 5733.68 |
| 1995 | 7513.9 | 5972.14 |
| 1996 | 11764 | 6163.58 |
| 1997 | 16471 | 6430.509 |
| 1998 | 36349 | 8370.667 |
| 1999 | 59885.73 | 11445.56 |
| 2000 | 78333 | 10571.5 |
| 2001 | 31652.96 | 5833.209 |
| 2002 | 24467.48 | 1669.202 |
| 2003 | 24858.6 | 1249.112 |
| 2004 | 19504.12 | 1015.715 |
| 2005 | 19524.02 | 718.9 |

| 年份 | 财政直接负债 | 可能需要偿还的财政担保负债 |
|------|------|------|
| 2006 | 19021.14 | 719.2 |
| 2007 | 18518.26 | 718.9 |
| 2008 | 18015.38 | 718.9 |
| 2009 | 16982.1 | 470.5 |
| 2010 | 10817.82 | 312.3 |

（2）计算每年国债增投及配套贷款的还款数值。

对于国债增投按两年宽限期，四年还款期和5.5%的年利率进行计算；对于配套贷款按7.65%的年利率进行计算，然后按年加总，得到每年还款值如表3所示。

**表3**         **国债增投及配套贷款的还款金额**         单位：万元

| 年份 | 98 国债增投（利率5.5%） | 98 配套贷款（利率7.65%） | 99 国债增投（利率5.5%） | 还款额小计 |
|------|------|------|------|------|
| 1999 | 2040.5 | 4387.275 | | 6427.775 |
| 2000 | 2040.5 | 18724.78 | 2200 | 22965.28 |
| 2001 | 11315.5 | 17629.32 | 2200 | 31144.82 |
| 2002 | 10805.38 | 16533.86 | 13200 | 40539.24 |
| 2003 | 10295.25 | 15438.41 | 12650 | 38383.66 |
| 2004 | 9785.125 | | 12100 | 21885.13 |
| 2005 | | | 11550 | 11550 |

（3）计算不知偿还年限负债每年需要偿还的数值。

这一部分债务主要包括路桥公司、市政指挥部、公路局等机构工程超支款和拖欠款，还有同安集美等区的财政资金缺口，我们假定它将在以后数年内还清，由此得到每年需要偿还的数值如表4所示。

**表4**         **全市不知偿还年限负债每年还款金额**         单位：万元

| 年份 | 需要偿还的不知偿还年限的负债 |
|------|------|
| 2000 | 41157.54 |
| 2001 | 40752.54 |
| 2002 | 40347.54 |
| 2003 | 4005 |
| 2004 | 5825.76 |
| 2005 | 2151.568 |

| 年份 | 需要偿还的不知偿还年限的负债 |
|------|------------------------------|
| 2006 | 2077.376 |
| 2007 | 2003.184 |
| 2008 | 1928.992 |

（4）计算每年需要偿还的所有负债的值。

由以上三步所得数值加总后可以得到厦门市财政每年需要偿还的债务总值如表5所示。

| 表5 | 全市财政每年还款金额 单位：万元 |
|-----|---------------------------------|

| 年份 | 每年需要偿还的债务总值 |
|------|------------------------|
| 1992 | 219 |
| 1993 | 12515.34 |
| 1994 | 8335.68 |
| 1995 | 13486.04 |
| 1996 | 17927.58 |
| 1997 | 22901.51 |
| 1998 | 44719.67 |
| 1999 | 77759.06 |
| 2000 | 153027.3 |
| 2001 | 109383.5 |
| 2002 | 107023.5 |
| 2003 | 68496.37 |
| 2004 | 48230.72 |
| 2005 | 33944.49 |
| 2006 | 21817.72 |
| 2007 | 21240.34 |
| 2008 | 20663.27 |
| 2009 | 17452.6 |
| 2010 | 11130.12 |

### 2. 可偿债资金的计算

（1）计算GDP的增长。

首先对厦门市的经济增长进行分析。1982~1998年，厦门市处于经济起飞期，GDP基本按指数形式增长，在散点图上表现为一条指数曲线。因此，我们先把 1982~1998 年 GDP 当年价按 Logistic 自回归（R 值为 0.99），并结合经济增长理论和世界各地区经济增长规律预测 GDP 的数值，按数值大小分为上中下三种预测界限。数值如图 1 和表 6 所示。

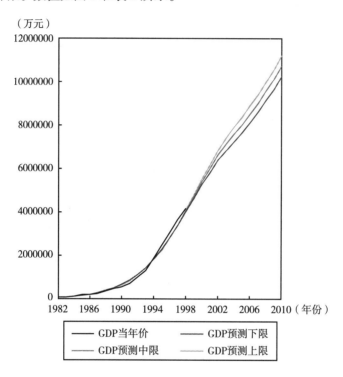

图 1　GDP 增长预测

表 6 厦门市 GDP 增长预测　　　　　　　　单位：万元

| 年份 | GDP 预测下限 | GDP 预测中限 | GDP 预测上限 |
|---|---|---|---|
| 2000 | 5278575 | 5401838 | 5514414 |
| 2001 | 5860149 | 6037188 | 6200768 |
| 2002 | 6384680 | 6619537 | 6839114 |
| 2003 | 6841291 | 7134270 | 7411266 |
| 2004 | 7226672 | 7574839 | 7907343 |
| 2005 | 7660272.3 | 8029329.3 | 8381783.6 |
| 2006 | 8119888.7 | 8511089.1 | 8884690.6 |
| 2007 | 8607082 | 9021754.4 | 9417772 |
| 2008 | 9123506.9 | 9563059.7 | 9982838.4 |
| 2009 | 9670917.3 | 10136843 | 10581809 |
| 2010 | 10251172 | 10745054 | 11216717 |

（2）预测财政收入的增长。

对 1982~1998 年厦门市 GDP 和财政收入（F）的统计数字进行回归，回归结果如下：

$$F = 35165.7 + 0.1138GDP \qquad R^2 = 0.989$$

（6.470）（37.451）（括号内为 t 检验值，通过 0.001 的显著性检验）

F 检验值 = 1402.547（F 检验值通过 0.001 的显著性检验）

回归结果如图 2 所示。

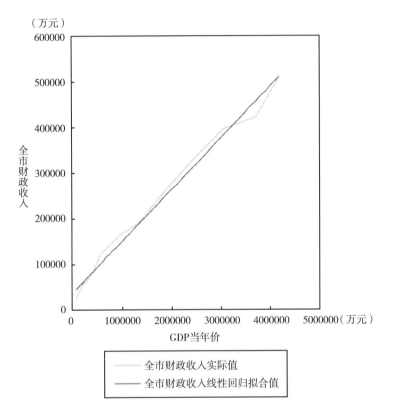

**图 2　全市财政收入回归**

由于厦门市未来的 GDP 有上限、中限、下限三种预测值，因此据此预测的全市财政收入也有上限、中限、下三种预测值，如表 7 所示。

表 7　全市财政收入预测　　　　　　　　　　　单位：万元

| 年份 | 全市财政收入预测下限 | 全市财政收入预测中限 | 全市财政收入预测上限 |
|------|------|------|------|
| 2000 | 635867.6 | 649894.9 | 662706 |
| 2001 | 702050.6 | 722197.7 | 740813.1 |
| 2002 | 761742.3 | 788469 | 813456.9 |
| 2003 | 813704.6 | 847045.7 | 878567.7 |
| 2004 | 857560.9 | 897182.3 | 935021.3 |
| 2005 | 906904.7 | 948903.4 | 989012.7 |

| 年份 | 全市财政收入预测下限 | 全市财政收入预测中限 | 全市财政收入预测上限 |
|---|---|---|---|
| 2006 | 959209 | 1003728 | 1046243 |
| 2007 | 1014652 | 1061841 | 1106908 |
| 2008 | 1073421 | 1123442 | 1171213 |
| 2009 | 1135716 | 1188738 | 1239376 |
| 2010 | 1201749 | 1257953 | 1311628 |

（3）预测预算外资金的增长。

市本级掌握了绝大部分预算外收入。1997 年、1998 年、1999 年的市本级预算外收入分别为 27.29 亿元、21.73 亿元和 26.94 亿元，三年平均值为 25.32 亿元。但是并非所有的预算外收入都能用于偿债，像行政事业性收费、住房改革基金，电力建设基金等项目多为专款专用，而且结余不多，不能用于还债。扣除这部分收入后，市本级可供偿债的预算外收入大约为 1 亿元。考虑到国家目前正在进行的费改税，一些本属于预算外收费科目会逐步划到预算内，而一些预算外科目的收入金额具有很大的不确定性，未来可能由于科目被取消而丧失这一部分收入来源，因此总体而言今后预算外收入的发展趋势是处于递减状态的，但由于我们目前无法预测未来预算外收入的递减速度，并且这部分收入中可用于偿债的比重不大，同时考虑随着经济增长，虽然预算外收入占预算内收入的比重是下降的，但是其绝对值不一定下降，所以我们假定未来几年内预算外收入中可用于偿债的数值基本保持不变，即每年约为 1.03 亿元。区级财政的预算外收入很少，1996 年为 8888 万元，1997 年为 7341 万元，1998 年为 5875 万元，三年的算术平均值为 7368 万元，由于市本级预算外收入中可用于偿债的金额占预算外收入的比重在三年内都比较稳定基本保持在 4% 左右，按照这个比例估算区级预算外收入中每年可用于偿债的资金约为 294.7 万元。

将市本级和区级可供偿债的预算外收入相加，得到预测值如表 8 所示。

**表 8**　　　　　　　**全市预算外可供偿债的资金预测**　　　　　　　单位：万元

| 项目 | 1997 年 | 1998 年 | 1999 年 | 2000 年 | 2001 年 | 2002 年 | 2003 年 |
|---|---|---|---|---|---|---|---|
| 可供还债的预算外资金预测 | 12295 | 9295 | 10295 | 10628 | 10628 | 10628 | 10628 |
| 项目 | 2004 年 | 2005 年 | 2006 年 | 2007 年 | 2008 年 | 2009 年 | 2010 年 |
| 可供还债的预算外资金预测 | 10628 | 10628 | 10628 | 10628 | 10628 | 10628 | 10628 |

（4）预测预算内偿债基金增长。

前两年，由于厦门市尚未进入偿债高峰期，每年预算内的偿债基金仅为

0.8 亿～1.5 亿元，挤占的建设支出不是很多。我们从现有的数据出发，假定近两年的偿债基金大部分是从基建和挖潜改造支出和科技三项费用中压缩出来的。这样就可以得到偿债基金的两个来源。

一是从基建支出与挖潜改造支出和科技三项费用中挤出的偿债基金，最大值就是基建支出和挖潜改造支出和科技三项费用的总和。对基建、挖改和科技三项费用的总和与财政收入按 Logarithmic 和 S 曲线进行回归（见图 3），回归结果如下：

Logarithmic 曲线：

$$Y = -216673 + 21336.9\ln F \qquad R^2 = 0.950$$

F 检验值 = 283.72　　　　（F 检验值通过 0.001 的显著性检验）

S 曲线：

$$Y = e^{(11.1395 - 8475/F)} \qquad R^2 = 0.968$$

F 检验值 = 457.47　　　　（F 检验值通过 0.001 的显著性检验）

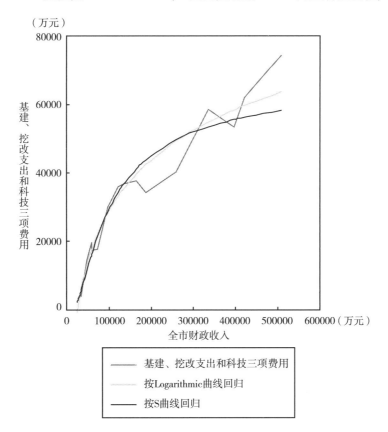

**图3　全市基建与挖潜改造支出回归曲线**

以 S 预测值为下限，以 LOG 预测值为上限，以两者的算术平均值为中限，对基建支出与挖潜改造支出回归的预测结果如表 9 所示。

885

| 表9 | 全市基建支出、挖潜改造支出和科技三项费用预测 | | 单位：万元 |
|---|---|---|---|
| 年份 | 按S曲线的预测下限 | 预测中限 | 按LOG曲线的预测上限 |
| 1999 | 59388.93586 | 62827.03934 | 66265.14282 |
| 2000 | 60420.76668 | 64666.4558 | 68912.14491 |
| 2001 | 61214.80287 | 66188.86958 | 71162.93629 |
| 2002 | 61821.60225 | 67428.89698 | 73036.19171 |
| 2003 | 62282.86585 | 68424.0467 | 74565.22756 |
| 2004 | 62632.09573 | 69212.14547 | 75792.1952 |
| 2005 | 62955.42153 | 69971.75232 | 76988.08311 |
| 2006 | 63263.3062 | 70724.93091 | 78186.55563 |
| 2007 | 63556.34093 | 71471.9094 | 79387.47787 |
| 2008 | 63835.10966 | 72212.91502 | 80590.72037 |
| 2009 | 64100.1875 | 72948.17378 | 81796.16006 |
| 2010 | 64352.13914 | 73677.90952 | 83003.67989 |

另一个来源是从其余支出中挤出的偿债基金。目前只有市本级设立了偿债基金，这部分资金随财政收入同步增长，占市本级收入的比重大约为3.3%，我们按这一比重对厦门市未来财政收入三种增长趋势分别预测未来的偿债基金额，结果如表10所示。

| 表10 | 从全市财政其余支出中挤出的偿债基金预测 | | 单位：万元 |
|---|---|---|---|
| 年份 | 预测下限 | 预测中限 | 预测上限 |
| 1999 | 14924.18 | 15155.48 | 15364.61 |
| 2000 | 16786.90 | 17157.23 | 17495.44 |
| 2001 | 18534.14 | 19066.02 | 19557.47 |
| 2002 | 20110.00 | 20815.58 | 21475.26 |
| 2003 | 21481.80 | 22362.01 | 23194.19 |
| 2004 | 22639.61 | 23685.61 | 24684.56 |
| 2005 | 23942.28 | 25051.05 | 26109.93 |
| 2006 | 25323.12 | 26498.41 | 27620.83 |
| 2007 | 26786.80 | 28032.61 | 29222.38 |
| 2008 | 28338.31 | 29658.87 | 30920.02 |
| 2009 | 29982.90 | 31382.70 | 32719.51 |
| 2010 | 31726.18 | 33209.95 | 34626.98 |

（5）预测可供偿债资金的增长。

将上面得到的三项资金进行加总，得到可供偿债的资金预测值如表11所示。

| 表11 | 全市可供偿债资金预测 | 单位：万元 |
|---|---|---|
| 年份 | 包含基建、挖改和科技三项费用的<br>还债资金预测 | 不包含基建、挖改和科技三项费用的<br>还债资金预测 |
| 1999 | 88277. 51514 | 25450. 4758 |
| 2000 | 92451. 68115 | 27785. 22535 |
| 2001 | 95882. 88775 | 29694. 01817 |
| 2002 | 98872. 47745 | 31443. 58047 |
| 2003 | 101414. 0523 | 32990. 00563 |
| 2004 | 103525. 7589 | 34313. 61344 |
| 2005 | 105650. 8015 | 35679. 0492 |
| 2006 | 107851. 3406 | 37126. 40969 |
| 2007 | 110132. 5212 | 38660. 6118 |
| 2008 | 112499. 7811 | 40286. 86604 |
| 2009 | 114958. 8693 | 42010. 69554 |
| 2010 | 117515. 8643 | 43837. 95478 |

## （三）市本级债务空间的计算

### 1. 市本级债务情况的整理

（1）计算每年财政直接负债和财政担保负债可能需要偿还的数值。

按财政直接债务的还款条件，计算每笔债务到期后每年应偿还本息额，然后按年加总。对财政担保的企业负债，按需要财政偿还的可能性进行概率估计，也得到每年应偿还的数额（见表12）。

| 表12 | 市本级财政直接负债和财政担保负债每年还款金额 | 单位：万元 |
|---|---|---|
| 年份 | 财政直接负债 | 可能需要偿还的或有负债 |
| 1993 | 6781.66 | 13287. 2 |
| 1994 | 2602 | 13287. 2 |
| 1995 | 7238 | 13287. 2 |
| 1996 | 5764 | 13287. 2 |
| 1997 | 5471 | 14287. 2 |
| 1998 | 14530 | 14810. 2 |
| 1999 | 23553 | 15865 |
| 2000 | 44033 | 15865 |
| 2001 | 12852. 96 | 4066 |

| 年份 | 财政直接负债 | 可能需要偿还的或有负债 |
|---|---|---|
| 2002 | 13467.48 | 4066 |
| 2003 | 14358.60 | 4556 |
| 2004 | 8504.12 | 4556 |
| 2005 | 10024.02 | 4556 |
| 2006 | 10021.14 | 4556 |
| 2007 | 10018.26 | 4556 |
| 2008 | 10015.38 | 4556 |
| 2009 | 9982.10 | 2072 |
| 2010 | 4817.82 | 490 |

（2）计算每年国债增投及配套贷款的还款数值。

全市的国债增投及配套贷款都由市本级承担，所以这部分计算结果和上一节相同（见表13）。

表13　　　　　　国债增投及配套贷款的还款金额　　　　　　单位：万元

| 年份 | 98国债增投（利率5.5%） | 98配套贷款（利率7.65%） | 99国债增投（利率5.5%） | 还款额小计 |
|---|---|---|---|---|
| 1999 | 2040.50 | 4387.275 | | 6427.775 |
| 2000 | 2040.50 | 18724.78 | 2200 | 22965.28 |
| 2001 | 11315.50 | 17629.32 | 2200 | 31144.82 |
| 2002 | 10805.38 | 16533.86 | 13200 | 40539.24 |
| 2003 | 10295.25 | 15438.41 | 12650 | 38383.66 |
| 2004 | 9785.125 | | 12100 | 21885.13 |
| 2005 | | | 11550 | 11550 |

（3）计算不知偿还年限负债每年需要偿还的数值。

这一部分债务主要包括路桥公司、市政指挥部、公路局等机构工程超支款和拖欠款，我们假定它将在以后数年内还清，由此得到每年需要偿还的数值如表14所示。

表14　　　　　市本级不知偿还年限负债每年还款金额　　　　　单位：万元

| 年份 | 需要偿还的不知偿还年限的负债 |
|---|---|
| 2000 | 28824.79 |
| 2001 | 28419.79 |
| 2002 | 28014.79 |

| 年份 | 需要偿还的不知偿还年限的负债 |
|------|------------------------------|
| 2003 | 4005 |
| 2004 | 5527.68 |
| 2005 | 1863.424 |
| 2006 | 1799.168 |
| 2007 | 1734.912 |
| 2008 | 1670.656 |

（4）计算每年需要偿还的所有负债的值。

由以上三步所得数值加总后可以得到市本级财政每年需要偿还的债务总值如表15所示。

表15　　　　　　　　　　市本级财政每年还款金额　　　　　　　单位：万元

| 年份 | 每年需要偿还的债务总值 |
|------|------------------------|
| 1993 | 12515.34 |
| 1994 | 8335.68 |
| 1995 | 12971.68 |
| 1996 | 11497.68 |
| 1997 | 11304.68 |
| 1998 | 20415.98 |
| 1999 | 36286.88 |
| 2000 | 102129.20 |
| 2001 | 72824.17 |
| 2002 | 82475.41 |
| 2003 | 57446.16 |
| 2004 | 36615.83 |
| 2005 | 24156.34 |
| 2006 | 12539.51 |
| 2007 | 12472.07 |
| 2008 | 12404.94 |
| 2009 | 10452.60 |
| 2010 | 5130.12 |

## 2. 可偿债资金的计算

（1）预测财政收入的增长。

因为市本级财政收入占全市财政收入的比重在近几年都稳定在80%左右，

所以根据前面所作的全市财政收入的预测我们就可以预测出 1999～2010 年市本级的财政收入状况。

市本级财政收入预测结果如表 16 所示。

| 表 16 | 市本级财政收入预测 | | 单位：万元 |
| --- | --- | --- | --- |
| 年份 | 市本级财政收入预测下限 | 市本级财政收入预测中限 | 市本级财政收入预测上限 |
| 1999 | 452247.8 | 459256.8 | 465594.2 |
| 2000 | 508694.1 | 519915.9 | 530164.8 |
| 2001 | 561640.5 | 577758.1 | 592650.5 |
| 2002 | 609393.8 | 630775.2 | 650765.5 |
| 2003 | 650963.7 | 677636.5 | 702854.2 |
| 2004 | 686048.8 | 717745.9 | 748017.1 |
| 2005 | 725523.8 | 759122.7 | 791210.1 |
| 2006 | 767367.2 | 802982.1 | 836994.8 |
| 2007 | 811721.3 | 849473.1 | 885526.5 |
| 2008 | 858736.6 | 898753.5 | 936970.2 |
| 2009 | 908572.9 | 950990.8 | 991500.4 |
| 2010 | 961399.3 | 1006362 | 1049302 |

（2）预测预算外资金的增长。

扣除全市预算外偿债资金中区级财政可用于偿债的资金，就得到市本级预算外可供偿债资金的预测值如表 17 所示。

| 表 17 | 市本级预算外可供偿债的资金预测 | | | | | 单位：万元 | |
| --- | --- | --- | --- | --- | --- | --- | --- |
| 项目 | 1997 年 | 1998 年 | 1999 年 | 2000 年 | 2001 年 | 2002 年 | 2003 年 |
| 可供还债的预算外资金预测 | 12000 | 9000 | 10000 | 10333 | 10333 | 10333 | 10333 |
| 项目 | 2004 年 | 2005 年 | 2006 年 | 2007 年 | 2008 年 | 2009 年 | 2010 年 |
| 可供还债的预算外资金预测 | 10333 | 10333 | 10333 | 10333 | 10333 | 10333 | 10333 |

（3）预测预算内偿债基金增长。

我们仍然假定近两年的偿债基金大部分是从基建、挖潜改造支出和科技三项费用中压缩出来的。这样就可以得到偿债基金的两个来源。

一是从基建支出、挖潜改造支出和科技三项费用中挤出的偿债基金，最大值就是基建支出、挖潜改造支出和科技三项费用的总和。对基建、企业挖潜与改造和科技三项费用基金与财政收入按 Logarithmic 和 S 曲线进行回归（见图 4），回归结果如下：

Logarithmic 曲线：

$$Y = -182077 + 18194.4\ln F \qquad R^2 = 0.922$$

F 检验值 = 177.63 　（F 检验值通过 0.001 的显著性检验）

S 曲线：

$$Y = e^{(11.0085 - 76551/F)} \qquad R^2 = 0.960$$

F 检验值 = 359.59 　（F 检验值通过 0.001 的显著性检验）

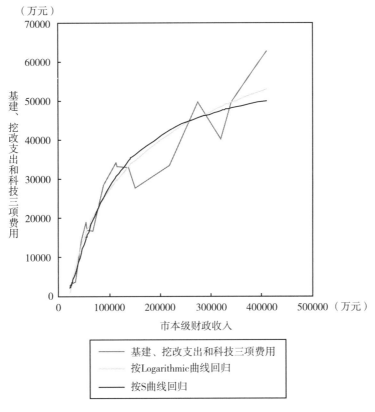

图4　基建与挖潜回归

市本级基建与企业挖潜改造资金的预测结果如表18所示。

| 表18 | 市本级基建支出与挖潜改造支出预测 | | 单位：万元 |
|---|---|---|---|
| 年份 | 按 S 曲线的预测下限 | 预测中限 | 按 LOG 曲线的预测上限 |
| 1999 | 51114. 09111 | 53122. 06154 | 55130. 03197 |
| 2000 | 52117. 84749 | 54752. 51546 | 57387. 18343 |
| 2001 | 52891. 78846 | 56099. 13328 | 59306. 47811 |
| 2002 | 53484. 10577 | 57193. 97306 | 60903. 84035 |
| 2003 | 53934. 86318 | 58071. 27144 | 62207. 6797 |
| 2004 | 54276. 42543 | 58765. 18245 | 63253. 93947 |

| 年份 | 按 S 曲线的预测下限 | 预测中限 | 按 LOG 曲线的预测上限 |
|---|---|---|---|
| 2005 | 54592.87152 | 59433.28423 | 64273.69693 |
| 2006 | 54894.39999 | 60095.02916 | 65295.65834 |
| 2007 | 55181.56103 | 60750.63485 | 66319.70867 |
| 2008 | 55454.90062 | 61400.31909 | 67345.73755 |
| 2009 | 55714.95885 | 62044.29942 | 68373.64 |
| 2010 | 55962.2681 | 62682.79216 | 69403.31623 |

另一个来源是从其余支出中挤出的偿债资金。根据 1995～1998 年的数据预测，偿债基金占市本级财政收入的比重大体稳定在 0.033 左右，据此我们可以预测市本级 1999～2010 年的偿债基金数值。预测结果如表 19 所示。

**表 19　　　　　从市本级财政其余支出中挤出的偿债基金预测**　　　　　单位：万元

| 年份 | 预测下限 | 预测中限 | 预测上限 |
|---|---|---|---|
| 1999 | 14924.18 | 15155.48 | 15364.61 |
| 2000 | 16786.90 | 17157.23 | 17495.44 |
| 2001 | 18534.14 | 19066.02 | 19557.47 |
| 2002 | 20110.00 | 20815.58 | 21475.26 |
| 2003 | 21481.80 | 22362.01 | 23194.19 |
| 2004 | 22639.61 | 23685.61 | 24684.56 |
| 2005 | 23942.28 | 25051.05 | 26109.93 |
| 2006 | 25323.12 | 26498.41 | 27620.83 |
| 2007 | 26786.80 | 28032.61 | 29222.38 |
| 2008 | 28338.31 | 29658.87 | 30920.02 |
| 2009 | 29982.90 | 31382.70 | 32719.51 |
| 2010 | 31726.18 | 33209.95 | 34626.98 |

（4）预测可供偿债资金的增长。

将上面得到的三项资金进行加总，得到可供偿债的资金预测值如表 20 所示。

**表 20　　　　　　　市本级可供偿债资金预测**　　　　　单位：万元

| 年份 | 包含基建、挖改和科技三项费用的<br>还债资金预测 | 不包含基建、挖改和科技三项费用的<br>还债资金预测 |
|---|---|---|
| 1999 | 78277.53734 | 25155.4758 |
| 2000 | 82242.74081 | 27490.22535 |

| 年份 | 包含基建、挖改和科技三项费用的还债资金预测 | 不包含基建、挖改和科技三项费用的还债资金预测 |
|---|---|---|
| 2001 | 85498.15145 | 29399.01817 |
| 2002 | 88342.55353 | 31148.58047 |
| 2003 | 90766.27707 | 32695.00563 |
| 2004 | 92783.79589 | 34018.61344 |
| 2005 | 94817.33343 | 35384.0492 |
| 2006 | 96926.43885 | 36831.40969 |
| 2007 | 99116.24665 | 38365.6118 |
| 2008 | 101392.1851 | 39991.86604 |
| 2009 | 103759.995 | 41715.69554 |
| 2010 | 106225.7469 | 43542.95478 |

# 三、结论

## （一）关于负债情况的结论

### 1. 借债方面

1989~1998年厦门全市借债情况如表21所示。从现有的资料看，厦门市的政府负债是从20世纪80年代初开始的，按借款的数目大小可以分成三个阶段：第一阶段为1989~1994年，包括利用外国贷款和财政部给予的贷款在内，财政直接负债每年都在22000万元以下，这几年财政为企业担保的债务也不多，所以引起的还债负担也不大。第二阶段为1995~1997年，借款数额猛增，直接借债的数额在35000万~45000万元，财政为企业担保的债务每年也都有3亿元左右，由于这些债务大部分在4年到6年后偿还，这样就使财政在1999年、2000年前后开始进入了偿债的高峰期，财政开始感到债务的巨大压力。第三阶段为从1998年开始至今，这段时期内对外借款的数目虽然稍有下降，但由于出现了由中央转贷地方的国债增投及配套贷款，这笔债务数额巨大，1998年数额约为9亿元，1999年约为4.4亿元，而且两年后要开始还本，宽限期短。国债增投和其他债务的本息叠加之后，大约在2000年达到最高点，所以财政负担的债务在近年内将进入一个严峻的时期。

| 表 21 | | | | 厦门全市借债情况 | | | | | 单位：万元 | |
|---|---|---|---|---|---|---|---|---|---|---|
| 指标 | 1989 年 | 1990 年 | 1991 年 | 1992 年 | 1993 年 | 1994 年 | 1995 年 | 1996 年 | 1997 年 | 1998 年 |
| 财政直接负债 | 0 | 20514 | 13500 | 21380 | 420 | 4955 | 43714 | 35298 | 42651 | 94450 |
| 对企业的担保负债 | 29808 | 0 | 2000 | 16584 | 78660 | 6550 | 33850 | 26451 | 28333 | 37385 |
| 98 国债增投 | 37100 | | | | | | | | | |
| 98 国债增投配套贷款 | 57350 | | | | | | | | | |
| 99 国债增投 | 44000 | | | | | | | | | |

从现有债务的结构可以看出存在两种结构差异较大的债务，一类是以外国贷款为主的债务，有很多是外国政府贷款，它的利率较低，年利率只有 2.5% 左右，而相应的还款条件较宽松，一般都有 5 年左右的宽限期和 10 年左右的还款分摊期。另一类是国债转贷为主的债务，数量大，利率高（国债转贷为 5.5%，配套贷款为 7.65%），只有 2 年的宽限期和 4 年的还款期。这些债务的出现迅速改变了债务的总体结构，结果使总体利率水平升高，宽限期降低到 3 年半左右。这种债务结构大大缩小了适度债务空间。

为了刺激经济增长，中央决定继续施行积极的财政政策。这就是说，2001 年乃至 2002 年仍可能有大量的国债增投款项，如果对外借款和担保性负债没有减少，那么借债的数额将进一步攀升，达到新的峰值，即使完全没有对外借款和担保负债，仅仅国债增投及配套贷款的数额已经和前几年的总借债数量相当。由于国债增投的宽限期和还款的分摊期都比对外借款短得多，所以国债增投这种突发性临时性的债务引起的还款压力要比原来经常性的对外借款的还款压力大得多。

### 2. 还款方面

按每笔债务的利率和还款条件，我们计算出债务到期后每年应偿还的本息数目，并按年份进行加总，计算出未来十年内每年应还款的数值，图 5 表示的就是不同类型的债务在未来的还款值。"第一类债务"曲线表示财政直接债务；"第二类债务"曲线为国债增投和工程超支款、拖欠款、在建工程资金缺口按年度的还款数额；"所有债务"曲线表示全部债务，包括财政担保的企业负债和企业债务转嫁按概率估计后的每年还款值。从图 5 可以看出，财政直接债务的还款值从 1997 年开始迅速上升，2000 年达到峰值，但相对来说，还款值的增长还是比较平缓的。国债增投这类债务的还款情况就明显具有突发性的特点。仅仅一年，还款值就从 6000 多万元上升到 6 亿多元，而且在三四年内都将维持较高的数值，给财政带来的压力可想而知。两类债务叠加之后。还款值上升更快，峰值也更高，在 2000 年出现最高点，数值达到 15 亿元左右。这一年是财政还款的一个难关。

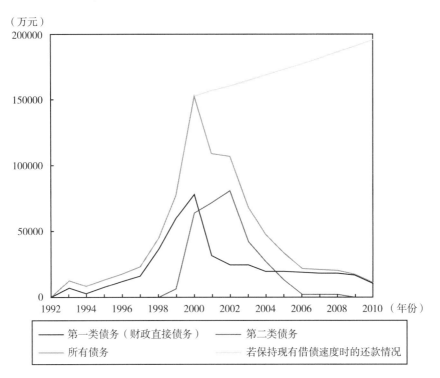

**图 5　全市债务每年还款情况**

"所有债务"曲线在达到峰值后缓慢下降，到 2003 年还有 10 亿元左右。这段下降的曲线的含义是：如果从现在起，财政不再有任何新增债务，不管是对外借款，对企业的担保负债，还是国债增投，那么财政在未来几年内需要支出的偿债数值就如"第二类债务"曲线所示。但实际上，这三类负债都将继续存在，这样，2000 年以后的几年需要还款的数值要大于"第二类债务"曲线表示的数值。如果财政仍然按现有规模借债（每年 3 亿~4 亿元），加上未来可能继续的国债增投，未来还款值就大到表现为一条向上的曲线，如"若保持现有借债速度时的还款情况"曲线所示，即每年需要还款的金额都大于 15 亿元。

## （二）关于可偿债资金的结论

### 1. 预算外资金

市本级掌握了大部分预算外收入。1997 年、1998 年、1999 年的市本级预算外收入分别为 27. 29 亿元、21. 73 亿元和 26. 94 亿元,三年平均值为 25. 32 亿元。但是并非所有的预算外收入都能用于偿债,像行政事业性收费、住房改革基金,电力建设基金等项目大多专款专用,而且结余不多,不能用于还债。扣除这部分收入后,市本级可供偿债的预算外收入大约为 1 亿元。我们假定未来几年内预算外收入中可用于偿债的数值基本保持不变,即每年约为 1. 03 亿元。区级可供偿债的预算外收入很少,每年可约为 294. 7 万元。二者相加得到每年可用于偿债的预算外资金约为 1. 06 亿元。但是,由于缺乏数据,我们省略了几种可能出现的情况:(1)有些收费项目可能取消,或者收入不稳定,如出租车经营使用费。(2)有些项目可能受全国性经济政策的影响,比如实行费改税后,地方政府可能会失去一部分收入。(3)一些原来用于偿债的项目可能用于其他支出,如社会文化事业发展基金。如果出现了以上几种情况,可用于偿债的预算外资金会进一步减少。

### 2. 预算内资金

按厦门市的预算编制原则,先根据每年的还本付息额确定偿债基金的大小,然后再编制其余的各项支出。这就是说,偿债基金其实就是从其余的各项支出里挤出来的。在前面分析地方政府债务空间的制约因素时,我们已经指出地方财政支出在人员经费和行政事业费方面都具有难以压缩的特点。因此,能用来偿债的资金主要来源于基础建设支出、企业挖潜改造支出和科技三项费用。前两年,由于厦门市尚未进入偿债高峰期,每年预算内的偿债基金仅为 0. 8 亿~1. 5 亿元,挤占的建设支出不是很多。我们从现有的数据出发,假定近两年的偿债基金大部分是从建设支出中压缩出来的。这样就可以得到偿债基金的两个来源:一是从基建支出、挖潜改造支出和科技三项费用中挤出的偿债基金,最大值就是基建支出、挖潜改造支出和科技三项费用的总和,它的数值可以从它与财政收入预测值的关系中推算出来。从前一章的计算结果可以看出,未来几年内这部分资金不会有太大增长,约为 6 亿~8 亿元。另一个来源是从其余支出中挤出的偿债资金。这部分资金随财政收入同步增长,占收入的比重大约为 2. 5%。未来十年内它的数值约为 1. 5 亿~3 亿元。两部分资金加总,就得到预算内可供偿债资金的最大值,1999 年和 2000 年都在 6. 5 亿~8. 5 亿元。

### 3. 全市财政的债务空间

图 6 表示的是目前及今后几年可偿债资金和还本付息之间的关系。图中曲

线 a 代表的是可偿债资金的最大值，包括基建、挖潜改造支出和科技三项费用，其余支出中可挤出的偿债资金和可供还债的预算外资金。曲线 b 是不包含基建、挖潜改造支出和科技三项费用的资金总和。曲线 c 为财政直接债务每年还款付息额。曲线 d 为全市债务每年的还本付息额，包括对外借款、担保负债和国债增投等部分。曲线 e 为财政直接负债与国债增投及配套贷款的年还本付息额。从图中可以很清楚地看到，厦门市政府债务在 2000 年达到峰值，全部债务为 15 亿元左右，但其中有一部分为财政担保的企业负债和企业债务转嫁以及路桥公司、公路局等机构工程超支款和拖欠款，还有同安集美等区的财政资金缺口，由于这些债务主体本身具有一定的偿债能力，因而这些债务很可能不需要财政来还，所以更具有参考价值的是财政直接债务，这部分债务也在 2000 年达到偿债高峰期，为 7.8 亿元左右，如果加上国债增投和配套贷款，厦门市政府在 2000 年需要偿还的债务金额为 10 亿元左右。而厦门市 2000 年不包括基建、挖改和科技三项费用的可偿债资金为 2.8 亿元左右，远远无法满足偿债的资金需要，即使全部可供偿债的收入也只有 9.2 亿元左右，也就是说把所有的建设资金都拿来还债还存在将近 0.8 亿元的资金缺口。

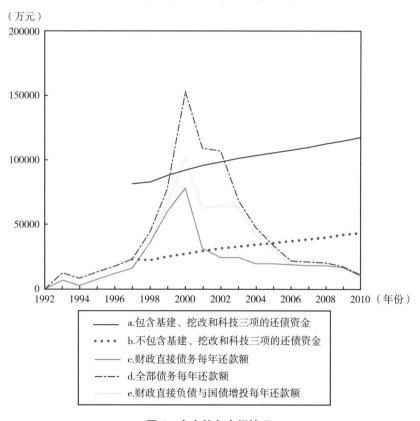

**图 6  全市债务空间情况**

关于债务的还款曲线，本文的第一节已经详细说明，国债增投使本已接近全部偿债收入总额的债务峰值进一步升高，因而突破了可偿债资金的最高限。但对于国债增投和可偿债收入的关系，有必要作进一步说明。我们认为，中央政府采取积极的财政政策，目的在于通过扩大公共投资来拉动经济增长。这对于全国而言是有一定作用的。但是，对于厦门市这样的地区经济而言，扩大公共投资并不能给经济以强有力的拉动。因为地区经济是一个开放性的经济，公共工程投资引起的对生产要素的需求主要对其他地区的相关行业起拉动作用。对于本地区来说，由于漏出效应太大，对经济的刺激将会失效。所以国债增投并不能促进厦门市 GDP 的增长和财政收入的增长。因而也不能提高可偿债资金的数额。

但是有一点需要强调的是把所有的建设资金都用来偿债会带来许多弊端。因为建设基金和偿债基金之间既存在可替代性，又有很大区别。如果一个地区经济不利用债务收入进行建设，那么这个地区的建设规模会受到自身资金积累的限制。而如果地区经济大量负债，就可以扩大建设规模，原来资金不足的项目也可以提前上马，但同时财政也丧失了建设的主动权。由于每一项建设的资金都来源于债务，导致每一个项目都要向债权方提供可行性研究报告，获得债权方的批准。同时，为了保证有稳定的还债资金来源，地区经济的增长率必须高于债务的平均利率；为了确保每年的建设项目获得投资，必须每年借入新的债务。所以，这并不是一种明智的做法。它可以作为一种临时性应急手段，但如果作为一种长期的做法却会带来很大的风险。合理的做法是在建设资金中留出一部分资金作为缓冲区，这样既可以通过债务来扩大建设规模，又不至于丧失建设的所有主动权。

另外，图6还显示，后续几年中，还款额一直保持较高的数值，即使没有新的借款和国债增投，财政还是要动用建设资金来还债。这种情况会持续到2004年左右。因此，为了安全度过这段时期，应该减少财政的借款，改善债务结构，争取宽限期长，还款期限长的贷款。同时由于使用建设资金来还债，所以必须缩小公共工程建设项目，如果继续维持现有债务的规模和结构，将使财政处于不安全的境地。

## （三）市本级的债务空间

厦门市本级财政有独特的特点，即市本级财政强而区县级财政较弱，市本级的财政收入占全辖区财政收入的80%以上，同时它也集中了大部分的政府债务和可偿债资金。所以上述对全市财政负债空间的分析方法适用于市级财政。

　　市本级的债务也是从 20 世纪 80 年代初开始，到 90 年代中后期迅速增长。由于厦门市的大部分外国贷款以及国债增投的款项都要由市本级财政来偿还，所以 1998 年后市本级的债务也达到了峰值。图 7 表示的是市本级的债务空间。

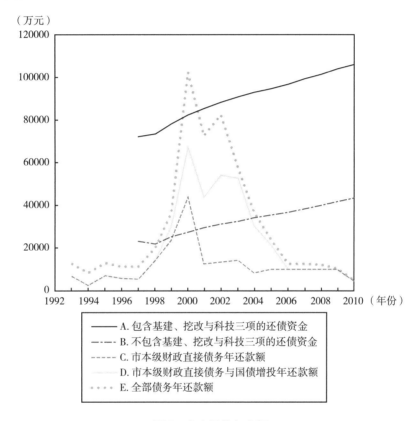

（万元）

图 7　市本级债务空间

　　从还款的情况看，市本级债务将在 2000 年达到最高值 10 亿元左右，并在以后几年内维持较高的数值。如果今后几年内有新借的债务，还款额还会超过10 亿元。从可偿债资金来看，不包含基建、挖改与科技三项费用的偿债资金约为 2.7 亿元，远远满足不了偿债需要，必须要动用建设资金，加上基建、挖改和科技三项费用后市本级全部可用于偿债的资金约为 8.2 亿元，还是不足以偿还全部债务。但是与前面所论述全市的债务情况一样，全部债务中包括一部分为财政担保的企业负债、企业债务转嫁以及路桥公司、公路局等机构工程超支款和拖欠款，由于这些债务主体本身具有一定的偿债能力，因而这些债务很可能不需要市本级财政来还，所以更具有参考价值的是市本级财政直接债务，这部分债务也在 2000 年达到偿债高峰期，约为 4.4 亿元，加上国债增投和配套贷款后，市本级财政在 2000 年需要偿还的债务金额为 6.7 亿元，尚处于市本级财政全部可动用的偿债资金的限额之内，所以相对于全市财政而言，市本级的债务状况要宽松一些，但是进一步的借款空间已经很小。因此，在未来两三年内，国债增投可能继续增加的情况下，如果继续增加负债，会给财政的安全运转带来很大的危险。

## （四）厦门市经常性债务的适度规模指标

厦门市现有的债务可以分为两类：一种是经常性债务，包括对外借款和对企业的担保负债。从借款情况来看，这种债务每年都有，近两年的数额维持在每年 4 亿元左右。从还款情况来看，这种债务的利率较低，宽限期和还款期较长（计算后得到的平均利率为 2.5% 左右，平均宽限期为 5 年左右）。另一种是临时性债务，这种债务以 1998 年和 1999 年出现的国债增投及配套贷款为代表。它具有突发性，事先难以估计，而且利率高，宽限期和还款期短（国债增投和配套贷款的利率分别为 5.5% 和 7.65%，宽限期为 2 年，还款期为 4 年）。这种借款是中央政府实施积极财政政策的结果，以后不大可能经常发生，所以不能视为一种经常性的债务收入来源。地方政府对于这种债务的利率和借还款时间没有主动权，难以控制借债的规模。而研究债务适度规模指标的意义在于为政府提供控制债务规模的参照系，所以在分析中就要以经常性债务为研究对象，不考虑临时性债务的影响。

在第一部分的理论分析中已经说过，国际上通行的衡量债务适度规模的指标有债务依存度、偿债率和债务负担率。由于统计口径的不同和我国地方政府必须在预算内保持平衡的现实情况，因而需要对这些指标略微进行修正，我们在这里采用综合财政债务依存度、综合财政偿债率和债务负担率这三个指标。我们在对厦门市现有债务情况的整理和可偿债资金的计算过程中力图找出适用于目前厦门市实际情况的债务指标警戒线。

不考虑国债增投这种临时性债务，厦门市经常性债务的还款值在 2000 年达到峰值，为 8.9 亿元，而此时包括基建、挖潜改造支出与科技三项费用的还债资金为 8.8 亿元，二者大致相等。如果财政保持现有经常性债务的借款规模和债务结构，那么以后的还款情况就是把现在的还款曲线向后平移，而以后年度随着经济增长，财政收入也会增长，还债资金的数额也会增长，此时债务就在警戒线之内。从图 8 来看，2000 年还款曲线的最高点正好和还债资金的警戒线相切，也就是达到了债务安全界限的临界点。由于厦门市目前经常性债务的平均宽限期为 5 年，即财政在 5 年前所借的债导致了债务在 2000 年达到安全界限的临界点，根据债务规模指标的含义可知，5 年前综合财政债务依存度和债务负担率的值就是厦门市这两项债务指标的警戒线。具体的数值是：综合财政债务依存度 8%，债务负担率 5%。对于综合财政偿债率的警戒线，由于 2000 年的经常性债务的应还本付息额恰好达到可偿债资金的最高限，所以 2000 年的综合财政偿债率为厦门市综合财政偿债率的警戒线，根据我们预测的厦门市 2000 年的财政收入约为 65 亿元，预算外收入保持不变约为 25 亿元，经常性债务的还本付息额为 10 亿元左右，所以警戒线的数值为综合财政偿债率 11%。

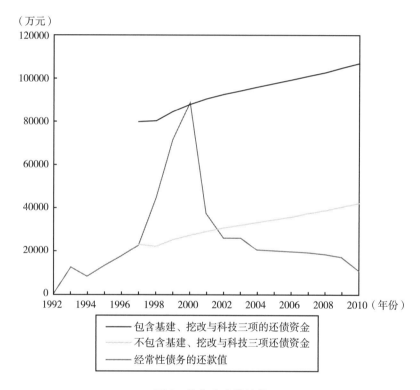

**图 8　债务安全线计算**

有一点需要注意的是，这样计算出来的警戒线是把所有的建设资金都用来偿债的最高警戒线。在第二部分中已经论述过，把所有的建设资金都用来偿债会导致地方政府在经济建设中丧失主动权，致使财政在未来陷入危险境地。比较稳妥的做法是在建设资金中留出一部分资金作为缓冲区，这样既可以通过债务来扩大建设规模，又不至于丧失建设的所有主动权。

## （五）政策建议

前述有关研究结果证明，厦门市政府直接债务已经突破高限，市本级财政直接债务正在逼近高限。《预算法》的有关条款决定了地方政府必须实行积极稳健的理财方针。因此，为了保障未来厦门市经济的健康稳定发展，必须未雨绸缪，研究妥善的理财思路，增收节支，筹措资金，使厦门市安全度过还款高峰期，并在以后的各年内保持适度的债务规模，我们从研究结果出发提出以下政策建议。

（1）压缩预算内和预算外的其他经常性支出。厦门市的偿债资金主要来自预算外可用于偿债的一部分资金和预算内的偿债基金再加上基建与挖潜改造支出，在财政收入一定的情况下，只有压缩其他经常性支出，才能增大可用于偿债的资金数额。

（2）将工程拖欠款、超支款等尽量向后拖延或者按更长的时期分摊。这样虽然会加大以后各年的还款负担，但有利于分流还债高峰期偿债流量，削低2000年债务峰值。

（3）适当控制新上项目，缩减未来的举债规模。计算结果显示，即使今后几年厦门市不再举债，每年还款额还将保持较高的数值，财政仍然不得不动用基建与企业挖潜改造支出来还债。建设资金已经用于还旧债，现有建设就必须靠借新债维持。因此，新债应重点用于现有在建项目，争取早日完工，以利提高资金利用效率，在此情况下，如不能适当控制新上项目，势必造成旧债未了，又增大量新债。在债务泥潭中越陷越深，难以自拔。

（4）慎重使用国债转贷。国债增投和配套贷款的宽限期和还款期都比较短，利率又高，还款压力很大。国债增投是国家试图通过增加公共投资来扩大内需，拉动经济增长的一项财政政策。积极财政政策可以有效地扩大内需，前提是政策对象是一个封闭的经济体系。这在当今世界经济日趋全球化，我国实行对外开放条件下，已属困难。地方经济是高度开放的经济，因此，地方财政不可能通过积极财政政策来扩大本地区的内需。使用国债增投只能从促进本地区经济增长力、竞争力的角度考虑，这样，不仅有利于地区经济持续增长，而且有利于中央的国债增投资金得到合理有效的使用，保障国债资金的合理回流，促进整个国民经济的稳定发展。

（5）有计划有步骤地进行国有资产配置领域的战略性改组和部分资产置换。一部分国有资产逐步退出竞争性领域，或者将一部分举债建设的项目形成的资产出售、租赁或进行债转股，以将实物资产置换为金融资产，增加政府的公共建设资金。

以上分析与政策建议建立在不存在债务豁免的基础上。一般来说，政策考虑应以此为出发点。当然，不完全排除出现这种可能：中央政府全部或部分地豁免地方政府的国债增投债务，那么，这个问题的结论就有所不同。但是，至少在目前，我们还看不到有关迹象。而即使国债可以部分豁免，全市可偿债资金的数量和应付直接债务的数额也接近相等，基本没有新的借债空间。因此，在政府债务安排上，还是应当实行积极稳健的方针。

# 要素禀赋、产业内分工与厦门的产业比较优势<sup>*</sup>

经济全球化是"十五"计划的重要国际经济背景。对厦门，它更具直接意义。经济全球化使资源优化配置和竞争在国际范围内展开，因此，提高国际竞争力成为地区经济发展最重要的措施，是否具有现实或者潜在的国际竞争优势，是地区产业发展的先决条件。不同国家或地区的国际竞争力不仅有高低之分，而且各有千秋，有的以高科技产品见长，有的以劳动密集型产品取胜。在产业内分工不断发展的今天，地区的国际竞争力已经从产业、产品深入产品价值链的不同环节，因此，不同地区即使从事同一产品的生产，也往往各自有其比较优势，有的长于设计，有的长于制造，有的长于装配，有的长于营销。它在一定程度上是不同经济发展水平的反映，建立在地区特定的要素禀赋基础上。

因此，在制定产业发展规划时，必须充分认识本地区的比较优势。什么是厦门现阶段的产业比较优势，或者说，优势要素禀赋所在呢？我认为还是劳动要素，只不过这个劳动要素已经从20世纪80年代的低技能劳动要素，转变为有一定技能的劳动要素。

对于这个看法，或许不少人不以为意。近年来，厦门不是生产并大量出口了相当数量的办公用机械及自动数据处理设备、电信及声音的录制及重放装置设备、专业、科学及控制用仪器和装置类产品吗？这些产品的资本、技术含量还低吗？

如果从产业和产品角度看，可能会得出厦门的比较产业优势已经转到了资本、技术密集型产业的结论。但是，如果深入产品价值链环节看，结论就不太一样了。经济全球化条件下，国家或地区间的产业分工已经从产业间分工进入

---

　*　本文原载于《厦门日报》2000年11月24日第14版。

产业内分工，即一国或地区在全球化产业分工中往往仅从事特定产品甚至某类产品价值链中某些环节的工作。在高新技术产业中，存在着低技术技能加工环节，而传统产业部门内，也可能存在高技术技能甚至是高新技术水平的价值增值活动。因此，看一国或地区的产业实际水平，不仅要看该国或地区进入哪个产业领域，而且要看其从事的特定产品及其加工环节的技术技能水平。在产业内国际分工不断发展的今天，以产业为尺度判断一国或地区的产业发展水平显然是极不准确的。

最近，笔者参加的一项研究揭示，自20世纪90年代中期以来，随着福建机械及运输设备类产品出口比重上升，福建的进口产品结构也在发生变化。1999年福建进口商品中，数量最大的四种产品分别是：彩色数据/图形显示管，集成电路及微电子组件、钢材和航空器零件，其进口额占十大进口商品总额的56.17%。这在一定程度上说明，目前福建省机械及运输设备类产品所具有的一定国际竞争力基本上是建立在它所需的零部件特别是技术含量高的关键零部件大量进口基础上的。福建该类产业的国际竞争力主要体现在组装能力上。而在这类产业，真正代表行业技术水平的与其说是装配能力，不如说是技术含量高的关键零部件生产能力。因此，把进出口情况结合起来分析，可以得出结论：近年来该产业国际竞争能力一定程度提高实际上只是福建省传统要素优势的升级与行业转移而已，即从低技能劳动要素优势逐渐向有一定技能的劳动要素优势升级，引起了资源从杂项产品为代表的低技能劳动密集型产业向机械及运输设备类产品装配为代表的一定技能劳动密集型产业转移。对这一转移的产业技术升级幅度，我认为，应当充分肯定，但不宜过高估计。

厦门的产业发展水平在福建省属最高层次，代表福建省产业发展的最先进水平。因此，现阶段，厦门的比较优势，或者说具有国际竞争力的要素资源，还是有一定技能的劳动要素。显然，从这个观点可以引申出"十五"期间厦门产业发展的若干政策性结论。在大力发展高新技术产业，实现跳跃式发展的呼声甚高的今天，这个观点似乎有点泼冷水的味道，但我认为还是比较实事求是的。它只不过再次证实了一个经济事实：一个地区的要素禀赋状况的变化，需要较长时间的积累，产业发展是一个循序渐进的过程。当今之世，我们尤其需要赶超，但是，赶超却应当脚踏实地，一步一个脚印地进行。

# 发展特区市场与建立社会主义统一市场<sup>\*</sup>

## ——兼论厦门特区发展的战略重点

一

经济特区是中国实行市场取向改革、对外开放的产物。特区作为改革的试验场、对外开放的窗口，它的实践为中国确立社会主义市场经济体制为经济体制改革的目标模式，实行全方位的对外开放政策提供了宝贵的经验。然而，在中国经济从传统的计划经济体制向社会主义市场经济体制转轨的过程中，经济特区却面临着何去何从的战略选择。中国经济学界自 1994 年开始至今的关于特区经济发展的第三次大讨论，正是由此而发的。各个经济特区就如何再创特区新优势已经展开了相当热烈的讨论，例如，深圳提出促进港深一体化，海南要求将整个海南岛办成大保税区，厦门则加快了筹建自由港的动作。与此同时，全国各地要求在本地区兴办经济特区、开发区，设立自由港的呼声此起彼落，一浪高过一浪。从中不难理解这场讨论的真正背景：确立社会主义市场经济为中国经济体制改革的目标模式，使长期以来一直是作为计划经济中的"飞地"的经济特区面临着新的战略抉择：在从创办时的"旧体制外"走入"新体制内"的同时，如何继续保持自己的经济发展优势。而这一问题，如果我们从市场角度考虑，实质上是如何正确地处理好发展市场经济的基本要求：建立统一的国内市场，实现与国际市场的接轨同传统体制下的特区政策之间的矛盾，如何在此基础上，使特区继续保持其高速增长势头，继续成为中国尤其是东南部地区的经济增长极，继续发挥其作为中国参与国际市场竞争，参与国际

---

    \* 本文原载于《厦门大学学报（哲学与社会科学版）》1997 年第 1 期，有删改。

经济分工，分享国际经济合作利益的窗口、桥梁及先锋的作用的问题。

截至 20 世纪 90 年代初期的中国经济特区政策，其形成有其历史背景及发展过程。20 世纪 80 年代初，中国政府在兴办经济特区时，是把它作为自由贸易区或出口加工区来办的。1980 年五届全国人大常委会第十五次会议批准的《广东省经济特区条例》指出，兴办特区的目的在于"发展对外经济合作与技术交流……鼓励外国公民、华侨、港澳同胞及其公司、企业，投资设厂，兴办企业和各种事业"。因此，最初批准的四个经济特区的面积都只是现在深圳、珠海、汕头、厦门经济特区的一小部分，而且在国务院的有关批复文件中都要求设置隔离线。只是由于后来发展中的种种原因，管理线没有启用，特区没有办成规范意义上的自由贸易区。把特区办成技术的窗口、管理的窗口、知识的窗口、对外政策的窗口，改革开放的"试验场"的口号，是在 1984 年才明确提出来的，四个特区在此之后相继扩大至现有的面积，成为具有综合功能的经济特区。在当时，由于中国政府对全国的经济体制改革目标模式尚未确定，市场化改革及对外开放虽然已经作为方向予以肯定，但许多具体政策仍然前景不明，加之中国尚未提出恢复其关税及贸易总协定（GATT）缔约国地位的申请，从试验的角度出发，在经济特区实行了与非特区不同的政策，形成了在中国关境内局部分隔的特区市场与非特区市场这种与市场经济一般规范所要求的统一国内市场不一致，对外国投资者实行非国民待遇或超国民待遇这种不符合国际惯例的做法，是可以理解的。90 年代初，中国政府确立了社会主义市场经济为经济体制改革的目标模式，在全国实行全方位的对外开放政策，在此背景之下，根据市场经济体制的基本要求以及国际通行的一般准则，适当调整原有经济特区政策，逐步消除特区市场与非特区市场之间的界限，建立统一的国内市场，实现与国际市场接轨，也就成为理所当然的选择。

兴办经济特区是中央政府的决策，在体制背景改变之后，如何调整特区政策，决策权在中央政府，特区向何方向发展，主要也取决于中央政府的态度。经济特区是改革开放的窗口和试验场。随着国民经济向市场经济转轨，全国统一市场体系及全方位开放格局的最终形成，尽管在相当长的过程中，经济特区仍将继续保持它的独特作用，但如果不赋予经济特区新的使命，特区不特是必然的趋势。需要探讨的问题是：如何正确地处理建立统一的国内市场，与国际市场接轨同经济特区发展之间的关系，实现前者是否就意味着除特区消亡之外别无其他政策选择？应该看到，实行取消特区或是使之名存实亡的政策，将使多年来经济特区集结起来的经营资源得不到有效利用，从整个国家角度来看显然是不经济的。有学者指出，正确处理统一国内市场，与国际市场接轨同发展经济特区之间的关系，应当根据变化的体制大背景的要求，在充分总结已有的经验及借鉴国际惯例的基础上，对经济特区予以重新规范。就市场角度而言，应当实现从原来的关境内模式向关境内与关境外相结合模式转换，即，今后现有的五个经济特区范围内的保税区、自由贸易区、出口加工区、过境区、自由港等"纯经济"特区原则上都应采取关境外模式，同时，这些区域以外的地区都变为关境内特区，主要用于从事建立社会主义市场经济过程中有关的超前改革试验。[①] 根据市场经济的一般规则和国际惯例，一国关境外区域可以实行与该国其他地区不同的经济政策。从中国加入世界贸易组织（WTO）之后，如何处理国内统一市场与国际市场之间的相互关系，以及作为一个发展中国家，如何处理积极参与国际经济竞争与分工协作和发展本国民族经济的关系角度看，若干个规范的自由贸易区或自由港的存在，对中国经济的发展，有百利而无一弊。而关境内特区所实行的有关超前性改革试验，只要在原则上符合统一市场的一般准则以及国际惯例，也应当予以允许。因为，统一市场准则作为市场经济的一般要求，它固然应当得到必要的制度及法律形式的表现，但是，它的真正实现，却必须建立在一定的经济基础之上，即作为这一统一市场的各个组成部分——对一个国家的国内市场来说，就是各个地区——之间具有相近的经济发展水平和市场发育程度。显然，对于中国这样一个地区间经济发展水平、市场发育程度都相距很大，许多市场经济的规范尚待建立，许多市场经济的制度即使可以引进，也需要通过试验使之中国化的国家，在建立统一的国内市场，与国际市场接轨的过程中，根据各地区不同的经济发展水平、市场发育程度，实行必要的政策差异，有些新政策在向全国推广之前，在某些地区或部门进行试验，只要其目的是从建立统一市场的角度出发的，有利于国内市场的统一，有利于实现与国际市场的接轨，无论是从国内或是国际角度来看，都应当允许。

我们可以看出：就目前而言，对经济特区采用关境内与关境外相结合的方式予以规范化，是一项较为现实的政策选择，它将使原来的经济特区政策与发

---

① 朱崇实、陈振明、翁君奕等：《跨世纪的中国经济特区——政策回顾与展望》，鹭江出版社 1995 年版。

展社会主义市场经济所要求的建立国内统一市场、与国际惯例接轨之间的矛盾得到较好的解决。这样，经济特区的存在，不仅符合市场经济所要求的统一市场规则的要求，维持了法规政策的统一性，规范了政策优惠的内容，有效地抑制了国内各地区之间的政策攀比；同时还可以继续完成中央政府赋予它的历史使命——充当中国改革开放的"窗口"和"试验场"，为社会主义市场经济的发展、完善继续建功立业。

三

经济特区在市场经济条件下的继续发展，需要中央政府的大力支持，但是，特区政府在积极地向中央提供决策建议的同时，面对变化的发展环境，也必须对本地区的发展战略作出抉择。它在一定意义上也是中央政府特区问题决策的重要基础。

现阶段经济特区发展面临着变化的外部环境和内部环境。前者除调整特区政策外，还包括国民经济增长重点向重化工方向转移，开放重心从华南、东南沿海向以浦东为龙头的长江三角洲等地区转移，以及外商投资结构、重点的调整和转移等。后者则突出表现为特区劳动力及土地价格上涨，使作为特区优势的劳动密集型产业渐失竞争优势，特区对外资、内资的吸引力减弱。二者相互作用，决定了特区经济发展面临着新的战略抉择。

虽然变化了的内外部条件对五个特区具有共性，但是，各特区所面临的发展机遇却各不相同。海南作为区域特区，与深圳、厦门等城市特区，面临的发展任务与机遇不同。就四个城市特区而言，1997 年香港回归、1999 年澳门回归祖国，协调港澳经济与深圳、珠海的关系，是两特区的艰巨任务，同时也将给它们带来巨大的机会；汕头特区将因广梅汕铁路的建设接通京九铁路大动脉而形成新的区位优势；厦门特区作为历史悠久的通商口岸，面对台湾，在海峡两岸的经贸往来中拥有其他地区不可替代的区位及人文优势。不同的潜在优势及发展机遇，决定了 20 世纪 90 年代后半期以至 21 世纪初各个经济特区不同的发展战略选择。这里专门就厦门特区的发展战略问题作些探讨。

海峡两岸关系的发展，将对厦门经济特区的发展起巨大的促进作用，厦门在促进两岸关系发展方面肩负重任，责无旁贷。但是，两岸关系的发展对厦门经济发展的作用，在厦门经济发展战略调整考虑中，基本上只能视为外生变量，因此，厦门经济特区在规划其 20 世纪 90 年代后半期以至 21 世纪初的经济发展战略时，只能更多地着眼于国际国内的发展大趋势以及其自身的条件。

经过较长时间的酝酿和讨论，最近，厦门已经确立了迈向 21 世纪的战略选择：建设现代化、国际区域中心性、综合型的港口城市。初步目标是：建成以外向型、质量效益型为特征的经济强市，成为我国外向型经济发展的又一个"增长极"；建成亚太地区的航运枢纽，成为我国东南部进出口的主通道；建成国际贸易的基地，成为国内外市场连接的桥梁和纽带；建成区域性的金融中心，成为国内外金融、资本循环运作的交汇点；建成国际化的信息中心，成为国内外信息交流的"交换站"，等等。提出了以港立市，科技兴市，体制创新，强化基础设施和重点区域建设，构造大城市基本框架等措施。

如何实现这一战略构想，选择适当的战略重点具有重要意义。我认为，根据建立、发展社会主义市场经济，建立统一市场的要求，国际国内尤其是亚太经济圈的经济发展趋势，厦门作为港口城市的历史地位，目前在福建以及闽粤赣经济协作区中的龙头地位，周边地区经济高速发展的需要，以及厦门经济特区 16 年经济发展所形成的优势，厦门在 20 世纪 90 年代后半期以及 21 世纪初应当把大力发展商贸服务业，建设区域经贸市场中心作为战略重点，以此带动港口、金融、信息、城市经济等各业的发展，实现厦门经济特区在 21 世纪新的腾飞。

之所以提出发展商贸服务业、建设区域经贸市场为实现厦门特区跨世纪发展战略的战略重点，是基于下述几点考虑：

第一，从市场的结构角度看，全国性商贸中心城市以及各级地区性商贸中心城市是全国统一市场的支撑点，发展统一市场，必须在全国重点发展一批商贸中心城市。厦门作为福建以及闽粤赣经济协作区的中心城市，发展商贸服务业，使之成为本地区的经贸市场中心，是发挥其对地区经济发展带头作用的前提；从开放经济角度看，正确地处理国内市场与国际市场的关系，必须客观地承认我国目前现实存在的地区间发展不平衡现状，有选择地在我国对外开放程度较高，对外经贸较发达的若干城市发展区域性的经贸市场中心，充分发挥其对外对内的经济联系及辐射作用，使之成为连接国内国际市场的纽带，带动内地地区走向国际市场的桥梁。厦门作为经济特区、口岸城市，以及它的地理位置，具有成为中国东南部重要的区域性经贸市场中心的良好条件。

第二，随着国民经济增长重点向重化工业方向的转移，厦门在发展第二产业方面的局限性将日趋明显。由于历史的原因，厦门的工业是到兴办特区以后才有了较快的发展，尽管经过这十几年的高速发展，有了一定基础，形成了以轻工食品、电子、机械、纺织、化工医药、建材六大行业为主的产业结构。但是，厦门工业至今在国内仍缺乏足够的竞争力；以台港澳资本为主的三资企业从总体上看，多属劳动密集型产业，技术层次较低，随着特区土地、劳动力价格的上涨，周边地区的开放，它们将逐步向外转移；具有较高技术水平的跨国公司，其对华投资目的侧重于市场因素，厦门的吸引力相对不足；实行科技兴市的战略，将有助于解决厦门特区工业发展中的结构断层问题，但是，应当客观地看到，高新技术产业的形成、发展所需要的较高水平的工业基础、人才、技术、资金等各方面的条件，无论是从目前厦门自身所具备的或是对国内外有关企业、研究机构的吸引力来看，均非短期可以解决。

第三，相对而言，以商贸服务业为代表的第三产业的发展却有其优势。厦门是我国最早的通商口岸、福建省最大的商业城市之一，办特区之前就是我国为数不多的口岸城市之一，与东南亚各国以及港澳地区有着较密切的贸易往来关系。办特区之后，商贸服务业迅速发展。1979～1994 年，全市外贸进出口总额增长 40 倍，增长率远远高于同期的 GDP 增长率。目前，厦门的外贸进出口额与 GDP 之比已达 2.5∶1，接近新加坡水平（3∶1）。1994 年厦门出口额在全国 35 个大中城市位居第四，在五个特区中位居第二，与厦门有贸易往来的国家和地区已达 140 多个。厦门对外贸易的迅速发展是与它作为闽东南乃至福建对外开放的龙头城市的地位相适应的，关于这一点，从厦门口岸出口总额中地产品的比重仅占 1/3 左右，大部分出口货源来自外地即可看出：作为特区和旅游风景城市，厦门的国内商业也以远远超过同期 GDP 增长的速度增长，1980～1994 年，全市社会消费品零售总额的年递增速度比同期 GDP 的平均递增速度高 4 个百分点；以旅游业为代表的服务业 16 年来也得到了较快发展，自 1982 年起，全市接待境外游客和旅游创汇平均每年以 20% 和 30% 的速度增长，从 1991 年起，全市旅游业绩连续保持在全国主要旅游城市的前 10 名。厦门空港客运量位居全国第六，进入了全国二类干线机场行列。这些说明，商贸服务业是厦门的优势产业，从全国来看，它也具有相对优势。选择商贸服务业作为战略重点，具有起点高的优势。

第四，以商贸服务业为战略重点，厦门有良好的发展基础，主要表现为：（1）良好的海空港条件，是我国东南沿海的重要开放港口。特别是每年在厦门举行的对外经贸洽谈会近年来已经升格为国家口岸交易会，其影响和规模日渐扩大，有力地提高了厦门作为我国重要的对外开放口岸的地位。（2）是福建及闽粤赣经济协作区中的龙头城市、商贸中心，是这些地区与国外经济联系的重要窗口。（3）在海峡两岸交往关系中具有特殊的地位，是台商最早而且至今仍是投资最集中的地区。它所具有的综合条件决定了即使今后因要素价格上涨致使部分三资企业内迁周边地区，它们仍将会把公司本部或商务管理中心留在厦门。（4）经贸企业不仅数量多，而且有一批较大规模的骨干企业。1994年，全市出口额在1000万美元以上的国有外贸企业有52家，其中有4家出口额超过1亿美元，有16家国有外贸企业跻身全国进出口额最大的500家企业榜，其中两家进入全国前100家行列。（5）作为风景旅游城市，再加上前述各项条件，具有发展商业及服务业的良好前景。因此，选择商贸服务业作为厦门实现其跨世纪发展战略的重点，具有可行性。

第五，以发展商贸服务业为战略重点，有利于以此为中心，将跨世纪战略的主要战略要点联系起来，形成目标明确的战略整体。发展港口及港口经济是跨世纪战略决策的重要一环。但是，港口及港口经济的发展，不仅取决于港口的条件及对港口、港口产业的投资。港口兴衰，关键在物流，在于港口城市所能形成的商贸流量。在我国港口发展史上不乏这样的例子：有些港口条件相当优越，由于当地形成的商贸流量小于条件不如它的港口，结果港口的发展落后于后者。因此，以港兴市，必先振兴商贸；建设区域性的金融中心，商贸是基础。一个地区商贸流量越大，辐射面越广，其对金融服务的需求越大，金融业才越有发展可能，该地区对金融业的集聚效应才越强，越有可能成为金融中心；建设国际化的信息中心，也是以商贸的发展为基础的。市场经济条件下，商业信息是发展最快的信息，各类信息只有当它具有商业价值时，才能得到最迅速的传播及最大限度的利用。目前世界范围的信息产业迅速发展，其最大的需求推动力是国际范围日趋激烈的商战。纵观当今世界主要的信息库，其信息资源以商业信息为主，其他信息所占比重不到20%。而我国目前则反之。以商用信息为中心发展厦门的信息产业，首先，不仅有利于厦门经济发展战略的实现，而且对厦门信息产业的发展也极为有利，它将避免可能出现的弯路，从较高起点起步；其次，它将充分调动企业参与发展信息产业的积极性，部分解决发展信息产业所需的资金来源问题；最后，它将有效地提高信息资源的利用效率，实现信息产业发展的良性循环。

# 四

以发展商贸服务业，建设区域性经贸市场为实现厦门经济特区跨世纪发展战略的突破口，充分发挥厦门在全国统一市场中的区域市场中心的功能与作用，要求相应的政策措施。

第一，中央政府的政策支持是必要的外部条件之一，目前，就厦门特区本身而言，首先是用足用活中央政府已经给予经济特区尤其是厦门经济特区的各项政策，在此政策空间内，充分拓展厦门作为连接国际市场及国内市场的区域经贸市场的各项功能。先办好"特中套特"的功能小区——象屿保税区。其次，从进一步开发特区功能的角度，争取中央批准沿用浦东的政策，允许各地各部门外贸企业到厦门设子公司，共用政策，共享口岸，共创市场，共建外贸新格局，更好地发挥厦门的对外开放口岸作用和经济中心城市的辐射作用。最后，逐步创造在全岛实行自由港政策的条件，争取中央早日批准在厦门建立自由港。

第二，开拓国际市场与发展国内市场相结合，发展外贸与发展内贸相结合，按照国际惯例办事，打破目前内外贸分隔的局面，鼓励外贸企业从事内贸业务，允许内贸企业开展外贸业务，早日实现国内外两个市场的统一，提高厦门特区作为地区经贸市场对国内市场和国际市场两个扇面的聚散能力和辐射能力。

第三，加快综合商社的组建步伐。以厦门目前较大规模的经贸企业为龙头，通过联合、兼并、收购、控股等手段，组建若干家以资产联结为纽带，跨地区、跨行业，以贸易为主体的综合商社或以服务业为主体的服务型大型外贸企业或企业集团。政府在金融、外汇、投资、内贸、税收等方面给予政策支持。

第四，在大力发展一般贸易的同时，充分发挥口岸优势和保税区优势，大力发展转口贸易和加工贸易，积极拓展对台贸易。

# 关于培植厦门特区新经济增长点的若干看法[*]

一

　　新经济增长点是今年厦门经济特区的热门话题。这从 2 月召开的市人大、政协会议上代表们对此问题的关心程度便可见一斑。我认为，新经济增长点之所以成为大家关心的问题，主要是由于以下几个方面的原因。（1）特区外部经济环境正在发生变化。它主要体现在：随着我国经济体制向社会主义市场经济过渡，整个国民经济对外开放进入一个新阶段，因此，过去的经济特区政策必须作出相应的调整，其效应近年来已经逐步凸显，特区与普区的政策差异正在逐渐缩小。（2）特区内部条件的变化。它主要体现在十多年来，在特区经济发展水平有了令人瞩目的提高同时，特区的要素成本价格也上升了。它使厦门以低要素成本为主要优势吸引外资发展经济的竞争力逐步下降，而厦门作为海岛风景港口城市，土地、环境以及劳动力等方面的资源限制今后只会越来越紧。（3）经济特区先行一步所形成的优势，使它在我国国民经济发展中肩负起比 20 世纪 80 年代初的特区更重的责任：作为中心城市带动周边地区经济发展。继续过去的发展道路，显然是与国家及福建省希望厦门在闽东南经济区、福建省、闽粤赣经济协作区以至更大范围内起龙头地位的要求不相适应。

---

　　* 本文原载于《厦门经济特区调研》1997 年第 4 期，有删改。

# 二

在最近的有关讨论中，对厦门的新经济增长点提出了许多有价值的建议，但是分歧也不小。我以为，明确以下几个问题是必要的。

第一，经济增长点问题可以从多种角度进行研究。不同角度的研究意义是不同的。一般地说，从经济政策角度对新经济增长点的研究，主要是考虑那些需要政府政策投入的经济增长点，但是，并不是所有的新经济增长点都需要政府的政策扶持。因为，在市场经济条件下，经济增长的主要条件是由市场机制提供的，有不少新经济增长点无须政府的政策扶持也可以迅速发展，例如，在日本高速经济增长时期，许多新兴产业，如初期的缝纫机、照相机、自行车、摩托车、钢琴、拉锁、半导体等产业，60年代后半期的彩电、磁带录音机、磁带、音响设备、钓鱼用具、钟表、台式计算机、电线、机床、数控机床、纤维机械、农用机械、绝缘器材、通信机械、陶瓷、机器人等，都是在没有得到政府的保护扶持政策的支持而发展起来的。[①]

第二，新经济增长点并不是指任何产值增长较快或能够增长较快的产业或产品，尤其是那些因经济周期因素，在短期产值增长较快的部门和产品。因为，从根本上说，经济增长是国民经济生产能力的提高，因而讨论新经济增长点应从中长期规划的角度考虑；其次，真正的新经济增长点的高经济增长率应主要不是由于经济的周期性因素导致的，那种由于经济周期波动的因素而在短期实现高增长的部门只不过是主导循环部门而已。

第三，从产业结构角度看，新经济增长点在一定程度上是与主导产业的概念重合的，当然，也有区别，例如，经济增长点可以考虑得更为具体些，深入产业内部等。因此，产业经济学中选择主导产业的标准对我们考虑新经济增长点来说，大体上也是适用的。选择主导产业，从产业经济学的角度看，大致有以下几条标准：（1）由需求结构升级规律所决定的收入弹性标准。随着人均收入水平的提高，边际收入越来越多地用于高层次的消费需求。满足基本生活需求的支出比重逐渐下降，是需求结构变动的必然规律。统计分析证明，现代经济增长所经历的产业结构升级过程都与人均收入水平提高而产生的需求结构升级有密切的联系。因此，在选择主导产业时，必须考虑消费需求结构的变动影

---

① 小宫隆太郎等：《日本的产业政策》，国际文化出版公司1988年版，第11页。

响，选择收入弹性大于 1 的产业。（2）生产率上升及相对成本下降标准。收入弹性是从需求牵引角度考虑主导产业的选择，从供给角度看，则有生产率上升标准。提高资源利用效率是现代经济增长的基础，技术进步的非均衡性导致了部门间相对成本下降的速度不一。一般地说，技术进步速度较快的产业，其生产成本下降速度较快，因而，在需求的收入弹性较大条件下，向这样的产业优先配置资源，可以用相同的资源创造更多的国民收入，提高国民经济的增长速度。（3）产业波及效应及关联效果标准。上述两标准还主要是从本部门的角度看问题。但是，优先发展主导产业的目的在于以此带动一批相关产业群的发展。因此，应当把产业波及效应最大，诱发其他产业扩张效果最佳的产业选作主导产业。（4）边际产业标准。在一个封闭的后进经济或开放的发达经济中，前面三个标准甚至产业政策都是多余的。因为，无论是在前者或是后者条件下，具有上述条件的产业在市场力量的作用下，也会获得较多的资源而高速增长，无须产业政策的扶持。但是，对于实行开放战略的后进国家，没有产业政策的扶持是不行的。因为，在开放经济条件下，后进国家人均收入增长所产生的需求结构升级，将使相当部分需求转向进口商品，而在该收入阶段本应成为收入弹性大于 1 的产业却得不到足够的需求牵引；其次，从生产率方面看，如果不加以政策保护及引导，开放带来的比较静态效益必然使初级产品或劳动密集型产业成为国际市场上最有竞争力的行业，而具有较高技术密集度的产业却因竞争力不敌先进国家同类产品而相对成本高昂；最后，关联效应大的产业在开放经济条件下，其产业波及效果可能在相当程度上输出了。例如，具有高前向关联系数的初级产品出口，或者具有高后向关联系数的最终产品制造业的中间投入大量地依靠进口，等等。因此，对于开放条件下的发展中国家，不仅需要产业政策，而且，上述三个主导产业选择标准应当有所修正。其总原则是：在实施开放战略的前提下，使需求结构升级最大可能地成为促进国内产业结构高度化的动力，促进重点产业在参与国际产业分工中增强国际竞争力，带动相关产业发展。依照这一总原则，应将上述三个标准从现实标准修正为潜在标准，即主导产业应是通过产业政策扶持，在较短时期内有可能达到这三项标准的产业，即边际产业标准。

第四，新经济增长点的选择是在特区过去十几年经济增长的基础上进行的，其着眼点是经济增长。因此，"新"并不意味着全盘否定旧的基础；相反，新经济增长点的选择不能不依靠特区过去发展形成的基础和比较优势。新经济增长点可以是目前就有较好基础和比较优势的产业，关键在于它是符合特区今后产业发展方向的，有新的行之有效的政策措施，使之不但自身有较快的发展速度，而且能够带动特区以至更大范围地区的经济迅速发展。

# 三

根据上述看法，我认为，确定厦门特区的新经济增长点，必须从厦门目前自身的条件、发展的比较优势、整个国民经济发展对它的要求等方面出发。

相对而言，以商贸服务业为代表的第三产业的发展有其优势。厦门是我国较早的通商口岸、福建省较大的商业城市，与东南亚各国以及港澳地区有着较密切的贸易往来关系。成立特区之后，商贸服务业迅速发展。以商贸服务业为战略重点，厦门有良好的发展基础。第一，厦门有良好的海空港条件，是我国东南沿海的重要开放港口。第二，厦门是福建及闽粤赣经济协作区中的龙头城市、商贸中心，是这些地区与国外经济联系的重要窗口。第三，在海峡两岸交往关系中具有特殊的地位，是台商最早而且至今仍是投资最集中的地区。第四，经贸企业不仅数量多，而且有一批较大规模的骨干企业。第五，作为风景旅游城市，再加上前述各项条件，具有发展商业和服务业的良好前景。因此，选择商贸服务业作为厦门实现其跨世纪发展战略的重点，具有可行性。

以发展商贸服务业为战略重点，是充分发挥厦门中心城市功能，实现中央及省政府赋予厦门特区在闽东南地区、福建省以及闽粤赣经济协作区的龙头地位、辐射功能的必要。如果说，在工业化初期，城市的中心任务是发展工业的话，那么，在第三次产业在国民经济中的比重不断提高的现代经济条件下，城市的中心任务正转向发展第三次产业。有研究指出，一个国际化的大都市，第三产业产值在 GDP 中的比例如果不超过 60%，整个城市的功能必然会出现不同程度的紊乱。市场经济中，全国性商贸中心城市以及各级地区性商贸中心城市是全国统一市场的支撑点。建立社会主义市场经济角度，发展社会主义统一市场，必须在全国重点发展一批商贸中心城市。厦门作为福建以及闽粤赣经济协作区的中心城市，发展商贸服务业，使之成为本地区的经贸中心，是发挥其在地区经济发展中的龙头作用的前提；从开放经济角度看，正确地处理国内市场与国际市场的关系，必须客观地承认我国目前现实存在的地区间发展不平衡现状，有选择地在我国对外开放程度较高、对外经贸较发达的若干城市发展区域性的经贸市场中心，充分发挥其对外对内的经济联系及辐射作用，使之成为连接国内国际市场的纽带，带动内地地区走向国际市场的桥梁。厦门在今后一个时期以发展商贸服务业为战略重点，成为中国东南部重要的区域性经贸市场中心，显然是与国民经济发展对其要求相适应的。

因此，我认为，应当把发展以商贸服务业作为厦门经济特区今后一个时期经济发展的战略重点，即新的经济增长点。

四

厦门选择商贸服务业为今后一个时期的新经济增长点或者说主导产业是否违反了产业发展的一般规律？优先发展商贸服务业是否与发展高新技术产业矛盾？

我认为：以商贸服务业为主导产业并不违反产业发展的一般规律。一般地说，第三次产业的发展是必须建立在第二次产业有一定发展水平的基础上。但是，这种规律是针对相对独立完整的大国经济而言的。厦门作为城市经济，完全可以在第二次产业有了一定发展的情况下，提前进入发展第三次产业阶段。厦门作为海岛港口风景城市，从资源限制条件及比较优势来看，这样的发展道路是更为适宜的。其次，目前优先发展商贸服务业与今后把主导产业转向高新科技产业是不矛盾的。优先发展商贸服务业，完全可以同时重视高新科技产业的发展，而且，目前优先发展商贸服务业，在一定程度上是为了今后更好地发展高新科技产业创造条件。发展商贸服务业，有利于为发展高新技术产业积累资金，有利于在此过程中寻找具有较大市场价值的高技术产品作为发展对象，有利于培养发展高技术产业所需要的各种专业人才。高技术产业作为产业，所需要的不仅是科学家和工程技术人员。有关研究指出：20 世纪 90 年代以来，世界经济出现了一系列新的发展趋势，使劳动者划分为常规生产者、直接服务者和符号分析人员，后者将在经济发展中起越来越大的作用。[1] 符号分析人员是由三部分人员组成的：识别问题者，他们帮助客户了解其本身的需要，了解这种需要如何可以通过定制产品而得到最大限度的满足；解决问题者，他们必须具有以独特方式把一些东西集合起来解决特定客户提出的问题的能力和把这种设想转化为具体设计的能力；战略经纪人，必须具有把解决问题者同识别问题者联系起来的技能，必须充分了解专门的技术和市场以便了解新产品的潜力，必须能够筹集必要的资金以便着手开展项目，必须能够调集真正的解决问题者和识别问题者实施项目，等等。显然，这些人才必须在长期、大量的商业

---

① 罗伯特·赖克：《国家的作用——21 世纪的资本主义前景》，上海译文出版社 1994 年版。

活动（当然，不仅是商业活动）中才能得到培养。发展商贸服务业，尤其是对外经贸，将有利于在发展厦门与世界经济联系的过程中，培养出一大批发展现代科技产业所需要的识别问题者、解决问题者和战略经纪人，从而促进厦门特区高科技产业的发展。

# 促进两个根本转变，实现特区二次创业<sup>*</sup>

中共中央十四届五中全会决议指出，我国在 21 世纪中叶实现国民经济发展的第三步战略目标的关键是实现两个具有全局意义的根本性转变：一是经济体制从传统的计划经济体制向社会主义市场经济体制转变；二是经济增长方式从粗放型向集约型转变。1996 年 4 月召开的国务院经济特区工作会议要求，在新形势下，经济特区把自己的思想和工作重点真正从主要依靠优惠政策转到依靠两个根本性转变上，以二次创业的精神，充分利用现有基础，更上一层楼。党的五中全会决议和国务院经济特区工作会议精神指出了经济特区在我国经济体制向社会主义市场经济转轨期间的发展方向。

依靠两个根本性转变实现经济特区在新形势下的二次创业，要求我们必须正确理解两个根本性转变之间的关系。两个根本性转变的关系就其实质而言，是改革与发展的关系。经济体制的根本转变实际上是作为手段，保证经济增长方式从而国民经济的持续稳定的高速度增长的制度保障而提出的。然而，前者却是实现经济增长方式从粗放型向集约型转变不可或缺的基础和条件。可以毫不夸大地说，没有经济体制从计划经济向市场经济的根本转变，经济增长方式从粗放型向集约型的转变是根本不可能的。之所以如此，是因为，集约型的经济增长就其实质而言，是经济效率不断提高基础上的持续稳定的高速增长。其实现来源于经济主体在外部环境的强大竞争压力之下所产生的生存危机感、发展欲望、学习动机、创新意识及竞争精神，由此而形成的巨大内在动力。然而，传统的计划经济作为一种制度安排既不能给经济主体提供必要的外在压力也不能使之产生必要的内在动力。因而，计划经济体制下的经济增长必然是边际效率不断递减的粗放型增长。应当客观地说，在计划经济体制下，中央计划

---

* 本文原载于《厦门特区调研》1996 年第 7 期。

当局并非没有感受到粗放型经济增长的危害，而且在经济发展到一定水平之后也力图实现经济增长方式的转变。但是，由于不是通过经济体制的根本转变，以及在此基础上经济主体对集约型经济增长的自觉追求来实现整个社会经济增长方式的转变，而是企图在原有体制基础上，以行政命令的方式来实现增长方式的转变，因而无一不是以失败而告终。苏联就是一个例子。自20世纪60～70年代起，苏联就开始提出了经济增长方式从粗放型向集约型转变的要求，进入70年代之后，苏共中央在多次决议中反复强调从粗放型增长向集约型增长转变的重要性，并且采取了许多政策措施。然而，经济体制改革的滞后，使苏联在长达20年时间中始终未能实现增长方式的转变；相反，在相当程度上正是由于增长方式无法实现根本转变，经济效率下降，增长停滞，导致了它最终的解体。因此，我认为，厦门经济特区在促进两个根本转变、实现第二次创业过程中，有几个问题是值得我们重视的。

**1. 正确处理两个转变的关系，通过体制改革促进经济增长方式的改变，实现特区二次创业**

过去16年的发展中，厦门借助特区的政策优势，在发展市场经济方面领先一步。市场经济发育程度高于内地，它使厦门在实现两个根本性转变中站在较高起点上，为二次创业打下了良好基础。但是，与此同时，也应看到现有的基础主要是得益于对外开放以及与之相配套的改革，主要依靠经济发展的增量来实现的。因此，在市场经济发展上存在着不平衡。它主要体现为国有制经济的改革相对滞后于对外开放、外向型经济的发展。实现两个转变、二次创业，必须尽快消除特区在改革与开放两个领域中存在的发展不均衡现象。应当看到，尽管国有制经济占厦门整个国民经济的比重不大，但是，国有制经济的改革仍然是厦门特区实现两个根本性转变中不可忽视的一个重要方面。在国有制经济改革中，必须将国有资产的配置领域调整与国有企业的改革结合起来，必须将过去在计划经济体制下配置在竞争性领域的国有资产逐步转移到公共经济领域、非竞争性领域，竞争性领域的现存国有企业则应该在实行现代企业制度改造的基础上，逐步实行民营化。其次，必须大力发展民营经济，尤其是内资民营企业，逐步改变目前特区所有制结构中存在的内外资比例不协调状况。只有实现了经济体制的根本性转变，才能为经济增长方式的根本性转变以及特区的二次创业奠定坚实的基础。

**2. 推行名牌战略，以市场为导向促进科技进步**

科技进步是实现集约型经济增长的重要推动力，可以说，没有科技进步就没有集约型的经济增长。但是，科技进步本身并不自然而然地导致经济增长方式从粗放型向集约型的转变。苏联等在计划经济体制之下并非没有技术进步，但是，却没有因此导致经济增长方式的转变。科技进步要转化为集约型增长，必须以市场经济为其制度条件，同时，在促进技术进步的过程中，必须遵循市场经济的规律，即以市场为导向促进技术进步。发展高科技产业是将科技进步转化为生产力，实现集约型增长的重要环节。大力发展高科技产业，应当成为厦门特区实现两个根本转变、二次创业的重要方面。但是，在发展高科技产业中，必须十分注意的一个问题是：这些高科技产品是否存在相应的市场需求，它在同类产品中是否具有足够的市场竞争力，尤其是国际市场竞争力。后者在市场经济条件下尤为重要。在近年来的经济发展中，可以见到的一种情况是：市场是有需求的，引进或发展的产品生产技术也是先进的，但是，产品的竞争力较差，不能打开国内外市场，效益也就无从谈起。在市场经济条件下，技术与市场结合的最佳体现是名牌产品。固然，名牌产品并不都是高科技产品，但是，在竞争激烈、科技不断进步的条件下，名牌产品是同类产品中最好地应用了科技进步的产品。名牌意味着对市场的占有，意味着同样或相近的投入将得到更多的收入。从这个意义上说，创名牌是最有效的实现集约型经济增长的途径。因此，我认为：应当通过创名牌产品，实现以市场为导向的科技进步战略，促进厦门特区向集约型经济增长方式的转变。

**3. 实行规模经济战略，以规模经济促经济效益、促技术进步**

现代技术经济条件下，科学技术研究是一项需要高投入而且具有高风险的事业，因此，实现科技进步，一方面，需要国家对科教事业、基础研究的重视和财政支持；另一方面，大量的应用研究、民用技术的商业性开发必须基本依靠企业来进行。应用研究、技术开发也同样需要高投入，具有高风险。因此，在市场经济条件下，一般来说，只有具有规模经济效益，在市场中处于垄断竞争地位的大企业才具备进行较大规模的技术研究与开发的能力。与此同时，规模经济本身就是促进效益提高的有效途径。由于历史的原因，厦门经济发展起步较迟，因而，目前，无论是从整个社会经济总量还是企业规模来看，都显得太小，缺乏规模经济效益。因此，对厦门经济特区来说，实行规模经济战略，以规模经济促经济效益的提高，促技术进步，有其必要性。

**4. 在全国发展统一市场体系的过程中，立足特色找准位置，调整特区产业结构**

　　过去的 16 年，特区在某种程度上可以说是在相对独立的环境中发展。社会主义市场经济体制作为我国经济体制改革目标模式的提出，使特区经济发展的外部环境有了一定变化。因此，在二次创业过程中，正确确定自己在全国统一市场体系中的位置具有重要意义。社会主义统一市场体系的发展，不仅要求各地区经济发展水平的相互接近，而且要求地区经济具有各自的特色，地区经济之间具有较强的互补性。因此，我认为，在二次创业过程中，厦门特区如何立足特色做文章，在全国统一市场中找准自己的位置，是一个值得重视的问题。厦门特区在过去的发展中已经开始形成自己的一些特色。因此，应该根据对自己经济发展的优势及劣势的估计，客观地确定哪些是应当列为长期努力、争取的目标，哪些是现实的、近期就可以利用的优势，在此基础上调整厦门的产业结构。中共厦门市委八届党代会确定厦门在"九五"及2010年的经济发展战略目标是建设现代化、国际区域中心性、综合型的港口城市，提出了港口、贸易、金融、信息等方面的发展目标。在此基础上，应当进一步地研究实现这一战略目标的战略重点及中心环节。我认为，厦门在近期应以发展商贸服务业为其战略重点，以此为中心，将跨世纪战略的其他战略要点，如港口、金融、信息等联系起来。之所以如此认为，一方面是基于对厦门发展商贸服务业的基础、现有优势、发展潜力以及在建立统一的社会主义市场体系及与国际市场接轨过程中，发展一批全国性及地区性商贸中心城市的重要性，厦门作为福建以及闽粤赣经济协作区龙头及中心城市地位作用的认识；另一方面，是对港口、贸易、金融、信息四个方面发展目标之间相互关系的认识。首先，港口及港口经济的发展，不仅取决于港口的条件及对港口、港口产业的投资。港口发展，在相当程度上取决于物流的大小，以及港口城市所能形成的商贸流量。在我国港口发展史上不乏这样的例子：有些港口的条件虽然相当优越，但是由于当地所能形成的商贸流量小于条件不如它的港口，结果港口的发展反而落后于后者。因此，以港兴市，必先振兴商贸；建设区域性金融中心，商贸是基础。一个地区的商贸流量越大，辐射面越广，其对金融服务的需求越大，金融业才越有发展可能，该地区对金融业的集聚效应才越强，越有可能成为金融中心；建设国际化的信息中心，也是以商贸的发展为基础的。市场经济条件下，商业信息是发展最快的信息，各类信息只有当它具有商业价值时，才能得到最迅速的传播和最大限度的利用。目前世界范围的信息产业迅速发展，其最大的需求推动力是国际范围日趋激烈的商战。因此，当今世界主要的信息库，其信息资源以商业信息为主。服务于厦门经济尤其是商贸产业的发展，以商务信息为中心发展厦门的信息产业，不仅有利于厦门经济的发展，而且也有利于信息产业早日走上良性循环的发展道路。

以商贸为中心发展厦门经济，一方面要求厦门的企业继续开拓国际市场；另一方面要大力鼓励厦门的企业向内地投资，拓展国内市场。目前，国际上不少跨国公司正看好中国市场，大举进军，作为国内企业，更没有理由放弃国内市场。与此同时，还必须大开城门，鼓励内地企业来厦门投资，通过鼓励资源的合理流动，扩大厦门的经济总量，调整产业结构，促进竞争，从鼓励市场竞争中提高效益，促进经济增长方式的转变。

# 厦门市建立社会主义市场经济体制基本框架的计划*

建立社会主义市场经济体制基本框架是"九五"计划及 2010 年规划期间我国经济体制改革最重要的任务。厦门经济特区作为我国对外开放的窗口和经济体制改革的试验田，在过去十几年中，在中央路线、方针、政策的指引下，勇于创新，大胆改革，大力发展外向型经济与市场经济，取得了令人瞩目的成就，为厦门特区在今后实现率先建立社会主义市场经济新体制奠定了良好的基础。如何在此基础上，充分利用当前有利条件，加快改革步伐，实现市委、市府提出的率先建立社会主义市场经济新体制的目标，是当前体制改革工作中的首要任务。为了进一步推进厦门市经济体制改革，促进经济体制和经济增长方式的根本性转变，以改革促发展，实现特区的"二次创业"，根据中央有关精神，制订本计划。

## 一、总体目标

"九五"期间，厦门市经济体制改革的目标是：初步形成社会主义市场经济体制大致框架，为在 2010 年建立社会主义市场经济体制基本框架奠定坚实的基础。其主要内容包括：

（1）深入进行以国有资产配置结构调整、资产重组及国有企业的产权制度改革为核心的国有制经济改革，建立、完善与社会主义市场经济体制相适应的国有资产管理体制，继续大力发展多种经济成分，初步形成根据各种经济成分比较制度优势合理配置的国民经济所有制结构。采取各种政策措施，促进各类

---

* 本文收录于郑家麟主编《厦门经济特区经济体制改革调研》，厦门大学出版社 1997 年版。

企业按照社会主义市场经济的要求建立相适应的现代企业制度。

（2）以资本、劳动力、产权等为重点的要素市场得以发展，统一、开放的市场体系基本形成，经济运行机制发生根本转变，市场在宏观调控下对资源配置起基础性作用。对外开放水平得到进一步提高，使特区在参与国际经济合作和竞争等方面继续走在全省、全国前列，充分发挥特区的"窗口""试验田""排头兵"的作用。

（3）初步建立"效率优先、兼顾公平"的收入分配制度，形成多层次的社会保障体系框架。城镇职工养老、失业、工伤保险覆盖面达到95％以上，农村达到60％左右，保险项目扩大到医疗、生育保险等。

（4）初步建立与社会主义市场经济运行机制相适应的地方经济调控体系，政府的经济管理职能有实质性转变，管理水平有较大提高。

（5）进一步完善以家庭联产承保责任制为主的双层经营体制，农业商品化、产业化达到较高水平，农村城市化发展迅速。

（6）初步形成适应社会主义市场经济运行机制的科技、教育、文化、卫生、体育体制，加快科技成果转化为社会生产力的步伐，繁荣社会主义文化，促进人口素质全面提高，"科教兴市"战略取得较大成绩。

（7）初步形成符合社会主义市场经济要求的特区经济法律体系框架，严格执法，公民法律意识普遍增强。

## 二、指导思想

以建设中国特色社会主义理论为指导，以"三个有利于"为根本原则，进一步解放思想，大胆探索，积极创新，重点突破，整体推进。通过体制改革，促进经济增长方式的根本性转变，提高国民经济效益，促进国民经济持续、快速、健康发展。

## 三、基本措施

第一，调整国有资产配置结构，深化产权制度改革，加快建立现代企业制度，构筑适应社会主义市场经济运行机制的国有资产管理新体系。

（1）按照市场经济的要求，适应外向型经济发展的需要，着眼于发挥国有经济在社会主义市场经济中的主导作用，调整国有资产的配置结构，"九五"期间把国有资产配置结构调整的重点转移到存量资产的流动和重组上，通过对国有资产存量的调整与资产重组，将国有资产从其非优势领域撤出来，转移到能够充分发挥其对国民经济主导作用的优势领域中。

（2）根据不同领域不同类型国有企业的性质与特征，有针对性地改革企业的产权制度、领导体制及分配制度，转换国有企业经营机制，强化企业内部自我约束机制，完善企业的科学管理，增强企业的自我发展能力，对非竞争性领域的国有企业，加强政府的监督管理，促使其低耗高效地向社会提供优质服务，实现政府的宏观调控意图；对竞争性领域的国有企业，在建立现代企业制度的过程中，鼓励其通过互相参股、联合、兼并等方式与其他经济成分实现融合，通过改制促进经营机制的转化，并为"九五"时期之后进一步调整国有资产配置结构创造必要条件。

（3）以理顺产权关系为核心，建立、健全与社会主义市场经济运行机制相适应的国有资产管理和营运体系。通过国有资产的管理及营运，进行国有资产存量的调整与重组，调整国有资产配置结构，实现政府对社会经济运行的调控意图。

第二，进一步发展完善社会主义统一市场体系。

（1）继续发展商品市场，"九五"期间要突出发展大型批发市场和生产资料配送中心，推行代理制，连锁经营等现代流通组织；

（2）选择几个资金雄厚，融进出口、仓储运输、房地产开发、技工贸为一体的外贸集团进行综合商社试点；

（3）进一步发展和完善商品市场的同时，重点培育和规范资本、劳动力、产权、信息、技术等生产要素市场；

（4）开放各类市场，促进城乡市场紧密结合，国内国际市场相互衔接，依靠市场的基础性作用优化资源配置；

（5）大力发展市场中介组织，健全市场法规和监管体系，形成统一、开放、竞争、有序的特区市场体系。

第三，建立适应不同单位特点的工资制度和正常增资机制，在严格执行最低工资制的同时，加强个人所得税的征管工作，以"效率优先、兼顾公平"为原则，建立完善的个人收入分配制度。

在贯彻执行已颁布的养老、工伤、失业保险三个暂行规定的同时，继续加大社会保障制度改革力度，理顺管理体制，解决多家管理、政出多门的矛盾，按照政事分开的原则，实行行政管理和基金营运分开、执行和监督机构分设的管理体制；扩大社会保障覆盖面及保险项目，加快医疗、生育保险暂行规定的出台和执行；搞好社会保险基金的管理和营运，确保基金的保值增值；建立社会统筹和个人账户相结合的多层次社会保障体系。

第四，进一步转变政府经济管理职能，以政府机构改革为突破口，加强综合经济部门的经济调控能力，积极推进投融资体制改革，完善市、区（县）财税管理体制，综合发挥税收、财政等经济调控手段的作用，建立、完善与中央宏观调控体系相配合的地方经济调控体系。

第五，稳定、发展农村家庭联产承包责任制和统分结合的双层经营机制，确立农户、企业的市场主体地位，加强农村基层政权建设，发展乡镇企业，建立健全农产品和农业生产资料流通体系，建立农村社会化服务体系，加速实现农业的商品化、产业化，推动农村工业化，城乡一体化。

第六，加快科技体制改革，按照"稳住一头、放开一片"的方针，在稳定从事基础性研究的科技队伍，发展高科技同时，继续鼓励有科研开发与经营能力的科技人员从事科技成果的商业性开发工作，促进技术市场的建设，促进科技成果尽快转化为生产力。

加速教育体制改革，在理顺教育管理体制的基础上，改革传统的政府独家办学体制，鼓励社会办学；调整教育结构，大力发展职业教育、成人教育、技术教育，为特区建设培养各种类型的高素质人才，全面提高特区人民的文化素质。

第七，充分发挥厦门地方立法权的优势，在积极配合国家及省法制建设的同时，根据特区经济发展的实际需要，大胆借鉴发达国家和地区的经济法规和立法经验，加快立法步伐，逐步建立与社会主义市场经济体制相适应，与国际惯例相衔接的较完备的特区法规及行政规章体系；进一步健全经济执法监督体系，促进政府机构依法行政，充分运用法制手段维护和规范特区经济的运行秩序。

## 四、进行国有资产存量重组，深化企业产权制度改革，加快建立现代化企业制度

党的十四届五中全会提出，今后一段时间，特别是"九五"时期，务必把国有企业改革真正作为整个经济体制改革的中心环节。"九五"期间厦门市国有企业改革计划分为两大部分。

第一，实施"抓大放小"战略，在优化资本结构试点过程中逐步实现国有资产配置结构的战略性调整。

根据中央的指示精神，对国有企业的改革必须实施"抓大放小"战略。从厦门市的具体情况看，没有中央认定的特大型国有企业，大型国有企业也较少，因此，从抓大放小的战略出发，厦门市国有企业改革的重点是放小搞活。但是，从企业经济活动领域与性质角度看，厦门市的国有企业中有一部分是从事非竞争性经济活动的，有的具有自然垄断性质，因此，对这部分企业，政府必须从全社会利益角度出发对其加强管理，使之低耗高效提供社会经济运行所必需的优质服务，实现政府的经济调控意图。而对于现存于竞争性领域的国有企业，则应从搞活国有经济的立足点出发，积极实施国有资产战略性转移，加速资产的流动与重组。在这项工作中，需要对少数的大型与中小型国有企业区别对待，采取不同的改革措施。对于大型竞争性国有企业，重点抓好现代企业制度改制工作，通过改制、兼并、经营方向调整，使这些国有资产存量向优势产业和优势企业集中转移。围绕包括电子、汽车、摩托车、机械、化工等在内的 20 个"九五"骨干工业项目，以海港、空港、信息港为依托，从实施"振兴支柱、夯实基础，提高档次，创新机制、协调发展"的战略意图入手，振兴机械、石化、电子、电力四大支柱产业，与此同时，在实行国有企业公司制改组的过程中，通过积极兼并相关的非国有制企业，合资，吸收社会公众投资等，将这些国有企业改组为混合经济成分企业，以改制改组促进经营机制转换，提高经济效益，为下一阶段进一步实行国有资产的战略性转移创造必要的前提条件。具体措施如下：

（1）按照"扶优扶强、效益优先"的原则重点扶持厦工、厦华、古龙、国贸、特贸、建发、象屿等 10 个以"名企业、名产品、名企业家"为龙头的大型国有企业集团，1996 年、1997 年两年在"三名"企业中各选 3 家（共 9 家）先行试点，对试点企业在资本、资金、税收、出口配额方面给予政策优惠。其中海燕集团、厦工集团及鼓浪屿二家工厂易地改造等项目要争取获得国家的支持，进入国家"扶优扶强"计划。

（2）深化公司制改造。在依法规范全市 28 家股份有限公司（其中上市公司 10 家）和 7076 家有限责任公司的基础上，积极探索深化公司制改造的对策。1996 年拟对 15 家、1997 年拟对 20 家国有大中型企业进行公司制改造，1996 年、1997 年两年促进首批 10 家大中型国有企业与外资嫁接，组成中外合资的股份有限公司或有限责任公司，促进社会多种所有制形式的融合投资趋势。进一步引导法人交叉持股，大胆进行法人股上市交易的试点。选择"厦工"作为发行 B 股的试点，为我市企业早日到境外上市探索积累经验。

（3）从优化资本结构试点入手，重组资产，盘活国有资产存量。采用"优兼并劣"，"以大带小"，易地改组重组、产权出售转让，引资嫁接改造和破产淘汰等方式进行资源配置。尤其要引导生产经营确有困难的国有企业采取分立的办法，分块搞活，实现资产的合理流动和重组。

（4）减人增效增资减债，消化不良债务。采用贷改投，财政支持，所得税返还，主体多元筹集资金，冲销银行呆坏账准备金，核销潜亏，易地搬迁重组及企业挖潜等形式，切实解决企业债务，卸除历史包袱。此外，以少量的增量资金调动存量资本的调整，自 1996 年起，由市财政每年安排 1500 万元建立企业组织结构调整基金，用于鼓励"优兼并劣"以及被兼并、破产企业的人员安置、组织转产等费用。

对于大量的小型以至部分中型国有企业，则应当采取更灵活多样的改革措施使之成为真正独立自主的市场主体。具体措施如下：

（1）1997 年选择部分市属工业小企业下放到区、县，实施属地化管理的试点；把小企业从大企业式的管理中解放出来，把它划转到转制条件较为宽松的区县，达到放开搞活的目的。

（2）通过引导，逐步地将一般的小型国有企业、集体所有制企业改制为股份合作制等其他产权形式的企业。1996 年、1997 年两年拟选择 3 家小型国有、集体工业企业进行股份合作制的改造试点，鼓励职工以各种形式购买企业股份，职工购股的资金一时难以全部到位的，允许在一定期限内分步到位，也允许经公证部门公证，国有职工可以用辞去全民身份取得的安置费用购买股份，但不得把企业国有资产无偿量化到职工个人。

（3）注重探索委托经营的模式，将其作为"放小"的重点改革措施，第一步，使多数小企业在不改变所有权的情况下选择新的经营主体，活化低效资产和闲置资产，让停产、半停产企业得以复苏。

（4）对危困企业按照分类指导的原则，通过破产、兼并、拍卖等方式进行资产重组，在实行过程中，应因企制宜，不搞一刀切。特别要加强破产淘汰机制的建设，1996 年、1997 年两年选择 7 家国有企业依法实施破产。1997 年首批选择 2 家国有危困工业企业，拍卖、出售给集体与个人。在破产、兼并拍卖过程中，要加强监管，严格资产评估，防止国有资产的流失。对于破产、兼并、拍卖过程中的职工安置问题应充分利用经济特区的优势条件，妥善解决。

第二，改革国有资产管理体制，加快转变政府职能。

厦门市按照国有资产行政管理部门与国有资产运营机构分开的原则方向进

行改革，已经建立起国有资产管理体制，但还要继续探索分离政府社会经济管理职能和国有资产所有者职能的有效途径。

一是市国资、财政部门按照税保财政、利活企业的原则，抓紧制订国有资产收益分配方案并组织实施。

二是投资公司运用多种形式筹资，盘活存量，增加资本再投入；既要注意选准投资项目，又要积极培育大公司；既要抓紧扩大委托经营的范围，又要抓好企业管理。此外，还要抓紧建立产权报告制度，探索委派国有产权代表，建立科学的法人治理结构的途径，确保国有资产的安全增值。

三是实现出资者产权管理和行业管理分离。国家通过国有资产运营机构，对企业实施产权管理，通过行业组织，实现跨部门、跨地区、跨所有制、覆盖全社会的行业管理。

四是多途径构建国有资产运营主体。通过委托代理，明确国有资本运营的责任主体，或者授权企业集团公司、投资公司，具体代表国家行使运营国有资产的职能；或者把具备条件的政府转移经济部门，改组为控股公司、投资公司或资产经营公司，使其在搞活国有资本方面获得充分的权利，同时承担全面的责任。

## 五、建立"效率优先、兼顾公平"的个人收入 分配制度和多层次的社会保障体系

### （一）建立"效率优先、兼顾公平"的个人收入分配制度

#### 1. 个人收入分配制度改革现状

（1）1993年10月，厦门市政府根据国务院工资改革的通知精神，结合厦门实际，建立符合机关自身特点的职务级别工资制度，它由职务工资、级别工资、基础工资和工龄工资四部分组成。建立符合事业单位自身特点的工资制度，根据单位性质不同，分为：专业技术职务等级工资制，专业技术职务岗位工资制，艺术结构工资制，体育津贴、资金制和行员等级工资制等。

本次改革的原则是：贯彻按劳分配，克服平均主义；引人竞争、激励机制；建立正常的增资制度；工资水平要根据职工生活费用价格指数的变动定期调整；原工资外补贴纳入工资之内；实行不同的地区津贴；对特殊岗位人员予以岗位津贴；实现新的薪金制度。

（2）厦门市企业的工资制度。

1993 年 5 月，市府根据"转机建制"的要求，决定放开企业工资总额管理，企业工资的形式和水平均由企业自由决定，但对企业厂长、总经理等的年均工资作必要的限制。

（3）1994 年 3 月，厦门市政府根据《中华人民共和国劳动法》的规定，在厦门市实行企业最低工资制，其标准每年 7 月 1 日在《厦门日报》上公布，不执行本制度的企业将受到必要的处罚。

（4）根据新税法规定，凡个人收入达到一定水平者，均需缴纳个人所得税。厦门近年来征收个人所得税尤其是个人工资收入部分缴纳所得税工作已逐步走上正轨。目前，需要进一步完善的是如何实现对社会全体应税人员的全部应税收入征收个人所得税，同时运用遗产税、消费税等税收手段，调节社会收入差距，促进社会公正。

由此可见，在厦门已经初步建立起适应新体制要求的个人收入分配和调节制度。

## 2. 改革计划

再用五年时间，不断完善上述改革，尤其是强化两头：一头是严格执行最低工资制，务必使每个企业都严格执行；另一头是加大个人所得税的征管力度，务必使该纳税者都纳税。前者应通过加强对企业的劳动监察工作实现；对于后者，目前主要的问题是非工资收入、非经常性收入的核查与征管在技术上存在一定困难。"九五"期间，首先，应结合厦门信息港的建设，社会保障系统的完善，逐步建立全体社会成员的收入账户信息网络予以完善；其次，制定必要的政策，鼓励个人收入再投资，通过增加社会经济总量，增加就业提高低收入阶层的收入水平；最后，通过工商、税务、物价、审计等部门对企业经营活动的监督，打击不合法收入，维护收入分配秩序。

## （二）建立多层次的社会保障体系

### 1. 厦门市社会保障体系改革现状

1993 年，市政府又一次成立"市社会保障领导小组"并组建了带有行政管理职能的事业单位"市社会保障事业管理中心"。

1994 年，市政府颁布了《厦门市职工养老保险暂行规定》《厦门市职工失业保险暂行规定》《厦门市职工工伤保险暂行规定》三个文件。

同年底，成立了市社会保险基金监事会，负责对社会保险基金实行监督和管理。

**2. 社会保障制度改革的差距**

（1）社会保障的管理体制不顺，表现在未按照党中央关于经济体制改革决定中的规定执行。社会保障多家管理，政出多门；市社会保障事业管理中心无法很好地履行行政管理职能；社会保险各经办机构仍属于各部门管理；市社会保险的监督机构不完善，监督职能不完整，只是监督社会保险基金而不是监督整个社会保险的运作。

（2）养老保险的模式处于转换之中。

（3）机关事业单位的干部仍未实行养老保险。

（4）参加养老保险的职工仍处在不同的制度之下，仍有部分职工未参加养老保险。

（5）医疗保险改革仍在制订方案，尚未实施。

（6）生育社会保险仍未开展研究。

**3. 进一步推行社会保险改革的计划**

（1）1997 年研究、制订生育社会保险方案，1998 年出台。

（2）1997 年研究、制订机关事业单位职工养老保险改革方案，1998 年出台。

（3）1997 年研究全市养老保险模式的转换方案并实施。

（4）1997 年实行医疗保险改革。

（5）1998 年理顺社会保险的管理体制。

（6）1999 年扩大城镇职工社会保险覆盖面，使之达到 90% 以上。

（7）2000 年实现社会保险的社会化服务。

（8）2000 年实现社会保险工作的管理现代化。

# 六、进一步完善政府的经济调控管理体系

从计划经济体制转向社会主义市场经济体制，政府经济管理职能的转变具有极为重要的作用。率先建立社会主义市场经济体制，要求厦门在政府机构改革，政府经济管理职能转变，建立与中央宏观调控体系相适应、衔接的地方政府经济调控管理体系等方面加大力度。

## （一）加快转变政府职能

政府经济管理职能的根本转变主要包括：

（1）从主要管理国有经济转为管理全社会的经济活动；

（2）实现国民经济管理与国有资产管理的相对分离；

（3）从直接地对单个的经济实体实行行政指令管理转变为对社会经济活动的经济政策调控，从对企业微观经济活动的决策管理转变为创造良好的市场经济运行环境、对市场经济秩序的监督管理；

（4）从市场的直接参与者转变为市场的组织者、监督者；

（5）从整个社会经济资源的分配者转变为社会公共资源的分配者，从抓各类项目的建设、运营转为主要抓好公共工程的建设与管理；

（6）从社会保障的经办者转变为社会保障体系的领导者、组织者、协调者和最终责任者。

## （二）政府机构改革

政府机构改革是实现政府经济管理职能根本转换的保障，因此，政府机构改革的着眼点是实现政府职能的转变。"九五"期间，厦门市政府机构改革的主要思路：是按照政企分开，精简、统一、高效的原则，精兵简政，理顺关系，提高效率，逐步建立功能齐全，结构合理、运转协调、灵活高效的行政管理体系和具有激励竞争机制的人事管理制度。在经济管理机构的改革方面，重点是把政府综合经济部门调整和建设成为职能统一，具有权威性的综合经济管理部门，使政府的经济管理职能转变到制定和执行经济调控政策，对社会经济活动实施监控、管理、服务，进行基础设施建设，创造良好的经济发展环境，把不应当由政府行使的职能逐步转给企业、市场和社会（中介组织）。

鉴于市场体系包括的门类繁多，建立一个统管全部市场经济活动的机构实属不能，因此转变政府职能的关键在于划清各管理部门的职权范围以及相互协调的方式，在"九五"期末建立起分工明确、协调配合、高效精干的市场政府经济调控管理体系。

在加快转变政府职能的同时，加强社会中介机构的监管。进一步发挥和完善以会计师、审计师和律师事务所、公证、仲裁、计量、质量认证、信息咨询等机构为主体的社会化监督服务体系，规范中介机构的行为。1996年先行出台《资产评估暂行条例》和《社会审计中介机构监督办法》。所有中介机构必须与挂靠部门在职责、人员和财务上实行脱钩。强化中介机构的服务意识，发挥其对市场的监督、服务作用和对行业的管理、约束作用。

此外，在"九五"期间，为了适应社会主义市场经济体制和集约型经济增长方式的要求，厦门市将逐步建立起行业管理的新体制——以经济政策与协调服务为主要内容、以间接管理为主要手段、以精干的政府行业管理部门和众多的自律性行业管理组织为管理主体、覆盖全社会同行业企业的管理体制。

## （三）建立、健全并完善与中央宏观经济调控体系相适应、衔接的地方政府经济调控管理体系

建立地方政府的经济调控管理体系是建立社会主义市场经济新体制的一项重要任务。厦门特区在过去15年的发展商品经济和外向型经济过程中，已经在建立与社会主义市场经济运行机制相适应的地方政府经济调控管理体系方面作了许多工作，进一步建立、健全并完善与中央宏观经济调控体系相适应、衔接的地方政府经济调控管理体系是"九五"期间厦门市经济体制改革的一项重要任务。在从事这项工作时，必须充分注意到地方政府经济调控管理体系的特征及其与中央政府宏观经济调控体系之间的关系。

### 1. 地方政府经济调控管理的特征

（1）调控管理范围的局部性，即调控管理的只是其辖区内的经济运行；

（2）调控管理是在国家宏观经济调控管理指导之下进行的；

（3）调控管理手段的有限性，即主要的或者说宏观经济政策手段是掌握在中央政府手中的，地方政府只掌握地方性的政策工具；

（4）地方政府的调控管理更多体现为监督管理，在监督管理及执行中央政府的宏观经济决策中实现其对地方经济运行的调控管理。

### 2. 地方政府的经济调控管理体系的主要内容

（1）地方政府通过制定地区国民经济发展战略与计划，指导地区经济发展方向，协调国民经济各部门协调发展及各政府部门的经济政策调控。

（2）地方财政政策调控。在中央对地方实行分税制预算管理体制的基础

上，厦门市可以利用其所支配的地方财政收入与支出，对本市的经济发展和经济结构调整等进行调控。

（3）地方税收政策调控。实行分税制后，国税与地税机构分立，确立了地方税收征管体系。地方政府可以综合运用国家赋予地方政府的地方税征管权限，对地方经济的发展进行调控。

（4）通过对市场运行秩序的监督管理实现政府对市场经济运行的调控。这方面的主要手段有：中央银行地方机构对厦门地区各商业银行的金融活动的监控与协调，地方政府职能部门对市场、物价、工资、证券等管理，地方政府运用行业管理对行业发展进行协调管理，等等。

（5）运用政府对国有资产的管理实行经济调控。国有经济在社会主义市场经济中的最重要作用之一是实现对国民经济的主导作用。国有经济的主导作用主要体现在它是实现政府对市场经济运行调控的有力工具。通过国有经济从事具有正外在效应的经济活动，以及具有外在经济性产品及服务的选择性提供，国有资产的配置领域动态调整，国有资金的投资选择等，将对市场经济起积极的调节作用。

（6）充分利用厦门市的地方立法权，对地方有权调控的领域利用法律进行调控。

# 七、形成统一、开放、有序的要素市场，建立高效、畅通的流通体制

加快发展各类生产要素市场、商品市场和新兴市场，建立设施先进、功能齐全、开放有序的市场网络。

## （一）培育和发展市场体系的主要目标

（1）通过十五年的改革，厦门市市场体系的建设已经取得了很大成就。多种经济成分并存、竞争、开放的流通格局初步形成，商品市场发展较快，各要素市场也开始迅速发展，市场建设逐步走上法治化轨道，大部分商品的价格已由市场形成，市场机制在资源配置中的基础性作用逐步增强，为最终实现市场体系建设目标奠定了基础，但与建立社会主义市场经济体制的要求相比，厦门市场体系的发育还存在较多问题。突出表现在：

① 商品市场。一是市场设施建设落后；二是商品市场软件建设滞后。主要表现为市场主体行为不规范，法制不健全、不配套，或有法不依、执法不严、管理粗放等方面；三是商贸物资企业的经营效率不高，实行集团化规模经营的大中型骨干企业少，不利于参与国内国际市场的竞争；四是国有企业作为商品市场的主体之一，由于种种原因，其主导作用尚未充分发挥出来；五是从商品市场的组织形式来看，比较单一，基本上是初级、现货市场，水平不高，期货市场刚刚起步。

② 要素市场。

一是金融改革由于受全国金融体制改革的约束而滞后，离岸金融业务的开展，由于受到政策限制难以发挥优势，发展地区金融中心受到港、深、沪、台北等金融中心的牵引夹击，集聚效应难以形成。信贷市场的资金容量偏小，证券市场的产品结构较单一。

二是统一、开放、有序、流动的劳动力市场尚未真正形成。国有经济部门的劳动用工制度改革尚未完成。社会劳动保险体系正在建立之中，由于法制不健全，劳动监察力量不足等原因，劳动力市场管理、劳动纠纷处理等方面的工作有待进一步加强。

三是土地市场虽正在形成，但只有 10% 的土地是采用招标或拍卖方式竞价出让的。房地产市场交易设施、服务体系及相关市场发展滞后。房地产市场的管理体制尚未理顺。

四是技术市场则存在着运作机制不够健全，扶持政策滞后于市场发展需要，技术市场交易的管理和中介服务不够完善，对技术市场的扶持政策不能完全兑现等问题。

五是产权交易市场已经形成，但仍然面临许多问题。一是观念障碍，有相当一部分人误认为产权流动就是流失；二是跨部门、跨系统企业兼并交易难；三是法规不健全，监督乏力；四是制约因素较多，市场配置资源的功能难以发挥。

此外，信息市场的发展滞后亦影响了要素市场的运转。

③ 市场中介组织存在着"官办"色彩浓厚，行政干预过多，机构规模偏小，组织不规范，从业人员素质、专业水平较低，服务质量差，行业形象有待提高等问题。

④ 政府对市场的调控和管理体系尚不完善，调控和监管手段落后。

⑤ 市场法治建设还不健全，交易行为不规范。

（2）厦门市培育和发展市场体系的目标是：形成高度开放的现代化市场体

系，促进市场体系整体结构和功能的现代化，突破地域界限，实现城乡市场紧密结合，国内、国际市场相互衔接，构造新型市场关系，充分发挥市场机制的作用，优化资源配置。

## （二）培育和发展市场体系的指导方针

（1）坚持公有制经济为主导，多种经济成分共同协调发展，平等参与市场竞争。

（2）遵循市场发育的内在规律，因地制宜，因物制宜，根据不同的发展阶段，选择适当的市场组织形式和流通方式。

（3）注重培育新型市场关系，完善和规范经纪人队伍，加强中介组织建设。

（4）坚持"软硬件"并举，引导市场建设走上现代化、规范化和法治化的轨道。

（5）正确定位政府行政管理职能，建立以经济政策和法律手段为主的市场调控管理体系。

（6）正确处理各类市场发展之间的关系，按照市场经济发展的内在规律要求，协调发展市场体系。重视各类市场之间的相互配套与衔接，对难度大、风险大的市场，采取先试点，后推进的方式，稳步前进。

## （三）发展市场体系的主要政策措施

（1）继续繁荣和发展商品市场。在重点培育要素市场的同时，加快商品市场的建设及商业现代化步伐，使厦门尽早成为我国东南部的商贸中心、进出口和转口基地，连接国内外市场的重要商埠。在消费品市场方面，要抓紧城市商业区及大型商场、批发市场的建设；在生产资料市场方面，要发展多种形式的产需衔接，积极推广代理制，建立现代化的配送中心和信息网络，探索有形市场与无形市场相结合的多种购销方式。积极稳妥地发展期货市场。

（2）深化流通企业改革，实现流通产业现代化。

创造不同所有制流通企业之间的平等竞争的市场环境，形成以公有制经济为主导，多种经济成分并存，共同发展的格局。

少数具有相当实力、能够发挥主导作用的国有流通企业，可以通过改制、改造、改组与兼并，组建企业集团，优化企业组织结构，提高规模经营能力。

有的可以发展以商贸为龙头，融贸易、产业、金融、技术开发、综合组织与服务等多功能为一体的综合商社。中小流通企业，有的可以通过发展连锁经营，转换经营机制，提高组织化程度，实现规模效益，有的可以进行股份合作制试点，探索企业新的合作经营形式。

深化供销合作社改革。要紧紧围绕把供销合作社真正办成农民的合作经济组织这个目标，抓住理顺组织体制，强化服务功能，完善经营机制，加强监督管理和给予保护扶持等五个环节，以基层社为重点，采取切实有力的措施，使供销社真正体现农民合作经济组织的性质，真正实现为农业、农村和农民提供综合服务的宗旨。

鼓励民营及个体流通企业的发展，各种不同所有制流通企业之间的兼并、融合。

进行在厦门特区引进外资商业企业的可行性研究，在条件成熟时开放特区流通领域，引进外商投资。

（3）重点培育生产要素市场。

一是在中央政策指导下，根据厦门的实际需要和可能，衍生发展具有厦门特色的金融市场体系，债券、股票融资的资本市场，以及期货市场。

二是发展劳动力市场。深化劳动制度改革，规范劳动关系，推动劳动力市场由现在的二元体系向一元体系的转变，建立健全劳动力市场服务保障体系，加强政府调控管理体系的建设，完善劳动监察制度，建立正常的市场秩序，推动劳动力市场健康发展。

三是发展房地产市场。要加强土地开发总体规划和土地供应量的调控管理；理顺房地产市场的管理体制，加快住房商品化改革，完善以价格机制为核心的房地产市场运行机制；建立健全房地产法规体系，对房地产市场实行规范化管理；发展与房地产市场相关的配套服务体系。

四是发展技术市场。市税务、金融、财政部门要尽快出台一些促进技术开发和技术市场的优惠政策，调整完善技术市场发展的环境；通过深化科技体制改革，促进更多的科研机构、高校、企业进入技术市场；发展技术市场的中介组织，建立完善技术市场的信息交流网络；建立多元化的技术市场发展基金的资金支撑体系；要形成促进企业主动吸收新技术的压力与动力。以保护知识产权和贯彻技术合同法为核心，完善技术市场的管理，维护技术市场的交易秩序。

五是发展产权交易市场。随着经济发展和改革的深化，产权流动和重组的现象会越来越多，这是盘活存量资产的重要的一环。应从健全法制入手，加强对产权交易的管理，规范产权交易行为，明确产权转让收入的处置方法，建立公开竞争的产权交易机制，特别要防止国有资产在产权转让中流失。

六是在发展信息市场方面，应着重抓好信息基础设施的建设以及信息产品的商品化。

（4）进一步转变政府经济管理职能，建立、完善政府的市场调控管理体系。发展市场中介组织，建立公平竞争、有序发展的特区市场运行机制。

（5）完善的法规体系是市场体系正常运转的重要保障。健全规范市场进入和保障有序竞争的法律法规及各项规章制度，做到市场活动有法可依，有章可循，保证市场交易公开、公平、公正、有序，破除条块分割、地区封锁。

逐步形成四个层次的市场管理和监督体系，改善和加强对市场的管理和监督，保障市场正常运行和维护平等竞争秩序。一是自我管理系统。包括企业内部、市场内部建立自我管理机制；二是社会公众监督系统。健全消费者协会等社会公众组织的监督职能，同时发挥新闻舆论工具的监督作用，形成群众性、经常化的社会公众监督系统；三是行业管理系统。要发挥各行业的商会、协会等自律性组织的作用，保护不同利益群体的合法利益，约束各自成员的市场行为，规范其经营活动；四是政府监管系统，面向市场，面向企业，面向基层，切实转变政府职能，把属于企业的职能全部还给企业，把竞争性领域的要素分配和资源配置的职能转给市场，把社会服务、监督职能交给中介组织，政府保留少量审批职能，但要公开化、规范化。充分利用经济政策手段进行市场监督和管理。

在发展市场中介组织方面，要调整政府机构与市场中介机构的关系，改变中介机构隶属或依附政府部门的不正常情况，加强对中介组织的法治建设，提高市场中介组织的自身素质建设；推进市场中介组织的产业化进程，促进市场中介组织采用国际通行的工作规范，拓展国际业务，建立较完整的既符合我国国情又有利于实现与国际市场接轨的市场中介组织体系。

# 八、深化农村改革，建立适应社会主义市场经济的新体制

随着特区二、三产业的发展及特区农村的城市化过程加速，特区的农业比重将进一步下降，但是，农村经济体制改革仍是特区经济体制改革的重要方面。"九五"期间，农村经济体制改革应抓好以下几方面的工作。

**1. 继续稳定完善家庭联产承包责任制和统分结合的双层经营机制，确立农户和企业的经营主体地位**

（1）积极探索以股份合作制为重点的新的产权制度经营方式。股份合作制是完善农村集体企业产权制度，推动开发性生产，加速发展乡镇企业和壮大集体经济实力的有效途径之一。今后发展开发性生产，新乡镇企业和集体经济应提倡推广股份合作制的组织形式。对现有的乡镇集体企业，可采取折股等形式，逐步引导实行股份合作经营，增强集体经济的活力。要总结推广杏林区内林村股份合作制改革试点经验；探索组建股份制农业发展公司，在不改变集体土地所有权和用途的前提下，本着群众自愿的原则，实行土地入股，利润分红的方式，统一经营全村土地，使农业从分散经营逐步转变为适度规模的企业化经营。

（2）逐步规范农村土地流转行为，明晰土地使用权流转过程中的利益关系。为了稳定土地的承包关系，鼓励农民增加投入，提高土地生产率，要延长耕地的承包期，并对承包期内土地的流转行为作出规定，有利于稳定农村土地经营的效率。在坚持土地集体所有制不变和不改变土地用途的前提下，经发包方同意，农户在承包期内土地的使用权可以依照规定进行有偿转让，允许继承开发性生产项目的承包经营权。少数经济发展较好的地方，本着群众自愿原则，可以采取转包、入股等多种形式发展适度规模经营，提高农业劳动生产率和土地生产率。

（3）鼓励农业专业化，集约化经营规模的扩大。农村专业化、集约化经营规模的扩大是提高农村经营效率和促进农村快速发展的重要途径。应切实增加农业投入，加强农业基础设施和重点工程建设，加强农业资金的统筹管理，引导农业集体经济组织合理使用资金，增强农业发展后劲和宏观调控能力，提高农业现代化水平，从资金和政策上扶持依靠科技进步，发展高产优质高效的高优农业的个人和集体，促进农村经营规模沿着适应市场竞争的方向发展，提高产品科技含量，增强规模效益和竞争能力。鼓励综合开发农业，形成具有多行业投资方向，以资本经营为主的具有较强抗风险能力的农业开发集团。

（4）发展农业集体经济。集体经济的发展壮大为农村基础设施建设和村镇面貌的根本变化提供重要的资金来源。1995年同安县已进行深化家庭联产承包责任制的具体工作，明确了集体统一经营的资产，为发展集体经济积累资金。正确认识发展集体经济对农村奔小康的重要意义，把发展集体企业作为发展乡镇企业的重要工作来抓。

**2. 加强农村基层政权建设，促进农村经济繁荣、社会全面进步**

（1）建设一个团结、坚强、群众拥护的领导班子，选准一条适合当地加快经济发展的好路子。各地的经验表明，在农村发展方向明确，各级政府大力支持的大环境下，农村能否真正发展起来，在于有没有一个真正致力探索适合本地情况的发展道路的坚强领导班子。厦门市农村现有经济力量还比较薄弱，应将能领导农村发展经济，带领农民奔小康，具有较高素质的干部选入基层领导班子，闯出一条特区农村发展的新路子。

（2）树立大农业大流通大市场观念。坚持因地制宜，因时制宜，宜工则工，宜农则农，合理开发利用农业资源，注重提高产出效益。

（3）建立健全一套适合农村工作特点，体现民主管理，保证工作有效运转的管理制度，按照科学管理的原则来确立基层政权管理的模式。

**3. 加强农副产品市场流通体系建设，建立以批发市场为中心的农产品市场体系**

（1）大力发展农产品现货批发市场。批发市场应成为厦门市农产品市场体系建设的重要环节。厦门市 1996～2010 年农村经济发展的规划中提出建立蔬菜生产基地、粮油生产基地、果茶生产基地、花药生产基地的目标，同时明确了发展林业、畜牧业、水产业的具体指标，在相应的流通环节应为生产的发展提供配套的设施建设，根据不同基地产品的不同，确定相应的农产品批发市场的选址和规模。

（2）建立健全市场规则，规范交易行为。

**4. 发展农村社会化服务体系，促进农业专业化、商品化、社会化**

（1）从农民实际需要出发，发展多样化服务组织，强化服务功能，搞好生产环节的服务和产前、产后服务。建立和完善国家经济技术组织部门，镇村集体经济组织和各种专业技术协会等农民联合组织相结合的服务网络；供销社应积极探索向综合性服务组织发展的新路子，真正办成农民的经济合作组织。要充实和加强镇级农业科技服务组织，财政用于科技服务组织的事业费应给予逐步增加，稳定技术服务组织的队伍，扩大服务范围，提高服务质量。

（2）发展多种形式的贸工农一体化经营。通过公司或龙头企业的系列化服务，把千家万户农户生产与国内外市场相连接；支持成立一批全市性的诸如养猪、养虾、蔬菜、水果、食用菌等民办专业协会，以促进专业性商品基地和区域性支柱产业形成，要利用农村合作基金会这种农村社区性的资金互助合作组织，在社区内更好地为农业和农民服务。

**5. 发展乡镇企业，加快农业现代化，农村城市化进程**

（1）发展乡镇企业是繁荣农村经济，增加农民收入、转移农村剩余劳动力，促进农业现代化和国民经济发展的重要途径，也是现阶段发展农村经济的主力军。要充分利用厦门区位、政策优势和灵活机制，实施外向带动战略，外引内联，多轮驱动，引凤筑巢，以项目带开发，提倡多种形式的互惠互利合作，促进乡镇企业上规模、上档次、上水平，持续高速健康发展，到20世纪末，农民从乡镇企业中得到的收入要在人均新增纯收入的60%以上，乡镇企业就业劳动力占农村总劳动力数达到45%以上。

（2）乡镇企业要进行产权制度和经营方式的创新，建立现代企业制度。小型乡镇企业以发展股份合作制为主要方向。进一步增强企业的活力和凝聚力，有条件的大中型乡镇企业，也可以实行公司制，组建企业集团等。厦门市已组建股份合作制企业数百家，全省16个股份合作制改革试点之一的杏林区内林村，经过努力，已取得较好成果，为村镇集体企业改革提供了很好的经验；乡镇企业公司制改制，组建企业集体方面，也成立了海沧石材集团、禾山集团公司、厦门巨鹏集团公司、厦门顺昌房地产开发有限责任公司和厦门银鹭集团等一系列企业集团和有限责任公司，"九五"期间，应在总结提高的基础上，进一步加快乡镇企业的现代企业制度建设步伐。

（3）促进生产要素跨社区流动，形成更合理的生产布局。在发展乡镇企业的过程中，应促进生产要素的跨社区流动。加强外引内联，引凤筑巢，以项目带开发；积极利用集体资金做好"三通一平"，建标准厂房，抓设施配套；多渠道、多形式筹集发展资金，实践证明，因地制宜，合理布局，集中连片开发建设发展镇村工业小区，有利于节约土地资源，节省基础设施投资；有利于信息交流、商品流通，带动第三产业发展，有利于引进资金、技术和人才；有利于形成规模、提高经济效益；有利于治理环境，加快农村城镇建设，推进农村工业化，城市化进程；有利于剩余劳动力就地转移。

**6. 把乡镇企业的发展同小城镇建设结合起来，加快劳动力转移和城市化步伐**

（1）加强规划，引导乡镇企业适当集中，充分利用和改造现有小城镇，建设新的小城镇。逐步改革现行的小城镇户籍、劳动就业和社会保障制度，允许农民进入小城镇务工经商，发展农村第三产业，促进农村剩余劳动力的转移，以星星点点的乡镇企业集中在基础设施完善、信息较为灵通的集镇周围，促进形成各具特色的小城镇，同时使城镇建设规模不断拓展，对城乡辐射能力不断加强，使小城镇成为全镇政治经济、文化、科技、教育中心。

（2）随着城镇社会保障制度、住房制度的改革，对有条件、有能力在厦门就业定居的农民，应当允许他们转换户籍，并相应改革城乡户籍管理办法，适当加快农村劳动力转移和城市化步伐。

（3）推进城乡一体化，促进城乡大循环。特区农村和城市是一个有机的整体。城市繁荣需要农村支持，农村发展需要城市带动。厦门经济的发展，农村是一个新的增长点；农村广阔天地是特区未来发展的主要伸展空间，要通过城乡联动改革，配套改革和同步改革，继续打破城乡二元化结构，建立起一种平衡城乡和工农业之间经济关系的机制。

# 九、实施"科技兴市"战略，加快科教体制改革

科技、教育、文化、卫生体制改革属于社会发展体制的改革，但是，科教文卫事业的发展、科教文卫体制的改革与经济发展、经济体制改革之间存在着极为密切的关系。因此，在进行经济体制改革规划时，必须考虑到相关的科教文卫体制的改革问题。由于科教文卫体制改革所涉及的面较广，经济体制改革不能包括其改革的全部内容，因此，本计划中的科教文卫体制改革主要是围绕着与经济体制改革、经济发展有关的部分展开。

## （一）科技体制改革

科学技术是第一生产力，是推动经济发展和社会进步的有力杠杆，是促进经济增长方式转变的最重要因素之一。它在厦门特区的二次创业中更具有特别重要的意义。为了充分发挥科技进步的巨大作用，"九五"期间，应加大特区科技体制改革的力度，初步建立与社会主义市场经济体制相适应的科技管理体制。具体措施是：

（1）按照"稳住一头，放开一片"的方针，调整科研机构内部组织机构，建立激励机制，促进科研人才分流重组。真正从体制上解决科研机构重复设

置，力量分散，科技与经济脱节的状况，促进科技与经济的有机结合。组织好在厦高校及省部属、市属、内联、民营、企业等各支科研力量、按不同层次进行分工，一部分与企业或企业集团联合形成企业或行业技术开发服务中心，其余全部转为法人，成为科工贸实体。社会公益型科研机构要向生产经营服务型转化，逐步构成组织网络化，功能社会化，服务产业化的新兴第三产业。到2000年，全市民营科技企业超过800家，从业人员1.5万人以上。

（2）企业逐步形成为技术开发主体。把增强企业应用先进技术的活力，提高技术创新能力作为现代企业制度建设的重要内容。加强企业职工在职技术培训，广泛开展群众性技术革新活动。继续推动产、学、研三结合，鼓励科研院所、高等院校的科技力量以多种形式，参与企业的技术改造和技术开发，以及合作建立中试基地，工程技术开发中心等，加快先进技术在企业中的推广应用。

（3）制定政策，鼓励台湾、海外及大陆科研机构来厦兴办独资、合资或合作办科研机构和科技咨询服务机构。鼓励出国留学人员和外籍华裔科技人员来厦领办、自办、合办、承包科研机构和各类科技企业，或投资入股。鼓励内联与民营科技机构发展，逐步形成以公有制为主体，多种经济成分并存共同发展的新局面。

（4）加快技术市场和信息市场的建设，并逐步与国际市场接轨。把培育和优先发展技术市场放在重要位置。"九五"期间建成"海峡技术信息大楼"。进一步完善厦门常设技术市场，发展技术中介机构和交易场所，培养技术经纪人队伍，建立技术供需的双向信息渠道和网络，促进科技成果的推广应用。

## （二）教育体制改革

深化教育体制改革，从其与经济体制改革相关的部分看，主要包括以下几个方面。

### 1. 办学体制改革

建立以政府办学为主体，社会各界积极参与，各有侧重，相互配合、协调，共同办学的体制，并相应建立以政府财政拨款为主，多渠道筹措教育经费的教育筹资体制。

（1）基础教育。基础教育应坚持政府出资办学为主的方针，同时鼓励社会力量依法兴办中小学。为了确保对九年义务教育的投入，在地方财税制度改革中，应开征用于普及九年义务教育的地方税种，保证义务教育经费随着特区经济发展水平的提高不断增加，改善基础教育条件。对于社会力量办学，一方面要加强指导，提高办学质量，通过立法使学校行为规范化；另一方面应在财政上予以适当支持，对于社会各界捐资兴学的不仅要在精神上予以鼓励，而且，应规定必要的政策措施予以奖励，例如，企业以税后利润、个人以其个人收入捐资兴学的，应免征其捐资部分的所得税；社会力量独资办学，政府在土地使用等方面予以优惠与便利。在积极鼓励社会力量捐资兴学的同时，提倡"雪里送炭"。制定必要的政策，鼓励捐资更多地面向办学条件较差的农村中小学及城市非重点中小学；明确人人拥有平等的受教育权利是全体社会成员的基本权利、发展教育事业的基本目标，捐资兴学应当有助于而不是妨碍其实现，因此，应在政策上规定捐资助学与单位、个人的子女招生就学问题不得挂钩，纠正捐资兴学中的不正之风，保障全体受教育者的公平竞争权利。

（2）职业技术教育和成人教育。职业技术教育和成人教育面向社会，面向市场，主要依靠社会力量办学，政府实行统筹管理。办学经费，以自筹为主，政府予以政策优惠，同时辅之以必要的财政资助。办学方向上，鼓励技能教育、非学历教育。

（3）高等教育。高等教育实行以政府办学为主，社会参与、各方联合办学的新格局。在政府办学方面，打破条块分割的局面，进一步促进中央、部门、省、市的合作办学。与此同时，高校应继续积极发展多种形式的联合办学，从多方面吸引投资；探索发展民办高等学校和国际合作办学的道路。

### 2. 教育投资体制改革

首先，切实保证政府财政拨款的主渠道作用，改革教育经费拨款机制，实行教育经费单列，促进政府的教育经费拨款和教育发展的需求相协调平衡，促进教育财权和事权的统一，加强教育行政部门的经费分配权、管理和监督权；其次，适当调整地方税制，从税收角度确保教育经费的稳定来源；最后，鼓励多渠道筹措教育经费，如对校办产业的减免税政策，鼓励社会力量捐资兴学，建立各种教育基金等。

## （三）文化、卫生、体育体制改革

### 1. 文化体制改革

（1）在发展社会经济的同时，增加对文化事业的财政投入，鼓励社会力量投资文化事业，多渠道筹资，设立各种文化基金，对厦门市代表国家、民族和剧种艺术水平的文艺院团、图书馆、博物馆以及相关的文化事业等实行重点保护和扶持。

（2）改革文艺院团的内部经营机制，把院团真正办成创作演出实体，实行企业化管理，具体措施是：

① 改革文艺团体的体制，使文艺团体建立起与社会主义市场经济体制相适应的所有制形式、经营机制、分配机制、市场监督机制和人事制度；

② 在文艺团体中实行董事会领导下的院团长负责制；

③ 筹集演员俱乐部，发展文化经纪人和文化经纪人组织；

④ 实行团企联姻，文艺团体大胆引进企业化管理方式。

（3）大量发展文化市场，加强政府管理及行业自律管理，形成思想健康、门类齐全、运作灵活、管理有序、效益显著的特区文化市场体系。

## 2. 卫生体制改革

（1）推进医疗保障制度改革。对现行的公费医疗与劳保医疗制度进行改革，建立适应社会主义市场经济运行机制的形式多样、项目不同、标准有别的医疗保险制度，形成社会、企事业单位和个人合理负担医疗费用的机制；

（2）进一步完善医疗卫生机构的内部管理制度，强化医疗道德教育，提高医疗服务水平；

（3）进行医疗服务价格制度改革，建立健全合理的卫生事业补偿机制。"九五"期间要继续贯彻"小步快走"的方针，根据物价及医疗卫生服务成本的变动情况，及时调整医疗收费价格，到"九五"期末实现按成本收费。特需医疗要逐步放开价格，有偿服务的收入不低于财政拨款。

（4）利用特区优势，继续开展多种形式的对内对外医疗合作、学术交流活动，采取吸引外资或社会集资等多种方式，改善特区医疗卫生服务设施，提高特区人民的医疗服务质量。

## 3. 体育体制改革

（1）改革体育管理体制，实现政府部门从"办"体育向"管"体育的职能转变。理顺体委与体育总会的关系，使体育总会成为团结、协调社会各方面力量，发展特区体育事业的重要组织。实行体育协会和俱乐部制改革，动员社会力量办体育。

（2）发展群众体育运动。发展群众体育运动，应在继续发展企事业单位群众体育运动的基础上，重视发展社区体育运动。发展群众性体育活动要和体育产业的发展结合起来。

（3）运用市场机制发展体育产业，引导体育消费。

① 选择适当的竞技运动项目，兴办体育俱乐部，实行职业化运动管理方式。

② 引进国内外资金，合作合资开发体育产业，建设体育设施；加强对体育市场的管理，按照市场规律，提供有偿服务。

③ 探索体育产业的管理体制，通过发展体育产业，筹集资金发展竞技体育运动、支持全民健身计划。

# 十、建立适应特区发展的社会主义市场经济的法规体系

## （一）市场经济立法的现状

市场经济是法治经济。近几年来，随着我国社会主义市场经济的发育和发展，我国市场法治建设的进程不断加快。自 1993 年以来，国家先后制定和修订了《公司法》《银行法》《商业银行法》《产品质量法》《经济合同法》《消费者权益保障法》《担保法》《反不正当竞争法》《拍卖法》《房地产管理法》《劳动法》《预算法》《会计法》等法律和行政法规。虽然，国家关于市场经济的立法日益增多，但与市场经济发展较快的地区特别是特区的经济发展相比，仍有滞后性，对诸多的经济领域未能予以调整和规范；同时，由于我国各地区的社会经济发展水平等差距较大，国家立法要考虑到全国的情况，很多规定比较有局限性。因此，在厦门市要实现率先建立社会主义市场经济体制的目标，用足用活全国人大授予的立法权，尽快建立完善的市场法规体系，意义非常重大。两年多来，厦门市在立法工作方面迈出了可喜的一步。

在规范市场主体方面，制定了《厦门市企业登记管理条例》《厦门市境外企业常驻代表机构管理规定》等法规和规章。为维护市场秩序，制定了《厦门市产品质量监督条例》《厦门市建设工程施工招标投标管理办法》《厦门市户外广告管理办法》《厦门市酒类管理规定》《厦门市商品条码管理办法》《厦门市粮油市场管理规定》《厦门市制止价格欺诈和牟取暴利的暂行规定》《厦门市水产品批发市场管理规定》《厦门市商品交易市场管理规定》等法规。

加强宏观调控是市场经济发展的重要手段。厦门市已制定了《厦门市价格

管理条例》《厦门市行政收费管理办法》《厦门市地方预算执行情况审计监督办法》《厦门劳动监察规定》《厦门市蔬菜基地保护管理办法》《厦门市生猪定点屠宰管理暂行办法》等法规和规章。

在强化社会保障方面，制定了《厦门市职工养老保险暂行规定》《厦门市职工失业保险暂行规定》《厦门市职工工伤保险暂行规定》《厦门市农村社会养老保险规定》等规章。

为积极用活某些自由港政策，制定了《厦门市象屿保税区条例》《厦门市台湾同胞投资保障条例》《厦门经济特区保税生产资料市场管理办法》《厦门经济经济特区外国人"特区旅游签证"管理规定》等法规和规章。同时制定了《厦门市海域使用管理规定》《厦门市海域环境保护规定》《厦门市浅海滩涂养殖规定》，有关港口和海域使用的法规体系初步形成。

此外，厦门市在加强科技、城市管理、促进精神文明建设等方面，制定了一系列法规和规章，如《厦门市科技进步条例》《厦门市学校用地保护规定》《厦门市捐资兴学奖励办法》《厦门市实施〈中华人民共和国教师法〉规定》《厦门市城镇房屋管理条例》《厦门市砂石土资源管理规定》《厦门市城市建设监察条例》，有力地保障了市场经济的发展。

## （二）厦门市市场法规建设的指导思想、目标和任务

厦门市立法的指导思想是：从率先建立社会主义市场经济体制的目标出发，坚持以建设有中国特色的社会主义理论和党的基本路线为指导，根据发展社会主义市场经济的客观要求，充分用好、用足、用活全国人大授予的立法权，使我市的市场法规与我市率先建立和发展社会主义市场经济体制的进程相适应。

厦门市"九五"期间立法的目标是：在修改完善已出台的有关市场经济的规定基础上，用3~5年的时间制定颁布一批急需的、重要的、综合性的市场法规、规章，在我市初步形成与国家法律、法规相配套、相协调，适应市场经济的发展的市场发展体系的框架，使我市市场经济的重要领域、重要方面和主要环节有法可依。

"九五"期间，厦门市市场法规建设的具体任务有以下几点。

### 1. 建立现代企业制度

在《公司法》《工业企业法》等法规的基础上，制定《企业权益保障条

例》《私营企业条例》《乡镇企业条例》《股份合作条例》《企业集团管理规定》《国有工业、贸易企业规定》《外国公司分支机构管理规定》《企业破产条例》《企业清算条例》等法规，以进一步规范和确立市场主体的组织形式和法律地位，明确市场主体与政府经济管理部门的关系，保障市场主体的自主和平等。

**2. 完善市场要素，规范市场秩序**

（1）房地产市场：出台《土地登记管理办法》《土地交易管理办法》《集体土地使用权转让条例》《房屋租赁管理规定》《房屋互换规定》《房屋经纪管理办法》《房地产评估办法》《房地产仲裁办法》《房地产物业收费管理规定》《建筑市场条例》等。

（2）金融市场：制定《贷款证管理办法》《抵押贷款条例》《外汇管理条例》《信托条例》《投资基金管理条例》《债券发行和交易管理办法》《融资租赁条例》《证券监管管理办法》《证券服务业管理条例》《股份登记与托管办法》等。

（3）技术市场：制定《技术引进条例》《技术市场管理条例》《科技成果转化条例》《技术出口管理办法》《民营科技型企业管理办法》《高新技术企业和项目认定办法》《火炬高技术产业开发区条例》《外资科技开发机构管理办法》《对台科技合作条例》等。

（4）劳动力市场：制定《外来劳动力管理条例》《人才流动管理条例》《就业促进条例》《富余职工安置办法》《境外人员在厦就业规定》《对外（台）劳务合作条例》等。

（5）产权交易市场：制定《产权交易管理办法》《资产评估管理条例》《国有资产监管规定》《财产拍卖条例》等。

为规范市场行为和秩序，制定《公平交易条例》《反垄断条例》《打击生产销售假冒伪劣商品条例》《反不正当竞争规定》《进出口商品检验管理办法》《消费者权益保护条例》《农产品批发交易市场管理办法》《农资市场管理办法》《集贸市场管理办法》《烟草专卖规定》《汽车市场管理办法》《旧机动车交易管理办法》《商品市场和商业网点建设管理办法》《期货经纪和交易条例》等。

**3. 加强政府经济调控管理方面**

制定《预算外资金管理办法》《价格调节基金管理规定》《固定资产投资

管理条例》《境外投资管理规定》《产业政策条例》《对台贸易管理条例》等法规，以确立政府对市场调控的范围、方式和手段，促进经济稳定协调发展。

### 4. 强化社会保障

在厦门市已制定的四个保险规定的基础上，制定《医疗保险规定》《社会救济规定》《残疾人按比例就业条例》等，为经济发展创造一个安定的社会环境。同时，制定《中介机构条例》《行业协会条例》《商会条例》《经纪交易市场管理办法》《公证若干规定》《典当行管理规定》《法律服务市场管理规定》等法规，以充分发挥中介组织在市场经济运行中的作用。

## （三）强化立法工作，加强执法监督

在厦门市立法工作中，应把市场经济的立法项目有计划、有步骤地作为立法重点列入立法计划和立法中、长期规划，以确保今后五年市场法规建设目标的实现。立法工作中，应注意处理好下列几个方面的关系。

### 1. 国家立法与特区立法的关系

依据全国人大立法授权决定，厦门市制定法规，应根据厦门经济特区的具体情况和实际需要，遵循宪法的规定以及法律和行政法规的相关原则。是否立法，主要是根据本市的具体情况和实际需要。国家和省已有立法的，根据厦门市实际仍需要立法的，可制定相应的法规、规章，并要求特区立法应有操作性、超前性，有特色、有突破，不照搬条条框框；对国家和省的立法，在厦门市能够实施的，就无须再立法，不搞"红头文件大拼盘"；对国家和省没有立法的，厦门市市场经济发展需要立法的，应大力尝试，先行立法，不能等、靠、要，要积极发挥特区授权立法的试验田作用。

### 2. 法规与规章的关系

制定法规应遵循的是宪法的规定和法律、行政法规的原则，可以突破国家立法的有关规定，同时法规可设定多种行政处罚，这是法规制定的优势。在制定市场法规过程中，可以将改革比较成熟的做法上升为法规。规章制定程序相对简单，对一些急需的试验性的措施可先以规章形式出台，加快立法进程，并对成熟的规章及时上升为法规。

### 3. 全局与部门利益的关系

为避免立法的部门本位主义、局部利益现象，要打破部门单一起草立法项目的做法，邀请专家参与立法；强化政府法制部门的作用，把好审查关；发挥群众参与立法的积极性，增强立法的透明度，使立法工作走上规范化、民主化、科学化的道路。

### 4. 效率与质量的关系

既要加快立法步伐，又要注重立法质量。一是加强立法工作的领导，正确理解全国人大授权立法决定的精神实质，用足、用活立法权；二是认真落实立法责任制；三是加强立法队伍建设，以保证立法工作高效率地进行。

有法可依，有法必依，执法必严，违法必究，是社会主义法制的基本要求。制定法规、规章，贵在执行。一方面，应加大宣传我市制定的法规、规章的力度，不断提高公民的法律意识；另一方面，应加强执法监督工作。在执法监督工作中，一是建立健全行政执法责任制；二是坚持行政执法报备制度，对行政执法中的重大案件应报政府法制部门备案；三是大力加强行政执法检查工作，各行政执法部门应做好本职的行政执法工作，政府法制等部门要加大执法监督检查力度，对执法不力的单位和人员要依法追究责任；四是加强行政复议工作，健全行政司法救济制度。

# 率先建立市场经济体制
# 与经济特区优势的发展 *

经济特区是中国实行改革开放政策的产物，而经济特区的实践对中国政府决定建立社会主义市场经济体制，实行全方位的对外开放政策的巨大推动作用也是世所公认的。然而，在全国各地纷纷加快推行建立社会主义市场经济新体制的各项改革，大踏步地实行对外开放的 20 世纪 90 年代初中期，在各经济特区却出现了一场关于在新形势下经济特区的使命及其固有优势是否仍然存在，特区今后发展战略的大讨论。本文就这一问题进行探讨。

一

探讨经济特区在新体制下的使命及其优势、今后的发展战略，必须分析 20 世纪 80 年代初期中国政府建立经济特区的初衷以及在当时制度环境下，经济特区的优势所在。

面对着长期实行计划经济制度及闭关锁国的经济政策，尤其是十年动乱导致的经济增长停滞不前，80 年代初，中国政府已经认识到必须实行经济体制的改革和对外开放政策。但是，改革的目标模式尚未明确，对外开放的利弊尤其是它对中国经济运行将要带来的冲击能否承受也难以预料。因而，中国政府采取了渐进或者说试错的方式进行经济体制改革和对外开放。作为这一战略思想的具体体现，在对外开放方面，是先划出若干邻近港澳或有较多华侨关系、历史上就与国外经济有较多联系但在全国经济中又不具有重要意义的地区作为特区进行试点；在经济体制改革方面，则采取了对传统的计划经济体制渐进改革

---

＊ 本文原载于《中国经济问题》1995 年第 5 期。

或者说改良的方式进行。作为这二者的结合，当时的经济特区的使命和优势表现为：

（1）经济特区最初是作为自由贸易区或出口加工区来办的。1980 年五届全国人大常委会第十五次会议批准的《广东省经济特区条例》就明确指出，兴办特区的目的在于发展对外经济合作与技术交流……鼓励外国公民、华侨、港澳同胞及其公司、企业，投资设厂，兴办企业和其他事业。

（2）经济特区的优势主要体现为政策优势。这是由以下两方面的原因促成的：①被选中办特区的深圳、汕头、珠海、厦门、海南等地，在 20 世纪 80 年代初，都是当时中国经济较落后地区。然而，由于中央政府财政困难，无法提供兴办特区所需的基础设施投资等必要的资金，因而采取了不给资金给政策的措施。②经济特区所需的运行机制是与当时的全国经济运行机制相矛盾的。作为以自由贸易区为目标模式，以吸引外商投资，实现出口创汇为目的经济特区必然要求实行市场经济的运行机制，但是，当时的中国经济运行机制仍然是以计划经济为主的，因此，作为中央政府的措施是实行政策隔离，即在经济特区实行特殊政策，其他地区不得引用，形成若干个"政策飞地"。

然而，无论是特区还是全国后来的经济发展形势都超出原先的设计。经济特区并没有办成规范的自由贸易区或出口加工区，拟议建立的特别关税区并没有形成；全国的经济体制经过多年探索，最终决定转向社会主义市场经济。因此，必然地，原先作为经济特区特有的政策，一方面随着全国实行市场经济体制、全方位的对外开放而普及全国各地；另一方面由于中国要加入世界贸易组织（WTO），过去那种不规范的关境内部分地区享受部分关税减免，同一关税区内关税不统一的做法必须取消，经济特区在关税上享有的部分进口商品半税优惠也将不复存在。因此，可以说，随着中国向市场经济体制的过渡——如果经济特区并不相应地转化为特别关税区——传统意义上的经济特区政策优势将由于全国经济体制及政策的统一而逐步消失。

二

经济特区固有政策优势随着全国市场经济体制的建立及全方位对外开放的实现而消失。对经济特区来说，首先应当视为好事。它证明经济特区的实践是成功的，从而彻底结束了在兴办特区必要性问题上的意识形态上的无谓争论；它使经济特区在今后的发展过程中不再因外部环境的压力而停滞甚至中途夭折，从长远的角度看，以市场机制为运行基础的经济特区是不可能寄生在以计划经济为主的经济运行环境中的；它使经济特区彻底摆脱了外部体制环境的羁绊，从而可以放开手脚地发展市场经济，更好地按照国际经济惯例参与国际经济分工与国际经济竞争。其次，经过十五年的超前发展，今天的经济特区已经完全不是80年代初期的经济特区了，如果说，十五年前，无论是从外部制度环境还是从自身的经济实力看，没有中央政府的优惠政策扶持，特区难以起步。而十五年后的今天，特区的发展仍要靠中央政府的政策优惠，岂不证明经济特区十五年的工作毫无成绩，从而建立经济特区的决策毫无可取，而且在全国建立社会主义市场经济体制、实行全方位的对外开放毫无意义吗？然而，各经济特区在20世纪90年代的经济增长业绩说明，类似的担心是完全不必要的。再次，更应当着重说明的是，政策优惠仅仅是经济特区优势中一部分而已，而且随着特区经济的发展，其作用在逐步降低，目前已经让位给特区在十五年的改革开放中所形成的自身优势。相比较全国其他地区而言，由于经济特区较早实行较高层次的对外开放，由此而较早地实行了市场取向的改革，经济特区目前的优势突出地体现为体制优势，即特区的经济运行已经较多地按市场经济的方式进行，旧体制因素的影响相对微弱。主要表现在以下方面。

（1）市场体系已经基本形成。不仅商品市场，而且要素市场也已初具规模，其中劳动力市场发展尤为迅速，市场就业已成为劳动力就业的主渠道，市场供求对大部分企业的工资决定起决定性影响。

（2）已经形成了比较适应市场经济运行的国民经济多元产权结构。以外商投资企业及民营企业为代表的独立市场主体在特区经济中占较大比重，促进了特区市场体系的发展及与国际市场的联系，使特区经济的运行机制迅速市场经济化，推动了国有经济的改革及政府经济管理职能的转换。

（3）国有企业改革的难度相对较小。国有企业改革是中国走向市场经济体制的最大难点。然而，由于国有企业在特区经济中的比重较小，因此尽管也有少部分国有企业经营状况不好，但是，它对特区经济发展的影响相对较小，并不构成特区财政的沉重负担。同时，由于身处特区，各方面有利条件、机会较多，国有企业的改革从总体上看，比国内其他地区的难度要小一些。

（4）政府对社会经济运行的调控管理正逐步地按市场经济的一般规范进行。由于特区经济中外商投资企业等独立市场主体占相当比重，经济的对外开放程度高，因此政府的经济管理方式必须适应这一现实，它促使政府放弃传统的计划经济管理方式，更多地按照国际通行的市场经济的一般规范进行管理。

（5）政府的财政收支结构较合理。由于外商投资企业等独立市场主体在特区经济中占较大比重，特区的财政收入主要来源于各项税收，同时，进入 20 世纪 90 年代以来，特区的财政支出尤其是财政投资支出已逐步转向公共投资支出，因此，特区政府财政已较接近市场经济条件下的公共财政结构。

（6）建立了发展外向型经济的良好基础。15 年的对外开放，发展外向型经济，大规模地引进外商投资，特区经济与国际经济建立了相当密切的联系；建立了一批在国际市场有一定竞争力的企业或企业集团，培养了一批较熟悉国际经贸业务的专门人才；同时，经过 15 年的建设，各经济特区无论基础设施等硬件还是制度建设等软件角度看，都是世所公认的目前中国最佳投资地区。这使经济特区在中国实行全方位开放的形势下，站在发展开放经济的较高起点上。

（7）产业结构新，历史包袱较小。由于经济特区基本上是在原有经济基础较差甚至是一片白地上建立起来的；因此，特区的产业结构中新兴产业的比重较高，夕阳产业比较少。在实现产业结构调整、升级换代过程中，所要承担的成本也就大大小于其他地区。

（8）社会公众的商品经济意识较强。经过 15 年的对外开放，发展商品经济，使经济特区人民的价值取向、文化观念发生了巨大变化，社会公众的市场经济意识水平、市场竞争能力的普遍提高，可以说是特区优势中容易被忽视然而却是值得重视的方面。

上述经济特区这八个方面的优势基本上是制度方面而非政策方面的优势，显然，与这八个方面的优势相比，政策优惠所形成的优势是次要的。因此，经济特区决不会因为在全国建立社会主义市场经济体制，实行全方位的对外开放，将特区的有关政策推广到内地而丧失它在 15 年超前发展中所建立起来的优势。相反，它将因此获得一个更为有利的外部环境和新的起点。

## 三

在新的外部制度环境下，经济特区的进一步发展面临新的选择。关于特区在新的历史条件下的使命、优势及发展战略的讨论正是缘此而发的。在探讨特区今后的发展方向时，有些论者从与国际惯例接轨的角度出发，提出了规范制度设计，将经济特区发展成为自由港或自由贸易区等特别关税区的设想。这种思路显然是有价值的，值得重视。但是，无论经济特区是否发展成为特别关税区，各个经济特区都可以自主选择，而且可以说是作为中央政府进行上述决策的先决条件或基础工作，是在已有基础上，率先建立、完善市场经济制度，规范经济特区内部的制度环境。它必须成为经济特区在今后一个时期的战略重点之一。

率先建立、完善市场经济体制之所以是在新形势下经济特区发展其优势的最重要基础，是因为尽管在过去的 15 年里，经济特区在总体上坚持了市场取向的发展道路，在发展市场经济方面超前于内地。但是，应当看到，在全国的经济体制改革目标模式并不明确的条件下，经济特区尽管作为"政策飞地"，享有某些特殊政策，但是，它的发展从未脱离整个中国政治经济局势的影响和制约，以及全局政治经济政策的指导。由于在相当一段时间内，就连要不要对外开放、引进外资，要不要办特区，在特区能否实行市场调节为主，这些相对偏离意识形态争论旋涡，但又更关系特区经济运行的问题也数次引起争论，而且往往是直至最高领导层作出裁决后方暂告停止。甚至直至 20 世纪 90 年代初，国务院批转的《1990 年经济特区工作会议纪要》根据当时的全国政治经济形势，还认为："特区经济是国家有计划的商品经济的组成部分。特区经济运行机制同样要实行计划经济与市场调节相结合的原则。"区别只在于"由于特区的主要任务是发展外向型经济，市场调节的作用要发挥得更充分一些，调节的范围可以大一些，方式可以灵活一点"。一方面由于全国体制改革目标模式不确定，另一方面由于当时特区发展的当务之急是对外开放、引进外资，因而，在相当长一段时间内，作为地方政府的特区政府在特区工作上的理性选择必然是：与其把体制改革、制度创新不如把对外开放、引进外资、发展外向型经济放在首位。因此，在实践中，特区的经济体制改革工作往往是被放在从属于对外开放，与发展外向型经济相配套的地位上，甚至是打着与国际惯例接轨的旗号进行的。这就造成了特区虽然得益于特殊政策，在发展商品经济以及若干制度建设方面超前于内地，但是，它必然是不彻底的和不规范的，有些甚至是以扭曲的形式出现的。与规范的市场经济运行机制相比，则有不少差距。许多市场经济的基本制度建设及基础性改革并未根本解决。例如，国有制经济的配置结构调整问题、国有企业改革问题、政府经济管理职能转换问题、作为独立市场主体的商品银行及其体系的建设、符合市场经济运行机制要求的社会保障体系的建立、市场体系的完善及市场规则的建立、健全，等等。而这些问题在旧的外部制度环境下，希望特区孤军深入，先行解决是不可能的。因此，经济特区目前为止的市场经济发育呈现出这样一种状态：正式的市场制度、市场规则的建设明显地落后于市场经济的实际发育程度。所以，抓紧制度建设，把过去由于外部制度环境不许可因而不能建立的或只能以不规范的形式建立的制度建立、健全、理顺、规范化，是巩固和发展特区 15 年市场经济发展已有成果，再创特区优势的最重要的工作。

率先建立社会主义市场经济新体制是当前再创特区优势的最重要的基础工作，它一方面依靠特区政府的自身努力，另一方面，中央政府的支持的作用也不可忽视。建立社会主义市场经济，从本质上说，是应当实行全国统一的制度规范，这是就其终极目标而言的，然而，目前各地发展程度差异甚大，也是不争的事实。基础好的地区应当允许其继续超前发展，更何况社会主义市场经济的建立本身就是一项前无古人的事业，经济特区继续发挥其作为改革试验区的作用，无疑是有利于全国市场经济体制的建立的。从市场实际发育程度与制度建设之间的关系看，一般地说，后者必须建立在前者的基础上。因此，即使是全国将来都要推广的制度和政策，在实行上也必须根据各地的市场关系发展成熟状况而有先有后，更何况各地在全国经济发展中的地位不一，任务不同？从这一角度看，完全否定经济特区在新的制度环境下有实行某些特殊政策的必要，未必尽妥。问题在于特殊政策的内涵是什么。显然，在新的制度环境下，有两类特殊政策是可以考虑的：一类是将来全国都要实行而目前由于特区的市场经济发育程度较高可以先行的；另一类是由于特区在将来全国统一的市场经济体制下所具有的特殊地位，所要承担的特殊任务，因此需要的某些特殊政策。例如，如果要将现有的经济特区发展成为特别关税区的自由港、自由贸易区等，就必须有一些与全国其他地区不同的特殊政策。

# 经济特区的企业制度改革
# 及其政策取向 *

党的十四届三中全会《关于建立社会主义市场经济体制若干问题的决定》把建立现代企业制度作为新阶段经济体制改革的重要任务予以强调，目的在于通过现代企业制度的建立奠定我国社会主义市场经济的微观基础。如果说，我国的经济特区在过去的 15 年里，依照中央政府所给予的特殊政策，实行比内地范围更广、程度更高的对外开放，通过大规模引进外资，发展外向型经济，使特区商品经济的发展程度领先于全国平均水平，并以此促进了特区经济体制的市场取向改革及经济的较快发展的话，那么，可以说，充分利用这一业已形成的体制优势和区位优势，加快制度创新，实现与国际经济惯例接轨，率先建立较为规范的市场经济体制及运行机制，就将成为特区经济在新的历史时期继续保持领先势头的重要制度保障。而其中，企业制度的改革与创新则居基础地位。本文拟从这一思路出发，对经济特区企业制度改革及政府企业制度政策的过去、现状进行分析、评价，并在此基础上提供若干政策建议。

## 一、经济特区企业制度及政府企业
## 制度政策发展的回顾

### （一）政策弯路及其政治经济背景

作为 20 世纪 80 年代初被中央政府选定为兴办经济特区的深圳、汕头、珠海、厦门及海南，在当时，是一些具有如下共同特征的地区：地处东南沿海边

---

* 本文节选自《跨世纪的中国经济特区——政策回顾与展望》，鹭江出版社 1995 年版。

陲，远离全国政治经济中心；与台、港、澳相邻；自中华人民共和国成立以来，长期是边海防前哨、军事堡垒。因而，它们虽具有发展经济的巨大潜力，但始终没有得到应有的开发，经济发展水平严重落后于全国平均发展水平。除厦门这样一个早在 100 多年前就已是五口通商的口岸之一、福建省的第二大城市之外，深圳、汕头、珠海 3 个特区，兴建之初几乎就不存在现代意义上的工业。深圳在兴建特区之初（1979 年），基本上是农业经济，全市工业企业仅 224 家，全部工业总产值不过 6061 万元，[①] 平均每个工业企业年产值仅 27.05 万元，只能生产一些小农具、小化肥和日用小商品。[②] 珠海在建市前（1978 年）工业企业仅 271 家，工业总值 1.23 亿元，平均每个企业的产值不过 45.5 万元。[③] 汕头经济特区 1982 年工业总产值仅 40 万元。[④] 而海南在建省设特区（1986 年）之前，人均工业产值水平只相当于全国平均水平的 26%，人均工业固定资产仅相当于全国平均水平的一半左右（原值为 49%，净值为 56%）。[⑤] 就是老城市厦门，建特区前的工业总产值亦不过 8.05 亿元（1979 年），全部工业固定资产净值 2.47 亿元。与这种落后的工业发展水平相适应，企业制度的落后也是可想而知的。因此，如果说，特区的建设基本上是在一片空地上进行的话，特区的体制尤其是企业制度也基本上是一纸空白。[⑥]

从零起步，从理论上说，是可以实现体制设定上的一步到位，或者至少可以按一个最优规划予以分步实施。然而，观察 15 年来各经济特区在企业制度尤其是国有企业制度改革上的发展轨迹，则并非如此，而是走了一条与内地工业企业大致相仿的道路，即从国有国营到放权让利、责任制、利改税、承包制以至现在提出的建立现代企业制度。这对于是白纸绘图的特区企业制度的发展来说，无疑是走了弯路。

这种似乎不可思议的特区企业制度变革轨迹，如果放在这 15 年来中国政治经济体制变的大背景下考察，便不难理解。之所以如此，是因为经济特区的发展及制度建设，虽然中央政府有某些特殊政策，但是，它从未脱离过整个中国的政治经济局势的影响与制约以及全国政治经济政策的指导。更何况，中央

---

① 李冠明：《深圳工业的回顾与战略目标》，载《港澳经济》1987 年第 3 期。
② 李灏：《深圳经济特区十年建设的回顾与展望》，载《中国经济特区与沿海经济技术开发区年鉴（1990—1992）》，改革出版社 1992 年版，第 38 页。
③ 田忠敏：《珠海市工业结构存在的问题以及调整的对策》，载《港澳经济》1990 年第 3 期。
④ 《中国经济特区与沿海经济技术开发区年鉴（1980—1989）》，改革出版社 1991 年版，第 86 页。
⑤ 陈栋生：《海南岛的开发和产业政策》，载《地域研究与开发》1989 年第 3 期。
⑥ 对于这一判断需要进一步说明的是，最初开始建设的深圳、珠海、汕头、厦门经济特区都只是这些地区的一部分，而且基本上是在没有什么工业企业的空地上进行的，而后才逐步扩展到现在的全部市区。

政府在设立经济特区之初，其目标在于"发展对外经济合作与技术交流……鼓励外国公民、华侨、港澳同胞及其公司、企业，投资设厂或者与我方合资设厂，兴办企业和其他事业。"[①] 在当时的决策考虑中，经济特区并不是作为经济体制改革的试验区而主要是作为类似出口加工区或自由贸易区来兴办的。[②] 因而，作为经济体制改革的示范区并不是一开始就作为经济特区的任务的。相反，如果追溯一下近 10 年来的经济体制改革史，就可以发现，包括企业制度改革在内的许多改革举措或制度创新倒是先在内地萌芽的。例如，我国最早的股份制企业——北京天桥百货股份有限公司 1984 年诞生于北京；全国第一家被确定为国有大型工业企业股份制试点的企业是广东省佛山市国营无线电一厂（1985 年 10 月）；改革以来最早出现的正式挂牌的股票交易活动，是由中国工商银行上海信托投资公司静安区业务部进行的（1986 年 9 月 26 日）；最早的企业破产处理，是辽宁省沈阳市的防爆器材厂……。[③]

中国的经济体制改革，在最初，是一种终极目标模式不明确的边试边干或者说摸着石头过河的过程，而其间，各种争论的风风雨雨，更使改革目标模式的确定呈现出一种螺旋式的曲折上升过程。事实上，改革的目标模式，要不要对外开放、引进外资，要不要办特区，在特区能否实行市场调节为主，这些关系特区经济运行方式的问题也数度引起争论，而且往往是直至最高领导层作出裁决后方暂告停止。[④] 因此，一方面由于改革目标模式不确定，另一方面由于特区发展的当务之急是对外开放、引进外资，因而，在相当长的一段时间内，作为地方政府的特区政府在特区发展问题上的理性选择必然是：暂时避开体制改革、制度创新问题，而把对外开放、引进外资、发展外向型经济放在工作的中心位置上。因此，在实践中，特区的经济体制改革工作往往是被放在从属于对外开放，与特区外向型经济、商品经济发展相配套的地位上，多以与国际经济惯例接轨的形式出现。这必然造成特区在企业制度改革方面的相对滞后。如果说，经济特区在所有制结构、企业制度及实际运行机制方面有所不同于内地，那主要是得益于对外开放政策，得益于引进外资、发展外向型经济而引起的商品经济迅速发展，得益于为配合外资、外经政策而实

---

① 参见《广东省经济特区条例》（1980 年 8 月 26 日第五届全国人民代表大会常务委员会第十五次会议批准）第一条，引自《中国经济特区与沿海经济技术开发区年鉴（1980—1989）》，改革出版社 1991 年版，第 455 页。

② 参见《广东省经济特区条例》第九条。

③ 陈水忠：《中国社会主义股份制研究》，人民出版社 1991 年版，第 14 章。

④ 例如，要不要办特区，特区的性质问题争论，是直至邓小平 1984 年视察各特区并作了态度明确的肯定之后方告一段落的。参阅《中国经济特区与沿海经济技术开发区年鉴（1990—1992）》，改革出版社 1992 年版，第 42 页。

施的若干企业制度方面的政策。

## （二）经济特区企业类型结构及制度沿革

在较低的工业发展水平基础上，在特定的政治经济大环境下，以发展外向型经济为引擎，经过10多年的努力，经济特区形成了以外商投资企业、市属国有企业、内联企业、集体所有制企业及民办企业为主的经济结构（见表1）。这一经济结构，与内地相比，具有以下明显的特点。

表1　　　　　　　　　中国各经济特区的企业类型结构

| 特区 | 市属国有企业 | | | | 内联企业 | | | | 外商投资企业 | | | | 集体企业 | | | |
|---|---|---|---|---|---|---|---|---|---|---|---|---|---|---|---|---|
| | 企业 | | 产值 | | 企业 | | 产值 | | 企业 | | 产值 | | 企业 | | 产值 | |
| | 个数 | % | 万元 | % | 个数 | % | 万元 | % | 个数 | % | 万元 | % | 个数 | % | 万元 | % |
| 深圳 | 264 | 17.04 | 434263 | 8.43 | 181 | 11.68 | 525232 | 10.19 | 911 | 58.81 | 3392393 | 65.82 | 100 | 6.46 | 62959 | 1.22 |
| 珠海 | 104 | 14.09 | 173876 | 20.43 | | | | | 338 | 45.80 | 472004 | 55.46 | 268 | 36.31 | 134768 | 15.83 |
| 汕头 | 224 | 21.29 | 258841 | 22.57 | 18 | 1.71 | 3033 | 0.26 | 454 | 43.16 | 443677 | 38.68 | 353 | 33.56 | 347588 | 30.30 |
| 厦门 | 140 | 11.51 | 474500 | 24.54 | 43 | 3.54 | 34300 | 1.77 | 578 | 47.53 | 927400 | 47.96 | 417 | 34.29 | 149900 | 7.75 |

| 特区 | 民办企业 | | | | 其他 | | | | 合计 | | | |
|---|---|---|---|---|---|---|---|---|---|---|---|---|
| | 企业 | | 产值 | | 企业 | | 产值 | | 企业 | | 产值 | |
| | 个数 | % | 万元 | % | 个数 | % | 万元 | % | 个数 | % | 万元 | % |
| 深圳 | 2 | 0.13 | 993 | 0.02 | 91 | 5.87 | 738521 | 14.33 | 1549 | 100 | 5154361 | 100 |
| 珠海 | | | | | 28 | 3.79 | 70482 | 8.28 | 738 | 100 | 851130 | 100 |
| 汕头 | | | | | 3 | 0.29 | 35513 | 3.10 | 1052 | 100 | 1147047 | 100 |
| 厦门 | 19 | 1.56 | 1900 | 0.1 | 19 | 1.56 | 345500 | 17.87 | 1216 | 100 | 1933500 | 100 |

注：深圳、汕头、厦门为1993年数字，珠海为1992年数字；珠海内联企业数、产值数包括在市属国有企业数内，民办企业个数、产值数包括在集体企业数内。

资料来源：《深圳统计年鉴（1994）》《汕头市统计年鉴（1994）》《厦门市情（1994）》《珠海统计年鉴（1993）》。

（1）产权结构的多元化。它主要不是体现在经济特区较之内地具有更多的产权类型上，而在于各类产权企业的数量对比关系上。在经济特区各类企业中，外商投资企业占最大比重。作为独立市场主体的外商投资企业占较大比重，显然有利于特区市场经济运行机制的较快形成。

（2）在国有企业中，包含着市属国有企业与内联企业两部分。这种国有企业的构成，内地一般较少有。内联企业一般受当地政府的行政干预较少，具有更大的追逐盈利动机，更少受到政府的行政保护，因而，其向独立市场主体方向发展，要比那些直属当地政府所有、管辖、保护的国有企业更容易一些。经济特区中国有企业有相当部分是内联企业，显然是特区国有企业改革的重要有利条件之一。

企业类型结构仅仅从横向上给经济特区的企业制度状况以很粗略的描述，然而，随着特区经济的发展，国内政治经济形势的变化，不仅企业的类型结构，就是各类企业自身，其制度形式也在不断变化之中。如果从纵向对特区各类企业的制度、组织形式的变化进行一番回顾，将会对目前经济特区的企业制度状况有更深的了解。

如前所述，外商投资企业是目前经济特区主要的企业类型之一。外商投资企业的企业制度随着我国对外开放政策的深入贯彻，特区外向型经济的发展，经历了一个渐变过程。目前为止，大体可分为三个阶段。

第一阶段为1980~1985年，与特区工业发展的起步阶段大体相符。在该阶段，外商投资主要以"三来一补"形式出现。以深圳特区为例，1985年以前，"三来一补"项目占全部引进项目的76.89%，占实际利用外资金额的69.86%。[①] 来料加工（包括来件装配、来样加工）属于商品信贷，其主要特点是：由外商提供原材料或零部件，必要时也提供有关的机器设备、工具，我国企业按照外商要求的质量、规格、式样、包装和商标进行加工生产，成品交外商销售。补偿贸易也属于商品信贷，其主要特点是：特区企业不需要使用现汇，而是在信贷基础上同外商进行经济技术合作，一般情况下，由外商提供生产设备和技术，或者利用国外的出口信贷购买设备和技术，我国企业负责组织生产，以返销其产品或双方商定的其他方式分期偿还对方提供的设备和技术的价款，合约期满后，所使用的设备和技术归我国企业所有。由于从事"三来一补"的外商与我国企业，双方都是独立的法人，因而，"三来一补"作为吸收、利用外商投资的一种方式，可以在两个企业制度完全不同的企业之间进行，并且完全不影响各自的企业制度。因此，可以说，在特区工业发展的初期阶段，以"三来一补"为主要方式的引进外资，基本上没有对特区企业制度的变革形成具有实质意义的影响。

第二阶段是从20世纪80年代中期至90年代初期。在这一阶段，由于我国的对外开放政策逐渐深入人心，特区经济的发展使其投资环境大大改观，外商尤其是港澳台侨投资者对开放政策从原来的持观望态度、只愿意搞一些投资少、风险小、见效快的"三来一补"及劳动密集型项目逐步转变为投资兴趣日益浓厚，除港澳台侨资本之外，欧美以及亚太地区尤其是其中的新兴工业化国

---

① 深圳市委政策研究室：《深圳特区十年》，海天出版社1990年版，第3章。

家（地区）的对华投资也逐渐增多，投资重点转向工业、房地产及公用事业，投资方式也逐步转向了合资、合作经营及外商独资经营。以深圳为例，1985～1986年，外商直接投资项目占同期利用外资项目的比例上升至82.8%，其实际利用外资金额占同期实际利用外资金额的比重上升至96.4%。[①]

中外合资、合作经营及外商独资经营企业较之"三来一补"，不仅在利用外资形式上更为高级，而且促使特区企业制度发生了重大变化。这3类企业自设立之日起，在企业的外部关系上，就是一个具有独立的企业法人财产权，能够独立享有民事权利、承担民事责任的经济实体，即建立了企业法人制度；在债务承担责任上，以其全部的法人财产为限，即实现了有限责任制度；而在企业的内部关系上，出资者各方的责任、权利与义务或是按照各方的股权比例或是按契约条款予以分担、分享的。因而，可以说已经具备了现代企业制度所应具有的基本特征。外商投资企业的迅速发展，对特区市场经济的发育、现代企业制度的形成以及政府企业制度政策的发展，无疑是起了积极的催化作用。

第三阶段是近年来开始产生的中外股份制企业的发展。这是一种较新的利用外资的形式，其在企业制度建设方面的优点主要体现在以下几个方面：（1）通过公开向社会发行股票，实现了产权多元化、明晰化。（2）在企业内部建立较为规范的组织制度。权力机构、监督机构、决策和执行机构相互独立、互相制衡，促进了科学的企业组织管理机构的形成。（3）实现了企业财务管理公开、社会监督，促使经营者搞好企业的经营管理。

如果说，三资企业从一开始就具有相对明确的企业制度形式，那么，包括市属国有企业、内联企业等在内的内资企业的企业制度，在兴办特区的15年中则始终处于探索之中，至今尚未完成向现代企业制度的过渡。特区的内资企业在建立之初，基本上还是按照计划经济的模式运转。20世纪80年代初，与内地的国有企业一起，开始实行承包经营责任制以及计划、价格、工资的配套改革，而后的企业制度改革进程，从总体上说，并不比内陆企业更超前。之所以如此，正如本文上述的，特区在体制改革方面基本上不能脱离该时期全国经济体制改革目标模式。90年代初，国务院批转的《1990年经济特区工作会议纪要》中则强调指出："特区经济是国家有计划的商品经济的组成部分。特区经济运行机制同样要实行计划经济与市场调节相结合的原则。"区别在于特区的主要任务是发展外向型经济，市场调节的作用要发挥得更充分一些，调节的

---

① 深圳市委政策研究室：《深圳特区十年》，海天出版社1990年版，第3章。

范围可以大一些，方式可以灵活一点。①

虽然从总体上看，经济特区内资企业的制度改革并未超前于其他企业，但是，由于特区毕竟地处开放前沿，商品经济的发展迅速得多，传统企业制度与商品经济运行机制之间的矛盾也就显得更为突出、尖锐。多方投资主体联合投资形成的企业内多元利益格局要求与传统的大一统企业不同的管理制度与方法，而近在咫尺的完全按市场经济规律运行的三资企业的竞争及示范作用，对特区的内资企业制度的变革不无影响。因此，特区的企业制度改革在基本遵循中央政府统一部署的同时，也做了一些局部性的超前探索，主要包括：

（1）组建集团公司，部分承担了传统体制下专业主管局的行业管理职能。为了解决国有企业政企不分、效益低下的问题，深圳等特区于1987年开始进行机构设置的若干改革，设立了集团公司或总公司，部分承担了计划经济体制下政府专业主管局的行业管理职能。至今，深圳已建立了50多个集团公司。这些集团公司大体上分为两类：一类是由原来市属国有企业的主管行政部门转化而来的，另一类是由原来外地政府或部委派驻特区的办事处转化而来的。下属子公司是由这些行业、部门所管辖的企业转化而来的。这一改革在改变特区原有企业结构偏小，难以形成规模生产能力，实现规模经济方面起了一定作用。但是，这一改革仍然是浅层次的。因为，这些集团公司只不过是行政管理机构的变体，仍然是政府的二级管理机构、国有资产管理部门，是松散的企业联合体和多元经济实体的大杂烩，而不是真正在专业化生产与经营基础上形成的企业集团。

（2）成立投资管理公司，探索市场经济条件下政府对国有资产进行价值型管理的方式。这一改革首先是在深圳进行的。1987年，深圳市成立了市投资管理公司，作为市属国有资产产权的代理机构，执行政府对国有资产的投资、管理、监督、服务的职能。投资管理公司在财政局、体改委等部门的配合下，进行了国有资产管理的一系列改革，如理顺税利关系，实行税利分流，以国有资产产权代表的身份在国有企业中推行承包责任制，进行股份制试点和董事长派遣工作，清产核资，摸清家底，对企业进行新的分类定级，对利润投资进行追踪管理，着手组建企业集团等。从全国来看，这些改革具有超前性，是对市场经济条件下国有资产管理方式的可贵探索，对促进现代企业制度的建立也有积极的作用。

---

① 《1990年经济特区工作会议纪要》，引自《中国经济特区与沿海经济技术开发区年鉴（1990—1992）》，改革出版社1992年版，第147页。

（3）进行股份制改造及建立规范公司制企业的试点。在大面积推行及完善承包经营责任制的同时，经济特区还进行了股份制改造及建立规范的公司制企业方面的试点。深圳市政府在 1986 年 10 月下达并于 11 月开始实施《深圳经济特区国有企业股份化试点暂行规定》，[①] 1992 年 8 月海南省人民代表大会通过了《海南经济特区股份有限公司条例》，1993 年 4 月深圳市人民代表大会通过了《深圳经济特区股份有限公司条例》，进一步将股份公司及有限责任公司的组建规范拓广至适用于特区内各类企业。[②] 至 1993 年底，深圳市属国有企业中，已有 33 家完成公司化改造，建立有限责任制度，占拟实行公司化改造市属企业的 24%。[③] 在完成公司化改造的企业中，进行了建立与完善现代企业的组织体系和制度的探索：在股份公司内，形成股东会、董事会、经营班子和监事会之间的制衡关系，进一步明确各自的责权利，强化企业内部的约束和监督机制；改革企业的分配制度，在一部分企业试点实行董事长与资产增值挂钩，经理与经营效益挂钩的薪金制，等等。同时，积极转变政府职能，为建立现代企业制度创造良好的外部条件，使特区的企业逐步朝着无固定经营范围，无固定地域界限，无上级主管部门，跨行业、跨所有制、跨地区、跨国度经营的方向发展。厦门特区则提出加快建立现代企业制度步伐，尽早拿出国有资产管理机构筹建方案，进一步健全国有资产投资公司，把已经清产核资的国有工业企业分期分批划归国有资产投资公司委托运营，力争在 1995 年底以前在全市建立国有资产管理体系，并尽快拿出国有企业经理人员年薪制试点方案、产权交易中心筹建方案、公司登记实施办法等企业改革配套方案。

## 二、经济特区企业制度的现状及存在的问题

迄今为止经济特区政府的企业制度政策及改革措施形成了特区企业制度的如下局面。

（1）多元化的产权结构。通过外引内联、发展外向型经济及多种经济成

---

① 事实上，对于特区企业实行现代企业制度方面的有关法律规定精神甚至可以追溯至 1980 年第五届全国人民代表大会常务委员会第十五次会议批准的《广东省经济特区条例》、1985 年 4 月 2 日国务院颁布的《中华人民共和国经济特区外资银行、中外合资银行管理条例》以及 1986 年 9 月 28 日广东省六届人大常务委员会第 22 次会议通过的《广东省经济特区涉外公司条例》中的若干条文，但这些法律规定只适用于三资企业。

② 珠海、汕头两特区为省属特区，没有立法权。厦门特区于 1994 年 3 月方获得立法权。

③ 厉有为：《政府工作报告——1994 年 3 月 22 日在深圳市第一届人民代表大会第六次会议上》，引自《深圳统计年鉴（1994）》，中国统计出版社 1994 年版，第 1~12 页。

分，目前各经济特区已经初步形成了以市属国有企业、内联企业、集体所有制企业、三资企业及民营、个体企业等多种经济成分并存的国民经济产权结构。与内地城市相比，特区的企业构成中，国有企业比重相对较小，而且包含了市属国有企业与内联企业两类不同的企业，三资企业、民营、个体企业以及集体企业等独立市场主体或接近于独立市场主体的企业比重较大。这种国民经济产权结构显然更有利于向市场经济体制过渡。

（2）制定、颁布并开始实施建立现代企业制度的若干法律法规。建立了一批企业集团，在有些特区企业集团已成为主导的企业组织形式。部分企业已经完成公司化改造工作，建立了有限责任制度；部分公司向社会募股，并成为上市公司，其中，有些股份公司由于较好地实现了股权多元化、分散化，并建立起较规范的公司组织制度，较成功地实现了向现代化企业的转化。它们的探索及经验对特区政府制定和推行现代企业制度政策具有重要的借鉴参考意义。

（3）建立或正在建立国有资产管理公司，对国有资产进行清产核资，对部分市属国有企业开始实行由国有资产管理部门派出董事长制度，进行国有资产授权经营的试点工作，探索市场经济条件下对国有资产的管理方式。

（4）劳动力市场已经基本形成，劳动者市场求职成为就业的重要方式。专业化的经理阶层已经开始形成，为建立经理市场，运用市场经济方法选聘企业管理者创造了前提条件。

（5）社会化的社会保障体系已在建立之中，住房商品化不断发展，为打破人才的单位所有制、实现劳动力的自由流动创造了必要的前提。

但是，这些显然仅仅为建立现代企业制度创造了一些前提条件。应当说，离现代企业制度的建立，社会主义市场经济微观基础的形成，还有相当长的道路要走。这一点，从经济特区企业现存的问题中便可以清楚地看出。

（1）政企分离问题至今未得到妥善解决。特区大部分国有企业至今仍在实行承包经营责任制。承包经营责任制无论其采用何种具体形式，究其实质，只是政府所有制条件下所有权与经营权在政府与企业之间的某种程度上的分割。因而，承包制不可能形成企业独立的法人财产权，还算不上真正的政企分离。从企业集团作为某些特区政府与企业的主要联系纽带来看，尤其如此。企业集团的前身大多是特区政府的主管局或中央部委、各地政府驻特区的办事机构，它们转变为集团公司或总公司之后，其职能并未实现根本转化，仍然是行政管理机构的变体。由于不少集团公司与下属企业之间不存在产权关系，下属企业资产的形成与扩展并不依赖集团公司本部，集团公司无法用财产关系约束下属企业，只能用行政手段干预其经营活动。而且，集团公司的董事长、总经理等一般都是由政府部门派出的，其行为主要是对政府负责，较少商业行为色彩，这就更使得集团公司的行为具有浓厚的行政管理色彩。[①]

（2）国有资产的市场经济配置结构尚未形成。国有经济应当在社会主义市场经济中发挥其主导作用，但是，这种作用的发挥形式，是与在计划经济体制下完全不相同的，因而，建立社会主义市场经济，需要建立国有资产的市场经济配置结构。然而，这一问题的重要性最近才逐渐为人们所认识。经济特区在其15年的发展历程中，在相当程度上仍然是按照传统体制下的方式配置国有资产，因而，形成了一个不合理的国有资产领域分布。正是这种忽视市场经济运行机制要求、没有区分外在性经济领域与内在性经济领域活动性质差异、国有经济比较制度优势的国有资产配置结构，在相当程度上造成了特区国有企业改革中政企难以分离，并使特区国有企业也陷入了与内地国有企业一样的经营效率不高，亏损比重长期居高不下的不利局面。在现有的国有资产配置结构下，如果希望通过建立国有资产管理机构，实行国有资产授权经营方式形成现代企业制度，彻底改变国有企业的低效率状况，是不现实的。

（3）企业管理制度及民主制度现代化建设上的落后。现代企业制度的建立是一项内容庞大的系统工程，其中，产权制度现代化固然居核心地位，但是，企业管理制度现代化及企业民主制度现代化也具有不可忽视的意义。如果说，对于公有制企业，产权关系明晰化、产权制度现代化及产权配置结构合理化是目前亟待解决的问题，那么，对经济特区的各类企业来说，企业管理制度及民主制度的现代化问题，则更是普遍存在、亟待解决的。企业组织及管理制度的落后，已成为部分特区企业管理不善、经营效率低、严重制约其发展的重要原因。[②] 而在部分特区企业，尤其是部分三资企业中，企业民主制度建设的滞后，不仅造成了劳资关系紧张，影响了广大职工生产积极性的发挥，而且在一定程度上构成了对职工基本权益的侵害，成为引发恶性事故的制度根源。这个问题已经超出了企业内部的制度建设、完善的范围，成为特区政府必须运用法律法规手段予以纠正、规范的问题。

作为上述企业制度建设中问题的一个综合性反映，是特区在15年来虽然获得了经济的高速增长，但是，当今中国经济发展中的痼疾——经济效率水平低、国有企业亏损严重，在经济特区也不同程度地存在着。

---

① 李万寿：《重塑特区企业集团刍议》，载《特区经济》1991年第6期。
② 梁俊乾：《城市化后特区内股份合作企业面临的困难与对策》，载《特区经济》1993年第11期。

# 三、经济特区企业制度改革的若干理论思考

不同的理论观点导致不同的政策结论。因此，分析经济特区企业制度改革的政策选择，必然涉及企业制度改革的若干理论问题。

## （一）国有经济在特区经济中的地位及制度选择

国有经济是社会主义市场经济的重要组成部分。它在社会主义市场经济中的定位，决定着它在该经济中主导作用的发挥，进而在相当程度上影响社会主义市场经济运行机制的形成。传统体制下国有经济的配置结构与管理方式是服务于计划经济运行机制要求的。传统体制之所以将国有化推行至除农业以外的大部分国民经济领域，并对各领域的国有企业一律实行国营制度，是基于传统理论认为在这些领域的社会生产力已发展到这样的水平，除了社会直接管理之外已不适于任何其他方式的管理。在这一理论认识基础上建立起来的计划经济制度的运行特征在于国家用指令性计划直接指挥企业的生产经营活动以实现对社会经济运行的计划控制，即企图用行政指令实现社会或国家效用函数与企业效用函数的一致化。这种运行方式只有在国民经济的主要组成部分都在其计划指令下行动时，方能有效地控制整个社会经济的运行。而指令性计划是建立在国家对全民所有的资产行使所有权的基础之上的。因此，实现计划的现实要求与完善计划的内在冲动，使计划经济具有脱离社会生产力发展水平不断地提高社会公有化程度，尤其是国有化比重的趋势。因为计划经济的运行方式决定了国有经济对国民经济的主导作用是通过它在国民经济中的比重即主体地位来实现的。

计划经济模式在实践中的失败，证明了这种以主体地位发挥主导作用的思路是行不通的。十几年来，我国的国有企业改革基本上是沿着放权让利，扩大自主权，激活其利益机制，促使其提高经营效率的思路进行的。应当客观地承认，这一尝试至今未获得令人满意的成功。

第一，提高国有企业经营效率的目标远未达到；相反，国有企业的亏损面、亏损额都在不同程度地增加。[①] 如果说在传统体制下，国有企业的经营效

---

① 截至1994年11月末，我国国有企业的亏损面达41.4%，参见《经济日报》1995年1月16日第3版。

率低，主要是由于统收统支的财务管理、平均主义的分配制度窒息了企业的利益动机、职工的劳动积极性，严密的行政指令管理严重限制了企业的经营自主权，使其无法适应灵活多变的市场，那么，迄今为止的企业改革措施，已经在相当程度上扫除了这方面的障碍。国有企业所享有的经营自主权、收入分享比例，在国有产权所能达到的范围内，已是相当大了。中国的国有企业现在所拥有的自主权可能已是世界各国国有企业中最大的。然而，这并没有带来相应的效率提高。机会主义倾向所造成的败德行为，不仅取代了传统管理方式成为国有企业经营效率下降的最重要原因之一，而且成为国有资产被蚕食、流失的根本原因。建立有效的内在约束机制因之成为国有企业改革的又一重要内容。最近提出的建立公司制法人财产权，其中未尝没有包含这方面的含义。然而，从已有的实践情况看，已经建立起来的公司制企业，包括上市公司在内，并没有因此形成强有力的委托人对代理人的约束与监督机制。相反，倒是出现了相当一批上市及非上市公司的经营者们以各种手法尽可能地摆脱股东的产权约束的现象。这一行为在一定程度上已成为导致股市剧烈波动的因素。

第二，政企分离，国有企业成为独立市场主体问题并未完全解决。从理论上看，公司制企业法人财产权的建立，尽管可以实现国家对国有资产所有权与企业法人财产权的分离，国家对国有企业从无限责任变为有限责任，[①] 企业可以其企业资产对其经营行为负财产责任等。但是，国有经济改革中的一个关键性问题——国家与企业的关系，仍不能得到彻底解决。对于国有独资公司及国有股占控股地位的企业，国家仍然面临着两难选择。一方面，为了实现政企分离，国家可以将国有资产所有权授权于企业经营者代理——目前的实践中，往往是授权企业的董事长或总经理为该企业国有资产的代表——这样，必然面临着代理人机会主义行为失控的巨大危险。另一方面，为了有效地行使国有产权权利，国有资产管理部门（或者通过国有资产投资或管理公司）派代表参加董事会。此时，国家与企业的关系，从承包制条件下所有权与经营权在企业外部的分离，转化为国家作为股东（尤其是在国有独资或国有控股企业）直接在企业内部行使包括重大决策、选择管理者及资产受益等一系列权利在内的所有权。政企在形式上（即从企业拥有独立完整的法人财产权上看）分离了，但在实质上却联系得更紧密了。政府的行政干预可以更直接地通过其派出的资产代

---

① 需要指出的是：有限责任的真正或实际形成，是以国民经济中多元产权结构为前提的，在一个只存在国有企业的国家里，无论实行何种企业制度，国家对国有企业的债务事实上总是负无限责任的。而在国有制占绝对优势比重的情况下，则国家势必负近乎无限责任，国家对国有企业的有限责任只有在国有企业的债权债务对象在相当程度上是非国有企业时方能真正形成。

表表现为股东行使权利。

第三，国有产权代理层次多、代理成本高的问题不可能因此解决。国有资产就其实质而言，社会全体成员才是其真正的所有者。因而，政府及其下属的国有资产管理部门、管理公司乃至国有企业的董事长、总经理等，只不过是全民财产不同层次的代理人而已。作为代理人而不是直接的产权所有者，政府各级机构自身必然也会产生机会主义行为倾向，也需要支出代理及监督成本，这些也就产生了超出具体企业范围的国有资产经营收益的扣除。固然，任何一种产权制度关系，只要采用委托代理经营方式，都会产生一定的代理成本。问题在于：在同一类型经济活动领域内，哪一种产权制度关系所形成的委托代理层次较少，所有者的产权约束机制更有效，便会实现相同收益水平下的代理成本支出最低，从而是最有效率、最具竞争优势的产权制度关系。现有的国有企业改革的问题是：并没有减少传统体制下过多的代理层次；相反，激活企业利益机制的放权让利松绑搞活，却使监督机制削弱了，机会主义倾向上升所造成的国有资产收益下降以至资产本身的大量流失成为日益严重的问题。[1]

第四，无法发挥国有经济在社会主义市场经济中的主导作用。即使不考虑上述问题所造成的效率损失，假定这样的制度安排能够造就以利润最大化为唯一经营目标的国有企业，但却因此产生了另一个更为本质的问题：国有经济在社会主义市场经济中存在的依据，反映其制度本质特征的代表全民利益、对国民经济的主导作用却可能因此丧失殆尽。因为，没有什么理由可以使我们相信以利润最大化为唯一经营目标的国有企业的运作机制、运行方式能与其他产权制度企业有什么不同。既然如此，又能指望靠什么使它们发挥在国民经济中的主导作用呢？它们与其他产权类型企业一样，只能是国家宏观经济调控的对象，而不可能成为实现宏观调控的手段之一。

某种程度上，正是基于上述认识，有些论者对国有经济改革持悲观态度，得出了必须实现国有资产非国有化的结论。在现实经济运行中，则存在着另一种倾向，即更重视国有企业的全民性质，注意到必须对经营者机会主义行为的控制。它具体表现为政府有关部门周期性地收权，限制企业的自主权，对企业经营行为的行政监督与干预的加强。这即使是在经济特区也不难见到。固然，这种行为的部分原因是政府有关机构想通过维持、扩大其对企业的控制权而扩

---

[1] 对国有产权代理成本问题的详细分析，请参阅李文溥：《论国有产权的结构调整》，载《财贸经济》1998 年第 12 期。

大自己的利益，是两个不同层次代理人之间的利益之争。但是，把问题仅仅归结于这一点而无视企业尤其是经营者的机会主义倾向所造成的国有资产权益的流失及社会经济秩序的混乱，显然是不全面的。问题在于：政府有关部门的这种做法既不能有效地遏制国有企业经营者们的机会主义行为，又不能促进企业活力、效率的提高，并且在一定程度上导致了旧体制的复归，因而，"治理整顿"、权力上收一段时期之后，必然又要再度放权。随之而来的，是新一轮来势更猛的代理人机会主义行为泛滥。

国有企业改革面临的两难局面，促使我们必须认真地思考有关国有经济的若干深层次的理论问题。

第一，国有产权作为一种制度形式，是有其基本的制度规定性的。任何对国有产权制度关系的改革，必须在国有产权的基本制度规定框架内进行，超出了它，国有制就不成其为国有制。国有经济的基本制度规定性，就是其产权不可分割地属于社会全体成员所有。因而，国有资产的使用，必须服务于全体社会成员的利益，尤其是其整体的、根本的、长远的利益。这一点不仅为马克思恩格斯等社会主义思想家们多次强调，而且西方经济学家也如此认为。例如，E. F. 舒马赫就认为："如果国有化工业所追求的目标恰好和资本主义生产所追求的目标一样狭隘，只为了有利可图而无其他，那么，公有制就确实没有任何有力的理由要存在。英国现时的国有化面临的真正危险就在于此，而不在任何想象到的无效性。"[①]

国有产权的基本制度性质决定了：它的管理必须选择委托代理方式，而且，一般来说，它的产权不可分割性决定了它的委托代理层次要多于那些可在社会成员之间分割产权份额的产权制度形式，因而，其委托代理成本一般要大于后者。国有产权的基本制度性质还决定了：它的监督机制一般弱于其他产权制度形式，因而，一定的外部监督、数量控制无论是从制度性质还是从运行效果看，都是必要的。所以，在市场经济体制下，国有产权制度并不是普遍适用于任何经济领域的制度形式。社会成员之所以选择这种委托代理层次多从而代理成本高于可分性产权，并需要外部监督、数量控制的产权制度形式，显然是由于在市场经济条件下，社会经济生活中存在着某类经济活动领域，在该领域中，国有产权制度关系比其他产权制度关系具有更好的适应性、更高的效率。这一领域，就是外在性经济领域。

第二，社会主义市场经济条件下，社会之所以在一部分领域选择国有制，

① E. F. 舒马赫：《小的是美好的》，商务印书馆1984年版，第182页。

不仅因为国有产权制度在这些领域能够胜任其他产权制度无法胜任的任务，而且能够实现国有经济对国民经济的主导作用。

国有经济主导作用的实现，在不同经济运行机制下，方式是大不相同的。市场经济是以独立市场主体及其追求微观经济利益最大化的活动为基础的。因此，政府的宏观经济调控表现为承认主体（政府、企事业单位、居民）效用函数不同的条件下，调控者如何实现被调控者与调控者之间的效用函数一致化问题，其方式可以归结为各类利益诱导。财政货币政策的运用，是一种利益诱导，运用国有经济从事外在性经济活动，创造有利的社会经济运行条件，也是一种利益诱导方式，是国家运用国有经济实现宏观调控，从而发挥其对国民经济主导作用的方式之一。

外在经济（不经济）或生产中的正的（负的）外在效应是一个生产者的产出或投入对另一个生产者不付代价的副作用。或者，按照 J. E. 米德的定义："一种外部经济（或外部不经济）指的是这样一种事，它使得一个（或一些）在做出直接（或间接地）导致这一事件的决定时根本没有参与的人，得到可察觉的利益（或蒙受可察觉的损失）。"[1]

外在经济反映了这样的一个事实，即经济效果传播到市场机制之外，并改变了接受效果的厂商的产出和由其操纵的投入之间的技术关系。正规地表述，则为：生产者 $i$ 的产出 $q_i$ 不仅受控制变量——向量 $X_i$ 变化的影响，而且受生产者 $j$ 所控制的变量 $e_j$ 的影响，形成下面的生产函数：

$$q_i = f_i(X_i, e_j)$$

即生产者 $j$ 从事的生产活动具有正的外部效应时，生产者 $i$ 将免费获得由 $e_j$ 所提供的一定量的经济利益。然而 $e_j$ 具有指向性，只有当特定地区特定产业的生产者从事特定生产活动时，他才能获得由 $e_j$ 所提供的经济利益。因此，当生产者 $i$ 具有多种产出选择可能，例如产品或产出方法 $q_1, q_2, \cdots, q_n$ 时，生产者 $j$ 对产出 $q_i$ 提供 $e_j$，将促使生产者 $i$ 选择 $q_i$ 的生产，不仅如此，它还吸引其他生产 $q_k(q_k \neq q_i)$ 的生产者转向 $q_i$ 的生产；当社会生产是分布在 $\omega$ 个地区进行时（$\omega = 1, 2, \cdots, \lambda, \cdots, \omega$），$q_\lambda = f_\lambda(x_\lambda, e_j)$ 表示生产者 $j$ 仅向 $\lambda$ 地区的生产者提供 $e_j$，那么，市场主体受利益的驱使（假定其他条件不变）将增加对地区 $\lambda$ 的投

---

① 外在经济（external economies 或 externalities）概念的详细分析，请参阅 J. E. 米德：《外部经济效应理论》，引自《效率、公平与产权》，北京经济学院出版社 1992 年版，第 302 页；P. 博赫：《外在经济》；J. J. 拉丰：《外在性》，引自约翰·伊特韦尔等编《新帕尔格雷夫经济学大辞典》，经济科学出版社 1992 年版，第 2 卷，第 280~284 页。

资；特别当生产者 $j$ 只对地区 $\lambda$ 的特定产出 $i$ 提供 $e_j$ 时，那么，$e_j$ 所提供的外在经济效益仅仅促使该地区产出 $i$ 的增长。

$e_j$ 可以不同的方式提供，它或者表现为特定地区的社会经济基础设施及其服务的提供，改善了投资环境，从而提高了厂商对该地区投资的预期收益率；或者表现为某种投入品以优惠条件提供，降低了从事特定行业生产的成本；或者表现为某种具有很大关联效应的生产活动，带动了相关地区及产业的发展，等等。这些活动，往往难以在市场上收回其边际成本。因而，仅仅依靠市场机制必然供给不足。而社会主义市场经济的优势就在于能够运用强大的国有经济从事这些对国民经济长期发展、整体利益具有重大意义的活动。而国家也应当有意识地用这种方式发挥国有经济的主导作用，实现宏观调控，引导国民经济的发展。

以国有经济从事外在性经济活动实现国家的宏观经济调控，其作用程度主要取决于四个方面的因素：（1）社会经济面临的主要矛盾。以国有经济从事外在性经济活动实现宏观调控，其作用的主要方面是供给。它是一种对生产者的利益提供，促进投资、生产及结构调整。因而，当一个社会经济面临的主要矛盾不是有效需求而是有效供给不足，其主要任务是促进经济增长、结构转换时，这种调控手段将有较大作用。（2）生产社会化及市场经济的发展程度。导致外在性经济的技术和制度条件包括共有变量、市场组织成本等。生产的社会化程度越高，社会成员的效用函数或厂商的生产函数中共有变量也就越多，社会的外在性经济领域就越大。反之，市场经济越发达，市场的组织成本将越低，它将导致因生产社会化而产生的外在性的内在化。[①] 这两个因素的相互作用将影响外在性经济领域的大小从而影响运用国有经济从事外在性经济活动进行宏观调控的作用程度。（3）国有经济与独立市场力量状况。运用国有经济从事外在性经济活动实现宏观调控，首先，要求国有经济具有一定比重；其次，它应当配置在外在性经济领域；最后，它并不以实现企业盈利最大化为目标（当然，这并不否认其尽可能提高效率的必要性），只有具备这三个条件的国有经济方能对国民经济起较大调节作用。独立市场力量的大小虽是市场经济发育程度的一个指示器，但是，独立市场力量发育程度对利用国有经济实现宏观调控有其独立意义。当独立市场主体力量较弱小时，国有经济往往必须从事部分

---

① J. E. 米德：《外部经济效应理论》，引自《效率·公平与产权》，北京经济学院出版社 1992 年版，第 302～376 页。

发达市场经济条件下大型独立市场主体可以承担的经营活动，促进经济的加快发展，此时，国有经济实现宏观调控的作用也就更大些。（4）本国经济在国际经济竞争中的地位。当本国经济是一个实行开放战略的后进经济时，它是受竞争经济。受竞争经济的外在性经济领域一般大于竞争主导经济。因而，运用国有经济进行宏观调控的作用也更大些。

第三，在计划经济体制下，国有资产是按照以主体地位发挥主导作用的思路配置的，其基本失误，首先是视任何社会化生产领域均为外在性经济领域，否认内在性经济领域的存在以及在该领域企业的利润最大化行为会实现社会福利的最大化，使国有产权的应用远远超出了它的优势领域；其次，又无视各类外在性经济活动的外在性程度差异，将所有国有企业从事的生产经营活动都视为高度外在性的，对国有企业一律实行国营制度。因此，对建立社会主义市场经济体制来说，国有经济的改革，不是改变或否定其基本的制度规定性，而是应根据其基本制度性质及由此决定的比较制度优势寻找在市场经济中的最佳位置及发挥其作用的方式。我们认为，国有经济改革，首先应当调整传统的国有资产配置结构，变国有资产的计划经济配置结构为市场经济配置结构，只有将国有资产根据其在市场经济条件下的比较制度优势，配置在适当的领域，并根据市场经济条件下发挥国有经济对国民经济主导作用的方式要求，选择适当的产权实现形式，方能从根本上摆脱现有国有产权制度改革中的两难局面，在保持国有经济的基本制度特征的前提下，充分发挥它们对国民经济发展的主导作用。

显然，这一结论对经济特区的国有企业的改革来说，也是适用的。因为，如前所述，经济特区在其发展的历史过程中，由于体制的目标模式不明确，在相当长时期内，也曾不自觉地按照传统体制下的国有资产配置模式，在内在性经济领域投资组建了大批国有企业。这些国有企业尽管身处特区，并尝试了种种市场化改革措施，然而，亦在不同程度上与内地的国有企业一样，陷入上述的改革两难处境之中，而且，从某种程度上说，特区经济更高的市场化程度，则使它们陷入更深的矛盾之中，从而使改革显得更为迫切。

## （二）建立现代企业产权制度与实现企业制度现代化的关系

如果说，调整国有资产配置结构，在此基础上建立适应社会主义市场经济运行要求的国有产权制度，对国有企业的改革具有基础性的意义，那么，对包括国有企业在内的特区各类企业来说，建立现代企业的产权制度关系仅仅是建立现代企业制度中的一项内容（尽管它可能是最重要的内容之一）而已。建立现代企业的产权制度，其基本功能在于通过建立一套符合市场经济运行机制的制度规范，正确地界定构成企业的契约各方的权力、利益、责任，以及其实现及监督的方式。其目的在于形成一个高效率的企业经济动力体系。然而，它仅仅使企业具备了高效经营的动力与愿望，而其实现，还必须由现代企业制度的其他部分予以保证。

首先，企业管理制度的现代化。管理制度是一套与产权制度有关，但又有别于、独立于产权制度的另一部分企业制度。它主要涉及企业经理决策层、中层部门或管理人员协调层等生产及销售活动的计划、组织、指挥和控制部门、人员的设置、组织、相互关系及权责规则，监督、考核及激励的制度安排等。科学的现代企业管理制度的建立及实行，是实现企业科学管理、高效率经营的现实保障。

其次，符合我国国情的企业民主制度及企业文化。现代产权制度与现代企业管理制度是世界各市场经济国家现代企业制度的一般内容。然而，各国的社会历史、人文背景各不相同，因而作为现代企业制度的一般内容，必须与各国的国情相结合，方能形成与本国独特的社会历史、文化背景相适应的现代企业制度。这也就是说，在现代企业制度的建立中，必须注意形成符合我国国情的企业文化与企业民主制度，其功能在于调动企业员工的积极性、主观能动性，形成团结一致的团队精神，提高企业的凝聚力，从而替代、减少企业内部的监督和运行费用，提高企业的经营效率。

## 四、经济特区建立现代企业制度的若干政策选择

建立现代企业制度的目的，在于构建社会主义市场经济的微观基础。应当说，特区迅速发展的商品经济、外向型经济格局，业已形成的多元经济成分，为特区现代企业制度的发展提供了一个较好的基础。因此，特区在发展现代企业制度，构建社会主义市场经济微观基础，从而形成较规范的市场经济运行机制方面，应当而且有可能比内地先行一步。然而，在看到经济特区具有的优势的同时，亦应认识到：要实现这一任务，许多艰苦的工作尚有待完成。正确的政策选择，会加快特区社会主义市场经济体制的形成；相反，政策失误，将会导致不必要的曲折。

## （一）国有资产的优化配置与国有企业的产权制度现代化

在发展现代企业制度，促进特区社会主义市场经济发展的过程中，面临的首要任务是国有经济的改革。从上文的理论分析角度出发，可以得出的政策性结论是：国有经济的改革，首要的问题是国有产权配置结构的调整。只有将国有资产的计划经济配置结构调整为市场经济配置结构，方能从目前国有企业改革的两难局面中走出来，使国有经济既符合其基本制度性质要求，又能充分发挥其在市场经济条件下对国民经济的主导作用。

国有经济的基本制度性质决定了它的比较制度优势在于外在性经济领域，而社会主义市场经济条件下，国家实现其对国民经济宏观调控的作用方式，也要求以国有经济在外在性经济领域的活动，对其他经济成分市场主体进行利益诱导，实现国有经济的主导作用。

作为一个从计划经济转向市场经济的发展中国家，我国目前无论是从其所处的经济发展阶段还是市场经济的发育程度乃至在国际经济中的地位来看，国有经济在国民经济中的地位远比一般市场经济国家重要，活动区间大得多。

首先，我国正处于以产业结构高度化为中心的新的成长阶段。在此阶段，促进那些对经济结构升级换代起重要推进作用的主导产业、高新技术产业的迅速发展，对国民经济的长期发展将产生深远的影响。然而，这些行业往往具有投资规模大、投资回收期长、投资风险高的特点，即使是在发达的市场经济国家，也常常令私人投资者望而生畏，因此需要国家出面组织、协助甚至直接投资。在市场经济欠发达条件下，发展这些产业更具有较大的外在性，因而应成为国有经济必须进入的一个重要领域。

其次，我国正处在从计划产品经济、自然经济及新生的初级商品经济的混合体向市场经济过渡时期。市场发育不足、市场体系不完整、市场机制不完善、市场秩序不健全、市场主体弱小的状况将持续相当长时期，在发达的市场经济条件下可以利用完善的市场机制实现社会成本内在化的经济活动，在我国却具有较大的外在性，必须运用政府的经济政策指导或依靠国有经济来进行。

最后，我国在国际经济中至今仍处于受竞争地位。弱小的独立市场主体面对咄咄逼人的外国垄断资本、跨国公司的竞争，显然处于不利地位。为了在激烈的国际竞争中立于不败之地，并逐渐发展壮大，不能仅仅依靠各种保护措施，更重要而且更根本的是必须组织起来，建立具有规模经济的企业集团，形成局部优势。显然，在这方面，国有经济也大有用武之地。

上述三个方面的经济活动，在发达市场经济国家，大多属于内在性经济领域，而在我国目前则有较大的外在性。这说明经济活动的外在性是动态的。它不仅与经济活动的性质而且与社会经济发展水平、社会经济环境密切相关。随着市场经济的发展，国有经济的优势领域也不断变化发展。根据国民经济各领域活动性质的变化和不同产权制度在各领域的比较优势变化，主动调整国有经济的领域分布，既是政府经济调控方式之一，又是保障国有经济占据国民经济关键领域，发挥国有经济对国民经济的主导作用的必要措施。

外在性的动态性，决定了在同一时期，存在着不同程度的外在性经济，可以运用不同的方式予以调节。在运用国有经济从事外在性经济活动的情况下，其产权实现方式及具体管理方式也可以根据制度成本的相互比较予以选择。

企业运营的制度成本在委托代理条件下，表现为委托代理成本。它主要包括：（1）代理人薪金；（2）搜集信息、进行决策和管理的物质消耗，决策风险损失；（3）决策沉陷成本；（4）代理损失Ⅰ：委托代理意味着委托人把特定资源的使用权交给代理人，这为代理人提供了利用委托人资源牟私利的机会，因此，代理经营总是导致一定的经营效率下降及资产耗损上升，构成代理经营损失Ⅰ；（5）监督成本：为防止代理经营损失Ⅰ扩大，委托人必须建立约束—激励机制，规定经营目标、代理权限、行为规则及奖惩方式，与代理人订立契约并监督执行，由此产生的资源消耗为监督成本；（6）代理损失Ⅱ：在信息不完备及非确定性环境下，任何对经营目标、代理权限范围及行为规则的事先规定，在防止代理人投机行为损害的同时，必然致使代理人相机抉择范围的缩小，行为僵化，从而丧失可能的获利机会，构成代理损失Ⅱ。

代理损失Ⅰ与监督成本、代理损失Ⅱ在一定程度上是互相替代的，即委托人若完全信任代理人，委以全权，则监督成本及代理损失Ⅱ将降至最低点，但此时，若代理人存在着投机倾向，代理损失Ⅰ将上升至最大；反之，则监督成本及代理损失Ⅱ上升而代理损失Ⅰ下降。二者此消彼长，但不相等。其消长大小取决于特定的社会经济环境、经营的领域及资产的不同性质。

分析不同条件下委托经营成本及其内部构成的变动，是选择国有企业产权实现形式的重要依据。我们把社会经济活动按外在性程度顺序排列，可以发现存在下述规律性现象（见表2）。

| 表2 | 社会经济活动外在性程度 | | |
|---|---|---|---|
| 经济活动性质 | 基本外在性 | 半外在性 | 基本内在性 |
| 分布领域 | 非竞争领域 | 半竞争领域 | 竞争性领域 |
| 企业效率的社会评价目标 | 较多 | 较少 | 单一 |
| 评价目标的货币化程度 | 非货币化 | 部分非货币化 | 货币化 |

具有较大外在经济性的领域，经济活动的效率一般难以在市场上用货币衡量，需要用较多的使用价值形态投入产出指标从各方面考核。缺乏通过市场竞争性评价的货币化效率指标，有效的外部监督与制约便难以实施，它使代理人有较多的机会利用委托人资源谋求个人私利，即若对代理人委以全权则可能使代理损失Ⅰ较大。在这种情况下，唯有加强内部监督，限制代理权限范围，明确行为规则，尽量限制代理人以权谋私的可能。这样做势必提高监督成本和代理损失Ⅱ。但是，在高外在性领域，二者的上升幅度相对小，因为该领域主要是那些提供公共产品、公共设施服务的部门及少数具有自然垄断性质的基础产业部门。它们的活动性质、市场环境等决定了规定较明确、严格的实物投入产出效率考核指标、行为规范，不会带来过多的效率损失。因此，政府对这些部门的国有企业可以用较直接的管理方式如承包经营责任制或国有独资公司等方式进行管理。

在半竞争性领域的经济活动，其投入产出大多是市场化的，因而，其效率较之非竞争领域可以更多地在市场上获得货币化评价，因而有利于实施外部监督与制约。相应地，它比非竞争领域面临着更多的其他市场主体的竞争及较大的市场不确定性。过多地限制代理范围将大幅度地提高监督成本及代理损失Ⅱ。因而，它不宜过多采用非竞争领域国有企业的管理制度，应尽量采用竞争性领域的现代企业制度，以开放式的产权制度吸收其他经济成分的投资。通过资本市场竞争及有效的社会监督，促使其尽可能地提高经营效率。当然，亦应看到：这些部门的活动既然具有相当程度的外在性，其效益必定是部分非货币化的，因为：（1）从企业性质上看，它们还不能成为完全独立的市场主体；（2）从财务上看，其自负盈亏是有一定限度的；（3）从投资来源上看，政府是主要投资者，这既因为这些企业的经营性质在一定程度上限制了它所能吸收的社会投资，也因为国家需要掌握其活动以调控社会经济运行；（4）从管理方式上看，国家对这些企业主要是通过控股权，但不排斥在必要时实施一定的数量控制以实现其宏观经济目标。

半竞争领域的外部性不是固定不变的。随着市场发育程度的提高，这些产业发展成熟或其在国民经济中的地位变化，一些部门的外在性会逐渐内在化，其他经济成分将随着逐步进入这些部门。它或者表现为该领域国家控股的公司吸收更多的民间投资，或者表现为其他经济成分的企业进入该领域。这一方面促进该部门企业微观效率水平的提高，另一方面也加速了这些部门从半竞争领域向竞争性领域的过渡。届时，国有控股企业便可以通过转让股权等途径退出该领域，将资金转入新的非竞争性领域。对于半竞争性领域中新的高科技产业、新的主导部门和产业等，国家可以通过国有资产存量在国民经济部门间的不断调整，充分利用国有产权制度的基本性质，发挥其优势，达到始终牢牢地控制国民经济发展的制高点，实现有效的宏观调控的目的。

作为一个发展中国家，我国将在相当长时期内面临着严重的资金不足问题，在外在性经济领域，这一问题则显得更为严重。因此，逐步地将配置在竞争性领域的国有资产转移到外部经济性领域，无论是对国有经济或是整个国民经济的长远发展，都具有深远的意义。首先，它将有利于摆脱国有企业改革目前面临的两难局面，从根本上改变由于国有经济配置在非制度优势领域而造成的在激烈的市场竞争中处于相对劣势的状态，制止因此造成的国有资产流失，卸下财政为此背上的沉重负担；其次，相对而言，外在性经济领域更难以从民间获得资金，因而，将原先配置在竞争性领域的国有资产转移到外在性经济领域，将有利于改善全社会的资源配置状况，提高整个国民经济的总体效率水平；最后，国有资产配置在外在性经济领域，将有利于提高国家的宏观经济调控能力，这在市场经济的发展过程中，有着尤为重要的意义。因此，根据国有产权制度的本质特征，适应发展社会主义市场经济的需要，调整国有产权的分布结构，选择能够充分发挥其制度优势，提高全社会总体经济效率水平及福利水平的产权制度实现形式，显然是国有产权制度改革的一条更为现实的道路。这一政策结论显然对经济特区的国有企业改革也是适用的。

这一政策思路赋予国有企业建立现代企业制度以新的内涵。如前所述，在不考虑国有资产从计划经济配置结构转向市场经济配置结构的情况下，仅仅实现国有企业制度现代化，无法使现有的国有企业成为真正的独立市场主体，难以彻底解决传统体制下政府与国有企业之间的"父子关系"、行政干预、无限责任等问题。相反，在本文的政策思路前提下，在国有企业建立以公司制尤其是以股份公司为代表的现代企业制度，则构成了实现国有资产结构调整和现有竞争性领域内国有企业向真正独立市场主体转化的共同通道。对现有国有企业中国有资产进行清产核资，而后通过股份化实现政府对国有资产从实物形态管理向价值形态管理的转化，从掌握资产实物形态的所有权向价值形态所有权的过渡。一方面，使国有企业从传统的国营制度转向以公司制为代表的现代企业制度，通过建立企业的法人财产权，使企业与它的投资者（包括作为其投资者之一的国家）在财产上完全分离，成为互相分开、彼此独立的不同所有者，各自具有独立的法律地位；另一方面，因此也使国家对国有企业的资产所有权取得了以股权形式表现的，可以在市场上流通转让的形式，为国家在资本市场上通过转让股权的形式调整国有资产的配置结构创造了可能。国家通过股权转让，可以使国有资产从不利于发挥其比较制度优势的竞争性领域向非竞争性或半竞争性领域的转移，实现国有资产从计划经济配置结构向市场经济配置结构的转移；也可以使这些处在竞争性领域的国有企业逐步切断与国家的产权联系，摆脱政府对企业的行政指令干预，成为与其他经济成分企业一样的真正的独立市场主体，奠定市场经济的微观基础；同时，随着经济发展阶段的转换，国民经济不同领域活动性质的变化，国家还可以不断地调整其资产配置结构，始终控制并促进国民经济中带头产业及支柱产业的发展，充分发挥国有经济在国民经济中的主导作用，实现对国民经济的宏观调控。

与内地有所不同的是，特区国有企业包含市属国有企业与内联国有企业两大部分。因而对特区政府来说，上述政策选择，首先适用于市属国有企业这一部分。因为：第一，这部分企业的产权属于特区政府，特区政府可以自主地进行这一政策选择。第二，这部分企业由于所有权结构单一，特区政府是它们唯一的或者最大的所有者，因而，特区政府对这些企业的行政干预能力最大。这造成了这类企业依赖心理最重，从而影响其公平地参加市场竞争的欲望，导致效率下降。而且，这类企业的存在——尽管特区政府可以将它们统归市属国有资产管理机构管理——与特区政府的利益高度相关，必然会使特区政府在它们和其他企业之间实行差别政策。不合理的政策倾斜，必然会破坏特区公平竞争的市场环境。第三，特区虽经过 10 多年的建设，社会经济基础设施已初具水平，但是，特区的进一步发展，要求在经济基础设施方面有更大的投入，新一轮的基础设施建设面临严重的资金供给不足。利用外资是一种渠道，吸收内资、民间资金也是一种渠道。但是，这些方式都面临着这样的问题：经济基础设施普遍存在的外在性，使拟建项目对以盈利为目的的外资、内资及民间资金没有足够的吸收力。为了吸收投资而在其他方面给予过多补偿（例如，授予垄断经营权，出让相关土地使用权等），从特区长远发展以及资源赋存状况看，则显得不经济。对市属国有企业实行这一改革，实际上是资金利用上的置换替代，间接地吸收内资、民间资金乃至外资用于特区基础设施的建设，这种方式，除上述对特区市场经济体制形成方面的好处之外，还使得经济基础设施建设的主动权操在特区政府手中，避免了盈利要求对公共基础设施建设规划的干扰以及由此带来的社会利益损失。

内联企业是特区国有企业的另一部分。由于这类企业的所有权不属于或部分地不属于特区政府，因而，上述改革措施不适用于它们。倘若其产权集中地属于内地某个地方政府所有，显然，其改革之权主要掌握在其所有者手中。特区政府颁布实施统一的企业制度改革政策，促使其转化为规范的现代企业，有利于促进其提高经营自主权、经营效率。由于这些企业的"所有者"——它们所属的地方政府——实际上仍然是代理人，再加上内联企业身处特区，鞭长莫及，监督成本更加高昂，使作为企业经营者的代理人的机会主义倾向更难以控制，这不能不说是此类企业长远发展的一大隐忧。另一类内联企业，是由多方集资兴办的，有多个产权主体，产权的分散化，投资各方的利益相互制衡，使其中某方的行政干预难以形成。因此，多元产权主体的内联企业较之单一产权主体的内联企业，具有更大的盈利倾向。由此可以得出的政策结论是：在实行内联企业的现代企业制度改革的同时，必须尽可能地实现其产权结构的多元化，改变其产权主体主要是各地、各类政府机构的格局，使之成为混合产权主体的法人企业，建立有效的所有权监督、约束机制，以遏制代理人的机会主义倾向。

## （二）其他经济成分企业的产权制度现代化

现代企业的产权制度关系，不仅要求产权关系明晰，而且包括一整套适应现代市场经济运行机制要求的制度规范，就其核心内容而言，是建立企业法人财产权，实行有限责任制度。从这一角度衡量，不仅是国有企业，特区的其他企业也有一个产权制度现代化问题。

### 1. 集体企业的产权制度现代化

集体所有制企业，尤其是由原来的乡镇企业发展起来的股份合作制企业的产权制度现代化，是一个值得重视的问题。我国的集体所有制经济是在一个视全民所有制为最优生产关系的特定历史环境中，作为其补充建立起来的。传统的集体经济的产权制度在某种程度上是全民所有制产权制度的翻版。概括地说，其产权制度关系的特征是：（1）企业资产属于该企业劳动者组成的群体集体所有,<sup>①</sup> 企业（至少在理论或法律上）具有较明确的外部产权界区。（2）产权在其所有者（一般为该企业的全体劳动者）之间无可分割性，每一个个别所有者都对该企业全部资产拥有完全重合的财产权利，但又都无权单独行使其财产权利，即相对于明确的企业外部产权界区，企业所有者之间不存在明晰的产权界区。（3）资产收益不作为独立的收入项目在企业成员之间按产权比例（它也不存在）分配。<sup>②</sup> 一般是作为劳动报酬，根据成员的劳动数量、质量情况分配。（4）企业成员的入股资金或资产实际上不具有退出自由。（5）不存在独立的财产继承权，企业成员的产权继承基本上是通过其后代或亲属进入该企业而实现的，即产权继承是通过职业继承实现的。

在这种基础上发展起来的特区股份合作制企业，其产权制度关系至今仍遗留着浓厚的传统集体经济的痕迹，导致了下述问题：（1）企业只属于由原来村民组成的集体所有，具有高度的身份壁垒及地域封闭性，它限制了外来生产要素的进入，严重影响企业资本结构及经营管理人才结构的优化。运用委托代理理论分析，则可以发现：企业的所有者（相当程度上就是该企业的职工）、经营者（他们往往也是所有者群体中的一员）、劳动者（同时又是所有者）之间错综复杂的身份关系以及由此形成的相互制约关系，使他们之间无法建立现代企业制度所要求的那种规范的委托代理关系。（2）集体产权的内部不可分割性，所有者无进入或退出自由，产权继承的非规范性，导致了委托代理成本的上涨失去有效的外部约束，而在企业达到一定规模之后，有效的内部约束也难以形成。同时，财产继承等的不规范更构成了企业积累及发展的巨大制度障碍。（3）由于近年来，相当部分此类企业的产权实际上操在各级基层政权机构手中，因而，也带来一些与传统国有企业相类似的弊病。

显然，对于基层政权机构或类似组织，如村民委员会等来说，并不像特区政府那样，有掌握一定数量的国有资产进行调控的需求。而且，集体企业资产就其原始来源而论，是由该集体全体成员的资金入股及长期积累形成的。特区农村城市化后，原有的基层政权组织或准政权组织的辖区居民成分多元化，已非仅有原先的集体经济组织的成员。基层政权组织的职能已经转向面对辖区内全体居民的行政及公共事务管理。因此，它再兼任集体经济组织的产权代表，

---

① 这是就集体所有制的本来含义或典型形式而言，在现实生活中，则存在诸多变异或偏离，如乡镇以及村办企业中，企业资产更多是属于该乡镇或村的全体居民而非企业劳动者所有的，有的集体企业不少资产则是属于有关政府部门或银行的。

② 这是就传统体制下的集体经济的典型形态而言，在集体所有制的初期形式中，曾经存在过资产收益项目，近年来，某些集体企业也恢复了股金分红，但相当一部分乡镇企业的资产收益主要是归企业所属的乡、村政府所有。

既无必要，也不利于集体经济组织的经营与发展。因而，可以考虑的政策选择是：

（1）政企分开。基层政权与准政权组织不再作为这类企业的产权代表，实现股份合作制企业的独立市场主体化。

（2）分割产权，实现产权明晰化。将这类企业的产权依一定的比例分割成两部分：一部分归原来的产权代表——基层政权及准政权组织所有。作为该地区的公共积累，用于社区公共设施建设及公共福利的资金来源。这部分资金，应主要来源于原有集体公共积累尤其是特区农村城市化后土地等资产增值的部分。在管理上，为了避免基层政权组织以所有者的身份进行行政干预，应委托有关基金组织作为产权代表进行管理，而基层政权组织或准政权组织只从该基金组织中定期收取股息用于辖区的公共建设，而不插手基金的投资管理。另一部分，则以股份的形式量化至原先集体组织的成员，使集体成员真正成为这些企业的股东，享有现代企业股东的全部责、权、利。

（3）在此基础上，通过参股等形式，实现产权的多元化、分散化，构建规范的现代企业制度，在企业制度具体形式选择上，应当彻底打破对集体企业身份限制的传统观念，由各类集体企业根据自身的具体情况选择最适合其发展的现代企业组织形式，而不必过多地推荐甚至强行推广某种具体的企业组织形式。

### 2. 外商投资企业及其他非公有制企业的产权制度现代化

与国有企业、集体企业目前的产权制度形式相比，外商投资企业及其他非公有制企业的产权界区是相对明晰的。但是，由于历史的原因，外商投资企业与其他非公有制企业的产权制度及市场经济运行所要求的规范的产权制度关系相比，也还存在着一定的差距，尤其是部分民营企业。企业产权制度现代化有多种形式，其关键在于建立法人财产权、有限责任制度。外商投资企业及其他非公有制企业作为独立市场主体，在不违反我国现行法律法规的条件下，其选择何种财产制度形式，是属于企业自主权范围内事务，因而，政府只能采取政策引导的方式——对于政府拥有产权的中外合资、合作企业，则可以通过这些企业内不同产权所有者及其代表之间的协商，在取得一致意见基础上，调整其产权制度的组织方式——促使其逐步调整其产权制度方式，实现产权制度的现代化，而不能揠苗助长，用计划经济的行政命令方式"发展"市场经济，那样做势必适得其反。

## （三）企业管理制度现代化及企业民主制度建设

产权制度现代化是建立现代企业制度的核心问题，当前，它对实现包括国有、集体所有制企业在内的各类公有制企业的企业制度现代化，尤其具有重要意义。但是，产权制度现代化，仅仅是建立现代企业制度的内容之一而非全部，它的根本意义在于建立起一个促进企业长期地去追求高效率经营目标的经济动力机制。然而，具有这一动力机制的企业能否实现其经营目标，还取决于相关的制度保障。

首先，必须实现企业管理制度的现代化。管理制度是与企业产权制度相关，但又区别、独立于它的另一部分企业制度。它主要指企业中经理决策层、中层管理人员以及下层生产经营人员在具体生产经营活动中的相互关系、权责的制度性规范。企业管理制度现代化，其目的在于通过管理制度的科学化、规范化，构建一个实现高效率运营的运行体制，使企业的高效率经营的经济动力机制获得必要的制度保障，使之从可能性转化为现实性。企业管理制度现代化，是特区各类企业建立现代企业制度必须重视的问题。

其次，企业民主制度建设问题。这是建立现代企业制度必须重视的另一制度建设问题。如果说，建立现代企业制度，企业产权制度现代化及管理制度现代化侧重于对企业所有者、经营者以及经营管理人员之间的权利界定及行为规范，意在以此建立起一套使企业能够高效率经营的经济动力机制及相应的运行体系，那么企业的民主制度建设，则主要是从企业员工等基层人员的参与权力和参与方式角度，构建企业实现高效率运营所需的内部协调体系。现代企业的运行实践证明：良好的企业民主制度，有助于形成团结一致的企业文化、企业精神和企业凝聚力，从而有效地调动企业员工的生产经营积极性。企业团队精神的形成，能够替代和减少企业内部的监督和运行费用，减少内部冲突与摩擦成本。企业员工广泛参与企业决策的酝酿与制定，不仅有利于企业生产经营决策的科学性与务实性，而且有利于决策的顺利实施。更进一步地说，企业民主制度的建设，还涉及企业职工合法权益的保护问题。在经济特区，三资企业占较大比重，在各类企业中，外来劳工亦为数不少，这就使建立企业民主制度、相应的组织机构（如工会等）具有更为重要的政治经济意义。

实现企业管理制度现代化，加快企业民主制度建设，有相当部分内容属于企业内部的问题。在市场经济条件下，企业是独立自主的市场主体，政府无须越俎代庖。但是，企业管理制度现代化、企业民主制度建设中存在的问题，或是涉及我国社会制度所决定的基本价值取向问题，或是关系到整个社会经济正常运行的基本制度规范的问题，因而需要政府协助，创造一个良好的外部环境，从而促进企业的内部制度建设。在这些方面，政府应有所作为。目前，特区政府在促进企业管理制度、企业民主制度建设方面的政策课题主要有：

（1）市场体系的发展与完善。市场体系与现代企业制度，二者是紧密相连、相辅相成的。没有市场体系的发展，也就没有形成现代企业制度的可能，反之亦然。市场体系中，产权交易市场的形成，是实现产权制度改革的必要条件，同时它又是推进企业实现组织制度创新和向企业集团、跨国公司发展的中介渠道；劳动力市场，尤其是其中经理等专业技术及管理人才市场的形成，有利于促进专业经理阶层的形成，对企业经理等的经营素质及行为，提供市场化的评价，促进企业管理制度的现代化。

（2）建立统一的技术标准体系、品质认证体系、财会核算、审计制度体系，并逐渐向国际标准靠拢，加速特区企业的技术标准体系和财会核算体系与国际通行体系的接轨，为特区企业面向世界市场，实现国际化经营创造必要的基础条件。

（3）完善劳工立法，加快社会保障体系的建设，用法律保护企业职工的合法权益，促进企业的民主制度建设。

# 世界国际性现代化港口城市的发展现状与厦门港口的发展战略目标*

经过 15 年的建设,厦门已从往日的军事要塞发展成为我国沿海地区对外开放层次较高、经济发展较迅速的特区。在新形势下,如何充分利用特区在过去 15 年中超前发展所打下的良好基础、已经形成的优势,尽快使厦门发展为国际性现代化港口城市,带动闽南金三角、福建乃至东南经济发展的龙头,成为令人瞩目的问题,本文就此提出若干看法。

## 一、国际性现代化港口城市的内涵与特征

一般地说,凡位于水域沿岸,拥有一定的港口条件与设施,以水运为主要运输方式的城市,均属港口城市。世界各地的港口城市,从港城关系来看,有两种极端形态:一种以港为主,城市功能基本上是围绕着港口经济的发展需要而形成,如荷兰的鹿特丹等;另一种则反之,城市功能居主导地位,港口及港口经济居从属地位,如我国的天津、广州等。在此两者之间,存在着不同的过渡形态。

对以港口功能为主的港口城市来说,其国际性、现代化,首先体现在港口及港口经济方面。包括具有现代化的港口设施,完善的国际运输服务功能,在全球或区域运输体系中占有重要的或一定地位,如鹿特丹、新加坡、香港等国际贸易中转港是典型代表。反之,以一般城市功能为主的港口城市的国际性现代化特征,则主要体现为城市产业经济的现代化水平、该城市的对外开放程度及其在国际政治经济文化交流中的地位,而其港口设施条件、国际运输服务功

* 本文原载于《厦门大学学报(哲学与社会科学版)》1995 年"特贸杯"专辑,共同作者:陈永山、胡培光。

能，在世界或区域运输体系中的地位则居次要地位。对通常说的"国际性现代化港口城市"主要是指前一类港口城市。后者虽有港口，一般称为"国际性现代化城市"。

实行对外开放政策是建设国际性现代化港口城市的先决条件，然而，实行对外开放的港口城市能否成为国际性现代化港口城市却取决于一系列主客观条件。

## （一）具备良好的港口条件及发展潜力

国际性港口首先要求具有良好的港口条件及发展潜力。据有关资料，国际性港口按照轮船吨位系列，主要指以下三类港口。

（1）国际贸易中转港口。它是位于国际航线要冲上的主要为国际海运中转服务的专业港。如鹿特丹、神户、新加坡、名古屋、横滨、香港等。就其功能而言，它们是国际海运编组港。其基本业务是从事国际远洋运输的进口分流及出口拼装等一整套中转性操作。其服务对象主要是国际海运定期航班。由于国际定期航班海轮已上升至5.5万~6万吨级为主，因此要求国际贸易中转港应有6万吨级的泊位50~100个，年吞吐能力达3亿吨左右；其次，国际贸易货运量应占其吞吐量的50%以上（20世纪80年代末，上海港吞吐量已超亿吨，但国际贸易货运量仅占20%左右，尚未达到国际贸易中转港的标准），中转运输量应占80%以上；最后，它不仅具备现代化的大型海陆空一体化客货疏运设施，是现代化的大型综合交通运输枢纽，拥有庞大的为国际贸易服务的港口经济部门，而且是交通、贸易、工业、金融、信息中心的统一综合体。

（2）国际直达海运港。过去，以万吨级泊位为代表的港口被认为是大型国际性港口。然而，随着远洋轮船吨位的升级，它已降为中级国际港口，一般不再承担国际贸易中转港的任务，而只作为国际贸易中转港之下的国际贸易直达海运港即干线港。它除承接、转运国际贸易中转港分流而来的货物之外，还从事国际远洋直达运输业务。它一般要求拥有万吨级泊位50个左右，年吞吐能力1亿吨左右。

（3）近洋国际贸易港。它基本上是沿海贸易口岸港，属支线港。由于它一般只拥有5000吨泊位，无法承接远洋巨轮，因而只能承担近洋国际贸易运输业务。

尽管我国拥有可以成为国际贸易中转港所需要的港口条件，但是直至90年代初，只有上海、秦皇岛、大连等少数港口达到国际大港或中型港的吞吐量水平，其他港口吞吐量都在5000万吨以下，五个特区中，只有深圳港进入全国十大港口之列。因此，从现有发展水平看，国际性港口只能是我国各个主要海港今后一个时期的长远发展目标，而非现实。

## （二）具备广阔富庶的经济腹地

腹地是港口发展极为重要的制约条件。因为，即使是以中转运输为主要业务的国际贸易中转港也有一定比重的直接流通货流，更何况任何国际大港的发展，中转港流通量的增加，都是建立在直接流通量的相当发展基础之上的。对腹地应当有个完整的概念，重客观实际。国际性港口的经济腹地概念与一般港口有所不同，应从以下三方面去评估。

（1）港口城市自身的经济总量。大型工业城市的庞大经济循环要求本身就构成了对港口吞吐量巨大需求，以上海为例，上海市本身就是重要的经济腹地。

（2）港口所在区域经济的发展水平。经济腹地不仅取决于空间距离，而且取决于该区域空间的经济发展水平。同样大小的地理空间，经济发展水平越高，货流量从而实际经济腹地也就越大。

（3）港口国际航运辐射面的产业经济发展水平。作为国际性港口，中转贸易居重要地位。因此，经济腹地不仅包括其身后的内陆，而且包括其所面对的区域，广义的经济腹地应从其交通联结面，即港口城市的海陆空运设施的辐射面或服务区域角度考虑。

## （三）具有强大的后方疏运能力

港口的后方疏运能力对港口城市发展的重要性不言而喻。在内河航运居主要地位的时代，流经港口城市入海的河流流域面积是计算港口经济腹地的重要依据，没有通航河流尤其是大河河口的港口往往被认为经济腹地小而不宜建大港。在铁路、公路（尤其是高速公路）、空港运输已经取代内河航运的条件下，港口后方疏运能力更多取决于与港口相连的高速公路、铁路及空港的运力。国际性港口对后方集疏条件有很高要求。以美国为例，较大的海港后方集疏铁路一般有6~8条，多者达32条，公路一般有6~10条，多者达43条，机场一般有2~3个，多者达8~10个。高速公路几乎是各港必有。

## （四）具有雄厚的工业基础及合理的产业结构

传统的港口城市功能较单一，以商品集散流转为主。现代港口城市有强大的产业经济，是多功能综合性城市。国际港口城市由于其地位、作用及所带来的机会决定，不仅是综合性交通运输枢纽、货物集散中心、工业中心，而且是贸易与转口贸易的中心、商业中心、金融中心与信息中心。国际性现代化港口城市的产业结构有鲜明的特征：

（1）发达的港口产业经济，即为航运尤其是国际贸易海运服务的港口服务性体系。如港口装卸企业、疏运企业、仓储企业、加工企业、船舶检修企业、物资补给企业、海陆空联运企业、货币兑换、外汇结算以及邮电通信企业等。

（2）强大的港口城市产业经济，即由港口国际航运发展所带动的产业。包括某些第二、第三产业，如炼油工业、修造船业、拆船业、房地产业、金融业、旅游业、邮电通信业等。

（3）第三产业比重较高。国际贸易海运的发展必然要求为之服务的相关第三产业迅速发展。第三产业产值比重大于第一、第二产业产值比重。第三产业成为经济的重要支柱，是国际贸易港的一般特征，而且，其第三产业中，为国际贸易海运服务的国际服务业占较大比重。

（4）外向型经济发达。充分利用国际贸易港的优势，积极发展外向经济是国际通行做法。不少国际大港往往设有自由贸易区等。有的国际大港如新加坡、香港本身就是自由港。

### （五）必须得到政府尤其是中央政府的有力支持

建设国际大港，是一国发展外向型经济、积极参与国际经济竞争的重要方式。港口建设属基础设施建设，国际大港更需巨额投资，因而主要投资主体应是政府。从全球运输体系格局来看，即使是中国这样具有漫长海岸线的大国，也只能有少数港口会成为国际贸易中转港或国际性港口。因此，集中资金建设好少数港口就成为中央政府必然的战略选择。从这一角度看，哪些港口城市能够成为国际性港口城市，不仅取决于其自身条件，而且相当程度上取决于中央政府的战略布局。

## 二、厦门发展的战略目标选择分析

从以上情况，我们可以把"现代化国际性港口城市"的内涵，概括为三个方面。

（1）依靠大港口或大港湾发展起来；

（2）在劳动分工国际化、国际贸易全球化、世界经济一体化、经济区域集团化过程中形成；

（3）全球性经济、政治、文化交流的中心城市。

从内涵与规模看，厦门目前差距甚远。就集装箱而言，目前现代化国际性港口城市已发展为第四代（见表1）。

表1　　　　　　　　　　现代化国际性港口城市的规模

| 指标 | | 船长（米） | 宽（米） | 吃水（米） | 标准化容量（箱） |
|---|---|---|---|---|---|
| 第一代 | 换算成干货船（1960年前） | 140 | 23 | 9 | 1000 |
| | 换算成油轮（1960～1970年） | 190 | 27 | 9 | 1000 |
| 第二代 | 格舱式集装箱船（1970～1980年） | 210 | 27 | 10 | 2000 |
| 第三代 | 格舱式集装箱船Panamax级（1980～1990年） | 260 | 32 | 11.5 | 3000 |
| | 伊康船（Econshir）Panamax级（1985年） | 290 | 32 | 11.5 | 4000 |
| 第四代 | 超Panamax级（1988～2000年） | 270～300 | 41 | 11.5 | 4000～5000 |

载箱量日益多，船体日益大，吃水日益深。而目前厦门港集装箱尚处一、二代，1994年吞吐总量仅22.5万箱，全国总量也不过400万～500万箱，只及一个国际大港的水平。

就与国内其他港口相比，货物吞吐量与集装箱吞吐量也在比较后列（见表2）。

表2　　　　　　　　　　1994年我国主要海港吞吐量比较

| 货物吞吐量（万吨） | 集装箱吞吐量（万个） |
|---|---|
| 上海：16580 | 上海：119.9 |
| 秦皇岛：8206 | 天津：63.1 |
| 广州：7116 | 青岛：43.0 |
| 大连：6165 | 大连：30.5 |
| 宁波：5855 | 珠海：26.8 |
| 天津：4648 | 厦门：22.5 |

续表

| 货物吞吐量（万吨） | 集装箱吞吐量（万个） |
|---|---|
| 青岛：4212 | |
| 湛江：2104 | |
| 连云港：1588 | |
| 日照：1428 | |
| 烟台：1266 | |
| 厦门：1140 | |

根据厦门的这种现状，我们作如下选择性分析：

（1）先建成现代化港口城市再向国际性现代化港口城市的目标发展。

作为发展多年的经济特区，厦门今后应当先用10年时间争取建成国际性现代化城市。但是，作为港口城市，它究竟应发展成为国际性现代化港口城市，还是一流水平的国际性港口城市？

虽然厦门具有良好港口条件，是我国最早的通商口岸城市之一。但是，由于众所周知的原因，它在20世纪50~70年代没有得到应有的发展，厦门港的复兴始于兴建特区，1989年港口吞吐量才超过历史最高水平，1994年突破千万吨大关。港口设施、港口经济及后方集疏能力等与国际性现代化港口城市的水平相去甚远。建特区以来，外向型经济、外商投资、外经外贸、旅游等领域比港口建设、国际航运发展更快。但是，从长远看，厦门应以国际性港口城市为发展目标。因为：

第一，港口是厦门最重要的优势。现代厦门的崛起，是与厦门港的发展相联系的。正是被辟为通商口岸才造就厦门市。厦门在20世纪30年代就已是我国著名的贸易口岸。1936年的外贸进出口额已占全国5%，港口轮船进出口总吨位的45.1%为国际航线轮船。办特区后，外向型经济的发展、众多外商投资企业及外贸企业卓有成效的工作，使厦门外贸总额在全国口岸城市中名列前茅，港口吞吐量虽然不大，但外贸货物比重在全国各个港口中亦居前列。这些都说明厦门在建设国际现代化港口城市方面有潜力。相反，向一流的国际性城市发展，优势却不明显。它既无北京那样作为国家政治中心的地位，又没有上海、天津、广州、武汉那样高的经济中心地位。中国虽大，但能够发展成为一流的国际性城市的也只有极少数大城市。相比之下，厦门缺乏竞争能力。

第二，从福建乃至东南沿海的经济发展角度看，厦门应向国际性现代化港口城市发展。厦门是福建经济发展的龙头，外向型经济是福建经济起飞的引擎。从促进福建乃至周边地区外向型经济发展的角度看，厦门作为我国东南沿海最重要的贸易口岸之一，应当发展成为国际性现代化港口城市。而从福建乃至更大范围诸港口的综合条件看，厦门不失为最佳选择之一。

第三，从两岸经贸关系发展角度看，厦门也应当向国际性现代化港口城市发展。厦门以及福建是台商投资最密集、两岸经贸往来最频繁的地区，从进一步发展两岸经贸关系、促进祖国和平统一角度出发，将厦门建设成国际性现代化港口城市，也是必要的。

第四，进一步发展厦门经济，也应当充分利用港口优势，建设国际性现代化港口城市。海港是建立开放经济，积极参与国际经济分工与竞争，获取国际分工比较利益的重要条件。新加坡、香港等地充分利用港口优势发展经济的成功经验，值得我们借鉴。中央赋予厦门特区实施自由港的某些政策优势也只有在大力发展港口经济、建设国际性现代化港口城市的基础上方能得到充分发挥。

（2）厦门建设国际性现代化港口城市的类型应是国际区域中心的现代化港口城市。

如前所述，世界上存在不同级别的国际性港口城市，包括全球性的大型港口城市和区域性的中型港口城市。此外，港口城市还有多种类型，如产业基地型、商贸中心型、海洋航线要冲型、金融中心型、旅游度假型、自由港型等，厦门如何选择？

第一，从级别上，宜选择区域性的中型港口城市，即国际区域性中心的现代化港口城市。目前，厦门港规模与各级国际性港口标准都有很大距离。从潜力和长远看，将海沧等包括在内，厦门可以建成亿吨级的港口。其次，从太平洋西海岸的港口分布及发展态势看，厦门港西南有香港、东有高雄、南有新加坡、北有上海及日本诸港，其中有的早已是国际贸易中转港，从已有基础及国家经济发展战略选择角度看，有的很有可能成为国际贸易中转港（如上海）。厦门地处非国际航线要冲，成为国际贸易中转港的可能性不大，但可以发展成为亚太区域中心的港口城市。因此，先要发挥港口的作用，扩大吞吐量。20世纪末，厦门港的目标是成为年吞吐量2000万~3000万吨的国际贸易港。2010年的目标是发展为5000万~6000万吨的国际贸易直达海运港。根据是：用3~5年时间去完成东渡港二期工程扩大吞吐量350万吨，今后5年加速发展，扩大吞吐量1500万~2000万吨，可以达到2000万~3000万吨目标。

第二，港口城市类型宜选择自由港型的国际性现代化港口城市。厦门历史上就是个商贸、金融型港口城市，拥有较好的旅游、度假资源，现代工业却不发达。办特区后，加工工业才有较大发展，今后仍要继续发展。然而岛内面积毕竟有限，因此，从长远看，以商贸、交通、金融、旅游、房地产等为重点的第三产业将成为岛内发展重点，而实施自由港某些政策，将有力地促进上述产业发展成为具有较强工业加工基础，以商贸、金融、交通、旅游、房地产为重点支柱产业的自由港型的国际性现代化港口城市。

# 三、厦门加快国际性现代化港口城市的建议

## （一）加快港口建设，实施超前发展

港口吞吐能力及设施水平，是建设国际性港口城市的先决条件，加快港口建设，实现超前发展是当务之急。之所以如此，是因为：

（1）目前厦门港的吞吐能力与成为国际性港口的最低要求有较大差距，年吞吐量仅为千万吨，尚存在压船压港现象。加快港口建设，首先是清还过去欠下的港口建设落后于经济发展的旧账。国际性现代化港口城市只有空港等船现象，从来不存在压船现象。另外，高崎与集美之间的海峡淤积相当厉害，估计在不久的将来会成为半岛，这影响了海水环流，使厦门港口深度降低，因此，集美海堤至少要增开涵洞。

（2）国际性港口的外贸进出口货源比重较大，厦门多年来外贸进出口增长快于 GNP 增长，再考虑到闽东南以至更大腹地地区通过厦门港进出的货流，两岸贸易以及国际中转贸易货流的增长，更要实现厦门港的超前发展。

（3）从拓展国际航运业务，吸引中转货流的需要看，港口建设也需要超前。国际经验认为：在处理港船关系上应当是港等船而不是船等港。合理的泊位利用率，单泊位是 40%，多泊位是 80%，一般在 70% 左右。吸引国际中转货流，良好服务的前提是有较宽裕的港口吞吐能力。加快港口建设，关键是新港区的开辟及资金投入。厦门港目前的深水泊位建设集中在东渡港区。但是，整个东渡港区可建泊位数相对国际性港口的标准而言，远远不够。因而，在加快东渡区三期工程建设的同时，应当尽快开辟海沧新港区。在城市建设中，应当统筹规划，扩大港区面积。目前世界上的大型国际港口城市，港区面积与城市面积之比不少高达 1∶1，这一比例值得我们参考借鉴。在港口建设上，应重视集装箱码头的建设。较正规的海上集装箱运输迄今不过 30 余年历史，但发展极快，已经形成了世界性的集装箱运输网络。20 世纪 80 年代末，世界 100 多个国家和地区的 300 多个港口拥有集装箱泊位 1000 余个，年吞吐量超 100 万

TEU 的港口多达 20 多个，1988 年世界主要港口集装箱吞吐量达 6700 万 TEU，1992 年已达 1 亿 TEU 以上，杂货装箱比例将上升至 70% 左右。因此，作为国际性港口尤其是枢纽港应当具备提供第三代以上集装箱船全天候停靠和进出口所需的条件或有开辟这类港区的可靠基础，同时适应船舶大型化发展的趋势，预留建设第四代集装箱泊位的发展余地。

港口建设耗资巨大，需多方筹资。首先，建设国际性港口城市，涉及全国生产力布局，因此，应当积极争取上级政府及有关部门的支持。国家投资不仅解决部分资金来源，而且作为宏观信号，将有利于从其他渠道筹资。其次，市政府应当把建港兴城作为一项战略决策，加大对港口建设的投资。最后，应当积极争取各类有偿及无偿资金的使用，如国内外银行的贷款，以 BOT 等形式吸引外商投资、内联资金等。

## （二）加快铁路、公路、空港建设，改善后方集疏条件

后方集疏能力弱，经济腹地比较小是制约厦门港口城市发展的重要因素。考虑到不仅目前厦门港的主要货流是直接流通货流，即使将来成为中型国际港口，中转货流亦只是其货流的一部分，积极拓展经济腹地，改善后方集疏条件就更为重要。应当从建设国际性港口城市的角度来认识提高厦门空港、铁路、公路疏运能力的意义，尽快结束厦门无高速公路的状况，早日打通厦门至赣南、湘南、粤东南的铁路、公路通道，争取与京九干线接轨。

## （三）大力发展港口经济

建设国际性现代化港口城市，必须形成强大的港口经济。港口经济弱小是厦门建设国际性港口城市的又一重要制约因素。应当把港口产业列为厦门经济发展的支柱产业之一，从形成服务国际航运的港口经济群角度规划厦门相关产业的发展，狭义的港口产业包括直接服务港口营运的中转服务企业体系，广义的港口产业即港口城市经济包括支持港口发展的相关城市经济，二者均应大力发展。

## （四）扩大城市经济总量，发展第三产业

国际性港口有一定的量级标准（此外当然还包括必要的结构要求、设施技

术水准等），它取决于港口产业的规模。而产业间相互联系关系决定要有较大的城市经济与之配合。厦门目前经济总量过小，不足以支持国际性港口的运行，也难以充分利用由此可能带来的各种发展机会。因而必须扩大城市经济总量。在扩大城市经济总量的过程中，必须注意正确处理发展第三产业与第一、第二产业之间的关系。国际性现代化港口城市第三次产业的产值比重超过第一、第二产业之和，是建立在第一、第二产业已高度发展的基础之上的，因此，厦门目前仍需积极发展第一、第二产业尤其是加工业。在厦门本岛着重发展第三产业是与在岛外重点发展第一、第二产业是相辅相成的，是建设大厦门中的区域规划问题。其次，在发展第三产业的同时，应当重视其内部结构问题，着重发展有利于提高国际性港口城市功能的国际服务业。

## （五）充分利用政策优势，创造良好体制环境，提高国际吸引力

毋庸讳言，厦门目前硬件较弱，而且并非短期内能够根本改善。从硬件看，国际吸引力明显不足，因此，应当更加注重发挥政策优势，创造良好的体制环境，弥补硬件较弱的劣势，提高国际吸引力，同时借助此，探索利用国际资本改善硬件环境的路子。在充分运用政策优势方面，应紧紧抓住厦门四大政策优势，即特区优势、地方立法权优势、实施自由港某些政策优势及对台优势。利用地方立法权优势在建设国际性现代化港口城市方面应着重建立符合国际性港口城市运作惯例的制度规范，提高厦门的国际吸引力。

# 厦门实施自由港政策的若干条件分析*

## 一、对自由港范畴及基本条件的几点说明

自 1547 年第一个自由港诞生以来，世界各地的自由港、自由贸易区蓬勃发展，已达数百个。学术界对自由港的概念至今未有严格的定义，各国在名称使用上差异很大，有的虽称为自由港（例如德国的汉堡自由港），但在实际内容上与自由贸易区等没有差别。本文所说的自由港特指关税保护的主权国家政府对其所辖领土中实施特殊关税政策的地区（一般是港口地区），政府对在该地区范围内进口的外国商品，无论是供当地消费还是转口输出，原则上都不征税。即：第一，自由港和所有自由区以是否免除关税与普通港口和普通地区相区别；第二，自由港以免除关税进口的外国商品是否允许在当地消费和形形色色的其他自由区相区别。早期的自由港主要以免征关税等体现其政策优惠，现代自由港则进一步要求实施配套的经济优惠政策，以有效地发挥其商品进出自由、资金进出自由、货币兑换自由和人员进出自由的功能。

由此可见，自由港就其本质而言，是个经济范畴。因此，一个地区能否或者是否有必要辟为自由港，一般的自然地理条件固然重要，但起根本决定作用的是其特殊的政治经济条件，这些条件主要包括：

（1）腹地方面的异质性。即自由港和它腹地之间的关系，必须是不同的政治隶属关系或不同的社会经济制度。只有港口和它的腹地之间至少在以上一个方面不相同，这个港口才有必要和可能成为自由港。这是因为自由港是自由贸易和保护贸易矛盾的产物。一个国家内部各地之间不存在关税和贸易壁垒，就

---

* 本文原载于《开放潮》1994 年创刊号，共同作者：陈永山。

没有创建自由港的必要。

（2）位置上的接触性。自由港的选址位置，除腹地的异质性之外，最好还应具备位置上的接触性，以利于发展转口贸易。

（3）与本国政治经济中心的远离性。远离本国政治经济中心，既可以避免自由港政策对本国政治经济秩序的过大冲击，又有利于促进实施自由港政策的地区加快经济发展，创造新的经济增长极。

# 二、厦门具有实施自由港政策的基本条件

## 1. 地理位置及港口条件

厦门位于闽南三角地区沿海的中部和鹰厦铁路的终点，是福建同我国沿海及海外各地联系的主要通道之一。厦门离台湾距离最近（至高雄航线距离 165 海里，至台中 120 海里，至基隆 210 海里），历史上就是台湾与大陆联系最密切的地区。厦门位于我国东部与南部许多沿海航线和太平洋西侧不少国际航线的必经之处或周边区域，具有较大的发展国内中转贸易和国际转口贸易的优势。从全球经济发展态势看，今后太平洋西侧沿岸一带很可能是世界经济发展最快的地区，厦门地处联系这一地区的海上通道，有着发展自由港的巨大潜力。

从港口自身的条件看，20 世纪 80 年代中期，中科院、国家计委地理研究所的专家们曾对东南沿海主要港口进行了深入调查研究，得出的结论是厦门有条件发展成为我国大陆东南沿海一带的中心枢纽港。若与世界现有的自由港如新加坡、香港、吉布提、直布罗陀、苏利纳、马加里塔的自然地理条件相比，厦门港的自然地理条件更接近于新加坡、香港而远胜于其他自由港。例如新加坡港水深在 10 ~ 12 米，有相当长可供利用的岸壁线，水域宽阔，港面辽阔，没有赤道热带风暴之患。香港的维多利亚港，水深达 12 米以上，港面面积有 60 平方千米。而厦门港外航道长约 14 千米，宽 1.2 ~ 3 千米，水深可达 12 ~ 25 米，内航道长约 10 千米，水深大部均在 10 米以上，港域宽阔，仅嵩屿——鼓浪屿以北内港水域面积就达 50 平方千米，可供建港使用的深水岸线达 28 千米，与世界上已有的各自由港相比，属上中之列。

## 2. 人文地理气候条件

自由港以允许外国商品的落地消费区别于其他各种自由贸易区。早期设立

的自由港侧重于中转贸易的传统功能。现代自由港除继续保持转口贸易功能之外，还充分利用其地理位置、自然风光条件，发展国际旅游、商业出口加工等，向综合型自由港发展。这样在自由港的地点选择上，不仅考虑港口条件，而且进一步考虑其多方面的发展潜力。

厦门是一座素负盛誉的海港风景城市，它以旖旎秀美的海湾风光、温暖宜人的南亚热带气候、独具一格的历史文化和艳丽明媚的侨乡风情而蕴含着强烈的魅力，一向是我国著名的旅游观光城市和疗养度假胜地。岛内厦门大学为代表的一批高等院校、科研机构使之具有浓厚的学术文化背景。与台湾的悠久历史、文化、亲缘联系，使之成为两岸交流的热点地区。近十年来，来厦旅游观光的境外旅客每年平均递增 40% 左右，远远超出同期全国平均增长速度。

从现代自由港的发展趋势看，我国的自由港应向兼具转口贸易、出口加工、商务旅游等多功能、综合型自由港方向发展，充分利用自由港的外国商品免税就地消费的优势，与本地区优美的自然风光，良好的生活条件相结合，大力发展商务旅游和各类国际交往活动，使第三产业成为自由港的支柱产业。从这一角度看，厦门的人文地理、气候风光条件是建设自由港的重要优势之一。

### 3. 政治经济条件

从经济上看，厦门是一个离政治经济中心较远的中型海岛港口城市，具有较好的发展条件，但由于历史的原因未得到充分发展。厦门从一个较低的起点起步，现已初具规模；经济结构以三资企业、外向型经济为主；与港澳台、华侨资本、国际经济联系密切。这些条件的组合，给设立自由港创造了良好的经济条件。

从各国设立自由港的情况看，一般都不把自由港放在距离政治经济中心较近的大港，而是放在较偏远的中小港口城市。例如英国在 18～19 世纪是把远离其本土的直布罗陀、新加坡辟为自由港，而本土的伦敦、利物浦等世界著名大港则作为普通港口存在。墨西哥是在国土的两端开辟自由港和自由边境区。选择辟为自由港的地区之所以一般远离本国政治经济中心，且中小港口城市而又具有较大发展潜力的地区，是因为自由港具有一定的试验成分。选择了这类地区，既避免了不同经济秩序的过大冲击，又有利于用特殊政策发展边远地区经济。从各国自由港设立时的情况看，当时这些港口都只是边远小港。

考虑到我国自由港应从较高起点的综合型自由港起步发展，选择中型而不是小型；选择有一定城市规模、基础设施条件较好而非边远渔村，显然较为适当。

再者，选择经济结构以三资企业、外向型经济为主，是考虑到封关之后，自由港的本地工业便失去原有关税保护，直接面对激烈的国际市场竞争，倘若不适应，就会给本地区经济带来巨大冲击，导致居民生活水平下降，甚至社会安定等一系列严重的社会经济问题。而该地区经济结构若是以三资企业、外向型经济为主，将会大大降低这种冲击，较顺利地实现向自由港经济的过渡。

再从政治方面看，自由港要求腹地方面的异质性与位置上的接触性。综观世界上许多自由港的设立，都与此不无关系。例如，新加坡是1919年辟为自由港的，当时它是英国的殖民地。英国殖民者之所以将新加坡辟为自由港，除了它十分重要的地理位置外，还因为它与东南亚腹地之间在政治上隶属不同国家。

可以看出，自由港在经济制度上的特殊性，位置上的接触性有助于发展不同社会经济形态、政治隶属关系地区的经济交往与合作，有利于通过经济交往与合作关系缓和敏感地区的政治、民族、种族矛盾。厦门与台湾有特殊的地理、历史、人文关系，目前又是台资在大陆的最重要投资热点地区和台胞与大陆往来最密切的地区。各种条件的组合使厦门处在大陆与台湾的结合点上，进而成为开辟自由港在政治上具有极为重要意义的地区。

### 4. 管理条件

设立自由港，不能不考虑拟议地区的一二线设置、管理成本，以及防止走私的有效性问题。厦门在这方面具有天然的优势。拟议中的自由港（厦门本岛及鼓浪屿岛）与大陆的陆上通道、空中出口只有三条，设卡管理容易。而且海域巡逻管理比陆上设隔离线管理成本更低，厦门岛在设置、实施一、二线管理上，可以说是国内成本最低的地区，据目前估算，这笔费用仅需1亿多元。至于走私的防范，应当说是一个与边境线而非自由港相联系的问题。自由港的开辟，固然也会带来走私问题，但厦门岛的自然地理条件，使反走私问题不会比国内其他地区更难。

# 三、在厦门建立自由港的必要性

选择在厦门设立自由港，不仅要从它所具有的综合条件优势考虑，而且要从它在我国政治经济发展战略中所处的地位着眼。

## 1. 迎接环太平洋地区经济增长挑战的需要

从外部形势来看，太平洋西岸地区在 20 世纪末、21 世纪初有望成为全球经济增长最快的地区，因而也是今后经济竞争最激烈的地区之一。近年来，一些亚太国家和地区都竞相采用自由港和其他自由区形式发展对外经贸关系，着眼于世界经济重心东移后抢占有利地位，亚洲的几个自由港和自由区连点成线，恰好在我国沿海开放地带形成一个弧形分布，同我国争夺资金、技术和市场。面对这种挑战，我国应统筹协调沿海不同层次开放地区的发展，以便同对手争夺资金和技术，并逐步扩大海外市场份额。

由于历史的原因，加之本身的一些不利因素，闽东南沿海地区是我国从南海到渤海的沿海地带中经济发展相对落后的地区，近年来虽发展较快，但基础仍较薄弱。在厦门设立自由港，提高其开放层次，将使它成为促进闽东南沿海地区经济发展，乃至辐射相邻内地省份的重要增长极，使我国从上海、宁波至厦门到广州、深圳、珠海、汕头和 1997 年、1999 年回归祖国的香港、澳门，以及海南岛的东南沿海一线成为高度开放、迅速增长、极富竞争能力的黄金海岸，迎接下世纪环太平洋地区经济高速增长的挑战。

## 2. 促进台湾回归，完成祖国统一大业的需要

厦门与台湾长期以来形成地缘相近、血缘相亲、语言相通、习俗相同的特殊关系，在厦门设立自由港，将在促进两岸统一问题上起重要促进作用。

（1）有利于更多更快更好地吸收台资，加强和促进两岸经贸合作。厦门实施自由港政策，就能逐步创造自由贸易条件和市场经济环境，减少贸易障碍，推动对台直接贸易，减少两岸庞大货运量经由第三地中转而增加的大量费用，降低投入成本，更有效地引导台资大量投入，实现更广泛的经贸合作，实现"一国两制，和平统一"，双方的经济往来、合作占首要地位，只要海峡两岸在经济上形成不可分离的合作关系，和平统一也就有了坚实的经济基础，至少成为抑制分裂倾向的重要因素。

（2）有利于密切两岸人员往来和加强科技文化交流。自由港政策的实施，将为厦门创造出一个境内外人员进出较方便灵活的"小环境"，为两岸人员的交往创造更便利的条件，有利于促进两岸科技、文化交流朝着"双向、直接、合作"的方向进一步发展。

（3）有利于提供解决两岸敏感问题的缓冲地带。在党中央制定的"一国两制，和平统一"的大政方针指引下，两岸关系趋向缓和。但是，由于台湾当局

仍从谋求"政治实体"出发，在两岸关系发展过程中处处设限。随着两岸经贸合作的日益发展，投资大陆的台商迫切要求"三通直航"，台湾当局不得不放宽两岸经贸政策，研拟两岸货物定点直航和开辟台海双边的自由贸易区等。在此形势下，我们加快实施自由港政策，建设厦门自由港，按自由港的国际通行规则实施管理，就可以回避两岸政治敏感问题，利用国际惯例和自由港政策解决"三通直航"运作中的具体困难，促进祖国和平统一大业早日实现。

### 3. 有利于稳定港澳

1997年、1999年在即，香港、澳门将要回归祖国。保持香港、澳门的现行社会经济制度，在相当长时期内不变，保持其自由港的地位不变，合乎包括港澳同胞在内的全国人民的根本利益。尽管我国政府的"一国两制"构想把港、澳长期稳定和发展的各种因素都保留下来，并且还通过两个特别行政区基本法的形式把它确定下来，但是国际上以及部分港、澳人士对此不无疑虑，加之港英当局的蓄意破坏，更使问题复杂化了。当此之时，辟厦门为自由港，将有助于稳定港澳人心，消除疑虑。

## 四、现有不足条件将会随着自由港政策的实施和经济的发展逐步获得解决

厦门具有实施自由港政策的基本条件，是从厦门目前已具备的基本软硬环境，实施必要性及其潜在发展条件角度分析得出的结论。这并非意味着厦门已经和世界上那些著名的自由港条件相当，以此要求或衡量厦门是否具有实施自由港政策的条件，显然是不合适的。

毋庸讳言，相对于新加坡、香港等世界著名的自由港城市，厦门显然发展不足，存在诸多差距。例如，厦门港现有吞吐量仅1000万吨左右；港口的自然地理条件虽较好，但港口建设相对落后；地处太平洋西侧不少国际航线的必经之处或附近，但目前经营的国际航运量不大；潜在腹地虽然不小，但因交通、"三通"问题尚未解决而受到一定限制；自然风景、气候条件虽好，但第三产业发展不足，对厦门建成商务旅游、国际交往中心不能不说是个严重限制，等等。

对此，应当区分那些无法改变的先天环境缺陷与通过实施自由港政策，加快发展可以解决的后天条件不足。前者是决定一地能否建立自由港的硬条件，

后者则属于在今后的政策制定、经济发展中应加以考虑解决的问题。从目前的考察分析结果看，上述问题均属后者，可以通过实施自由港政策及相应配套措施，加快经济发展来解决。

例如，港口的吞吐量问题，1978 年厦门港吞吐量仅 150 万吨，1993 年可望达到 1000 万吨，平均每年递增 13.5% 。而新加坡在 1960 年吞吐量也仅 1500 万吨左右。随着厦门辟为自由港以及港口吞吐能力的扩大，厦门港的吞吐量将会以更快速度增长。

又如，厦门承接经营国际转口贸易的前景问题，这实际上是一个与厦门的自由港地位相联系的问题（不是自由港自然也就谈不上转口贸易的发展）。确立了自由港的地位，加之位于太平洋西侧的国际航线的必经之处或周边区域，当然也就具备了发展国际转口贸易的有利条件。这一点，厦门航空港的发展是个典型的例子。厦门机场在全国各大机场中是较晚建成的，但年客货流量在短短几年内已跃居全国第四。厦门若辟为自由港，远的不说，仅目前通过香港中转内地的货物流量一部分改道厦门，就足以使厦门港的吞吐量大大上升。

再如，经济腹地问题。除了交通问题需解决之外，更重要的是厦门本身的经济吸引力问题。香港长期以来成为内地货物出口的最主要中转地，相当部分不是个运输经济问题，而是我国在过去相当长一段时期内处于被封锁及自我封闭状态造成的。目前台湾大部分与大陆的进出口往来假道香港，其根本原因也在于此。厦门辟为自由港，其经济吸引力自然大大提高，经济辐射面也必将大大拓广，经济腹地问题以及相联系的交通问题也会随之解决。

# 厦门实施自由港某些政策
# 与政府职能调整*

　　自由港是商品经济与国际贸易发展的产物，也就是说，它以市场经济的运行机制为基础。我国的自由港，是建立在社会主义市场经济基础上的自由港，社会主义经济的本质特征必然赋予它不同于其他社会制度下自由港的制度规定性。在厦门实施自由港的某些政策，是党中央、国务院和邓小平同志在20世纪80年代中期作出的一项重要战略决策，包含了深远的政治、经济战略考虑。以上三个方面，应成为我们研究在厦门进一步实施自由港的某些政策，调整政府职能的重要出发点，或者说，构成了我们设计新型政府职能的选择空间。

　　自由港迄今为止是一个在定义上有较多分歧的概念。① 若从考察政府职能的角度看，大体可以分为两类：一类是单一功能区，区内没有常住居民及相应的生活设施，区内免除关税进口的外国商品并不允许在当地消费。这种自由区以德国的汉堡自由贸易区、不来梅自由贸易区、爱尔兰的香农国际航空港自由贸易区、巴拿马的科隆自由贸易区为代表。这类自由贸易区由于只是设在一国领域内的港区或交通方便的港口城市的一部分，只具有单一的生产经营功能，因而其政府行政管理机构的设置及职能也较简单而单一。一般体现为某级政府

---

　　* 本文节选自厦门大学自由港问题研究课题组《中国经济特区发展的一个战略选择》，鹭江出版社1994年版。

　　① 例如：《简明不列颠百科全书》定义自由港（free port）为："货物可自由卸港、搬运、制造和转口，而不受海关当局干涉的地区。"参阅《简明不列颠百科全书》，中国大百科全书出版社1989年版，第九卷，第577页。

　　英国的《经济与商业辞典》定义自由港为："一个允许再出口货物（转口贸易或货物集散地贸易）免税进入的港口。"参阅 J. L. Hanson：A Dictionary of Economics and Commerce，Macdonald and Evans，1977，p. 214.

　　大德百科全书定义：自由港系指传统的自由贸易区，即在一国的国际港埠或其毗邻地区的海关之外，划定一个特别的隔离区域，采取隔离设施，允许区内的外国商品自由装卸、储存、运送、改包装、换商标、分类、陈列、展销、加工、组合、转出口等而予以免除关税之优待。转引自黄宝奎：《厦门特区·自由港·境外金融市场》，载《福建对外经贸》1993年第10期。

的一个派出管理机构，如自由贸易区管理委员会或管理局等，不是一级完整的政府组织，只负责完成所属政府授权委托的对区内生产经营活动的管理工作。我国目前的上海外高桥保税区、厦门象屿保税区的管委会即属此种。另一类是综合功能区，地域较大，有大量常住居民，允许免税进口的外国商品（并非全部）在当地消费。这种自由港以新加坡、香港、澳门为代表。这类自由港中的政府组织是完整的，它或是一个独立的国家政权，或是一级完整的地方政府组织，在正常情况下，它包括代议机构、司法机构及行政管理机构。其职能与一般的国家政权或地方政府相近，甚至大于后者。中央关于厦门实施自由港的某些政策，目的在于将厦门办成一个类似新加坡、中国香港、中国澳门的综合功能区。因而，就世界上不同社会经济条件下自由港的政府职能进行比较借鉴时，考虑的主要对象应当是综合功能型的自由港。

## 一、新加坡自由港的政府机构与职能分析

自 1965 年起，新加坡自由港的政府是一个独立的国家政权。因而它不仅拥有完整的代议、行政、司法机构，而且拥有军队、警察及政党等。新加坡政府从人少国小的实际出发，在政府行政机构设置上采取了"单层多级"的精简方式。内阁设外交、国防、内政、财政、国家发展、贸工、交通、社会发展、劳工、教育、卫生、新闻艺术、环境、律政 14 个部。部以下设置若干不同职责的法定机构，不再设置行政机构，全国也不再划分行政区。作为议会制国家，新加坡将全国划分成 81 个选区，各选区设有若干个民众联络所。每位议员通过民众联络所分别负责联系一个选区的民众。整个国家的政治、经济、社会方面的大量具体事务，就是通过这些政府部门、国会议员、法定机构、各级法庭和民众联络所各负其责完成的。

作为自然资源贫乏的城市岛国，新加坡政府把实施自由港政策作为推进其经济起飞的引擎，其特征在于通过政府部门隶属的法定机构及其控制的国家控股公司实现国家对经济运行的高度参与及干预。

鲜明体现新加坡政府对社会经济运行参与、管理、干预特征的机构是隶属于政府各部的法定机构。所谓法定机构，是指根据社会经济发展及政府实施经济管理需要，由政府各部向国会提出议案，经国会讨论审议通过并以立法形式界定其职能和权力，最后经总统批准，并由政府直接投资建立起来的，根据政府的指导原则和意图，直接参与市场经济活动的半官方机构。目前新加坡有包

括经济发展局、贸易发展局、国家生产力局、公用事业局、城市重建局、国家科技局、金融管理局、裕廊镇管理局、港务局等近 20 个法定机构。法定机构一方面行使国会通过的有关法令所规定的行政职能，另一方面又作为一个企业（或是利用其所属的控股公司）直接参与市场活动。例如，新加坡港务局作为交通部属下的一个法定机构，一方面根据国会颁布的《海港法》行使港口管理、船舶进出港航道指定、指泊、引航等行政职能；另一方面又直接管理经营码头，从事港口货物起卸、仓储、运输等企业活动，并在企业中贯彻政府的意图和指导原则，对整个运输市场进行调控。又如裕廊镇管理局根据政府各个不同时期产业政策，专司规划、开发和管理全国大部分的工业区，为投资者提供标准厂房以及水、电、道路等各项配套的基础设施，开始是政府投资，形成的设施由管理局经营，以后做到自行贷款开发并实现滚动发展产生盈利。而经济发展局、贸易发展局等一些非经营性法定机构，主要承担贯彻实现国家宏观经济决策和协调各种经济发展活动的任务，其性质是策划和服务性的。经济发展局作为政府属下最重要的经济管理机构之一，担负着全盘执行新加坡工业化计划的任务，它与贸工部一起决定投资水平、部门目标和总的经济战略、产业政策，与国家计算机局、科学园和其他机构一起监控和推动技术进步，参与专业和技术教育委员会（CPTE）的人力资本培训活动，并且拥有拟定鼓励投资的政策和具体执行各项发展政策的职权。[①] 从其机构设置及承担的主要任务看，是一个类似于我国计委、经贸委性质的综合性经济管理部门。[②] 而贸工部下属的贸易发展局的主要职责是对新加坡的对外贸易实行宏观指导、调整和管理；监督、检查执行国家对外贸易政策、法律、制度等情况；会同国家有关部门规划、推动、扶持出口商品生产和销售，审批、分配和管理有配额的出口商品，为商品提供商业资讯及处理国际条约等。

新加坡政府对社会经济运行参与、干预的另一工具是法定机构所拥有的控股公司，如控制战略产品的胜利控股公司，带动风险性行业的淡马锡控股公司，发展先进科技产品的 MND 控股公司等。这些公司虽然是商业性的，依照公司法注册，但其地位、作用、职能却不同于一般的私人企业，政府通过法定机构作为主要股东参股，由分管部长委任国家公务员为董事主席，董事成员由

---

① 杜文兴、林达·刘：《新加坡的经济计划和经济决策》，载联合国《亚太经济公报》，1988 年 6 月。

② 经济发展局的机构设置是在发展局执行委员会之下设有国际业务处、投资业务处、工程项目处、人力处及行政管理处 5 个处。其主要工作任务是：（1）拟定鼓励私人投资的政策并为工业界提供指导；（2）推行独资或与私人资本联营的工业计划；（3）提供优惠的贷款以支持工业的发展。

部长和董事主席商定。控股公司进一步成立了许多子公司。与此同时，控股公司还采用纵向和横向的参股、建立协作经营关系等构织了一个多达 2000 余家企业的关联网络，其产出约占国民产出的 40%。政府对控股公司的控制以及控股公司及其关系企业在国民经济中的地位决定了：政府调控经济的意图可以通过控股公司及其子公司的经营运作贯彻到实际经济生活中，使众多私人企业不得不按政府的意图行事。

因此，可以认为：新加坡自由港模式的特点在于它是一个主权国家政府根据经济发展需要，经常灵活地对自由港政策进行调整，并通过法定机构及控股公司对经济运行实行直接干预的自由港；是一个国家直接干预型的自由港经济，一个在市场经济条件下政府及公营经济发挥较大作用的自由港经济。

# 二、香港地区自由港的政府机构与职能分析

## （一）现行香港特区政府的职能

与新加坡不同，香港是一个实行自由放任的经济政策的自由港。香港特区政府对经济的管理奉行积极不干预主义，即对经济运行，一般采取不加干预的政策，但在市场机制失灵的情况下，又采取某些必要的适度调节措施，弥补市场不足，保障市场机制正常发挥功能。香港特区政府认为：一般地说，市场力量必然会为解决面临的困难提供最佳的解决办法，因此，只有当市场不完善而导致垄断的情况出现时，市场成长过速，以致已有规则无法加以抑制，为了公众利益而必须进行监督时，毫无限制地追求个人利益的行动、在总体经济和总体金融方面已产生不良影响时，才需要政府实施干预。根据这一指导思想，香港特区政府主要是在以下这些方面行使其职能，对经济运行进行调控管理的。

（1）对严重短缺资源实行严格管理。这集中体现在对土地资源的管理。按照香港法律，香港的每一寸土地均属政府所有，土地使用权的拍卖、拍卖方式及数量均由政府控制，其收入则成为香港特区政府最主要的收入来源。

（2）对外部经济性领域及垄断经营的行业实行管理。这主要包括基础设施及公用事业、铁路、机场、港口、码头、地下铁道、过海隧道、市区高速公路、邮政等均由政府直接投资和经营，电力、煤气、电话、电讯、公共汽车、电车、轮渡等公用事业，虽然由私人公司经营，但政府则采取专利经营的方式实行间接控制。

（3）对容易发生动荡而又与社会经济发展息息相关的行业如金融业实行管理。香港对资金进出、外汇买卖、黄金交易均不加干预，但在金融业设置管理上却有严密干预措施。金融业的设置，均由政府控制牌照发行，并划定一定经营范围，发挥不同功能。在货币发行上，政府授权给汇丰、渣打2家私人银行发行，但港币发行必须受政府外汇基金条例管制，每发行1元港币，要有等值的美元存入外汇基金作为保证，以此控制货币发行。中国银行1994年起成为第三家发钞银行，亦依照以上发钞规定。在外汇汇率方面，为稳定港币，自1983年以来，采取联系汇率制，并一直维持1美元兑换7.8港元的汇率水平。银行利率则通过银行公会间接控制。

（4）税收政策。香港特区政府充分利用税收政策为其自由港政策服务，其特点是精简税种和低税制，直接税只设利得税、薪俸税、物业税和利息税4种，间接税10余种，对进出口货物除烟酒等5类产品之外，其余一概免税。低税率、少税种的政策，既有利于提高企业的竞争能力，又可使市场价格保持较低水平，增强香港作为"购物天堂"的吸收力。

（5）外贸政策。作为自由港，香港对进出口贸易一般不加管制和限制，但是政府花了较大精力指导、扶助外贸的发展，其中，贸易发展局发挥了重要作用。贸易发展局每年制订贸易发展计划，并向贸易界、各工商团体征询有关产品种类、市场拓展等意见。制订计划是为了提前就拓展市场活动作出安排，印发各厂商、出口商，使他们心中有数并据此开展各自的活动。这种计划不在于干预厂商、贸易商的活动，而在于提供指导和服务。除此之外，贸易发展局还在海外设立了20多个办事处，对当地作深入的市场调查。贸易发展局的研究部研究开拓市场和定期写出市场、产品的调查报告。贸易发展局还承担咨询服务，接受工商界的贸易咨询，在全球各地包括在中国内地开展拓销香港产品的活动。

（6）在住房、医疗、教育等方面，实行社会福利政策。在为居民提供较低价的房屋方面，政府实行供应"廉价屋"政策；在医疗方面，政府公立医院规定远较私人医院为低的收费标准，亏损额由政府财政予以补贴；在教育方面，公立学校实行九年制免费入学的教育制度。

香港有一套独特而完整的行政管理体系。布政司署是香港特区政府的行政管理总部，首脑是布政司。布政司署下面由各科及部门构成。科是属于计划和决策的部门，科以下是署或处、局，属于执行计划和政策的具体职能部门。各科均由布政司署统管。目前布政司署属下有15个科和1个副布政司办公室。各科均由司级首长主管。为了使政策能够协调一致，布政司署成立了一个布政司委员会。在 59 个署级部门中，除了律政署、核数署和廉政公署直接向港督负责外，其他署级部门都向相关的科级主管部门负责。署级部门是港府行政管理权力的落脚点，也是港府的基本核算单位。为了使港府制订的计划和政策施行得法，署级部门里面一般又设有若干专门的分支部门，负责执行已经批准的计划和具体的政策和措施。

香港特区政府在机构设置及行使职能上，具有以下几个特点：

（1）强调行政立法。行政立法是香港特区政府的一大特色。香港特区政府在机构设置之前，都需要通过一个法例，明确规定该机构的法律地位、权限与职责范围，甚至就其具体的工作也订有明细的法例。完善的行政立法有利于建立一个严明而高效行政体系，从横的方面说，通过行政立法，明确各级部门的职责范围，可以减少官僚主义，提高工作效率。

（2）严格实行政企分家，真正发挥政府对经济的监管作用。香港特区政府的职能部门仅仅从事对经济运行的宏观调控及监督管理工作，一般不插手企业的经营，例如，海事处是主管香港所有水域、港口及一切水上交通运输的部门，与新加坡的港务局不同，它只对使用香港水域的企业和船舶实行行政上的管理和监督，而不拥有任何与水上交通运输有关的企业，也不参与或干预各有关企业的经营。这种行政管理与企业经营截然分开的体制，使政府处于一种超然的地位，以尽可能少的资源统揽全局，同时也可以避免官商的弊端，使不同的企业能够有一个同等的竞争环境，各个企业都可以独立享受市场竞争所带来的利益，也单独承担市场竞争的风险，优胜劣汰，使社会资源得到最有效率的利用。

（3）重视社会服务工作。香港特区政府在机构的职能设计上十分重视其社会服务功能，而且，与经济活动关系越密切的部门，其服务的功能就越是明显。政府有关部门与官方、半官方的服务性机构结合在一起，构成了香港特区政府的服务系统，为香港的工业发展、商业贸易和社会民众提供服务。例如，为工业发展提供服务的机构，就有香港生产力促进局、香港工业总会、香港中华厂商联合会等；为发展商贸的服务性机构，就有香港贸易发展局、香港出口信用保险局、香港总商会、香港贸易协进会等；为社会民众提供服务的机构，就有市政总署、区域市政署、医务卫生署和社会福利署等。[①]

（4）注重调研、咨询工作。香港特区政府重视调研咨询的作用，在许多职能部门的具体职能中，都把调研放在相当重要的地位。与此同时，许多职能部门都设有咨询性质的委员会，由港督（也有个别由市政司署的主管科）委任一

---

[①] 刘书林：《香港政府的服务系统》，载《特区经济》1989 年第 5 期。

些与各部门有关的知名人士或专业人士，加上部分官员组成。目前，港府的咨询机构分为法定组织和非法定组织两大类，共 227 个，此外，还有一些是为某项事件而成立的临时性咨询机构。这些咨询机构在港府制定法律、规例和政策的过程中起着越来越重要的作用。其中，尤其值得一提的是法定组织在咨询系统中的作用。法定组织是根据香港有关行政管理职能或行政管理机构成立法例的规定而成立的，具有法人地位，在重大政策问题上有强制咨询的特点。对于任何不经过该类咨询机构的咨询而制定的重要政策，该类咨询机构都可以循法律程序告到法院，由法院以违反法例予以禁止。[①]

（5）建立较完整而且行之有效的监督系统。香港特区政府在实践中逐步建立和完善了一套较完整而且行之有效的监督系统。它基本上可以分为内部监督系统和外部监督系统。内部监督系统主要由各部门独自设立的上诉委员会组成，如房屋条例之上诉委员会、教育事宜上诉委员会，以及各部门附设的防止贪污组、交通投诉组等。内部监督主要着重于部门本身的控制。而外部监督则是通过一些专职部门和大众舆论，还有法庭的司法调查，对各政府机构的经济活动以及政府官员和全体公务员进行监督。外部监督机构中，最重要的是核数署和廉政公署。

核数署的主要任务是监察政府部门的财政开支，使政府提高工作效率，其工作大致上可以分为会计性核数和效用性核数两类。会计性核数的目的，是从审阅的账目、文件及档案中，证实政府的财政会计账目和交易是否准确适当。例如是否依照政府拨款所指定的用途使用公款，某项开支是否超出预算，对于开支是否疏于管制，以及是否收到所有到期款项等。至于效用性的核数，目的则在于核查政府在处理公共款项时，是否合乎经济效益，开支能否达到目的等。

廉政公署全称为"总督特派廉政专员公署"，成立于 1974 年。其职责是：（1）接受指控贪污行为的举报，并在可能的范围内予以调查；（2）对涉嫌与贪污行为有关的公务人员进行调查；（3）廉政专员如认为任何政府人员的行为可能引致贪污或与贪污行为有关时，须予以调查，然后向总督报告；（4）审查政府及公共机构的办事程序，发现可能引致贪污的漏洞时，设法加以纠正，并向政府或公共机构的首长建议，在不妨碍该机构执行职责的情况下，更改不良的工作惯例和程序，务求尽量减少引致贪污的机会；（5）应任何人之要求，帮助及指导如何消除贪污行为；（6）引导市民认识贪污的祸害，动员他们支持肃贪

---

① 梁柏松：《香港政府的咨询系统》，载《特区经济》1989 年第 1 期。

倡廉工作。①

## （二）香港特别行政区的政府职能

1997 年 7 月 1 日，香港将回归祖国，成为中华人民共和国的特别行政区。《中华人民共和国香港特别行政区基本法》规定了作为我国特别行政区的香港自由港和政府的职权。

香港特别行政区基本法第 12 条规定："香港特别行政区是中华人民共和国的一个享有高度自治权的地方行政区域，直辖于中央人民政府。"第 5 条规定："香港特别行政区不实行社会主义制度和政策，保持原有的资本主义制度和生活方式，五十年不变。"第 114 条规定："香港特别行政区保持自由港地位，除法律另有规定外，不征收关税。"上述条款规定了 1997 年 7 月 1 日之后，香港特别行政区与中央政府的关系及其政治经济地位。

香港特别行政区作为单一制国家结构形式下的一个享有高度自治权的地方行政区域，它享有以下自治权。

### 1. 立法权

立法权即以基本法为依据，制定或修改在香港地区实施的法律的权力。

### 2. 行政管理权

行政管理权即依照基本法的规定自行处理香港特别行政区的行政事务的权力。具体地说，其中有关经济管理方面的职权主要有：

（1）政策制定权。即对香港特别行政区施行的各种政策，有自主的制定权。

（2）人事任免权。除各司司长、副司长、各局局长、廉政专员、审计署署长、警务处处长、入境事务处处长、海关关长需报请中央政府任命外，其他公务人员以及各级法院法官都由香港特别行政区依照法定程序任免。

（3）财政独立权。香港保持财政独立，其财政收入全部用于自身需要，不上缴中央政府，中央政府不在香港征税。香港实行独立的税制，自行立法规定税种、税率、税收减免和其他税收事务。

（4）金融管理权。香港的货币金融制度由法律规定。香港自行制定货币金融政策，保障金融企业和金融市场的经营自由，并依法进行管理和监督。香港

---

① 刘书林：《香港政府的监督系统》，载《特区经济》1989 年第 3 期。

不实行外汇管制制度，港币自由兑换，继续开放外汇、黄金、证券、期货等市场，保障资金的流动和进出自由。香港的外汇基金，由香港特别行政区政府管理和支配，主要用于调节港元汇价。

（5）货币发行权。港元为香港特别行政区法定货币，继续流通，其发行权属于香港特别行政区政府。港币的发行制度和准备金制度，由法律规定。香港特别行政区政府，在确知港币的发行基础健全和发行安排符合保持港币稳定的目的条件下，可以授权指定银行根据法定权限发行或继续发行港币。

（6）贸易管理权。香港继续实行自由贸易政策，保障货物、无形财产和资本的流动自由。香港继续保持自由港地位，除法律另有规定外，不征收关税。香港特别行政区为单独的关税地区。香港特别行政区可以"中国香港"的名义参加"关税和贸易总协定"、关于国际纺织品贸易安排等有关国际组织和国际贸易协定，包括优惠贸易安排。香港特别行政区所取得的和以前取得仍继续有效的出口配额、关税优惠和达成的其他类似安排，全由香港特别行政区享有。

（7）签发产地来源证权。香港特别行政区根据当时的产地规则，可对产品签发产地来源证。

（8）制定产业政策权。香港特别行政区政府制定适当政策，促进和协调制造业、商业、旅游业、房地产业、运输业、公用事业、服务性行业、渔农业等各行业的发展。

（9）土地管理权。香港特别行政区境内的土地和自然资源属于国家所有，由香港特别行政区负责管理、使用、开发、出租或批给个人、法人或团体使用或开发，其收入全归香港特别行政区政府支配。

（10）航运管理权。香港特别行政区保持原在香港实行的航运经营和管理体制，包括有关海员的管理制度。香港特别行政区政府自行规定在航运方面的具体职能和责任，经中央政府授权继续进行船舶登记，并根据香港特别行政区法律以"中国香港"的名义颁发有关证件，等等。

（11）民用航空管理权。香港特别行政区政府享有除根据基本法规定属于中央政府权力范围之外的在香港特别行政区境内的民用航空管理权，经中央政府具体授权与有关国家、地区谈判，签订民用航空协定和协议的权力，等等。

（12）劳工及社会福利政策权。香港特别行政区政府自行制定有关劳工及社会福利、社会保障方面的法律和政策。

（13）在外事职权方面，还包括了香港特别行政区可在经济、贸易、金融、航运、通信、旅游等领域以"中国香港"的名义，单独地同世界各国、各地区及有关国际组织保持和发展关系，签订和履行有关协议，可根据需要在外国设立官方或半官方的经济和贸易机构。

### 3. 独立的司法权和终审权，以及其他一些有关权力

《香港特别行政区基本法》是在我国政府恢复对香港行使主权的前提下，为了维护国家的统一和领土完整，保持香港的繁荣和稳定，并考虑到香港的历史和现实情况而制定的，赋予香港不仅仅是经济特区而且是政治特区的地位。因而授予特别行政区政府的职权要大于一般情况下授予包括自由港在内的经济特区政府的权限。厦门在实施自由港某些政策过程中考虑政府的职能时，可以借鉴，但不可进行简单的类比。

## 三、厦门特区政府职能调整——与外部的权能分配

在厦门经济特区逐步实行自由港某些政策，是党中央及邓小平同志在 20世纪 80 年代中期为发展我国东南地区经济，加强对台工作，完成祖国统一大业作出的重要部署。它使厦门经济特区置身于国对外开放的最高层次上。如果说，兴办经济特区，除了是打开对外开放、对外交流学习的窗口之外，还具有开辟体制改革试验田的深层含义，因而随着经济特区的建立，都伴随着中央及有关部门赋予特区一定的政策，允许它们在一个较宽松的政策环境中进行改革开放的种种试验，取得经验向更大范围推广；那么，在厦门实施自由港某些政策，则是在迈向社会主义市场经济过程中的一场新的改革开放试验，必然要求政府职能的相应调整。

实施自由港某些政策所要求的政府职能转换可以从两个方面概括：一是与外部的权能分配问题；二是内部的职能与机构设置问题。所谓与外部的权能分配，是指在厦门实施自由港政策，如何调整、处理好厦门市政府与中央政府、福建省政府在经济管理权能上的划分问题，如何处理好厦门与周边地区的经济往来交流关系问题。而内部的职能与机构设置问题则是指适应社会主义市场经济运行的需要，适应进一步实施自由港某些政策的需要，厦门市政府在机构设置、职能转换上需进行哪些改革。本节着重探讨为进一步实施自由港某些政策，厦门与外部的权能关系调整问题。

### （一）厦门与中央政府的关系调整

尽管 10 年来，厦门和其他经济特区一样，逐步实施了若干带有自由港政

策因素的政策，对特区经济迅速发展起了重要作用。但是，应当承认，迄今为止，赋予厦门特区的管理权限仍与其他特区基本一致。

当然，某种程度上说，出现这种情况是不足为奇的。因为在社会主义经济条件下实施自由港某些政策，毕竟是件前无古人的事业，更何况所建立的是一个综合型的自由港功能区，其模式的设计、政策界限的把握难度更大。一定时间的酝酿、研究显然是必要的。

我们认为，厦门进一步实施自由港某些政策，其与中央政府的关系设计，有一个最贴近的参照系或借鉴对象，那就是1997年7月之后的香港自由港与中央政府的关系。

固然，如前所述，《香港特别行政区基本法》是考虑到香港的历史和现实情况，不仅将香港作为一个自由港，而且是作为一个政治特区，赋予香港特别行政区以远大于一般地方政府的政治经济权力。作为实施自由港某些政策的经济特区，厦门显然并不需要那些不属于自由港运作的政治经济权力。但是，香港基本法中有关条款特别是其中的经济条款的规定，主要是从香港长期是一个自由港这一最主要的经济现实出发，考虑到维护香港的自由港、国际金融中心地位不变，是保持香港稳定、繁荣与继续发展的根本前提，充分吸收了包括香港人士在内的各方面人士关于应当赋予香港特别行政区以何种经济权限方有力保障香港作为自由港、国际金融中心地位的意见而作出的。从这个意义上说，有关保障香港自由港地位的规定是可以而且应该成为进一步实施自由港某些政策，调整中央与厦门的关系中借鉴的对象。具体地说，我们认为以下这些方面是值得考虑的。

（1）地方立法权。1994年3月22日，党的八届全国人大二次会议表决通过了关于授权厦门市人民代表大会及其常务委员会和厦门市人民政府分别制定法规和规章在厦门经济特区实施的决定，赋予了厦门特区以充分的地方立法权。当前，最关键的是要用好中央给予的权力，把厦门特区"逐步实行自由港的某些政策"法律化、规范化，运用法律手段保证厦门进一步实施自由港某些政策的顺利进行。

（2）财税管理权。进一步实施自由港某些政策，厦门必须建立相对独立的财税制度。因此，应当赋予厦门特区在主要税制及税收政策与全国保持一致的基础上，根据实施自由港某些政策的需要，最大限度地豁免关税及进口流转税，以及调整部分国内税种、税率及相应财税管理方法的权力。

（3）金融管理权。与实施自由港某些政策的货物进出相对自由和人员进出相对自由相适应，必须逐步实现资金进出相对自由和金融国际化，最终将厦门发展为地区性的国际金融中心。这些必然要求在厦门建立相对独立的金融体制，将厦门划为相对独立的金融政策区，在厦门金融区内建立以中央银行为领导，外资、合资、中资金融机构并存的开放式金融体系。人民银行厦门市分行作为中国人民银行的派出机构，直接接受总行领导，代表总行行使在厦门特区的金融监管权；在总行的指导下，根据厦门特区的经济发展及宏观形势变化的需要，相对独立地运用货币政策工具进行调控。

（4）贸易管理权。实施自由港某些政策，其中最重要的一条是奉行相对自由的贸易政策，保障货物、无形财产和资本的相对自由流动。因此，可以在厦门特区实行商品保税制，除少数指定商品外，对大多数进口货物免征进口各税，对货物进口一般不作品种和数量限制，并允许在指定区域内开展存储、加工出售等活动。这就要赋予厦门特区相对独立的贸易管理权，实施与我国其他地区（普通关税区）不同的贸易政策及管理制度。

（5）航运及民航管理权。实施自由港的某些政策，其中目的之一是使厦门港发展成为我国重要的货物转口贸易口岸，特别是成为两岸货物、人员往来的主要口岸。适应这一需要，必须赋予厦门特区在民用交通管理方面以较大自主权，例如授权厦门市自行批准各类船公司在厦门注册和船舶进口，并由企业自行决定运力和航线，等等；允特区内有条件的法人单位经厦门市批准参与经营有关航舶代理、货运代理、揽货、仓储、补给等船舶中间服务等。

（6）人员出入境审批权。实施自由港某些政策的主要目的之一是加强对台工作，促进祖国统一大业。因此，积极开展对台工作也就成为厦门特区的重要工作之一。进一步实施自由港的某些政策，必须扩大人员的进出自由，这些都要求赋予厦门特区相应的权力，组建必要的机构。为加强厦门的对台工作，中央政府对台工作部门可在厦门设立派出机构，指导、协调对台工作。同时，在人员出入境的政策和管理方面，赋予厦门特区与进一步实施自由港某些政策相应的权限。

## （二）厦门与福建省政府的关系调整

厦门特区目前作为计划单列市，拥有省一级经济管理权限，但在行政上仍隶属于福建省，属于中央与省双重领导体制。进一步实施自由港某些政策后，尤其是赋予厦门特区以相当于省级人大常委会所拥有的地方立法权后，厦门与福建省政府的关系应做何种调整，是一个值得探讨的问题。一种看法认为：目前，厦门特区的经济管理和行政管理自主权都比较小，许多改革方案都要报请省和中央的有关部门审批，由于新旧体制的交叉，许多改革措施涉及权益的调整，再加上层次多、环节多、认识不一致，许多亟须解决的问题拖延时日，久拖不决，对经济建设的正常发展影响很大。现在要进一步实施自由港的某些政策，这种重大改革和开放，必然要冲破现行体制。因此建议对厦门经济特区实行特殊的领导体制，即将厦门特区划归国务院特区办公室直接领导，特区的行政首长由国务院直接任命，向国务院直接负责。[①] 对自由港实行特殊的领导体制，不是没有先例的。《香港特别行政区基本法》就规定了回归祖国之后的香港自由港直属于中央政府。而韩国的马山、里里自由出口区是隶属于经济企划院的工业区管理厅直接领导、管理的；台湾的高雄、楠梓、台中三个出口加工区也是由台湾"经济部"直接管理的。[②] 厦门特区实行特殊的领导体制，未尝没有合理的成分。

我们认为，实行何种领导体制，关键在于它是否有利于更好地实现中央关于在厦门实施自由港某些政策的政治经济目的。因此，对这一问题的讨论，不能脱离特定的时空条件。从目前条件看，厦门仍以实行现有的行政隶属关系比较适当。首先，从经济方面看，厦门作为港口城市，其最主要的经济腹地目前仍大部分位于福建境内，厦门的发展，必须得到它们的大力支持与合作，而厦门作为本地区的中心城市及经济增长极，对该地区的经济也将起到较大的促进作用。密切的经济往来必然要求某种程度的行政协调，尤其是在我国，虽然体制改革的目标模式已经确定，但在目前以至今后一个较长的体制转轨时期，行政协调仍对经济发展起着重要作用。在这种体制条件下，对厦门实行特殊领导体制，将使厦门以至闽南金三角地区经济发展中的许多具体问题难以协调，不但无助于反而会妨碍厦门以及福建的经济发展；其次，从对台工作方面看，与台澎金马相对的，不仅有厦门，而且还有福建的众多地区。台湾同胞不仅与厦门而且与福建各地的人民都有着亲密的血缘关系。因此，在开展对台工作上，也需要福建省政府的统筹、协调。

但是，与此同时，亦应注意到厦门作为特区，尤其是在进一步实施自由港某些政策之后，与福建省其他地区有较大不同。因而，在处理福建省政府与厦门的关系上，应有别于省内其他地区。我们认为，福建省政府对厦门工作的领导，应当把主要精力放在大政方针、重大战略决策的制定与指导上，放在协调厦门与其周边地区的经济往来、协作关系上。在处理好厦门与省里的条块关系

---

① 张亦春、吉卫民：《加速厦门自由港建设若干对策分析》，载《厦门特区金融》1992 年第 5 期。
② 陈永山等：《世界各地的自由港和自由贸易区》，厦门大学出版社 1988 年版，第四章。

上，应根据前述处理厦门与中央关系的原则，建立起市政府各业务部门首先对市政府负责，市政府对上级机关负总责的机制，使厦门市政府能够在中央及省政府的直接领导下，对厦门特区的工作有较大的独立自主权，统筹协调各上级业务部门的政策在厦门的贯彻、实施。

## 四、厦门特区政府职能调整——内部职能及机构设置

### （一）职能的转换

政府机构的调整，建立在它的职能转换基础上，倘若政府的职能不根据社会主义市场经济运行机制的要求实现根本转换，那么，再好的机构改革方案，都不过是换汤不换药，而且，由于职能没有实现转换，必然会导致那些在机构改革中被精简、调整的机构在随后不长的时期内一步一步地以种种或新或旧的名目重新冒出来。因此，政府机构改革的成败关键，在于其职能的转换。

在市场经济条件下，政府的职能包括以下三个方面：（1）公共行政管理职能；（2）社会管理与服务职能；（3）经济调控管理职能。公共行政管理职能的主要任务是维护国家主权及国家安全，维持社会生活的正常运行秩序，保障公民的合法权利及利益。社会管理与服务职能主要是向社会及其成员提供各种社会服务。而经济调控管理职能则体现为：为市场经济运行提供必要的制度保障、外部环境及基础条件，通过各种政策工具调整、改变或维持一定的市场经济运行环境，实现对经济运行的调控。具体说来，包括以下几个方面。

（1）建立、维护市场经济运行的制度基础；

（2）调节货币供给，保障总量经济平衡；

（3）克服市场失效；

（4）合理组织非市场经济领域活动，提供公共产品；

（5）调整收入分配，健全社会保障体系，实现社会公正；

（6）促进技术进步与经济增长；

（7）协调对外经济关系，调节外部冲击导致的经济失衡；

（8）从社会成员的根本利益出发，干预特定的生产、消费行为。

因而，把传统体制下的政府职能改造成为适应社会主义市场经济运行的职能，就需要：

（1）取消一部分权力。即把那部分服务于计划经济运行需要的，而现在已

成为发展社会主义市场经济障碍的权力，例如，对市场经济领域的指令性计划权、物资分配权、产品定价权等，逐步予以取消。

（2）归还一部分权力。即把本来应属于企业所有的，被计划经济体制剥夺了的权力——企业的自主经营、自我发展的权利——毫无保留、实实在在地归还给企业。需要指出的是，进一步实施自由港某些政策，需要创造一个中外企业平等竞争的环境。因而，对于竞争性领域的企业，政府必须严格地实行政企分开的原则。只有对那些在生产或消费上具有较大外部经济性而且难以通过其他手段予以调整的企业，方才需要政府的直接控制。

（3）下放一部分权力。即将过去过分集中于上级政府的权力，按照事权与财权相统一的原则，适当下放到下级政府，实现合理分权。

（4）转移一部分权力。即把一部分在传统体制下属于政府的职能与权力——主要是一些社会服务及监督职能——逐步转移给社会中介组织，由这些社会组织或是独立自主，或是在政府的支持、资助、监督管理下展开社会服务与社会监督工作。

（5）强化一部分权力。即那部分在市场经济条件下政府对经济进行调控、监督、管理的权力与职能。这部分权力与职能在计划经济体制下或被取消，或被严重削弱，或形同虚设。发展社会主义市场经济，亟待加强、完善这部分权力。

（6）让权力规范化、法治化。实施自由港某些政策，将使厦门的经济更加开放，更加国际化，这就要求政府更多地运用政策手段、法律手段来调控、管理市场经济运行，在管理社会经济方面具有更高技巧，能够很好地按照市场经济的内在规律，按照国际惯例，规范化地调控、管理。

## （二）机构的调整

如果说，职能转换是政府机构改革的基础，那么，机构调整则是职能转换的外在表现，没有机构改革作为职能转换的法治化表现，职能转换也就难以获得完整的稳定的形式体现，犹如没有躯壳的灵魂。

作为机构改革首先要解决的一个问题是：实施自由港某些政策，是否需要设立专门的管委会？我们认为：管委会或管理局这类管理组织形式只比较适合于像德国汉堡自由贸易区、上海外高桥、厦门象屿保税区这种单一功能的自由贸易区，而不适用于像新加坡、香港、厦门这种综合功能区。因为，在后者，区内有大批常住居民，因而不仅需要管理生产，而且需要管理社会生活的方方面面。既然有大量常住居民，必然有其社会组织、代议机构及司法系统等。这样就产生了一个问题：若在厦门特区设立管委会或管理局，它是否取代现有的厦门市政府作为一级政府组织存在？若答案是肯定的，那么，众所周知，管委会及管理局的首长一般采用上级政府机关任命制。作为一级政府组织，这种方法是不符合《中华人民共和国宪法》及地方组织法的。倘若管委会亦采取地方人民代表大会选举产生行政首长的方法，则管委会这种组织形式也是违反我国现行政府体制的。如果在存在管委会的同时，并存着厦门市政府，是否就能解决上述矛盾呢？能，但是，与此同时则又产生了一个更为实质性、更现实的矛盾：厦门市政府与管委会的工作范围及内容基本上是重合的。它使管委会成为一个重叠、多余的机构。倘若在两个机构之间实行分工，管委会侧重于特区的经济管理工作，而厦门市政府负责在此之外的其他工作，则会造成：（1）厦门市政府实际上被架空；（2）造成了两个政府并存的局面，这必然会导致工作中的极大混乱。因此，在厦门进一步实施自由港的某些政策，管理机构设置还是应当按国务院文件所指出的"厦市人民政府直接管辖厦门经济特区，并行使厦门经济特区管理委员会的职责"，无须另设厦门经济特区管委会。在厦门市政府之下，则可以根据实施自由港某些政策，建设某些特定功能小区（如象屿保税区等）的需要，设立若干特定功能区的管委会或管理局。

其次，市政府内部的机构设置调整问题。虽然随着社会主义市场经济的发展和经济体制改革的进展，厦门市政府的机构设置已经朝着适应社会主义市场经济运行的方向作了不少调整，但总体来说，与率先建立社会主义市场经济新体制，与进一步实施自由港的某些政策所要求的"小政府大社会"式的精干、高效的政府机构设置之间仍有相当差距，其主要问题是：

（1）机构设置过于庞大。现行的厦门市政府机构包括政务管理部门、社会管理部门、经济管理部门、农业管理部门、市政建设管理部门、综合管理部门、交通运输管理部门、公安司法部门八大部门的数十个直属委、局、办，倘若再加上中央政府及省政府设在厦门的管理机构，如厦门海关、商检局、人行厦门分行、海上安全监督局等，则更远远不止此数。与新加坡政府仅有 14 个部相比，显然过于庞大。它是长期以来我们所实行的政府主导型经济的遗留产物，它对于市场主导型经济来说，显然是不必要的。

（2）机构设置不合理。现行机构设置过于庞大，其中重要的原因是机构重叠。以综合经济管理部门来看，就有计委、经委、经贸委、经济协作办、建委、外资委、物委等。这些部门把本来是浑然一体的经济过程切成生产、贸易（内外贸）、投资（内外资）等数块分别管理，不仅浪费了大量管理劳动，而且降低经济运行效率。而在市场经济条件下，这些部门的职能通常只需要一至两个部门，就基本上承担了上述各部门的工作。例如，在英国，是贸易部（Board of Trade）和国民经济发展委员会（National Economic Development Council，NEDC）；在美国，是内阁经济政策委员会（Cabinet Committee on Economic Policy）和商务部（Department of Commerce）；在日本，是通商产业省与经济企划厅。

（3）有些机构主要是根据条条对口的原则设立的，就本地区的管理工作量来看，并不一定要单独设立。

（4）有些机构的工作在市场经济条件下，基本上可以由相关的事业单位、社会组织承担，剩余的少量行政管理工作，则可以归并到职能相近的政府部门中去。

我们认为，应当抓住进一步实施自由港某些政策这一良好机会，以此为契机，进行政府机构改革，率先建立与社会主义市场经济相适应的特区政府机构。从"小政府大社会"的思路出发，我们认为改革后的特区政府机构可以归并为四大部门：（1）政务部门：包括市府办公厅、人事局、外事侨务局、行政监察局等。（2）社会管理与服务部门：包括文教局、卫生局、劳工与社会保障局、体委等。（3）公安司法部门：包括公安局、安全局、司法局等。（4）经济管理部门：包括经济贸易委员会、交通局、财政局、税务局、审计局、工商管理局等。

精简机构的目的在于职能转换。因此，应当把原先政府承担的部分社会服务与管理职能转移出去，这就要求适当地发展一些社会组织来承担相应的工作。例如，用会计师事务所取代政府审计部门对企业的审计工作，用各类职业培训及职业介绍机构取代政府劳动部门的就业安排工作，用各种行业组织从事企业的自律与协调工作，用各类咨询组织承担政府在制定各类政策中的可行性研究及咨询工作，等等。建立社会性的监督系统、服务系统、自律管理系统及咨询系统，是政府机构改革，职能转换这一系统工程中的重要配套工作。只有在精简政府机构、建立小政府的同时，建设好大社会服务系统，方能真正实现政府职能的转换。

从传统经济体制向社会主义市场经济体制过渡，是从政府主导型经济向市场主导型经济过渡，伴随其中的政府职能转换、机构改革所涉及的巨大利益格局调整，使政府机构改革成为体制改革中难度极大的改革，而它对建立市场经济、实施自由港某些政策，又具有不可回避性。因此，政府机构的改革，权能的调整，就成为对改革者改革的决心、能力的考验。

政府机构改革，说到底，是这些机构中的人的权能、利益格局的调整问题。随着自由港某些政策的进一步实施，市场经济的发展，政府职能的转换，原有政府机关中的工作人员面临着以下三个问题：（1）政府机关工作人员从总量上看过多，需要精减部分工作人员。（2）结构调整。有的部门需撤销，有的部门（主要是对市场经济运行实行监督、管理、调控以及从事社会公共服务的部门）则需要进一步充实，人员的工作岗位调整问题。（3）政府工作人员的知识技能结构与新的工作任务之间存在差距，需进行更新、调整的问题。

人的问题可以说是机构改革中最困难、最复杂的问题。这一问题处理得妥当与否，关系到机构革的成败。在这一问题的处理上，应当本着这样的原则：（1）对政府机关工作人员来说，应以发展社会主义市场经济、实施自由港某些政策、特区建设发展的大局为重，服从组织的安排；（2）对组织部门来说，则应慎重、妥善地处理好机构改革中的人员调整与安排工作，应尽可能地使机构调整、人员安排具有"帕累托改变"效应，从而降低机构改革的阻力。

具体而言，人员的调整可以考虑以下几个方面的途径：

（1）通过政府管理机构的调整实现内部消化，即将精减裁并机构的部分人员充实到那些需加强或新设的部门中去，如工商行政管理、财税、海关监管（其中仅即将启用的特区管理线就需要1000多人）等。

（2）将部分专业人员转入与之对口或专业相近的社会中介服务机构，如律师事务所、会计师事务所、各类经济咨询、信息服务等第三产业。

（3）鼓励部分有经营才干的人员"下海"，进入经济建设的第一线，对此，政府可以考虑给予必要的经济支持，以利启动。但是，应严格划清政企关系，严防官办公司的出现。

（4）对部分年龄较大、经验丰富的老同志，可通过成立一些专业性的咨询机构，组织他们从事调研工作，为政府工作提供咨询。

与上述这些措施相配合，必须抓紧干部的再培训工作，在进行机构调整的同时，抓紧干部的再培训，使干部的知识结构得以更新、调整，从而有利于他们更好地适应新的工作岗位，这是保证政府机构改革得以顺利进行的一个关键。

# 同安县资源综合开发与利用现状及对策建议*

同安县位于福建省东南沿海，西南与厦门市郊区毗邻，东南隔海与金门相望，土地面积1078.55平方千米，海岸线长86千米，浅海面积约100平方千米。土地地势自沿海向内陆作平原、台地、丘陵、山地的梯状分布，以丘陵、山地为主；气候属南亚热带海洋性季风气候区，温暖湿润，全年无霜期326天以上；大部分耕地适宜于双季稻为主的一年三熟制；经济作物的适宜区也较广，适宜农、林、牧、副、渔全面发展；业外，还有丰富的食品、建材工业资源和旅游资源。

## 一、资源开发利用现状与存在的问题

### （一）农业资源的开发利用

1980年以来，同安先后进行了"压粮扩经"和"稳粮增饲扩经"两次结构调整，从过去不顾地区资源特点唯重稻麦薯，转向合理利用资源优势，积极发展商品农业，初步形成了一批农产品商品生产基地。但是，从合理利用资源，大力发展外向型农业的角度看，还存在一定差距。其主要问题是：

（1）种植业结构不够合理。种植面积以粮食为主，油料作物次之，而糖蔗仅占3.45%。福建为全国糖蔗最优产区，而同安又处福建省的最优产区之内，其亩产不仅高于全省平均水平，而且高于多数甘蔗基地县水平。从同安各主要作物的比较收益率来看，糖蔗也是最高的。据1988年度资料，每亩糖蔗成本

---

* 本文原载于《福建经济》1991年第1期。

利税率为 463.75%，而水稻的成本利税率仅为 55.42%，花生的成本利税率是 149.17%。不仅如此，发展糖蔗生产有利于发展地方加工工业。目前同安种植面积仅占可利用面积的 30%，资源潜力未充分利用。

花生是同安目前最主要的经济作物，其总产、单产水平均居全省之冠。就全省范围看同安具有优势，但就全国而言则不像甘蔗那样有绝对优势。花生种植成本中人工费用比例较高，约占 42%（糖蔗为 31.6%，水稻为 46%）。地理位置决定了同安劳动力成本将比内地上升得更快；而稀缺的土地也将使种花生的机会成本上升。可以预见，随着商品经济的发展，同安花生的比较优势将逐步减弱。目前在同安，本地花生已遇到山东花生的强有力竞争。

（2）产品品种结构单一，名优偏稀品种少，生产均衡程度较差。目前同安以龙眼为龙头的水果生产基地、以对虾为龙头的水产养殖基地、以瘦肉型猪为龙头的肉禽蛋生产基地、以花菜为龙头的蔬菜生产基地已初具规模。但是，在商品基地建设中，还存在一定问题，从资源利用角度看，主要是产品品种结构单一，名优偏稀特品种少，生产均衡程度较差。以水果生产为例，目前全县水果种植面积超过 6 万亩，但在品种结构上不合理，龙眼一花独放，而龙眼的主栽品种主要适于焙干与制罐，优良的应市鲜果品种较少；龙眼产量因大小年骤起骤落的情况也十分严重。

（3）资源过度利用与利用深度不足并存。目前，同安农业资源从广度上看，已没有多大开发余地，主要问题是资源利用深度不足，潜力未能充分发挥。在人口密集、人均资源占有量较低的条件下，如果资源综合开发利用深度不足，则极易产生因资源量的开发利用过度而导致资源条件恶化，生态环境脆弱。目前同安已不同程度地出现这一问题。

## （二）农副产品加工及综合利用

目前同安工业中，以农产品为资源的加工工业占 70%。某些产品生产已达到相当水平，水产品、果蔬产品的系统开发和群体配套等也取得了较好的经济社会效益。但总体来说，同安目前农产品加工工业的规模与水平还比较落后。主要表现在：（1）加工能力低，与农产品商品基地建设不相适应。如同安龙眼已发展到 100 万株规模，因龙眼加工能力跟不上，每年均有大批龙眼流向外地加工，出现了同安建基地，外县搞加工的被动局面。（2）加工品种单一，资源综合利用效率不高。如水产加工厂，基本上只限对虾冷冻；花生榨油中对花生饼、花生壳等副产品的加工利用较少，既造成资源浪费，也影响经济效益。

## （三）矿产资源的开发利用

同安目前已探明的矿产资源主要是高岭土、矿泉水、花岗岩等非金属矿产，其中高岭土有较高的工业开采及加工利用价值。同安高岭土资源的开发利用尚处起步阶段，投资不足，生产工艺落后，产品品种单一，加工深度浅，基本是生产出售精选矿及部分原矿，经济效益不高。此外，由于乡村企业及个体自发开采，掠夺性、破坏性的采优弃劣现象和优质资源低档利用情况，也颇为严重。

矿泉水资源已投入开发利用，岳口牌矿泉水被列为1990年亚运会饮料，在福厦等地市场有一定影响。目前的主要问题一是产品知名度不高，市场局面未完全打开；二是未能结合本地农产品资源生产不同消费层次的系列矿泉饮料，利用程度不高。

## （四）旅游资源的开发利用

近十年来，厦门成为旅游热点城市。而同安作为厦门的旅游资源副区，旅游业却未能得到较快发展，接待的境外游客少，而且绝大部分为回乡探亲的"三胞"、公务旅行者，真正来此观光旅游者不多。同安的旅游风景点不仅不为国外旅游者所知，就是国内居民也不甚了解。旅游设施也较简陋短缺。

## （五）劳动力资源的开发利用

劳动力资源的利用问题比较突出。目前同安90%以上人口为农业人口，社会劳动力的89.2%为乡村劳动力。由于同安人均耕地面积少，每个种植业劳动者耕地面积不足两亩，劳动力过剩，初步估算，剩余劳动力在10万以上。

# 二、资源开发利用的若干战略设想及措施

## （一）战略设想与战略目标

资源禀赋对一个国家或地区的经济发展具有重要意义。但资源开发利用方

式不同，效益差别极大。有两种不同思路：一种是走资源→产品→市场的道路，即仅仅考虑本地资源，据此决定产品生产方向及结构，而后再找销售市场。这是一种小农经济的资源利用思路。另一种是走市场→产品→资源的道路，即根据市场需求决定产品生产方向及结构，既充分利用本地资源优势，又不受制于当地资源格局。这是一种以市场需求指导资源利用的思路。据此，同安县的资源开发和综合利用的战略应为：以国际市场、特区市场、国内市场为导向，以科技为转化机制，利用"侨、台、特"有利条件，充分发挥"山、海、热"资源优势，通过内联外引，走"贸、工、农"的道路，形成以若干具有同安资源特色的支柱行业为核心的产业群体。

与此相应，未来十年，同安县资源开发与利用的战略目标是：

（1）充分发挥南亚热带地区优势，积极引进培育优良作物品种，建立以水产、水果、肉禽蛋、蔬菜、花卉、糖料、油料为核心的现代化、专业化的农副产品商品生产基地，满足特区需要，面向全国市场，努力开拓国际市场，使同安成为厦门特区的外向型农业基地，引进农业新技术、新品种和农业现代化的窗口。

（2）充分利用本地丰富的农副产品资源及优质水资源，大力发展农副产品加工与综合利用，形成以食品工业为支柱的外向型农副产品加工产业群。

（3）开发高岭土、花岗岩、砂石等矿产资源，以高岭土矿的系统开发、综合利用为中心，发展以建材工业为支柱的包括高岭土矿藏开采、精加工、建材、陶瓷工业在内的产业群体。

（4）开发旅游资源，发展以野营、休养、参与旅游为主，观光旅游为辅的综合性郊野旅游业，使之成为厦门旅游区的有机组成部分，带动相关产业的较快发展。

（5）有计划、有选择地引进发展耗水少、省能源、低污染的劳动密集型及技术密集型产业，尽可能与本地资源优势相结合，与已有产业相嫁接，努力开拓农业生产新领域，发展第二、第三产业，实现劳动力资源的充分利用。

## （二）战略步骤及措施

为实现上述战略目标，应在"八五""九五"计划期间，分阶段分步骤地采取以下措施。

### 1. 农业资源的开发利用措施

（1）树立生态农业观念，加强资源开发的规划管理，合理利用自然资源，保护生态环境，促进生态系统的良性循环。目前，同安农业生态环境已较脆弱。因而，不仅在农业部门，而且在整个经济部门都要牢固树立保护生态环境的观念，经济决策部门要加强资源开发的规划、管理，保护生态环境。当务之急，是大力发展林业，充分利用现有的宜林荒山及四旁造林植树，将同安的森林覆盖率由现在的 38.3% 提高到 47.2%。其次，必须以系统工程观点，统筹考虑同安的经济发展尤其是工业发展的格局，防止工业污染对农业生态环境的破坏；最后，加强对资源开发的管理，以实现生物生产的最佳利用率为目标，建立良好的农业生态—经济系统，在生态—经济良性循环的前提下实现扩大再生产。

（2）加强科学技术的推广应用，提高单产水平，调整种植业结构。近期必须以提高单产水平作为调整种植结构的战略措施；而后，随着特区对农副产品需求的不断扩大，农村人均收入水平的提高，突破这一限制调整种植结构的必要性与可能性将会逐步提高。

（3）充分利用南亚热带地区气候优势，积极引进优良品种，巩固发展已有优势，大力发展水果、蔬菜商品生产。在发展果蔬生产上，应树立以优取胜的战略思想，在巩固发展已有品种优势，实现均衡生产的基础上，大力引进适合本地种植的国内外各种名优品种，改造现有品种结构，扩大名优偏稀特品种种植比例，尤其是适合加工增值的果蔬品种，使名优果蔬及其制品成为商品农业、创汇农业的拳头产品。

（4）加强对浅海滩涂及淡水水面开发利用的规划和管理，对扩大滩涂及淡水养殖面积，应采取积极、慎重的态度，防止资源的过度利用，把发展水产养殖业的战略重点转向集约化经营，使其向优质、高产、稳产方向发展；通过内联外引，积极组建各种专业性水产开发公司，推广、完善水产的各种产前、产中、产后服务。

**2. 农副产品的加工利用措施**

发展农副产品加工工业应围绕着本地农业生产优势展开，以食品工业和饲料工业为中心，带动其他相关工业的发展。应立足现有基础，发展内联外引，提高技术层次，瞄准特区市场及国际市场需求走势，侧重本地资源的加工利用，提高产品档次，扩大市场，以求经济效益的提高。

**3. 矿产资源的开发利用措施**

矿产作为不可再生资源，其不经济利用比暂时不利用带来的损失更大。目前，首先必须根据《矿产法》加强资源管理，可以考虑在县、乡两级设立矿产资源管理委员会，统筹矿产资源的开发管理工作，采取有力措施，杜绝矿产的破坏性开采。根据不同资源赋存情况，在国家计划指导下，发挥国家、集体等各方面的力量，予以合理开采利用，但应逐步提高加工深度，改变目前产品档次低、主要是售出资源的格局。

图书在版编目（CIP）数据

中国经济学探索丛稿. 第六卷，福建经济. 下 / 李
文溥著. -- 北京：经济科学出版社，2024.12
ISBN 978 - 7 - 5218 - 4706 - 2

Ⅰ. ①中… Ⅱ. ①李… Ⅲ. ①中国经济 - 文集②区域
经济发展 - 福建 - 文集 Ⅳ. ①F12 - 53

中国国家版本馆 CIP 数据核字（2023）第 066214 号

责任编辑：初少磊　赵　蕾　赵　芳　尹雪晶　王珞琪
责任校对：隗立娜
责任印制：范　艳

中国经济学探索丛稿
ZHONGGUO JINGJIXUE TANSUO CONGGAO
第六卷
福建经济·下
李文溥　著
经济科学出版社出版、发行　新华书店经销
社址：北京市海淀区阜成路甲 28 号　邮编：100142
总编部电话：010 - 88191217　发行部电话：010 - 88191522
网址：www. esp. com. cn
电子邮箱：esp@ esp. com. cn
天猫网店：经济科学出版社旗舰店
网址：http://jjkxcbs. tmall. com
北京联兴盛业印刷股份有限公司印装
787 × 1092　16 开　204.5 印张　3660000 字
2024 年 12 月第 1 版　2024 年 12 月第 1 次印刷
ISBN 978 - 7 - 5218 - 4706 - 2　定价：828.00 元（全六卷）
（图书出现印装问题，本社负责调换。电话：010 - 88191545）
（版权所有　侵权必究　打击盗版　举报热线：010 - 88191661
QQ：2242791300　营销中心电话：010 - 88191537
电子邮箱：dbts@ esp. com. cn）